经以济世
建德崇实

贺教育部
人文社会科学项目
心王玉梅

教育部哲学社會科學研究重大課題攻關項目

我国民法典体系问题研究

STUDY ON THE SYSTEM OF CIVIL CODE IN CHINA

王利明

等著

经济科学出版社
Economic Science Press

图书在版编目（CIP）数据

我国民法典体系问题研究／王利明等著. —北京：
经济科学出版社，2009.9
（教育部哲学社会科学研究重大课题攻关项目）
ISBN 978－7－5058－7598－2

Ⅰ. 我… Ⅱ. 王… Ⅲ. 民法－法典－研究－中国
Ⅳ. D923.04

中国版本图书馆 CIP 数据核字（2009）第 001158 号

责任编辑：党立军
责任校对：徐领弟　徐领柱
版式设计：代小卫
技术编辑：潘泽新　邱　天

我国民法典体系问题研究

王利明　等著

经济科学出版社出版、发行　新华书店经销
社址：北京市海淀区阜成路甲 28 号　邮编：100142
总编部电话：88191217　发行部电话：88191540
网址：www.esp.com.cn
电子邮件：esp@esp.com.cn
北京中科印刷有限公司印装
787×1092　16 开　30 印张　570000 字
2009 年 9 月第 1 版　2009 年 9 月第 1 次印刷
印数：0001—8000 册
ISBN 978－7－5058－7598－2　定价：66.00 元

课题组主要成员

（按姓氏笔画为序）

王　轶　杨立新　周友军

编审委员会成员

主　任　孔和平　罗志荣

委　员　郭兆旭　吕　萍　唐俊南　安　远

　　　　文远怀　张　虹　谢　锐　解　丹

总 序

哲学社会科学是人们认识世界、改造世界的重要工具，是推动历史发展和社会进步的重要力量。哲学社会科学的研究能力和成果，是综合国力的重要组成部分，哲学社会科学的发展水平，体现着一个国家和民族的思维能力、精神状态和文明素质。一个民族要屹立于世界民族之林，不能没有哲学社会科学的熏陶和滋养；一个国家要在国际综合国力竞争中赢得优势，不能没有包括哲学社会科学在内的"软实力"的强大和支撑。

近年来，党和国家高度重视哲学社会科学的繁荣发展。江泽民同志多次强调哲学社会科学在建设中国特色社会主义事业中的重要作用，提出哲学社会科学与自然科学"四个同样重要"、"五个高度重视"、"两个不可替代"等重要思想论断。党的十六大以来，以胡锦涛同志为总书记的党中央始终坚持把哲学社会科学放在十分重要的战略位置，就繁荣发展哲学社会科学做出了一系列重大部署，采取了一系列重大举措。2004 年，中共中央下发《关于进一步繁荣发展哲学社会科学的意见》，明确了新世纪繁荣发展哲学社会科学的指导方针、总体目标和主要任务。党的十七大报告明确指出："繁荣发展哲学社会科学，推进学科体系、学术观点、科研方法创新，鼓励哲学社会科学界为党和人民事业发挥思想库作用，推动我国哲学社会科学优秀成果和优秀人才走向世界。"这是党中央在新的历史时期、新的历史阶段为全面建设小康社会，加快推进社会主义现代化建设，实现中华民族伟大复兴提出的重大战略目标和任务，为进一步繁荣发展哲学社会科学指明了方向，提供了根本保证和强大动力。

　　高校是我国哲学社会科学事业的主力军。改革开放以来，在党中央的坚强领导下，高校哲学社会科学抓住前所未有的发展机遇，紧紧围绕党和国家工作大局，坚持正确的政治方向，贯彻"双百"方针，以发展为主题，以改革为动力，以理论创新为主导，以方法创新为突破口，发扬理论联系实际学风，弘扬求真务实精神，立足创新、提高质量，高校哲学社会科学事业实现了跨越式发展，呈现空前繁荣的发展局面。广大高校哲学社会科学工作者以饱满的热情积极参与马克思主义理论研究和建设工程，大力推进具有中国特色、中国风格、中国气派的哲学社会科学学科体系和教材体系建设，为推进马克思主义中国化，推动理论创新，服务党和国家的政策决策，为弘扬优秀传统文化，培育民族精神，为培养社会主义合格建设者和可靠接班人，做出了不可磨灭的重要贡献。

　　自 2003 年始，教育部正式启动了哲学社会科学研究重大课题攻关项目计划。这是教育部促进高校哲学社会科学繁荣发展的一项重大举措，也是教育部实施"高校哲学社会科学繁荣计划"的一项重要内容。重大攻关项目采取招投标的组织方式，按照"公平竞争，择优立项，严格管理，铸造精品"的要求进行，每年评审立项约 40 个项目，每个项目资助 30 万 ~ 80 万元。项目研究实行首席专家负责制，鼓励跨学科、跨学校、跨地区的联合研究，鼓励吸收国内外专家共同参加课题组研究工作。几年来，重大攻关项目以解决国家经济建设和社会发展过程中具有前瞻性、战略性、全局性的重大理论和实际问题为主攻方向，以提升为党和政府咨询决策服务能力和推动哲学社会科学发展为战略目标，集合高校优秀研究团队和顶尖人才，团结协作，联合攻关，产出了一批标志性研究成果，壮大了科研人才队伍，有效提升了高校哲学社会科学整体实力。国务委员刘延东同志为此做出重要批示，指出重大攻关项目有效调动各方面的积极性，产生了一批重要成果，影响广泛，成效显著；要总结经验，再接再厉，紧密服务国家需求，更好地优化资源，突出重点，多出精品，多出人才，为经济社会发展做出新的贡献。这个重要批示，既充分肯定了重大攻关项目取得的优异成绩，又对重大攻关项目提出了明确的指导意见和殷切希望。

　　作为教育部社科研究项目的重中之重，我们始终秉持以管理创新服务学术创新的理念，坚持科学管理、民主管理、依法管理，切实增强服务意识，不断创新管理模式，健全管理制度，加强对重大攻关项目的选题遴选、评审立项、组织开题、中期检查到最终成果鉴定的全过程管理，逐渐探索并形成一套成熟的、符合学术研究规律的管理办法，努力将重大攻关项目打造成学术精品工程。我们将项目最终成果汇编成"教育部哲学社会科学研究重大课题攻关项目成果文库"统一组织出版。经济科学出版社倾全社之力，精心组织编辑力量，努力铸造出版精品。国学大师季羡林先生欣然题词："经时济世　继往开来——贺教育部重大攻关项目成果出版"；欧阳中石先生题写了"教育部哲学社会科学研究重大课题攻关项目"的书名，充分体现了他们对繁荣发展高校哲学社会科学的深切勉励和由衷期望。

　　创新是哲学社会科学研究的灵魂，是推动高校哲学社会科学研究不断深化的不竭动力。我们正处在一个伟大的时代，建设有中国特色的哲学社会科学是历史的呼唤，时代的强音，是推进中国特色社会主义事业的迫切要求。我们要不断增强使命感和责任感，立足新实践，适应新要求，始终坚持以马克思主义为指导，深入贯彻落实科学发展观，以构建具有中国特色社会主义哲学社会科学为己任，振奋精神，开拓进取，以改革创新精神，大力推进高校哲学社会科学繁荣发展，为全面建设小康社会，构建社会主义和谐社会，促进社会主义文化大发展大繁荣贡献更大的力量。

教育部社会科学司

前 言

制定一部民法典是我国政治经济生活中的一件大事，也是完善中国特色社会主义法律体系的重要举措。制定一部内容科学、体系完整的民法典，不仅代表着我国民事立法水平达到了一个新的高度，也充分表明我国法律文化已经达到了更高的层次。民法典的制定和颁行符合我国的法律传统，是实行依法治国、完善社会主义市场经济法律体系的重要标志。诚如谢怀栻先生所言，我们需要制定一部民法典，"不仅是因为民法典较之刑法、诉讼法等更足以代表一个民族的文化高度，而且只有一个全中华民族的民法典才能表明中华民族已攀上历史的高峰。"[①] 我们的祖先曾在历史上创造了包括中华法系在内的灿烂的华夏文明，其内容堪称博大精深，在人类法律发展史上闪烁着耀眼的光芒，并与西方两大法系分庭抗礼，交相辉映。今天，我国立法和司法实践已为民法典的制定积累了丰富的实践经验，广大民法学者也为此作了大量的理论准备。制定和颁布一部制度先进、内容齐备、体系完整且符合中国国情的民法典，不仅能够从制度上巩固和发展我国社会主义市场经济建设的成果，而且能为我国在 21 世纪经济的腾飞、文化的昌明、国家的长治久安提供坚实有力的保障！

大陆法系国家的法典编撰经验告诉我们，民法典并非立法者凭空臆测的产物，而是一项巨大的工程。就如建造高楼大厦需要先绘制一份图纸一样，民法典的制定也需要提前设计一个立法蓝图，尤其是要规划未来民法典按照何种体系来构建。我国的民法典采取分阶段、分

---

① 谢怀栻：《大陆法国家民法典研究》，中国法制出版社 2005 年版，第 3 页。

步骤的立法模式，然后再以这些阶段性成果为基础制定统一的民法典。在这种背景下，构建一个科学合理的民法典体系显得尤为重要。这就像是建筑物的分段施工一样，虽然最后会有整合，但在施工之初就应当有一个总体的设计和构想。

我们之所以要注重民法典体系研究，很大程度上是分阶段立法模式中社会的变迁性和法律的滞后性的原因所致。如郑玉波先生所言，"社会变，法律亦变，故因社会变迁之结果，已不需要之法律，自应加以废止（或修改——笔者注）"①。在分阶段立法模式下，不同阶段、不同时期立法者基于对不同的社会需要或者社会经济情势的考虑，难免出现顾此失彼的现象。随着社会的发展，在分阶段模式下颁行的立法可能表现出其局限性。这种局限性表现为两个方面：一方面，不同部门的法律形成于不同的时期，使得这些法律受到不同时期的立法政策影响，且受到不同时期经济社会发展需要和国家政策的影响，因此，不同时期的立法必然会烙上不同时期的时代印记。如果简单地将这些法律捏合在一起，就容易造成民法典价值和逻辑的不协调。另一方面，分阶段制定的模式往往会持续一段较长的时间，在这段时间内，立法者因为受到当时理论研究水平的限制，特定时期制定的一些法律经过较长时间后，往往在概念、范畴的总结与提炼方面存在着欠缺，容易使得早期制定的法律与晚期所制定的法律之间存在着较为明显的不协调现象，并将损害法制的统一性和安定性。而通过制定统一民法典的方式，将分阶段模式下的民事立法体系化便是克服这些局限的最佳选择。

民法典的体系关系到民法典的质量和生命。法典的制定过程是一个民事立法体系化的过程。法典作为立法的最终成果，其质量直接取决于体系的构建是否科学、是否和谐。体系的构建不同，在相当程度上决定着法典的科学性，也影响到法典在颁行后能否发挥其在法治建设中应有的功能。因此，摆在民法学者面前的重要任务，就是需要从中国的实际情况出发，借鉴两大法系的经验，来构建我们自己的民法体系。这就是说，体系的构建首先应当立足于本国的国情，符合本国

---

① 郑玉波：《法谚》（一），法律出版社 2007 年版，第 14 页。

的实际需要。波塔利斯指出，法典不是某一立法思想任意自生自发的产物，而是由某一民族的历史、社会、文化和经济传统所决定的。[①]民法典的体系一定要从本国的国情和实际需要出发来构建。我们制定民法典要从中国的实践出发，就是要反映我国社会主义市场经济下社会生活的实际需要，对已经制定的民事立法进行全面的清理，对民事司法经验和民事习惯进行系统的总结。孟德斯鸠早在 18 世纪中期就指出："为某一国人民而制定的法律，应该是非常适合于该国的人民的；所以如果某个国家法律竟能适合于另外一个国家的话，那只是非常凑巧的事。"[②] 法为人而定，非人为法而生。每一个制度和体系安排，都要反映本国的历史文化传统，符合社会的实际需要。迄今为止，并不存在放之四海而皆准的普适的体系。任何制度体系的构建，最终都要符合社会需要。体系的构建不能削足适履、盲目照搬，也不能是异想天开的空中楼阁，否则这样的体系只能是镜中花、水中月，好看不好用。任何体系只要符合国情就是好的体系。归根到底，法律都是社会需要的产物，体系也是基于特定生活需要和文化历史传统而形成的。因而萨维尼曾经强调，法律应当尊重民族精神，这毫无疑问是正确的。只不过萨维尼把它推向了极端，反对一切法典化，这又是不妥当的。在制定民法典的过程中，我们应当立足于我国实践，本着兼收并蓄、取菁去芜的思想，胸怀海纳百川之气度，广泛吸收借鉴各国民法的优秀经验，而不能受教条主义或本本主义的束缚。唯其如此，我们才能制定出一部符合中国国情、反映时代需要、面向 21 世纪的民法典，才能真正提升我国民法教学与研究的水平，为世界法学的发展作出我们应有的贡献！

如果说 19 世纪初的《法国民法典》和 20 世纪初的《德国民法典》的问世，成为世界民法发展史上的重要成果，则 21 世纪初中国民法典的出台，必将在民法发展史上留下光辉的一笔。当然，这必须以一个科学合理的民法典体系为基础。构建民法典体系是民法学者在新的历史时期所承担的新的历史职责，也是民法学者应尽的社会责任。

---

① 参见［法］让·路易·伯格：《法典编纂的主要方法和特征》，郭琛译，载《清华法学》第 8 辑，清华大学出版社 2006 年版，第 18 页。

② ［法］孟德斯鸠：《论法的精神》，张雁深译，商务印书馆 1982 年版，第 6 页。

中国人民大学民商事法律科学研究中心，作为教育部人文社会科学重点研究基地，一直致力于民法典体系的研究。2004 年我作为第一负责人承担了教育部的重大攻关项目"我国民法典体系和重大疑难问题研究"（项目批准号：03JZD005），几年来我们课题组一直致力于民法典体系的研究，出版了一系列的论著，发表了一系列的论文，并进而形成了比较成熟的体系化观点。我们现将这些研究成果结集出版，以期对我国未来民法典的制定提供参考。

摘　要

《我国民法典体系问题研究》一书，着眼于未来我国民法典的体系建构，从比较法和历史考察的角度对民法立法的体系化和法典化的诸多问题进行了阐释，深入研究了民法典体系的基本理论。作者认为民法典体系应该有形式的一致性、内在的一致性和逻辑上的自足性以及内容上的全面性。民法典的体系与民法的体系既有联系又有区别，作者比较了法律汇编、单行法模式与法典化的优劣，认为我国民事立法只能走法典化的道路，而不能采取法律汇编或者单行法的模式。作者认为我国民事立法的体系化应当坚持法典中心主义，即以民法典为中心和主干，构建完整的民事立法体系。作者认为我国民法典的体系构建应当坚持民商合一。作者考察了民法典体系及其理论的历史发展，认为我国不能采取去法典化的主张，在构建民法典体系时必须从中国实际出发，借鉴两大法系特别是大陆法系的经验；民法典体系构建从技术层面上应当采取总分结构，并注重编排的逻辑结构，在整个制度的构建中应当以法律关系为中心，整个法典应当按照总则、人格权法、婚姻家庭法、继承法、物权法、债权总则、合同法、侵权责任法的内容构建。作者在分则中进一步探讨了民法典的价值体系，并在民法总则、人格权法、亲属继承法等各编中都进一步探讨了民法典总则和分则的具体内容。

Abstract

The book titled "Study on the System of Civil Code in China" focuses on the system construction of future Chinese Civil Code, explained many issues on the systemization and codification of civil law legislation from the comparative and historical perspective and conducted an in-depth research on the basic theories of the system of civil code.

The author holds that, the system of Civil Code shall be characterized as formal coherence, inner consistence, logically self-contained, and comprehensiveness of content. Between the system of civil code and the system of the civil law, there are some links and also some differences. By comparing the advantages and disadvantages of different legislative approaches such as compilation of laws, special statutory and codification, the author considers that codification instead of compilation of laws or special statutory should be the choice for the Chinese civil legislation. The author thinks that the "code-centrism" shall constitute a basic principle of the systemization of Chinese civil legislation, which means the construction of a complete system of civil legislation by holding Civil Code as a core. The author holds that the construction of the system of Chinese Civil Code shall insist on the principle of the combination of civil law and commercial law.

Based on the studies about the historical evolutions of the system of Civil Code as well as its theories, the author argues that China cannot accept the opinion of "decodification". During the construction of system of Chinese Civil Code, it is necessary to take account of the Chinese reality and to be inspired from the experience of the two grand legal systems, especially that of the Continental Law System. Concerning the technical aspect, it is desirable to adopt the General Part/Special Part structure, and to attach importance to the logical arrangement of the rules. Furthermore, legal relationships constitute the core of the Civil Code system, and the Code contains the following parts: General Principle, Law of Personality Rights, Marriage and Family Law, Law of Succession, Property Law, General Debt Law, Contract Law and Tort Liability Law. In the part of Sub-provisions, the authors further discusses the value system of Civil Code, and also further discusses the specific contents of the General Principles and Sub-provisions in General Principles of Civil Law, Law of Personality Rights, Family Law and Law of Succession.

目　录
Contents

Contents

1

第一编

民法典
体系的基本理论

第一章

民法典体系概述

第一节　民法的法典化

　　民法典是按照一定的体系编排的调整民事关系的制度和规范的集合，是成文法的最高形式。大陆法系常常被称为法典法系、民法法系，因为绝大多数大陆法国家都有自己的民法典。法典①一词来源于拉丁语 codex，原意指"树干"，后用以指称书写的书板。② 大约在公元 3～4 世纪，地中海地区开始用羊皮纸折叠起来缝制的书卷"Codex"来印刷出版。这一进程的推进有着深刻的政治背景：Codex 易于保存和查询，能够允许在更大范围内的流传和阅读，因此，这一形式有助于让更多的人知晓法律的内容，并有利于法律的遵守③。

　　法典作为成文法的最高形式，是理性主义时代的产物。其实，编纂法典的现

---

　　① "法典"一词的英文与法文为 Code，德语为 Kodex，西班牙语为 Código，意大利语为 Codice。

　　② 参见石佳友：《民法法典化的方法论问题研究》，法律出版社 2007 年版，第 3 页。关于"codification"一词的来源，详见 Adolf Berger, Encyclopedic Dictionary of Roman Law 391 (1953)；Wolfgang Pfeifer, Etymologisches Wörterbuch 686 (1993)；Jacques Vanderlinden, Le concept de code en Europe occidentale du XIIIe au XIXe siècle：Essai de définition 72 (1967), at 190－191。

　　③ 参见石佳友：《民法法典化的方法论问题研究》，法律出版社 2007 年版，第 3 页；Jacques Vanderlinden, Le concept de code en Europe occidentale du XIIIe au XIXe siècle：Essai de définition 72 (1967), at 14.

3

象早已存在，但这些法典并非现代学者指称的法典。[①] 例如，公元 4 世纪至公元 5 世纪，罗马法学家就编纂了"艾尔莫折尼亚诺法典"（Codice Ermogeniano）和"格来高利亚诺法典"（Codice Gregoriano）。公元 5 世纪，狄奥多西皇帝制定了一部完整、系统的皇帝宪令，称为《狄奥多西法典》（Codice teodosiano）。公元 6 世纪由优士丁尼完成的《国法大全》，包括三部完整、系统的法律汇编——优士丁尼《法典》、优士丁尼《学说汇纂》和优士丁尼《法学阶梯》——也被称为"法典"，但是，这些法典与现代意义上的民法典仍然存在区别[②]，因为这些法律大都是诸法合体，实体和程序不分，民刑不分，一般不具备近现代以来民法典的体系化特征。

大多数学者认为法典化是肇始于近现代的现象。[③] 根据史料考证，大约到 16 世纪，"Code"一词才具备现代意义上所言的"法典"的含义。"法典化"一词最早出现在边沁写给沙皇亚历山大一世的一封信中，边沁在该信中第一次区分了"法典化"（codification）和"立法"（legislation）两个概念。[④] 在"法典化"一词出现之前，普鲁士、法国、奥地利等国家的民法典已经诞生。但是，当时这些国家的立法者没有想到的是，"法典化"一词经过历史的洗礼，到今天已经得到了广泛认同和普遍使用。边沁在创造"法典化"的同时，还创造了"pannomion"一词来表达"立法"的意思。与"法典化"的命运不同的是，"pannomion"一词没有得以流传和广泛运用。[⑤] 一般认为，现代民法典的编纂起源于 18 世纪末和 19 世纪初。根据学者的推论，1756 年的巴伐利亚民法典是民法法系最早的民法典。欧洲第一部现代意义的法典是 1797 年的《西加利西亚民法典》。[⑥]

虽然"法典化"一词广为流行，但是对其具体内涵的认识仍然存在争议。一种观点认为，"法典化"实际上就是指法律汇编，例如，有人将"法典化"定义为"一部法律汇编"（a book of law），其包含的是内容统一、系统完备的法律总和，或者至少是所有法律的综合体，或者是一个持久、综合、广泛且不允许修

---

① 参见 [意] 桑德罗·斯奇巴尼：《法典化及其立法手段》，丁玫译，载《中外法学》2002 年第 1 期。

② 参见陈朝璧：《罗马法原理》，法律出版社 2006 年版，第 20 ~ 21 页。

③ See Gunther A. Weiss, "The Enchantment of Codification in the Common-law World", Yale Journal of International Law, Summer, 2000.

④ On Bentham's neologisms "codification", "international", "to maximize" and "to minimize". see John Dinwiddy, Bentham 47 – 48 (1989).

⑤ See Gunther A. Weiss, "The Enchantment of Codification in the Common-law World", Yale Journal of International Law, Summer, 2000; Letter from Jeremy Bentham to Tsar Alexander I (June 1815), in 8 Jeremy Bentham, The Correspondence of Jeremy Bentham 464, 468 (Stephen Conway ed., Oxford, 1988).

⑥ 参见 [匈] 伽波·汉扎：《民法典编撰的历史回顾及其在匈牙利的最新发展》，载张礼洪等主编：《民法法典化、解法典化和反法典化》，中国政法大学出版社 2008 年版，第 254 页。

改的法律规范。① 通过法典化可以形成"系统和广泛制定的法律集合体"②。另一种观点认为，法典化实际上是一种制定体系化的法典的过程。也有学者将其定义为"系统化、综合化的法律体"，是对一些零散的判例或法律进行编辑、安排和系统化的过程，通过这些活动使一些法律形成一个有序的法典。法典化还被解释为是"一部法律的典章，它声称不仅能消除一切抵触，而且可以专属性和完整性地调整法律的整个部门，或者至少是其中的一大部分"③，或者是"这样一种规范，具有持久、广泛和终极性，并且在形成法律部门方面未留下其他空白"④，或者被形容为"对某一法域或者法律部门的规范进行编纂、安排、系统化，以将其纳入一个有秩序的法典的过程"⑤。正如维斯（Weiss）所指出的，"如果我们审视诸多国家的立法和法律著述（奥地利、瑞士、法国、比利时、德国、意大利、荷兰、俄罗斯以及普通法国家）以及欧洲法、国际法在最近几十年在法典化方面的一系列文献，我们就会很容易地发现，法典化的定义不可能形成某一单一的标准"⑥。

笔者不赞成法典化等同于法律汇编的观点，因为两者是两种不同性质的活动。法典化是编纂具有体系化的法典的过程，其最终成果就表现为体系化的民法典。现代意义上的法典"Codice"一词除了一般意义上的"书"的含义以外，还指"完整、系统的法律汇编"。而民法典作为法典的典型代表，代表了法典编纂过程的最高成就，其内容是对民事关系的各类规范的编纂和重整。从民法的法典化的角度来看，法国学者伯格认为，"法典编纂是一系统性的表述，是以综合和科学方法，对特定国家内一个或若干法律部门诸普遍和永久规则加以组织的整体。"⑦

如何理解民法的法典化？民法的法典化就是指将民事法律规范和制度按照一定的价值理念和体例结构系统、全面地编纂在一起的过程，民法法典化的最终表现形式就是民法典。具体来说，民法法典化具有以下几层含义：

1. 民法法典化是指民法典的编纂活动。一般认为，法典化是编纂法典的工

---

① Sten Gagnér, Zur Methodik neuerer rechtsgeschichtlicher Untersuchungen (1993).

② Karsten Schmidt, Die Zukunft der Kodifikationsidee: Wissenschaft und Gesetz-gebung vor den Gesetze-swerken des geltenden Rechts 78 (1985).

③ Manfred Rehbinder, Einführung in die Rechtswissenschaft 207 (1995).

④ Friedrich Kübler, Ueber die praktischen Aufgaben zeitgemaßer Privatrechts-theorie 31 (1975).

⑤ Black's Law Dictionary 252 (7th ed., 1999).

⑥ Gunther A. Weiss, The Enchantment of Codification in the Common-Law World, Yale Journal of International Law, Summer, 2000.

⑦ ［法］让·路易·伯格：《法典编纂的主要方法和特征》，郭琛译，载《清华法学》第 8 辑，清华大学出版社 2006 年版，第 13 页。

作和进程①，体现为立法机关的编纂法典的活动，其结果是制定出一部系统完整的民法典。一方面，法典化的主体应当是立法机关。非立法机构或者私立部门编纂法律文件的活动，例如《示范合同法》就不能被认为是法典化。有学者认为，非官方制定的示范法，也应当被认为是法典化的过程。例如，由国际统一私法协会制定《国际商事合同通则》等规范的活动也被认为是法典化。这显然不妥。另一方面，法典化不同于法律汇编，虽然立法机关可能按照一定的部门和体系汇编法律规范，例如《六法全书》收录六部法律的做法等，但是这并不是法典化。

2. 民法法典化是按照一定价值理念和体例结构编纂法律的活动。法典化应当是逻辑体系和价值体系的和谐统一。② 如果把法典视为法典编纂工作的最终成果，则这一编纂过程就是法典化。法典是一种静态的法律形式，而法典化是一个动态的制定法典的过程。纵观大多数国家的法律制度，法典化不是一种简单的法律汇编，也不是简单地将各种规则、制度罗列在一个法律文件中，而是要寻找法律的内在精神，按照法律的逻辑体系和价值体系，实现各项规范、制度的整合。法典化也要求将调整社会经济活动的基本规则纳入法典之中，这些规则反映了经济社会发展的基本规律，其一经立法被固定下来，就会在相当长的时间内保持稳定。而对于因应一时一地的具体情况的政策性规范，则往往需要通过特别法来解决。

3. 民法法典化的最终成果是民法典，它应当是系统、完整的法律形式。法典必须具有系统性，按照一定的体系将各项制度编纂在一起。系统性是法典化的生命，体系化（systematization）是法典化所追求的重要目标之一。民法典采取了被马克斯·韦伯称为形式理性的逻辑体系的形式，结构严谨并富有表达力。民法典的体系化就是要将市民社会生活中最基本的规则抽象出来，在民法典中加以规定，通过此种体系的安排使其成为稳定的规则，获得长久的生命力，不因国家的某项政策而随意发生改变。民法的法典化能够消除法律体系中的冲突与混乱，将各项法律整合为有机的整体，实现法律的统一③，有助于基本法律制度的逻辑结构的形成。

法典化运动在近代达到最辉煌时期。自18世纪后期以来，法典化尝试成为一种重要的法律潮流和现象。19世纪欧洲出现的多个国家系统编纂民法典的现象，被称为"法典化运动"，这一现象正是反映了这一时代的法典编纂潮流。在我国，目前所谓的法典化，特指民法典编纂活动，是指立法机关制定民法典的过

---

① 参见石佳友：《民法法典化的方法论问题研究》，法律出版社2007年版，第7页。

② 参见龙卫球：《民法总论》（第2版），中国法制出版社2002年版，第69页。

③ 参见薛军：《民法典编纂的若干理论问题研究》，载《清华法律评论》第2辑，清华大学出版社1999年版，第172页。

程。总之，民法典是按照逻辑的体系建立起来的，这是它的形式合理性的重要表现。因此，法典与法典化的关系可以理解为：法典是法典化的最终成果，而法典化是编纂法典的进程。

第二节　民法典的体系化

一、民法典体系化的概念

所谓体系（system），是指具有一定逻辑的系统构成。按照康德的看法，是指一个依照原则所构成的知识整体。[①]　就法典的体系而言，万达林顿（Vanderlinden）教授概括了"法典"一词所应具备的三项要素：形式、内容和特征。就形式而言，法典是一个整体，其汇聚了处于分散状态的多个部分；就内容而言，法典"或者由法律的全部、主要或者是部分的渊源所组成"；就其特征而言，法典"促进了法律对象对于法律的理解"[②]。此种观点是对法典特征最为经典的概括。但从形式和内容两个层面基本可以概括出法典的特征，而不必在这两个层面之外再去单独概括法典的特征。法律的体系主要指由法律的格式和体例所构成的布局合理、结构完整、逻辑严密、搭配得当的法律表现形式的有机整体。

民法典体系就是由具有内在逻辑联系的制度和规范所构成的，由具有内在一致性的价值所组合的体系结构。"民法典的制定乃基于法典化的理念，即将涉及民众生活的私法关系，在一定原则之下作通盘完整的规范。"[③]　关于民法典体系的概念，有必要强调以下几方面的内涵：

1. 民法典体系主要包括两个层面：一是形式体系，又称为外在体系（Ausere Systematik），它是指篇章节、基本制度的安排等。形式层面包括了"从单纯的字母或者数字排序，到根据所规定事项而进行的教条式抽象，最后发展为一个完善、复杂和富有系统性特征的秩序，这是一个严格的逻辑－公理式演绎过程（logical-axiomatic deduction）"[④]。二是实质体系，又称为内在体系（或价值体系，

[①]　转引自黄茂荣：《法学方法与现代民法》，中国政法大学出版社 2001 年版，第 427 页。

[②]　Jacques Vanderlinden, Le concept de code en Europe occidentale du XIIIe au XIXe siècle: Essai de définition 72（1967），pp. 237 – 239.

[③]　王泽鉴：《民法总则》，中国政法大学出版社 2001 年版，第 22 页。

[④]　Franz Bydlinski, System und Prinzipien des Privatrechts 421（1996），at 9 – 17, 64 – 65.

Innere Systematik)①，它包括法律的价值原则等内容。内在体系是指各单个法律制度之间的基本价值内在联系，它是需要立法者在立法时时常牢记的基本价值理念和原则，也是民法典颁布实施之后，在适用和解释时必须遵守的准则。内在体系与外在体系的区分首先由利益法学派的代表人物赫克（Heck）在 20 世纪 30 年代提出，在此之后，得到了众多民法学者的认同。② 内在体系与外在体系构成了民法典体系的双重辩证关系，两者必须结合起来，才能够满足一部现代科学立法的民法典要求。"如同自然科学一样，法学也具有高度的系统性。从法律的一般材料中经过科学研究所得出的原则，用复杂的组合形成一个体系，以后一旦发现新的原则就归并到这个体系中去。"③

2. 民法典体系可以从法律渊源的形式层面来理解，在这个意义上，特指民法典这种法律文件所具有的形式。也就是说，只有在具有民法典的情况下，才实际存在着这样一种体系。在不存在民法典的体系时，尽管从学理层面有必要探讨这一体系，但是在实证层面并不存在着这样一种体系。当然，不存在民法典，并不是说不存在民法的体系，因为民法的体系化可能有不同的实现途径。例如，在判例法国家，虽然没有形式意义上的民法典，但其实也有类似于大陆法系民法的体系，通过法律重述、示范法等手段实现了一定程度上法律的体系化。在此有必要区分民法的体系化和民法典的体系化。通常所说的民法的体系既包括了民事立法的体系，又包括了民法学的体系。就民事立法体系而言，其外延较之于民法典的体系更广，因为民事立法是针对实质意义上的体系而言的，如果已经制定了民法典，则民事立法的体系包括民法典体系在内的所有民事立法的体系。即便在没有民法典的国家，民事立法的体系仍然是存在的，其是指所有分散的民事立法所形成的体系。

应当指出的是，在没有民法典的情况下，即使存在着民法的体系，这种体系也是不够严谨的。因为大量庞杂的民事立法本身不足以成为一个严谨的具有内在一致性的民法体系。只有在颁布了民法典之后，以民法典为核心，统率所有的民事法律、法规以及其他法律渊源，在此基础上才可以形成一个内容完整、层次分明、结构合理、价值统一的体系。正是从这个意义上讲，民法典的体系化是实现民法体系化的最佳途径。

3. 民法典体系强调民法典的逻辑性和体系性。如前所述，即使在以法典命名的情况下，也不一定能在实质上实现体系化。古代的一些法典，例如，《格来

---

① 参见王泽鉴：《法律思维与民法实例》，中国政法大学出版社 2001 年版，第 225 页。

② Vgl. Heck, Begriffsbildung und Interessenjurisprudenz（1932）.

③ ［美］约翰·亨利·梅利曼：《大陆法系》（第 2 版），顾培东、禄正平译，法律出版社 2004 年版，第 66 页。

高利亚诺法典》、《狄奥多西法典》等，虽有法典之名，但并无法典之实。同样，在以"民法典"命名的情况下，也未必实现了民法的体系化。例如，有的学者建议要制定一部松散的、法律汇编式的民法典，从而保障民法的开放性，甚至以放弃民法典的体系化为代价。真正意义上的民法典就应当是体系化的民法典，没有体系化的民法典不是真正意义上的民法典。法典不同于法律汇编，它将各项民事制度以内在的结构组织和编排起来，构成一个体系。但是，仅仅只具有形式上的体例安排（编章节等），仍然不能被视为具有体系性；只有整个法典存在着某种内在的严格秩序和逻辑结构，才能被称为真正的法典。[1] "法典化不能被视为法律在数量上的简单叠加，在其中必定具有某种体系和整体的理念"[2]，这也就是说，"法典构成一个系统，它是一个整体，自身包含其他的相互协调的次级整体"[3]。归根结底，法典和法典化是近代特指的具有特定含义的概念。

尽管民法的法典化只是实现民法体系化的一种方法，在没有民法典的情况下，也可能通过法律汇编等方式在一定程度上构建民法的体系，但这种方式构建的体系仍然是具有明显缺陷的。只有通过法典化才能够真正构建一部系统完整的民法典，建立一个完整的民法体系，真正实现民法的体系化，也可以说，"民法的体系化"的最佳方法是"民法典的体系化"。在我国民法典制定的过程中，一直存在着一种所谓"松散式、邦联式"思路，这一思路不主张法典具有体系性和逻辑性，各个部门相对独立，相互之间构成松散的、邦联式的关系即可。[4] 此种观点显然是受到英美法的影响，按照这种观点制定出来的法典只是法律汇编，与"法典"名实不符。虽然法律汇编的方式相对高效，因为其不需要对既有的法律进行大的修改，只需将现行的法律进行组合。但这种方式毕竟不能够真正实现民法的体系化，也不能够消除单行法之间的冲突。只有法典化才是实现民事立法体系化的最佳途径。在我国民法典制定过程中，应当坚持以体系化的民法典来实现民法的体系化，也就是说，通过法典化有助于保证有关基本民事制度的立法在未来的制定过程中的质量。严格地讲，真正的民法典体系只有在民法典产生之后才存在。当然，在民法典出台之前，并不妨碍我们为日后的民法典的体系进行构建和探讨，以求未来的民法典的体系具有科学性和合理性，使民法典保持长久的生命力。

民法典编纂必须要为未来的民法典设计一个科学合理的体系。一方面，体系构建关乎整个民法典制定的基本蓝图，体系本身的科学性在相当程度上决定了民法典制定工作的质量。如果事先对民法典完全不存在着一个体系化的安排，而在

---

[1] 参见许中缘：《体系化的民法与法学方法》，法律出版社 2007 年版，第 68 ~ 78 页。

[2] Jean Carbonnier, Droit civil, Introdutcion, PUF, 2000, p. 199.

[3] Jean Ray, Essai sur la structure logique du Code civil français, Alcan, 1926, p. 12.

[4] 参见梁慧星：《为中国民法典而奋斗》，法律出版社 2002 年版，第 37 页。

全部立法完成之后再企望弥补，这往往是比较困难的事情。如果不存在体系的安排，显然会浪费许多的立法资源，而且事倍功半。另一方面，体系设计不仅关系民法典的质量和生命力，而且关系整个民法部门和民法科学的发展。中国未来的民法典应当是科学的，体现民事立法的最新发展趋势，面向新世纪的一部高质量法典，而构建科学合理的民法典体系是达到此目的的前提和基础。

二、民法典体系化的特征

民法典体系化的特征在于形式的一致性、内在的一致性、逻辑上的自足性和内容上的全面性。美国学者富兰克林指出，"每个法律条文，都表现出存在的理性，而条文的结构整体也呈现出组织的原则"[1]。民法典就是以体系性以及由之所决定的逻辑性为重要特征的，体系是民法典的生命，缺乏体系性与逻辑性的"民法典"只能称为"民事法律的汇编"，而不能称为民法典。民法典的体系特征表现在以下几方面：

（一）形式的一致性

形式的一致性即规则和制度的系统性（systemacity），换言之，是指民法的概念、规则、制度构成具有一致性的整体，相互之间不存在冲突和矛盾。就形式层面而言，法典内部不同部分的条文之间在形式上不存在冲突、抵触甚至矛盾之处，整个法典构成一个和谐的整体。例如，物权法总则的规定就应当与合同法、民法总则的规定相互协调，而这就需要根据体系化的思维作出安排：对于有些涉及所有民事法律制度的规定，如民事主体的制度，就应该由民法总则作出统一规定，而不应该由物权法或者合同法单独作出规定。物权法中关于"权利人"的概念，也应当由未来的民法总则进行统一的规定，而不是由物权法单独作出规定。又如，关于物权法调整对象的"物"，就应当与民法总则中的民事权利客体制度相衔接。形式的一致性提供了法律适用的重要依据，而且对于法律解释具有重要作用。由于"法典集中了某一部分的所有法律规范，具有内在的体系性和完备性，从而容易为人所知晓其全部内容"[2]，它不仅可以起到举一反三、触类旁通的效果，而且为通过法律解释来填补法典漏洞提供了制度性空间。

1. 概念的一致性，即法典所使用的各项概念是一以贯之的。尽管某一概念

---

[1]　Franklin, On the Legal Method of the Uniform Commercial Code, 16 L. & Contemp. Prob. 330（1951），and Hawkland, Uniform Commercial "Code" Methodology, 1962 U. Ill. L. F. 291.

[2]　石佳友：《民法法典化的方法论问题研究》，法律出版社 2007 年版，第 33 页。

在不同的上下文语境中其表述可能存在差别，或者具有不同的内涵，但是，从基本方面来看，它的内容具有相对的恒定性和确定的内核，同一概念在不同的语境下不存在相互冲突的现象。梅利曼指出，"民法典'科学化'的程度，决定着在实体法、一般法理以及关于民法总则或一般原理课程中所使用的概念和原则统一的程度"①。我们之所以要追求民法典的体系化，很大程度上就是要通过体系化来消除各项民事法律制度之间的冲突与矛盾，有效地保障整个民事法律体系中各种概念、范畴的严谨性与统一性。例如，在我国现行民事立法中，出现了"民事行为"、"民事活动"、"民事法律行为"、"法律行为"等诸多概念，这些概念究竟哪一个是属概念、哪一个是种概念，它们的内涵与外延如何界定，一般人往往很难理清头绪，这就需要通过法典化来解决民法概念的严谨和统一问题。

2. 规范的一致性，即各个民事法律规范相互之间能够形成密切协调与相互衔接的关系，构成内部自洽的规范群和制度群。按照德国学者施瓦布的看法，建立"一个协调的、按抽象程度逐级划分的概念系统"构成了法典化的基本前提。② 一方面，规范之间必须具有一定的逻辑性，至少不能产生相互冲突的现象。例如，《民法通则》规定产品质量不合格的诉讼时效是 1 年，而《产品质量法》规定为 2 年，这样就存在着不同法律规范适用冲突的现象。法律规范可以分为普通法规范与特别法规范、任意性规范与强行性规范等，正是由于存在着这种脉络关联，民法典才能成为一个有效适用的规范体系。另一方面，某些规范基于其对某一特定的社会关系的调整而形成一种具有上下位阶的规范等级体系。例如，以租赁合同为例，就合同关系、债、总则这些规范之间，其等级体系表现为：租赁合同——合同——债——法律行为的上下位阶体系。这种规范的位阶结构也充分显示了民法典的形式合理性，保障了民事规范在适用上的整体效果。"民法规范不仅仅只是想要追求使个人的利益尽可能达到尽可能美的平衡；更重要的是，它必须使其规范的总和——同时还要与其他法律规范的总和一起——形成一个能够运行的整体。"③

3. 制度的一致性，即民法的各项基本制度在调整社会关系的过程中形成了内在的一致性。与规范的一致性所不同的是，制度的一致性不仅指不同规范之间在形式上的一致，而且还指制度在内部构建上存在着一致性。制度是规范的群体，例如不当得利、侵权行为等制度，就是由一系列规范群组成的。制度的一致性是指民法的规范群要逻辑自洽，相互衔接，共同调整。例如，违约责任和侵权

---

① ［美］约翰·亨利·梅利曼：《大陆法系》（第 2 版），顾培东、禄正平译，法律出版社 2004 年版，第 73 页。

② 参见［德］施瓦布：《民法导论》，郑冲译，法律出版社 2006 年版，第 19 页。

③ ［德］施瓦布：《民法导论》，郑冲译，法律出版社 2006 年版，第 9 页。

责任制度的关联，无权处分和善意取得制度的协调等。

（二） 内在的一致性

所谓内在的一致性（coherence），主要是指民法价值的一致性，换言之，是指民法典要尽量实现各项基本价值之间的兼顾、和谐和统一。价值是法典的灵魂，任何法典都要体现和保护一定的价值，其规范和制度都必然受制于这些价值。没有了价值，民法典就失去了依托和存在的合理性。除了形式一致性以外，民法典的体系还表现在内在价值上的协调。德国法社会学家韦伯认为，大陆国家法律具备逻辑性的形式理性，民法典便表现了这种形式理性。就民法而言，民法典是形式，而民法的基本价值、原则才是真正的理性，民法典不能偏离民法的基本价值、原则。

内在一致性要求民法典的体系充分贯彻民法的基本价值观念，如平等、诚实信用、私法自治、交易安全等，这也有助于消除整个法典价值观念之间的冲突和矛盾。单行的法律固然能够在社会生活中的某一领域贯彻一种或多种民法价值观念，但是无法在全部民事法律领域中实现诸多民法基本价值观念的和谐融洽。诚如王泽鉴先生所言，民法典的制定基于法典化的理念，即将涉及民众生活的私法关系，在一定原则之下作通盘完整的规范[1]，例如，现代民法不同于古代民法的一个主要方面在于，现代民法不仅注重对财产所有权的保护，同时也注重对交易安全的维护。当对交易安全的维护与对所有权的保护发生冲突之时，现代民法优先保护的是交易安全。此种优先保护交易安全的理念又分别体现在民法典的各个编章之中。例如，总则中的表见代理制度，物权法中的善意取得制度，合同法中的无权处分制度等，都体现了优先保护交易安全的价值选择。体系化使法律规范位阶分明以增强法之可操作性，并可避免规范之间重复与矛盾，实现法律和谐的目标。[2] 通过对民事法律规范的法典化，才能够使民法中的各种价值贯彻如一，并协调它们相互之间的冲突与矛盾。

但是，随着社会的发展，社会群体的不断分化导致了社会利益出现了多元化的格局，利益冲突不断加剧，从而使民法典在价值体系方面也出现了多样化的特点。这就导致了价值冲突在民法的体系中时常出现，例如合同自由原则和合同正义原则、形式正义和实质正义、保护所有权与维护交易安全等，采纳不同的价值理念将会直接决定民法典的规范和制度的不同取向。[3] 一旦缺乏了价值体系方面

---

[1] 参见王泽鉴：《民法总则》，中国政法大学出版社 2001 年版，第 22 页。

[2] 参见江平主编：《民法学》，中国政法大学出版社 2002 年版，第 19 页。

[3] See Hartkamp, Judicial Discretion Under the New Netherlands Civil Code, in *American Journal of Comparative Law 40*（1992），pp. 551 – 571, 569.

的考虑，就可能出现利益保护上的失衡和规则的相互冲突。如我国《合同法》第五十一条关于无权处分行为的效力规则，就与《物权法》第 106 条关于善意取得制度之间存在一定的冲突。如果无权处分合同无效，原权利人可能会行使所有物返还请求权，而如果适用善意取得制度，则第三人取得所有权，原权利人不能再请求所有物返还。所以民法典的制定过程中，不仅仅是要确定所要保护的基本价值，更为重要的，是实现这些基本价值之间的平衡和兼顾，构建一个和谐的价值体系。

（三）逻辑上的自足性

所谓逻辑上的自足性，是指民法典所包含的概念、规则、制度之间被某种严格的内在逻辑加以组织和编排。罗马法既已形成民法的逻辑性。罗马法之所以对大陆法影响深远，是因为"它向世人表明，以不同民族及其不同发展阶段都能够接受的常识为基础，建立一套法律体系是完全可能的"①。逻辑性是体系化的生命所在，也是体系的最直接表现，它也构成法典的本质特征。如果不具备逻辑性，则不可能称为真正意义上的民法典。逻辑上的自足性还表现在构成民法典的各个具体制度自身可以形成一个一般与特殊、一般法与特别法的关系。例如，买卖合同相对于合同法总则是一个特别法，合同法相对于债法是一个特别法，而债法相对于民法总则而言也是一个特别法。在民法典中，总则与分则、分则的各项制度之间便具有这种逻辑性。此外，制度的一致还表现在整个宏观结构的逻辑性，其中包括了民法典与单行法之间的逻辑体系。逻辑性主要表现为：

1. 概念的逻辑性。这就是说，各项概念本身在民法典中被逻辑地排列和安排，并且相互之间构成逻辑上的某种关系（例如一般－特殊关系）。以沃尔夫为代表的概念法学家曾经表示要建立一个概念的金字塔，这将概念的逻辑性推向了极端。但是不可否认，概念的逻辑性也有助于维护法的安定性，这也是民法典所追求的重要目的之一。例如，以权利为例，要区分所谓公法上的权利和私法上的权利，并对私法上的权利要进一步区分为人法中的权利、财产法中的权利等。在此基础上，要进行进一步的分类，例如财产法中的权利要区分物权、债权等，在物权中要进一步区分为所有权、用益物权、担保物权等，而这些权利在不同领域又可以进一步区分。由此可见，权利本身已经构成了严密的概念体系。它们之间体现为一般和个别的关系。

2. 民法典的各项制度之间具有内在的逻辑联系。例如，有学者从意思表示出发，以之为中心来构建民法典的体系，也有学者从民事权利或者从民事法律关

---

① 劳森：《罗马法对西方文明的贡献》，载《比较法研究》1988 年第 2 期。

系的角度出发探索民法典体系的逻辑性。无论采取哪一种模式，都旨在寻求民法典制度安排所遵循的内在逻辑性。事实上，任何国家的民法典都必须追求各个制度之间的密切协调，合理的安排实现抽象与具体的结合，安排先后次序的逻辑排列。例如，民法的各个请求权形成了物上请求权、债权请求权、人格权请求权、继承权请求权等周密的请求权体系，各请求权分工配合、协调一致，对民事权利进行全面的保护。在此基础上形成完整的系统，由此而形成周密、严谨的制度安排。①

3. 民法典的制度与单行法之间的逻辑联系，包括民法典与单行的商事特别法、民法典与民事单行法之间，形成了和谐一致的逻辑整体。例如，民法典总则编与公司法、证券法之间，是一般法与特别法的关系。对于涉及调整平等主体之间财产关系和人身关系的法律，即使是在不同时期制定的，也应当保持协调一致，从而充分发挥法律的综合调整合力。

（四）内容上的全面性

所谓内容上的全面性（completeness），又称为完备性（comprehensive），是指将同一领域同一性质的法律规范，按照某种内在的结构和秩序整合在一起，能够覆盖社会生活的基本方面，对市民社会中需要法律调整的主要社会关系能够提供基本的法律规则。"法典编纂是一系统性的表述，是以综合和科学方法，对特定国家内一个或若干法律部门诸普遍和永久规则加以组织的整体。"② 如果规则不是系统全面的，而是残缺不全、七零八落，就根本无法体系化。正是从这个意义上，法典化不同于一般的立法在于法典"包含了各种有效的控制主体的法律规则的完整性、逻辑性、科学性"③。齐默曼（Zimmermann）认为，全面性是民法典的重要特点。④ 如果一部民事法律只调整部分内容，则不能称之为民法典。例如，《瑞士联邦债务法》也具有体系化的特征，但是它不是一部民法典。在历史上众多的法典编纂中，例如《德国民法典》，就旨在追求全面性和完备性。法典通常涵盖法律中一个广阔的领域，但完备性并非意味着一部法典要事无巨细，都加以规定，也不是说必须包罗万象，预见一切。期望一部法典提供所有的规则是不现实的，法典的编纂者"并非所有的内容都应该予以吸收，只有那些适应

① 参见［德］卡尔·拉伦茨：《法学方法论》，陈爱娥译，商务印书馆 2003 年版，第 316 页。
② ［法］让·路易·伯格：《法典编纂的主要方法和特征》，郭琛译，载《清华法学》第 8 辑，清华大学出版社 2006 年版，第 13 页。
③ Lobinger, Codification, in 2 Encyclopedia of the social sciences 606, at 609 - 610 (1930, Reissued 1937).
④ See Reinhard Zimmermann, Codification: History and Present Significance of an Idea, 3 Eur. Rev. Private L. 95, 98 (1995), at 103.

国家以及从而实现'重要的内容法典化'"①。

正是因为民法典体系化的上述特点，使民法典成为实现民事立法体系化的最佳途径。相对于法律汇编而言，民法典因为追求体系性，其编纂操作难度也更大：体系构建既要考虑到体系所赖以立足的范式本身的正当性、合理性，还需要考虑到这一基础性范式本身的可操作性、可实现的程度。据此，我们要认真研究法典体系化的内在规律，找出体系化的基本特征，为民法典体系的建构和内容上的全面性寻找切实可行的途径和办法。

第三节　民法法典化与民法典的体系化

一、民法典体系与民法体系的关系

民法的体系化，就是指根据构建内在体系的要求，对民事法律规范实现全部规范体系的系统化和逻辑化构建，使民法在整体上形成结构化的制度安排。在法律上，民法体系具有形式意义和实质意义两种含义。形式意义上的民法体系指民法典的体系，是通过一定的体系编纂的民法的外在表现形式；而实质意义上的民法体系是调整平等主体之间财产关系和人身关系的法律规范的体系，此种实质体系受到民法基本原则和基本价值的指导，无论何种民法典的体系安排，都属于平等主体之间的财产关系和人身关系的范畴。形式上的民法体系实际上仅仅是实质民法体系的一种外在表现形式。就"民法的体系化"而言，是指将所有民事法律进行梳理和整合，形成一个有机统一体的过程，这一过程不以民法典的颁布为必要。如果已经制定了民法典，则民事立法的体系应包括民法典体系在内的所有民事立法的体系。即便是在没有制定民法典的大陆法系国家，所有民事立法仍然可能实现体系化。有学者认为，英美法也存在"民法的体系化"问题，笔者认为此种观点值得商榷，因为英美法系根本不存在民法的概念，所以也很难称之有"民法的体系化"。② 由于实质意义上的民法体系不仅仅包括民法典，还包括其他民事单行法和其他法规中的民事规范、司法解释等规范性文件，所以，从这个意

---

① Golab, Theorie et Technique de la Codification, in Studi Filosofico-Giuridici Dedicati a Giorgio del Vecchio 296.

② 参见［日］大木雅夫：《比较法》，范愉译，朱景文审校，法律出版社 1999 年版，第 122～127 页。

义上理解的民法体系在法律渊源的形式上是更为丰富和广泛的。

民法体系和民法典体系的区别主要在于：

1. 民法典只是民事法律的一种形式，而不是民法部门的全部。我们不能将民法简单地等同于民法典。民法体系是所有民事法律规范组成的体系，其在渊源上是多元的，不仅仅包括民法典，而且包括民法典之外的民事单行法、法规、司法解释、判例，甚至习惯法。民法体系包括了所有调整平等主体之间财产关系和人身关系的法律规范，但是，民法典仅仅是民事法律的核心组成部分，除此之外，还存在大量的其他民事法律法规。而民法典的体系仅限于民法典各个组成部分所形成的体系。从这个意义上说，民法典的体系不过是民法体系的组成部分。

2. 民法体系属于部门法体系的范畴，它是与刑法体系、行政法体系等相对应的部门法体系。在我国，由于商法不是独立的法律部门，而是包括在民法之中，所以，民法体系是整个民商法体系的统一体。但是，民法典的体系只是从民法的形式意义上探讨的体系，而不是从实质部门法意义上探讨的体系。

3. 民法的体系是由各个单行法律、法规组合起来而形成的体系，而民法典是民法各个制度组合而形成的体系。相比民法的体系，民法典具有更强的内在逻辑性和体系性，它是从各个概念规范的逻辑统一出发而设计的体系。梅利曼指出，"民法典'科学化'的程度，决定着在实体法、一般法理以及关于民法总则或一般原理课程中所使用的概念和原则统一的程度。"① 民法典的体系构建也将深刻地影响到整个民法体系的完善，最终将极大地推进民法体系的形成和完善。

4. 民法的体系作为一种法律体系，它是将各种法律法规有机组合的结果，而并没有过多考虑其价值的一致性。而民法典的体系构建不仅要考虑规则的一致性，更要考虑价值的一致性。事实上，民法体系形成中，实现价值的一致性也是非常困难的。因为民法典之外的大量单行法律、法规都是基于不同时期的社会需要、针对具体问题而制定的，其价值取向往往存在较大差异，很难实现价值的一致性。

尽管民法体系和民法典体系之间存在上述区别，但是，我们也必须看到两者之间的内在联系。尤其应当注意到，民法典体系的构建本身是实现民法体系化的最佳方式。如果坚持民法典中心主义，确定民法典在民事立法的优越地位和核心作用，这就意味着，一旦民法典颁行，整个民事立法将在民法典统率之下构成一个完整的体系。这个体系的模式，应当以下的方式来展现：

1. 民法体系包括所有调整平等主体之间财产关系和人身关系的法，它是我

---

① ［美］约翰·亨利·梅利曼：《大陆法系》（第 2 版），顾培东、禄正平译，法律出版社 2004 年版，第 73 页。

国法律体系中重要的部门。我国实行民商合一，民法首先应当包括传统商法的内容。在民法典制定之后，商法只能作为民法的特别法存在。因此，民法体系＝民法典＋商事特别法＋其他民事法律。

2. 以民法典为中心统率各项民事法律规范。因此，民法体系是指：民法典统率之下的所有民事法律规范。这些规范与民法典之间大多形成特别法与一般法的关系。当然，这只是限于同一立法机关制定的法律。如果是下级立法机关制定的法律，则依上位法和下位法的关系，只能以民法典为依据。

3. 以民法典的价值为中心统率整个民事法律体系。民法典所确立的价值是整个民法体系的核心价值，它所确立的自由、平等、正义、安全、效率、人的全面发展等价值，都是民法体系的核心价值。而其他民事法律法规之中确立的价值不应当作为民法体系的核心价值。

当然，市场经济越发展，其包含的内容也越丰富，体系越来越细化，使得一部民法典能够详细地调整所有的民事法律问题的设想是不现实的，所以，我国正在制定的民法典将调整主要的民事法律关系，同时以众多单行法和特别法为配套，这就在整体上形成一个以民法典为中心、包括多部法律法规的民事法律体系。但是就民法典的体系而言，它是根据一定的逻辑体系构建起来的，因而法典的容量是有限的。民法的体系也应当适应社会基础的变化而进行相应的调整，例如，传统雇佣合同属于合同法上典型的合同类型，但随着劳动法的发展，雇佣合同在很大程度上纳入了具有公法性质的劳动合同法的范畴。消费者权益保护法也成为民法之外的重要法律，其中涉及大量的以消费者主体为中心的平等财产关系，对民法的体系产生了一定的影响。

总之，区分民法典体系和民法体系是十分必要的，在立法中，我们要遵循民法的内在体系，在此基础上科学地设计民法典的体系，并且应当考虑到我国的实际国情，争取创造出一部达到世界先进立法水平的民法典。

二、法典化是实现民法体系化的最佳途径

民法的体系化可以通过各种方式和手段实现。正如上文所见，无论是法律汇编还是通过制定单行法方式，都不能担负完成中国民法体系化的历史使命，一旦排除这两个立法道路的选择，那么，法典化将是民法体系化的最佳途径，大陆法系国家民事立法的经验已经证明了这一点。当然，大陆法系国家出现了所谓的"去法典化"现象，但应当看到，这种现象与各国的历史经验有关，是因为各种单行法冲击了民法典的中心地位，但并不否定法典化在立法实践和国家秩序中的重要功能，我们不能简单地根据这种现象来否定我国民法法典化道路。从我国既

有的民事立法实践来看，既有的大量单行法在现实中起到了很好的作用，但实事求是地说，由于欠缺必要的统一指导理念和思想，它们没有在体系化的框架内产生有效的合力，以至于在实践中还存在诸多矛盾、冲突，而要解决这样的问题，法典化应当是一种最佳途径。正如有学者所指出的，法典化是实现私法系统化一个完美的方法。① 之所以说法典化是最佳途径，首先是因为民法典是体系化的结果，法典化实际上就是体系化（Codifications are systematic），体系是民法典的灵魂。我们要制定一部科学的、体现民事立法的最新发展趋势、面向新世纪的一部高质量的民法典，必须建构科学合理的民法典体系。除此之外，还具有以下原因：

1. 全面性。民法典作为市民社会的一般私法，作为市场经济的基本规则，它必须要为广大民众从事民事活动提供基本的准则。民法典是民众生活的百科全书。民法典也要为法官处理各种民事案件提供基本的规则。民法典的特征在于其全面性。法典化不同于一般的立法就在于法典"包含了各种有效的控制主体的法律规则的完整性、逻辑性、科学性"②。全面性的另一方面的表现就是完备性，这就是说，法典可以为民事活动的当事人提供一套基本的行为规则，也为法官裁判民事案件提供基本的法律规则和法律依据。完备性是体系化的前提和基础，如果缺乏完备性，则必然会残缺不全、支离破碎。③ 如果一部法典所包含的规范是残缺不全、支离破碎的，它仍然只是一部简单的法律汇编，而不是有机的整体。从这个意义上说，民法典是市民社会生活的一般规范，也是社会生活的百科全书。它为市场交易活动确立基本的规则，同时，也为法官处理民事案件提供裁判规则。④

2. 权威性。民法典是具有权威性的法律文件。一方面，民法典是国家最高立法机关制定的具有国家强制力保障的法律规范。与众多的民间制定的示范法不同，民法典具有法律拘束力，而后者并不具备强制力保障，仅具有参考价值。另一方面，民法典作为国家的基本法律，在民事法律体系中处于中心地位，在法律的位阶上仅次于宪法。其他任何行政法规、部门规章、政策命令、司法解释等，效力均不得超越民法典。我国法律体系由三部分构成，虽然单行的特别法在适用

---

① Karsten Schmidt, Die Zukunft der Kodificationsidee：Rechtsrechung, Wissenschaft und Gestzgebung vor den Gesetzswerken des geltenden Rechts, 1985, p. 39.

② Lobinger, Codification, in 2 Encyclopedia of the social sciences 606, at 609 – 610 (1930, Reissued 1937).

③ See Gunther A. Weiss, The Enchantment of Codification in the Common-Law World, *Yale Journal of International Law*, Summer, 2000.

④ See Reinhard Zimmermann, Codification：History and Present Significance of an Idea, 3 Eur. Rev. Private L. 95, 98 (1995), at 103.

上优于一般法，但按照我国立法法的规定，民事基本法律制度由法律规定，实际上就是由民法典规定，单行法不得违背基本法律制度的规定。因此，民法典是成文法的最高形式，这是其他任何法律体系化形式所不能比拟的。

3. 稳定性。体系就其本身特质而言，具有相当程度的一般性、基础性和开放性，因而具有相当程度的稳定性。诚如我国台湾地区学者黄茂荣教授所言，法的体系不但可以提高法之"可综览性"，从而提高其适用上之"实用性"，而且可以提高裁判上之"可预见性"，从而提高"法之安定性"，只要由之所构成的体系"圆满无缺"，则光凭逻辑的运作便能圆满解答每个法律问题。① "它不仅有助于概括及实际的工作；它也成为借助那些——透过体系才清楚显现的——以发现新知的根源，因此也是法秩序继续发展的基础。"② 民法典的体系化就是要将市民社会生活中最基本的规则抽象出来，在民法典中加以规定，通过此种体系的安排使其成为稳定的规则，获得长久的生命力，不因国家的某项政策而随意发生改变。

4. 统一性。"关于法典的编纂，有许多理由，而最重要的理由之一，就是希望使法律清晰，使法律成为整个国家通用的规范，保证法律在政治水准上的一贯性。"③ 民法典是整合整个私法制度的统一体。民法典的制定统一了民事审判的司法规则，能够最大限度地限制法官的恣意裁判，消除法律的不确定性。民法典把市场规则统一化，能够为当事人带来确定的预期。这也是 19 世纪民法法典化运动的一个重要动因。法典使不同时期和不同领域的法律之间发生关系，联结为一个整体，在这个整体中，不同的法律分别处于不同的地位或不同的层次，在效力上有高下之分，因而在发生冲突时能找到解决矛盾的办法。④ 在我国当前制定民法典，其中一个重要作用就在于使民事法律体系化、保障法制统一，例如应当保持行政法规、地方法规与民事法律之间的协调一致，防止政出多门、法令不一，克服司法自由裁量的弊端，从而保障市场经济的正常运行。

5. 公开性。民法典必须是明确的公开的规范。边沁指出，"民法典应当建立在给大多数人最大幸福这一基本原则基础上，它应当覆盖整个私法领域，应当为每一个人所能理解。"⑤ 判例法也会提供大量具体的规则，但卷帙浩繁、汗牛充栋的判例汇编很难形成自身的体系，不仅普通人士感到神秘莫测，就连法律

---

① 参见黄茂荣：《法学方法与现代民法》，中国政法大学出版社 2001 年版，第 471 页。
② Coing, Grundzuge der Rechtsphilosophie, 4. Aufl. 353. 转引自 ［德］卡尔·拉伦茨：《法学方法论》，陈爱娥译，商务印书馆 2003 年版，第 45 页。
③ ［法］勒内·达维德：《英国法和法国法》，舒畅译，西南政法学院科研处，1984 年，第 22 页。
④ 参见严存生：《对法典和法典化的几点哲理思考》，载《北方法学》2008 年第 1 期。
⑤ 王涌：《私权的分析与建构——民法的分析法学基础》，中国政法大学 1999 年博士学位论文，第 177 页。

职业者也常望"例"兴叹，更难为一般民众所理解，所以需要大量的律师帮助，这就是为什么在普通法国家律师众多，为此需要社会付出一定的成本。"法典超乎非成文法的优点就在于法典使法得以公开，确定以及为普通市民所理解。理性的法典总是被认为是一个解放的工具，普通市民知道他们的权利与义务，促进法治同时避免不必要的立法。"①

民法典是体系化的结果，法典化实际上就是体系化，体系是民法典的灵魂。一切关于法典化的定义和解释的文献中，都提到了体系和秩序这些要素。② 民法的体系化需要借助民法的法典化来完成。在法典化的过程中，贯彻民法的价值理念，整合规范制度，并且消除法律规范之间的冲突，形成在价值上一致、逻辑上自洽的民事规范统一体。民法作为调整市场经济关系的基本法，其健全程度直接关涉法制建设的进展，民法典是更高层次的成文法③，从世界各国的立法经验来看，大陆法系国家都以民法典的颁布作为其法制成熟程度的一个重要标志。为了真正在 2010 年建成社会主义市场经济法律体系，必须尽快制定和颁行民法典。

第四节　民法典体系是理论体系与立法构建的统一

一、民法典体系应当以理论体系为构建的基础和前提

民法典体系是一个知识发现的结果。从早期的罗马法来看，从盖尤斯的法学阶梯三编模式、优士丁尼的法学阶梯四卷模式到学说汇纂五十卷模式，法学家群体发挥了重要作用。这些法律文献与其说是法典，不如说是法学的教科书。现代民法学体系就是从分析、研究古代罗马法中找到了原始依据。正如后文分析的，法国之所以选择三编模式，是因为法国学者当时大都接受了盖尤斯的三编模式，

---

① Reinhard Zimmermann, Codification: History and Present Significance of an Idea, 3 Eur. Rev. of Private Law 139 (1995).

② See Gunther A. Weiss, The Enchantment of Codification in the Common-Law World, Yale Journal of International Law, Summer, 2000. 这些被认为是法典化最为重要的特征。E. Schwarz, Die Geschichte der privatrechtlichen Kodifikationsbestrebungen in Deutschland und die Entstehungsgeschichte des Entwurfs eines bürgerlichen Gesetzbuchs für das Deutsche Reich, in 1 Archiv für bürgerliches Recht 1, 2 (Berlin, Heymann 1889), at 169-70.

③ 参见薛军:《民法典编纂的若干理论问题研究》，载《清华法律评论》第 2 辑，清华大学出版社 1999 年版，第 172 页。

而德国的五编制也正是潘德克顿学派在研究学说汇编的过程中所总结出来的成果。从萨维尼的著作到海瑟的法学教科书，其中所总结出来的五编制体系，严格地说都是教科书的体系。这些理论体系深刻地影响了后世的民法典制定。

民法典体系应当以理论体系为构建的基础和前提。建构一个科学的体系，必须以深入探究和认识体系为前提，而这项工作主要是法学家所承担的使命。"法学家必须认识严谨的体系，可以说是'编纂法典般地'重建这一秩序。"① 为此，法学家有必要在体系构建过程中总结并提出系统化的、可操作的理论体系，为立法体系的构建提供理论准备和支持。那么，法学家需要构建一个什么样的理论体系，该体系应当包括哪些内容，这些都是需要深入研究的问题。笔者认为，理论体系应当包括以下内容：（1）对历史形成的既定的民法典体系的总结和研究。罗马法对近代产生重大影响的原因之一，就在于其提供了体系性的思维方式。自近代法典化运动以来，先后有众多富有成就的多部民法典问世，如何通过比较分析，全面看待和把握这些既存法典的内在逻辑，是体系研究方面的重要任务。因而，关于体系的研究，大量的都是对这些既存法典的探讨。（2）揭示民法典体系发展的规律，找出促成体系发展的原因，以资借鉴。自罗马法以来，民法典的体系随着社会的研究而不断发展并呈现出不同的形态，总结这些形态及其变化，并探究这些变化背后的深刻原因，无疑将对今天民法典的制定提供有益的经验。例如，民商分立和民商合一的演进现象背后有着深刻的经济发展因素，尤其是受到独立商业阶层的产生和消失的影响，因此，我们的民法典到底采用何种模式，也应当认真考察当前的经济活动参与者的组成结构。正如科因（Coing）指出的，因为每个体系都是透过"研究个别问题所获知认识状态的概括总结，它包括被认识的法律原则及其之间的相互关系，以及我们在个案，在规定的客体中所认识的事物的结构"②。（3）结合国情建构一个有关民法典的理论体系，其中包括价值、概念、制度的完整体系。民法的博大精深就表现在，其概念的内涵、规则的内容都存在内在的逻辑联系。潘德克顿学派通过解释罗马法，揭示了概念和规则之间的内在联系，尤其是历史法学派代表人物萨维尼以法律关系来编排民法典的理论为许多国家所接受。③ 所以，所谓体系构建，就是指学者通过对既有法典的认识，提取和发展出具有内在一致性的规范整体，从而建构出概念、规则、制度、原则、价值等有机统一的民法整体，而这样的一种理论构建如果为立法所采

---

① ［葡］马沙度：《法律及正当论题导论》，黄清薇、杜慧芳译，澳门大学法学院 2007 年版，第 103 页。

② Coing, Grundzuege der Rechtsphilosophie, 4. Aufl. 353. 转引自［德］卡尔·拉伦茨：《法学方法论》，陈爱娥译，商务印书馆 2003 年版，第 45 页。

③ 参见［葡］平托：《民法总则》，林炳辉等译，澳门法律翻译办公室、澳门大学法学院 1999 年版，第 5 页。

纳就将转化为民法典的立法体系。这就需要对那些散乱的、众多的、杂而无序的各种法的构成要素加以辨识、区分、归类和整合，将性质相似的规范集于某上位概念之下，形成若干规范群，在此基础上，进一步考察研究规范群之间的联系，并运用一定的逻辑方法对其加以构建和整合，并形成概念明晰，逻辑严密的严谨体系。① 这就需要对民法的价值、理念进行协调分析，找出协调各种价值的机制和原则。类似这些问题都有待于学者的发掘和整理。从这个意义上说，在没有形成法典体系之前，学者将会对该体系的建构发挥重要的作用。

从理论体系的构建的目的也可以看出，民法典体系应当以理论体系为构建的基础和前提，这主要基于以下原因：

1. 构建民法典体系，需要认识和发现民法的规律性。民法的体系是民法的内在规律的反映，而这种内在规律是为人们所认知的。人类的理性决定了在各种科学研究中，运用理性的方法架构一个体系，是从事科学研究的一个理想。就法学而言，通过反映人类共同生活的基本价值的一个具有内在联系的规范的体系，来实现民法典创制的目的，即实现社会公平正义。这不仅是法学历史发展中一个永恒的任务，也是千百年来民法学者孜孜以求的理想。因此，民法学的研究始终不能回避如何建构民法体系的问题。诚然，民法的体系是不断变动和发展的，但是人们仍然可以不断总结历史的文献资料，把握民法体系发展的趋势，从而不断地认识民法体系的规律性，为民法典的体系化构建提供理论准备。

2. 民法典的创制必须有理论的准备和指导。法典不是立法者凭空臆想的产品，就如同建造大厦必须有一个图纸一样，法典制定也是一项巨大的工程，必须在立法之前设计蓝图。这张蓝图需要法学家在理论研究过程中勾画出来。法学家的任务就是要为民法的体系化提出一个计划，尤其是在分步骤、分阶段制定法典的过程中，法学家不仅仅要设计出体系化的方案，还需要推进体系化进行的步骤和计划，例如，应该先制定哪一部法律，再制定哪一部法律。尤其是在我国目前阶段，民法典的制定本身就是分阶段、分步骤进行的。这就像是建筑物的分段施工一样，虽然最后会有整合，但在施工之初就应当有一个总体的设计和构想。此外，法学家应当对现行法律进行解释，而且找出现行立法的缺陷和漏洞，从而为立法的体系化提出建议。所以，实现民法的系统化是法学家的重要使命。②

3. 民法典的制定需要事先确定其价值体系。民法典的每一个规范和制度要保障内在的和谐，必须在价值上一致。而民法典要贯彻那些价值，必须在理论上

---

① 参见赖银标：《从民法体系化上看物权行为之独立性》，载中国私法网：http：//www. privatelaw. com. cn/new2004/shtml/20040525164425. htm。

② 参见 [葡] 马沙度：《法律及正当论题导论》，黄清薇、杜慧芳译，澳门大学法学院 2007 年版，第 102 页。

明确民法的基本价值及体系，同时要在理论上提出如何防止不同价值的冲突和紊乱。在许多情况下，不同制度所体现的价值是多元的，甚至是矛盾的，例如债权体现了动态安全的价值，而物权体现了静态归属安全的价值，这两者可能会发生内在冲突。再如合同的成立和生效在价值上也有冲突，合同成立体现的是当事人的意思自治，合同生效体现的是国家对合同效力的控制。这就需要在构思整个民法内在体系时，明确不同的价值的内涵，确立价值的优先秩序。

4. 民法典的适用需要借助于理论体系。在民法典颁布之后，其适用也需要参考理论体系。民法典必须经法官解释方可适用。而法官对法律的解释，不仅仅需要对法条的文义进行解释，而且需要采用目的解释、体系解释等各种论理解释方法，这就需要借鉴学者提出的理论体系。例如，在法律解释中，体系解释是一种重要的解释方法。体系解释就建立在法学知识的整体理解上。任何人面临一定数量的素材时，如果对此不加以体系化的梳理，则其不仅无法高效率地掌握该素材的真实内在意思，而且往往陷入无边的信息"海洋"之中。

5. 民法典的传播需要法学理论体系的辅助。法典的一个重要使命，就在于克服不成文法在法律传播和普及上的缺陷。法典化通过一个体系化的外在文本形式，为实现法律的公开性、安定性和普适性提供了重要基础。如果缺乏了体系的知识信息，将无法实现提升法律意识、传播法律知识的重要任务。法学理论工作者对民法典体系的设计和解读，不仅有利于广大民众在法典化后了解民法体系的制度和内涵，也有利于实现法典具体制度的准确适用。

必须指出，理论体系不等于法律体系，任何学者的立法建议和学术思想都是学者个人观点，都是一种认识体系，只是为立法体系提供服务的。任何学者提出的民法典体系化的建议包括专家建议稿、学者建议书等，只有通过立法机关的立法活动才能转化为民法典的体系。但是，体系认识与体系构建是密切联系在一起的。一方面，没有对体系认识的理论积累，所谓的体系建构也就无从谈起，因为体系建构必然立足于对现存的体系的认识、比较、总结、反思甚至批判；另一方面，体系的认识本身并非是终极目的，即便是在已有民法典的国家，民法典及其体系本身并不代表终极性的真理，相反，它们本身都处于不断演进的历史进程之中，都在实践中不断地发展和完善，所以，对于体系的认识只有最终应用于立法体系时才具有意义；对于没有颁布法典、不存在法典化体系的国家，体系的认识更应当服务于体系的构建。

当然，理论体系的认识特别是对民法典自身规律的认识，必须要从客观规律出发，体系构建不是凭空创造出来的，它必然立足于对特定的社会经济条件和社会发展规律的认识，不能脱离现实经济生活而盲目地设计出某种关于体系的理论。理论体系都必须最终服务于中国民法法典化的现实需要。在我国民法典的制

23

定过程之中，我们对民法典体系的认识，主要是指对国外已经颁布的民法典体系的理解、分析、比较，其目的并不是要照抄照搬这些体系，而是要为中国民法典的体系建构提出真正具有建设性的意见，形成具有中国特色的民法典体系。

二、民法典体系化与形式理性

"成文化、法典化的意义其实在于法律的系统化——即所谓理性化。"[①] 所以，民法典体系化与形式理性具有密切联系。德国法社会学家韦伯（Max Weber）认为，大陆国家法律具备逻辑性的形式理性。韦伯所说的形式理性指出法典以一种外在的形式存在。在韦伯看来，民法典实际上是形式理性的产物。一方面，"可预见性"、"可计算性"是法律理性的本质特征。[②]《法国民法典》代表着法律理性化最为重要的成就之一，其意义可以比同罗马法。[③] 韦伯认为，"在西方，出现了法律的理性逐渐增强的趋势……法律也被置于一个影响其他一切领域活动的总体性关注过程之中。"另一方面，法律理性摆脱了神学色彩的形式主义，逐渐形成为特殊的法律形式与形式逻辑上的合理性和系统性，经过逻辑上的提炼和推演，在法律程序中形成了合理的技术。而法典正好满足了这样一种逻辑体系的要求。[④] 从韦伯的这些分析来看，我们有理由认为，强调民法典是形式理性的最高形式和成就，具有重要的意义。原因在于：

1. 民法典具有典型的"可预见性"和"可计算性"。在这样一个体系之内，结果由已确立的规则所预决，而且这些事先公布的规则以严格的逻辑式的方式组织成为一个整体，防止出现不可预知的情况。如有学者所指出的那样，"现代社会的人际关系已从传统的地缘、血缘中走出来了，社会生活逐步理性化，人与人的关系也是如此。作为市民社会的基本法，民法典型地体现了现代社会的这种形式理性特征，即以可计算性为中心。"[⑤] 这正是形式理性的意义所在。在我国制定民法典的过程中，强调民法典体现形式理性，也要求民法典必须总结人类所积累的基本生活经验，确立人类生活的共同性规则，提供市场交易的基本准则；民法典所确立的规则是确定和全面的，从而为主体遵守法律提供了非常集中的参照，这是单行法所无法比拟的。当然，法典还应对未来保持相当的开放性。这就

---

① 陈妙芬：《形式理性与利益法学》，载《台大法学论丛》第 33 卷第 2 期，1999 年。

② Michel Coutu, Max Weber et les rationalités du droit, LGDJ, 1995, p. 50.

③ Julien Freund, La rationalisation du droit selon Max Weber, in APD, 1978, vol. 23, p. 72.

④ 参见 ［德］马克斯·韦伯：《论经济与社会中的法律》，张乃根译，中国大百科全书出版社 1998 年版，第 306 页。

⑤ 谢鸿飞：《论人法与物法的两种编排体例》，载徐国栋主编：《中国民法典起草思路论战》，中国政法大学出版社 2001 年版，第 313 页。

使得民法不仅具有可操作性，而且具有可预见性。

形式理性要求民法典应当具有一定程度的抽象性，因为民法典作为基本法律性质的文件，只能规定民事领域最为重要的基本法律制度；民法典应当在较长时间里保持一定的稳定性，所以应当具有一定的抽象性；民法典不宜对生活规定得过细，否则将过于烦琐；民法典对社会生活的规范应当保持相当的限制，即波塔利斯所言的"立法者的谦卑和节制"，不能过多地干预生活。所以法典不能也不宜规定得过于详细和琐碎，其对社会生活只能是有限度地介入，只能规定基本层面的法律制度。《法国民法典》在借鉴罗马法的经验时，没有采取罗马法的所谓形象生活的个案列举和决疑式的风格，而是保持了相当程度的抽象性，力求实现法律的简洁，这种立法技术使其成为 19 世纪立法技术成熟的标志。① 而立法的抽象性和科学性，在《德国民法典》上更是体现得登峰造极。在我国起草民法典的过程中，我们强调形式理性的重要性，就是要求法典的条文表述应当具有一定的形式合理性，既不能过于原则，也不能事无巨细。

2. 强调民法典是形式理性的最高形式和成就，就是要强调民法典是富有逻辑性和体系化的产物。拉伦茨指出："只要我们仍然应该研究'真正的法秩序'及其在思想上的渗透影响，就不能放弃体系思想。"② 以《法国民法典》和《德国民法典》为例，民法典作为成文法运动的高级阶段，因其完善而庞大的体系、严密的逻辑而成为市民社会的基本法，从这个意义上所说的形式理性包括多个方面，例如，民法典确认了完备的私权体系以及其救济机制，确定一种概念的体系，是规则的集合体，确立了制度适用的逻辑结构以及民法典与单行法的结构，这些都是形式理性的表现。③ 对法律概念进行分类的最终目的就是在一个"理性的体系"中为这些概念安排适当的位置。④ 富有逻辑性才富有理性，"逻辑不一贯"（logical inconsistency）是"不理性"概念的核心。⑤ 所以，我国制定民法典要追求形式理性就是要注重法典的逻辑性和体系化。

3. 强调民法典是形式理性的最高形式和成就，就是要实现立法的科学化。也就是说，在构建民法典的内容时，注重其概念、规则的协调一致以及用语本身的精准。形式理性在很大程度上要求保持法律的确定性，通过这种确定性来实现法律的可预见性，使得类似问题得到类似的解决。要实现这样一种目标，就要求我们在设计民法典的时候，应当注意到技术层面的科学性。民法典的体

① 参见朱晓喆：《论近代民法的理性精神》，载《法学》2004 年第 5 期。
② ［德］卡尔·拉伦茨：《法学方法论》，陈爱娥译，商务印书馆 2003 年版，第 43 页。
③ 参见钟青：《民法的理性与非理性》，载吴汉东主编：《私法研究》（第 2 卷），中国政法大学出版社 2002 年版，第 106 页。
④ 参见［德］康德：《法的形而上学原理》，沈叔平译，商务印书馆 1997 年版，第 195 页。
⑤ 参见王巍：《相对主义：从典范、语言和理性的观点看》，清华大学出版社 2003 年版，第 109 页。

系化是实现形式理性的重要途径，可以说，法典是书面的理性。法典的体系化程度越高，其形式理性越强。法典化的形式理性自始决定了成文法国家的法学教育与普通法国家的法学教育存在本质不同。前者首先要学习此种形式理性，学会以演绎法的思维，以基本原则拓展思维空间去解释规范，进而解决实际问题。而后者自始从现实的问题出发，主要以归纳法寻求经验的解决办法，在此种模式下，抽象的原则并不重要，关键是利用先例的经验性知识加以应对。

应当看到，现代社会中民法典形式理性具有一定的局限性。这是因为在现代社会中，随着市场经济向复杂、高级的阶段发展，社会经济生活越来越复杂多样，民法典的形式理性也难以贯彻到其所调整的社会生活的每一个方面，由此而减弱了法典的形式理性：一方面，大量单行法的出现，形成对民法典形式理性的冲击。在现代工商社会，国家在经济生活中扮演着积极的角色，而不仅仅是守夜人的角色。国家公权力介入和渗透到经济生活的各个方面，因此，与民法典紧密结合的领域中出现了一系列管理私法领域活动的法律规范，这些单行法与民法典具有密切的关系，它们之间构成特别法与一般法的关系。但是这些单行法自身所具有的管理性规范的性质，使之与作为"私法的宪章"的民法典，在立法风格、概念术语、规则构成、法律效果等方面不可避免地存在着较大的差异。由此，民法典的形式理性将难以彻底贯彻到这些单行的特别法之中去，甚至会发生抵触。另一方面，法官的积极司法行为说明了民法典形式理性的漏洞。现代社会的生活从总体上看是理性的、可预期的，因为"现代文明的性质，尤其是它的政治、经济基础，要求这种结果的'可预见性'"[①]。人们在具体到个人层面的微观行动上，并不能总是保持理性的，甚至人们的生活实践将完全超出法典的预期。"当法无明文时，需要有'司法的创造'。"[②]当立法者不可能预见到未来的各种情况，或者有意回避某些问题时，民法典便会出现漏洞，出现法无明文规定的情况。此时，民法典便不再是一部形式上完美无憾的理性作品了，它需要法官的积极释法甚至造法，需要法官进行类推，以及扩大适用一般条款，从而发展和完善民法典。在当代法律越来越多地诉诸抽象的价值观时，例如诚实信用、公平合理性等，对这些抽象价值观越来越多的援用，使得裁判越来越多地具有实质主义的色彩。而这些积极的司法活动，在一定程度上都说明了民法典的形式理性并不是绝对的，也是需要发展的。

我国历来有编纂法典的历史传统，因此，可以认为我国也有注重形式理性的

---

① ［德］马克斯·韦伯：《论经济与社会中的法律》，张乃根译，中国大百科全书出版社1998年版，第352页。

② ［德］马克斯·韦伯：《论经济与社会中的法律》，张乃根译，中国大百科全书出版社1998年版，第310页。

传统。需要指出的是，在我国民法法典化过程中，强调形式理性具有十分重要的意义。正如德国学者沃尔夫教授所指出的，法典编纂是对法律文化和法学的最高贡献。① 因此，编纂一部系统完备的民法典，其本身就是形式理性的体现。民法典要体现这种形式理性，应当反映以下内容：（1）要求实现民法典概念、规则的科学性，统筹安排概念、制度、规则的适当位置和合理顺序，为每一个规范制度确定适当的位置。（2）要求确定规范概念的内涵，并保持概念在整部法典之中的一致性。（3）确定概念和规则的抽象程度，既不能过于原则，又不能过于具体。过于原则，将导致概念和规则的空洞化，难以适用；而过于具体，又将导致法律规则过于僵化，难以适应社会发展的需要。（4）注重民法典与单行法之间的协调一致。但是，我们强调民法典的形式理性，并不是要满足逻辑偏好，而是为了保障法律安全，实现法的安定性价值。因为法典的形式理性本身并不是法典的目的，其真正的意义在于可以长久地保持法典的实质理性，我们追求法典的逻辑性，是为了最终实现法的稳定性和安定性，为人们提供合理的预期，避免法官恣意释法、造法。如果完全限于法典自身概念、规则等逻辑上的自我构建和繁衍，将形式主义推到极端，就有可能使法典的某些内容脱离社会生活实践，甚至会对社会生活造成伤害，违背了法典的真正价值与目的，从而使纯粹的形式走向恶的一面，完全沦为功能主义的工具。从这个意义出发，韦伯所说的法律的形式理性包括形式和理性，前者是外在的表现方式，而后者是形式的本原。"形式理性意味着，法律以其自以为合理的制度形式存在着，但法律本身却不是目的。法律程序和法律规范只不过是社会的工具，它们与法律内在目的有着密切的联系。"② 我们需要通过民法典体系化追求形式理性，更重要的是通过民法典的制定实现民法典的实质目的。形式理性意味着，法律以其自以为合理的制度形式存在着，但法律本身却不是目的。法律程序和法律规范，只不过是社会的工具，它们与法律内在目的有着紧密联系。③ 体系化本身不是目的，体系化是为了实现法典的科学性，服务于法制建设的目的。所以，任何形式理性都必须服务于立法的目的，不能为了追求形式上的价值，而忽略了实质正义的实现。由此我们可以知道，民法典的形式理性目的在于以这样一种更有保障的方式来长久地贯彻民法的自由、平等、公平、正义等基本的价值和理念。

---

① 参见［德］沃尔夫：《民法的法典化》，丁晓春译，载《现代法学》2002年第3期。

② ［美］艾伦·沃森：《民法法系的演变及形成》，李静冰、姚新华译，中国法制出版社2005年版，第32页。

③ 参见［美］艾伦·沃森：《民法法系的演变及形成》，李静冰、姚新华译，中国法制出版社2005年版，第32页。

三、民法典的体系应当反映市场经济和社会生活内在规律

从经济上看，民法反映了市场经济的内在要求，而交易的运行具有自身的规律，这种规律必然会表现在民法上，形成一定的体系。民法之所以能够形成逻辑性体系，深刻的原因在于，民法所调整的交易关系的平等性和自治性决定民法应当有其内在的规律。从民法的历史沿革上看，民法始终是与商品经济或市场经济的发展紧密联系在一起的。在罗马时期，正是由于出现了较为发达的简单商品经济，罗马法才得以孕育、产生和完善。欧洲中世纪后期，资本主义商品生产和交换在封建的自然经济的空隙中产生和发展，导致了中世纪商人法的形成和罗马法的复兴。1804 年的《法国民法典》以罗马法为蓝本，巧妙地运用法律形式把刚刚形成的资本主义社会的经济规则直接翻译成法的语言，从而"成为世界各地编纂一切新法典时当作基础来使用的法典"①。19 世纪末期，由于市场经济的发展，产生了资本主义成熟时期的法典代表——《德国民法典》。

从民法的内容来看，民法调整的财产关系实际上主要就是财产归属关系和财产流转关系。在市场经济条件下，财产归属关系是财产交易的前提，而交易最终向财产的归属转换。马克思在描述商品交换过程时指出："商品不能自己到市场去，不能自己去交换，因此，我们必须找寻它的监护人，商品所有者……为了使这些物作为商品彼此发生关系……每一方只有通过双方共同一致的意志行为，才能让渡自己的商品，占有别人的商品。可见，他们必须彼此承认对方是私有者。"② 这就表明商品关系的形成必须具备三个条件：一是必须要有独立的商品"监护人"（所有者）；二是必须要商品交换者对商品享有所有权；三是必须要商品交换者意思表示一致。这是在交换过程中形成的商品关系的内在要求，与此相适应，形成了以调整财产所有和财产交换为目的，由民事主体、物权、债和合同等制度组成的具有内在联系的民法体系。交易的本质是由主体、财产权、合同所构成的核心要素。这就决定了反映这种交易规律的民法体系，无论采取何种外在的表现形式，在制度的安排上都应当包括主体、财产、合同这些基本的元素，并且应当寻求这些基本制度之间的逻辑性，因为，如果民法典的体系不包括这些基本要素，则显然与民事生活的基本要求完全脱节，这样的民法典体系根本不可能发挥其作为民事生活的基本法的应有功能。

正是由于民法典体系受市场经济的制约，尽管各国民法典的具体表现形式各

---

① 《马克思恩格斯选集》（第 2 版），第 4 卷，人民出版社 1995 年版，第 702 页。
② 《资本论》（第 2 版），第 1 卷，人民出版社 2004 年版，第 103 页。

有差异，其调整的对象和范围都具有同质性，都是市民社会的生活关系。同时，随着市场经济的发展，民法典的体系也会不断发展，例如，由于担保制度的日趋活跃和多样化，《法国民法典》于 2006 年 3 月 23 日修订时单独增加了担保一编。这也决定了民法典的体系应该是一个开放的而非封闭的体系，会随着社会的发展而不断发展变化。①

当然，形式体系的选择本身具有一定的相对独立性。例如，大陆法系存在着法国模式和德国模式等类型。某一国家的形式体系选择，在不影响法典的实质内容的前提下，可能并不仅仅取决于该国在某一历史阶段中的社会经济条件，而可能还会受到其他因素的影响，例如，既定的历史传统、立法者的偏好、学者本身的知识结构和背景。以日本为例，在 19 世纪末期，其所学习的对象是法国法，巴黎大学的著名学者伯瓦索纳德（Boissonade）曾被日本天皇政府聘请为立法顾问，并且为日本设计出了详细的民法典草案。但是日本当时未能及时颁布民法典，所以最终未能采纳法国法的体系。《日本民法典》的起草者认为，普鲁士的政治、军事体制更适合处于上升时期的日本，而法国的共和制与日本不断强化皇权的形势不相契合。在这种情况下，日本最终抛弃了法国法的模式转而采取了德国法的模式。这在某种程度上说明，形式体系的选择也具有一定的历史偶然性。② 因此，仅仅从经济的内在要求来解释民法典的体系模式选择是不够的。

第五节　民法法典化与法律汇编

法律汇编，英译为"Digest"，法语译为"Compilation"或者"à droit constant"，它是指按照一定的体系在不改变法律内容的前提下，将已有的法律编在一起，冠以统一的名称。在大陆法系国家，法律汇编起源于罗马法。罗马法的学说汇纂，称为 Digesta 或 Pandectae，Digesta 是拉丁语，是"集合起来"的意思，而 Pandectae 是希腊语，是"包括一切"的意思。两词的基本含义是相同的，都是"汇纂"的意思。③ "学说者，系学者的思想结晶与学术之见也；汇纂者，乃将五彩之条带汇集在一起也；《学说汇纂》旨在将学者的思考与争论尽可能全面

① 参见石佳友：《法国 2006 年 3 月 23 日改革担保制度的法令述评（纲要）》，载中国民商法律网：http：//www.civillaw.com.cn/weizhang/default.asp?id=26687。

② Jiayou Shi, La codification du droit civil chinois au regard de l'expérience française, LGDJ, 2006, p. 476 et s.

③ 参见谢怀栻：《大陆法系国家民法典研究》，载易继明主编：《私法》第 1 卷，北京大学出版社 2001 年版，第 27 页。

展示。"① 优帝《学说汇纂》就是对过去,特别是对公元 1 世纪到公元 4 世纪初的罗马著名法学家的著作、学说和法律解答的选编。② 大陆法系国家为了法官适用法律的方便,大多实行法律汇编,例如,日本的小六法就是法律汇编。英美法大多采用了法律汇编的模式。例如,美国法典实质上就是将美国颁布的各种成文法汇编在一起。

法律汇编的特点在于:一是将已经生效的法律文件汇集在一起,即将原有的法律文件不加改动地按照一定顺序汇集在一起。二是不需要起草和修订法律。法律汇编主要是按照一定的目的或者标准对已经颁布的规范性文件进行系统的排列,从而汇编成册。③ 法律汇编不需要改变法律的内容,因此,汇编本身不是一种创制法律的立法活动,只是一种对现有法律作出技术性编辑的活动。尽管在汇编过程中也要考虑一定的逻辑性和体系性,即在确立分类的标准时,需要按照一定的逻辑进行分类。但是,它不需要考虑严谨的逻辑体系,也不需要考虑既有制度之间冲突、重复的解决。三是法律汇编既可以是不同部门法律的汇编,还可以是多个部门法律的汇编,以便于法官找法。

就民法典的制定而言,采用法律汇编的方式,也是构建民法典的一种模式。应当承认,采用汇编式编制的民法典也有一定的优势。在英美法国家,冠以法典之名的法律并无严格的体系,例如美国《统一商法典》,这种模式也在一定程度上使法律体系化和科学化。此种方式的优点在于:(1)法律汇编简便易行,无须支付过高的成本,不需要经久费力地进行修法活动,能够尽快地完成,节省立法成本。考虑到在我国编纂一部民法典工程浩大,需要长期的理论准备和支撑,尤其是需要考虑学术积累和司法实践的检验,所以,不可能在短期内完成,而通过汇编来制定民法典,既满足了法律适用的需要,又节省了大量的人力物力。(2)法律汇编不对原有的法律进行改变,因此最大限度地保持了法律的稳定性。采用汇编的方式,实际上是将现有的法律汇集在一起,因为这些法律已经颁布,并为人们所熟悉,而不像新民法典的制定还需要人们重新熟悉,也不需要人们再重新学习。在实践中,由于法律本身的内容并没有增加或者删减,也没有进行改动,因此容易继续施行。还要看到,我国现在正处于社会转型时期,各种利益正在进行调整,社会生活正在发生深刻变化,针对新的社会关系需要颁布新的法律,法律汇编的方式可以满足颁布新法律的灵活性,并满足法律开放性的需要。所以,就民法典制定而言,法律的汇编也是一种可行的方式。

正是因为法律汇编具有上述优势,在我国一直存在着一种所谓"松散式、

---

① 费安玲主编:《学说汇纂》,第 1 卷,序言,知识产权出版社 2007 年版。
② 参见余能斌主编:《民法典专题研究》,武汉大学出版社 2004 年版,第 48 页。
③ 参见许中缘:《体系化的民法与法学方法》,法律出版社 2007 年版,第 161～162 页。

邦联式"思路。这一思路的主要特点是，不赞成法典具有体系性和逻辑性，主张各个部门相对独立，相互之间构成松散的、邦联式的关系。① 也有学者甚至认为，国际上已经存在去法典化和反法典化的趋向，并以此作为反对制定民法典的理由。上述观点虽不无道理，但笔者认为，法律汇编虽然可能满足短期的、暂时的法律适用需要，却不能够真正解决民法的体系化问题，而且也不利于提高裁判质量，保障司法公正。与民法典相比，法典汇编的缺陷在于：

1. 法典汇编不能有效地实现民法体系化。虽然从形式上看，法律汇编似乎也实现了民事法律的集合，并且也体现了一定的编排顺序和安排，但这种顺序和安排仅仅是以已经颁布的各个法律为单位而进行的简单排列，并非对整个民事法律制度和规范的体系化。"简单法律汇编是根据或多或少的经验标准，其中包含属于不同法律部门且性质各异的内容"，而不像法典编纂那样追求体系性。② 法典是最富有体系的法律文本，是法律形式理性的最高形式。真正的法典编纂，是指在法律体系整体中勾勒和塑造"一个由新规则和革新过的规则组成的完整体系"，其目的是"构建或修正某一法律秩序"③。法典的体系化在于它的"整体结构"。这个"整体结构"在实体法上反映出其条文的独立性、连贯性和统一性，同时体现各组成部分彼此间的整体和谐。④ 而法律汇编并不追求严谨的体系。法律汇编只是将各项法律法规按照一定的体例简单汇编在一起，各个法律之间并不需要构成一个层次分明的体系，不存在着总则—分则的体系。在体系汇编之中，各个法律之间也难以形成逻辑的关系。由于法律汇编不能有效地实现民法体系化，采取此种方式仍然不能解决法律在非体系化状态下存在的大量重复，法律之间的相互冲突、不协调，以及法律适用中效力等级不确定等问题。

2. 法律汇编并不是按照体系化的计划而形成的。法典编纂是根据系统的计划而制定的，哪些制度应纳入法典，哪些制度应由单行法规定，都要作系统的安排。但法律汇编仅仅是将现行的法律进行简单的罗列和汇集，并不进行实质性的修改和创造，一般不涉及严密的体系安排和编纂计划。这"就好像建一栋大厦，不先进行整体设计，而是分别建造各个房间，再将造好的各个房间拼合在一起组成一座大厦"⑤。这种简单的法律汇集不涉及各项具体制度的改变和协调，由此

---

① 参见梁慧星：《为中国民法典而奋斗》，法律出版社 2002 年版，第 37 页。
② 参见［葡］马沙度：《法律及正当论题导论》，黄清薇、杜慧芳译，澳门大学法学院 2007 年版，第 87 页。
③ ［法］让·路易·伯格：《法典编纂的主要方法和特征》，郭琛译，载《清华法学》第 8 辑，清华大学出版社 2006 年版，第 15 页。
④ 参见［法］让·路易·伯格：《法典编纂的主要方法和特征》，郭琛译，载《清华法学》第 8 辑，清华大学出版社 2006 年版，第 20 页。
⑤ 梁慧星：《为中国民法典而奋斗》，法律出版社 2002 年版，第 37 页。

而带来的一个问题就是，法典汇编不能实现民事立法的和谐一致，难以消除其内在的冲突与矛盾。一方面，有些法律的内容已经不适应时代发展的需要，需要进行修改，当将这些法律汇编在一起时，就会影响汇编法典的质量。特别是在我国，因为我国民事法律是在计划经济走向市场经济的过程中不断加以制定的，有些法律的内容已经不能适应社会发展的需要。如我国《民法通则》的诸多规定与《合同法》出现冲突，这些内容如果不进行修改，就很难汇集在一起。另一方面，法律汇编中的各个法律都是在不同时期基于不同的立法政策而制定的，因而它们的立法目的和价值难免存在差异。法律汇编无法消除这些法律之间的内在冲突和矛盾，也就无法实现法律的内在一致性和价值一体化。法律汇编形成的是松散的法律集合，这并非法典化的途径，因为法律汇编并没有形成真正意义上的法典化。

3. 法律汇编虽然降低了立法成本，但是它大大增加了司法成本。民法法典化的优势在于，它通过体系化的方法来安排法律规范。体系化的安排可以便利法官寻找法律规范，从而减少法律适用的成本。另外，体系化的安排还可以避免法律规范之间的矛盾和冲突，从而避免法官在适用法律过程中的无所适从。但法律汇编各法杂陈，法官各取所需，"一部不讲究逻辑性和体系性的所谓松散式、汇编式、邦联式的法典，使得审理同样案件的不同地区、不同法院的不同的法官，可以从中找到完全不同的规则，得出截然相反的判决"[1]。因为单行法众多，而在法律上又难以确定需要适用的裁判规范，以及法律适用上一般法与特别法的区分，法官容易按照自己的理解，各取所需进行审判，损害法的安定性和权威性。所以，法律愈有逻辑性和体系性，愈能保障审理同样案件的不同地区、不同法院的不同法官，只能从中找到同一个规则，据此得出同样的判决。[2]

4. 法律汇编不能实现法律价值目标的协调统一。法典都是按照体系化的价值和要求来制定的，而法律汇编是将不同时期制定的法律集合在一起。不同时期制定的法律，是针对当时的社会需要而制定的，体现当时社会的价值。但是，不同时期的法律汇编在一起，就难以实现内在价值的一致性和统一性，不可避免地发生规范上的冲突或者价值上的冲突。尽管我国是实行阶段立法的模式，但是这并不是说，我国必然要采用法律汇编的形式，因为阶段立法之后，必须按照民法典的体系和价值重新架构，从而实现法典编纂的目标。

5. 法律汇编不利于法律的解释、法学研究和教育。在法律汇编之下，汇编无所谓上位法、下位法、一般规范、特别规范，也无所谓基本原则，学理解释没

---

① 梁慧星：《松散式、汇编式的民法典不适合中国国情》，载《政法论坛》2003 年第 1 期。
② 参见梁慧星：《松散式、汇编式的民法典不适合中国国情》，载《政法论坛》2003 年第 1 期。

有统一的价值标准和逻辑方法。法律汇编也不利于独立的民法学科的形成，因为单纯的汇编也可以诸法合体，可能导致民法与其他法律缺乏明确的界限。

因此，法律汇编不具有法典的全部功能。法典编纂并不同于法律汇编，也不同于其他任何形式的体系化。[①] "法典化并不在于汇集、汇编改进或重整现有的科学或准科学的法律，即就像从前德意志法律改革和罗马及西班牙法律汇编一样，而是在于通过新的体系化的和创造性的法律来创造一个更好的社会。"[②] 由于法律汇编并非法典化的途径，所以将法律汇编在一起而称为"法典"，实际上混淆了法律汇编和法典编纂的区别。从中国的现实需要出发，仅仅只是将单行法汇集在一起，不仅解决不了体系化的问题，而且会导致法律适用中找法的困难。例如，在实践中，《物权法》、《担保法》和《担保法》的司法解释之间的不一致之处较多，如何适用难以准确判断。这充分表明，法律汇编在适用中存在难以统一的弊端，导致找法的困难。另外，如果是法典化，其立法思想非常明确，即便法无明文规定，法官仍可以根据法典的指导思想来进行合理造法。反之，只有法律汇编，则法官难以进行正确的造法、释法活动。所以，法律汇编尽管可能减少立法成本，但这种做法会使得民事立法不能体系化，失去体系化的目标。因此，它不符合构建社会主义民商事法律体系的需要。

第六节　民法典与民事立法的体系化
——法典中心主义

一、法典中心主义的概念和内涵

"不管在哪里，民法典都往往被当作整个法律制度的核心。"[③] 艾伦·沃森的这一论断描绘了民法典在大陆法系国家法律体系中的重要地位。在整个民事立法的体系中，民法典应处于中心地位，这就是我们所说的法典中心主义。在成文法

---

① Golab, Theorie et Technique de la Codification, in Studi Filosofico-Giuridici Dedicati a Giorgio del Vecchio 296.

② F. Wieacker, Historia del Derecho Privado de la Edad Moderna 292〔Francisco Fernandez Jardon trans., Aguilar ed., 1957（1908）〕.

③ ［美］艾伦·沃森:《民法法系的演变及形成》，李静冰、姚新华译，中国法制出版社 2005 年版，第 191 页。

33

国家，法典是成文法的最高形式和最终成就，由法典统领其他形式的民事规范。但法典中心主义，仅限于民事领域，即在民法典所涉及的民事法律部门的全部渊源体系中，民法典处于核心的地位。具体来说，法典中心主义主要表现在：

1. 法典地位的基本性。也就是说，在众多的民事立法中，应当确立民法典的中心地位。艾伦·沃森曾言："一部法典最令人瞩目的特征是它标志着一个新的开端。在大多数国家里，一个基本观念是，随着一部法典的问世，先前的一切法律都被废除了；人们不能脱离法典，回溯到历史上解释其条文。"① 法典所具有的内容的完备性、体系的完整性、调整范围的宽泛性、价值的指导性等等，都决定了它必然在民事法律渊源体系中具有中心地位。在我国，从立法的角度来看，在民法典颁布之后，即使民法典不是单行法的上位法，但相对于单行法而言，法典应当处于更高的效力层级。一方面，民法典是最基本的概括和总结，它规范的是最基本的民事制度，所以它必然处于更高的效力层次；另一方面，民法典是规定基本民事权利义务关系的法，它对于所有单行法具有指导作用。所以，在法律体系中，民法典通常对单行法起着一种统辖的作用。单行法与民法典构成特别法与一般法的关系，它不应该游离于民法典的体系外，形成自身的独立的微系统。

2. 在民事立法体系中的中心地位。也就是说，从法律体系的构建来看，应当以法典为中心。法典中心主义首先是在成文法的内部，民法典统领其他单行法和特别法，既然民法典对其他形式的成文法具有这种作用，那么对于其他的民法渊源（如民事习惯、判例和学说等补充性的渊源）的统率也就是题中应有之义了。② 在法典化以后，民法典又建立了其在整个私法体系中的基础地位和核心作用，即使在民商分立的国家，虽然颁布了商法典，但民法典的地位和作用也是不可动摇的。③ 在成文法国家，成文法规范林林总总，十分庞杂，整个民法体系需要构成一个具有内在一致性的和谐体系，而树立法典的中心地位，才能使得整个法律渊源成为一个有层次的逻辑体系，强调民法典在整个私法体系中的核心地位。

3. 法律适用的基本依据。从法律适用的角度来说，在法院的司法裁判过程中，法典成为最主要的裁判参考和依据。在成文法国家，法官的裁判依据必须源于现行法律，寻找所适用的法律首先必须从民法典开始，而不能各取所需，四处寻找。只有在民法典缺乏所适用的法律依据时，法官才可以从其他的单行法及其

---

① ［美］艾伦·沃森：《民法法系的演变及形成》，李静冰、姚新华译，中国法制出版社2005年版，第164页。

② 参见李建华、许中缘：《论民事习惯与民法典》，载《河南省政法管理干部学院学报》2004年第1期。

③ 参见范健主编：《商事法律报告》，第1卷，中信出版社2004年版，第30页。

他法律渊源中去寻求依据。

4. 立法价值的重要指导。民法典所确立的价值，应当指导单行法以及其他的法律渊源。单行法所奉行的价值，不应该与民法典的基本价值相冲突。单行法所采用的调整方法，应当与民法典相一致。例如，在我国过去的民事立法中，强调先国家后个人的原则。民法典颁行以后，这些立法都应当贯彻民法典中的权利保护思想。例如，《物权法》确立的平等保护原则，就应当成为单行法制定的重要依据。

二、法典中心主义的发展

法典中心主义的思想起源于罗马法。在罗马法学家盖尤斯、彭波尼（公元 2 世纪）以及帕比尼安（公元 3 世纪）所阐述的产生罗马法的法源体系中，法律被视为所有法源中的首要法源，并且被当作其他法源（裁判官告示除外）的衡量标准。[①] 盖尤斯将法律定义为由人民作出的规定与命令，因此它也是人民的"权力"（potestas）的表现。因此，法律在法源体系中的首要地位不容置疑。[②] 在当时并不存在着严格意义上的法典，这里表现的是所谓的"成文法中心主义"。在法典出现之后，成文法中心主义就演变成为法典中心主义。所以，法典中心主义是在成文法以后才出现的概念。

经历了黑暗的中世纪之后，欧洲大陆的许多国家都处于领土分裂、法制分散的状况。直到 19 世纪现代法典的时代到来之前，仍然并存着为数众多的其他法律渊源。[③] 这个时期，法典被看作现代民族国家的工具和标志。结束中世纪法制度与罗马共同法并存的时代，去除中世纪法制度最后的残余，并且扫除法的特殊主义而将需要适用的法加以统一。[④] 在最初的意义上，法典化是要结束法律渊源多元和混乱的局面，从普鲁士、法国和奥地利等国家的法典化经验来看，都在于使法典成为法律渊源的中心。[⑤] 例如，《法国民法典》制定的重要目的之一，就在于结束成文法和习惯法各自为政的分裂状态，并尽可能结束习惯法各不相同的混乱状态。所以，《法国民法典》在颁布时就宣告："自新法生效时起，罗马法、教令、普遍性或者地方性习俗、成文法、条例等，如涉及组成本法典的法律所调整的事项，均不得发生效力。"[⑥] 在 19 世纪的法典化运动中，法典中心主义被推

---

①②④　参见［意］桑德罗·斯奇巴尼：《法学家：法的创立者》，薛军译，载《比较法研究》2004年第 3 期。

③　Theodor Bühler-Reimann, Primat des Gesetzes unter den Rechtsquellen? in Studien zu einer Theorie der Gesetzgebung 1982, at 53, 53 – 55.

⑤　Jacques Vanderlinden, Le concept de code en Europe occidentale du XIIIe au XIXe siècle: Essai de définition 72 (1967), at 190 – 91, n. 702.

⑥　石佳友：《民法法典化的方法论问题研究》，法律出版社 2007 年版，第 72 页。

向了极致。在当时,法典曾经被奉为法律的唯一渊源。制定民法典的重要目的就是要促进法律规则的统一,尽可能通过民法典形成法律渊源的排他性(exclusiveness)。所谓排他性,是指就其所涉事项而言,法典是唯一的渊源,应排除其他渊源尤其是习惯法的适用;法典的实施旨在排除其他的法律渊源。减少其他法律渊源的数量,是历史上绝大多数法典的目标。① 这一时期实际上过度强调了法典中心主义,例如,"在 19 世纪,民法典在法国一直被视为核心,法律的真正心脏"②,而对单行法的制定持否定态度。

法典中心主义不仅仅是法制统一和法律体系化的需要,更重要的是,它是法律渊源排他性的需要。此外,民法典所具有的形式效力,也决定了它必然在整个法律体系中处于中心地位。从法律渊源的角度看,一部法律采用了法典的形式,就具有比一般法律更高的价值和效力,因为形式本身就可以赋予文本以特殊的效力,这也是一些社会学者(如布迪厄)所称的"形式效力"③ 法国学者卡尔波尼埃认为,某一条文如果被纳入法典之中,将比纳入普通法律之中具有更高的权威性。④

自 20 世纪以来,法典中心主义现象已经出现了相当程度的缓和。工业社会急剧发展,市场经济日新月异,出现了大量新的社会现象和复杂的问题,需要法律对其及时作出应对,而法典中心主义要求排除其他的法律渊源,显然无法适应社会发展的需要。所以,排他性的规则逐渐被放弃。在许多国家,在法典之外制定了大量的单行法,判例法也发挥了越来越重要的作用。由于大量单行法的出现削弱了法典的中心地位,司法造法的现象日益明显,一些示范法、国际条约等的作用突出,都在一定程度上影响了法典的中心地位。例如,"在法国,《拿破仑法典》仍然有效,但《侵权行为法》却几乎完全是根据法典中的几条概括规定而发展起来的司法判例"⑤。自 20 世纪末和 21 世纪以来,随着现代社会的发展,去法典化和反法典化思潮开始兴起,在一定程度上冲击了法典中心主义。

法典中心主义是大陆法系特有的现象,代表了大陆法系法典化运动时代的特有规律。以民法典为民事立法的核心,也推动了大陆法系国家民事立法的体系化。但是,民法典与所有的成文法一样,必然具有其局限性;随着时代的发展和

---

① Jacques Vanderlinden, Le concept de code en Europe occidentale du XIIIe au XIXe siècle: Essai de définition 72 (1967), at 190 – 191.

② Jacques Vanderlinden, Le concept de code en Europe occidentale du XIIIe au XIXe siècle: Essai de définition 72 (1967), at 191.

③ Pierre Bourdieu, Habitus, Code et codification, Actes de la Recherche en Sciences socials, 1986, p. 42. (vis formae)。

④ Jean Carbonnier, Droit et passion du droit sous la Ve République, Flammarion, 1996, p. 8.

⑤ [美]约翰·亨利·梅利曼:《大陆法系》(第 2 版),顾培东、禄正平译,法律出版社 2004 年版,第 87 页。

社会的演进，民法典本身也需要适应社会发展而不断发展，同时，也有必要向其他渊源开放，充分发挥单行法、习惯法、判例法等法律渊源的作用。法典的开放在相当程度上表现为法典内容的灵活性和延展性，以及面向其他渊源的开放性。需要指出的是，尽管现在出现了反法典化和去法典化思潮，但并没有从根本上否定法典中心主义。

三、我国民事立法的体系化应坚持法典中心主义

法典是制度文明的显赫篇章，是法的形式的最高阶段。[①] 法典化不仅仅是要满足形式合理性的要求，也不完全是通过体系化使民法各个部分按编章结构有顺序的排列。通过法典化来实现民法典的体系化，就是要在宪法的指导下，确立民法典在民事立法体系的中心地位。我们所说的法典中心主义，绝不是说要否定宪法的根本法地位，而是指在民事立法内部，应当突出民法典的中心地位。在整个民事立法中，应当以民法典为中心来完善整个民事立法体系，确立民法典在民事立法体系中的优越地位。[②] 我们之所以提倡法典中心主义，是因为法典化的重要目标，就是要构建以民法典为中心的民事立法体系。从这个意义上说，制定民法典是完善我国民事立法的基本步骤。

在我国，法典中心主义具有重大的理论和实践意义。自从新中国成立以来，法律界的有识之士便开始呼吁制定民法典。50 年来我国民事立法取得了长足的进步，在统一《合同法》制定以后，《物权法》也于 2007 年顺利出台，民法典的制定已经提上了议事日程。然而对于民法典制定的必要性、民法典与其他法律渊源之间的相互关系，我国仍然缺乏较为深入的研究。讨论民法典体系，必须要坚持法典中心主义。这是因为以民法典为中心构建我国民事立法体系，无论在理论上还是在实践中，都具有十分重要的意义，具体表现如下：

1. 法典中心主义旨在确立民法典作为民事基本法律制度的地位。确立民法典在民事立法中的中心地位，首先要确立其规范民事基本制度的地位。我国《立法法》规定，基本民事法律制度应当由法律规定。但是，究竟什么是基本的民事法律制度？对此，在实践中，存在着不同的看法。民事基本法律制度从广义上理解，既包括实体法的基本性的民事制度，也包括程序法中涉及民事关系的基本制度；而从严格意义上说，民事基本法律制度是指民事实体法所规定的基础

---

① 参见封丽霞：《法典编纂论——一个比较法的视角》序言，清华大学出版社 2002 年版。
② 参见［意］桑德罗·斯奇巴尼：《法典化及其立法手段》，丁玫译，载《中外法学》2002 年第1 期。

性的制度。一般而言，民法典中所确立的各项基本制度就是民事基本制度，这些制度涉及公民的基本权利、市场经济的基本规则。民事基本制度的特点在于：（1）确定了基本的交易关系和生活关系的规则。这些规则的确定，实际上奠定了市场经济的基本法律地位。例如，物权法对于所有权的规定，合同法关于合同自由的规则，民法总则关于民事主体平等地位的规则，这些都构成市场经济的基本规则。大量单行法对于这些交易规则的规定，可以看作是民法典的特别法。按照特别法优先于一般法的规则，单行的民事法律与民法典可能构成特别法和一般法的关系，应当优先适用。（2）基本的民事法律制度所确定的权利，只能通过法律来限制或剥夺。（3）基本的民事法律制度所确定的价值，应当指导所有的单行法。尽管单行法的规定可以与民法典不一致，但是，其所包含的价值和原则应当是一致的。（4）基本的民事制度只能由民法典规定，只有在不宜由民法典来规定时，才可以通过特别法或者法官自由裁量来解决。[1]

2. 法典中心主义有助于保障私法规则的统一性。我国确立民法典为中心的私法体系，有助于保证我国法律的统一。以法典为中心的民法法律体系强调民事基本规则与基本制度应当由民法典加以规定，这些规则与制度将成为单行的民事立法包括法律、行政法规的立法依据，不能随意修改、变动。在我国民法典制定过程中，应当从市场经济的内在需要出发，尽量统一各种市场规则，以防止规则不统一而造成的市场混乱。[2] 我国民法典应当尽可能地追求私法规则的统一性，建立较为完备的市场经济规则。我国实行民商合一体例，商事特别法只是特别法，私法体系应该以民法典为中心和主轴。从国外的经验来看，许多国家制定民法典的重要原因之一，就是要实现法制的统一。[3] 我国是一个统一的多民族国家，我国幅员辽阔，情况复杂，各地发展不平衡，需要视不同的情况制定不同的规则，但又必须维护国家法制的统一。我国一直没有民法典，立法者也没有形成以民法典为中心的立法思维模式，结果导致了现在的各种民事法律、行政法规各自为政的混乱局面。例如，由于我们没有民法典对产品侵权责任的基本规定，结果导致目前对于产品责任的规定散见于《产品质量法》、《食品卫生法》、《药品管理法》、《消费者权益保护法》等大量的特别法中，目前又正在制定"食品安全法"，结果这些法律对于产品侵权责任的规定存在很大的差别，赔偿范围等规

---

① 参见〔葡〕马沙度：《法律及正当论题导论》，黄清薇、杜慧芳译，澳门大学法学院 2007 年版，第 88 页。

② See Reinhard Zimmermann, Codification: History and Present Significance of an Idea, 3 Eur. Rev. Private L. 95, 98 (1995), at 103.

③ 参见封丽霞：《法典编纂论——一个比较法的视角》，清华大学出版社 2002 年版，第 234 页。

定也不同。由于对环境侵权责任没有在民法典中作出基本规定，以致我们现在有大量的特别法对每一种类型的环境侵权行为作出规定，例如，《水污染防治法》、《大气污染防治法》、《固体废弃物污染防治法》、《海洋环境保护法》、《环境保护法》。根据不同的法律，侵权责任构成要件、免责事由等存在较大差异，如在第三人造成损害的情况下，究竟应由污染方首先负责，还是由第三人首先负责，各个法律规定并不一致。

3. 法典中心主义有助于实现民法渊源的体系化。在我国现阶段，民法渊源是多样的，包括行政法规、规章、司法解释、习惯法等。在所有这些法律渊源中，民法典应当处于中心地位。法典中心主义在我国目前的历史阶段具有特殊的意义。我国目前最大的问题是民事立法杂乱，立法主体多元化，部门立法替代民事立法，法律渊源众多，规范适用紊乱。由于我国采取多层次立法模式，大量的行政法规追求自身体系的完整性，而忽视与其他法律和行政法规的协调。例如，关于侵权责任制度的规定，在许多行政法规中都有规定，结果各个行政法规规定的侵权行为的归责原则也不一致。这些都导致以法典为中心的民法法律体系的建立变得越来越困难。①

4. 法典中心主义有助于确立民法基本价值的中心地位。坚持法典为中心，就是要坚持民法典所确立的基本价值理念的中心地位，而单行法应当全面贯彻民法典所体现的基本价值，至少不能与这些价值发生冲突。民法典的自由、安全、平等等价值是构建市场经济的基本要求，在市场经济社会，每个市场主体作为一个合理的经济人，都为了追求一定的利益从事各种经济活动，都从自己利益的最大化出发从事各种行为。这样就会使市场经济运行中交织着各种矛盾、冲突。正因为如此，也需要通过法律手段对各个主体的行为加以协调和规范。在市场经济社会，市场秩序需要在法律规定的范围内通过赋予主体一定的行为自由而逐渐形成一定的秩序。这就是哈耶克所说的自我生成的秩序。内生的市场秩序是"通过那些在财产法、侵权责任法和契约法的规则范围内行事的人而在市场中产生的"②，这种"市场的"秩序只是在参加的个人自愿交易的过程中出现。这些价值应当在单行法中得到体现。当然，单行法的价值也可以形成对民法典价值的补充，有助于完善整个民事法律的价值体系。例如，民法典坚持抽象的法律人格，对各种主体并不区分其身份而区别对待。而在单行法中，其具体人格理念就仅仅具有补充性的地位，例如，消费者权益保护法中"经营者"和"消费者"这两种具体人格的区分。但是，这并不影响民法典之中所确立的抽象人格的中

---

① 参见张新宝：《行政法规不宜规定具体侵权责任》，载《法学家》2007年第5期。

② Friedrich A. Hayek, Law, Legislation and Liberty: the Mirage of Social Justice (Ⅱ), the University of Chicago Press, 1976, p. 109.

心地位。①

　　坚持法典中心主义，并不否认宪法的根本性地位。宪法是根本大法，是制定民法的指导，必须要在各个具体部门法中贯彻实施。法典中心主义只是指在民事立法中应确定民法典的中心地位，但整个民商立法本身都应当遵守宪法确立的根本精神和基本原则，并在宪法的统率下构成一个完整的体系。

---

　　① 参见［日］内田贵：《日本民法典修改的动向和展望》，载《民法典体系国际研讨会论文集》（2008 年 5 月 8 日～9 日，全国人大法工委和中国人民大学法学院主办），第 76～80 页。

第二章

民法典体系及其理论的历史发展

第一节　古代法中的民法体系理论

民法典体系与关于体系的理论在历史中总是相伴相随、相互影响的。学理体系虽然不能完全等同于法典的体系，但是其对法典的体系具有重大的影响。整个民法体系都是适应社会经济及历史文化传统的演进而不断变化的。因此，研究民法典的体系有必要采用历史研究方法，通过梳理各国民法典的制定历史，探索民法体系在历史中的演进历程，并为我国民法典的制定工作提供有益经验。

一、罗马法中的民法体系

有关体系的哲学思想起源于古希腊。古希腊哲学中的辩证法思想曾涉及整体与个别的关系，一些希腊哲学家曾认为，单个的现象应当被纳入整体的概念之下。例如，亚里士多德尤其擅长在理论上针对不同的现象或者规则建构不同的学科体系。这些希腊哲学关于体系的理论对后来罗马法民法体系思想的产生具有重大的影响。例如，古罗马的西塞罗（Cicero，公元前 106 ~ 公元前 43），在共和国的末期就曾尝试利用古希腊的体系化思想对法学进行分类。①

一般认为，现代民法典的体系思想起源于罗马法。罗马法是现代私法的起源。在罗马的法典编纂方面，最有成效、影响最深远的是东罗马帝国皇帝优士丁尼的《国法大全》，其包括《法典》、《学说汇纂》、《法学阶梯》三个部分。② 优士丁尼的《法学阶梯》是以公元 2 世纪著名法学家盖尤斯的同名著作《法学阶梯》为蓝本的，由法科教授三人编成，同时充做法科学生读本，于公元 533 年完成。③ 而罗马法的体系思想也经历了一个发展过程。在罗马法时期，曾经产生过数部被称为法典的文献，如《十二铜表法》等，但对后世民法典体系影响很大的文献，要数盖尤斯的《法学阶梯》、优士丁尼的《法学阶梯》以及《学说汇纂》。

(一) 盖尤斯的三分法体系

《法学阶梯》是盖尤斯在公元 2 世纪的作品，严格地说，它是一部体系性较强的教科书。盖尤斯认为，整个法律的生活就如同一台舞剧，法律生活以"戏剧性的方式呈现出来，相继涉及演员、舞台装饰和舞台上的运动"④。从这一自然现象的分析出发，他认为，"全部法律生活或者与人相关，或者与物相关，或者是与诉讼相关（Omne autem ius quo utimur uel ad personas pertinet, uel ad res uel ad actiones）"，在这三部分中，"首先是人，其行使着对他人和物的控制。而后是物，也就是人所控制的世界及其生产。最后，法学家不能忽视人的行为有时候是冲突的源泉，由此第三部分规定诉讼"⑤。尽管在盖尤斯的《法学阶梯》共分为四编（"关于人"、"关于物权和遗嘱继承"、"关于无遗嘱继承、契约之债和私犯之债"、"关于诉讼"），但第二编和第三编都是关于物的，所以，人、物、诉讼构成了盖尤斯的三分法体系。⑥ 可见，盖尤斯把私法作为一个整体来看待，确认私法中构成性的要素，试图将私法的内容通过划分为人和物来构建体系，且将物的问题与诉讼相对应，即认为不能提起诉讼的权利不是真正的权利。但也有学者认为，盖尤斯提出的人、物二元分立结构，很可能植根于罗马法中的家父制，因为罗马法很早就习惯于将家父权区分为对人的权利（manus）和对物的权利（mancipium），由此形成了物法和人法相分离，物作为人所支配的对象，与主

---

① Helmut Coing, Zur Geschichte des Privatrechtssystems, 1962, S. 18.

② 参见周枏：《罗马法原论》（上册），商务印书馆 1994 年版，第 1 页；［意］朱塞佩·格罗索：《罗马法史》，黄风译，中国政法大学出版社 1994 年版，第 4 页。

③ 参见《中国大百科全书·法学卷》，中国大百科全书出版社 1985 年版，第 399 页。

④⑤ J. Moyle, The Institutes of Justinian v-viii (1913).

⑥ 参见［古罗马］盖尤斯：《盖尤斯法学阶梯》，黄风译，中国政法大学出版社 2008 年版。

体范畴形成了一个对立的概念。① 但盖尤斯所说的物，是从广义上理解的。正如有学者所指出的，"物（物法）不仅是与物权有关，而且在广泛的意义上也被认为是作为祖传财产的权利。因此，盖尤斯的《法学阶梯》的第二部分讨论的是狭义上的物法、继承和债。"②

德国学者科因（Coing）认为，从盖尤斯的《法学阶梯》开始，罗马法逐步脱离了它的历史背景，开始以一种理性法的形式出现了。③ 因为三分法体系的特点是符合社会生活本身的秩序要求的。后世一些学者将其称为对自然秩序的最合理表述。因为人法置于各编之首，突出了人对世界的支配。"人法，它既不是像人们可能认为的一些特殊的例外的人（如小孩、奴隶）的权利和义务的法律，它也不是家庭法。人法实质上处理人的地位问题。罗马法的债法不是作为一个清清楚楚的单元出现的。"④ 齐默曼认为，这是一个著名的制度体系，也是以后构建私法体系的来源。从结构上说，"所有的民法典的内容沿袭了盖尤斯与拿破仑法典传统的三编制安排，法典编纂类型具有优雅和简练的特征"⑤。

（二）优士丁尼《法学阶梯》的四分法体系

优士丁尼深受盖尤斯体系思想的影响。他编纂的《法学阶梯》就是采纳了盖尤斯的分类。根据优士丁尼的命令，《法学阶梯》分4卷，共计98篇。第一卷是关于人的规定，即关于私法的主体的规定；第二卷、第三卷是关于物的规定，即有关财产关系，其中包括继承和债务的规定；第四卷是关于侵权和诉讼程序的规定。⑥ 需要指出的是，我国学界多数将其译为《法学阶梯》。从这四卷的排序来看，《法学阶梯》已经比罗马法的第一部成文法更具有体系性，因为"它把作为主法的人法与物法排列在前，而把诉讼程序法排列在后"。优士丁尼《法

---

① 参见李中原：《潘得克吞体系的解释、完善与中国民法典的体系建构》，载吴汉东主编：《私法研究》（第2卷），中国政法大学出版社2002年版，第11页。注：原文如此，下同。

② 齐默曼认为，盖尤斯在其著述中混淆了两种标准。他采纳有体物和无体物的区分标准，但是他没有真正地将这个标准贯彻到底，因为在第一个划分里面，盖尤斯不仅讨论了有体物，而且也讨论了用益权和地役权。因此，他不仅仅是在第二个划分和第三个划分里面讨论了无体物和有体物。See Zimmermann, *Law of Obligations*, Oxford, Clarendon Press, 1996, p. 25.

③ H. Coing, aaO. S. 21. 但我国也有学者认为罗马法学家盖尤斯实际上是借鉴了西塞罗的观点，因为西塞罗曾经提出过三编制的结构。参见徐国栋主编：《中国民法典起草思路论战》，中国政法大学出版社2001年版，第62页。

④ *Zimmermann, Law of Obligations*, Oxford, Clarendon Press, 1996, p. 25.

⑤ Vernon Valentine Palmer, the French Connection and the Spanish Perception: Historical Debates and Contemporary Evaluation of French Influence on Louisiana Civil Law, 63 La. L. Rev. 1076.

⑥ 参见［古罗马］查士丁尼著，张企泰译：《法学总论》序言，商务印书馆1997年版。

学阶梯》在盖尤斯的教科书基础上作出了进一步的发展，例如，对盖尤斯债编进行了进一步划分。四编制已经使罗马法自然分成自成体系且内在联系的规范群。在四编制中，已经出现了实体法和程序法相分离的现象。① 但与盖尤斯一样，优士丁尼的《法学阶梯》用四卷来处理人、物和诉这三个部分，不仅看起来结构更加平衡，而且在相当程度上在四卷中将人、物和诉讼这三个部分进行了有机结合。"与盖尤斯不同的是，他们不再将这基础性的三分法作为一个简单的框架，而是将之理解为提供这样的结构：在法律中的为谁（人）、什么（物）以及如何（诉讼）"② 。优士丁尼的《法学阶梯》是一部汇集了优士丁尼以前法典编纂经验的作品，这些都直接或间接地为罗马这个城邦国家法律的法典化提供了经验，且"奠定了市民法的基础"③ 。

优士丁尼的《法学阶梯》在 17 世纪、18 世纪曾经在欧洲作为民法的教科书使用，并对后世法典法体系产生过重大影响。"优士丁尼的四分法被现代民法典承袭了下来。不过优士丁尼具体的分类是那么不尽如人意，因而人们在做着各种不同的尝试，把各卷区别划分。"④ 从四分法体系来看，古代法学者力求通过体系来把握法律关系的本质和属性，这和今天学者的思考方式并没有本质的差异。当代许多学者从法律关系出发来探讨体系的问题，其实也是古罗马法学家这种思维方式的延续。齐默曼认为，直到 19 世纪，私法工作者不断地同体系化的困难作斗争，他们的根据便是优士丁尼的《法学阶梯》。⑤

（三）《学说汇纂》等汇编的体系

《学说汇纂》包含 50 编，公元 533 年 12 月 16 日，优士丁尼在发布的批准《学说汇纂》的坦塔（Tanta）敕令中，对《学说汇纂》的编排体例进行了简要的说明。⑥ 该作品分为七个部分，主要包括如下内容：第一部分包括法的一般理论、法的渊源、人的身份、物的分类、各种长官的职责和诉讼的内容；第二部分以审判为内容；第三部分以物为内容；第四部分被称为中心卷，主要以交易为内容；第五部分以遗嘱为内容；第六部分则为继承和侵权之大杂烩；第七部分以要

---

① 参见 ［美］艾伦·沃森：《民法法系的演变及形成》，李静冰、姚新华译，中国法制出版社 2005 年版，第 22 页。

② Zimmermann, *Law of Obligations*, Oxford, Clarendon Press, 1996, p. 26.

③ ［意］桑德罗·斯奇巴尼：《法典化及其立法手段》，丁玫译，载《中外法学》2002 年第 1 期。

④ ［美］艾伦·沃森：《民法法系的演变及形成》，李静冰、姚新华译，中国法制出版社 2005 年版，第 89 页。

⑤ See Zimmermann, *Law of Obligations*, Oxford, Clarendon Press, 1996, p. 26.

⑥ 参见 ［意］纪尉民、阿尔多·贝特鲁奇校，薛军译：《学说汇纂》第 48 卷，导言，中国政法大学出版社 2005 年版。

式口约、私犯和犯罪、上诉、各种地方事务的管理为内容。① 在《学说汇纂》中，实体法和程序法分开的思想得到了进一步的加强，并且已经形成了一种体系的效应。② 但与优士丁尼的《法学阶梯》相比较，《学说汇纂》显然并没有什么严谨的体系，从中也无法看出贯彻始终的线索。一般认为，《学说汇纂》体系实际上是注释法学派根据对罗马法的研究总结出来的。《学说汇纂》并没有采用盖尤斯所创造的私犯的概念，而采用了阿奎利亚法所规定的责任的概念，且将民事责任和刑事责任混合在一起规定，在内容上是民刑不分、诸法合一的。例如第47 卷涉及私犯以及那些不是运用通常审判程序进行处罚的行为；第 48 卷则是关于公共犯罪的规定。

《学说汇纂》的内容和体系对德国民法产生了实质性的影响，诸如对概念、制度和思维方式上的影响。从体系上看，《德国民法典》的五编制与《学说汇纂》具有相似性。例如，《德国民法典》总则编与《学说汇纂》第一部分中的人、物、长官义务和诉讼有惊人的相似；《德国民法典》的分则是按照债权、物权、亲属、继承来划分的，这与《学说汇纂》第三部分、第四部分、第五部分、第六部分的结构也极为相似。尤其是，《学说汇纂》中就使用了一般性的抽象表述，这种方式显然被德国学者所继受，《学说汇纂》的第一部分是关于权利的一般规则，这实际上被潘德克顿体系的总则所继承。③ 德国学者库勒在介绍《德国民法典》的结构时曾指出："《德国民法典》总则编（从第 1 条到第 240 条）依据罗马法中人、物、行为的分类方法，首先对自然人与人、物、法律行为进行了规定，然后又加上了期限与期日、消灭时效、权利的行使及担保的提供等法律规定。"④ 茨威格特和克茨也认为，"法典总则部分规定的法律制度并非法典编纂者本身的发明，他们是从 19 世纪的学说汇纂学派那里将它们承袭而来，并且在令人生厌和很艰辛的理论一般化过程中将其由世纪的法律材料提炼升华的"⑤。物法（第三编）和债务关系法（第二编）这两个领域则按照源自罗马法的概念，即"对物法"（iura in rem）和"对人法"（iura in personam）来相对地区分，而家庭法和继承法也来源于《学说汇纂》的体例。⑥

---

① 参见徐国栋：《民法典草案的基本结构》，载《法学研究》2000 第 1 期。
② 参见［美］艾伦·沃森：《民法法系的演变及形成》，李静冰、姚新华译，中国法制出版社 2005 年版，第 25 页。
③ 参见李中原：《潘德克吞体系的解释、完善与中国民法典的体系建构》，载吴汉东主编：《私法研究》（第 2 卷），中国政法大学出版社 2002 年版，第 4~5 页。
④ 李中原：《潘得克吞体系的解释、完善与中国民法典的体系建构》，载吴汉东主编：《私法研究》（第 2 卷），中国政法大学出版社 2002 年版，第 6 页。
⑤ ［德］K. 茨威格特、H. 克茨：《比较法总论》，潘汉典等译，法律出版社 2003 年版，第 223 页。
⑥ 参见［德］K. 茨威格特、H. 克茨：《比较法总论》，潘汉典等译，法律出版社 2003 年版，第 222 页。

罗马法的文献对后世民法典的体系的影响还包括其他的作品。例如，保罗的"判决集"包含了 5 编。① 拜占庭帝国时代，Isaurian 的选编"Ecloga"由 18 编组成，Wise 的汇编"Basilica"将全部优士丁尼的立法压缩和整编为 60 编。② 这些文献对于后世德国注释法学派的体系思想形成产生了重大影响。

从以上分析可见，尽管罗马法各个时期的体系实际上相去甚远，但是法典化和体系化的源头仍然是罗马法。无论是三编制还是四编制，或者是《学说汇纂》中的七编制，数字的概念并不是特别重要的，"古典法学者对于法律编纂并不存在着一种先入为主的观念，预先认为法典应该包含多少编。在罗马法的文献和立法中，编数并没有特别重要的意义。十二对于十二表法来说，才是个重要的数字"③。但罗马法采用的人法和物法的分类，甚至盖尤斯的三分法，都对现代的法典的体系产生了深远的影响：将人法置于各编之首，这表明罗马法学者已经认识到主体是一切法律关系的前提。这是符合法律本身的属性的，其中已经蕴涵了从法律关系着手来构建民法体系的思想。虽然盖尤斯的《法学阶梯》仍然具有浓厚的经验主义色彩，但是该著作已经初步具备了体系化的特征。例如，从罗马法开始，逐渐比较稳定地使用一些法律概念、范畴和规则等，离开了这些范畴，谈不上体系的制定。可以说，罗马法对现代民法的影响，不仅仅是体例上的影响，更重要的是概念和规则的影响。

但应当看到，罗马法关于体系的思想仍然是有局限的，这主要表现为，古典法学家主要是采用功能性的经验主义来发展自己的法律，即从人类社会一般事实中感受的经验出发，注重解决现实世界的问题。简而言之，有什么样的问题出现，就采取相应的规范。内容在排序上无轻重之分，就事论事，类似的条文散落于法典各处。条文常常过于具体，缺乏伸缩灵活的余地，也缺乏法典应有的抽象性和弹性。④ 例如，《十二表法》第 8 表第 3 条规定："以手或棍棒折断自由人一骨的，处 300 阿斯的罚金；折断奴隶一骨的，处 150 阿斯的罚金。"第 4 条规定："对人施行其他侵辱的，处 25 阿斯的罚金。"这些规则过于具体、僵硬，都是早期罗马法中的经验主义的特点。正如法国学者戴维德（David）和布莱尔梅（Brierley）所指出的，"罗马法的方法实际上已经被欧洲的法学家所放弃，因为他们不再去重新发现罗马法的解决方案，而是致力于通过利用罗马法来解释那些适应于他们当前时代的规则，来继续、完善和完成罗马法传统。所以，虽然

---

① See J. Wolff, Roman Law 56, 164 (1951).
② See A. Watson, The Law of the Ancient Romans 95 (1970).
③ Shael Herman and David Hoskins, Perspectives on Code Structure: Historical Experience, Modern Formats, and Policy Considerations, 54 Tul. L. Rev. 987.
④ 参见封丽霞：《法典编纂论——一个比较法的视角》，清华大学出版社 2002 年版，第 37 页。

《法国民法典》和《德国民法典》都吸收了罗马法的基因，但是，这种吸收更多的是印象式，恰如莫奈的名画《兰斯大教堂》"①。这些都说明了现代民法学者借鉴罗马法体系，主要是运用罗马法的制度、规则来解决现代问题，而不是简单照搬三编制或者四编制。编制只是一种形式，关键是编制中所包含的制度和规范内容。

二、中世纪和近代欧洲注释法学家的民法体系

罗马法在公元 5 世纪达到了顶峰，但随着罗马帝国的灭亡，罗马法也在长达六个多世纪的时间里沉寂了。以意大利北部波洛尼亚等地的学者为代表的一些注释法学家通过对罗马法解释而使罗马法得以复兴。"罗马法系在其伟大的发展阶段，也就是开始于波洛尼亚城及其大学的，被优士丁尼诸法典所推动的阶段，不仅没有削弱法学家作为法的创立者的角色，反而推动了这样的活动。"② 由于注释法学家们的努力，古典罗马法的研究在 12 世纪得以在意大利和法国繁荣起来。在中世纪末，随着哲学、文学以及法学的复兴，一些人开始追寻法律体系本身的科学性，中世纪的习惯法以及罗马法也就成为当时构建法律体系不可或缺的材料，对它们内容的协调与补充也成为当时的主要内容。例如，1345 年由康斯坦丁·哈门诺普罗斯（Constantine Harmenopoulos）所编写的法律汇编（Hexabiblos）由 6 编组成，体现了一些体系化的思想。③

近代欧洲注释法学家对民法体系也作出了重要贡献，其中的代表人物是 16 世纪法国古典法学家多勒鲁斯（H. Donellus，1527～1591）。他对当时所能得到的罗马法文本进行了系统化，将它们整合为一个统一的整体，曾对后世产生了重要影响。④ 他抛弃了注释法学家们所汇编而成的《民法大全》，而单纯集中研究国法大全本身。在其《民法评论》一书中，他将整个私法建立在实体的主观权利基础上，并将权利定义为"法律所赋予的力量"，该定义至今在欧洲大陆仍然被认为是权威定义。多勒鲁斯认为，私法与公法的不同之处就在于，私法中涉及赋予私人以及个人所享有的权利，而这些权利自始属于其所有。基于此种思想，多勒鲁斯对盖尤斯的民法体系提出了批评，他认为，盖尤斯在其《法学阶梯》一书第三编中专门探讨各种诉讼形式是完全错误的，因为诉讼形式不过是实体权

---

① R. David & J. Brierley, *Major Legal Systems in the World Today* 49 (2nd ed. , 1978).

② ［意］桑德罗·斯奇巴尼：《法学家：法的创立者》，薛军译，载《比较法研究》2004 年第 3 期。

③ Nader Hakim, L'autorité de la doctrine civiliste français au XIXE siècle, Preface de Michel Vidal, LG-DJ, 2002, pp. 2 - 3.

④ B. Pascal, Pensees et opuscules 165 (de Brunschwicg ed.)〔quoted in A. Arnaud, Les Origines Doctrinales du Code Civil Francais 127 (1969)〕.

利的救济手段。他认为,应当将民事诉讼权利排除在民法体系之外,为未来的民法典实行实体与诉讼规则分立打下了一个坚实的基础。他希望组建一个规则的复合体,是在逻辑上具有结构性和自足特点的体系。道森(Dawson)教授认为,多勒鲁斯是"19世纪德国潘德克顿的先驱,他试图在罗马法的渊源上建立起一个任何时间任何地点都有效的理论"①。

注释法学对民法的主要贡献在于:(1)中世纪的注释法学家开始区分实体权利和诉讼权利。在罗马法上,诉权和实体权利是不分的,实体权利只有通过诉权才能表现出来。中世纪的注释法学家区分了实体权利和程序权利,他们从解释《民法大全》入手,开始意识到"法律"(lex)和"权利"(jus)的区别,主张将实体法上的权利视为程序法上"诉权"的原因,这实际上已经预示未来民法典必然与程序法相分离,私法的研究重心将由罗马法中的"诉讼"(actio)转移到各种实体权利。②(2)初步形成了物权的概念,区分了物权和债权。中世纪注释法学家在解释罗马法时,曾经从对物之诉和对人之诉中,引申出"物权"和"债权"的概念,并将物权的两种形式即完全物权(plena in re potestas)和他物权(iura in re aliena)用"物权"(iura in re)这个词来概括。当然,此种权利与后世的物权和债权尚没有完全等同。(3)在16世纪的欧洲大陆许多国家,学者们热烈讨论法学教学的课程安排。传统法学教育采取所谓的意大利方法(mos italicus),即教授在大学课堂上诵读法律文献,然后依据经院方法解读该法律文献。③ 此种法学研究方法由于脱离了具体规范所在的整个法律体系,遭到了抛弃,人本主义者从体系化的角度入手,尝试重新编排法律教学素材。例如,法国学者多勒鲁斯就曾利用体系化的方法在德国长期教授罗马法。④ 但是,中世纪的法学研究采取的是经院式的注疏,着重于具体问题的逻辑分析,对于民法体系的贡献非常少。随着罗马法的复兴,体系化的思想才得以重新复苏。文艺复兴与自然法的启蒙运动对于民法体系化的发展具有重大影响。

第二节　近代以来民法体系思想的演进

近代以来,欧洲兴起的启蒙运动对民法典体系思想产生了重要影响。尽管各

---

① La. Civ. Code art. 21(1870);La. Civ. Code Ann. art. 4(West, 1999).

② A. Arnaud, Les Origines Doctrinales du Code Civil Francais 127(1969), at 123.

③ 参见［美］艾伦·沃森:《民法法系的演变及形成》,李静冰、姚新华译,中国法制出版社2005年版,第34页。

④ Helmut Coing, Zur Geschichte des Privatrechts systems, 1962, S. 22.

种理论和思潮在内容上和时间上相互交错，难以作出清晰的划分和界定，但为了介绍和阐述的方便，我将其中对民法典体系产生了重要影响的思想流派和学者加以简单划分：一是17世纪及之前的自然法思想；二是18世纪的启蒙思想运动，其中产生了大量思想家，他们关于哲学思想的阐述对民法典体系的形成产生过重要影响；三是历史法学派和潘德克顿学派。此外，还有中世纪商人法和教会法的因素，但总体上影响较小。

一、古典自然法学派对民法体系的贡献

17世纪欧洲重新兴起了自然法学派，其中代表人物主要有格劳修斯、莱布尼茨、普芬道夫、多玛、沃尔夫等人。[①] 也有学者认为，自然法学的思想可以追溯到16世纪萨拉曼卡城的教授弗朗西斯·德·维托利亚的著述。[②] 古典自然法学派对民法典的贡献表现在如下几个方面：

（一）主张构建自然秩序

古典自然法学派极力主张要构建一种最符合事物本质属性的自然秩序。他们试图寻找某种普适性的、亘古不变的自然秩序，在这种秩序中，每一个范畴、每一个制度都能找到最适合的位置。正如斯宾诺莎所说："万物依自然的一般法则而存在，并且为之所决定。此自然的一般法则不过是另外一个名称以名上帝的永存的天命而已。"[③] 从构建这样一种自然秩序出发，就会有对一些永恒价值（如正义、衡平）的追求。在推进宗教改革的过程中，马丁·路德就呼吁应突破旧的经学传统的禁锢，强调个人自由解释圣经的权利。这也促使了法学与神学的分离。意大利中世纪后期的圣经人文主义者也积极推进了对正统神学意识形态的挑战，主张树立个人的尊严和自由。[④] 关于自然秩序的思想，尤其表现于格劳修斯（Hugo Grotius，1583~1645）的思想之中，他的杰作《战争法与和平法》（De Jure Belli ac Pacis）反映了他对理性体系的构建。格劳修斯的最初贡献是在功利主义的基础上，将法律从神学中独立出来，建立在世俗的功利主义基础上，建立在人的理性基础上，而不是建立在神学的基础上。以此理念为指导，他提出，法律的价值在于赋予人的自由，主体可以依据自然法上的自由参与各种社

---

① Peter Stein, Le droit romain et l'Europe, 2e éd., LGDJ, 2004, pp. 128 – 132.

② 参见［英］彼得·斯坦、约翰·香德：《西方社会的法律价值》，王献平译，郑成思校，中国人民公安大学出版社1989年版，第15页。

③ ［荷］斯宾诺莎：《神学政治论》，温锡增译，商务印书馆1982年版，第52页。

④ 参见孟广林：《欧洲文艺复兴史》（哲学卷），人民出版社2008年版，第84页。

49

会生活。① 例如，他认为，个人的允诺具有拘束力，因为它建立在人的理性的基础上，所以契约必须得到遵守。"对格劳修斯来说，人是法律的来源，这也预示着神定秩序到实定秩序的转变。"② 所以，实定法要致力于揭示和反映这种既存的自然秩序，实定法的规则应尽可能接近于自然法的法则。

也有学者主张以数理的方法构建自然秩序，实现法律的科学化和理性化。例如德国著名的哲学家莱布尼茨（Gottfriend Wilhelm Leibniz, 1646 ~ 1716），其自然法思想在很大程度上受到多勒鲁斯的影响，莱布尼茨是现代形式主义方法论的创立者。③ 与笛卡儿一样，莱布尼茨也是通过形而上学的原理和数学、逻辑学等方法构建法律的体系。他认为，罗马法缺乏体系化的安排，非常混乱，因此，必须对罗马法重新进行整理。他反对盖尤斯的三段论的划分方法，认为人、物与诉讼的体系安排是错误的，诉讼不能单独作为一编。既然奴隶不是人而是物，那么就不应当将奴隶和自由民一并放入人法一编中。莱布尼茨主张从基本原则出发，重新构建罗马法的体系，不过他本人并没有对法学投入太多的精力，而是转向数学和物理学。但是，他主张以一种体系化的方式构架法律的体系对后世民法体系的建构在方法论上产生了较大的影响。④ 莱布尼茨 1667 年在其《法学教学新方法》一书中预言，未来的法典编纂者们如果要编纂一部新的"国法大全"，必须要具备可以完整、简洁和系统地进行阐释的特点。这实际上为以后的法典化提出了一个目标。⑤ 作为这种思想支撑的观点是，法律中存在着一种体系，它达到了自然法学家们的学术体系所宣扬的顶点。尽管按照萨维尼的看法，近代的自然法学派法学家并没有真正地对体系进行探讨，甚至他批评这些学者没有注重体系研究⑥，但应当看到，自然法学派有关体系的思想为后世的法典化奠定了基础。⑦

（二）在自然权利的基础上构建权利体系

14 世纪至 16 世纪，勃发于西欧的人文主义思潮积极主张人的解放，强调人

---

① See T. B. Smith, The Preservation of the Civilian Tradition in Mixed Jurisdictions, in Civil Law in the Modern World 3, 25（A. Yiannopoulos ed. , 1965）, at 65.

② T. B. Smith, The Preservation of the Civilian Tradition in Mixed Jurisdictions, in Civil Law in the Modern World 3, 25（A. Yiannopoulos ed. , 1965）, at 65.

③ 参见章士嵘:《西方认识论》，吉林人民出版社 1983 年版，第 101 页。

④⑤ See Shael Herman and David Hoskins, Perspectives on Code Structure: Historical Experience, Modern Formats, and Policy Considerations, 54 Tul. L. Rev. 987.

⑥ 参见［德］萨维尼:《萨维尼法学方法论讲义与格林笔记》，杨代雄译，胡晓静校，法律出版社 2008 年版，第 93 页。

⑦ See Zimmermann, *Law of Obligations*, Oxford, Clarendon Press, 1996, p. 8.

的权利是自然权利，高扬人的个性旗帜，梳理人的自主意识和尊严理性，使人开始关注人本身。自然法积极探索人类社会中的基本法理，直接形成了一些法的基本原则，这些哲学，尤其是伦理学的基本原则，为建构民法的内在体系提供了前提。例如，人生而自由、平等，应当享有所有权自由、行为自由等，这些都构成了资产阶级民法的基本原则，进而为近代欧洲各国民法的法典化奠定了基础。还需要指出的是，自然法学家将他们的体系建立在人性的基础上，他们认为人既是单个的，同时也是社会中较大群体的一分子，故而认为家庭法具有一个独立的体系。他们首先讨论单个的人，然后讨论家庭法、社团、合伙、公法和国际法中的人。① 霍布斯认为，应当从人的"自然理性"抽象出人的"自然权利"。"著作家们一般称之为自然权利的，就是每一个人按照自己所愿意的方式运用自己的力量保全自己的天性——也就是保全自己的生命——的自由。因此，这种自由就是用自己的判断和理性认为最合适的手段去做任何事情的自由。"② 自然权利构建了法的核心。

格劳修斯曾于 1631 年撰写《荷兰法入门》，其中构建了较为完整的权利体系。③ 17 世纪自然法代表人普芬道夫（Samuel A. Pufendorf）深受格劳修斯和笛卡儿方法论的影响，他在 1672 年所著的《自然法原理》（De jure natura et gentium libri octo）中，建立了所谓"建筑学政治学"，他从以数学方式建立的各种定理出发，构建了一个法律体系。④ 普芬道夫受西塞罗思想的影响，致力于将民法转化为"科学"。按照普芬道夫以来的自然法体系思想，法律规范的逻辑顺序是：由"个人的法"开始，然后逐渐向"大的集合体的法"升进，即沿着"个人、夫妇、家庭、奉公人关系、国家、国际社会"的法的顺序递进。按照这样的体系顺序，家庭法自然而然地被置于财产法之后了。⑤ 普芬道夫吸收了西塞罗关于"义务"的论述，并在此基础上，提出了所谓"自然义务"的理论，并构建了自然法的义务体系。这一思想显然受到了自然法和天主教教义的影响。⑥他认为，人类处在相互团结的共同体中，单个的人孤立无援，因此其必须寻求他人的帮助。为了单个的人能够更好地共同生活和最大可能展现自己的人格，人类有义务通过提供自己的帮助以确保与己同类的人的精神和身体的愉悦；单个人就

① See Zimmermann, *Law of Obligations*, Oxford, Clarendon Press, 1996, p. 27.
② ［英］霍布斯：《利维坦》，黎思复译，商务印书馆 1985 年版，第 97 页。
③ 参见［日］松尾弘：《民法的体系》（第 4 版），应庆义塾大学出版社 2005 年版，第 15 页。
④ 参见［日］大木雅夫：《比较法》，范愉译，朱景文审校，法律出版社 1999 年版，第 191 页。
⑤ 参见陈华彬：《潘德克顿体系的形成与发展》，载《上海师范大学学报》2007 年第 4 期。
⑥ Peter Stein, Le droit romain et l'Europe, 2e éd., LGDJ, 2004, p. 130.

此必须尽其所能负担维护团体的义务。① 从绝对的义务中，普芬道夫推导出禁止侵害他人的戒律，尤其禁止造成他人与生俱来的自然法上的权利的损害，该权利包括生命（vita）、身体（membra）、名誉（pudicitia）和自由（libertas）。普芬道夫的学说对民法的诸多领域产生过重要影响，特别是在合同、所有权的取得、民事责任和债的履行等领域。② 普芬道夫体系的中心乃是人，该种主体的人能够自治，并且可以理性地选择自己的行为达到最大的利益化，通过理性的方式进行功利选择。普芬道夫认为，应该将人作为个人的法律关系和人作为团体成员的法律关系加以区分。③ 这些思想都深刻影响了后世的立法。例如，普芬道夫的观点直接对 1794 年的《普鲁士国家一般邦法》产生了重要影响。④

（三）提出了法律价值体系理论

自然法学派认为，生命权、财产权、安全等都是不可剥夺的自然权利。根据自然法，任何人都不得伤害他人的生命、自由和财产。然而，自然法并没有细致地规定和宣布其适用不存在任何偏见，也没有任何强制力量保证它的实现。⑤ 例如，在法国，关于法律价值体系的思想，在很大程度上应归功于 17 世纪的法学家，其首要代表人物当推让·多玛（Domat，1625～1696）。多玛的名著《自然秩序中的民事法》被称为拿破仑法典的"序言"，该书的突出贡献在于其哲学精神，以及对于罗马法、习惯、法国法、国王敕令等法律渊源的统一。多玛是一个严格意义上的笛卡儿主义者，他在《自然秩序中的民事法》的开篇就宣告了他的方法和目标。他将自然秩序、自然正义作为其理论体系的立足点。⑥ 这也就是多玛所谓的"善"，构成多玛体系的核心。⑦ 对多玛来说，法律立足于自然和永恒不变的公平原则，例如，任何人不得伤害他人，每个人只应得到该属于他的东西，每个人应诚实履行其义务。他认为这些都符合基督教的伦理，人类的联系立

---

① Samuel Pufendorf, De officio hominis et civis secundum legem naturalem libri duo, 1753, 1, cap. 6, § 2: ne quis alterum laedat. 转引自 Manfred Herrmann, Der Schutz der Persönlichkeit in der Rechtslehre des 16 – 18. Jahrhunderts, 1968, s. 37。

② 参见石佳友：《民法法典化的方法论问题研究》，法律出版社 2007 年版，第 155 页。

③ See Samuel B. Groner, Louisiana Law: its Development in the First Quarter-Century of American Rule, 8 La. L. Rev. 350, 375 (1948).

④ Peter Stein, Le droit romain et l'Europe, 2e éd., LGDJ, 2004, p. 134.

⑤ 参见［英］彼得·斯坦、约翰·香德：《西方社会的法律价值》，王献平译，郑成思校，中国人民公安大学出版社 1989 年版，第 15 页。

⑥ See T. B. Smith, The Preservation of the Civilian Tradition in Mixed Jurisdictions, in Civil Law in the Modern World 3, 25 (A. Yiannopoulos ed., 1965), at 69.

⑦ See T. B. Smith, The Preservation of the Civilian Tradition in Mixed Jurisdictions, in Civil Law in the Modern World 3, 25 (A. Yiannopoulos ed., 1965), at 74.

足于"善",这些联系大体分为两类:婚姻和家庭,以及在工作中与他人发生的联系,如果没有这些联系,也就没有人类社会。多玛在其《自然秩序中的民事法》一书中提出了应把过失作为赔偿责任标准的观点,并以过错的概念替代侵权的概念。他指出,"如果某些损害由一种正当行为的不可预见的结果所致,而无归咎于行为人,则行为人不应对此种损害负责。"① 多玛的著作包含了法律在一般意义上的概念,其学说被广泛传播和接受。波塔利斯写道,"多玛如同一个几何学家一样工作,将法学的所有论题置于自然秩序之中……它是法典化的先驱,他启发了波蒂埃,而后者深受后世学者偏爱。"②

尽管德国历史法学派在 19 世纪曾经对自然法进行过激烈的批判,认为自然法理论没有考虑每个民族的特点,甚至被认为是无用的理论。③ 但不可否认,自然法学派的思想对 18～19 世纪的法典化进程产生了深刻的影响。1794 年的《普鲁士国家一般邦法》就是自然法学的成果。后世学者认为,制定者希望将自然法全面吸收到法典之中,而防止法官自由裁量,学者也无须反复纠缠其立法理由。④ 尽管有学者指出:"虽然法国是 18 世纪启蒙运动的故乡,但自然法和绝对理性在《法国民法典》的构建中所起的作用是极其温和的。"⑤ 但 1804 年《法国民法典》的制定就是以自然法思想为指导,它的直接哲学来源是 1789 年的《人权宣言》,而《人权宣言》被认为是自然法思想的集中宣告。《法国民法典》贯彻的所有权神圣、契约自由、过错责任都可以从《人权宣言》中找到依据。正如波塔利斯所言,自然法被视为"作为成文法的见证人或守护者,给予所有规则以生气,对规则加以说明和补充,并分别赋予其真正地位"⑥。非常引人注目的是,在 1800 年的《法国民法典(草案)》开篇第 1 条就提出,"存在一个自然的理性,它支配着人类的一切。"遗憾的是,在《法国民法典》的讨论中,该条被批评为过于抽象、过分具有哲学性,终被删除。这充分反映出自然法思想对法典化运动极其深远的影响。《法国民法典》深受自然法思想的影响,很多规则都是自然法规则的转化。例如,在自然法上有一个规则,"任何人不得伤害他人",转化成为《法国民法典》第 1382 条。冈巴塞莱斯则希望民法典是"一座结构简

① Andre Tunc, International Encyclopedia of Comparative Law, vol. XI, Torts, Introduction, J. C. B. Mohr(Paul Siebeck)Tubingen, 1974, pp. 71 - 72.

② T. B. Smith, The Preservation of the Civilian Tradition in Mixed Jurisdictions, in Civil Law in the Modern World 3, 25 (A. Yiannopoulos ed., 1965), at 69.

③ 参见 [法] 雅克·盖斯坦、吉勒·古博:《法国民法总论》,陈鹏等译,法律出版社 2004 年版,第 14 页。

④ 参见 [日] 大木雅夫:《比较法》,范愉译,朱景文审校,法律出版社 1999 年版,第 177 页。

⑤ [英] 巴里·尼古拉斯:《罗马法概论》,法律出版社 2004 年版,第 50 页。

⑥ [日] 大木雅夫:《比较法》,范愉译,朱景文审校,法律出版社 1999 年版,第 178 页。

单的大厦，它的壮观在于它的匀称；它的雄伟在于它的简练。它坚如磐石是因为它不是建立在流动的沙滩上，它将屹立在坚实的自然法世界，共和国纯洁的土壤上"①。维亚克尔认为，《德国民法典》也同样受到自然法学派的影响。《德国民法典》最为突出的逻辑性和所谓科学性，在方法论上当然属于理性主义的产物，体现了对理性摄取自然本质能力的崇拜。② 尤其是在内容体系方面，与《法国民法典》相比较，自然法对《德国民法典》的影响更大。③

二、18 世纪启蒙运动对民法典体系的影响

艾伦·沃森曾言："理性的思潮，例如人文主义，从实质上影响着法律传统。"④ 18 世纪，西欧资本主义有了较大的发展，新兴资产阶级具备了越来越雄厚的经济实力。由于其并没有享受到相应的政治权利，所以，新兴的资产阶级为了反封建专制主义、教权主义，强调个人的价值和权利的思潮兴盛起来，形成了以宣传理性为中心的启蒙运动。在法国以伏尔泰、狄德罗、卢梭等为代表的启蒙思想家，其思想推动了法国大革命的爆发。启蒙思想家对法典化的贡献主要有以下几个方面：

1. 启蒙思想家通过呼唤理性而使民法典的制定成为可能，并且通过强调法典制定的必要性而推动了法典化运动，启蒙运动"开启"了这样一个理念：理性是人类构建一个公正和更好的社会的工具。这种思想认为，每个人都具有内在的自然权利和义务，是理性而不是传统决定着法律。理性的支配导致了法律的统治。⑤ 启蒙思想家的代表人物孟德斯鸠（Baron de Montesquieu, 1689 ~ 1755）在抽象的自然法理念和国家的实定法之间，建构起了另一个桥梁。1748 年，孟德斯鸠出版了《论法的精神》。他在该书中一方面极力恢复罗马法的声誉，认为法律应当是由事物的本质属性派生出来的必然的关系，人类法律是适用理性的结果。他援引了大量罗马法的例子来支持其观点。另一方面，他强调，法律不可能

① ［美］艾伦·沃森：《民法法系的演变及形成》，李静冰、姚新华译，中国法制出版社 2005 年版，第 157 页。

② See T. B. Smith, The Preservation of the Civilian Tradition in Mixed Jurisdictions, in Civil Law in the Modern World 3, 25（A. Yiannopoulos ed., 1965），at 65.

③ 参见 ［美］艾伦·沃森：《民法法系的演变及形成》，李静冰、姚新华译，中国政法大学出版社 1992 年版，第 178 页。

④ ［美］艾伦·沃森：《民法法系的演变及形成》，李静冰、姚新华译，120 页，中国法制出版社 2005 年版，第 120 页。

⑤ See J. A. Symonds, Renaissance in Italy, vol. 1, London, 1900, p. 12.

是普适性的和永恒的，任何立法都必须要适合于特定社会的具体特点①，仅仅固守罗马法是不够的，每一个时代都应当有其自身的法律，每一个国家都应当有自己的法典。这就是所谓"法的精神"②。孟德斯鸠的这一观点在很大程度上也是民族国家法律体制思想的萌芽，为民法典的制定提供了思想依据，也深刻影响了《法国民法典》的起草人（如波塔利斯）。《法国民法典（草案）》第 1 条关于自然法的思想，也受到孟德斯鸠的影响。③ 启蒙思想家们认为，有可能制定一个由完备的法律组成的体系，这个体系同时是简单和富有理性化的，由此可以消除现行法律混乱所带来的复杂性。例如，伏尔泰（Voltaire，1694～1778）曾举过这样一个例子，即"每到一个法国驿站更换一匹马，法律就发生了变化"，对当时法制分裂的状况进行了尖刻的讽刺。他认为，法国的贵族制度和等级特权一直受到习惯法的保护，严重阻碍了交易的发展，因此必须要用统一的法律规则来代替混乱不堪的习惯法。④ 这一主张得到了世俗统治者的支持，因为世俗统治者希望通过制定法律的手段来巩固其权力，同时希望制定出与罗马法和习惯法不同的成文法典。⑤ 近代欧洲大陆诸多国家的法典化进程也反映了这一规律。

2. 启蒙思想家提出了系统的民法典价值理念。在罗马法时期，也曾经存在过多部法典。但是，古典罗马法学家主要是在民法典的体例上作出了贡献，而其经验主义的方法使得他们没有提出系统的价值理念，这为后来启蒙思想家所提出。例如，伏尔泰、孟德斯鸠等思想家宣扬人权、自由、平等的理念，促进了近代民法中人格平等、契约自由、私法自治等理念价值的形成。这些启蒙思想家所引导的人文主义运动，主张个人的人格自由、人格独立和人格平等。人文主义的基本特点就在于它集中焦点在人的身上，人的尊严和精神自由可以说是人文主义的本质。⑥ 人文主义认为"每个人在他或她自己的身上都是有价值的——我们仍用文艺复兴时期的话，叫作人的尊严——其他一切价值的根源和人权的根源就是对此的尊重"⑦。正是人文主义运动所确立的信念，使人相信法律可以建立在理性的基础上，这种理性的动机导致了法律变革，加速了理性与民法传统的结盟，促成了官方法典编纂。⑧《奥地利民法典》、《拿破仑民法典》、《德国民法典》等

---

① Charles de Secondat, Baron de Montesquieu, De l'Esprit des lois XIX（Geneva, Barrillot［1748］）.

② Peter Stein, Le droit romain et l'Europe, 2e éd., LGDJ, 2004, p. 133.

③ 参见石佳友：《民法法典化的方法论问题研究》，法律出版社 2007 年版，第 122 页。

④ See Jone Henry Merryman, Civil Law Tradition, Stanford University Press, 1969, p. 133.

⑤ Peter Stein, Le droit romain et l'Europe, 2e éd., LGDJ, 2004, p. 132.

⑥ 参见孟广林：《欧洲文艺复兴史》（哲学卷），人民出版社 2008 年版，第 27 页。

⑦ ［英］阿伦·布洛克：《西方人文主义传统》，董乐山译，三联书店 1997 年版，第 234 页。

⑧ 参见［美］艾伦·沃森：《民法法系的演变及形成》，李静冰、姚新华译，中国法制出版社 2005 年版，第 150 页。

民法典的诞生正是启蒙思想的产物，同时亦是人文主义的成果。正如梅里曼所指出的，《德国民法典》的制定正是通过反映理性主义的思想来结束与改造旧的制度。① 以人本主义的理念取代了以神为中心的理论，法律的世俗化促进了婚姻的世俗化，世俗婚姻和离婚变得合法化，这些都是启蒙思想积极倡导的价值理念的体现。

3. 启蒙思想家的理性主义的体系思想推进了民法的法典化。体系化思维正是建立在理性主义基础之上的，理性主义认为，必须要破除人们对经院哲学的传统信仰，消除神学对人们精神的禁锢。他们认为，通过逻辑的推演可以探知外在世界，而逻辑的推演建立在一个体系的基础上，此种体系化的思想为今后的法典化思想奠定了基础。从法典化本身而言，其不过是理性的产物，通过理性人们可以预见未来，构建一个可以适用于现在和未来的体系。② 当然，在这一点上，启蒙思想家主要是沿袭了自然法学派的思想，并发扬了这一思想。后世学者常常认为，启蒙时期的贡献对于体系化的影响是巨大的。启蒙主义者们的座右铭就是：法律应该是简单明了的、能为非法律职业者所理解的、几乎无须解释的尽善尽美之物。例如，伏尔泰认为，一切法律都应该是明了、统一和准确的，对法律的解释几乎必然会把法律搞坏。③ 启蒙思想家将人文主义和数学逻辑方法相结合，将数学逻辑运用到法学之中，对民法的体系化作出了重要贡献。④ 例如，莱布尼茨尝试用定义、公理和一整套定理来论证法。⑤ 他采用数学等逻辑学的方式建构法的体系，尝试通过一个完整的体系穷尽对法的研究，这对于法学的研究产生了深远的影响。19 世纪德国概念法学认为，法学的概念必须依据逻辑的推理，法学家能够发现一定的法律原则及其相互关系，正如物理学家从物质材料的研究中发现自然规律一样，所以，科学的方法可以运用于法学之中。"如同自然科学一样，法学也具有高度的系统性。"⑥ 最典型的莫过于《德国民法典》，其采用提取公因式的方式来构建民法典的总则和分则体系，运用总分结合的逻辑结构，从而使得该法典实现了其科学化。正如有学者所指出的，启蒙思想的导入，"就像一

---

① See John Henry merrymay, *The Civil Law Tradition*, Stanford University Press, 1985, p. 27.

② 参见朱晓喆：《论近代民法的理性精神》，载《中国民法学精萃》（2005 年卷），高等教育出版社 2005 年版，第 103 页。

③ 参见 ［日］大木雅夫：《比较法》，范愉译，朱景文审校，法律出版社 1999 年版，第 177 页、182～183 页。

④ Shael Herman and David, Hoskins Perspectives on Code Structure：Historical Experience, Modern Formats, and Policy Considerations, 54 Tul. L. Rev. 987.

⑤ 参见 ［法］雅克·盖斯坦、吉勒·古博：《法国民法总论》，陈鹏等译，法律出版社 2004 年版，第 30 页。

⑥ ［美］约翰·亨利·梅利曼：《大陆法系》（第 2 版），顾培东、禄正平译，法律出版社 2004 年版，第 66 页。

名著名历史学家所说的那样，继受的最持久的效果在于使得德国法'科学化了'（verwissenschaftlicht）。"①

三、潘德克顿学派和历史法学派的民法体系思想

潘德克顿学派和历史法学派对民法典体系，尤其是近代五编制的体系产生了重大影响。潘德克顿（Pandekt）是 Pandectae（学说汇纂）的德文音译，而 Pandectae 是 Digesta（学说汇纂）的希腊语（东罗马帝国使用希腊语）。② 潘德克顿学派的创始人沃尔夫（Christian Wolff，1679～1754）是哈勒（Halle）大学的教授，他整合了普芬道夫的自然法的义务体系和托马希乌斯的原初权利的理论。沃尔夫在 1754 年撰写《自然法与万民法诸原理》，从而建构了民法的权利体系。③ 在该书中，沃尔夫列举了个人享有的各种自然权利，如生命权、身体权、名誉权、荣誉权和一般的价值评定权等。沃尔夫始终在追求定义的严密性。他认为，只有这样，才能保证准确的推论，才能够使各个命题通过这种从定义或定理出发的三段论得到证明。因为用定理或共同的高级概念将各命题结合起来，通过一种完整而无缺漏的演绎，就可达到近于欧几里德几何学的逻辑性体系。④ 沃尔夫的研究方法开创了"概念法学"之先河，对潘德克顿学派产生了决定性影响，乃至提供了作为以后普鲁士立法以及《德国民法典》之基本结构的体系。由于数学的精确性在法律需求中的重要性已经被过多地强调，正如德国私法史教授维亚克尔所指出的，"（沃尔夫）在推论中排除了经验的和感性的因素，公理中的自然法则即使在最末梢的细节上也是没有漏洞的。所有具体的规则都来源于具有严格逻辑结构和准确的几何学的证据中的更高级别的、更为概括的规则，而这些规则通过排除相反情况的推理的逻辑链得出。通过这种方式，形成了一个封闭的系统，其基础就在于其所有的内容都不存在逻辑上的矛盾"⑤。而从 1715～1745 年，德国大学的教授们大多受到沃尔夫思想的影响，其方法对德国法的影响可见一斑。

历史法学派的重要代表人物、德国法学家萨维尼（Fried rich Carl Von Savigny，1779～1861），其早期曾主张法律实证主义，以后逐渐受德国浪漫主义运

---

① Shael Herman and David, Hoskins Perspectives on Code Structure：Historical Experience, Modern Formats, and Policy Considerations, 54 Tul. L. Rev. 987.

② 参见谢怀栻：《大陆法国家民法典研究》，中国法制出版社 2004 年版，第 32 页。

③ 参见 ［日］松尾弘：《民法的体系》（第 4 版），应庆义塾大学出版社 2005 年版，第 15 页。

④ Dieter v. Stephanitz, Exakte Wissenschaft und Recht, 1970, S. 84 ff.

⑤ F. Wieacker, Privatrechtsgeschichte der Neuzeit 193（1952）.

动的影响，形成了反启蒙、反理性的保守观点。萨维尼极力提倡所谓德意志的民族精神。1814 年，他针对德国著名法学家蒂博（Thibaut，1722 ~ 1840）提出的要制定一部统一的民法典的观点，发表了《当代立法与法学的使命》一文进行批驳，他在文中认为法律的起源乃是"民族的共同信念"，法律不是理性的产物，而是历史中居支配地位的民族精神所创造出来的，因而制定一部受理性影响的法典是不必要的。法律只是民族精神的产物，习惯法应优于制定法。① 他认为法律是发现的而不是制定的，法律因不同的民族而产生不同的习性。"法律随人民的成长而成长，随其力量的增强而增强，最后随其失去民族性而消亡。"② 法律一旦由民族历史中发现以后，法官即可以用逻辑的方法加以运用，而法官的职责乃在于努力发现民族的法律，并适用法律，而不得以自己的智慧去创造法律。在该文中，萨维尼指出："法律先透过风格与民族信念，然后透过法学而创造出来，它完全是透过内在的、潜能的种种运作力量，而非透过一个立法者的恣意专断而产生。"③ 可见，萨维尼尽管反对人为地制定法律，但也不主张法官创造法律。尤其是他晚年的巨著《当代罗马法的体系》，以历史的方法为先导来考察古代的法源，抛弃了以往的实用法学方法。④ 萨维尼认为，罗马法仍然是零散、不成体系的法律，有必要对其加以重新整理，尤其是通过体系化的方法，重新建构一个完整的民法体系。萨维尼在其名著《当代罗马法的体系》中对此作过阐述，他在第一部分集中讨论了法律关系，并从法律关系出发延伸出了民法的五编体例，即将民法划分为人法、物权法、债之关系法、家庭法和继承法。萨维尼提出的以法律关系为中心建构民法典体系的思想，也称"萨维尼编排法"。

历史法学派另外一个重要代表人物胡果也系统提出了五编制学说。他认为，法律和成文的条例不是法律真理的唯一源泉，主权者制定的实定法不能成为法律的唯一渊源，而要注重对罗马法的研究，尤其要重视公元 2 世纪的罗马法。⑤ 胡果在 1789 年出版的《现代罗马法教科书》中首次提出了五编制的体系，但在此之后，胡果又在自己的著述中否定了自己提出的五编制的体系思想。⑥ 萨维尼与胡果的体系划分思想对德国民法学界产生了深远的影响。

在萨维尼之后，德国法学在很长时间内深受潘德克顿学派所主张的概念法学的影响。潘德克顿学派主要的学术贡献在于：一是抽象出总则的模式，他们从法

---

① 参见 [德] 萨维尼：《立法与法学的当代使命》，许章润译，中国法制出版社 2001 年版，第 5 页。
② 转引自张乃根：《西方法哲学史纲》，中国政法大学出版社 1993 年版，第 208 页。
③ Hattenhauer，Hans（Hg）：Thibaut und Savigny（Fu B. note 6），S. 95 ~ 195，Insbes，S. 105.
④ 参见 [日] 大木雅夫：《比较法》，范愉译，朱景文审校，法律出版社 1999 年版，第 197 页。
⑤ Peter Stein, Le droit romain et l'Europe, 2e éd., LGDJ, 2004, p. 139.
⑥ 参见陈华彬：《潘德克顿体系的形成与发展》，载《上海师范大学学报》2007 年第 4 期。

律关系的共同因素出发，从各种具体的民事法律关系中抽象出了具有普遍性的法律规范，形成了民法总则。二是较好地厘清了民法的基本概念和体系。① 潘德克顿学派的代表人物普赫塔并不赞成萨维尼的民族精神说，认为"要实现法律一致性的应该是法律人，而不是行动的民族"②。然而普赫塔也深受萨维尼关于体现民族精神的法律必须依赖法律所构建、必须通过法律人之手加以系统化的观点的影响，提出法律要由法律人构建，由法律人所构建的法律要呈现出一个"概念的金字塔"③，他认为法律人要在研究罗马法的基础上，塑造一个内在无矛盾的、自我满足的法律概念学说，并符合法律政策的计划及社会经济的需要。这个概念系统可以为法官的裁判提供足够的依据，法官只需要在概念中寻求依据，便可解决争议。由于以普赫塔为代表的潘德克顿学派极为强调概念形式主义（Begriffsformalismus），因而也被后人称为概念法学。普赫塔认为，民法的体系应当建立在两个基本法律关系之上，即财产法律关系和家庭法律关系，其中财产法律关系分为绝对的法律关系和相对的法律关系，前者为物权法，后者为债法；在家庭法律关系中，区分为家庭身份关系和财产流转关系，前者为家庭法，后者为继承法。④ 三是提出了体系完整的五编制的模式，并为《德国民法典》所采纳。潘德克顿法学派另外一个著名代表人物是 18 世纪德国海德堡大学法学教授海瑟（Arold Heisse），他在讲授民法时，撰写了一个教案，严格依据五编制的安排构建了一个以"总则、物权、债法、家庭和继承"为内容的民法体系，包括第一编总则，第二编物权法，第三编债务法，第四编物、人的权利法（亲属法），第五编继承法，第六编原状回复。萨维尼在柏林大学讲授普鲁士普通邦法时，就是按照海瑟的体系进行讲授的，不过他认为，第六编有关"恢复原状"的编排并不妥当，建议将其删除。⑤ 事实上，海瑟在《普通民法的体系概要》一书中对其所提出的五编制体系并没有进行详细的论述，但在体系安排上已经比较完整，与后世的《德国民法典》非常相似，所以很多学者认为，海瑟是现代五编制的真正创始人。

对《德国民法典》的起草作出决定性贡献的是德国莱比锡大学温德沙伊德教授。他在《潘德克顿法教科书》中指出，私法的调整对象是财产关系和家庭关系，据此私法可以分为财产法和家庭法。财产法的调整对象是关于物的法律关系和关于人与人的法律关系，即物权和债权。至于继承法，其实质不过是财产法

① 参见朱晓喆：《论近代民法的理性精神》，载《中国民法学精粹》（2005 卷），高等教育出版社 2005 年版，第 103 页。

②④ Wclhelm, Walter, Zurjuristischen Methodenlehre im 19, Jahrbundert, 1958, Frankfurt/m. S. 22.

③ ［德］阿图尔·考夫曼、温弗里德·哈斯默尔主编：《当代法哲学和法律理论导论》，郑永流译，法律出版社 2002 年版，第 162 页。

⑤ 参见陈华彬：《潘德克顿体系的形成与发展》，载《上海师范大学学报》2007 年第 4 期。

的一个分野。① 关于温德沙伊德对《德国民法典》体系的影响，可以通过对照他的著作与《德国民法典》的条文清晰地发现二者之间的雷同。他在整个民法典的起草工作中起到了理论支持的作用，特别是第一稿基本是按照温德沙伊德的思想起草的，因此，第一草案被称为"小温德沙伊德"。以后的草案中吸纳了日耳曼法学派的一些思想，比如，基尔克的社会团体思想以及耶林利益法学派的思想，但起主导作用的仍然是温德沙伊德的思想。②

第三节 《法国民法典》和《德国民法典》体系的比较

一、《法国民法典》体系的思想和理论发展

近代欧洲的大陆法典化起源于 1794 年的普鲁士普通邦法，但普鲁士普通邦法采取了"诸法合一"的体例，而没有完全单独调整民法。因此，《法国民法典》被认为是民法法典化的开端。《法国民法典》也被称为两百多年来欧洲大陆最有生命力的法典，其体系的建构是几代法国学者智慧的结晶。

对《法国民法典》体系贡献最大的是 17 世纪的法国学者多玛，他曾试图以逻辑学为基础建构民法体系。③ 他提出的民法（典）体系以基督教的善为前提，例如不得损人利己，多玛关于债的分类方法，根据事物属性来对法律关系进行分类的思想、一般到特殊的思想等，都对后世法典产生了重要影响。法国民法典大量采纳 Domat 和 Pothier 的学说，由此也有人认为法国民法典过于"旧式"（old-fashioned）。④ 但多玛并未提出物权法与债权法的区分。

17 ~ 18 世纪是法国关于民法典体系的思想较为丰富的时期。路易十四时期的巴黎法院（巴列门）院长拉马隆（Lamoignon，1617 ~ 1677）使用了法学阶梯的结构来编纂"判例集"。他的论述体系包括五个部分，即人、物、诉讼、债和基于婚姻、继承和赠与所产生的关系。他通过这种分类极大地改变了习惯法的无

---

① 参见陈华彬：《潘德克顿体系的形成与发展》，载《上海师范大学学报》2007 年第 4 期。

② 参见［日］大木雅夫：《比较法》，范愉译，朱景文审校，法律出版社 1999 年版，第 201 页。

③ 参见［法］雅克·盖斯坦、吉勒·古博：《法国民法总论》，陈鹏等译，法律出版社 2004 年版，第 30 页。

④ Peter Stein, Le droit romain et l'Europe, 2e éd., LGDJ, 2004, p.147.

序状态。在其著作中，原来《法学阶梯》中的三个专题（人、物、诉讼）组成了其著作的两个部分；此外，他又将继承、赠与都认定为取得财产的方式。而诉讼作为对不履行义务的制裁，也与上述问题一起被探讨。路易十四时期的立法大臣达盖索（Daguesseau）也曾探讨过法律的体系化问题，其关于捐赠、意志和代位的许多学说，最后都为民法典所吸收。与多玛一样，达盖索掌握了良好的数学知识，注重逻辑思考，其受格劳修斯和普芬道夫的古典自然法学派的启发，在统一普芬道夫的三编制体例和多玛的基督教伦理基础上，构建了自己的民法典体系思想。在这个体系中，人被置于上帝这个造物主之手的突出位置。他的观念、心得和愿望指向三个主要目标，第一是上帝，世界的终极创造者；第二是自己；第三是社会。达盖索将债分为三部分，其中债的来源体现了两个"黄金法则"：一是己所不欲勿施于人；二是人应当以自己希望他人如何行事之方式来对待别人。根据维奥勒（Viollet）的研究，达盖索的体系也在一定程度上受到了拉马隆"判例集"的影响。[①]

18 世纪的法国学者波蒂埃（Pothier，1699～1772）被誉为"法国民法典之父"，他是法国私法学的集大成者，对于体系化有重要贡献。他于 1761 年完成的《债法论》（Traité des obligations）成为这一题材著述中的杰出代表。该书论述了大量来源于实践的制度和解决方法，但是作者的旨趣显然不在于一一列举应对具体案例的解决之道，而是在于论述一般性的原则和规范。在推理的思维方面，不再是从具体的案例出发去找寻一般性的规则，而是演绎式推理，即从一般性的规则出发，去应用于具体的个案。这对后世的法典化工程产生了相当深远的影响；后世有学者认为，《法国民法典》债法部分的内容几乎可以看作是波蒂埃此书的翻版。[②] 波蒂埃虽然没有直接参与《法国民法典》的起草，但是他的作品对《法国民法典》产生了很大的影响。波蒂埃曾经发表了近二十部专著，专门讨论了奥尔良习惯法、罗马法和海商法等有关民法内容。他的作品虽然没有像多玛一样具有原创性，但是他提供了一种体系化的架构。其构建的体系由五部分组成，第一部分是自然法和民法的一般规则，第二部分是人，第三部分是物，第四部分是诉讼，第五部分是公法。波蒂埃将所有私法内容概括为如下几个主题，即：自然法和民法的一般规则；人；物；诉讼；公法。[③] 显然，他也遵循了盖尤斯的"人、物、诉讼"三分法，但是，其加入了自己对近代自然法的理性的看法，区分了法律和权利。他把权利分为对物权和对人权，其债法理论成为《法国民法典》

---

① See T. B. Smith, The Preservation of the Civilian Tradition in Mixed Jurisdictions, in Civil Law in the Modern World 3, 25（A. Yiannopoulos ed., 1965），at 72.

②③ Jean-Louis Gazzaniga, Introduction historique au droit des obligations, PUF, 1992, pp. 56 – 57.

的蓝本。有人认为,波蒂埃的《债法论》曾供给《拿破仑法典》3/4 的材料。[①]
正因如此,波蒂埃甚至被称为《法国民法典》之父。

在谈及法国学者对民法典编纂的影响时,我们不得不提及对日后法学家产生了很大影响的布尔琼(Bourjon,? ~ 1751)。布尔琼对此前学者们未能制定出一个独特和无所不包的法国法体系感到十分遗憾[②],他在《法国的普通法和归纳为原则的习惯法》中认为,法国习惯法的整体仍然是局部和零碎的,这必须得到统一,但是由于习惯法的规模巨大,需要收集所有的习惯法则,然后依据秩序、精确和和谐的原则,将它们整合于一个最终的整体。[③] 布尔琼以多玛的著作为范本,试图将法国法整理为一个完整和统一的整体,使之成为一个结构性的实体,从而能够对实务者们具有指导价值。尽管两位学者所使用的方法类似,但获得的结果却不相同。布尔琼提出的体系是:第一编“人”,第二编“物”,第三编“怎样取得物”,第四编“怎样支配物”,第五编“怎样处分物”,第六编“诉与执行”。这一体系中也同样没有物权与债权的区分。[④](1)布尔琼的“共同法”沿袭了法学阶梯,他仍然立足于人、物和债的划分。(2)与多玛形成对照,布尔琼的著作并非立足于主观权利。显然,民法典的起草者们曾读过布尔琼的著作,因为《法国民法典》与布尔琼的著作无论是从外部结构还是从内在的内容来看,都具有诸多相似之处。

对于三编制体例是否是精心设计的产物,学者存在不同看法。许多法国学者认为,《法国民法典》的三编制体例,虽然有盖尤斯理论影响的因素,但是,它并非精心设计而成,而是偶然的产物。例如,让·雷(Jean Ray)在其《论民法典的逻辑结构》一书中指出,法典的结构“既没有经过认真的研讨,也没有经过仔细的思考”[⑤]。在康巴塞雷斯(Cambaeres)的 1793 年草案中,法典分为四个部分:人、物、合同和诉讼。但在以后的草案中形成了三编制结构,而雅克米诺(Jacqueminot)1799 年草案并未沿袭这一体例。这就说明,法典在其最后的形成阶段,起草者们对于法典的体例并未达成共识。[⑥] 甚至按照起草者马尔维尔(Maleville)的看法,法典的三分法结构是起草者们最不在乎和关心的事情,他们对体例的探讨是在全部具体的条款讨论完毕之后才开始的。马尔维尔也对三编

---

① 参见许中缘:《体系化的民法与法学方法》,法律出版社 2007 年版,第 88 页。

② F. Bourjon, Le Droit Commun de la France et la Coutume de Paris Reduite en Principes (1747).

③ See T. B. Smith, The Preservation of the Civilian Tradition in Mixed Jurisdictions, in Civil Law in the Modern World 3, 25 (A. Yiannopoulos ed. , 1965), at 72.

④ 参见陈华彬:《潘德克顿体系的形成与发展》,载《上海师范大学学报》2007 年第 4 期。

⑤ J. Ray, Essai sur la structure logique du code civil francais 208 (1926) (author's trans.).

⑥ See Shael Herman and David Hoskins, Perspectives on Code Structure:Historical Experience, Modern Formats, and Policy Considerations, 54 Tul. L. Rev. 987.

制体系的内容提出了批评，他提出，三编之间的容量不成比例，而且内容贯彻也不合理。该法典第一编涉及的是人，第二编涉及的是物，第三编涉及的是财产的取得，其中，最后一编被认为是整个民法和法典立法的目的，而人和物在这里只是被当作是一种预备性的铺垫。但是，事实并非如此，前两编中有许多地方混杂了一些内容，都与取得财产的方式有关。① 1945 年的民法典修正委员会曾考虑过在法典的序编中安插一部总则，并设定第四编"法律行为和法律事实"（Des actes et faits juridiques）。但是，最后这一想法没有被采纳，《法国民法典》至今还保留着其三编制结构。② 需要指出的是，在 2006 年 3 月的修正案生效以后，《法国民法典》增加了新的一编"担保"，因此，从形式上看今天的《法国民法典》已经不是三编制模式了。但是，三编制常常用于对《法国民法典》体系的描述，因此，被视为《法国民法典》的重要特征之一，并构成其法律文化的重要内容。

　　三编制体例的优点在于：（1）它符合事物的秩序和人的认识规律。在理性主义者来看，这一体例非常适合于回应对于清晰性和秩序的要求。③ 简洁明晰，通俗易懂，因为人－物－取得物的方式这样一种体系，非常符合人与其所处的环境进行交流和互动的规律，同时，人法和物法的区分也符合所谓主体—客体的认识规律，将世界区分为人自身的主观世界和外在的客观世界。三编体例无疑是贴近生活的，是方便普通人查阅和使用的。④ 起草人在解释三分法时认为，这是"法律传统的自然遗产"。法国大革命时期的两位立法者特隆谢（Tronchet）和焦博（Jaubert）认为，民法典从逻辑和安排来看都是自然的，民法典的结构划分都是"源于事务的自然属性"，而且与"思想的自然运动相一致"⑤。（2）三编制体例突出了人法，有利于尊重和保障人权。梅仲协先生在评价《法国民法典》和《德国民法典》的优劣时，认为"罗马法较为合理，盖人皆有母，丐亦有妻，以亲属法列于民法之首部，匪特合乎自然原则，且可略避重物轻人之嫌也"⑥。有学者认为，21 世纪的民法是以对人的尊严和人权保障为特点的，应该突出人法。但潘德克顿的总则模式没有突出人法，相反，法国的三编制模式突出了人法。而人格权属于人法的组成部分，它虽然不属于权利能力的范畴，但它和人的

---

　　① See Shael Herman and David Hoskins, Perspectives on Code Structure: Historical Experience, Modern Formats, and Policy Considerations, 54 Tul. L. Rev. 987.

　　② See Maillet, The Historical Significance of French Codifications, 44 Tul. L. Rev. 681, 687 (1970), at 756 – 57.

　　③ 参见石佳友：《民法法典化的方法论问题研究》，法律出版社 2007 年版，第 152 页。

　　④ 参见王云霞：《〈法国民法典〉的时代精神探析》，载中国民商法律网。

　　⑤ P. Fenet, Recueil Complet des Travaux Preparatoires du Code Civil lxix, cxiii (Paris, 1827).

　　⑥ 梅仲协：《民法要义》，中国政法大学出版社 1998 年版，第 18 页。

能力有密切的关系，所以，在这个意义上，法国的三编制模式焕发了其青春。①此外，《法国民法典》所贯彻的价值体系，具有相当的进步性，例如，个人主义、自由主义和民事平等原则，这些仍然是现代民法的基本价值体系。该法典第8条规定："所有法国人都享有民事权利。"第7条规定："民事权利的行使不以按照宪法取得并保持的公民资格为条件。"这些都体现了自由与平等精神。当然，民法典所确立的自由与平等原则其实更多地体现在物权法和债法领域，至于婚姻家庭和继承法领域，则充满了家长制的色彩和男女不平等的痕迹。②

但是，三编制体例也存在一定的缺陷。由于采纳此种体系，《法国民法典》没有总则，缺少关于民事活动的一般原则。有关民法的一般规则、原则体现在学者的学理中。在此种模式下，财产权中未区别物权和债权，也没有在严格区分物权与债权的基础上形成独立成编的物权法和债权法。所以，法国民法中缺少严格意义上的物权法，物权法只存在于学理中。但许多民法学者都不赞同法国民法的这种罗马式模式。马尔维尔指出，"主要内容的分类必然多少具有主观性。"③普朗尼奥尔（Planiol）认为，三编制结构是人为的和偶然的。④法典的第三编或许更多的是处于习惯的力量，而非是法典内容的现行安排。仅仅只是对该法典第三编，就有学者提出质疑，如澳大利亚学者瑞安在谈到该编时说："任何科学的安排方法都不会在一编之中把继承和赠与、契约和侵权行为、婚姻财产、抵押和时效等这些毫不相干的内容都放在'取得财产的不同方法'之下。"⑤有的学者甚至更尖锐地批评道："法典的第三编完全是异类题材的大杂烩。"⑥普朗尼奥尔认为，法典更应该符合法学工作者的需要⑦，他认为，"将如此性质相异的众多主题汇聚在一编之内，这并不符合逻辑。此外，编与编之间的划分也没有多大用处。划分为一系列的章节可能更为简明。"⑧

无论如何，《法国民法典》被称为现代民法典的典范，恩格斯曾将其称为"典型的资产阶级社会的法典"⑨。《法国民法典》的颁布，推动了欧洲的法典化，揭开了近代法典化运动的序幕。此后的1838年《荷兰民法典》、1865年

---

① 参见［日］松本恒雄：《关于21世纪的民法典体系与人格权法的地位和内容》，载《2008年民法体系与侵权法国际研讨会材料》，中国人民大学法学院，2008年。

② 参见王云霞：《〈法国民法典〉的时代精神探析》，载中国民商法律网。

③ J. Maleville, Analyse Raisonee de la Discussion du Code Civil au Couseil d'Etat 2 (3d ed., Paris 1822), at 2 - 3.

④ J. Ray, Essai sur la structure logique du code civil francais 208 (1926).

⑤ ［澳大利亚］瑞安：《民法导论》，楚建译，载《外国民法资料选编》，法律出版社1983年版，第33页。

⑥ ［德］K. 茨威格特、H. 克茨：《比较法总论》，潘汉典等译，贵州人民出版社1992年版，第72页。

⑦⑧ M. Planiol, Traite elementaire de droit civil, no. 26 (6th ed., La. State L. Inst. trans., 1965).

⑨ 《马克思恩格斯选集》（第2版），第4卷，人民出版社1995年版，第253页。

《意大利民法典》、1867 年《葡萄牙民法典》以及《魁北克民法典》在相当程度上都沿袭了《法国民法典》的基因。今天的比利时、卢森堡的民法典基本上承袭了《法国民法典》的传统。历经了 200 年的《法国民法典》仍然保持旺盛的生命力，这与《法国民法典》的逻辑体系以及其所蕴涵的自由、民主思想等进步价值理念以及语言的通俗易懂密不可分。

二、《德国民法典》体系的思想和理论发展

1746 年 12 月 30 日，巴伐利亚国王腓特烈大帝向他的大臣萨缪尔·康彻基（Samuel Cocceji）发布了一项内阁命令，其意旨是统一境内的法律并解决 "jus commune"（共同法）之间的冲突，这些动机促成了 18 世纪 50 年代巴伐利亚三部法典的问世。但这些法典只具有补充性的效力，因为以前的成文法仍然有效，其编制体例完全以《法学阶梯》为蓝本。[1] 在《德国民法典》制定之前，由于政治分裂，法律极不统一，整个神圣罗马帝国直到 19 世纪初仍然具有几百个邦国，各个邦国都具有自己的法律，所以，《德国民法典》就是在这些邦法的基础上制定的。[2] 为了克服法律的分散状态，德国各邦从 17 世纪末就开始编纂法典。在《德国民法典》制定之前，有两个重要的法典，一个是 1860 年《萨克森民法典》（Buergerliches Gesetzbuch fuer das Koenigreich Sachsen）；另一个是 1866 年《德累斯顿债权法草案》（Dresdner Entwurf）。这两个法典都全面地照搬了潘德克顿体系，甚至《萨克森民法典》被认为是 "完全是用模型浇铸出来的潘德克顿法学教科书"[3]。

普鲁士统一了德国北部后，统一法律提上了日程。1874 年开始制定民法典，经过二十余年的努力，最终通过了一个具有高度体系化的法典。《德国民法典》的颁布是民法法典化历史中的一个重要里程碑，它将法典化运动推向了高潮。在形式结构上，该法典沿用了《学说汇纂》理论阐发的内容五分法，将法典分为：总则、债的关系法、物权法、亲属法、继承法。《德国民法典》体系完全是潘德克顿学说的成果，所以，此种体系也称为 "潘德克顿体系"。与《法国民法典》相比较，《德国民法典》五编制的特点主要有：

1.《德国民法典》首创了总则的体系，使民法典进一步体系化。《德国民法典》规定 "总则" 实在是 "潘德克顿体系" 的显著特色。总则编采取提取公因

① ［美］艾伦·沃森：《民法法系的演变及形成》，李静冰、姚新华译，中国法制出版社 2005 年版，第 145 页。

② 参见谢怀栻：《大陆法国家民法典研究》，中国法制出版社 2005 年版，第 25 页。

③ ［日］大木雅夫：《比较法》，范愉译，朱景文审校，法律出版社 1999 年版，第 198 页。

式的方法，从人法和物法两部分中抽象出共同的规则，包括权利主体、权利客体，法律行为之后又规定了代理、时效、权利的行使等，从《德国民法典》开始，就形成了总分结合的体例，总则统率了整个分则，使得整个法典形成了逻辑分明的内在联系，大大提升了法典的体系化。《德国民法典》在总则中首次创造了法律行为的概念，形成了意思表示的系统理论，并且将意思自治的价值贯穿于整个民法之中。总则编抽象出人法和物法的共性规则，使这两部法律构成了有机的整体，避免和减少了许多重复和矛盾现象。①

2. 区分物权和债权，首创了物权概念和制度。尽管在《奥地利民法典》中已经出现了物权的概念，但《奥地利民法典》并没有严格区分物权和债权，而和《法国民法典》一样，只是采取了一个广义上的财产法的概念。与《法国民法典》不严格区分物权和债权相比较，《德国民法典》首创了物权和债权的区分，该法典第二编是债权法，第三编是物权法。将物权和债权独立成编，这在法制史上是民法典体系的重大发展。债权编再次采取了提取公因式的方式，区分了总则和分则。《德国民法典》债权编部分几乎规定了所有债的发生事由，而且将不当得利和无因管理单独作为债的发生原因，并且适应工业社会初期的需要对侵权之债作了详细的规定。在物权编中，该法典第一次采纳了物权行为理论，从而形成了最具特色也最具争议的概念。与《法国民法典》不同，《德国民法典》不是将担保物权置于合同之中，而是置于物权之中规定，这无论从逻辑上还是从体系上都是新的发展。②《德国民法典》不仅确立物权的概念，而且区分了完全物权和限制物权、物权和占有，并区分了物权请求权和占有保护请求权，这就形成了完整的物权及其保护体系。在物权法中，《德国民法典》又提出了物权限制、禁止权利滥用、忍受轻微妨碍等内容，表明《德国民法典》已经具有一定的社会化思想。

3. 将亲属法和人法分离，设立了独立的亲属编。在《法国民法典》中，人法是一个庞大的人身关系法，不仅仅包括了亲属法，而且包括了有关主体资格、监护等的法律规范。而《德国民法典》区分人法的不同内容，将其分别置于民法典的各编，尤其是将亲属法的相关内容独立成编，置于"物权法"编之后规定。③ 该法典的亲属编主要包括婚姻、亲属和监护制度，这实际上不仅仅区分了主体资格和身份关系，而且在一定程度上将人格关系和身份关系作了区分（例如，将姓名权等人格权的内容置于总则之中规定，而将夫妻关系、亲子关系等内容置于亲属法之中规定）。在第二次世界大战以后，亲属法作了很大的修改，反

---

① 参见谢怀栻：《大陆法国家民法典研究》，中国法制出版社 2004 年版，第 43 页。
② 参见谢怀栻：《大陆法国家民法典研究》，中国法制出版社 2004 年版，第 46 页。
③ 参见陈华彬：《潘德克顿体系的形成与发展》，载《上海师范大学学报》2007 年第 4 期。

映了德国社会的变化，尤其是德国基本法中确立了男女平等的基本原则，导致了家庭法的重大修改。可以说，《德国民法典》的做法是自然法理论影响的结果。①

4. 规定了独立的继承编。在《法国民法典》中，继承被作为取得财产的方法规定在第三编。从法律效果上说，继承与买卖等债权制度类似，都是取得财产的具体方法。但显然，继承制度具有其特殊性，它可以看作是身份权效力的延伸，只能发生在具有特定亲属关系的人之间。而且，将继承与买卖等债权制度规定在一起，也将使得民法典的某编内容极为庞杂。所以，《德国民法典》将继承制度与债权制度分开，规定独立的继承编，其中包括继承权、法定继承、遗嘱继承、特留份、遗产的分割等制度，这有助于继承法和债法各自形成独立的体系。从思想起源的角度来看，《德国民法典》在物权法和债权法之后，设立独立的继承编的做法，也是受到了自然法学影响的结果。②

道森（Dawson）认为，《德国民法典》的结构和风格清楚地说明了潘德克顿学派的大获全胜。③它是潘德克顿学派成果的结晶，它体现了逻辑性和科学性的要求，正是从这个意义上，该法典常常被称为"科学法"。从逻辑体系而言，可以说《德国民法典》构建了完整的近代民法体系。④因而被认为，代表了19世纪法典化的最高成就。《德国民法典》反映的是19世纪的法学成就，是历史法学派的"集大成者"⑤。《德国民法典》大量采用了抽象的概念，而后判例运用解释的技术，结合社会演进的现实，对法典的一些概念，例如权利能力、意思表示、不法性等灵活地进行解释，从而完善了法典的内容。从编纂技术上来说，《德国民法典》是非常严谨、科学的，按照梅特兰的观点，"我以为从未有过如此丰富的一流智慧被投放到一个立法行为当中。"⑥《德国民法典》的体例结构对后世的民法典产生了重大的影响。大陆法系许多国家和地区都接受了德国式民法典体系，如日本、泰国、韩国、葡萄牙、希腊、俄罗斯等国家以及我国台湾地区、澳门地区的民法。在大陆法系国家和地区，凡是受德国法的影响而采用德国法编制体例的，都称为德国法系。苏联、东欧国家也都在实质上借鉴了德国模式。⑦

---

① ② 参见陈华彬：《潘德克顿体系的形成与发展》，载《上海师范大学学报》2007年第4期。

③ See J. Dawson, The Oracles of the Law 236 (1968), at 460.

④ 参见［德］K. 茨威格特、H. 克茨：《比较法总论》，潘汉典等译，法律出版社2003年版，第220页。

⑤ XXIV colloque on European Law Reform of Civil Law in Europe, Council of Europe pubulishing, 1994, p. 22.

⑥ ［德］K. 茨威格特、H. 克茨：《比较法总论》，潘汉典等译，法律出版社2003年版，第273页。

⑦ See R. David & J. Brierley, Major Legal Systems in the World Today 49 (2nd ed., 1978), at 85.

三、《法国民法典》体系与《德国民法典》体系的比较

尽管两部法典在体系上分别采纳了盖尤斯《法学阶梯》的三编制和优士丁尼《学说汇纂》的五编制，在编制体例上具有很大区别，但在实质上两者之间具有极大的相似性，尤其在立法指导思想上，都受到自然法和启蒙运动的影响，其所贯彻的价值理念非常相近，都体现了自然法运动中的平等、正义、自由、对人格尊重等要求。但与《法国民法典》不同的是，《德国民法典》已初步具有社会化思想，一定程度上更强调了国家的干预和对私法自治的限制，例如，《德国民法典》对于所有权人附加了义务，对承租人的特别保护等，这也反映了两个民法典立法时社会基础的变化。当然，《德国民法典》基本上维护了《法国民法典》所确立的自由、平等等价值，正是从这个意义上，拉德布鲁赫曾经说："与其说《德国民法典》是 20 世纪的序曲，不如说是 19 世纪的尾声。"①

当然，两部法典并非毫无关联，《德国民法典》也一定程度上受到了《法国民法典》思想的影响。例如，有学者认为，《德国民法典》的债法体系也受到了从普芬道夫到多玛的影响，尤其是受到了多玛关于债的不同分类、根据事务属性来对法律关系进行分类的思想等的影响有学者认为，《德国民法典》的物权法（第三编）和债务关系法（第二编）这两个领域则按照源于罗马法的概念，即"对物法"（iura in rem）和"对人法"（iura in personam）来相对地区分。②《德国民法典》总则中的法律行为的概念在一定程度上也受到了中世纪阿土休斯（Althussius）关于交易行为中的意定内容（即 negotium）理论的影响。③这就决定了《德国民法典》在体例上与《法国民法典》具有相似性。《德国民法典》虽然首创了总则，但在总则的体系中仍然采取了"人、物、取得物的方式（法律行为）"的三分法。《德国民法典》的一些条文也吸收了《法国民法典》的一些成分。例如，《德国民法典》关于为事务辅助人所负责任的第831条是以《法国民法典》第1384条为蓝本的；《德国民法典》关于自书遗嘱的第2247条是以《法国民法典》第970条为蓝本的。④

按照陈朝璧先生的看法，自从《德国民法典》颁布之后，五编制的模式为罗马法学者所普遍采纳，而三编制的方法已不再为学者和立法所采纳。⑤ 此种结

---

① ［德］K. 茨威格特、H. 克茨：《比较法总论》，潘汉典等译，法律出版社 2003 年版，第 266 页。
②③④ Peter Stein, Le droit romain et l'Europe, 2e éd., LGDJ, 2004, p. 147.
⑤ 参见陈朝璧：《罗马法原理》，法律出版社 2006 年版，第 23 页。

论是否妥当，尚需要进一步探讨。事实上，自《德国民法典》颁布以来，也有些国家在编纂民法典时采取了三编制模式。但比较上述两种立法模式，应当说都是在借鉴罗马法经验的基础上经过学者理论上的精心设计的，具有很强的体系性与系统性，符合各自的国家的社会经济文化传统。《德国民法典》和《法国民法典》被称为大陆法系最重要的两个分支，也是因为二者在立法风格、体系安排以及具体制度上存在较大的差别，反映了两国民事立法以及民法学研究在基本理论、体系建构以及概念选取上都存在不同的理论基础。《德国民法典》更注重概念的精确性、逻辑性，而《法国民法典》更注重语言的通俗易懂和规范的简洁实用性。① "事实上，民法典的结构紧密仅仅是抽象意义上而言的。而且，法国法典的体系依赖于实践的性质因为具有历史的特征，对法典的编纂者而言，不存在涉及与自然法学派相反的纯粹的逻辑体系，也没有人采用金字塔的形式，也没有组成树枝状的或者谱系型的体系。而且，在法典体系的内部，也很难发现具有这样一个规范谱系的结构。"② 上述两部法典对欧洲大陆各国乃至世界其他国家产生了深远的影响，在此基础上形成了法国法系和德国法系。

比较德国民法和法国民法的体系，我们不能简单地采用"优劣"的标准，更应当从理论基础、历史传统以及起草背景加以分析。例如，从《法国民法典》的三编制来看，《法国民法典》在解释罗马法时，更多地从三分法来思考民法问题，直接反映了民事法律关系的构成；而德国潘德克顿学派从萨维尼开始就形成了总则的思想，经过了普赫塔、温德沙伊德等人的完善，也逐渐成熟，所以，德国民法典更多地从理论抽象的角度研究民法问题。这也反映了德国民法学者习惯于抽象思维，而法国学者更习惯于传统的理性思维。所以，两种体系的分类反映了两个民族的思维习惯，也是两国的学说理论长期发展的结果。每一种体系都是植根于民族的历史文化传统和习惯，只要能够为本民族的广大人民接受，符合本民族利益，且符合司法实践的要求，该体系就是合理的。正是从这个角度出发，民法典没有固定不变的体系，也没有优劣之分。将德国五编制看作民法典的唯一科学体系，甚至不能作任何的修改和补充的观点，显然是不妥当的。

从逻辑性和体系化的角度来看，《德国民法典》确具有一定的优势，因为它首先创设了严谨的概念，按照总分结构，形成了概念的阶梯和规则的逻辑体系，虽然各项制度都进行了严格的区分，但同时又保持其密切联系，使得整个民法典的体系更为完善。例如，物权和债权的区分、物权和继承的区分、主体制度和亲属法的区分等，都保持了一定的逻辑性和严谨性。尤其是《德国民法典》创设

① 参见石佳友：《民法法典化的方法论问题研究》，法律出版社2007年版，第117页以下。

② Nader Hakim, L'autorité de la doctrine civiliste français au XIXE siècle, Preface de Michel Vidal, LGDJ, 2002, p. 145.

法律行为制度，以意思表示为核心，来构建民法典的总则体系，并且通过物权行为、债权行为、婚姻行为、遗嘱行为等，将其贯彻到各个分则中，使得总则与分则的联系更为密切，保证了整个体系的完整性。《法国民法典》虽然没有采纳总分结构的立法技术，但就体系的简洁、实用、开放性和保持法典的活力而言，其具有自身的特点。该法典并未采纳法律行为概念，因为法国的理论认为，一个高度抽象的法律行为概念并没有太多的理论价值，还不如制定一些针对具体制度的规则更为实用。[①]《法国民法典》尽可能地在立法中采取相对抽象的规则，给法官留下一定的自由裁量权，从而弥补民法典的不足。这就使民法典保持了一定程度的开放性。所以，从形式体例来看，体系化没有固定不变的标准模式。一部法典究竟应该多少编，各编的顺序如何，没有一个放之四海而皆准的先验的绝对真理。这本质上取决于立法者依据本国国情和文化传统作出的利益衡量和价值选择。说到底，形式是由内容决定的，并且是为内容服务的。无论选择何种体系模式，其必须符合法典体系化的基本特征和功能需要。我国当前制定民法典必须要在认真比较各国立法例的基础上，总结利弊得失，吸取经验教训，才能制定出符合我国国情、反映时代特征的民法典。

第四节 民法典的混合模式

一、大陆法系内部不同法律模式的混合

在《德国民法典》颁布之后，形成了两种民法典的模式，即法国模式和德国模式。大陆法系也由此被区分为法国法系和德国法系。大多数欧陆国家都选择该两种模式之一。但是，至20世纪之后，瑞士率先突破了既有的两种模式，而创造出自己的体系。1912年《瑞士民法典》既未采纳《法国民法典》的三编制，也未采纳《德国民法典》的五编制，而形成了所谓的"独特法典"（code unique）。其特点在于：（1）瑞士民法受到潘德克顿法系的影响，在一定程度上借鉴了德国的模式，并在此基础上形成了自己的体系。[②] 例如，该法典区分了物权和债权，设置了独立的《瑞士债务法》和物权法，并规定了独立的亲属法和

---

① 参见薛军：《法律行为理论：影响民法典立法的重要因素》，载《法商研究》2006年第3期。

② Csaba varga, codification as a sociohistorical phenomenon, Akddemiai kiado, Budajiest, 1991.

继承法。据此有学者认为，"1912 年《瑞士民法典》和 1881～1912 年瑞士债务法制定了德国体例的最重要的部分。尽管瑞士的立法者反对一个独立的总则部分，但是他们双重的法典编纂拥有五个部分：同时包括民法和商法条款的人，家庭法，继承法，物和债务。"① （2）《瑞士民法典》又受到法国民法的影响，在体系上也借鉴了法国的模式。例如，该法典没有采纳《德国民法典》的总则，而是采纳了《法国民法典》的序编模式；再如，把"人法"和"亲属法"置于"物权法"之前，这明显是采纳了法国的模式。② （3）《瑞士债务法》完全采纳了民商合一的体例；这也使得其明显区别于法国法和德国法；在民法体系之中，瑞士债法首先自成体系，将各种商事制度纳入到债法中，避免了民事一般交易规则与商事特别交易规则的重复规定，并首先将商事合同和民事合同统一起来。正是因为《瑞士民法典》是在吸收德国法系和法国法系经验的基础上，独创了自己的体系，所以，许多学者认为，《瑞士民法典》是 20 世纪德语国家最杰出的代表。③

混合法系的另一个代表性国家是荷兰。早在 1838 年，荷兰曾制定了一部民法典，这部法典深受法国法的影响，甚至有学者认为，其大部分是在改变和扩充《法国民法典》的基础上而形成的。④ 该法典除了人法和家庭法、继承法、财产法中的许多重要部分外，主要是根据《法国民法典》制定，甚至是原文照搬，但是在体系上却并没有承袭《法国民法典》。⑤ 在该法典颁行了一百多年之后，荷兰于 1992 年再次制定了一部新的民法典。该法典之所以可以被称为混合模式，是因为它在借鉴德国模式和法国模式的基础上独创了自己的体系。因为历史的原因，荷兰民法曾受《法国民法典》的深刻影响。但是，自《德国民法典》颁布以后，德国的立法判例学说对荷兰产生了较大影响，《荷兰民法典》的起草转而原则上借鉴德国法。⑥《荷兰民法典》（1992 年）的特点表现为：（1）它借鉴了《法国民法典》体系的经验，在第一编规定了人法。其在人法中将人法和家庭法（包括婚姻财产法）结合在一起。不过，与《法国民法典》不同，除了在第一编规定人法和家庭法之外，第二编又规定了法人制度。另外，该法典没有严格区分

① Zweigert & Dietrich, System and Language of the German Civil Code 1900, in Problems of Codification 38 (S. J. Stoljar ed., 1977), at 42.

② 参见谢怀栻：《大陆法国家民法典研究》，中国法制出版社 2004 年版，第 74 页。

③ Csaba varga, codification as a sociohistorical phenomenon, Akddemiai kiado, Budajiest, 1991.

④ 参见［荷］J. 海玛：《荷兰新民法典的基础及体现的趋势》，载王卫国主编：《荷兰经验与民法再法典化》，中国政法大学出版社 2007 年版，第 16 页。

⑤ 参见《荷兰民法典》，王卫国主译，第 3、5、6 编，译序，中国政法大学出版社 2006 年版。

⑥ 参见［荷］亚瑟·S·哈特坎普：《荷兰民法典的修订：1947～1992》，汤欣译，载《外国法译评》1998 年第 1 期。

物权和债权，这似乎是采纳了《法国民法典》的经验，但是其设立了独立的财产编，这与《法国民法典》并不相同。《荷兰民法典》并不存在一部大的总则，而只是在某些编内设立小的总则。这与《法国民法典》也比较类似。（2）它借鉴了《德国民法典》的经验，主要表现在：《荷兰民法典》第四编规定了继承制度，第五编规定了物权法，第六编规定了债法通则，第七编规定了具体合同。这在一定程度上是采纳了德国法系的经验，以严格区分物权、债权、继承为基础。虽然整个民法典不存在着总则，但是大量借鉴了《德国民法典》的一般条款。但是与《德国民法典》不同的是，它规定了独立的财产通则编。由于以德国法为代表的大陆法系所设立的总则编，其中的许多内容并不能完整地适用于财产法和人身法，因而，这一体例也经常受到一些学者的批判。① 据此，一些学者提出应当将财产法本身的独特性提取出来，单独成编，统辖整个财产法，这将进一步增进民法典的逻辑性和体系性。在《荷兰民法典》第六编债法通则中，又将合同法和侵权责任法分别作为两部分加以规定，并且对侵权责任的规定相对充实丰富，使得债法的体系更为科学化。在这一点上，既不同于法国也不同于德国。由于海上运输业在荷兰的特殊重要性，《荷兰民法典》为运输单独设立了一编（第八编）。当代《荷兰民法典》所采取的是一种新的模式，是法国模式和德国模式的混合；同时被认为是"教科书"。现行《荷兰民法典》在借鉴法、德民法典的同时，突破了经典民法典的体系和结构，成功实现了本土化。②

1942 年的《意大利民法典》也可以看作是法国模式和德国模式基础上产生的、独具特色的民法典。表现在：（1）意大利民法在体例上深受法国民法的影响，因此，其民法典中吸收了不少《法国民法典》的内容。例如，它没有设立总则，但是规定了序编。在第一编中规定了人与家庭。（2）该法典又借鉴德国经验，规定了独立的继承编（第二编），并区分了物权和债权，规定了所有权（第三编）、债权（第四编）。但又与法国和德国不同的是，该法典独创了自己的体例，在第五编规定了权利的保护，第六编规定了劳动编，在劳动编中将知识产权加以规定，表明该法典具有相当的新颖性。③ 该法典中采纳了民商合一的立法模式，将大量的商事法律的内容规定于其中。例如法典第二章规定了法人，而在第五编劳动编中，将公司法（第五章）、合作社（第六章）、企业（第八章）全部纳入其中。这与法国和德国是不同的，因此不能将其视为《德国民法典》的翻版。甚至该法典在劳动编中还规定了竞争规则，这实际上将有关经济法的内容

---

① Lqrs BjoRNE, Deutche Rechts system，p. 263.

② 参见胡利玲：《确定与灵活——对〈荷兰民法典〉中有关一般条款规制的分析》，载王卫国主编：《荷兰经验与民法再法典化》，中国政法大学出版社 2007 年版，第 243 页。

③ 参见费安玲等译：《意大利民法典》序言，中国政法大学出版社 2004 年版。

也纳入了民法典之中①，这显然与法国和德国不同。该法典规定了完整的民事证据规则。虽然其中一些内容受到了法国的影响，但是将证据规则体系化，这在法典的体例上是一个重大的创新。

二、英美法和大陆法的混合模式

除了大陆法系内部存在着不同模式的混合之外，还存在着因两大法系的混合而形成的法律体系。此种模式的主要特点在于，同时具有相当的两大法系的元素。此种混合模式不仅表现于具体的制度和规则层面，也表现于体系层面。这种模式被称为所谓混合性法律体系（mixed legal system）②，也被称为"混合法系"（mixed jurisprudence）或"混合法域"（mixed jurisdiction），其典型代表是《魁北克民法典》和《路易斯安那州民法典》。其产生的很大原因在于独特的历史和地缘特点：这两个地区由于在历史上都曾是法国的殖民地，自身都是成文法传统，法文在该地区具有历史影响（当然法文在今天的路易斯安那州影响十分有限）。但是，它们的周边又全部是普通法地区，且其所属的国家是普通法国家，因此，它们不可避免地要受到普通法的深刻影响。

1. 《魁北克民法典》。1608 年，法国殖民者在加拿大建立新法兰西殖民地，从而开始了法国在加拿大的殖民统治。法国的民法制度也被带到了魁北克。在加拿大联邦成立前夕，1866 年魁北克制定了民法典。③ 在内容体系上，《魁北克民法典》分为十编，分别是：第一编：人；第二编：家庭；第三编：继承；第四编：财产；第五编：债；第六编：优先权和抵押权；第七编：证据；第八编：时效；第九编：权利公示；第十编：国际私法。从内容上看，《魁北克民法典》基本上采纳了《法国民法典》的体系结构，其没有设立总则，而设置了人、财产以及取得财产的方法这三部分。但其与《法国民法典》的结构又不完全雷同，例如，在篇章上其先人后财产，将人法、家庭法、继承法编位于财产法和债法等之前，体现了对人的重视和人文主义精神的高扬。④ 再如法典适当借鉴了《德国民法典》，局部表现为总则－分则、一般性规定与具体规定相结合的立法技术，讲究法律概念的抽象化。⑤ 最后两编涉及兼跨人身关系法和财产关系法的内容。

---

① 参见费安玲等译：《意大利民法典》序言，中国政法大学出版社 2004 年版。

② See Jean Simts, The Contribution of Mixed Legal System to European Private Law, Intersentia Metro, 2001，p. 40.

③ 参见刘艺工：《试论〈魁北克民法典〉》，载《法国研究》1997 年第 2 期。

④ 参见彭心倩：《〈魁北克民法典〉对我国民法典制定的启示》，载《湘湘论坛》2004 年第 1 期。

⑤ 参见孙建江等译：《魁北克民法典》，内容提要，中国人民大学出版社 2006 年版。

该法典的新意在于增加了优先权和抵押权、证据、时效、权利的公示和国际私法作为编层次的结构单位。① 尤其需要指出的是，基于地缘的因素，魁北克地区处于普通法体系的包围之中，因此不可能不受到普通法的影响。就 1994 年《魁北克民法典》而言，其中所包含的普通法要素有②：（1）信托制度（第 1269 ~ 1298 条），该法典第四编第七篇专门规定了信托制度，这显然是借鉴普通法的结果。例如，有学者认为，魁北克 1865 年的民法典就已经规定了信托制度，可以说是最早拥有了普通法的因素。③（2）动产抵押（第 2260 条）：该法典第 265 条第 1 款规定，动产、不动产或动产和不动产的集合体都可以设定抵押；同条第 2 款规定，设定担保的时候不必移转占有，因此动产可以设定抵押；该法典第 2663 条规定，动产抵押只有在登记后才能对抗第三人；第 2696 条规定，不移转占有的动产抵押必须采用书面形式才有效，财产由债务人继续占有。这实际上已规定了较为完整的动产抵押制度。（3）遗嘱的验证（第 772 条）和证人前订立的遗嘱（第 727 ~ 730 条）。（4）证据规则。该法典第六编加入了大量普通法的证据规则内容。例如，传闻证据规则显然受到普通法的 hearsay 制度的启发（第 2843 条）。（5）受到英国法影响的海事保险制度（第 2502 ~ 2628 条）。（6）法人成员的免责规则（第 317 条）以及法人管理人的义务和责任（第 321 条及以下）。当然，该法典还受到了欧盟关于产品责任的指令以及瑞士、德国等诸国法律的影响。由于这些因素，《魁北克民法典》同样也是一部"混合法"④。《魁北克民法典》正是因为融入了很多美国法上的合理制度，受到了国际比较法学界的高度评价。⑤

2. 《路易斯安那州民法典》。1808 年路易斯安那州颁行《民法汇编》（The Digest of Civil Laws），1825 年制定了第一部民法典。⑥ 梅因（Henry Maine）认为 1825 年路易斯安那法典是一个巨大的进步，"在所有的罗马法的出版物之中，这是一个对于我们来说最清晰、最完整以及最具有哲学性，最适应于现代社会的发展需要"⑦。历史上，路易斯安那曾经是法国的殖民地，因而，《法国民法典》被带到了该殖民地。⑧ 在 1803 年，美国获得了对该州的主权之后，《法国民法典》

---

① 参见徐国栋：《比较法视野中的民法典编纂（一）》，北京大学出版社 2007 年版，第 179 页。

② Marie-Michèle Blouin, Le Nouveau Code civil du Québec, in Bernard Beigner, La codification, Dalloz, 1996, pp. 170 - 171.

③ 参见孙建江等译：《魁北克民法典》，中国人民大学出版社 2006 年版，第 9 页。

④ 徐国栋：《比较法视野中的民法典编纂（一）》，北京大学出版社 2007 年版，第 183 页。

⑤ See Zimmermann, *Roman Law*, *Contemporary Law*, *European Law*, Oxford University Press, 2001, p. 167.

⑥ 参见徐国栋：《〈法国民法典〉模式的传播与变形小史》，载《法学家》2004 年第 2 期。

⑦ A. N. Yiannopoulos, Requiem for a Civil Code: a Commemorative Essay, 78 Tul. L. Rev. 379 (2003).

⑧ 参见徐婧译注：《最新路易斯安那民法典》，法律出版社 2007 年版，第 482 页。

仍然生效，当地的居民强烈反对引入普通法。1825年的《路易斯安那州民法典》基本上是采法国模式制定的。自1908年开始，该民法典又被不断地修订。从1987～1991年，《路易斯安那州民法典》进行过多次修订，并形成了现行的民法典。不过，由于以"路易斯安那法学之父"里温斯顿为代表的法学家均通晓民法和普通法、路易斯安那州特殊的地理位置和环境等原因，使得1825年的《路易斯安那州民法典》不可避免地揉进了某些普通法因素。后来，该法典又不断受到两大法系的重大影响。民法典的72%的条文基本被修改，大约28%的条文仍然发挥着作用。可以说，许多新的法律条文与旧的法律条文并存调整着民事生活，也只有第二、三编的内容被认为是完整的。[1] 有人说它已经背离了大陆法系的传统，有人将它与《魁北克民法典》等相并列而统称为"混合法系"[2] 也有人宣称，今天其已经属于普通法的法域，而不再是大陆法的法域。[3] 应当看到，该法典除保留《法国民法典》等大陆法基本的概念、制度和体系之外，还受到英美法系的影响，主要表现在：（1）法院仍然以判决先例（precedents）为裁判的主要依据[4]。可见，该法典的内容并不是对所有的法律统一。在很多内容上，仍然采用的是判例法的方式。虽然该法典主要采用了大陆法而不是普通法，但在法典中仍然承认了判例的作用。[5]（2）该法典规定了有限合伙制度（第2836～2890条）。可以说，这基本上是采纳了美国有限合伙法上的合伙制度。该合伙既可以是商事合伙，也可以是民事合伙。有关合伙的权利义务关系，都来自于普通法的有限合伙制度。[6]（3）在侵权责任方面，大量借鉴了美国法的经验。例如，1996年美国"侵权法改革"的潮流涌入立法，导致《路易斯安那州民法典》第2323条和第2324条都进行了修改，采纳了比较过失等制度。[7] 尤其是，该法典完全采纳了英美法上的过失侵权制度，并进行了类型化的规定。（4）规定了普通法的信托制度。现行法典第三编（即取得物之所有权的各种方法）第二章（即生前赠与和遗嘱）规定了信托制，其中第一节是路易斯安那信托法典，第二节是以慈善或周济为目的的信托，而信托制是普通法系特有的制度。

---

① See Shael Herman and David Hoskins, Perspectives on Code Structure: Historical Experience, Modern Formats, and Policy Considerations, June, 1980, 54 Tul. L. Rev. 987.

② L. Saintonge-Poitevin, Civil Code of the Province of Quebec (1967).

③ Bénédicte Fauvarque-Cosson, Sara Patris-Godechot, Le Code civil face à son destin, La Document Française, 2006, p. 48.

④ 参见王利明、郭明瑞、潘维大主编：《中国民法典基本理论问题研究》，人民法院出版社2004年版，第62页。

⑤ Rodolfo Batiza, The Influence of Spanish Law in Louisiana, 23 Tul. L. Rev. 29.

⑥ 参见徐婧译注：《最新路易斯安那民法典》，法律出版社2007年版，第509页。

⑦ 参见徐婧译注：《最新路易斯安那民法典》，法律出版社2007年版，第562页。

此外，还有一些国家也采纳了混合模式。德国学者齐默曼曾经考察了苏格兰和南非的法律制度，认为它们都是一种混合性的法律体制。例如，南非合同法吸收了大陆法和英美法两大法系的经验，这是法律发展的一种重要趋势。①

三、混合模式产生的原因和意义

1. 混合模式的产生表明，民法典的体系并没有普遍的和终极的模式。虽然任何一个国家制定民法典时，都应当借鉴和考虑成熟的三编制和五编制模式，但是，没有必要将其奉为不可改变的经典。混合模式的出现，就打破了三编制模式和五编制模式的经典思路，从各国民法体系的发展来看，实际上并没有固定不变的模式。法国的或德国的体系并非是神圣不可触动的。正如有的学者所指出的，"立法者应该是结构的主人而不是奴役于法典的结构。如果在经过多方努力之后，编纂者发现特定的形式并不适合，他们应该采纳其他的结构。总之，他们对传统进行了充分的尊重而不完全抛弃。"② 事实上，任何一个国家制定民法典都首先要从本国的需要出发，来构建民法典的体系，同时也要考虑不同时期民法的发展，及时吸收民法理论研究的最新成果，从而对民法典体系进行修改、补充和完善。

2. 混合模式的产生也反映了民商合一的发展趋势。采纳混合模式的国家，大多采民商合一的立法体例。所谓混合模式，其重要特征是将民事规则和商事规则结合在一起。混合模式试图将商事一般规则纳入民法典。当然，这并不意味着，混合模式否定商事特别法独立存在的意义。但是，因为在民法典之中规范了较多的商事规则，因而，它更多地反映了民法商法化的趋势。这也代表了民法典发展的新趋势。

3. 混合模式注重了两大法系的融合。该模式实际上是复合继受的产物，它汲取了两大法系的优势，适应了两大法系相互融合的趋势。尽管大陆法系的模式具有其优势，但是，普通法上也存在很多优越的制度，如信托制度、惩罚性赔偿、有限合伙等等。虽然与大陆法的传统概念、体系可能发生一定程度的冲突，但是，实践证明，这些制度也存在其独特的制度优势。而路易斯安那州等的经验表明，借鉴英美法的经验并不会颠覆大陆法的体系。尤其是随着经济全球化的发展和文化交流的加强，两大法系的法律制度正出现相互影响、相互融合的趋势。

---

① See Zimmermann, *Roman Law*, *Contemporary Law*, *European Law*, Oxford University Press, 2001, p. 167.

② See Shael Herman and David Hoskins, Perspectives on Code Structure: Historical Experience, Modern Formats, and Policy Considerations, June, 1980, 54 Tul. L. Rev. 987.

在此背景下，混合模式也就应运而生。大陆法系在当代的许多发展就是吸收普通法经验的结果。当然，英美法也同样出现了不少的成文法，在具体制度上也吸收了一些大陆法的内容。按照齐默曼的看法，从未来的发展趋势来看，交易规则的体系应该实现两大法系的融合，但这并不妨碍法典化；法典化是大陆法系的重要立法手段和技术，但是法典化的内容完全可以借鉴普通法。[1]

第五节　民法典体系的发展

"民法的现代图像极富有变化，且内容复杂。古典的民法图像以其抽象的概念和制度成为自我完结的学问体系，而民法的现代图像则很难从这种学问的体系来把握。"[2] 任何体系都是不断发展和变化的，不可能是终极性的。事实上，就民法典的体系而言，为了适应 20 世纪特别是第二次世界大战后的新发展，许多深刻的变化值得我们认真研究和探讨。在当代，经济全球化的发展，进一步推动了民法典的发展和变化。这主要表现为以下几个方面：

一、民商合一的趋势日益明显

在 19 世纪法典化时期，以《法国民法典》和《法国商法典》的制定为标志，开创了民商分立的先河，其他欧洲大陆民事立法几乎都采纳了此种立法模式。但是自 20 世纪以来，随着商人特殊阶层地位的消失，以及法律的统一等方面的需要，民商分立逐渐走向民商合一。1911 年的《瑞士联邦债务法》开创了民法典民商合一的模式，创造了一个新型的民事立法体系，瑞士债法中既包括民事规范，又包括商事规范。《瑞士民法典》也被认为是 20 世纪最先进的民法典。1942 年《意大利民法典》中既包括了民法的内容，也包括了商事法的规范，甚至将公司法也纳入民法典之中，从而在体系上又有了新的创新。自从第二次世界大战以来，又有许多新的民法典问世。据统计，仅仅第二次世界大战以后就出现了 47 部民法典[3]，在苏联解体之后，各独联体国家都纷纷制定自己的民法典，产生了 20 世纪新的民法法典化运动的浪潮。在这些法典体系中，大多都采取了

---

[1]　See Zimmermann, *Roman Law*, *Contemporary Law*, *European Law*, Oxford University Press, 2001, p. 167.

[2]　[日] 北川善太郎：《日本民法体系》，李毅多等译，科学出版社 1995 年版，第 115 页。

[3]　参见苏永钦：《走入新世纪的私法自治》，中国政法大学出版社 2002 年版，第 80～81 页。

民商合一的体系。比较有代表性的是《俄罗斯民法典》，1994 年颁布的该民法典中也包括了大量的商事规范，坚持了民商合一的立法模式。① 甚至在日本这样的民商分立的代表性国家，也在大规模修改债法，意欲将"消费者"、"经营者"的概念引入债法，全面规范商行为，从而加速民商合一的进程。②

二、人格权制度在民法中的地位日益突出

19 世纪的民法典基本上是以财产法为中心构建起来的，有学者将其称为财产中心主义，认为人格的内涵主要体现为对外在财富的支配。③ 正如星野英一教授指出的，在近代民法中，法律人格是以财产权利为中心的，这是一种不完善的人格。④ 而随着 20 世纪以来社会的发展和法律的现代化，民法逐渐关注人的非财产利益，尤其是将人格利益确认为一项重要权利加以保护⑤，进而提高了民法关注人、保护人的层次和水平。在第二次世界大战之后，随着人们对于战争期间对人权的严重侵犯和对尊严的践踏的深刻反思，人权的保护成为一种普遍性的趋势。例如，1994 年《魁北克民法典》在许多方面被认为富有明显的时代气息，反映了当今时代"承认人的地位，连同确认和保护人的尊严作为私法关系的及时的愿望"⑥。该法典在第一编"人"中"第一题中民事权利的享有和行使"中，规定了保护人格权的一般原则；在第二题中规定了一些具体的人格权，包括人身完整、对子女权利的尊重、名誉，以及对私生活的尊重、对遗体的尊重等；在第三题中规定了姓名权等权利。2002 年的《巴西民法典》被认为是法典化领域最新的、富有代表性的重要成果，在其总则部分第一编人法第二章规定了人格权。主要内容包括人格权的不得转让和不得放弃、身体权、禁止被强制接受治疗或其他医学措施、姓名权、禁止姓名的商业利用、名誉权、私生活不受侵犯等。⑦ 此外，有关人权保护的国际法规范相继出现，如1948 年《世界人权宣言》、1950 年《欧洲人权公约》等，其中包含了许多人格权的内容。

---

① 参见朱丽娜：《论中国商法立法模式的理论构建》，载《华中师范大学研究生学报》2005 年第 3 期。

② 参见［日］内田贵：《为实现债权法的根本修改》，载《日本经济新闻》，2008 年 7 月 7 日。

③ 参见薛军：《人的保护：中国民法典编撰的价值基础》，载《中国社会科学》2006 年第 4 期。

④ 参见［日］星野英一：《私法中的人》，王闯译，中国法制出版社 2004 年版，第 26 页。

⑤ 参见［日］星野英一：《私法中的人》，王闯译，中国法制出版社 2004 年版，第 51 页。

⑥ 孙建江等译：《魁北克民法典》，序言，中国人民大学出版社 2006 年版。

⑦ Leslie Rose, The Brazilian Civil Code in English, Renovar, Rio de Janeiro/Sao Paulo/Recife, 2008, pp. 12 – 13.

尤其需要指出的是，人格权制度发展的过程中，不仅各类具体人格权越来越丰富，而且在德国法系出现了一般人格权的概念，从而形成了具体列举之外的人格权的保护。在一些国家的立法和判例中，人格尊严和人身自由被认为是人格权法乃至民法中的重要价值，其甚至具有优越于财产权的地位。如果私人之间的合意侵害了他人的人格尊严和人身自由，将被宣告无效。

三、侵权责任法重要性和独立性的加强

在传统的债法模式中，侵权责任法与合同法等法律共同构成债法的基本支撑。在债法这个体系中，由于侵权责任法本身类型化特征不够突出，条款非常简略，因而债法主要是以合同法为中心构建起来的，侵权法在整个民法体系中的地位并不突出。19世纪关于侵权责任的规定都非常简约。例如，1804年《法国民法典》当初仅仅规定了5个条文。

自20世纪以来，随着人权保护的加强、工业社会的发展、风险社会的来临，侵权法在分配风险、救济受害人方面发挥着日益重要的作用。这些都决定了侵权法的地位日益突出，并且已经成为民法发展中的重要的增长点。因此，各国也都大大充实了侵权法的内容，这表现于民法典有关侵权内容的增加或者制定大量的侵权单行法；侵权法地位的提高，不仅表现为侵权法一般规则的丰富化和精致化，而且表现为特殊侵权的发展，如产品责任、高度危险活动致害责任等。可以说，侵权责任法日益彰显其重要性，已经成为各国民法中的普遍趋势。与侵权法的重要性相适应，该法也逐渐在民法中取得了独立地位。在一些国家的民法之中，侵权责任法成为债法之中独立的、自成体系的部分。例如，《荷兰民法典》第6.3节（第162条以下）专门规定了侵权责任，包括过错责任、危险责任、严格责任以及公平责任。其第185～193条关于产品责任的规定，同欧共体相关指令是一致的。①《路易斯安那州民法典》甚至大量采用了普通法的概念，例如比较过失、过失侵权等，确立了具有两大法系融合特点的侵权法。

四、民法典之外单行法的大量出现

在19世纪法典化时代，立法者希望通过一部法典能够一劳永逸地调整所有

---

① 参见［荷］亚瑟·S·哈特坎普：《荷兰民法典的修订：1947～1992》，汤欣译，载《外国法译评》，1998年第1期。

的民事法律关系。但是随着现代生活的发展，社会生活的复杂性、经济的多样性以及科技的高速发展，都决定了一部法典不可能完全解决现实中的所有的问题。正因为单纯一部民法典不能涵盖所有的民事生活，大量的民事单行法才在民法典之外不断产生。"20 世纪以来，随着社会和经济的变化，立法将许多领域自民法范围分离开并开辟了民法典以外的全新法律领域。这些领域（如房地产租赁法、雇佣法、保险法、运输契约法、垄断和竞争法、农业债券法、城市住房法）乃由特别立法来调整。"① 各国都在民法典之外制定了大量的民事特别法。而来自公法方面的改革也对民法典产生了重大影响。正如维亚克尔所言，"1919 年以来，德国土地法中发生的最为重要的变化都源于公法改革，抵押权制度的最大变化也来自于公法领域的立法，这些规定几乎摧毁了传统的抵押制度。"② 我国台湾地区学者苏永钦也认为，"各种农业法规、工业法规、都市计划法规、文化保存法规等等，创造了不同品级、不同市场价值的所有权，让民法典的动产不动产二分法，像一幅泼墨山水画一样地远离实景。"③

应当看到，大量的补充性单行法的颁布，使得立法具有更强的针对性和现实性。但是，这些单行法在民法典之外的独立存在，无疑也对民法典带来了挑战。一方面，这些单行法本身往往各自都有其原则、解释规则等，形成所谓的"微系统"，由此，使得民法典的中心地位受到极大的挑战，导致了"去法典化"（decodification）现象的产生④；另一方面，这些单行法游离于法典之外自成体系，相互之间可能冲突和矛盾，尤其是与民法典的规则不一致，可能引发法律渊源的混乱。此外，大量单行法体现了国家对于民事生活干预的加强，突破了民法仅调整私法关系的基本理念，使得私法出现公法化的倾向。⑤

五、去法典化现象的产生

（一）去法典化现象产生的原因

所谓去法典化（decodification），又称为法典的分解或者解法典化，是指由

---

① ［美］格伦顿·戈登等：《比较法律传统》，米健等译，中国政法大学出版社1993 年版，第 32 页。
② Franz Wieaker, A History of Private Law in Europe, translated by Tony Weir, Oxford, Clarendon Press, 1995, pp. 415 – 416.
③ 苏永钦：《私法自治中的国家强制》，载《中外法学》2001 年第 1 期。
④ 参见［意］桑德罗·斯奇巴尼：《法典化及其立法手段》，丁玫译，载《中外法学》2002 年第 1 期。
⑤ 参见许中缘：《论民法典与民事单行法律的关系》，载《法学》2006 年第 2 期；薛军：《"反法典化"还是"解构法典化"？——从一个国际研讨会的标题谈起》，载 www. romanlaw. cn。

于在法典之外产生的大量特别法削弱了民法典的中心地位和基本价值，且这些特别法本身构成了若干微系统（micro-systems），从而使民法典本身被边缘化。此种现象在学术上称为"去法典化"①。德国学者维亚克尔，很早就看出法典到了资本主义后期将由盛转衰的"危机"②，法国学者里贝尔（Ripert）在 1948 年出版的《法律的衰落》中呼吁学界关注民法典之外特别法的大量增长现象，但当时并没有受到学者们的关注。③ 直到 1979 年，意大利学者伊尔蒂（Irti）在书中提出"去法典化"的主张，去法典化现象才受到各方的瞩目。伊尔蒂指出，去法典化是一种"逐渐把民法典掏空的立法活动，通过一系列的立法活动，在民法典之外调整民事关系，并提出一些新的原则。在民法典的周围，涌现出一些'民事微观制度'"④。去法典化的特征在于：一方面，去法典化针对的是既有的民法典。去法典化现象所消解的是法典的中心地位，所以，它必然发生于那些以法典为中心的成文法国家，对于完全没有法典化的国家，当然也就无所谓去法典化问题。而且去法典化只是一种客观的法律现象，并非是某一学派的主观性主张。⑤ 另一方面，去法典化只是使法典的中心地位受到了动摇，"民法典已经不再是民法体系中至高无上的统治者"⑥，"它那井井有条的体系有时似乎不再能成为大量新法律的、组织上的参照系"⑦。但去法典化的本意并非在于反对制定民法典，或者完全否定民法典的意义。法典中心地位的动摇主要表现在法律渊源的多元化，法典的适用范围受到了很大的限制，但去法典化并未完全导致法典的彻底解体或者消亡。

去法典化的原因是什么？按照缪勒罗（Murillo）的看法，"民法法系和普通法系的比较法学者们都承认，在民法法系内部，出现的根本性变化是所谓去法典化、宪法化、超国家性立法以及再法典化"⑧。现代社会节奏加快、发展迅速，仅仅一部民法典还不足以有效调整全部民事法律关系，并且民法典本身是对市民生活的高度抽象和概括，难以涵盖所有生活现象，因而，以民法典为中心制定一系列单行法成为必要。由于民法典在许多方面的规范比较简略，例如，传统民法

---

① 石佳友：《民法法典化的方法论问题研究》，法律出版社 2007 年版，第 19 页。

② 苏永钦：《民法典的时代意义》，载王利明、郭明瑞、潘维大主编：《中国民法典基本理论问题研究》，人民法院出版社 2004 年版，第 47 页。

③ 转引自石佳友：《民法法典化的方法论问题研究》，法律出版社 2007 年版，第 20 页。

④ ［意］那蒂达林若·伊尔蒂：《欧洲法典的分解和中国民法典之未来》，载张礼洪等主编：《民法法典化、解法典化和反法典化》，中国政法大学出版社 2008 年版，第 517 页。

⑤ Philippe Rémy, La recodification civile, in Droits, vol. 26, La codification－2, PUF, 1998, p. 10.

⑥ ［意］桑德罗·斯奇巴尼：《法典化及其立法手段》，丁玫译，载《中外法学》2002 年第 1 期。

⑦ 费安玲等译：《意大利民法典》，1997 年版前言，中国政法大学出版社 2004 年版。

⑧ Maria Luisa Murillo, The Evolution of Codification in the Civil Law Legal System：towards：Decodification and Recodification，2001 *Journal of Transnational Law and Policy*.

典中侵权责任部分一般都很简略，随之而出现的问题是，法院通过大量的判例来弥补规范简略的不足。这也是去法典化产生的重要原因。大量民法典之外的单行法以及其他法律渊源的产生，导致民法典在一定程度上被边缘化。具体说来，表现在以下几个方面：

1. 单行法的大量衍生。皮卡佐（Diez Picazo）认为，"去法典化是法典之外的特别立法的增殖而导致的法典单元体的重大分裂。"[①] 这些单行法所涉及的领域有：劳动法、城市和农业租赁、知识产权、保险、运输合同、竞争法、垄断以及消费者保护等方面的立法。这些单行立法形成诸多的微系统（micro-system），它们具有自己独特的价值、原则和自成一体的制度体系，与民法的价值、原则不完全符合。[②] 例如，消费者权益保护法律采用有别于民法典平等、意思自治的原则，强化国家干预色彩，突出了对消费者经济地位的关注和保护。这些原则在对此类特定问题的解决上具有普遍适用性，因此逐渐形成独立于民法典的"微观民事规范系统"[③]。这使得民法典难以发挥中心作用，导致民法典被边缘化，被分解了。[④]

2. 法官造法的发展也推动了去法典化现象的发展。在大陆法系国家，近几十年来法官通过对法律条款的解释和填补法律漏洞等活动，极大地推动了民法的发展，丰富了民法的内容。[⑤] "随着立法在民法典以外不断创新一种新的民法形式，法院也通过解释或发展新的判例规则而创制另一种形式。法院根据新的社会条件，通过对立法条文解释的形式来适用法典，从而导致了一种类似于英美法的实体法形式。"[⑥] 例如，在法国，侵权责任法在法典中规定得极为简略，因而其规则的实质内容大都是通过法官造法而形成或发展起来的；20 世纪早期西班牙法院所创制的"权利滥用"、"诚实信用"、"情事变更条款"、"任何人不得与自己先前的行为抵触"、"前契约的一般理论"等内容。[⑦] 德国法官根据《德国民法典》第 242 条一般条款创设"情事变更"理论。但此种现象又导致另外一个

① Luis Diez-Picazo y Ponce de Leon, Codificacion, Descodificacion y Recodificacion, Anuario de Derecho Civil, Apr. -Jun. , 1992, at 478.

② 参见 ［美］约翰·亨利·梅利曼：《大陆法系》（第 2 版），顾培东、禄正平译，法律出版社 2004 年版，第 152 页。

③ Natalino Irti, L'età della decodificazione (3d ed. , 1989); Josef Esser, Gesetzesrationalität im Kodifika-tionszeitalter und heute, in 100 Jahre oberste deutsche Justizbehörde 13 (Hans-Jochen Vogel & Josef Esser eds. , 1977).

④ 参见张礼洪：《民法典的分解现象和中国民法典的制定》，载《法学》2006 年第 5 期。

⑤ Maria Luisa Murillo, Forma y Nulidad del Precontrato 50, 53 (1993) (Spain).

⑥ ［美］格伦顿·戈登等：《比较法律传统》，米健等译，中国政法大学出版社 1993 年版，第 32 页。

⑦ Luis Diez-Picazo y Ponce de Leon, Codificacion, Descodificacion y Recodificacion, Anuario de Derecho Civil, Apr. -Jun. , 1992, at 479.

问题的出现，即导致民法典有可能被边缘化。

3. 立宪主义的发展对于民法典的影响。在第二次世界大战以前，宪法对于民法的影响较小，相反，民法典却具有宪法性的意义。以法国为例，法国学者大多认为，《法国民法典》似乎是"最为持久和唯一真正的法国宪法，许多方面具有宪法的意义"①。民法典确认的许多重要权利如财产权、人格权等后来都上升为宪法上的权利。但在第二次世界大战以后，宪法开始对民法产生重大影响。许多国家设立了宪法法院或者宪法委员会等宪法性司法机构（例如，奥地利、德国、意大利的宪法法院，西班牙的宪法法庭，法国的宪法委员会）②，以审查法律本身的合宪性。由此，宪法对于民法的影响进一步加强，大量的民事法律必须符合宪法的要求。例如，宪法性司法机构通过对宪法平等原则的解释，深刻地影响了合同法、家庭法、继承法的有关内容。再如，德国法院依据德国宪法的规定而创设了一般人格权的概念。这些现象都使得民法典自足和自成体系的神话进一步破灭。正如美国学者梅利曼（Merryman）所言，"民法典已经不再能如过去在资产阶级的自由主义宪法时代那样，发挥宪法性功能。"③

4. 超国家立法的发展也加剧了去法典化现象。在欧洲国家，欧洲联盟的指令、地区和次地区性一体化协定以及国际商事立法的进展（如《联合国国际货物销售合同公约》）等④，都对当代大陆法系国家的民法典产生了重大影响，甚至直接威胁到了这些民法典的前途。⑤ 欧盟议会的各种指令都对欧盟各国有直接的约束力，如关于消费者保护的法律等，被称为"共同体法"，即直接在欧盟各国的国内法律制度中适用的规范，与民法典并驾齐驱，有时还变通民法典的规范，也使民法典的作用陷入危机。⑥《德国民法典》在 2002 年对债法进行改革，很大程度上也是受欧盟立法的影响。

应当承认，在大陆法系，许多国家民法典开始面临去法典化的问题。⑦ 据此，有学者认为，与其法典化，还不如将法典的内容分割为多个法律部门，如体育法、艺术法、医药法、产品责任法等等，而不是制定一部包罗万象的民法典，会更符合社会的发展趋势。⑧ 需要指出的是，去法典化现象并没有从根本上动摇

---

① ［美］格伦顿·戈登等：《比较法律传统》，米健等译，中国政法大学出版社 1993 年版，第 73 页。

②③ Luis Diez-Picazo y Ponce de Leon, Codificacion, Descodificacion y Recodificacion, Anuario de Derecho Civil, Apr. -Jun. , 1992, at 473 – 84.

④ See John A. Spanogle & Peter Winship, International Sales Law: a Problem-Oriented Coursebook 51 (West Group ed. , 2000).

⑤ Reinhard Zimmerman, Estudios de Derecho Privado Europeo 111, 112 – 59 (Antoni Vaquer Aloy trans. , Civitas ed. , 2000).

⑥ 参见费安玲等译：《意大利民法典》，1997 年版前言，中国政法大学出版社 2004 年版。

⑦ Mary Ann Glendon et al. , Comparative Legal Traditions 44 ~ 64 (1994), at 64.

⑧ XXIV colloque on European Law Reform of Civil Law in Europe, Council of Europe Pubulishing, 1994, p. 16.

法典的中心地位。根据位于普通法区域的加拿大的渥太华大学所作的一项统计：在全世界，超过 150 个国家占全球 60% 的人口采用的是大陆法系。① 虽然单行法大量增长，但是，民法典仍然是大陆法国家的民事基本法，也是私法的核心。② 尤其是随着再法典化运动的展开，民法典吸收了单行法的规则，从而继续保持其民法体系的中心地位。

（二）去法典化与我国民法典的制定

如前所述，去法典化现象对民法典的地位提出了挑战。有学者甚至认为，由于单行法的大量增加，导致法典不再成为法律渊源的中心，法典不再作为一个参照体系。③ 因此，就提出了这样的问题：究竟应当编纂民法典还是应当制定单行的特别法，特别是授权政府制定大量的行政法规等？或者是重新制定民法典？在法典之外，是否应当允许单行法自成体系？或者通过制定单行法典的方式来代替民法典的制定？一种观点认为，伊尔蒂的民法典分解理论揭示了民事特别法不断取代民法典的历史趋势。因此，我国未来民法典只应规定民法的基本制度和指导原则，对各项民事制度的调整，应当交由民事特别法来完成，民法典的规定应当从数量向质量转化。④ 另一种观点认为，主要应当通过制定单行法的方式来实现民法的体系化，而不用通过法典化的方式来实现体系化。⑤

应当说，这两种观点都注意到了民法典与民事单行法之间的矛盾，以及法典的功能在现代社会受到的更多挑战，尤其是注意到了社会快速发展对民法典体系开放性的要求。诚然，现代社会生活纷繁芜杂，一部法典所调整社会关系的范围也是有限的。即便是制定民法典之后，其也不能成为调整民事法律关系的唯一法律渊源，而仍然需要单行法或者判例的补充和协调。但是，这并不意味着法典生命力的终结，不能因为去法典化现象的产生而否定制定民法典的必要性。因为如果否定了法典的中心地位，由单行法形成的"微系统"就游离于法典之外，相互间极易发生价值理念和制度的冲突和矛盾，不利于法制的统一和法律秩序的维护。

我国应当尽快颁布民法典，而不能完全依靠单行法或者单行法汇编的方式来实现民法的体系化。新中国成立五十多年，特别是改革开放以来，我国先后颁布了大量民事法律，例如《民法通则》、《婚姻法》、《继承法》、《合同法》、《担保

---

① 参见石佳友：《论民法典的特征与优势》，载《南都学坛》2008 年第 2 期。
② 参见费安玲等译：《意大利民法典》，1997 年版前言，中国政法大学出版社 2004 年版。
③ Philippe Rémy, La recodification civile, in Droits, vol. 26, La codification–2, PUF, 1998, p. 10.
④ 参见张礼洪：《民法典的分解现象和中国民法典的制定》，载《法学》2006 年第 5 期。
⑤ 参见伍治良：《论中国民法形式现代化之构想——中国制定民法典必要性之反思》，载《湖北社会科学》2005 年第 1 期。

法》、《物权法》等法律和各种司法解释，已经从总体上消除了民事法律"无法可依"的现象。但由于没有颁布一部民法典，各个单行法实际上已经形成了诸多的微系统，而且单行法相互之间出现大量的重复和矛盾现象；尤其是因为单行法自成体系，彼此之间的一般法与特别法的关系模糊，裁判规范的性质难以认定，这些不仅给法院适用法律带来了困难，而且给民众知晓法律增加了难度。因此，在今后相当长的时间内，我们的主要任务应当是通过法典化来解决民事立法的体系化问题。换言之，我们应当采取法典化而不是单行法汇编的方式来实行民事立法的体系化。迄今为止，我国仍然未出台一部民法典，因此也并未发挥出法典化的积极效应。因此，在目前的状况下，谈论所谓去法典化为时过早。在我国现阶段，为了适应经济和社会发展的需要，我们应当尽可能制定民法典，当然，在制定民法典时，也要关注"去法典化"的现象，注重协调民法典与单行法的关系，避免单行法自成体系。在编纂民法典之时，要充分贯彻民法的基本原则，在具体条文上不要过于僵硬，在制度设计方面要保持一定的弹性，并适当地制定准用和授权条款。如果我们要照搬所谓去法典化的观点，会进一步加剧单行法的自我繁衍，并将导致法律渊源的进一步混乱，这对我国显然是有害的。如果否定民法典的意义，就会导致民事基本法律制度难以确定，公民的基本民事权利难以获得充分的保护。正如梁慧星教授所指出的："把'解构'民法典的一套理论搬到'法律不足'的现今中国，就像跑到现今的索马里去推销减肥计划一样！我们可千万不要上'解构主义'的当！"①

六、再法典化的产生

所谓再法典化（recodification），是指通过修订或重新制定民法典，从而完善民法典的内容和体系，保证民法典的时代性。"一部法典，当它按照社会所承认的作为奠基石的原则来规范社会秩序时，它就会获得成功。"② 由于社会不断发展变迁，社会关系日益复杂化，民法典颁布之后必然会相继出现一些制定时没有预料和规范的问题，这就可能要求立法者在民法典之外另行制定单行法。而单行法的大量繁衍，容易造成法律渊源上的混乱，给法律理解和法律适用造成困难，这就要求对单行法重新进行梳理。这个梳理活动就是再法典化，其通过法典化的手段，来实现法律渊源的理性化和体系化。再法典化实际上也是民法典不断发展

① 薛军：《"反法典化"还是"解构法典化"？——从一个国际研讨会的标题谈起》，载 www. roman-law. cn。
② ［法］罗贝尔·巴丹戴尔：《最伟大的财产》，载《法国民法典》（上册），罗结珍译，法律出版社 2005 年版。

和完善的过程，其使得法典能够适应不断变化的社会生活所提出的新要求，保持其旺盛的生命力。①

从比较法上看，再法典化有两个途径：

第一个途径是重新制定民法典。有学者将 19 世纪至第二次世界大战以前的民法典称为第一代民法典，将第二次世界大战以后重新制定的民法典称为第二代民法典。② 虽然两代民法典都反映了平等、自由等基本民法价值理念，但不同时期的民法典所体现的立法目的存在一定的区别。例如，第二代民法典的社会化色彩更浓，对意思自治原则进行了适度限制。再法典化在拉丁美洲表现得特别明显，这与拉美地区社会体制和经济结构变动加剧有重要联系。例如，巴西于 2002 年制定新的《巴西民法典》，取代了 1916 年旧民法典。1808 年路易斯安那州颁行《民法汇编》，1825 年制定了第一部民法典，但从 1987～1991 年，《路易斯安那州民法典》进行过多次修订，并形成了现行的民法典。阿根廷曾于 1871 年颁布《阿根廷民法典》，成为 19 世纪拉丁美洲最有影响的民法典之一。《阿根廷民法典》只在 1968 年进行了部分修改，但由于法典的主要部分过时、社会经济变化、民法典之外的特别法的增加等原因使该法典当初的功能大大减弱③，因此，阿根廷行政当局于 1995 年决定任命一个 "法学家委员会" 来起草新的民法典，法典的修改工作已经完成。④ 欧洲在第二次世界大战以后也有一些国家重新制定民法典，例如 1967 年《葡萄牙民法典》、1992 年《荷兰民法典》。第二代民法典较之于第一代民法典在许多方面颇具特色。

第二个途径是修改民法典。例如，法国、德国、比利时、意大利、瑞士和西班牙等国家已对其旧民法典作了部分修改和革新，其中内容涉及家庭法、财产法、个人权利等主要民事法律领域。⑤ 尤其值得注意的是，随着消费者权益保护法的发展，民法典体系中引入了消费者和经营者这一非传统民法概念。例如，2002 年《德国债法现代化法》的一个重要特点就是，吸收了《上门推销买卖法》、《远程销售法》等法律中的大量保护消费者权益的特别规定，规定了消费者和经营者的概念，使得民法典中第一次出现了有关对消费者特别保护的制度，

---

① Luis Diez-Picazo y Ponce de Leon, Codificacion, Descodificacion y Recodificacion, Anuario de Derecho Civil, Apr. -Jun. , 1992, at 474, 484.

② See Maria Luisa Murillo, The Evolution of Codification in the Civil Law Legal System: towards: Decodification and Recodification, 2001 *Journal of Transnational Law and Policy*.

③ Leon Barandiaran, Estudio Comparado del Codigo Civil de 1852 y el Codigo Napoleonico, 2 Ⅲ Revista Juridica del Peru 71, 72 (1952).

④ Fernando Fueyo Laneri, Instituciones de Derecho Civil Moderno 571 (Editorial Juridica de Chile ed. 1990); Guzman Brito, Codificacion, at 41 - 62.

⑤ Academia Matritense de Notariado, Estudios Sobre el Titulo Preliminar del Codigo Civil Ⅰ-Ⅱ (Edersa ed. , 1977).

从而加强了对实质平等的关注。反映这一发展趋势的立法例还有：1996 年意大利在其民法典的合同法部分特别增加了"消费契约"一节；《荷兰民法典》分别在合同法和侵权法中增加了相关内容，并在具体合同，例如买卖合同、保险合同中增加了保护消费者的特别规定[①]；《魁北克民法典》也有类似做法。

再法典化是在已有民法典的国家中产生的现象。伊尔蒂认为，欧洲处在后法典时代，而中国处在前法典时代。[②] 似乎再法典化与中国关联性不大，但是，再法典化作为世界民事立法中的重要事件，其对我国民法典的制定具有启示意义：

1. 再法典化仍然强调民法典的中心地位。再法典化说明了法典不可能存在着某种终极性的模式，而是不断发展和变化的，法典本身需要不断吸收社会发展的新内容。一部民法典正是通过再法典化过程得以补充和完善的，进而保持其旺盛的生命力。即便如此，再法典化首先肯定了法典化的价值和功能，强调了民法典的中心地位。如果民法典的中心地位不复存在，那么，再法典化就似乎变得没有必要。就实质而言，再法典化只是对法典的修改和完善过程，没有从根本上否定法典化的功能。法律的滞后性决定了法典应当随着社会的发展而不断改变，再法典化正是这一要求的集中体现，其为民法典带来了新的活力，从而一定程度上克服了民法典滞后于社会生活的缺陷。此外，再法典化也推动了新一轮的民法典起草的浪潮，一些国家的新的民法典在一定程度上反映了新时期社会生产和生活的要求，吸收了判例、民事习惯所形成的成果。注重满足调整社会生活的需要，适时总结和增加一些民法典的原则和价值，使用一般条款等使民法典保持其开放性。[③] 这些都使民法典进一步地现代化。

2. 再法典化需要根据实际国情选择合理的模式。皮卡佐认为，再法典化除了通过重新制定法典来实现之外，在能动司法的法律体系中，还可以通过法律解释、法官造法等方式来填补法律漏洞，通过对民法典的部分改革成功地实现民法典的再法典化。[④] 在德国，立法机构选择了"大刀阔斧"的解决方式：全面修改调整买卖契约的相关法律，进而大幅度修改债法一般法，以此保证与欧盟《消费品买卖指令》相一致。[⑤] 而在意大利、荷兰和魁北克通过颁布第二代、第三代

---

① 参见 ［意］桑德罗·斯奇巴尼：《法典化及其立法手段》，丁玫译，载《中外法学》2002 年第 1 期。

② 参见 ［意］伊尔蒂：《欧洲法典的分解和中国民法典之未来》，载张礼洪等主编：《民法法典化、解法典化和反法典化》，中国政法大学出版社 2008 年版，第 517 页。

③ See Maria Luisa Murillo, The Evolution of Codification in the Civil Law Legal System: towards: Decodification and Recodification, 2001 *Journal of Transnational Law and Policy*.

④ Luis Diez-Picazo y Ponce de Leon, Codificacion, Descodificacion y Recodificacion, Anuario de Derecho Civil, Apr. -Jun. , 1992, at 482 – 483.

⑤ 参见 ［德］莱勒·苏尔茨：《法典编纂、法典解构、法典重构》，载张礼洪等主编：《民法法典化、解法典化和反法典化》，中国政法大学出版社 2008 年版，第 244 页。

民法典实现了民法典的再法典化。有学者指出，启蒙时代法典的起草人或高度抽象的《德国民法典》的起草人更加注重抽象思维，而现代立法者在再法典化过程中更注重实效。① 这说明了各国再法典化工作，密切联系实际国情和状况，更注重法典适应社会现实的需求。

3. 再法典化需要协调好民法典与单行法的关系。正如美国学者梅利曼指出的，19 世纪早期制定的民法典在 20 世纪出现了不同程度的过时现象，这引发了民法典部分和全部改革的浪潮。② 其中一个重要原因在于，单行法在某些方面已经变更了法典的部分规范。再法典化的一个重要问题在于解决法典与单行法的关系，其主要任务在于消除大量单行法与民法典之间产生的非体系化现象，这就通常意味着将分散甚至凌乱的单行法整合成一部新的民法典，进而构建一个新的逻辑体系。不过，再法典化并非将所有民事单行法都纳入到民法典中，而是将属于民法典体系范围内但游离于民法典之外的单行法统一到民法典之中。再法典化也不是简单地将各民事单行法直接编入民法典之中，而需要在民事法律规范的重新整合过程中，深入考察社会的多样化和各种现实状况③，将单行法中最为合理的规范有序地纳入民法典之中。而对于单行法中一些已经不符合社会实际生活状况的法律规范，应当先修改后再纳入民法典。

4. 再法典化过程中更注重对人的保护。在再法典化过程中，许多国家民法进一步突出了对人的保护。例如，《魁北克民法典》等都增加了人格权的内容。正如有学者指出，20 世纪的民法再法典化力求反映保障经济、社会、文化和精神上的人权等内容。④ 也有学者认为，这一趋势强化了民法典的从个人和社会双重角度来发展保障人权的重要意义。⑤ 因此，21 世纪的民法典更应当注重人本主义思想的贯彻，更加注重对人的保护。

5. 再法典化过程启示我们应注重参考国外先进立法经验。再法典化之际，立法者首先关注其本国社会、经济、文化等环境的变化，但同时也广泛借鉴了比较法上的先进经验。在近代法典化运动时期，民法典的编纂没有先例和可借鉴的经验，其基础主要是法学家的理论和学说。与此不同的是，再法典化是在大量民

---

① Fernando Fueyo Laneri, Instituciones de Derecho Civil Moderno 571 (Editorial Juridica de Chile ed., 1990).

② See John Merryman et al., The Civil Law Tradition: Europe, Latin America and East Asia 3 (1994), at 1241.

③ See Mary Ann Glendon et al., Comparative Legal Traditions 44 ~ 64 (1994); Merryman et al., at 64.

④ Juan Roca Guillamon, Codificacion y Crisis del Derecho Civil, in Ⅱ Centenario del Codigo Civil, at 1755 – 1775.

⑤ Jose Luis de los Mozos, Prologue to I El Codigo Civil del Siglo XXI 11, 25 (Comision de Reforma de Codigos del Congreso de la Republica del Peru ed., 2000), at 11, 25.

法典出现之后发生的，其必然需要参考其他国家的法典以及有关立法。例如，在《荷兰民法典》和《魁北克民法典》的再法典化过程中，起草人不仅参考了多部欧洲大陆的民法典，而且借鉴了大量普通法和国际惯例。[1] 再如，1852 年《秘鲁民法典》的首要目标是巩固独立，其主要的法律渊源就是《法国民法典》。1922 年，在经历了长期的争论之后，秘鲁国会决定对民法典进行全面改革[2]，并于 1936 年颁布了新的秘鲁民法典。其中引进了大量德国、阿根廷、巴西等国家的民法典的先进经验和其他 20 世纪早期社会经济变迁影响下的现代制度。[3] 从这个意义上讲，民法法典化国家、欧盟等超国家组织之间交流民法法典化思想的作用将进一步凸显。

总之，再法典化并未从根本上否定法典化的意义，而只是表明，法典即使是在制定以后，仍然会面临过时的危险，需要不断地加以发展和完善。在我国制定民法典过程中，我们需要认真总结和借鉴再法典化中产生的一些经验，从而使我国的民法典具有更强的合理性和时代性。

七、经济全球化对民法典体系的影响

法律作为规范社会生活的工具，必然要反映社会实际状况，反过来说，政治、经济和文化等社会实际状况的变化必然要求法律作出相应调整。经济全球化导致资源在世界范围内优化组合和配置，国际经济贸易往来朝着更为密切、更为融合的趋势发展，这也必然引起法律的全球化进程。可以说，经济全球化是当代世界最为深刻的变化之一，该现象也对民法典的体系带来了深远的影响，主要表现为：

1. 经济全球化在相当程度上要求推进私法规则的统一和协调。"到了 20 世纪，特别是在欧洲，人们的关注的焦点转向支持私法的更新和国际化。这是由于不断增长的在起草新的法律条文时考虑吸收外国成果的意向所造成的。此外，在私法的许多领域，法律的统一以及协调已经开始（值得注意的是：统一发生于协调的前面）"[4]。第二次世界大战结束以来，世界经济一体化发展趋势日益凸显，多个国际性组织（例如联合国国际贸易法委员会）和地区性组织都主导和推动了统一的合同法规则。这些规则一方面成为各国制定和修改民法典的重要参照，例如 1980 年《联合国国际货物销售合同公约》；另一方面，这些合同法领

---

① See Mary Ann Glendon et al. , Comparative Legal Traditions 44 ~ 64（1994）; Merryman et al. , at 64.

② Leon Barandiaran, Estudio Comparado del Codigo Civil de 1852 y el Codigo Napoleonico, 2 Ⅲ Revista Juridica del Peru 71, 72（1952）.

③ F. Guzman Ferrer, Codigo Civil Peruano de 1936（Cultual Cuzco ed. , 1982）.

④ ［德］冯·巴尔：《欧洲比较侵权行为法》（上卷），张新宝译，法律出版社 2001 年版，第 451 页。

域的统一实体法规则在相当程度上推进了民商合一的趋势，所谓商事合同和民事合同的区分意义已经相对化，二者的规则具有相当的共通性。

2. 作为法律全球化进程的结果的各种"示范法"、"原则"、"标准法"等非强制性文件，对于民法典的体系也带来影响。20 世纪后期以来，随着全球层面的公共治理的兴起，国家作为控制者的角色在公共治理中的淡化，形成所谓的"软法"。例如，罗马统一国际私法协会（UNIDROIT）所制定的 1994 年《国际商事合同通则》，以及欧洲"兰度委员会"所制定的"欧洲合同法原则"。这些文件不具有强制约束力，但是具有相当程度的示范和导向作用，因此被称为所谓的"软法"①。"软法"的出现对于具有严格体系性的法典也带来影响，在相当程度上成为所谓"后法典化"流派的重要论据之一。一些学者认为，相较于民法典，"软法"更注重私人自治。因此，"软法"似乎应当替代法典的功能。格林顿（Glendon）认为，欧洲共同体规则的一体化、超国家的规范的发展等，都促进了民法典内容的变革。②

3. 两大法系的融合对民法体系也产生了较大的影响。20 世纪中叶以来，随着国际经济一体化的发展，出现了两大法系一些规则的融合，对民法典体系产生了重大的影响。例如，在侵权责任法领域，由于受到英美法系侵权责任法的影响，一些大陆法系国家也在尝试将侵权责任法从债法中独立出来。随着欧洲一体化进程的发展，合同法和侵权责任法都在融合，在可以预见的未来，可以在欧洲形成一体化，而合同法和侵权责任法独立之后，必将对债法体系产生重大影响。

八、 网络虚拟空间的发展对民法典体系的影响

网络作为网络技术带来的新型媒体，对新闻的传播起到日益重要的作用，甚至在某些方面超过了纸质媒体的影响。网络的发展使我们进入到了一个信息爆炸的时代，网络也搭建了一条信息传播和交流的高速通道，使人们对信息的传播、交流和收集变得极为便利，网络极大地缩小了地域的差异，使得世界各地的人们更紧密地联系在一起。互联网的发展对民法的许多制度都产生了明显的影响。例如，在人格权法上，网络空间带来了虚拟身份、隐私和个人资料保护问题；在财产法上，所谓虚拟财产的出现在民法上成为新型课题③；在合同法上，电子签名更新了传统的合同法；在侵权法上，网络大规模侵权的责任成为一项新的制度。

---

① 罗豪才等：《软法与公共治理》，北京大学出版社 2006 年版。

② Jose Castan Tobenas, I - 1 Derecho Civil Espanol Comun y Foral 217 - 221 (Editorial Reus ed., 1988), at 62.

③ 参见吴汉东等：《无形财产权制度研究》，法律出版社 2005 年版，第 13 页。

就网络对于法典化的影响来说，尤其表现在，它的广泛运用使得法律渊源变得容易接近。有学者甚至提出，网络的出现使得法典编纂的必要性降低。① 不过，笔者认为，这种看法虽然不无道理，但是，仍然值得商榷。网络虽然使资料的收集变得容易，但是，并不应因此否定民法体系构建的重要性。

法典化是大陆法系自 19 世纪以来所发展起来的独一无二的社会现象。但是，随着社会的发展，又出现了许多新事物、新现象。我国民法典起草中应当积极应对这些新问题。我们的民法典制定，既要立足中国的现实，又要把握民法典发展的总体趋势，面对 21 世纪的时代变革，而完成民法典应当承担的时代使命。

第六节 历史经验的启示

从大陆法在罗马法之后的发展来看，体系化既是一个不断适应社会经济条件发展而逐渐完善的过程，也是一个学术积累和提炼的长期历史过程。注释法学家们的贡献在于重新挖掘和诠释了罗马法的精神，使其能够适应当代的社会需要。而自然法学派对体系化的影响，则同时表现为形式和实质两个层面。就形式层面而言，法典化成为主导性的立法技术，法典被视为"最为崇高的立法形式"，这无疑是理性主义的遗产；就实质层面而言，法典的自由主义、平等主义等精神，也显然具有自然法学派的印记。对法典化起到巨大推动作用的，仍然是理性主义学派，近代的法典化本身就是理性的产物，所谓"理性为自然立法"即是其写照。理性主义不仅仅使得罗马法这一古老的历史事物在当代焕发了新的生命力，而且为民法这一法律部门的科学化注入了新的内容。可以说从智力渊源来看，启蒙运动和自然法运动是法典化思想的两大支柱。② 潘德克顿学派虽然是德国概念法学的产物，但是，在相当程度上，既深受罗马法的影响。当然，它与中世纪的注释法学家并不能等同，因为其更注重以体系化的方法和概念化的思维，注重对法律现象进行提炼和抽象。潘德克顿学派虽然过分拘泥于概念和逻辑性，但是，其对整个民法典体系化的构建，仍然具有重要的意义。

当代社会，国家对社会干预的加强，大量的单行法衍生，以及超国家层面的立法不断发展，这些都导致了去法典化思潮兴起，对民法典的体系化带来了新的

---

① 参见［美］戴维·达德利·菲尔德：《纽约州民法典草案》，田甜译，徐国栋序言，中国大百科全书出版社 2007 年版，第 52 页。

② See Gunther A. Weiss, The Enchantment of Codification in the Common-law World, *Yale Journal of International Law*, Summer, 2000.

挑战。但去法典化并未在根本上否定法典化的必要性，它只是表明了现代社会的高度复杂性和民法典功能的局限性。我们不能指望一部法典解决所有的问题。在当代中国，我们已经拥有大量的单行立法、法规以及司法解释等法律渊源，这一方面导致法律渊源的多样性，但是另一方面，这样的结果也可能导致法律渊源混乱、相互抵触等现象。因此，仅仅依靠单行法显然不能解决问题，为了完善社会主义法律体系，唯一的途径只能是制定民法典，通过法典化的途径实现体系化。

　　然而，通过制定法典来实现体系化，同样面临着体系的选择问题，既包括形式层面的比较，也包括实质层面的选择。选择的对象不同，在相当程度上既决定着法典的科学性，也影响到法典在颁行后能否发挥其在法治建设中应有的功能。因此，摆在民法学者面前的重要任务，就是需要从中国的实际情况出发，借鉴两大法系的经验，来构建我们自己的民法体系。这就是说，体系的构建首先应当立足于本国的国情，符合本国的实际需要。波塔利斯指出，法典不是某一立法思想任意自生自发的产物，而是由某一民族的历史、社会、文化和经济传统所决定的。① 民法典的体系一定要从本国的国情和实际需要出发来构建。法为人而定，非人为法而生。每一个制度和体系安排，都要反映本国的历史文化传统，符合社会的实际需要。迄今为止，并不存在放之四海而皆准的普适的体系。任何制度体系的构建，最终都要符合社会需要。春秋战国时期的晏子曾经说过，"橘生淮南为橘，生于淮北为枳。"体系的构建不能削足适履、盲目照搬，也不能是异想天开的空中楼阁，否则这样的体系只能是镜中花、水中月，好看不好用。任何体系只要符合国情就是好的体系。例如，德国一些学者认为《法国民法典》杂乱无章，概念不精确，难以理解其体系设计。但是法国人认为其民法典符合其民众和司法的需要。而《德国民法典》在很多法国人的眼里，晦涩难懂，甚至令人生厌。但是德国法官认为，其民法典符合德国的民众和司法的需要，其内容和体系的构建是完全成功的。所以归根到底，法律都是社会需要的产物，体系也是基于特定生活需要和文化历史传统而形成的。因而萨维尼曾经强调，法律应当尊重民族精神，这毫无疑问是正确的。只不过萨维尼把它推向了极端，反对一切法典化，这又是不妥当的。

　　我们制定民法典要从中国的实践出发，就是要反映我国社会主义市场经济下社会生活的实际需要，对已经制定的民事立法进行全面的清理，对民事司法经验和民事习惯进行系统的总结。② 我们应当注重充分考虑民事习惯。所谓习

---

　　① 参见［法］让·路易·伯格：《法典编纂的主要方法和特征》，郭琛译，载《清华法学》第 8 辑，清华大学出版社 2006 年版，第 18 页。

　　② 参见张新宝：《民法典的时代使命》，载《法学论坛》2003 年第 2 期。

惯是指在民事生活中的惯常行为，它是植根于社会生活的规则。多年来，我国民事立法没有注重习惯的重要性，在一定程度上导致法律规则不能转变为人们的自觉行为，而且，导致立法旨意和习惯的现实相悖，使法律的可操作性降低。[①]

但是，有一些学者认为，民法文化和制度应当在借助中国的本土资源基础上自发地生长出来。自发生长论与前述萨维尼历史法学派的观点极为相似，也可以说深受萨维尼学说的影响。然而《德国民法典》的制定以及施行百年以来所获得的巨大成就，从事实上否定了萨维尼去法典化的主张。如果说德国诞生了康德、黑格尔等理性主义的巨匠并具有理性主义的传统，尤其是德国在制定民法典以前对注释法学曾有数百年的积累，却仍然实行法典化而未等待民法的自然生长，那么在中国这样一个封建的包袱过重且民法的引入不足百年历史的国家，等待民法价值自然生长的观点从历史与现实上看都是行不通的。一方面，中国根本没有民法的传统，就连"民法"这个词都是舶来品。至于人格独立、人格平等、意思自治等精神，在我们民族的精神中并没有扎下根。甚至对私权的保护，历来也是不充分的。黄仁宇先生在讨论中国为什么没能进入资本主义社会时，曾认为中国几千年来未对私有财产权提供充分的保障是其中的主要原因。[②] 中国历史上尽管颁布了很多法典，但并没有形成较为完整的所有权、债权等制度。所以从中国的传统习惯中很难建立一套适应社会主义市场经济需要的民法制度。另一方面，在我们实行市场经济、建立法治社会的今天，我们必须依据现实的需要大量借鉴国外民法的经验与文明成果，而不可能从历史出发来建立民法制度，更不可能等待民法的自然生长。市场必须是在法律规范下运行的市场，而不是自发的毫无规范可言的无序的活动，如果等待民法自然生长，且不说最终能否真正生长得出我们所需要的民法制度，仅从在自然生长的过程中市场将长期处于无规范的混乱状态而言，我们将会为这种混乱无序浪费多少资源、付出多大的代价！我们要尽快发展市场经济、富国强民，就必须要借鉴国外先进的民事立法经验，充分发挥后发优势，迎头赶上先进的发达国家。还要看到，自然生长论认为只有乡规民约等民间习惯才是真正"活的法律"，立法都只是外部强加的缺乏生命力的规范，这种观点更是值得商榷的。总之，通过制定民法典而弘扬人格独立、人格平等、契约自由、自己责任等理性精神，这才是我们市场经济所真正需要的，是我们建立法治国家所真正渴求的！

民法，关乎国计民生和人们的日用常行。民法典是一国的生活方式的总结，

---

① 参见李凤章：《民法法典化与习惯缺失之忧》，载费安玲主编：《私法的理念与制度》，中国政法大学出版社 2005 年版，第 19 页。

② 参见黄仁宇：《资本主义与二十一世纪》，三联书店 1997 年版，第 22~26 页。

是一国的文化的积淀，从一个侧面，展示着一个国家的物质文明和精神文明，所以法典体系的构建需要从我国的国情出发，同时要借鉴两大法系特别是大陆法系国家的经验。民法典体系虽然有其本土性色彩，但又有其共同的特点，尤其就体系的实质层面而言，民法典都要体现一些共同的价值，例如，私法自治是法律的基本原则，也是民法典贯彻的基本理念，尤其是在我国市场经济体系的构建中更应当提倡这样的理念。另外，维护人格尊严和促进人的全面发展是现代法学的重要内容，也应当成为我国民法典的基本精神之一。梅莱特（Maillet）指出，法典中编的数量并非是编纂法典时不可触动的金科玉律。[①] 这主要是就形式层面中的编纂体例而言的。但是就价值层面、制度层面而言，则有必要考虑法典的共通性的问题，从而需要运用比较法的方法，把握大陆法系国家的法典编纂的共同经验。需要指出的是，就体系化的形式层面而言，我们主要还是应当借鉴大陆法特别是德国法的经验。但是，在此基础上我们应当有所发展和创新。在借鉴国外民法法典化的经验的同时，我们必须坚持"大陆法为体，英美法为用"的原则。虽然"混合法系"具有一定的合理性，但是，从法典体系角度来看，"混合法系"并不完全适合于中国的实际情况。无论是《魁北克民法典》还是《路易斯安那州民法典》，它们都是在普通法的影响和包围之下的特定环境所产生的。从我国实践来看，在具体的制度和规则方面，可以考虑适当吸收英美法的内容，但是，就体系化的方法和形式而言，显然应当参照的是大陆法系。以侵权法为例，虽然我们极力主张侵权法应当独立成编，但侵权法独立成编也并未割断侵权法与债法的联系，更没有否定其与民法典总则的关系。但这一点与英美法显然不同，在英美法并不存在着债法体系的概念，英美法严格说来甚至没有大陆法系意义上的"民法"概念。所以，不能认为主张侵权法独立成编，是完全沿袭英美法的经验。

我国民法典体系构建，只有从中国实际出发，忠实于我们的历史传统、现实生活的经验，广泛吸纳两大法系的先进经验，吸收专家学者的智力成果，才能形成科学合理的体系。我们的民法典才会成为一部有长久生命力的民法典，并在世界民法之林拥有一席之地，为世界民法的发展作出我们应有的贡献。

[①] See Maillet, The Historical Significance of French Codifications, 44 Tul. L. Rev. 681, 687 (1970), at 756 – 757.

第三章

我国民法典体系探讨

第一节　我国民法立法的历史发展

中国古代具有制定成文法典的传统。早在春秋时期,李悝便制定了《法经》,其后有商鞅变法,改法为律。从秦朝开始,中国历代曾经相继制定过一些较为重要的成文法。[①] 但我国古代诸法合体,民刑不分,而且以刑为主,其中涉及民事违法行为的,也以刑事方法制裁。所以,我国古代并没有出现严格意义上的民法典,也不存在真正意义上的民法典的体系。这种状况一直延续到 19 世纪末,沈家本等主持民、刑等法典的编纂,制定了《大清现行刑律》、《大清新刑律草案》、《大清民律草案》等一系列重要的法典。[②] 自此以后大陆法的经验才真正引入中国。也可以说,从这个时期开始,中国才纳入到了大陆法系的范围之中。

1840 年鸦片战争的爆发,激起了中国救亡图存运动。腐败的清政府为形势所迫,于 20 世纪初实行法制变革。1902 年 4 月 6 日,光绪皇帝下诏,"参酌各国法律,改订律例",并指派沈家本、伍廷芳为修律大臣。1903 年,设立修订法律馆,专门从事法规编纂工作。1907 年,光绪皇帝指定沈家本等主持民、刑等

---

① 如《秦律》、《九章律》、曹魏《新律》、《晋律》、《北齐律》、《唐律疏议》、《宋刑统》、《大明律集解附例》。

② 参见张晋藩:《中国法律的传统与近代转型》,法律出版社 1997 年版,第 241 页。

法典的编纂。沈家本邀请日本学者松冈义正负责民法典总则、债权和物权三编的起草工作。亲属、继承二编因"关涉礼教",由修订法律馆会同礼学馆编订;亲属法由章宗元、朱献文主编;继承法由高种等主编。1911 年 8 月,即宣统三年,《大清民律草案》全稿完成。该草案共计 1569 条,分为五编,即总则、物权、债权、亲属和继承,史称第一次民律草案。与此同时,1909 年亦完成了《大清商律草案》的编订,该草案包括总则、商行为、公司法、海船法、票据法等,共 1008 条。但上述两部法典草案都未来得及颁布施行,清政府就被推翻了。

辛亥革命以后,国民政府的修订法律馆在北京开始了民律草案的起草工作。此次修订民律草案主要由中国自己的专家起草,修订工作进展较为缓慢。在修订过程中,修订法律馆以《大清民律草案》为蓝本,广泛调查了各省的民商事习惯,对原有的《大清民律草案》进行了必要的修改。1925 年,草案完成,史称第二次民律草案。但由于北洋政府内部矛盾深重,国会解散,该草案未能作为正式法律通过,仅仅由北洋政府司法部于 1926 年 11 月通令各级法院,在司法中作为法理加以引用。

南京国民政府成立以后,于 1927 年设立法制局,着手各项法典的编纂工作。法制局决定先起草民法亲属、继承二编,亲属法起草者为燕树棠,继承法起草者为罗鼎,该二编草案于 1928 年 10 月完成。但因为"立法院"尚未成立,草案未获通过。1928 年 12 月,南京国民政府"立法院"成立,次年 1 月指定傅秉常、焦易堂、史尚宽、林彬和郑毓秀(后改为王用宾)五人组成民法起草委员会,专门负责民法的起草工作。1929 年 5 月 30 日颁布民法典总则,总则共分七章,包括法例、人、物、法律行为、期日及期间、消灭时效、权利之行使,共 152 条。1929 年 11 月 22 日颁布民法债编,并于 1930 年 5 月 5 日施行。债编共分两章:通则和各种之债,共 604 条。1929 年 11 月 30 日颁布物权编,于 1930 年 5 月 5 日施行。物权编共分十章:通则、所有权、地上权、永佃权、地役权、抵押权、质权、典权、留置权、占有,共 210 条。1930 年 12 月 26 日颁布亲属编和继承编,于 1931 年 5 月 5 日施行。亲属编共分七章:通则、婚姻、父母子女、监护、扶养、家、亲属会议,共 171 条。继承编共分三章:遗产继承人、遗产之继承、遗嘱,共 88 条。《"中华民国民法"典》在新中国成立以前,曾在国民党统治区施行 20 年。1949 年 2 月,中国共产党中央委员会宣布废除国民党六法全书。1949 年新中国成立以后,"中华民国民法"仅在我国台湾地区适用。

一、新中国民事立法的发展

新中国成立以后,曾几次进行民法典的制定工作。1954 年,全国人大常委会组成专门的班子开始民法典起草工作。于 1956 年 12 月，完成民法草案，分为总则、所有权、债、继承四编，共 525 条。该草案主要借鉴了苏联的民事立法经验，但在草案完成后，由于 1957 年的"反右派"斗争和 1958 年的"大跃进"等，致使民法的起草工作被迫中断。1962 年，中共中央开始纠正经济工作中的"左倾"错误，对国民经济采取了"调整、巩固、充实、提高"的政策，根据毛泽东主席发出的"不仅刑法要，民法也需要"的指示，全国人大组成专门的班子，负责民法的起草工作，1964 年 7 月完成了民法第二次草案。草案共包括：总则、所有权和财产流转三编，共 262 条。此后，由于社会主义教育运动和"文化大革命"的到来，民法的起草工作再次夭折。"文化大革命"结束以后，中共中央召开了十一届三中全会，开始纠正"左倾"错误，并实行改革开放政策。1979 年 11 月，全国人大常委会开始第三次民法典的起草工作。经过 3 年努力，于 1982 年 5 月先后草拟了四个民法草案，其中第四个草案也就是现在通常所说的"民法典第四稿"，共 8 编、465 条。但当时我国刚刚开始实行改革开放，市场经济体制尚未形成，社会关系处于转型期，尚不稳定，这就导致该草案在当时很难通过。

1986 年的《民法通则》是我国第一部调整民事关系的基本法律。它是我国民事立法发展史上的一个新的里程碑。其颁布实施，是完善市场经济法制、建立正常的社会经济秩序的重大步骤。《民法通则》为民法典体系的构建奠定了坚实的基础，主要表现在：

1. 奠定了民法典制度构建的基础。《民法通则》为改革开放与市场经济的发展提供了民事法律的基本框架。作为新中国第一部民事基本法，《民法通则》虽然不是传统民法典的总则，更不是一部民法典，但它是一部基本的民事法律。所谓"通则"，顾名思义，就是要把那些贯通总则和分则，作为基本法和特别法的共同原则和规范集中起来，自成一体。《民法通则》既是民事活动的基本准则，同时也为我国民事审判工作提供了基本的法律依据。它的诞生标志着我国民事立法进入了完善化、系统化阶段，为我国社会主义民法典的构建奠定了基础，开辟了道路，也为中国特色社会主义市场经济法律体系奠定了制度的基础。

2. 初步奠定了民法典的体系结构。《民法通则》不仅确定了民法的基本内容、原则以及基本制度，而且确立了我国民事立法的基本体系。这表现在：(1)《民法通则》第 2 条界定了民法的调整对象，区分了民法与其他部门法的关系。(2)《民法通则》确定了民商合一的体例，确立了我国民商事立法的民商合一体例。尤其是《民法通则》确定了民法的平等、等价有偿、公平等原则，从而确定了民法调整社会关系的基本方法。(3) 体系的构建。《民法通则》第一章至第四章、第六章分别规定了"基本原则"、"公民"、"法人"、"民事法律行为和代理"、"民事责任",这些部分基本上概括了民法典总则编的内容。我国《民法通则》对民事权利所作的列举性规定,基本奠定了未来民法典的分则体系。

3. 制度的创新。《民法通则》第一次规定了人身权制度,以基本法的形式宣示了对公民人身权利的保护,强调人身自由和人格尊严不受侵害,从而突出了对人的尊重,体现了以人为本的理念,也充分体现了现代民法所贯彻的人文主义精神。《民法通则》第一次以基本法律的形式明确规定了公民和法人享有的民事权利。《民法通则》采取列举的方法,概括公民和法人所享有的财产所有权和与财产所有权有关的财产权、债权、知识产权和人身权。尤其是《民法通则》将公民和法人享有的人身权和知识产权单列一节(第五章第四节和第三节),集中加以规定。这些都是制度的创新。《民法通则》还第一次以基本法律的形式确立了民事责任制度,包括比较完备的违约责任制度和侵权行为的民事责任制度。《民法通则》一改传统大陆法系的立法体制,未将侵权行为责任规定在债法之中,而是单设民事责任一章。这些都是制度的重大的创新,为未来民法典的人格权法、侵权责任法的独立成编奠定了法律依据。

《民法通则》本身就是新中国第三次民法典编纂时草案内容的压缩,它是新中国第一代民法学学人长期研究民法学的成果。[①] 它是在借鉴各国先进立法经验的基础上,并结合我国实际而制定的,体现了异域经验与中国特色的结合。尤其是《民法通则》的长期适用使得我国法律工作者和人民群众已经比较熟悉该部法律的内容。以此为基础来制定民法典总则,有利于民法典本身的贯彻实施。

二、民法典草案确立的体系

1998 年 1 月 13 日全国人大常务委员会副委员长王汉斌邀请民法学者王家福、江平、王胜明、王保树、梁慧星和笔者一起座谈民法典起草事宜,一致认为起草民法典的条件已经成熟。王汉斌副委员长遂决定立即恢复民法典编纂,并委托王家福等 9 人组成民法起草研究工作小组,负责研究编纂民法典草案。[②] 在此之后,全国人大法工委分别委托有关专家学者牵头起草民法典的专家建议稿。2002 年 12 月 17 日,全国人大法工委提交给全国人大常委会审议的第一次民法

---

① 参见余能斌主编:《民法典专题研究》,武汉大学出版社 2004 年版,第 130 页。
② 研究小组成员包括:王家福、江平、魏振瀛、王保树、梁慧星、王利明、费宗祎、肖峋、魏耀荣。

典草案，其体例为：第一编"总则"，第二编"物权法"，第三编"合同法"，第四编"人格权法"，第五编"婚姻法"，第六编"收养法"，第七编"继承法"，第八编"侵权责任法"，第九编"涉外民事关系的法律适用法"。其特点主要表现在：

1. 总体上借鉴了《德国民法典》的经验。例如，设立了总则，而没有采取《法国民法典》的序编模式；区分了合同效力与物权变动的效力，并将继承单独设编。

2. 总结我国《民法通则》的立法经验，参考《民法通则》第五章确立的民事权利体系和顺序进行排列。草案关于总则的规定，基本上照搬了《民法通则》的相关规定，总结了我国民事立法的经验。考虑到《合同法》、《婚姻法》、《收养法》等已经作为独立的法律颁布，并且多年的适用已经产生了较好的效果，应将已有的立法吸收进来，作为民法典草案的组成部分。

3. 草案将人格权法和侵权责任法独立成编，并且将涉外民事关系的法律适用也作为独立的一编进行规定。这是对传统大陆法系民法典体系的突破，也是对潘德克顿体系的发展。

总体而言，该草案的体例是从中国的实际情况出发，且在体例上有许多重大创新和突破。但该草案也存在需要改进之处，具体表现为：（1）该草案照搬《民法通则》和现行民事立法的内容过多，有些条款已经和后来颁布的有关法律相冲突；（2）该草案没有设立债法总则，存在体系缺陷；（3）收养法独立成编似乎有违民法典编纂的一贯逻辑，收养只是亲子关系变动的原因，其应当规定在亲属法一编中；（4）该草案还存在一些体系上的问题，例如，对于代理制度，不仅民法典总则中作出了规定，而且合同法、亲属法等之中也作出了规定，从而导致条文内容的多次重合；（5）该草案第九编"涉外民事关系的法律适用法"是否应当置于民法典之中本身就值得探讨，且该部分内容相当丰富，与其他部分的简易化立法相比显得不大协调。①

自 2002 年"民法典草案"在全国人大常委会第一次审议以后，立法机关决定对民法典采取分阶段、分步骤制定的方式，而首先进行的是《物权法》的制定。2007 年 3 月 16 日，十届全国人大五次会议高票通过《物权法》，这是我国法制建设中的一件大事，是我国分阶段、分步骤编纂民法典的一个重要成果。《物权法》的制定加快了民法典制定的步伐。在《物权法》颁行之后，我国立法机关加紧制定侵权责任法，这实际上意味着，我国民法典编纂正在按照分阶段的方式有条不紊地进行。

①　参见孙宪忠：《中国民法典制定现状及主要问题》，载《吉林大学社会科学学报》2005 年第 4 期。

第二节　构建我国民法典体系的原则

一、我国民法典体系构建应当从中国实际出发

　　任何体系的构建都必须符合本国的国情，而不能盲目照搬他国的体系。在我国，我们要构建一部体系完整、体例科学、结构严谨、内部协调、规范全面的民法典体系，必须从中国国情出发，立足于解决中国的现实问题。正如有的学者指出的，"一部理想的民法典，它应力图成为价值（自由、平等、正义、效率、安全等）、逻辑（概念、规范、原则、体系等形式要求）和事实（本土化、法的实效等）的统一。"① 体系只有是中国的，才能是世界的。中国民法典要在世界民法中面向 21 世纪，就不能亦步亦趋，而必须有所创新。我们应该认识到，我们的体系设计应当考虑到中国的国情和实际。一方面，体系构建应当反映我国基本经济制度，体现我国市场经济体制的内在要求。我国目前处于并将长期处于社会主义初级阶段，实行改革开放，发展社会主义市场经济。在社会主义初级阶段，我们坚持的基本经济制度就是，以公有制为主体，多种经济形式共同发展的基本经济制度。经过 30 年的改革开放，我国的市场经济体制已经建立，我国的民法典应当反映市场经济体制的要求。另一方面，体系构建应当反映我国的历史文化和传统习惯。只有从中国实际出发，才能构建一部具有中国特色的民法典体系。并在此基础上制定出一部符合中国国情、反映时代需要、面向 21 世纪的民法典，这样才能使民法典的制定在社会生活中发挥巨大作用，并为世界法学的发展作出我们应有的贡献！在当前，我国民法典体系构建应从中国实际出发，把握以下几个原则：

（一）认真总结我国民事立法的经验

　　法律不仅要面对逻辑，还要面对社会生活。② 我们的民法典体系，要立足于

---

① 刘楠：《变法模式下的中国民法典法典化——价值的、逻辑的与事实的考察》，载《中外法学》2001 年第 1 期。

② 参见孙毅：《对意思主义交错现象之检讨》，载费安玲主编：《私法的理念与制度》，中国政法大学出版社 2005 年版，第 49 页。

中国的国情和现实，就必须认真总结、借鉴《民法通则》及其他重要民事立法的经验。法制的建设和进步不是一蹴而就的，它应当是一个渐进的、不断的积累的进程。从制度变迁的角度来看，如果人们希望改革，渐进式的改革总是容易被接受，因为渐进式改革从总体上是一种"帕累托改进"或近似于"帕累托改进"的过程。但激进的改革，则具有"非帕累托改进"的性质，其成本和代价极高。[1] 所以，凡是《民法通则》中确定的一些已经被证明是先进的、科学的制度和经验，我们应当在民法典中予以吸收和借鉴。比如，关于民事责任制度、独立的人格权制度，这些都是《民法通则》已经取得的巨大成就，我们都应当在民法典中予以坚持。所以，我们在考虑民法典体系构建时，涉及人格权法和侵权责任法独立成编时，就应当认真考虑《民法通则》的经验。

（二）认真总结司法审判经验和生活习惯

民法典主要是裁判法，其中的大量内容都要成为法官裁判的依据。而民法典体系的设计要具有可操作性，就必须认真总结司法审判的规律和实践经验，反映司法实践中出现的新情况、新问题，并提供可供操作的对策性方案。为此，我们就必须借鉴我国司法实践经验，特别是有关司法解释中的科学的、合理的规则。凡是实践证明是切实可行的经验，都是"活的法律"，应当为我国民法典所采纳。例如，人格权法和侵权责任法方面，我国最高人民法院分别通过了《关于确定民事侵权精神损害赔偿责任若干问题的解释》和《关于审理人身损害赔偿案件适用法律若干问题的解释》。这些司法解释都为民法典体系的构建提供了重要的参考和宝贵的经验。同时，我们应当注重充分考虑民事习惯。毕竟习惯是人们生活规则的总结，忽视习惯，将导致立法旨意和习惯的现实相悖，使法律的可操作性降低。[2] 所以，我国民法典制定中，应该坚持在内容上既符合世界潮流，又与民间的风俗习惯和传统文化相融合的原则，注重吸纳民事习惯，从而增进民法典的可操作性和开放性。[3]

（三）注重吸收民法学发展的最新成果

任何一个国家的民法典体系，都与民法学理论体系存在不可分割的联系。法

---

[1] 参见樊纲：《渐进改革的政治经济学分析》，远东出版社 1997 年版，第 155 页。

[2] 参见李凤章：《民法法典化与习惯缺失之忧》，载费安玲主编：《私法的理念与制度》，中国政法大学出版社 2005 年版，第 19 页。

[3] 参见李建华、许中缘：《论民事习惯与我国民法典》，载《河南省政法管理干部学院学报》2004年第 2 期。

律体系是以理论体系为基础的，科学的体系必须有坚实的理论支撑。因而，我们在构建我国民法典体系时，也应当借鉴学者所构建的民法学理论体系，吸收学界的最新研究成果。自 1998 年 1 月 13 日全国人大法工委委托学者组成中国民法典起草工作小组以来，围绕着未来中国民法典的编撰方式、体例等各方面的内容，民法学界展开了前所未有的热烈讨论。广大民法学者以空前的热情和对国家民族的责任感，积极投身于民法典的制定工作，为中国民法典的制定献计献策。许多学者就民法典制定中所遇到的重大疑难问题进行认真研究，推出了一大批成果。这些成果中的有益部分，应当为我国民法典编纂工作提供借鉴。

二、借鉴两大法系特别是大陆法系的先进经验

民法典不仅仅是中国的，也应当是面向世界的。市场的发展、经济全球化的推进，进一步促进了两大法系的相互融合，也促成各国之间法律的相互借鉴。我国加入 WTO 之后，经济进一步开放，改革进一步深入，这些都为民法典的制定提供了良好契机，同时也要求在民法典中直接调整交易的规则应当尽可能与国际接轨。我国在构建民法典体系的过程中，必须把握民法的最新发展趋势，借鉴两大法系的成功经验。外国法在长期的历史发展中所形成的体系本身也是人类文明智慧的结晶，完全抛开国外的经验而另起炉灶，片面地追求创新，对于中国的法治建设显然并无帮助。虽然我国自清末变法以来，主要借鉴大陆法系的立法和理论成果；但是，考虑到两大法系的融合趋势以及世界经济一体化趋势，我们也应当在主要采纳大陆法的同时，借鉴英美法的成功经验。例如，英美法中侵权责任法的体系对大陆法的影响越来越大。美国侵权法一开始的发展就是独立开放的，近几十年来，已经开始进行系统化、体系化的梳理。例如，美国法学会组织起草的两次美国侵权法重述，以及目前正在着手的第三次侵权法重述的起草工作，就表明了这一趋势。其关于侵权责任法的完整体系是值得我们借鉴的。

之所以要坚持"以大陆法为体、以英美法为用"的原则，原因有两方面。（1）中国自清末变法以来，就深受大陆法系的影响，我们已经大量接受了大陆法系的概念、规则、制度，经过长期的立法实践、法学教育和司法适用，大陆法系的概念规则等已经深入人心，已经成为我国民法文化的组成部分，不能轻易放弃。（2）英美法在总体上属于判例法，其规则和制度并不要求体系化，这与我们的体系构建是不相吻合的。而且，英美法上也不存在大陆法上的"物权"、"债权"等概念，无法与我国既有的制度相对接。这就要求我们在构建民法典体系时，不能完全采纳英美法的模式，而是应当坚持以大陆法

为体。

在借鉴大陆法的经验时，我们还必须注意到，就实质体系而言，我们应当借鉴国外的一切有益经验，而不能局限于某个法典的模式。从民法典的形式体系来看，主要分为德国模式和法国模式两种，并形成了德国法系和法国法系。而我们在构建我国的民法典形式体系时，应当以德国法的借鉴为重点，其主要原因在于：

1. 历史的原因。我国自清末变法以来，在私法领域中，直接或间接借鉴的都是德国的模式。作为潘德克顿学派结晶的《德国民法典》，具有概念精密清晰、用语简练明确、体系严谨完整等诸多优点，虽历经百年社会变迁，仍不愧为一部伟大优秀的民法典。梅仲协指出："现行民法采德国立法例者十之六七，瑞士立法例十之三四，而法日苏联之成规，亦尝撷一二。"① 自清末变法以来，对德国民法的继受始终为我国民事立法与理论研究的主流，因此我们在制定民法典的时候不可能完全抛开《德国民法典》而另辟蹊径。新中国成立以后，立法机关废除了国民政府时期的六法全书，但是，旧中国所形成的法律传统并未完全消失，德国法的影响在我国其实是一直存在的。例如，1986年《民法通则》所规定的一些基本制度仍然具有明显的德国法痕迹，该法中的法律行为、代理、时效等制度都大量借鉴了德国法。

2. 法律技术上的原因。德国模式具有很强的体系性与逻辑性，这种模式有助于我们整合现行分散凌乱的民事立法。例如，我们在制定《物权法》时就借鉴了德国的经验，将原先分散在《民法通则》、《担保法》、《土地管理法》、《城市房地产管理法》等法律中的规则以严密的逻辑结构整合起来，这更有利于在我国建立一套系统完善的财产法律规则。再如，我国现在制定民法典的方法不是一步到位，而是分编分阶段制定，先制定合同法、物权法、侵权责任法，然后制定人格权法等，这样一来就更加需要有一个比较严谨的结构与体系安排，设置总则编，将各编统合为一个科学完善的民法典。

3. 法律适用的需要。改革开放以来，尤其是自《民法通则》颁布以来，我国法官所接受的概念、范畴和法学方法等，都受德国法的影响。例如，关于法律行为的撤销与无效的区分、取得时效与消灭时效的区别等，在法官的司法活动中都已经被广泛地接受和认可。在一个世纪左右的演进过程中，法官的司法活动不断糅合了中国的社会与经济现实，成为中国法律的重要资源。而法治本身是不断积累的过程，它在很大程度上要受到传统的制约，历史积累在法制建设中是极其重要的因素。如果要完全废除现行的知识体系，将会给司法带来极大的困难。

---

① 梅仲协：《民法要义》序言，中国政法大学出版社1998年版。

　　我们必须高度重视对《德国民法典》体系中先进经验的吸收、借鉴，但这种借鉴不同于完全照搬与简单复制。我们说主要借鉴德国法的经验，并不等于说排斥其他法律体系的经验和某些合理的制度、规则。事实上，借鉴德国法，更多的是就体系层面而言。从具体的制度、规则的层面来看，我们也采纳了不少法国法和其他法律的内容。例如，《民法通则》第一百零六条关于侵权责任一般条款的规定，实际上就是借鉴了《法国民法典》第 1382 条的做法。再如，《合同法》中的间接代理制度也是借鉴了法国商法中的某些内容。实际上，法国民法中对于私生活保护的有关制度、侵权责任法上的有关赔偿原则等，都是值得我们研究和学习的。我们还应当注重借鉴世界其他国家民事立法的先进经验，关注当今世界民事立法的最新发展，不能排斥其他国家的经验。例如《荷兰民法典》、《魁北克民法典》在体系上就都有明显的特色，有不少值得我国借鉴的经验。

三、正确处理好借鉴与发展的关系

　　我们要借鉴国外的先进经验和优秀的法律文化成果，在法典化特别是形式的体系方面，确有必要注重借鉴大陆法系国家特别是德国法的立法经验，但是，这并非意味着我们应当完全照搬照抄德国的模式，并不意味着我们在 21 世纪制定中国民法典时还需要僵化到一成不变地继承《德国民法典》的五编制体例。许多学者认为，既然我国要采纳德国的体系设立总则，则必须完全采纳《德国民法典》的五编制体例。此种观点值得商榷。

　　借鉴必须首先从中国实际出发，并且要符合中国的国情。同时，我们必须在借鉴的基础上，有所创新，有所发展。其原因在于：

　　1. 民法典的体系是一个开放和发展的体系，绝不是一个封闭的体系。从古至今，人类的理性并没有始终如一地处于一个恒定或静止的状态，而实际上是经历了一个不断发展、蜕变与升华的过程。[①] 体系作为理论建构的产物，体现了建构者的思维和主张，也与特定的历史传统和现实等密切相关，并不具有终极性的普世意义。任何体系其实也都是在实践中不断完善和发展的。任何真理都不能被认为是终极的，相反，它本身是在实践中不断发展和丰富的。某一体系一旦被认为是完美和终极性的，那么它就必然具有封闭性，本身说明这个体系不能适应社会变化发展的需要。

　　2.《德国民法典》的体系也在不断发展和完善。自《德国民法典》颁布一

---

　　① 参见孟广林：《欧洲文艺复兴史》（哲学卷），人民出版社 2008 年版，第 12 页。

百多年来，整个世界发生了巨大的变化，经济生活高度复杂化、多样化，科技发展一日千里，作为经济生活的基本法，民法的体系与内容理应与时俱进。例如，《德国民法典》制定之初，人格权尚处于萌芽状态，多数学者连人格权为何物尚且不知，遑论于民法典中加以规定。然而，随着第二次世界大战以后人权运动的发展，在现代社会，人格权已经成为一项与财产权并行的极为重要的民事权利制度。再考虑到我国长期以来存在不尊重人的现象，以及现实生活中人民对尊重人格权的强烈要求等因素，我们必须认真对待人格权制度在民法典体系中的地位问题。德国的学者也已开始对其民法典进行反思，认为《德国民法典》对人格权的规定明显不足。① 迪特尔·梅迪库斯认为，"法律对自然人的规范过于简单，因此没有涉及一些重要的人格权。"② 在《德国民法典》颁布不久，德国学者索姆巴特（Werner Sombart，1863～1941）就提出《德国民法典》存在着"重财轻人"的偏向。③ 一些德国学者对此提出批评，认为《德国民法典》的体系"是按照从事商业贸易的资产阶级的需求来设计构思的，它所体现的资产阶层所特有的'重财轻人'正出自于此。这种重财轻人的特色使关于人的法律地位和法律关系的法大大退缩于财产法之后"④。一百多年来社会的发展对法律的发展也提出了更高的要求，人文精神和人权保护应在民法中得到体现。而《德国民法典》中对人格权制度并没有过多地涉及，有关侵权行为的规定也较为单薄，这些都表明《德国民法典》的五编制体例是需要进一步完善的。2002 年德国债法修改时，有诸多学者上书反对，称这将造成民法典"体系的混乱"。因为消费者保护法诸多情形与民法典的内容不是很相符合，消费者往往是在信息不对称的情况下进行交易的，所以，其不适用民法中的合同自由等基本原则。如果将这些法律纳入法典之中，将会破坏体系的和谐性。因为法典是针对所有的人抹消身份的差别而进行的平等立法，而有关消费者、劳动者保护的法律的规定是一种典型的"身份立法"，这与一般合同的平等义务规定不相符合。⑤ 尽管有诸多学者的反对，但是最终的改革仍然坚持把消费者权益保护的内容纳入到债法的改革中。⑥

3. 法典的体系必须适应时代和社会的进步和发展。古人语：世易时移，变法宜易。"明者因时而变，知者随世而制"，一百多年前德国注释法学派所形成的《德国民法典》体系是符合当时德国社会经济需要的，但它并不完全符合当

---

① 参见陈云生、刘淑珍：《现代民法对公民人格权保护的基本情况及其发展趋势》，载《国外法学》1982 年第 6 期。

②④ ［德］迪特尔·梅迪库斯：《德国民法总论》，邵建东译，法律出版社 2000 年版，第 24 页。

③ 参见［德］施瓦布：《民法导论》，郑冲译，法律出版社 2006 年版，第 42 页。

⑤ 参见许中缘：《论民法典与民事单行法律的关系》，载《法学》2006 年第 2 期。

⑥ 参见张礼洪：《民法典的分解现象和中国民法典的制定》，载《法学》2006 年第 5 期。

前我国社会经济的需要。完全照搬他国模式，民法的发展又从何谈起？诚然，制定民法典肯定要借鉴外国立法的先进经验，但这绝不意味着要完全照搬其他国家或地区的经验。《德国民法典》毕竟是百年前的产物，一百多年来整个世界社会、政治、经济、文化发生了巨大的变化，科技日新月异，民法的体系与内容理所当然应当随着时代的变化而变化。例如，关于人格权是否应当独立成编的问题，在民法典中建立全面、完善、独立的人格权制度是我们这个深受数千年封建专制之苦的民族的现实需要。如何有机和谐地将人格权制度融入民法典正是新时代赋予中国民法学者的机遇。如果仅以《德国民法典》没有规定独立的人格权制度为由，而置现实需要于不顾，将人格权制度在民法典中用民事主体制度或侵权法的几个条款轻描淡写一笔略过，这无异于削足适履，甚至是放弃了时代赋予当代中国民法学者的伟大机遇与神圣职责！

我们强调民法典体系构建必须有所创新，有所发展，只有这样才能使民法典体系更符合中国的国情。我国处于并将长期处于社会主义初级阶段，实行改革开放，发展社会主义市场经济，立法特别是民商事立法，必须遵循市场经济的客观规律，协调和平衡各方面、各阶层的利益。所以在体系的设计上，我们一定要从中国的实际出发，构建具有中国特色的民法典体系；从立法的科学性、针对性和实效性考虑，制定出一部符合中国国情、反映时代需要、面向 21 世纪的民法典，这样才能使民法典在社会生活中发挥出巨大作用，并为世界法学的发展作出我们应有的贡献！对于一个国家来说，真正好的法典，必须建立在对本国已有法律和国情的深入研究之上，包括对社会习惯、法院判例的大量搜集和整理，从中发现普遍性的能上升为法律规则的东西。只有这样，制定出来的法典才会有中国特色，才能被本国人民所接受。①

当然，我们强调创新，并非仅仅为了标新立异。创新必须是以中国社会的现实需要为出发点，以对民法发展的规律性认识为基础，并尽可能符合民法的发展趋势，吸收我国民法学理论研究的科学成果。

总之，在制定民法典的过程中，我们应当立足于我国实践，本着兼收并蓄、取菁去芜的思想，胸怀海纳百川之气度，广泛吸收借鉴各国民法的优秀经验，而不是狭隘、盲目地崇拜德国法，受教条主义或本本主义的束缚。唯其如此，我们才能制定出一部符合中国国情、反映时代需要、面向 21 世纪的民法典，才能构建科学的法律体系，为世界民法的发展作出我们应有的贡献！

---

① 参见严存生：《对法典和法典化的几点哲理思考》，载《北方法学》2008 年第 1 期。

第三节 内在总分结构——制度和规范的体系化

一、总分结构的概念

所谓总分结构（lex generalis/lex specialis），就是指按照提取公因式的方法（vor die Klammer ziehen 或 vor die Klammer setzen），区分共通性规则与特殊规则，将共通性规则集中起来作为总则或一般规定，将特殊规则集中起来编为分则或作为特别规则加以规定。总分结构是潘德克顿学派在解释罗马法时所创立的，也是潘德克顿体系的重要特点。[①] 按照潘德克顿模式的思路，采用提取公因式的方法，将共同的部分放在前面，而将个别事项放在后面。潘德克顿体系"是由19世纪德国学者胡果、海瑟等人发展起来的，该体系在编排上采取五编制体例，在方法上采取了从一般到个别的方法"[②]。1863年《萨克森民法典》、1896年的《德国民法典》和1896年的《日本民法典》都是采用了典型的潘德克顿体系。

从总分结构思想的发展来看，其显然受到了自然法思想的影响。在18世纪，自然法思想盛行一时。德国学者考夫曼等人认为，抽象性的思维方式是自然法的特点，而系统性则是自然法的思维方式。[③] 而且总分结构的思维模式明显还受到了数学方法的影响。提取公因式是一个数学用语，表示将两个或两个以上多项式中所共同的因式提取到括号外面来。后来这一做法移植到法律领域，成为了法典编纂的重要原则，也叫括号原理、括号主义、通则主义、一般规定主义等。[④] 总分结构是数学方法引入法学的结果，早在18世纪德国著名学者沃尔夫就曾经长期致力于数学与哲学的研究，试图以逻辑学作为总引导，把数学引入法学，将法学全部系统化。[⑤] 笛卡儿等人认为，体系化是借助于逻辑工具而企图实现法律的科学化，因而是一种对数学的模仿。法学可以量化并依数学的方法进行度量和计

---

① 参见［日］松尾弘：《民法的体系》（第4版），应庆义塾大学出版社2005年版，第13页。

② ［日］松尾弘：《民法的体系》（第4版），应庆义塾大学出版社2005年版，第13页。

③ 参见［德］阿图尔·考夫曼、温弗里德·哈斯默尔主编：《当代法哲学和法律理论导论》，郑永流译，法律出版社2002年版，第232~233页。

④ 参见［德］迪特尔·梅迪库斯：《德国债法总论》，杜景林、卢谌译，法律出版社2004年版，第7页。

⑤ 参见杨代雄：《德国古典私权一般理论及其对民法体系构造的影响》，吉林大学2007年博士学位论文，第33页。

算的。① 培根也认为，"数学是打开科学大门的钥匙。"② 以后，潘德克顿学派将数学上提取公因式的方法运用到法典编纂之中，这种方式被《德国民法典》发挥到极致，形成了民法典编纂中的总分结构。

从总分结构的内容来看，总分结构应当包括两个方面的内容：

1. 内部的总分结构。所谓内部的总分结构，是指在民法典体系内部，按照先一般、后特殊的编纂方式，将一般性的规定即总则置于各编之首。将一般性的规定置于具体性规定之前，具体包括：总则和分则之间的关系、一般规定和特别规定的关系、基本原则和具体制度的关系等。一般依总则－分则的模式来构建民法典的体系。

2. 外部的总分结构。外部的总分结构，是指民法典与单行法之间应当形成一般法和特别法之间的关系。在民法典与单行法之间形成总分结构关系，在立法技术上就更为科学合理，而且能够防止出现法律相互之间的冲突和矛盾。在这一点上，它相对于单行法而言具有明显的优越性。构建民法典体系不仅仅从民法典的内部着手，而且应该考虑民法典与其他法律的关系，注意协调好民法典与单行法的关系。③ 通过总分结构的构建，可以将内部关系和外部关系进一步体系化，从而构建民法的体系。

二、采纳总分结构的必要性

总分结构作为潘德克顿学派所运用的一项重要技术规则，为《德国民法典》所全面采纳，并成为德国民事立法技术的一大特色。在我国民法法典化过程中，应当注重采纳该技术。就我国民法典的制定而言，总分结构不仅是立法技术的要求，而且是实现民法典体系化的重要手段。

从立法技术层面来看，总分结构采取先一般、后特殊的编纂方式，将一般性的规定即总则置于各编之首，将一般性的规定置于具体性规定之前，这就使得法律规则富有逻辑性，得以根据一般和特殊相结合的规定进行逻辑上的演绎和推理，从而使得法典的解释成为一种科学。④ 总分结构的主要功能表现为，其实现了法律条文的简约。总分结构的形成要求立法者通过不断提取共通性规则，形成不同层次的总则性规定，产生举一反三、纲举目张的效果。这就可以避免同样的

① 参见杨代雄：《私权一般理论与民法典总则的体系构造》，载《法学研究》2007 年第 1 期。
② 熊谱龙：《民法的体系整合与规范整理》，中国人民大学 2006 年博士学位论文，第 11 页。
③ 参见马俊驹主编：《民法典探索与展望》，中国法制出版社 2005 年版，第 61 页。
④ 参见［德］迪特尔·梅迪库斯：《德国债法总论》，杜景林、卢谌译，法律出版社 2004 年版，第 7 页。

规则在分则中不同的法律制度里重复规定。此外，具体法律规则总会随着社会生活的变化而滞后，总会有超出具体规则调整范围的社会关系需要法律调整。而不同层次的一般规则可以与时俱进，依据社会生活作出新的解读，其涵盖了新的法律关系，弥补了具体规则的不足。因此，总分结构从立法技术上节省了法律条文，并使法典得以保持一定的开放性，适应变化的时代需要。

尽管法国法系没有完全采纳总分结构的立法技术，但从德国法系的经验来看，总分结构的形成，使得民法典的系统化程度显著提升，丰富了民法典编纂的方法，也完善了民法典的体系。总分结构作为法典编纂的技术，其运用有助于民法典各项制度的体系化、规范的体系化、价值的体系化。之所以如此，原因在于：

1. 总分结构形成了从一般到个别的系统构建，符合人类从抽象到具体的思维模式，它也是逻辑的演绎方法。一般到个别的方法，符合人类思维中从抽象到具体的演绎式思维方式。正如伯格指出的，任何法典都是一个系统，就是说一部法典是由不同要素、手段、规则和制度根据紧密逻辑关系而组成的一个有组织的整体。"系统化的法典编纂使我们可以借助逻辑推理的经典方法，尤其是不断的演绎，从一般原则开始，由一般到个别，从而获得具体问题的适当解决。"[①] 尤其是，总分结构使得法典之中形成了总则统辖分则、一般统辖个别的严谨的逻辑体系。正如北川教授所指出的，"在更高的抽象层次上，由民法典总结成一个法体系，构筑了民法总则。"[②] 总分结构符合从一般到特殊、从抽象到具体的思维模式，这实际上是符合认识论的一般理论的。[③]

2. 总分结构符合三段论的逻辑思维方式。亚里士多德学派认为，一切演绎的推论如果加以严格的叙述便是三段式的，把各种有效的三段论都摆出来，并且把提出来的任何论证都转化为三段论的形式，这样就应该可以避免一切的谬误。[④] 按照三段论的思维模式，法律推论的要素包括：大前提、小前提和结论。推理的顺序是从大前提着手，最后推导出与大前提吻合的结论。这种逻辑思维方式实际上也要求抽象性程度较高的内容要置于前面。

3. 总分结构也是形式合理性的要求。韦伯所推崇的形式合理性，强调形式结构的严密性、逻辑性。而总分结构模式恰恰符合了此种形式合理性的要求，可以用来构建具有形式合理性的民法典。

总分结构还有助于法律适用。从司法技术层面来看，法官在适用法律过程中

---

① ［法］让·路易·伯格：《法典编纂的主要方法和特征》，郭琛译，载《清华法学》第 8 辑，清华大学出版社 2006 年版，第 20 页。

② ［日］北川善太郎：《日本民法体系》，李毅多等译，科学出版社 1995 年版，第 55 页。

③ 参见李中原：《潘得克吞体系的解释、完善与中国民法典体系的构建》，载吴汉东主编：《私法研究》（第 2 卷），中国政法大学出版社 2002 年版，第 4 页。

④ 参见 ［英］罗素：《西方哲学史》（上卷），何兆武等译，商务印书馆 1963 年版，第 254 页。

的一项重要工作就是解释法律。而对法律进行体系解释是保证法律解释妥当性的一个重要方法。在总分结构下，法官能够从法典的整个体系出发，到相应的部分寻找不同层次和效力的法律规范，并从具体规则和一般规则的相互反照中确定法律的含义。如果民法典不采取总分结构，虽然法典本身已经被体系化，但法官解释法律缺乏相应的参照资料，尤其是，其使得法官在散乱的规则中各取所需，也无法就法律规则的含义达成共识。

三、按照总分结构实现制度的体系化

按照总分结构实现制度的体系化，意味着不仅民法典总则和民法典分则之间形成总分结构，而且在民法典分则内部也形成总分结构。总分结构的彻底贯彻，就要求民法典内部各项制度之间的体系化。按照总分结构来构建法典中的制度，不仅需要明确由哪些制度构建一个完整体系，尤其需要确定这些制度之间的内在的逻辑联系和抽象性程度，并且要确定各个制度的恰当定位。具体来说，按照总分结构来设计的制度体系，应当符合如下要求：

1. 应当设立民法典总则。总则的设立可以将民法典分则各个部分共通性的制度集中起来，从而形成民法典内部具有最高抽象程度的规则，统摄全部民法典。

2. 在民法制度构建上，应当注重区分各项制度的抽象层次，如债的制度、合同之债制度、买卖合同制度、分期付款买卖制度等。不同层次的制度应当区分其各自的地位和功能，从而规定内容不同的规则。例如，法典可以更多地规定具有较高抽象程度的规则，而具体的规则应当通过分则之中特殊的制度来规定，或者通过特别法来规定。在民法典分则部分，我们也应当采取"总分结合"的模式。一方面，民法典编纂技术很大程度上借鉴了数学上的"提取公因式"方法，实现了对数学方法的模仿。通过总分结合的模式，可以使得民法典形成类似于金字塔的梯级结构，形成一种概念和规范的阶梯。位阶不同，效力和适用范围不同。[①] 在分则体系的构建中，采用此种模式，也可以使法官适用法律时比较方便。这样的结构安排，不仅可以培养法官体系思考的习惯，而且也要求法官在适用法律时，必须采取特别法优先于普通法的规则。

3. 应当将一般规则置于特殊规则之前来规定。例如，将适用于买卖、租赁、承揽等各个合同的共同规则放在有名合同的前面，形成合同的总则；将合同、无因管理等债的一般原则放在债的前面，形成债权总则；再将债、遗嘱、婚姻等适

① 参见范中超：《俄罗斯联邦民法典初论》，载中国民商法律网。

用的共同规则置于民法典的前面，形成法律行为制度。[1] 将共通的规则置于前面，可以实现立法简约。虽然从法律适用角度来看，应当从特殊到一般，但是，从民法典的编纂来看，应当先规定一般规则，再规定特殊规则。通常来说，只有在一般规则无法覆盖时，才应当适用特殊的规则。这样可以节约立法资源，也便于法律的普及。当然，特殊的规则要受到一般的规则的指导。

4. 侵权责任法作为救济法，应当置于民法典的末编，从而形成对权利的救济。侵权责任法之所以要独立成编置于民法典的最后一部分，也是考虑从未来的发展趋势来看，侵权责任法保护的范围越来越宽泛，具体表现为：（1）侵权责任法扩大了其对权利保护的范围。传统上，侵权责任法主要保护绝对权，而随着社会的发展，侵权责任法也开始对相对权提供保护，如第三人恶意侵害债权，也应承担侵权责任。（2）随着侵权责任法对利益保障的扩张，各种新的利益都可以为侵权法所救济。例如，亲属领域的新利益，如果确实需要保护，也应当救济。再如，某证券公司研究开发出一套有关证券交易的信息资料，这些信息资料受到侵害，也可以作为财产利益而受到侵权法的保护。还要看到，侵权责任法也扩展到亲属法领域。传统的观点认为，侵权责任法主要是救济法，而亲属领域，家庭成员之间通常共有家庭财产且存在扶养义务，导致其没有损害赔偿的必要。但是，现代社会也要求对家庭内部的侵权提供救济，包括家庭暴力等的损害赔偿、停止侵害、赔礼道歉等。侵权法的调整范围也向亲属领域不断扩张。

必须注意的是，侵权责任法是否因其适用范围广泛而可以纳入"民法典的总则"？我国《民法通则》单设"民事责任"一章，这似乎可以将侵权责任法看成民法典总则的内容。笔者认为，侵权责任法不应当成为总则的内容，理由在于：（1）它不具有总则的普遍适用性和概括性。因为民法中并不是所有的部分都涉及侵权，权利没有遭受侵害时，就不存在侵权的问题。违反合同导致的是违约责任，侵权责任制度置于总则，显然违反了大陆法系提取公因式的民法典编纂技术规则。（2）侵权责任是违反义务的后果，所以，应当先考虑确立民事主体的相关义务，最后才能规定违反义务所导致的侵权责任。（3）侵权责任法也要适用大量的债法内容，如果置于总则编，不符合民法典编制的技术性要求，即被援引的规范要置于需要援引的规范之前。（4）从规则的特点来看，侵权责任法的规则大都过于具体，技术性和针对性很强，不符合总则规则所要求的抽象性。

四、按照总分结构实现规范的体系化

按照总分结构实现规范的体系化，这就是说，民法典的规范设计方面，也应

---

[1] 参见［日］山本敬三：《民法讲义 I 总则》，解亘译，北京大学出版社 2004 年版，第 14 页。

当遵循总分结合的思路。所谓民法规范的体系化，就是区分民法规范的不同类型，按照一定的逻辑结构使之组成有机的整体。在民法典体系化过程中，民法规范的体系化应该是一个基础性的工作。民法典就是法律规范的统一体，法典的制定就是对既有的法律规范的统一。从形式上而言，法典的体系化主要是法律规范的建构。按照总分结构来构建制度体系，必然也意味着要按照总分结构来实现规范的体系化。①

在民法中，规范的体系化主要是指规范的位阶。所谓规范的位阶，就是指上位规范和下位规范之间要形成合理关系。北川教授将其称为"从上位到下位的构成要素"②。位阶的理论是法律体系化的基石，其基点是概念的位阶性和价值的位阶性及相应的逻辑体系和价值体系的统一。③ 例如，民法典总则中的主体制度分为自然人和法人，而自然人在不同的法律中表现是不同的，在物权法之中表现为物权人；在合同法之中表现为合同当事人；在继承法之中表现为继承人；在侵权法中，表现为加害者与被害者的关系，然后变成损害赔偿债权的债权者和债务者的关系。④ 在具体的制度之中，其又被再次细化。例如，物权法中，物权人可以细化为用益物权人、担保物权人；而担保物权人又可以细化为抵押权人、质押权人、留置权人等。所以，在考察法律规范的时候，必须明确不同位阶规范的相互关系。具体来说，按照总分结构来确立规范的位阶，应当考虑如下几个方面：

1. 确定不同规范之间的上位和下位的关系。在民法之中，概念的上位和下位是一个相对的关系。例如，物权相对于所有权是上位概念，而物权相对于财产权则属于下位概念。二者之间形成了依存关系和种属关系。在民法典设计时，原则上应当先规定上位概念，然后再规定下位概念。

2. 确定不同位阶的规范的适当位置。换言之，民法典中的概念和规范应当考虑其抽象程度、适用范围等而置于相应的位置，应当置于民法典总则之中的，就不应当置于民法典分则。例如，在物权法制定时，涉及是否要对物权主体作出规定，但考虑到物权主体并没有其特殊性，原则上任何主体都可以享有物权，因此，它应当是民法典总则的内容。再如，民法中的"物"，究竟是置于物权法之中，还是置于民法典总则之中，也需要考虑。正如北川教授所指出的，"民法总则的物是各种各样的物的总称。"⑤ 因此，物的概念只宜在民法典总则中规定，

---

① 参见薛军：《论未来中国民法典债法编的结构设计》，载《法商研究》2001 年第 2 期。
② ［日］北川善太郎：《日本民法体系》，李毅多等译，科学出版社 1995 年版，第 56 页。
③ 参见张俊浩：《民法学原理》（修订版），中国政法大学出版社 1997 年版，第 31～40 页。
④ 参见 ［日］北川善太郎：《日本民法体系》，李毅多等译，科学出版社 1995 年版，第 55 页。
⑤ ［日］北川善太郎：《日本民法体系》，李毅多等译，科学出版社 1995 年版，第 57 页。

不宜在物权法中规定。

3. 在不同法律规范的位置确定上，一般的规范应当置于前面，而特殊的规范应当置于后面。例如，侵权法应当先就过错责任作出规定，而严格责任和公平责任的规范应当作为特别规则规定。再如，《水污染防治法》第85条规定："因水污染受到损害的当事人，有权要求排污方排除危害和赔偿损失。由于不可抗力造成水污染损害的，排污方不承担赔偿责任；法律另有规定的除外。水污染损害是由受害人故意造成的，排污方不承担赔偿责任。水污染损害是由受害人重大过失造成的，可以减轻排污方的赔偿责任。水污染损害是由第三人造成的，排污方承担赔偿责任后，有权向第三人追偿。"该条就较好地处理了不同规范之间的位置安排。该条第1款规范的是一般情况，而该条第2、3、4款属于特殊情况。这就形成了一般规则和特殊规则结合的结构。

4. 同一位阶上的规范，应当考虑相互援引的关系来确定其位置。一般来说，被援引的规范，应当置于需要援引的条款之前。例如，遗嘱继承中继承人限于法定继承人，因此，法律关于遗嘱继承的规范实际上需要援引法律关于法定继承人范围的规范。按照前述规则，法律关于法定继承人范围的规范，要被置于遗嘱继承之前。

5. 就两种法条来说，如果前一个法条必须具备 N 个构成要素，而后一个法条必须具备 M 个构成要素。如果 N 个要素完全包含于 M 个构成要素之中，前者就是后者的一般法，而后者就是前者的特别法。[①] 例如，法律行为的一般要件是意思表示真实、行为人具有相应的行为能力、不违反法律和社会公共利益，这是法律行为生效的一般构成要素。但是，在具体法律行为之中，仅仅具备这些要素并不一定使法律行为生效。例如，依照《合同法》第367条的规定，保管合同中必须交付标的物，才能导致该合同生效。所以，后者就是前者的特别法，应当置于一般法的后面来规定。

需要指出的是，我们说按照总分结构实现规范的体系化，不能完全等同于概念法学所讲的概念的体系化，也不是要像潘德克顿学派的代表人普希塔所说的，要构架一个概念的金字塔。萨维尼曾经主张，为了对法律概念进行更为精确的考察，甚至应当求助于词源学（Etytnologie），这样就能够揭示概念是如何形成的及概念相互之间的亲缘关系。[②] 此种看法显然不妥。因为，不是所有的法律规范都可以最终简约和归结为概念，民法典也不能被视为纯粹的概念集合。法律概念作为法律规范构成的基本细胞，概念的构成是否合理，将会影响到民法典构建的

---

① 参见黄茂荣：《法学方法与现代民法》，中国政法大学出版社 2001 年版，第 172 页。
② 参见杨代雄：《萨维尼法学方法论中的体系化方法》，载《法制与社会发展》2006 年第 6 期。

质量。在民法典概念体系的构建中，需要厘清概念的特征。法律概念本身具有构建法律体系、演变法律内涵的功能。[1] 概念法学在法学方法上过于强调体系的封闭性，过于强调法律概念的层级作用，具有一定的弊端。当然，概念法学也具有积极之处，该种学派倡导的法律概念的精确性与严谨性，是具有积极意义的。我国民法典的编纂，一个重要原因就是要对既有单行法律的概念进行统一。法律概念需要做到精确与统一。因为我国法律是在"成熟一个、制定一个"的立法指导思想下制定的，这就导致了法律概念的制定可能不统一。如《民法通则》与《合同法》中的可撤销权的概念具有不统一性，容易导致法律适用的错误。而民法典的制定中，就需要对这些法律概念进行统一。

五、总分结构的缺陷及其克服

笔者认为，总分结构虽然有其科学性和合理性，但正像任何事物都有正反两面一样，总分结构也仍然存在自身的缺陷。具体表现在以下方面：

1. 总分结构下一般规定呈现出的多层次性增加了法律理解和适用的难度。以《德国民法典》中关于买卖的法律规范为例，其设置了四重关于买卖的一般规定：一是民法总则中关于法律行为的规定；二是债法总则中的规定；三是合同法总则中的规定；四是买卖合同的一般规则。这种多层次性带来的一个问题在于，要有效把握整个买卖法律关系，就得全面掌握四重规范，而且还要按照一般法和特别法的适用顺序来适用法律，如果层次处理不当，会造成法律条款选择和适用的错误。为克服此种缺陷，从立法层面来说，要减少一般性规范的层次。例如，未来民法典不宜设定财产法总则，就是因为财产法总则会与物权总则和债权总则发生重复，而且徒增了"总则的层次"。即使在债法总则之中，也要尽可能简化相关规定，使其不与合同法总则重复。从司法层面上说，需要掌握法学方法论之中寻找法律规则的科学方法。需要明确一般法和特别法的关系，掌握法律解释的方法，从而提高法官适用法律的技巧。

2. 容易导致司法裁判"向一般条款逃逸"。由于一般规则具有不同的层次，且数量可能比较多，因而，法官在裁判中为了减轻找法的困难和负担，有可能在存在相应具体规则的情况下，去寻找一般规则。尤其是，总分结构采取认识论上的倒置的方法，也就是说，它采取的是"从后往前"的找法路径。这种体例实际上具有浓厚的学者法的特点，而不利于法律的实用和便捷。[2] 克服此种缺陷，

---

[1] 参见许中缘：《论法律概念——从民法典体系构成的角度》，载《法制与社会发展》2006 年第 2 期。

[2] 参见孙宪忠：《潘德克顿法学的技术规则》，载 http://www.civillaw.com.cn。

要求法律职业人培养和形成体系化的思维方式，注重了解一般条款和具体条款的关系，明确法律适用的顺序。

3. 从法学教育上来说，这容易导致学习民法的困难。因为在教学过程中，往往先讲授民法总则，这就使得学生在尚未了解具体制度的情况下，对抽象规则的学习和掌握比较困难，容易导致学生感到困惑。人们思维的一般习惯是从具体到抽象，而不是从抽象到具体。而先学习民法分则，再学民法总则，才能使得知识循序渐进。所以，总分结构确实带来了教学上的困难，这有待于通过民法教学方法的改进来解决。① 例如，教师在讲授抽象法律制度的同时，要借助简单易懂的具体法律关系或者案例，帮助学生理解抽象的一般规则。

第四节　外部总分结构——民法典与单行法的体系化

一、法典中心主义并不排斥单行法的作用

任何国家制定民法典都不可能排斥单行法的作用。在近代法典化运动时期，有一种比较极端的理论认为，可以通过一部全面的、无所不包的民法典来囊括各种社会生活，从而排斥单行法的存在。在民法法典中尽可能详尽规定各项民事法律制度，借助类推适用，民法典就可以为任何民事法律纠纷的解决提供相应的法律规范，"成为调整市民生活和保障民事权利的系统性宪章"②。以一部法典来确定市民社会的基本规则，并排斥法官另行寻找法源的可能性。所以，法典中心主义曾经被理解为民法渊源的唯一性。但是，此种观念很快就被实践证明是一种神话。随着 19 世纪末期以来，工业社会的迅速发展，尤其是国家干预经济的加强，各国都在民法典之外颁布了大量单行法来规范社会生活，从而使得民法典作为唯一法源地位成为历史，甚至被边缘化，这也是"去法典化"和"再法典化"产生的原因。因而意大利学者伊尔蒂（N. Irti）在 1978 年发表了《民法典的分解时代》一文，明确地提出了我们已经处在民法典分解的时代。他认为，在层出不穷、种类繁多的民事特别法的冲击下，民法典已经被民事特别法分解，其社会

---

① 参见陈自强：《契约之成立与生效》，学林出版社 2002 年版，第 2 页。
② 转引自张礼洪：《民法典的分解现象和中国民法典的制定》，载《法学》2006 年第 5 期。

调整功能已经被严重削弱，其在私法体系中的重大核心地位已经丧失。①

伊尔蒂教授的此种看法无不道理，我们确实应当看到，法典中心地位已经受到挑战。这是民法典在新的历史时期所遇到的新的问题。但是，据此就认为，我们已经处于去法典化时期，实际上也未必符合客观实际。从比较法的角度来看，各国民法典虽然不再是私法的唯一法源，法官裁判中也大量援引单行法，但是，不能否认，民法典仍然是私法的主要法律渊源。尤其是考虑到，我国目前还没有制定民法典，讨论去法典化问题，可能超越我国所处的特定历史阶段。伊尔蒂提出，欧洲的经验是先制定民法典以确立一般性的规则，然后再制定单行法以确立特殊性的规则。对于一些过于具体烦琐的规定，由于其本身容易变动和修改，所以应当通过特别法来进行规定②。我国不是先有法典而后有单行法，而是已有大量单行法却无民法典。中国的立法过程并不是采取欧洲的模式。迄今为止，我国尚未制定出一部民法典，但是立法机关已经制定了大量的单行法。截止到2008年3月，我国现行有效的法律总共229件，涵盖宪法、宪法性法律、民商法、经济法、社会法、刑法、诉讼及非诉讼程序法等，其中，民事法律共32件。除此之外，现行有效的行政法规近600件，地方性法规约7000多件③，其中涉及大量民商事制度。因而我国有七个法律部门，三个层次的法律规范，初步构成了具有中国特色的法律体系。从内容上看，这些法律可以大致分为三类：第一类是涉及传统民法典的内容的法律，例如，婚姻法、继承法、合同法和物权法等。第二类是涉及传统商法范畴的单行法。主要包括公司法、票据法、海商法、保险法、破产法等。第三类是其他性质的部门法律中所包含的民事规范，主要包括行政法、经济法、社会法等法律部门中所包括的民事规范，例如土地管理法、房地产管理法、反垄断法等。由于单行法是在没有民法典统辖的情况下制定的，这些单行法并没有统一贯彻民法的价值，也没有按照民法典的体系来构建，相反，它们具有自己的价值倾向，事实上已经自成体系，且各个单行法相互之间存在着冲突、矛盾的现象，部分法律存在着许多不必要的重复、重叠或交叉。此外，某些重要的制度又没有由单行法加以规定，现行立法格局存在着严重的缺漏现象。由此，必须尽快制定一部民法典，解决单行法缺乏体系化所带来的问题④。

所以，讨论法典中心主义，首先必须要明确，法典中心主义绝不排斥单行法的作用，但也不能简单地以欧洲的"去法典化"现象来否定制定民法典的必要性。我们应当立足于中国的实际，借鉴国外的经验，协调好民法典和单行法之间

①② 参见张礼洪：《民法典的分解现象和中国民法典的制定》，载《法学》2006年第5期。

③ 参见吴邦国：在十一届全国人大第一次会议上所做的《全国人民代表大会常务委员会工作报告》，2008年3月8日。

④ 参见江平：《中国民法典制订的宏观思考》，载《法学》2002年第2期。

的相互关系。

二、处理民法典与单行法之间的关系的三种模式

针对现有的民商事法律，在民法典编纂过程中，是应该以现行法律为基础，采用汇编式的方式编纂法典，还是应该另起炉灶，制定一部体系化的民法典，这是我们首先需要回答的重要问题。对于法典与单行法的相互关系，学界存在三种不同的观点，这些观点直接决定了我国民法典的编纂思路。

第一种思路是单行法汇编的模式。此种观点认为，我国应当采取邦联的方式。所谓邦联，就是一种比较松散的、由相对独立的各个单行法律组成的民法典。我们应当先把各个单行法起草好，然后将单行法组合起来，从而形成民法典。① 此种观点认为，法典制定时间长、修改困难、对立法技术的要求高，这些都使得我们很难在短期内完成民法典的编纂，而制定单行法的方式可以满足我国迫切的现实需要。持这种观点的学者还"担心越庞大越无所不包的民法典越容易成为一部封闭型的民法典，阻碍社会经济的发展，以单行法形式来规制社会经济生活可以避免这一缺陷。"②

第二种思路是"总纲 + 单行法"的模式。此种观点认为，我国要实现民法形式的体系化，首先必须放弃民法典制定的计划，兼采大陆法确定性与英美法灵活性所长，制定《中国民商法律总纲》。该《总纲》是民商法领域的基本法，是总揽民商事法律全局的纲领性文件，是统帅和指导我国全部民商事活动法律规范的最高层次法律，其他所有单行民商事法律法规都应当以它为基准，各自就不同侧面、不同特定领域进行规定。③

第三种思路是"民法典 + 单行法"的模式。此种观点认为，我国必须制定一部民法典，同时又要以民事单行法为补充。民法典规定一般的、普遍的规则，而单行法规定特殊的、特定领域的规则。在民法典和单行法结合的基础上，构建完整的民事立法体系。

我们在前文已经比较了法典与单行法汇编的区别，民法典所具有的便利找法、资讯集中、规则明确、规则统一、价值统一、规范裁量等功能，都要求我们制定比较系统、全面、逻辑性强的民法典。其原因在于：

---

① 王卫国主编：《中国民法典论坛》（2002～2005），中国政法大学出版社 2006 年版，第 67 页。

② 江平：《制定一部开放型的民法典》，载《政法论坛》2003 年第 1 期。

③ 伍治良：《"总纲 + 单行法"模式：中国民法形式体系化之现实选择》，载张礼洪等主编：《民法法典化、解法典化和反法典化》，中国政法大学出版社 2008 年版，第 409 页；另参见余能斌、余立力：《制定"民商法律总纲"完善民商法律体系》，载《武汉大学学报》（社会科学版）2002 年第 6 期。

1. 单行法很难形成整体上的逻辑体系。法典作为体系化的产物，是"系统地、综合地、有机地编纂一个国家特定某个或几个法律领域的一般的和持久的法律规则"①。因此，法典可以形成一个法律制度的逻辑体系，其不仅使立法简洁明确，而且为法官适用法律和民众遵守法律带来了极大的方便。② 体系化方法可以合理地安排所要重述的内容，使民法的各项制度和规范各就各位，既不遗漏，也不重复。而单行法汇编难以避免各部法律的重复、遗漏和冲突。目前，在各自的领域内，各个单行法自成系统，没有统一的主线贯穿，恰似散落在口袋中的土豆，相互间不可能有自洽的逻辑关联，自然也无从形成合理的逻辑体系，我们也难以断言其中存在一般法与特殊法、普通法与特别法的关系。比如，在不动产法律方面，我们已经有不少的单行法，如《土地管理法》、《城市房地产管理法》、《物权法》、《农村土地承包法》等，在处理有关不动产纠纷时，究竟应适用哪部法律、应以何种顺序适用，均处于模糊状态，这是实践中难以解决的难题。

2. 单行法不具有形式的一致性。就形式层面而言，法典内部不同部分的条文之间在形式上不存在冲突、抵触和矛盾之处，整个法典构成一个和谐的整体。受制于单行法自身的特性，它们分别针对不同领域在不同时期的具体问题而制定，这种受制于时势和问题的导向，决定了单行法不可能通盘和全面地考虑问题，具有明显的局限性。比如说，《民法通则》第58条第6项规定，"经济合同违反国家指令性计划的"无效。这显然与我国现行的市场经济体制是不符的，而且，这样的规定也已经为其他法律所修改。由于单行法分别在不同时期制定，而社会发展肯定带来立法政策的改变，不同的单行法反映了不同的社会需要和立法政策，这样一来，单行法之间难免存在制度冲突和矛盾。我国民事立法的过程，也反映了这一点。举例而言，我国曾有合同法三足鼎立的局面，即《经济合同法》、《技术合同法》和《涉外经济合同法》，它们是在不同时期针对特定领域的合同问题而制定的，内容冲突之处很多。正基于此，后来我国颁行了统一的《合同法》。由于单行法不具有形式的一致性，所以某一单行法有关规则修改之后，也没有标出而且也难以标出其他的哪些法律应当修改，从而导致法官在法律适用中遇到极大的困难。也有部分法官采取各取所需的态度，按照个人的不同理解而自行选择所适用的法律，这样必然会损害法律适用的统一性。

3. 单行法不具有价值的统一性。法典追求价值的一致性，而单行法因为在不同时期制定，其反映的立法精神和法的价值有所不同，甚至一些单行法更注重贯彻国家宏观调控和管理的政策，不合理地限制了私法自治。这使得不同单行法

---

① Jean Louis Bergel, Principal Features and Methods of Codification, Louisiana Law Review, May, 1988, pp. 1077 – 1087.

② 参见［德］施瓦布：《民法导论》，郑冲译，法律出版社2006年版，第19页。

之间的界限泾渭分明，受制于不同的立法指导思想和规范目的，既可能导致同一用语在不同法律中有不同含义，也可能导致类似规则在不同的法律中采取不同的价值取向。特别应当注意的是，在我国立法实践中，诸多单行法由政府部门起草，由于我国缺乏科学的立法规划、程序和监督机制，这些政府部门往往为了各自的部门利益，在单行法中注入不应有的部门利益，而在全国人大通过法律的时候，受限于种种因素，这些不当的利益考虑并不能完全从法律中删除，结果导致有的单行法规定成为维护部门利益的工具，与民法体系化的价值要求完全背离。

4. 单行法往往自成体系，影响民法的体系化。民事立法的体系化，最终目的在于将整个民事法律制度进行整体化构造，使相互间形成有机的联系。从我国立法实践来看，单行法往往自成体系，通常有一般原则、具体规范，甚至有的单行法在颁布后，往往有行政法规、司法解释、行政规章加以配合和补充，更加深了其本身的微观系统结构，结果单行法相互之间的重复和矛盾，不利于法律适用，比如，《土地管理法》和《城市房地产管理法》均涉及城市土地的权属、转让、登记等问题，而这些问题完全可以通过《物权法》加以统一，但正如我们所见，分散的单行法立法现实使其难以统一，甚至许多用语概念都不统一。例如，《物权法》采用建设用地使用权概念，《土地管理法》采用土地使用权的提法。显然，如果不从根本上进行改造，可以肯定，单行法在今后对民法体系化的障碍将表现得更加明显。

采用"总纲+单行法"模式，也仍然难以实现民事法律规范的体系化。一方面，总纲只能就民法最核心的制度作简要规定，而无法将民法的基本制度作比较详细的规定。因此，它面临的最大问题就是，究竟如何确定总纲中要规定的制度，其区分的标准难以把握。另一方面，总纲不能将物权、债权等民事基本制度纳入其中，因此，其与民事单行法之间的关系难以厘清。尤其是此种模式不能有效整合单行法的规范，实现其规则的统一和价值统一，更不能消除单行法之间的冲突、矛盾，无法为法官裁判案件提供统一的依据。总体上说，"总纲+单行法"模式实际就是对民法典的否定，它不仅不利于我国法治的统一，而且不利于提升我国民事立法和法学研究的水平。

笔者认为，我国民事立法只能采取第三种模式，即"民法典+单行法"模式。"只要我们仍然应该研究'真正的法秩序'及其在思想上的渗透影响，就不能放弃体系思想。"① 采取此种模式，就是要采用体系化的方式来完成民法立法工作。当然，采用体系化的立法模式，并非意味着我们必须要采取"一步到位"的方式来颁行民法典，或者是在极短的时期内制定出系统、完整的民法典。事实

---

① ［德］卡尔·拉伦茨：《法学方法论》，陈爱娥译，商务印书馆 2005 年版，第 43 页。

上，此种"大跃进"式的立法方式，未必能保障立法的质量。就其具体制定步骤来看，我们仍然采取先制定单行法（即民法典各编），然后将其汇总起来编纂民法典的方式。但是，我们在制定单行法（即民法典各编）时，是以民法典体系构建为指导的，是以价值统一和规则统一为目标的。因此，最终形成的民法典并非各个单行法的简单汇集，而是体系性极强的民法规则的总和。

三、协调民法典和单行法关系的总体思路

在具体协调民法典与单行法关系时，必须按照民法典体系整合现行的单行法。如果我们完成了比较完善的民法典理论构建，我们就可以从这一体系出发，前瞻性地预见未来的立法需要，从而能动性地进行立法规划。在制定民法典的同时，也要综合运用立、改、废、释等方式。我们要及时修改现行的法律，使之与未来的民法典协调统一，发挥法律调整的整体功能。因此，我国在制定民法典的时候，对于既有的法律，如《民法通则》、《继承法》、《担保法》、《合同法》、《物权法》等，应加以修改和整合，同时，需要协调民法典和商事特别法的关系。民商合一不是意味着形式上的诸法合一，而是在民法典内部实现民法和商法内容的协调，所以，我国在制定民法典的同时，仍然要以特别法的形式在民法典之外制定或完善各种商事特别法，不能简单地将民商合一理解为民法典要将所有商事法规都包含在内。具体来说，协调民法典与民事单行法的关系应当从以下方面加以考虑：

1. 民法典是对各种民事活动的基本的、普遍适用的规则所作的规定。民法典规定的是市民社会生活中的基本规则，它在整个国家民事立法体系中属于最普通、最基础的民事立法，然而，社会生活是变动不居、纷繁复杂的，为此需要大量的单行法律来调整各种民事关系。但这些单行民事法律并不都需要纳入民法典，只有那些社会生活中普遍适用的、最基本的规则才应当由民法典加以规定，而那些技术性很强的，仅仅适用于个别的、局部性的民事关系的规则不应当由民法典规定，而应当由单行法来解决，例如物权法主要解决的是人们对财产进行占有、使用、收益、处分的关系，这是市场经济普遍适用的规则；而信托法仅仅调整的是信托关系，它不是普遍的关系，而是在特殊情形下产生的，它是物权法的特别规则。因此物权法应纳入民法典，信托法则应当作为民法典之外的单行法。

2. 民法典所确立的制度、规则应当保持较强的稳定性。民法典作为最高形式的成文法必须保持最大限度的稳定性，不能频繁地修改或者废除，这种稳定性正是民法典具有实现社会关系的稳定性以及人们在社会生活中的可预期性功能的基础。民法典中有些甚至是千百年来人类市场活动所共同遵循的规则的总结。至

于那些随着社会经济生活常常会发生改变的法律规则应当由民事特别法加以规定。民法典必须具有相对的稳定性，才可能具有权威性，体现其在法律体系中的基本地位。民法典中的制度和内容必须具有相当的根本性和原则性，其内容应当是相对成熟或具备相当可预见性的制度。民法典中不宜规定过多的技术性规范，也不宜规定过多的政策性的、易变的规范，否则将会导致民法典的频繁修改，有损民法典的权威性和稳定性。对于这些规定，立法应当通过制定单行法的方式作出规定。唯其如此，才能保障民法典的生命力。例如，关于登记制度的规定，笔者认为，关于登记的公示力与公信力这样的问题，应当由民法典加以规定，至于具体的登记程序，由于具有很强的技术性与变动性，完全可以由单行立法如不动产登记法加以规定。如果将各种适应社会经济文化的发展而不断变动的技术性很强的登记规则都纳入民法典，无疑会妨碍民法典内容的稳定性。

3. 民法典主要调整私法领域内的基本民事法律规则，至于处于公法与私法交叉地带的法律规则，例如劳动法、保险法、社会保障法等，由于其本身并非单纯的民事法律规则，而体现了较强的国家公权力干预的性质，所以应当制定单行立法。例如，德国的学者就将劳动法称为"特别私法"，其原因就在于，劳动法并非完全的纯粹的私法，劳动合同的订立也并非基于完全的合同自由，国家常常要作出许多的干预。如果将这些法律纳入法典之中，将会破坏体系的和谐性。[①]在我国法律体系中，社会法已经单独成为一个法律部门，因此应当将劳动法等法律纳入社会法范畴之中，而不必在民法典中进行规定。

4. 民法典主要规定实体的交易规则，并对与实体交易规则联系极为密切的程序问题作出原则性的规定，如不动产登记规则可以在物权法中作出一些原则性规定，但是那些具体的、技术性的和程序性的规范，应当由单行法加以规定。例如，知识产权法涉及有关专利、商标登记的具体程序规则就不应当在民法典中作出规定。这些程序虽然和知识产权的取得、权利的确认有密切的联系，但是和民法典的规则并不能完全兼容、协调。正因如此，笔者认为，知识产权法应当在民法典之外独立存在。

在我国民事立法中，通常将各种企业法（如外资企业法、合作企业法、个人独资企业法）等纳入民商法的范畴。从广义上讲，这些都属于民商法的组成部分，可以纳入民商法的范畴，将它们作为民法主体制度的组成部分，在法律适用上与民法中的主体制度形成了普通法和特别法的关系。但严格地说，这些法律自成体系，形成了自身特殊的领域。例如，独资企业法是基于无限责任原则而构建的，独资企业可以形成独立的主体。但显然，这些企业法不能都纳入民法典

---

① 参见许中缘：《论民法典与民事单行法律的关系》，载《法学》2006 年第 2 期。

中，只能在民法典之外单独存在，这是因为：（1）这些企业的管理、登记等具有独特性。（2）这些法律适应了特殊时期的要求，反映了特定的国家政策，且属于民事特别法的范畴，如果放到民法典中，将会影响到民法典的稳定性。此外，这些法律中除了包含民法规范之外，还包含了大量的公法性质的经济行政法规范，体现了调控和管理的色彩，与民法典的规范并不相同。

四、按照民法典体系整合既有的民事单行法

我国民法典制定既然采取分阶段、分步骤的方式，那么，现行的大量民事单行法（如《民法通则》、《合同法》、《物权法》）都实际上是民法典的重要组成部分。在我国民法典制定时，应当以体系化的方式整合现有的民事单行法。法制是一个长期性历史演进的结果，法律都是在发展中不断完善的。现行法律也是立法者不断总结实践经验和理论成果的产物，在相当程度上凝聚了众多法律人的智慧，不宜简单地加以摒弃。相反，我们应该对现行法进行深入的分析和总结，要继承其中的积极成果。从国外民法法典化的经验来看，也是采取这种做法。"新的诸法典提供了这样的机会，即取消特别法且将其纳入统一的法典中，并以此种方式使该统一的法典在内容上相互紧密衔接。"① 但强调从现行法出发，不等于说完全不进行创新。事实上，如果只是完全停留于现行立法，法典化就会退化为一个简单的法律汇编，无法制定一部真正的民法典。另外，现行法中存在诸多不完善的制度和规定，在制定民法典的过程中，必须对现行法进行全面的分析和总结，摒弃这些不合理或者落后的内容，而代之以新的内容。法典化必然要求创新，唯有创新才能实现法律的改革与发展，完全迁就现实不可能实现法律的现代化。因此，我国在制定民法典的时候，对于既有的法律，如《民法通则》、《继承法》、《担保法》、《合同法》、《物权法》等，如果能够纳入民法典，应当尽量纳入民法典，同时也要对现行的法律进行整合。具体来说，按照民法典体系整合既有的民事单行法，需要从以下几个方面加以考虑：

1. 关于民法典总则。笔者建议，应当对《民法通则》进行修改补充，将其改造为未来民法典的总则。《民法通则》虽然不是以法典形式颁布，但其调整的都是基本的民事制度。尤其是《民法通则》基本涵盖了所有民法典总则的内容，只不过基于现实需要在其中增加了部分民法分则的内容（如所有权、债权）。在某种意义上它的确发挥了民法典的部分功能，并且其大部分内容仍然适应我国的

---

① ［德］罗尔夫·克尼佩尔：《法律与历史》，朱岩译，法律出版社 2003 年版，第 298 页。

现实情况。因此，应该对其进行进一步的修改和整理，将其纳入民法典的相应部分。①

2. 对于《合同法》、《物权法》、《婚姻法》、《继承法》等民事法律，以及将要制定的"侵权责任法"，在制定民法典的时候，应当对其进行进一步完善和整合，在未来统一纳入民法典之中，分别形成民法典分则的各编。这是因为，民法法典化的制定本身是分阶段和分步骤进行，《合同法》、《物权法》的制定，也是制定民法典的战略安排，所以，在民法典制定之时，首先应当保持其体系完整性。例如，民法典制定之时，我们有必要制定债权总则，但债权总则的制定不应当影响《合同法》体系的完整性。从立法的现状来看，我国《合同法》的内容已经比较完备，该法的总则部分已经体系化，且内容非常充实。多年的适用已经证明，其是较为科学和合理的。为了尽可能地降低立法和司法成本，保持法律的安全性和稳定性，即使构建了债权总则，合同法总则不应当作大幅调整，原则上应当保持合同法总则既有的制度和规则。

虽然上述现行法律应当纳入民法典之中，但是，因民法典的制定是法典编纂的过程，强调体系化和逻辑性，所以，在最终完成民法典编纂之时，还应当对各部法律进行适当的修改，而不能简单地、原封不动地纳入。因为这些法律在制定时，重视每一个部分的体系性与完整性，但是可能忽略了各个部分之间的协调性与整体性。例如，《合同法》制定时，将代理、行纪等内容都规定在其中，忽略了与民法总则之间的协调。再如，《物权法》关于保护物权的请求权的规定中，既包括了物权请求权，也包括了侵权的请求权等，忽视了与侵权法的协调。这就有必要根据民法典体系进行整合。

3. 关于《担保法》的地位问题。《担保法》可以部分地纳入民法典。《物权法》第178条规定："担保法与本法的规定不一致的，适用本法。"《物权法》在颁布实施的同时，《担保法》仍然有效。因为《担保法》不仅包括了物的担保，而且也包括了人的担保，属于人的担保的内容本来属于债法的内容，但是《合同法》没有将保证的形式纳入其中，这就产生了法律上的难题，如果废止《担保法》，则会使《担保法》中保证的内容无所依从，这显然是不妥当的。根据《物权法》第178条的规定，在《物权法》通过之后，《担保法》继续仍然有效。但是，物权法与《担保法》的关系并不是普通法与特别法的关系，只是新法与旧法的关系。根据这一规定，凡是《担保法》与《物权法》不一致的，都应该适用《物权法》的内容。应当承认，《物权法》已经对《担保法》的诸多内容作了较大的修改与完善。《担保法》与《物权法》的内容不一致的，其内容当然

① 参见梁慧星：《为我国民法典而斗争》，法律出版社2002年版，第22页。

废止。因此，在将来制定我国民法典的时候，需要重新构建我国民法典的体系，按照民法典的体系，将既有的《担保法》的内容一分为二，将物的担保纳入《物权法》，而将人的担保纳入债权的范畴，然后废止《担保法》。鉴于担保物权的大部分内容已为《物权法》所替代，它只有部分条款尚在发挥作用，在未来，它只能部分地纳入民法典之中。

4. 关于《专利法》、《商标法》和《著作权法》是否应纳入民法典之中，在民法典起草时曾有过很大的争议。笔者认为，知识产权就其整体而言不宜完全纳入民法典之中，但是，为了保证民法权利的体系性，民法典可以规定知识产权的一般规则。有关知识产权的具体规定，应当在具体的单行法中进行规定。①

5. 关于《收养法》是否应当整体纳入民法典的问题。2002 年的民法典草案将现行的《收养法》搬入民法典，并作为民法典的一编。据此，有一些学者认为，这是对民法典体系的重大突破。笔者认为，《收养法》不宜整体纳入民法典。收养属于一种民事法律行为，其结果是在收养人、被收养人和相关自然人之间形成亲属关系。因此，收养制度应当作为亲属编的重要内容予以规定。② 将收养法作为民法典一编的做法，违背了民法典编纂中"法律关系为中心"的整体思路，因为收养制度是亲属制度的一部分，它不具有独立成编的理由。当然，民法典亲属编中规定收养制度的时候，并非要将我国现行《收养法》完全纳入其中，而是要将其中的程序性规则（如收养登记）排除在外，留待民事特别法来规定。这也符合我国民法典编纂中实体法与程序法分离的总体思路。

6. 关于《合伙企业法》是否纳入民法典问题。从民商合一的立法原则出发，宜将其纳入民法典之中。原因在于，民商合一的重要体现就是主体制度的统一，不宜在立法上区分"民事合伙"与"商事合伙"，造成它们分别适用不同的法律。合伙企业区分于一般民事合伙的标准，主要是目的具有营利性质。从民商合一的原则出发，不宜根据法律关系的有偿还是无偿或主体的身份的差别，而适用不同的法律。合伙企业法可以纳入民法典之中。但是，考虑到《合伙企业法》的内容庞杂，包含许多合伙企业设立和运行的程序性规则，不宜将其全部纳入民法典之中。民法典只应对此作出原则性的规定。

最后需要探讨的是，信托法是否应纳入民法典当中？信托制度在起源上显然是出自普通法，新近颁行的民法典（如《魁北克民法典》）规定了信托制度，据

---

① 参见吴汉东：《知识产权与民法典编纂》，载《中国法学》2003 年第 1 期。

② 参见龙翼飞：《关于民法草案中人格权法、婚姻法和继承法的立法思考》，载《法学杂志》2003 年第 3 期。

此，也有学者主张，我国民法典制定中，可以考虑将信托制度纳入其中。尤其是我国已经颁布了《信托法》，其内容已经比较完善，可以考虑整体纳入民法典。笔者认为，民法典不宜规定信托制度，主要原因在于：（1）大陆法系大部分国家在其民法典之中并未接纳这一制度，而规定这一制度的国家或地区也基本上是深受普通法影响的大陆法地区，例如魁北克。所以，从比较法的角度来看，民法典之中规定信托制度的做法并没有得到普遍的认可。（2）信托制度与大陆法的民法原理确实存在着不兼容之处。例如，信托所有权的构造（所谓双重所有权）与大陆法系的一物一权和所有权的排他性等原则，存在着抵触。（3）如果要将信托纳入民法典，究竟应该将其置于民法典中的哪一部分，也是法律上的难题。信托制度究其实质，是对财产的处分与利用的一种方式。从这个角度来看，可以考虑将信托置于物权编。但是，也有人主张，信托是典型的三方合同，具有三方当事人（委托人、受托人和受益人），应当置于合同之中。即便是将信托置于物权编之中，也存在着与物权其他内容的冲突。例如，前述的双重所有权与所有权的排他性的冲突，受托人所享有的处分权的性质也很难从传统物权的角度得到解释。[1] 所以，笔者认为，信托制度纳入民法典以后，将导致民法典体系的不和谐，引发法律解释和法律适用的困境，其只能通过民事特别法予以规定。

五、协调民法典与具有一定公法性质的单行法的关系

在我国众多的单行法中，存在着一类具有一定公法性质的单行法，例如，《城市房地产管理法》、《土地管理法》等。这些单行法具有如下特点：（1）其首先规范了民事关系，例如《土地管理法》中土地所有权制度、各种土地用益物权制度等，《城市房地产管理法》则涉及城市房地产的确认、转让等规则，这些在性质上仍然属于调整平等主体财产关系的民事法律规范。（2）这些法律同时包括了行政管理规范，例如，《城市房地产管理法》、《土地管理法》分别规定了政府对土地、房屋等不动产权利的取得、流转进行管理的规范，这些规范具有一定程度的公法性质。（3）设置了综合法律责任。这些法律除了规定相关主体的民事责任之外，还规定了行政责任和刑事责任。

在我国现阶段，社会主义市场经济体系虽然已经建立起来，但仍处于转型时期，政府在社会管理方面扮演着积极的角色，因此，这些具有一定公法性质的单行法应当与民法相互配合，形成调整社会生活的综合法律体系。单行法中

---

① 参见钟瑞栋：《信托财产权、信托法与民法典》，载《甘肃政法学院学报》2007 年第 2 期。

有关民事法律规范的内容，将和未来的民法典共同组成对相应社会经济生活进行调整的规范群。因为在许多社会生活领域，法律既在一定程度上需要发挥意思自治的功能，又要在一定程度上对于民事行为进行必要的管理和控制，尤其是涉及对土地及其他自然资源的利用，以及涉及环境保护等时，需要加强国家的必要管理和控制。可以预见的是，在我国今后相当长时间内，具有公法性质的单行法律仍然将会大量存在，并将会在社会经济生活中发挥较大的作用。为了既保持民法典的中心地位，又发挥单行法律的管理作用，我们必须协调好民法典与公法性质的单行法的关系。为此，我们应当注意以下几个方面的问题：

1. 单行法中的民事法律规范必须与民法典的相应规范保持一致。在这些单行法中，具有大量的民事规范，尽管民法典与这些单行法之间不存在上位法与下位法的关系，但是民法典是规范民事法律关系的基本法，是整个民事法律规范体系的核心，因此，即便是单行法中的民事法律规范，也应当与民法典所确立的价值和具体规范保持一致。例如，《土地管理法》、《城市房地产管理法》中有关不动产物权类型和内容的规定必须符合民法典的规定，不能超越民法典物权编确立的类型和内容。

2. 单行法中管理性规范不得损害基本的民事权利。在既有单行法中，确实存在着对民事权利不当干预的现象，例如，我们过去长期以来，将物权的公示看成一种行政管理的手段，而不是物权确认和变动的公示方法，这种观念严重损害了民事主体的意思自治。在《物权法》颁行之后，行政机关在制定大量的有关对动产、不动产进行管理的规则时，就必须充分尊重公民的基本物权，而不应当通过单行法来不合理地限制公民依据《物权法》所享有的基本财产权利。同时，民法典的颁行，也为具有公法性质的单行法的制定和修改提供了基本准则。

3. 单行法不能将民事责任行政化。例如，单行法中往往存在着"责令赔偿"等规范，这就是通过行政权力来强制解决当事人之间的民事责任关系。但是，民事主体之间的损害赔偿关系属于平等主体之间的责任关系，具有选择性、协商性和可放弃性等私法特征。如果改变民事责任的"私法"属性，就不符合民法典"私法自治"的基本要求。

尽管在今后相当长时间内，这些具有综合性质的单行法将继续存在，并在社会生活中发挥作用，但是，这些单行法中民事法律规范本身必须与民法典保持一致，而不能自成体系，成为独立于民法典之外的"微系统"，与整个民法典的体系发生冲突和矛盾。

第五节　我国立法应当采取民商合一的体例

一、我国立法模式采取民商合一的体例的理由

当前编纂民法典之际，我们必须要解决这样一个重大问题：究竟应当制定统一的调整所有民商事关系的民法典？还是应当在民法典之外单独制定商法典或商事通则？对此存在着三种不同的观点：

一是"制定统一民法典"说。此种观点认为，我国应当采纳民商合一体例，制定统一的民法典，以调整所有的民商事关系。但是，学者对于制定什么样的"统一民法典"又有不同看法。有学者认为，我国应当制定民法典，同时，针对商事活动制定商事特别法。也有学者认为，我国应当借鉴意大利的经验，将部分商事特别法纳入民法典之中。还有学者认为，我国制定的统一民法典，应当将所有的商事特别法纳入其中，使民法典成为超级大法。

二是"分别制定民法典和商法典"说。此种观点认为，我国应当采纳民商分立体例，分别制定民法典和商法典，在商法典部分尤其是要规定商法总则，统辖所有的商事法规，从而形成民法典和商法典并立的格局。

三是"制定单独的商事通则"说。① 此种观点认为，我国当前制定系统、完整商法典的时机并不成熟，而应当采用单行法的形式来制定商事特别法，同时，制定商事通则以解决商事一般规则和共同规则不足的问题。

上述三种观点都不无道理。选择何种立法体例，对于民法典的体系构建和制度设计具有重大影响。笔者认为，究竟选择何种模式，首先必须解决采取"民商分立"还是"民商合一"的模式，这实际上就是要采纳私法二元化还是私法一元化的体例②，是确定民商事立法体例的根本前提，也是我国民法典体系构建中迫切需要解决的重大课题。采取"民商分立"或"民商合一"的模式，对民法典体系的影响主要表现在：（1）用一部民法典来统一调整民商事关系，还是分别制定民法典和商法典来共同调整民商事关系，两种体例在法律的体系安排、规范内容等方面显然是不同的，尤其是对民法典总则以及合同法、物权法等法律

---

① 参见王保树：《商事通则：超越民商合一与民商分立》，载《法学研究》2005 年第 1 期。
② 参见任先行、周林彬：《比较商法导论》，北京大学出版社 2000 年版，第 69～74 页。

是否应该适用于传统商事关系具有实质性影响。（2）立法体例对于民法典中各项制度设计也有重大影响。例如，在采取民商合一的情况下，代理制度就不能分别规定为民事代理和商事代理两套规则，时效制度也不能分别规定为民事时效和商事时效两套规则，而应当建构统一的代理、时效制度。再如，就合同关系而言，如果采取民商合一体例，对一些有名合同，可以规定无偿合同，并可以规定当事人较低的注意义务、显失公平的规则等。同时，可以规定各种商事合同（如仓储合同、运输合同、行纪合同等），甚至可以将商事合同作为合同法规范的重要内容。此外，立法体例还涉及民法上的价值与商法上价值的统一问题。在民商合一体例之下，民法典要适用于所有商事关系，因此，它必须兼顾商法的价值，实现民法价值与商法价值的统一。例如，效率价值就应当成为民法典的重要价值之一。

笔者认为，立足于我国的国情，总结我国立法和司法经验，并借鉴外国的有益经验，我国应当采取民商合一的立法体例。采取民商合一体例，首先是因为民法和商法调整对象的同质性和所秉持的价值理念的统一性。所有的私法规范都是调整市场主体从事经济活动的法律规范，都以市场经济折射出的平等、自愿等理念为基础。其次，民法和商法在法律性质和属性上具有相同性。民法和商法在性质上都属于私法范畴，在调整对象上都是平等主体之间的财产关系和人身关系，所谓商事关系实际上是民事关系的组成部分。① 之所以在我国要实行民商合一体例，还存在着如下几点考虑：

1. 延续历史传统。在中国古代，商品经济不发达，且古代封建社会统治者一直实行"重农抑商"政策，从而在一定程度上影响了商品经济的发展。在历史上，商人也没有成为一个特殊的阶层，因而不存在商事习惯法的土壤。② 商人也没有形成一个特殊的阶层和特殊的利益，从而不需要特殊的保护。更何况，我国古代诸法合体、刑民不分，民商事规范并不发达，因而不存在民商合一或者民商分立的问题。自近代以来，在我国，商人没有形成一个独立的阶层，不存在一个专门适用于商人或者商事行为的特别法，也不存在一套解决商事纠纷的裁判规则、管辖机构和商事法官。由此，不存在法国或德国等国家那样独立的商事法律秩序。我国清末变法初期，立法者采取了民商分立的模式，但在民国时期，民商合一理论逐步占了上风。③ 国民党政府在制定民法典时，曾经就采纳民商合一还是民商分立体例有过长期的争论，最后形成了《"民商划一"提案报告书》，其

① 参见赵旭东：《商法的困惑与思考》，载《政法论坛》2002年第3期。
② 参见曾如柏：《商事法大纲》，第590~592页。转引自赵万一：《商法基本问题研究》，法律出版社2002年版，第109~110页。
③ 参见何勤华、魏琼主编：《西方商法史》，北京大学出版社2007年版，第350~351页。

中列举了8条支持民商合一的理由，这8条理由是：其一，因历史关系，认为应订民商统一法典也。其二，因社会之进步，认为应订民商统一法典也。其三，因世界交通，认为应订民商统一法典也。其四，因各国立法趋势，认为应订民商统一法典也。其五，因人民平等认为应订民商统一之法典也。人民在法律上本应平等，若因职业之异，或行为之不同，即于普通民法之外特订法典，不特职业之种类繁多，不能普及，且与平等之原则不合。其六，因编订标准，认为应订民商统一之法典也。我国如亦编订商法法典，则标准亦难确定也。其七，因编订体例，认为应订民商统一法典也。其八，因商法与民法之关系，认为应订民商统一法典。[①] 至此之后，我国民事立法采纳的是民商合一的体例。将商法总则中的经理人及代办商，商行为中的买卖、交互计算、行纪、仓库、运送及承揽运送等内容，一并订入民法债编中；不能合并的，另订单行法规。国民党政府在1929年公布民法典总则的同时，又公布了票据法、公司法、海商法、保险法等一系列单行法，作为民法典的特别法；1937年又公布了商业登记法。这些单行法相对于民法典而言，也可称为民事特别法。[②] 可见，旧中国立法基本上采用了民商合一的体例。

新中国成立以来，我国立法一直采纳的是民商合一的立法体制。自1954年以来，我们曾经数次草拟民法典，但由于种种原因，一直未能完成。由于立法机关一直没有承认商法这一部门，可以认为，我们采取的仍然是民商合一体例。自20世纪50年代以来的历次民法典制定活动，都是以民商合一作为其前提，中国立法机关从未考虑单独为商事法律制定一部商法典，或者为其建构一个独立的法律秩序框架。1986年4月12日，全国人大通过了《民法通则》，它是我国第一部调整民事关系的基本法律，是我国民事立法史上一个新的里程碑。它的颁布实施，是我国完善市场经济法制、建立正常的社会经济秩序的重大步骤。该法实际上采纳的就是民商合一体例。我国《民法通则》第2条明确规定："中华人民共和国民法调整平等主体的公民之间、法人之间、公民和法人之间的财产关系和人身关系。"依据该条，我国民法统一调整平等主体之间的财产关系，这就意味着《民法通则》并未根据主体或行为的性质来区分普通民事主体和商事主体，并在此基础上规定不同的行为规则，即我国民法不分民商事关系而统一调整平等主体之间的财产关系。在《民法通则》确定的体例下，商法是作为民法的特别法而存在的，并未与民法相分立。《民法通则》致力于构建一个民商统一的私法秩序：在主体制度中，并未区分民事法人和商事法人；《民法通则》和《合同法》

---

① 参见曾如柏：《商事法大纲》，第590～592页。转引自赵万一：《商法基本问题研究》，法律出版社2002年版，第109～110页。

② 参见史尚宽：《民法总论》，中国政法大学出版社2000年版，第63页。

确立的代理制度包括民事代理（直接）和商事（间接）代理；在法律行为制度中，不存在所谓民事行为和商事行为；合同制度中也不存在民事合同和商事合同的区分。根据立法机关的观点，目前我国社会主义法律体系主要由七个部门组成，即宪法与宪法相关法，民法商法，行政法，经济法，社会法，刑法，诉讼与非诉讼程序法。① 可见，在我国法律体系中，并没有承认独立的商法部门。

2. 促进规则的统一性。我国实行社会主义市场经济体制。一方面，市场经济就意味着必须构建统一、开放的市场，这就必然要求交易规则的统一，只有规则统一，才能降低交易成本、节省交易费用，使交易更为迅捷。交易规则实际上就是民商法规则，规则的统一就意味着民商法规则的统一。另一方面，我国民法作为调整市场经济关系的基本法，是每天重复发生的、纷繁复杂的交易在法律上的反映，是市场经济的普遍的一般的规则。商事法规不过是民法原则在具体领域中的体现，是民法规则在某些经济活动中的具体化。② 在市场经济高度发达的今天，各类交易主体都在同样的行为规则和市场规则下进行活动，传统的商事行为与民事行为的界限已经和正在消失。③ 如果实行民商分立，就必须区分所谓商人和非商人，并适用不同的规则，这未必符合市场经济的需要。因为市场经济要求保障所有市场主体的平等法律地位和发展权利。市场经济天然要求平等，因为交易本身就是以平等为前提、以平等为基础。而且现代社会是一个民法商法化的社会④，否认了平等保护，就等于否定了交易当事人的平等地位，否认了市场经济的性质。任何企业，无论公私和大小，都必须在同一起跑线上平等竞争，适用同等的法律规则，并承担同样的责任。这样才能真正促进市场经济的发展。可见，按照市场经济的客观要求，我们不能够从身份上区分商人和非商人，从而实行不平等对待，所以应当建立民商合一体例。

3. 促进体系的完整性。史尚宽先生曾经指出："可知商法应规定之事项，原无一定范围。而划为独立之法典，亦只能自取烦恼。"⑤ 这实际上表明民商分立难以建立完整的体系，而民商合一的体系更有助于构建一个完整的、富有逻辑性的私法体系。一方面，民商合一在保持民法典体系化的抽象性和概括性的同时，有助于实现私法规则的简约化。在民商合一的体例下，民法和商法法规之间是普通法与特别法、基本法与补充基本法的单行法规之间的关系，商事法规不过是依附于民法的单行法规。因此在这种体制下，只需要制定一部民法典，而无须在民

---

① 参见中华人民共和国国务院新闻办公室：《中国的法治建设》，北京外文出版社 2008 年版，第 12 页。

② 参见梁慧星：《制定民法典的设想》，载《现代法学》2001 年第 2 期。

③ 参见赵旭东：《商法的困惑与思考》，载《商法论文选粹》，中国法制出版社 2004 年版，第 21 页。

④ 参见［英］施米托夫：《国际贸易法文选》，中国大百科全书出版社 1993 年版，第 113 页。

⑤ 史尚宽：《民法总论》，中国政法大学出版社 2000 年版，第 62 页。

法典之外另行制定商法典，尤其是无须制定商法总则，这就使得法律规则大大简化，实现了立法的简约。而民商分立体例必然容易造成法律规则的重复，甚至矛盾现象。在民商合一的框架下，有特别法规定的，适用特别法，特别法没有规定的，就适用民法典的一般规定，这样就可以保证法律适用的层次性与简明性。① 另一方面，民商合一有利于法律的适用、执行与遵守。在民商合一体例下，民事活动和商事活动原则上要适用共同的规则，这对法官寻找法律依据、适用法律提供了体系化的文本和依据。例如，民法典对法人制度作出了原则规定，那么，对于相关部分，公司法就只需要简单规定公司具有法人资格，至于公司如何取得法人资格、享有何种权利能力和行为能力，都可以适用民法典的规定，公司法中就不必再对此作出规定。②

4. 保障裁判的公正性。司法规则在很大程度上是为裁判提供适用的法律依据的，而就保障法官正确适用法律、公正处理纠纷而言，较之于民商分立体例，民商合一体例的优越性更为明显。一方面，在民商合一的体例下，民法和商事特别法构成了完整的体系，在这一体系内部，又存在特别法与一般法之间的内在联系。在适用法律时，民商合一为法官适用法律提供了很大的方便，例如，法官可以按照特别法优先于普通法的规则来适用法律、解决纠纷。相反，民商分立体例则造成了私法的繁杂，人为地形成两套法律制度。针对同一种交易行为，发生纠纷以后，法官要考虑是否是商人参与，或者要考虑是否具有营利性，这必然给法官适用法律带来极大的困难，而且也会影响法律的安定性和法律的权威。③另一方面，在民商分立体例之下，就必然要区分商人和非商人、商事行为和民事行为，法官在适用法律的过程中也必然要进行相应的区分。但是此种区分标准是十分模糊的，在发生纠纷以后，能否做到对所有的主体都给予同等的对待，对其进行平等保护，是不无疑问的。

二、是否有必要制定商事通则

近年来，我国不少学者呼吁在民法典之外制定独立的商事通则。按照这些学者的观点，所谓商事通则就是指调整商事关系的一般性规则。④ 商事通则作为商法的总则，应当包括商事活动原则；商事权利，包括商业名称、商业信用、商业秘密等；商事主体以及商事企业的基本形式、关联企业、连锁企业等；商业账

① 参见赵转：《由民法法典化进程展望中国民法典的制定》，载《当代法学》2002年第10期。
②③ 参见李永军：《论商法的传统与理性基础》，载《法制与社会发展》2002年第6期。
④ 参见王保树：《商事通则：超越民商合一与民商分立》，载《法学研究》2005年第1期。

131

簿；商事行为；商业代理（包括内部经理人代理以及外部各种销售代理，如独家代理）等内容。① 这些学者认为，之所以要制定一部商事通则，主要是为了弥补单行商事规则的缺漏，促使商事特别法（如公司法、证券法等）形成统一的体系。当然，这是以承认商法的相对独立性，希望使之成为一个有特定的规范对象和适用范围的法律体系与法律部门为基础的。②

诚然，制定商事通则的观点注意到了某些商事规则的特殊性，也看到了商事特别法可能不能完全规范所有商事领域的弊端，因此积极主张商事特别法的体系化。相对于制定大而全的商法典而言，这种模式更为简便易行。在我国存在大量商事单行法的现实面前，这样的见解值得肯定。但是，笔者对制定商事通则的可行性仍然持怀疑态度。从内容上来说，商事通则究竟规定哪些内容，并与民法典相区分，对此，我们不无疑问。其原因在于：

1. 商事通则难以提出周延的法律概念。从商事通则的总则来看，其主要规定抽象的商行为及其构成要素、特征和法律后果。③ 然而，抽象的商行为，究竟如何定义，且在性质上是否为法律行为，是否以意思表示为构成要素，如何产生特定的法律效果，与民法的法律行为如何区分？这些都是立法上和司法实践中一直没有厘清的问题。有学者认为，我国存在着诸如合同、代理、证券交易、期货买卖、营业信托、商业票据、商业银行、商业保险、海商等方面的法律，所以可以认为我国已经建立了"具体商行为"制度。④ 但是，"商业活动丰富多彩，商行为的表现形式复杂多样"⑤，商事通则很难从这些具体的商行为中抽象出商行为的一般规则，即便是一些学者总结出的一些关于商行为的特征，也不周延，且没有超出民事法律行为概念和特征的基本范畴。

2. 制定商事通则难以概括出商事特别法的共同规则。不可否认，商事特别法会有一些共同规则，例如关于主体制度和代理制度的规定，事实上，这些规则都已经在民法总则中抽象出来，并不需要再制定商事通则进行抽象。相对于民法而言，商法的许多特殊规则缺乏抽象性和概括性，各个商事特别法都是针对商事领域中的特殊问题作出的具体规定，其个性远远大于共性，很难用一般的通则规定出来。例如，深圳市人大制定的《深圳经济特区商事条例（2004 年）》专门用一章规定了"商业账簿"，这些规则在公司法中尚有较大的适用余地，但是在票据法、保险法和海商法中，则很难适用。再如，要制定一个商事通则，势必

---

① 参见江平：《中国民法典制订的宏观思考》，载《法学》2002 年第 2 期。

② 参见石少侠：《我国应实行实质商法主义的民商分立——兼论我国的商事立法模式》，载《法制与社会发展》2003 年第 5 期。

③④ 参见范健：《论我国商事立法的体系化》，载《清华法学》2008 年第 4 期。

⑤ 范健：《论我国商事立法的体系化》，载《清华法学》2008 年第 4 期。

要规定所谓商主体的设立规则和运行制度，但是，不同企业的设立条件和运作模式存在巨大的差异，要想抽象出统一的规则是十分困难的。这只能留给公司法、合伙企业法等商事特别法去分别规定。因此，所谓商事通则同样存在过于抽象而难以完全指导每一个商事领域的问题。如保险、证券、海商等具有自己特殊的规范，在这种情况下，无法归纳出商事领域的一般通则。[1] 诚如有学者指出，主张用独立的商法典或者商事通则来解决我国商事规范存在形式的设想缺乏现实性。[2]

3. 商事通则的制定将徒增法律间的重复与矛盾。从具体制度来看，商事通则主要是对商誉、商事登记、商业账簿、商业秘密、连锁店等进行规定。但事实上，我国《民法通则》和《公司法》、《合伙企业法》等民事特别法律已经对这些内容作出了详尽的规定。例如《民法通则》关于法人人格权的规定可以适用于商誉，《反不正当竞争法》等对于商业秘密作出了规定，《会计法》等对于商业账簿也有规定。需要指出的是，在《深圳经济特区商事条例（2004 年）》等地方性法规出台之后，《公司法》、《合伙企业法》等特别法中关于商事登记的规范仍然存在且还是相关问题的主要法律依据，因此，商事通则的制定将徒增法律条文的重复和法律适用的困难。即使现行法律对这些领域没有直接和专门的规定，也可以类推适用民法的相关规则，或者援引民法的相关规则，或者对既有民法规则进行解释以适用于这些领域。

4. 商事通则的颁行，难以厘清其与《民法通则》和未来民法典的关系。商事通则与未来的民法典究竟是什么关系，商事法规是否适用以及如何适用民法总则，又成为一个新的问题。例如，关于代理的规则究竟应适用《民法通则》还是商事通则。尤其是商事通则中的大量内容必将与现行民法特别是未来民法典中的制度重复。例如，《深圳经济特区商事条例（2004 年）》第 51 条规定："代理商是固定或持续地接受委托，代理其他商人或促成与其他商人进行交易的独立商人。"第 52 条规定："代理商在代理其他商人或促成与其他商人交易时，必须首先与委托人订立代理合同，否则其行为适用民事法律的有关规定。"根据这两条规定，代理分为民事代理和商事代理，"与委托人订立代理合同"成为区分两者的主要标准，这也就是说，如果订立了代理合同，则不适用《民法通则》的规定，那么该条例何来排除适用《民法通则》关于代理规定的权力？如果没有订立代理合同，则商人的代理要适用民事法律，这种区分显然缺乏实质意义。即使商事通则中规定了商事主体制度，它仍然要适用民法总则中法人制度的规定。此

---

① 参见张加文：《我国制定民法典应坚持民商合一》，载《山西省政法管理干部学院学报》2001 年第 3 期。

② 参见余能斌、程淑娟：《我国"民商合一"立法借鉴的新选择》，载《当代法学》2006 年第 1 期。

外，在我国民法部门法中，已经出现了大量的民商合一的立法，如合同法的行纪与间接代理，物权法担保物权中的一般留置权与商事留置权，已经考虑到一些商事特别法的特殊性，因此，没有必要制定一个商法通则。

5. 民法的"商法化"可以解决商事通则中需要解决的主要问题。在民法已经商法化的情况下，商事通则中体现的特殊性通过普通民事立法中的例外规定即可解决。民法中所讲的"人"，范围广泛，包容性极强，既可以是商人，也可以是非商人。至于商法所体现的一些特殊价值，如便捷性和强行性等特征，民法可以吸纳这些原则，或者在具体制度的构造中设置例外规则为它们留下空间，或者在民法典的具体制度中尽量吸纳这些原则。无论如何，商事特别法的一些特殊规则不能上升到与民法基本原则等同的地位。如果制定商事通则，就意味着在民法典之外还存在着一个统领各种商事单行法的一个商法总则，这实际上就会形成一个在商事通则统领下包括各种商事单行法的独立的商法体系，从而事实上形成一个独立于民法的商法部分，导致实质的民商分立。如果采纳民商合一体例，就没有必要在民法典之外通过商事通则而建立一个商法体系。事实上，在没有商事总则的情况下，尽管存在单行的商事法规的汇编，但其仍然要受民法典总则的规制，此时，商事单行法只是作为民法典的特别法而存在。

6. 商事通则的颁行将造成法律适用的困难。在制定商事通则之后，商事通则与民法典的适用先后顺序并不清楚，这可能会给法官适用法律带来一定的困难。我国长期以来采取的是民商合一的体例，自《民法通则》颁布以来，法官已经习惯于适用民法总则中的法律行为、时效等制度来处理纠纷。如果遇到特殊情形，才查阅商事法律中的相关规定。因而制定商事通则后，究竟应当如何选择适用法律则会遇到问题，这也会徒增司法成本，尤其是，在民法典之外制定单独的商事通则，再单独规定法律行为、代理等制度，就会形成两套制度，这会给法官适用法律带来不必要的麻烦。[①] 如果同时存在民法总则和商事通则，会打乱整个立法规划和体系，也会给司法实践中法官对法律渊源的选择带来不必要的麻烦。

诚然，我国于1986年制定了《民法通则》，但今天整个经济生活和立法现状已经发生了巨大变化，仿造《民法通则》制定"商事通则"的条件已经不再具备。在《民法通则》制定之前，我国民事立法刚刚起步，有关民事活动的基本法律规则尚没有制定，且改革开放和经济发展急需制定一些基本的民事法律规范，《民法通则》正是在这种背景下诞生的。从当时的情况来看，不立即制定合同法、物权法等民事部门法而制定《民法通则》，也是当时立法的最佳选择，从

---

① 参见王玫黎：《通则上的民商合一与各商事单行法独立并行》，载《政治与法律》2006年第3期。

某种意义上讲是一种临时应对措施。但是，经过二十多年的立法发展，我国民商事立法已经取得了巨大进展，《公司法》、《证券法》、《破产法》、《票据法》、《信托法》等传统商事法律都已经出台，民商事活动的基本规则基本齐备。因此，没有必要再按照《民法通则》模式制定一部"商事通则"。而且在民法典完成之后，整个民商事立法的体系化工作已经完成，因此，也没有必要专门为了部分商事立法的体系化而制定"商事通则"。

综上所述，从我国现行立法经验和现实需要来看，制定商事通则的条件尚不成熟。在比较法上，从 20 世纪之后的民事立法中，还没有哪个国家制定一般的商事通则。[①] 而仅仅是在一些特殊的民法领域，如合同法中制定了具体领域通则，例如国际统一私法协会在 20 世纪 90 年代制定了《国际商事合同通则》。而商事通则的功能，完全可以通过合同法和法律行为制度等来解决，没有必要为此而制定商事通则。德国的债法修改以及日本正在修改的债法，都采纳"经营者"的概念，实际上也是试图解决这一问题。

三、民商合一体例对我国民法典制度构建的影响

（一）用统一的民法典总则，统辖各种商事特别法

民商合一体例的核心就在于，强调民法典总则统一适用于所有民商事关系，统辖商事特别法。既然我国采用民商合一体例，而"商法的总则总是蕴涵在民法之中"[②]，那么在很大程度上这就意味着民法典的总则部分能够适用于商事特别法，从而需要极大地充实和完善民法典总则的内容，使其能够统辖民事活动和传统商事活动。我们不宜制订商事通则，作为统辖各商事法律的一般总则[③]，但需要通过完善的民法典总则来涵盖传统商法的内容。

之所以强调民法总则对商事特别法的指导意义，主要原因在于：（1）只有通过民法总则的指导，才能使各种商事特别法与民法典共同构成统一的民商法体系。而民法总则是对民法典各组成部分的高度抽象，因而也是对商法规范的高度抽象。诸如权利能力、行为能力、意思自治原则、诚实信用原则、公平原则和等价有偿原则等，均应无一例外地适用于商事活动。[④]（2）正是有了民法总则的指

① 参见王玫黎：《通则上的民商合一与各商事单行法独立并行》，载《政治与法律》2006 年第 3 期。
② 赵中孚主编：《商法总论》，中国人民大学出版社 1999 年版，第 6 页。
③ 参见魏振瀛：《中国的民事立法与法典化》，载《中外法学》1995 年第 3 期。
④ 参见赵中孚主编：《商法总论》，中国人民大学出版社 1999 年版，第 7 页。

导，商事法规就不需要制订自己的总则。事实上，民法典对商法的指导，大量地是通过民法总则来实现的。有了民法总则，才能使商事法规的规定有所依据。仅有商事特别法，而无民法总则，就会显得杂乱无章、有目无纲，不利于立法的系统化。而且，商事特别法的规定无论如何详尽，仍不免挂一漏万，在法律调整上留下许多空白。例如，民法的主体制度是对商品经济活动的主体资格的一般规定，公司不过是民法中典型的法人形式。对公司法律地位的确认、公司的权利能力和行为能力、公司的财产责任以及公司的监管等，都不过是法人制度的具体化。① 此外，所有这些商事法规都要适用民事责任制度，特别是民法典中的侵权责任制度。（3）民法总则是更为抽象和一般的规定，因此，即便是在商事特别法存在法律漏洞的情况下，法官仍可以根据民法总则的相关规定加以解释或者创造新的商事法律规则，弥补法律漏洞。

（二）民商合一体例与民法典分则制度

坚持民商合一体例，必然要求在分则中包括统一适用于民事活动和商事活动的基本规则，这就意味着，我国未来民法典的分则，不仅可以包括部分商事制度，而且应当发挥对商事特别法的统辖作用。一方面，民法典分则制度应当将部分商事制度纳入其中。例如，我国现行《合同法》是按照民商合一体例来构建的，这也是我国《合同法》的特色所在。合同法总则普遍适用于各种民事合同和商事合同。再如，《物权法》规定的动产浮动抵押、商事留置权等，实际上就属于传统商法的内容。另一方面，民法典分则的内容可以直接适用到商事特别法中去。例如，未来民法典债权总则的内容可以沟通债法和商事特别法的联系，适用于企业作为民事主体产生的债权债务关系。债权制度的确立沟通了票据法、破产法、保险法等民事特别法对民法典的依存关系，并为这些民事特别法确立了适用的一般准则。

就民法典分则而言，民商合一体例将会对财产法产生重大影响。因为人格权法和身份法一般不涉及交易关系，因而一般不受民商合一体例的影响。就财产法来说，采取民商合一体例，有必要根据民法典所确立的物权和债权制度来统一调整各种物权关系和债权关系。笔者认为，物权法、债与合同法是整个市场经济的基本交易规则，相对于商事特别法而言，也是商事交易的基本规则，应当可以适用于商事交易。即使是就侵权责任法而言，也要考虑民商合一体例的要求。在侵权责任法独立成编之后，侵权责任法也应当成为适用于商事领域的一般法，具体

---

① 参见王保树：《商事法的理念与理念上的商事法》，载王保树主编：《商事法论集》，法律出版社1997年版，第8页。

来说：一方面，侵权责任法是普遍适用于所有私法领域的。除非商事特别法另有规定，商事侵权的一般规则应适用民事侵权法的基本规定，包括归责原则、构成要件等。另一方面，侵权责任法中应当就商事领域的特殊侵权作出规定，如侵害商业秘密、违反信息披露、违反不正当竞争法等的侵权责任。不过，我们在构建侵权责任法时，也应当注重侵权责任法与商事特别法中关于商事侵权的特别规范的协调问题。侵权责任法不能取代商事特别法的规定，例如，在公司法中，就可以针对董事违反忠诚义务的侵权责任作出特殊规定。此外，虽然商事特别法中对于特殊侵权的规定仍然是侵权责任法中一般原理的具体化，但它实际上是针对商事领域的特殊情事所作的规定，可以起到辅助侵权责任法的作用。

四、坚持民商合一的体例，各项商事特别法不宜纳入民法典中

从比较法的角度来看，部分采民商合一体例的国家在民法典中规定了商事特别法的内容。例如，《意大利民法典》将公司法等商事特别法纳入了民法典，《魁北克民法典》将信托法纳入其中。虽然这种模式具有形式上的创新，但笔者认为，民商合一体例并不意味着将所有商事特别法的内容纳入民法典中，因为民商合一体例所注重的是民法对商法的适用性和指导性。强调两者之间的内在联系性，并不是说一定要制定无所不包的民法典。主要理由在于：

1. 从立法体制上来看，民商合一是指不需要制定一部独立的商法典，并不是说要制定一部包罗万象的民法典。我们不能认为可以用一部民法典来包括所有的商事特别规范。[①] 在比较法上，即便是采取民商合一立法体例的国家，大多只是将商法的部分内容或者制度纳入民法典，而不是将所有的商事法规范都纳入其中。即使个别国家的民法典，如《意大利民法典》规定了公司法等制度，这种模式的科学性仍然受到不少学者的质疑或批评。所以，采用民商合一体例，只是意味着要制定一部民法典，规定传统民法领域的内容，不需另行制定商法典。对属于传统和现代商事法律的内容，仍然应当以另行制定单行法的方式加以规定。[②]

2. 民法典的逻辑体系决定了民法典无法将各商事特别法统一规定。从立法技术上来看，因为民法典具有自己内在的逻辑体系，其体系固然具有一定的开放性，但也具有一定程度的自洽性。民法典的体系，是按照民事法律关系理论或者说民事权利来构造的，其总则中对权利主体、权利变动最主要的原因（法律行

---

① 参见王泽鉴：《民法总则》，中国政法大学出版社 2001 年版，第 17 页。

② 参见任尔昕、石旭雯：《商法理论探索与制度创新》，法律出版社 2005 年版，第 176 页。

为、代理)、权利保护等进行规定,分则则对权利的客体、内容以及引起权利变动的法律事实进行了详细的规定。而商法则不是按照这种逻辑构建的。严格地讲,商事特别法是以特定商事领域为规范对象制定的。商事特别法中的各项制度,往往是民法典中各项制度在某一领域中的具体体现。如果将其置于总则,则因其过于具体,与总则的抽象性不符;如果将其置于分则,由于其并非某类具体的权利类型或者救济规则,与人格权、物权、债权和侵权法等关于权利客体的法律无法协调。如果将商事法规引入民法典,究竟是应纳入总则,还是应纳入分则,还是置于分则的哪一部分,顺序如何确定,这些都成为难题。许多商法规定即使在民商合一体例下,也无法纳入民法典之中。① 民法典是一个体系结构,不是法规汇编,如果将商事法规都纳入民法典之中,不仅会造成民法体系的不和谐,而且将使民法典变成一个无所不包、体系混乱的法规汇编。这样,民法典也就失去了作为法典的意义。② 从民法典体系的高度来考察,民法典总则适用于所有的商事特别法,但这些商事法规不必汇编到民法典中,它们不是民法典的分则,而是作为民法的特别法而存在。所以,关于商事活动的一些特殊要求,需要在未来的特别法中予以规定。③

3. 商事法律规范的一些固有属性决定了我们不能将其直接纳入民法典之中。这具体表现在:(1) 商事法律规范的复合性。所谓复合性,就是指商法规范包含了大量公法性规范,尤其是关于企业等民事主体的设立、主体治理结构或运作方式等内容,其在不同的企业中是不同的,这些规范很难与民法典的内容相兼容。尤其是这些规范体现了国家干预的特点,且大多表现为强行法规范。例如,公司法关于上市公司设立的条件,证券法关于债权发行、股票上市交易的条件,票据法关于出票人条件的规定等,这些规则体现了国家干预的特点。由于民法只能以私法规范为主,且主要具有任意法的特点,如果将商法规范强行纳入民法典之中,也与民法典的私法性不符。④ 但是,在商事法律规范中还有相当一部分属于私法规范,尤其是关于主体财产归属关系和交易关系的法律规范,仍属于民事法律规范。(2) 商事法律规范的技术性。从法典规范的特点来看,商法规范大多具有较强的技术性,这些技术性规范主要针对交易前的一些具体问题(如投票等作出交易决定的规则),具有很强的针对性,且大量的是程序性规范。例如,公司的登记规则、董事会的议事规则等规范。而民法规范大多是比较概括性的、抽象性的规范,民法的规范更多的是实体规范,而商法的规范更多的是程

---

① 参见范健:《论我国商事立法的体系化》,载《清华法学》2008 年第 4 期。
② 参见魏振瀛:《中国的民事立法与法典化》,载《中外法学》1995 年第 3 期。
③ 参见叶林、黎建飞:《商法学原理与案例教程》,中国人民大学出版社 2007 年版,第 47 页。
④ 参见刘凯湘:《论商法的性质、依据与特征》,载《现代法学》1997 年第 5 期。

序规范，如果商事法律规范纳入民法典，将使得规范不能兼容。① （3）商事法律规范的变动性。由于商事法律规范技术性规范比较多、实践性强，所以其变化也比较快，将它们纳入民法典，也不利于民法典的稳定。在我国这样一个转型的社会中，商事法律的变化非常频繁。商事特别法应随着社会经济发展的变动而作相应的调整与变动。而民法典的修改程序相对严格，如果将其纳入民法典当中，必然导致商事特别法丧失其灵活性，而制定单行法的形式可以使其不断适应社会的发展演变。② 例如，公司法会随着新的公司类型或其他问题而不断修改，如果将其作为商事特别法，那么其修改程序相对简易；而如果公司法被纳入民法典当中，就很难在短期内对其进行修改。③ （4）商事法律规范的特别法属性。所谓特别法属性，是指就民法和商法的关系而言，商法是作为民法的特别法而存在的。在商事特别法单独制定之后，其与民法典之间是特别法与普通法的关系，按照特别法优先于普通法的原则，应优先适用商事特别法。例如就法人问题而言，首先应当适用公司法，如果公司法中没有相应的条款可供适用的话，应当适用民法的法人制度。

因此，未来民法典不宜包括商事特别法，我们也不能简单地将民商合一理解为民法典要将所有商事法规都包含在内。"观念上的民商合一论则并不强求法典意义上的合一，对传统的民法表现出更多的尊重，对传统的商法表现出相当的宽容，对法典意义上的合一表现出务实的理性，只是主张在观念上应将一切单行的商事法都视为民法的特别法，并不刻意追求民法对商法内容的包容"。④

总之，我国民法典体系的构建应当在民商合一体例下进行。无论是民法典的基本价值、民法典制度的具体构建，还是商事特别法的制定，都必须以该体例为背景进行设计。这一体例不仅有助于实现民法典的体系化，而且有助于实现整个私法的体系化。

第六节　以法律关系为中心构建民法典的体系

民法典体系的构建是一个庞大的工程，不仅仅涉及概念的确定和规则的设计，还包括价值理念的梳理和制度之间的逻辑安排，以及整个体系的逻辑建构。

---

① 参见刘凯湘：《论商法的性质、依据与特征》，载《现代法学》1997年第5期。
② 参见张民安等：《论中国民法的法典化》，载张礼洪等主编：《民法法典化、解法典化和反法典化》，中国政法大学出版社2008年版，第17页。
③ 参见徐学鹿：《论我国商法的现代化》，载《山东法学》1999年第2期。
④ 石少侠：《我国应实行实质商法主义的民商分立——兼论我国的商事立法模式》，载《法制与社会发展》2003年第5期。

在具体构建工作中，我们应当首先立足于我国实际，总结多年来法制建设的经验，广泛借鉴两大法系特别是大陆法系的先进经验，在体系上追求逻辑性和严谨性，追求价值的统一性和一贯性，实现科学性与完备性的结合，实现私法规则的统一性，保持稳定性和开放性之间的平衡，从而制定一部立足实践、面向未来的科学的民法典。

一、关于民法典体系的"中心轴"的几种学说

民法典体系是各项制度和规范的逻辑统一。此种逻辑性表现在形式上是多方面的，但就其内在体系而言，应当存在着某种"中心轴"，围绕着这条"中心轴"，民法典的体系得以逻辑地展开各项具体制度和规范。这根"中心轴"的作用在于贯穿和统辖民法典各项制度，但它又与其他价值体系有所不同，因为价值体系处于民法典的精神和理念层面；"中心轴"虽然也具有抽象性，但是它的主要意义在于为民法典具体制度的逻辑展开提供一个基础。正是基于这条"中心轴"，民法典体系本身才具有逻辑性，易于为人们所把握。这就如同一台庞大车床的运转，其所有的部件与组成部分才能围绕着这根"中心轴"转动并发挥相应的功效。只要有这条"中心轴"存在，那么无论民法典的外在表现形式如何，它都会使得这些制度相互契合，形散而神不散。构建民法典的体系，在很大程度上就需要去把握好这条"中心轴"。所以，我们探讨民法典的体系就必须找到民法典的这条"中心轴"。找到了它就意味着我们找到了构建民法典体系的一把钥匙。

关于构建民法典的"中心轴"究竟是什么，理论上存在不同的看法。

（一）意思表示说

意思表示说认为，民法典应当以意思表示作为自己的"中心轴"。例如，萨维尼认为，主体应当通过意思表示创设法律关系以及伴随法律关系的主观权利，通过意思表示的力量，个体的意志在其统治领域进行统治。所以，应该以意思表示作为构建民法体系的基本要素。[1] 温德沙伊德从萨维尼的自由意志民事权利体系出发，认为意志自由和意思表示，已经一劳永逸地确定了"私法的任务"[2]，而意志自由分别体现在民法的各项制度之中。他认为，权利的定义是两种主观权利的结合，即权利是某种由法律秩序所赋予的意思力或意思支配；同时，权利的

---

① 参见杨振山、王洪亮：《继受法律的理性科学化》，载《比较法研究》2004年第1期。

② Bernhard Windscheid, Lehrbuch des Pandektenrechts, Bd I, 8 Aufl. 1900.

概念并不包括法律的强制在内。① 在总则中，法律行为是旨在引起法律效果的私人意志表示。② 在合同制度中，当事人的意思表示受到法律的尊重并具有法律效力。③ 物权实际上是一种意思支配。④ 在人身权制度中，意志是对于单个法律抽象的人的某种行为的权利。⑤ 即使就侵权损害赔偿责任而言，归责的前提仍然是"一个事件或一个后果可以以某种方式归结于法律抽象的人的意志"，所以，在温德沙伊德看来，意思表示和意思自治贯穿于民法的各个领域和环节，整个民法典应当以意思表示和意思自治为核心加以构建。这一思想对大陆法系很多学者产生了重要影响。王泽鉴教授也认为我国民法体系应当贯彻意思理论。分则中债权、物权、亲属与继承各编都要体现意思理论。而侵权行为关系因为不是出于意思表示而形成的，所以侵权责任法不应该成为分则中独立的一编。⑥

应当承认，意思表示理论存在一定的合理性。民法的基本原则就是意思自治，其贯穿于整个民法的基本制度规范。而意思表示与法律行为又是实现意思自治的基本工具和手段。尤其是在债与合同法领域，以意思自治构建整个体系是比较合理的。意思表示是法律行为的核心内容，也是意思自治的具体展开，它确实比较充分地体现了民法的特色与调整技术。但是，如同法律行为制度本身无法涵盖和贯穿民法的全部内容一样，意思表示理论也不能够成为民法典的"中心轴"。一方面，引起民事法律关系产生和变动的原因是多方面的，意思表示只是其原因之一，并且意思自治本身在民法中的适用余地也在不断缩小，诚实信用、公序良俗等基本原则的适用范围不断扩大。此外，在身份法领域，意思自治的适用只是一种例外情形。另一方面，民法典制度不都是意思表示的产物，民事法律关系也不完全是由当事人的意思来决定的，除了法律直接规定产生的民事法律关系之外，还有大量的违法行为的后果不是意思表示的产物，如侵权行为。此外，大量的事实行为，如拾得遗失物、发现埋藏物等，其法律效果都是依法产生的。所以，意思表示不能够作为民法典体系的"中心轴"。

（二）民事权利说

民事权利说认为，民法就是权利法，因此，民法典体系的构建应当以民事权利为中心而展开。此种学说来源于自然法学派的思想。自然法学并没有从既定的

---

① ④　参见金可可：《论温德沙伊德的请求权概念》，载《比较法研究》2005 年第 3 期。

②　B. Windscheid，aaO. S. 187.

③　B. Windscheid，aaO. S. 189.

⑤　B. Windscheid，aaO. S. 103.

⑥　参见王泽鉴：《人格权法的体系构成及发展》（2006 年 9 月 15 日在"中国人民大学民商法前沿"所作报告）。

法的历史出发，而是从先验的法律价值尤其是从自由的哲学意义出发来探讨私法的体系。潘德克顿学派的领袖人物沃尔夫（Christian Wollf）在其私法体系思想中，继承了启蒙运动时期自由法哲学传统，从自然法理论出发，阐述了主观权利在民法中的中心地位，并将人的行为的本质定义为义务（obligatio）。德国学者卡尔·拉伦茨也认为，法律关系的最重要的要素是权利，与此相对的是所有的其他人的必要的义务、限制与法律约束。[①] 在法国，也有不少学者持此种观点。例如，根据法国民法理论，民法典和民法学理论的基本内容都是围绕主观权利而分别展开的。[②] 我国也有不少学者认为，民法是以人为本位、以权利为中心、以责任为手段对社会关系进行调整的。这种关系的逻辑结构就是人—权利—责任的结构，而不是单纯的"人—物"对应的结构或总—分对应的结构，因此，民法典的结构应按照人—权利—责任这一结构来设计。[③] 有学者认为，民法是权利法，各种民事权利的共同因素包括：权利主体、权利客体、权利变动的原因、权利的救济、权利的时间因素。有关各种权利应该在民法典分则中规定。[④] 在日本，民事权利为中心说，是学界的主流观点。日本松尾弘教授认为，近代民法典的体系，就是权利体系。[⑤]

应当承认，与意思表示学说相比，民事权利说更为合理，因为民法的主要制度都是以民事权利制度表现出来的，民法就是权利法，所以，民法典只能以权利为中心来展开，而不能以义务为中心，例如，民事主体就是关于权利主体的制度，法律行为和代理就是民事权利的行使，诉讼时效就是行使民事权利的期间限制，各种民事权利（物权、债权、人身权、继承权等）就是其具体类型，侵权行为就是对于侵害民事权利的救济制度。由此可以看出，将民事权利看作民法典的"中心轴"，的确是不无道理的。在我国民法典分则体系构建中，我们仍然坚持以民事权利为中心来展开整个分则体系。[⑥] 例如，关于债法总则究竟称为"债法总则"还是"债权总则"，笔者认为，为了突出民事主体权利的中心地位，称为"债权总则"更为合适。

尽管如此，以民事权利作为"中心轴"构建民法典的体系仍然是狭窄的，因为一方面，现代民法的发展使得民事义务的来源多元化，权利主体与权利本身

---

① 参见［德］卡尔·拉伦茨：《德国民法通论》（上册），王晓晔、邵建东、程建英、徐国建、谢怀栻译，法律出版社 2003 年版，第 263 页。

② 参见［法］雅克·盖斯坦、吉勒·古博：《法国民法总论》，陈鹏等译，法律出版社 2004 年版，第 141 页以下。

③ 参见麻昌华、覃有土：《论我国民法典的体系结构》，载《法学》2004 年第 2 期。

④ 参见杨代雄：《私权一般理论与民法典总则的体系构造》，载《法学研究》2007 年第 1 期。

⑤ 参见［日］松尾弘：《民法的体系》（第 4 版），应庆义塾大学出版社 2005 年版，第 15 页。

⑥ 参见马俊驹主编：《民法典探索与展望》，中国法制出版社 2005 年版，第 62 页。

虽然具有联系，但是并不能等同。权利主体对应于权利能力，民事权利能力是享有权利、承担义务的资格，是一种法律上的可能性，但是并不意味着主体享有法律赋予的实际利益。而民事权利是民事主体已经实际享有的现实权利，民事权利都是以一定的实际利益为内容的。因此，主体内容并不能完全为权利这个"中心轴"所涵盖。另一方面，以权利为"中心轴"无法解释一些以意思表示为中心的法律行为和非表意行为所形成的法律关系，例如要约行为和可撤销的民事行为等，这些都无法归入民事权利的行使之中。权利不能概括法律关系的要素（如行为等）。所以，单纯的权利可以概括民法典分则的部分内容，不能概括总则的全部内容。[①] 民事权利说是有局限性的。还要看到，因为权利只是法律关系展开的一个线索，而不是法律关系的唯一因素。民法在赋予民事主体权利以后，还应为权利相对人设置义务来实现权利，并且需要对违反义务的人科以法律责任来保障权利。民事权利中心说只能概括民法典的分则，而无法容纳民法总则中的责任等制度，而民事责任等制度也应当包括在总则之中。所以，笔者认为，权利本身还难以扮演民法典"中心轴"的重要角色。

（三）法律关系说

法律关系说认为，应当以法律关系为基础来构建民法典的体系。在这种编排方法中，法律关系被作为整理法律和展示法律的技术工具，而且成为体系构建的基本方法。[②] 罗马法曾经创设了"法锁"（vinculum juris）的概念，但并没有形成法律关系理论。直至19世纪，注释法学派在解释罗马法的基础上提出了以法律关系的要素作为构建民法典总则体系的基础。一般认为，萨维尼最早系统提出法律关系构建整个民法的体系，其代表作《当代罗马法的体系》就详细探讨了法律关系，在此基础上，依据五编制分别讨论具体的民法制度。他认为，"法律关系本质被规定为个人意思独立支配的领域。"意思首先是对本人发生作用，其次是对外发生作用[③]，法律关系是沟通抽象的客观法（法律）与主体享有主观权利之间的关系。例如，法律规定，主体可以享有所有权，但必须在现实中形成一种法律关系，才能真正地享有所有权。萨维尼提出，主观权利的构建应当从法律关系出发，个体意志的独立控制之命令领域（Gebiet）就是法律关系，在此法律关系中，主体的主观权利是核心[④]，主观权利与法律关系应受法律制度的支配并

---

① 参见许中缘：《体系化的民法与法学方法》，法律出版社2007年版，第139~141页。
② 参见［葡］平托：《民法总则》，林炳辉等译，澳门法律翻译办公室、澳门大学法学院1999年版，第5页。
③ 参见［德］萨维尼：《萨维尼论法律关系》，田士永译，载http://www.civillaw.com.cn/。
④ Savigny, System de sheutigen Rmischen Rechts, Bd. I, Berlin, 1840, I331 f. 7.

构成法律的 "体系"①。萨维尼以法律关系为中心，从理论上构建了一个民法典的体系，该体系反映出的编排方法被后世学者称为 "萨维尼编排法"②。

法律关系说对大陆法系国家民事立法和民法典体系理论产生了重大影响，部分国家民法典就是以法律关系为中心来构建民法典体系的，《葡萄牙民法典》就是典型的代表。③

二、以法律关系为 "中心轴" 构建民法典的体系

诚然，上述各种学说不无道理，采用不同的学说将能够建立一个民法典的体系，且这些体系也不会从根本上影响民法典价值的贯彻。但是，我们应当看到，不同学说指导下的民法典体系必然在内部结构、具体制度安排等方面存在较大差异，而这种差异将决定该法典的科学性和调整社会生活关系功能的有效性。比较上述各种观点，笔者认为，法律关系说相对更为合理，我国应当以法律关系为 "中心轴" 来构建未来民法典的体系。主要理由在于：

1. 法律关系是对社会生活现象的高度抽象和全面概括。法律关系是根据法律规范建立的一种社会关系④，是对社会生活关系的一种法律归纳和抽象，反映了社会关系的一些共同特征。既然法律关系是对社会生活现象在法律上的抽象和概括，以法律关系为中心构建民法典体系，一定有利于对社会生活关系作最为准确的把握，也有利于法律对社会生活作最为有效的调整。在法律关系中，每个人、每一项权利、每一项义务、每一项法律责任都成为抽象法律关系的要素，能够在法律关系这一抽象的框架中找到合适的位置，进而全面反映生活关系的本质特点并指引、调整生活关系。

2. 法律关系是构建民法规范的逻辑性和体系性的基础。"法律关系这个概念既清晰又严谨：在处理有关系统编排的问题时，清晰严谨是十分重要的"。⑤因此，法律关系编排方式被大多数学者认为是科学的编排方式，民法的诸制度都是围绕民事法律关系而展开的，法律关系包含主体、客体、内容三项要素，该三项要素可以完整覆盖民法典的各项内容。例如，法律关系的主体可以对应于民事关系的主体制度；法律关系的客体可以包含民事法律行为，以及各类财产形式；而

---

① 陈爱娥：《萨维尼——历史法学派与近代法学方法论的创始者》，转引自法律思想网，2002 年 11 月 25 日。

②⑤ ［葡］平托：《民法总则》，林炳辉等译，澳门法律翻译办公室、澳门大学法学院 1999 年版，第 5 页。

③ 参见 ［葡］平托：《民法总则》，林炳辉等译，澳门法律翻译办公室、澳门大学法学院 1999 年版，第 5 页。

④ 参见张文显主编：《法理学》（第 2 版），高等教育出版社 2003 年版，第 131 页。

法律关系的内容既可以包括民事权利，也可以包括民事义务。所以，与民事权利为"中心轴"相比，以法律关系作为"中心轴"可以具有更大的包容性。其实，法律关系说可以涵盖前两种学说，因为，民事权利就是法律关系的内容，意思表示就是法律关系变动的重要原因。此外，法律关系说还沟通了民法典总则与民法典各分则之间的内在联系，例如，总则中的主体、行为、客体与物权制度结合在一起，就构成完整的物权法律关系。这种构架模式体现了潘德克顿体系的严谨性和科学性。

3. 法律关系编排方法适应了民法发展的需要。民事关系纷繁复杂，但是把握了民事法律关系的脉络，就把握了民事关系的核心。"法书万卷，法典千条，头绪纷繁，莫可究诘，然一言以蔽之，其所研究和所规定者，不外法律关系而已。"① 从法律关系出发，我们不但可以把握整个民事关系的发展，还能够把握民事权利产生、发展、消亡的整个变动线索。民事法律关系是有章可循的。民事权利是民事法律关系的核心，需要经历一个从产生、发展到消灭的过程，在权利受到侵害时，法律关系转变为一种民事责任关系。以物权的变动为例，某个民事主体可以通过劳动创造物品，从而获得对该物品的所有权，其后将该件物品转让给他人，使他人继受取得该物的所有权，在买受人死亡时还可以通过遗嘱将该物移转给继承人。在他人侵犯所有人对该物的所有权时，权利人便享有物权请求权，从而可以诉求法院的保护。物从产生、流转再到消灭，都是处于某一个特定的法律关系之中，我们总能从法律关系的角度来把握特定的物在法律和生活中的角色。这也正如有的学者指出的："时间维度与空间维度的交织造就了法律关系活生生的结构，使之成为一个具备历史性的体系。"②

4. 法律关系编排方法揭示了民法调整社会关系的基本方法，即通过法律行为实现的任意性调整方法，也就是民事法律关系的任意性。拉伦茨教授曾将法律关系定义为一种特定人在法律范围内享有的一种自由空间。③ 这就说明民事法律关系本身也旨在揭示法律作为一种社会关系调整方法的特殊性，法律关系是主观权利的载体，其允许主体在权利的设定、行使等方面享有一定程度的自由，当事人能够根据自己意愿形成一定法律关系，并通过其合意来规范自身的行为。这样，民法把决定自由直接交给权利人，使其实现机制获得内部性和可选择性，由权利人决定民法授权规范的实现。④ 正是在这个意义上，也有学者认为，法律关

---

① 郑玉波：《民法总则》，三民书局 2003 年版，第 63 页。
② 杨代雄：《私权一般理论与民法典总则的体系构造》，载《法学研究》2007 年第 1 期。
③ 参见［德］迪特尔·梅迪库斯：《德国民法总论》，邵建东译，法律出版社 2000 年版，第 51 页。
④ 参见龙卫球：《民法总论》（第 2 版），中国法制出版社 2002 年版，第 111 页。

系是私法的基本工具。①

所以，法律关系正是贯穿始终的一根红线，它将民事主体、客体、行为、各种民事权利等诸要素整合为一体，形成清晰的脉络。民法学作为具有自身特点与体系的独立学科，其研究体系与论述方式的展开也是建立在民事法律关系各项要素的基础上的。正是因为这种方法的科学性、严谨性，德国民法被实践证明是比较成功的。尽管我们不能完全照搬德国的模式，但我们可以借鉴德国民法模式，采取依法律关系的要素来构建我国民法典体系。潘德克顿学派的一个伟大的贡献在于，以法律关系的要素作为构建民法典总则体系的骨架，"德国民法创设总则编之一举，意义甚为重大，当时德国法律学者皆认为：对各种法律关系共同事项，另有谋设一般的共同规定之必要"②。也就是说，潘德克顿学派将整个法律关系的理论运用到法典里面去，构建了一个完整的潘德克顿体系结构（Pandekten system）。这种结构对其他国家民法典的制定也产生了重大影响。例如，《葡萄牙民法典》完全是以法律关系为基础构建体系的。该民法典第一卷（"总则"）第二编的标题为"法律关系"，并分为四个分编，突出法律关系的各个要素（主体、客体、事实及保障或保证）：第一分编为"人"；第二分编为"物"；第三分编为"法律事实"；第四分编为"权利行使及保护"③。

但法律关系编排法也受到了一些学者的批评，批评者提出的理由主要在于，该方法没有突出人的中心地位。人是民法的核心要素，是民法规范的首要范畴。法律关系编排法把人淹没在法律关系主体中，既抽象又形式化，且该方法将人与法人等社会组织编排在一起，作为民事主体加以规定，不能弘扬个人的主体地位和人道主义精神。④ 这种观点有一定的道理，但也未必妥当。因为法律关系编排法中也可以将人格权纳入其中作为一编，在此种模式下，通过人格权法独立成编，可以起到价值宣示的作用，从而彰显民法典对于人的重视。即使是在人格权法没有独立成编的情况下，也不能认为，这种模式就绝对没有考虑人的主体性问题。因为法律关系要素中首要的是人，人是一切法律关系的出发点。作为法律关系客体的物，是由人支配的，非人力所能支配的物是不能成为客体的。至于作为法律关系要素的行为，也是指人所实施的行为，所以，不能简单地断定，法律关系编排法就忽视了人的中心地位。更何况，民法典是否突出人的中心地位，主要取决于法典的基本原则和法条的内容，编排体例所具有的价值宣示功能并不是决定性的。

---

① 参见龙卫球：《民法总论》（第 2 版），中国法制出版社 2002 年版，第 111 页。

② 陈棋炎：《亲属、继承法基本问题》，三民书局 1980 年版，第 3 页。

③ ［葡］孟狄士：《法律研究概述》，黄显辉译，澳门基金会、澳门大学法学院 1998 年版，第 78 页。

④ 参见［葡］平托：《民法总则》，林炳辉等译，澳门法律翻译办公室、澳门大学法学院 1999 年版，第 5 页。

三、以法律关系为"中心轴"的具体展开

以法律关系为"中心轴"来展开民法典的体系，首先要认真分析法律关系的要素，在把握好这些要素的基础上确定民法典的逻辑结构。法律关系是一个整体，是一种结构，它的具体要素为权利、权能、义务和拘束等多种多样的形式。[1] 具体到民法典中，这些形式表现为总则的主体、行为、客体等制度和分则中的民事权利制度，分则中的民事权利制度又包括人格权、身份权、继承权、物权、债权，如果总则中确立的主体、行为、客体与分则中的权利结合在一起，就构成一个完整的法律关系，例如总则中的主体、行为、客体与物权制度结合在一起，就构成完整的物权法律关系。在我国民法法典化过程中，我们应当以法律关系为中心来展开各项规则的设立，并在此基础上构建一个完备的民法典体系。

(一) 以法律关系为"中心轴"构建民法典总则

主张以法律关系为"中心轴"来构建民法典总则，就是说把各种法律关系的共同要素抽取出来，汇聚于民法典的一个独立部门之中。在民法中，法律关系的形态是多样的，如物权法律关系、债权法律关系，在物权法律关系之中，可以进一步区分为所有权法律关系、他物权法律关系等。各种法律关系都有主体，主体是一切法律关系的基本要素，民法总则就是要提炼出主体要素，使得各种法律关系的适用具有共同的规则，从而使得各个不同的民事法律关系没有必要一一重复规定。例如，如果民法典的各编都要规定民事主体制度，就会形成不必要的重复甚至冲突。总则的设立使民法的各部分形成一个逻辑体系，将会减少对一些共性规则的重复规定，有利于立法的简洁明了。

以法律关系为"中心轴"构建民法典总则，应该区分哪些要素应归入总则，哪些要素应置于分则。笔者认为，一个基本的分类标准在于：各种民事法律关系要素中具有共性的内容应当在总则中规定，而非共性的内容应当在分则中具体规定。由于民事主体的存在是各法律关系得以存在的前提，权利、义务是各民事法律关系的主要内容，客体是民事权利、义务的对象，法律行为是法律关系得以设立和变动的重要事实，法律责任是保持法律关系稳定性的重要保障，因此，这些每一个法律关系都不可或缺的内容应当在总则中统一规定。应当看到，具体法律关系千差万别，这种区别主要表现为权利、义务具体内容的不同，因而，有关各种具体法律关系中的权利、义务应当留给民法典分则具体规定。正如郑玉波先生

---

[1] 参见申卫星：《期待权基本理论研究》，中国人民大学出版社 2006 年版，第 157 页。

指出："总则分为权利主体、权利客体、权利的变动、法律行为（变动的原因）；分则分为法律关系具体内容的展开，即各种法律权利。法律规定，无论其范围大小，总不外乎法律关系，而法律关系之构成，总不外乎上述之要素，整个民法的内容，不外乎法律关系之主体、客体、权利义务及其变动和变动的原因，民法典每一编及每一特别法的内容，也不外乎此，不过各有详略而已。"[①]

（二）以法律关系为"中心轴"构建民法典分则

以法律关系作为构建民法典分则的"中心轴"，实际上就是要从民事法律的内容出发来构建民法典的体系，具体来说包括三个方面内容：

1. 分则应当以民事权利的基本划分为依据展开。总则中应当重点就主体、客体、法律行为及民事责任的一般规则作出规定，而分则则应当以权利以及具体的责任制度为中心展开。这首先需要确定哪些权利可以作为分则的内容。《民法通则》第五章列举了四项权利，即财产所有权和与财产所有权有关的财产权、债权、知识产权以及人身权。这种权利体例安排有一定道理，而且通过实践证明和检验，这一体系是比较合理、有效的。可以说，这一体例是我国民事立法经验的总结，在未来我国民法典起草过程中，这一经验应予以保留。《民法通则》这一权利体系将民事权利区分为财产权和人身权两大类，与之相应的便是财产法律关系和人身法律关系。在未来民法典中，这两大类型权利又可以细分为物权（即《民法通则》中的财产所有权和与财产所有权有关的财产权）、债权、人格权和身份权等。与身份权相连接的是亲属法律制度，而继承权同时具备身份因素和财产性质，其可以独立成编。

2. 分则中的民事权利体系在顺序上应当按照一定的逻辑进行安排。如前所述，民法典分则包含物权、债权、人格权和身份权等诸多制度，尽管这些内容围绕"中心轴"展开能够形成一个体系，但分则中的民事权利体系在顺序上如何排列，需要认真研究。例如，物权编和债权编应当如何安排，《德国民法典》采用的是巴伐利亚式体例，将债法置于物法之前；而《日本民法典》采用的是萨克森式，将物法置于债法之前。有学者认为，《德国民法典》采取此种编排体例的理由在于，债法在没有物权法的情况下，也能被人们所理解，但反过来，如果没有债法作为基础，物权法的许多制度十分难以理解。因此将债法置于物权法之前更符合逻辑。[②] 再如，财产权和人身权的顺序，应当按照"人格权优先于财产

---

① 郑玉波：《民法总则》，三民书局 2003 年版，第 64~65 页。

② E. Hölder, Kommentar zum Allgemeinen Theil des Bürgerlichen Gesetzbuchs, Müchen, C. H. Beck'sche Verlagsbuchhandlung, 1900, p. 60.

权"的原则来排列。此外，也要注重参考《民法通则》所确立的顺序，尤其是《民法通则》所确立的权利顺序的安排。

3. 分则中应当设立责任制度。传统的主流观点认为，救济问题不是民事法律关系本身的组成部分，具体法律关系中可以不涉及法律责任问题。但随着权利观念的逐步增强，"救济先于权利"、"没有救济就没有权利"等观点得到了日益广泛的承认和法律的确认，这就要求民法设置合理的法律责任制度，对权利提供有效救济。民事责任制度的重要性还在于，它不仅具有制裁违法行为的救济功能，而且还具有创造新的权利类型的规范性功能。例如，很多法国学者认为，人格权和消费者在前契约阶段的知情权等都是由《法国民法典》第 1382 条这个一般条款所创造出来的。[①] 因此，民法典分则不仅要根据民事权利来展开，而且还要考虑对权利如何提供救济。尤其是在现代民法理论中，民事责任制度地位的不断提升是一个非常显著的发展，所以分则体系中应该将权利的救济作为一个非常重要的问题加以考虑。

第七节　我国民法典体系的具体构建

一、我国民法典总则的具体构建

体系本身不同于方法，体系是一种结构，而方法是一种技术，但体系化也需要一定方法的指导。以法律关系为"中心轴"来构建民法典的体系，本身就是一种构建体系的方法。下文中将详细探讨设立民法总则的必要性。按照法律关系为"中心轴"的构建方法，民法典总则至少需要规定以下内容：

1. 主体制度。主体是各种法律关系的共同要素，民事主体是"私法上的权利和义务所归属之主体"[②]，是指依照法律规定能够参与民事法律关系，享受民事权利和承担民事义务的人。民事主体是权利的承担者，也是民法所规范的权利的归属者，所以也称为权利主体。[③] 在具体的法律关系中，主体因所参与的法律

---

① Geneviève Viney, Traité de Droit civil, Introduction à la responsabilité, 2e édition, 1997, LGDJ, pp. 67 – 68.

② ［日］星野英一：《私法上的人》，王闯译，载梁慧星主编：《民商法论丛》（第 8 卷），法律出版社 1997 年版，第 155 页。

③ 参见龙卫球：《民法总论》，中国法制出版社 2001 年版，第 187 页。

关系的不同而可能具有不同的身份,当然,其在不同法律关系中的称谓有所不同。例如,物权法中主体表现为所有权人、用益物权人、担保物权人;债法中主体表现为债权人和债务人;侵权责任关系中主体表现为加害人和受害人。但无论何种称谓,其都是法律关系展开的前提,是权利义务内容的享有者和承担者。法律抽象出主体要素并将其普遍适用于一切法律关系,可以让法律关系更为明晰。主体制度需要重点规范以下问题:一是主体的类型,这是民事主体制度首先要解决的问题。毫无疑问,自然人和法人是最基本的民事主体,但除此之外,是否还应当包括非法人组织,尤其是在主体制度中是否需要规定特殊普通合伙企业、有限合伙企业、小区业主委员会等新兴组织,这是主体制度需要面对的问题。二是主体的权利能力和行为能力问题。主体享有的能力(尤其是行为能力)大小决定着主体参与法律关系的范围和方式,合理界定民事主体的行为能力有利于民事主体从事与其智力、身体等条件相符合的行为,从而按照其意思形成法律关系。

2. 客体制度。客体是民事权利和义务指向的对象,包括物、行为和智力成果等。根据概念法学的体系化思想,应从作为法律规定的客体的构成要件分离出若干要素,并将这些要素一般化,形成类别概念,并借着不同层次的类型化,形成不同抽象程度的概念,并因此构建体系。① 诚然,权利客体种类繁多,表现形式千差万别,但将这些数不尽的客体统一定义并类型化还是有可能和必要的。按照日本学者的看法,权利还可以根据客体进行分类。以他人的行为为客体的权利是债权,以外界的物体为客体的权利是物权,以人格利益为客体的权利是人格权。② 此种观点有一定的道理。民法典总则规定客体的概念和类型具有如下两方面意义:一方面,任何民事法律关系都必然指向一定的客体,虽然客体的表现形态在具体的法律关系中存在着差异,但是它们必然存在着一些共性要素。例如,就物而言,虽然不是所有的法律关系都涉及物,但是,不管是合同之中的标的物,还是物权中的物,其实都是指特定的动产和不动产,而有关动产和不动产的规则是可以抽象出来的。另一方面,在总则中抽象出客体概念,为新发展的客体的法律确认提供了基础。随着科技的迅猛发展以及社会生活的变化,无形财产权利正在迅速扩张,近来有学者认为,像养老金、就业机会、营业执照、补贴、政治特许权利等都属于财产权范畴。③ 因此,权利客体一词包含的范围十分广泛,这就需要使客体概念的包容性更强。

3. 行为制度。行为既包括法律行为,又包括事实行为。一部分行为是法律

① 参见 [德] 卡尔·拉伦茨:《法学方法论》,陈爱娥译,五南图书出版公司 1996 年版,第 356 页。
② 参见 [日] 松尾弘:《民法的体系》(第 4 版),应庆义塾大学出版社 2005 年版,第 15 页。
③ Lawrence M. Friedman, The Law of the Living, the Law of the Dead: Property, Succession, and Society, 1996 Wis. L. Rev. 340.

关系的客体，而另一部分行为则是法律关系变动的原因。① 例如，债法中的给付行为是作为债的关系的客体而存在。但是，我国民法总论已经在总则中抽象出了法律行为的概念，作为法律行为构成要素的客体应该也是可以抽象出来的。除民事法律行为之外还存在着大量的事实行为，例如侵权行为、不当得利和无因管理行为等，它们也可以成为引起法律关系变动的原因，但可以放在民事责任之中去规定。作为民法总则中的一般规定，民事法律行为制度及其相关理论在现代民法学说中居于重要地位，其以完备、系统的理论形态概括了民法中一系列精致的概念和原理，形成学说中令人瞩目的独立领域。② 尽管在我国不承认物权行为理论，也不承认婚姻为契约行为，但民事法律行为制度的适用范围仍然是十分广泛的。这一制度作为观念的抽象，不仅确立了合同法、遗嘱法和收养法等具体的设权行为规则，而且能够涵盖许多新的交易形式，并对其进行规范；同时，也为代理制度等的确立奠定了基础。③

4. 民事责任制度。法律关系本身是动态的，会从积极的变为消极的、从正面的变为负面的。如果当事人不履行其义务，就会产生责任问题，所以，民事责任是不履行民事义务的结果，也是对不履行义务行为的一种制裁。不同法律关系中的责任范围、承担方式存在重大差异。例如，合同法中的违约责任与侵权法中的恢复名誉、赔礼道歉等责任明显不同。因此，总则不可能对民事责任的具体内容进行详细、全面的规定。但是，总则规定民事责任的一般概念和原则是必要的，因为一方面，民事责任的概念只有在总则中规定才是合适的，在总则外的其他任何部分都不宜对此作出规定。各种法律责任之间具有诸多共性因素，可以在总则中一并规定，避免重复。例如，归责原则、免责条件、刑事附带民事、民事责任与刑事责任的关系等，这些可以概括在总则之中。另一方面，总则在规定主体、客体和行为制度后，再规定责任制度，可以展现一个清晰的法律关系脉络，有利于对法律关系乃至整个民法典体系构架的认识，也有利于保持民事责任制度在功能和地位上的统一性。

有学者建议，我国民法典应像《荷兰民法典》一样抽空总则，由"小总则"编包含一般技术性条款和技术性规定。具体而言，就是对民法的渊源、民法的解释及适用、基本原则、权利的行使、期间、期日等属于"序编"的内容设立总则性的规定；在总则中具体分五章，分别对其内容进行规定。④ 笔者认为，这一观点值得商榷。既然我国民法典采取总则 – 分则模式，就不宜采用三编制模式下的序编。尤其应当看到，我国民事立法历来都在第一章规定一般原则和一般规

① 参见［日］松尾弘：《民法的体系》（第4版），应庆义塾大学出版社2005年版，第15页。

②③ 参见董安生：《民事法律行为》，前言，中国人民大学出版社1994年版。

④ 参见陈小君：《我国民法典：序编还是总则》，载《法学研究》2004年第6期。

定，这些规定本身就具有序编的作用，因而不需要在总则之前制定序编。

二、我国民法典分则的具体构建

（一）人格权法

人格利益是人之为人的重要利益，维护人格尊严是现代法律的主要目标。人格权就是民事主体对其生命、健康、姓名（或名称）、肖像、名誉、隐私、信用等各种人格利益所享有的排除他人侵害的权利。从世界范围来看，人格权都属于民法中的新生权利，并且是一项具有广阔前景的民事法律制度。加强和完善人格权法律制度，代表了现代民法的发展趋势。我国 1986 年《民法通则》就非常重视对人格权的保护，不仅将"人身权"独立作为一节，而且明确地规定了公民、法人的姓名权、名称权、名誉权、肖像权等具体人格权。这就为人格权法独立成编提供了法律依据。我国未来民法典应当设立独立的人格权编。

（二）亲属法

亲属法，是规范因亲属关系所发生的人身和财产关系的法律规范的总和，是调整亲属等基本制度所引发的社会关系的法律规范。我国长期以来使用"婚姻法"的提法，但是其内容过于狭窄，不能包括有关家庭法的内容，因此，笔者认为，在我国未来的民法典中，有必要在亲属编中扩大婚姻法的内容，称为"亲属法"。在亲属编中，具体包括：通则、结婚、夫妻、离婚、父母子女、收养、抚养。由于我国 1950 年就颁布了《婚姻法》，而直到 1986 年才颁布《民法通则》，所以，很多人认为，《婚姻法》应当成为独立的法律部门。笔者认为，在我国未来的民法典中，亲属法不应当独立出去，而应当作为民法典的重要一编。亲属法独立成编以后，就可以很好地处理民法总则与分则的关系，从而使得整个民法典更富于体系性。[①]

（三）继承法

所谓继承法，是指调整因自然人死亡而发生的继承关系的法律规范的总称，是调整有关自然人死亡后将其遗留的财产转移给生者的法律制度。[②] 从实

---

① 参见［日］星野英一：《私法中的人》，王闯译，中国法制出版社 2004 年版，第 4 页。
② 参见郭明瑞、房绍坤：《继承法研究》前言，中国人民大学出版社 2003 年版。

质上看，公民的财产继承权不过是其财产所有权在死后的延伸，保护公民的财产继承权是对财产所有权的保护。因此，财产继承制度是民法的重要组成部分。我国1985年颁布了《继承法》，该法已经自成体系，但在内容上有待于进一步完善。我国未来民法典将其作为继承编收入其中时，应当进一步修改、充实。

（四）物权法

物权是指公民、法人依法对特定物享有直接支配和排他的权利，包括所有权、用益物权和担保物权。十届全国人大五次会议以高票通过了《物权法》，这意味着我国在建设社会主义法治国家的道路上又迈进了重要的一步。《物权法》的制定与颁行在我国法治进程中具有里程碑的意义，必将对我国经济、社会的发展和社会主义和谐社会的构建产生深远影响。我国《物权法》历经13年的起草和8次审议，在内容和体系上都很成熟和科学。我国民法典制定过程中，为了保证体系的系统性和科学性，可以对现有《物权法》作适当调整和修改，在内容和体系上不宜作大的改动，否则不利于保持法律的稳定性，也没有有效利用现有的立法成果。我国《物权法》建立的物权体系结构主要包括所有权、用益物权和担保物权。

（五）债权总则

债权总则是关于债的一般规则。调整债权债务关系的分则编，究竟应当称为债权法，还是称为债务法？《瑞士民法典》称为"债务法"，而《德国民法典》称为"债"，《日本民法典》称为债权。在我国法律史上，《大清民律草案》第一次称为"债权"，第二次称为"债"。在我国《民法通则》上称为"债权"。笔者认为，采用"债权"更为确切，应当继续保留。这也可以体现现代民法的权利本位观念。我国2002年的民法典草案（第一稿）在第三编和第八编中规定了"合同法"和"侵权责任法"，但并没有规定单独的"债法总则"，只是在第一编第六章"民事权利"中规定了自然人和法人享有的债权，其中规定因合同、侵权行为、无因管理、不当得利以及法律的其他规定在当事人之间产生债的关系。此种立法体例值得商榷。债权总则的设置是债权法乃至整个民法典内在逻辑的必然要求。[①] 正如笔者在后面将要阐述的，在体系构建上，应当规定债权总则和分则的内容，合同法并不能替代债权总则，未来民法典中应当设立债权总则。我国《民法通则》第五章第二节专门规定债权，这表明我国立法实际上已经承

---

① 参见杨代雄：《我国民法典中债权法的体系构造》，载《法学杂志》2007年第6期。

认了债权制度在我国民法体系中居于重要的地位。未来的民法典应当保留《民法通则》所建立的民法体系。

（六） 合同法

合同法是调整平等主体之间的交易关系的法律，它主要规范合同的订立、合同的有效和无效，以及合同的履行、变更、解除、保全、违反合同的责任等问题。我国在 1999 年颁布《合同法》，该法是在原有的三个合同类法律的基础上，通过总结我国合同立法和司法实践的经验并充分借鉴两大法系的先进经验的基础上制定而成的。该法内容丰富、体系完整，具有较强的科学性和可操作性。但是在未来民法典的制定中，其内容仍有进一步加以充实的余地。例如，在具体合同类型上，除《合同法》已确认的 15 类有名合同以外，还包括物权法、知识产权法、人格权法、劳动法等法律，所确认的抵押合同、质押合同、土地使用权出让和转让合同、专利权或商标权转让合同、许可合同、著作权使用合同、出版合同、肖像权许可使用合同、名称权转让合同、劳动合同等。在内容上可以适当吸纳我国最高人民法院关于《合同法》的司法解释的相关内容，从而不断丰富和完善该编的内容。

（七） 侵权责任法

侵权责任法是有关对侵权行为的制裁以及对侵权损害后果予以补救的法律规范。在传统的大陆法系国家民法中，基于债的发生原因而将因侵权行为而产生的损害赔偿责任认定为损害赔偿之债，从而纳入债法的调整范围。但我国立法机关已经开始制定独立的侵权责任法，这表明我国已经将侵权责任法作为独立的一编加以立法考虑，这是我国立法对大陆法系民法的一项创新。

从表面上看，规定独立的侵权责任编似乎与依法律关系理论构建民法典分则的模式相冲突，因为总则规定了主体、客体与行为，而分则应以法律关系的内容及权利展开，如果增加民事责任制度，似乎分则的体系就形成了与总则不和谐的现象，即分则以双重标准展开。笔者认为，依法律关系理论构建民法典分则体系的思路并未因增加独立的侵权责任编而受到破坏。因为，一方面，法律关系的要素，不仅应当包括主体、客体、行为及内容，还应当包括责任，因为责任既是对民事权利侵害的结果，也是违反民事义务的后果，没有责任就没有权利，没有义务的违反也不会产生责任，因此，既然规定了民事权利与民事义务，就必然要规定民事责任。在分则体系中详细列举了各种民事权利之后，再规定完整的侵权责任制度在逻辑上是更为严谨、自洽的，可以更为清晰完整地表现一个民事法律关系产生、发展的过程。反之，仅规定权利而无责任，无法确定对权利的救济措施，法律关系的要素并不完备。另一方面，由于我们已经在总则中规定了民事责任的一般规定，例如，关于各种民事责任的共性问题已经在总则中作出了规定，在分则中规定侵权责任可以与总则遥相呼应，在民法典中构建一个完整的民事责任体系。侵权责任是侵害各种民事权益的结果，所以侵权责任法应当置于各种权利之后。在民法典分则中先列举各类民事权利，然后规定对民事权利的保护措施，即侵权责任制度，这是符合逻辑顺序的。

"有权利才有救济"。由于侵权责任是对各种绝对权侵害的结果，侵权责任法保护的对象也主要是绝对权，所以侵权责任法应置于各种绝对权利之后。此外，债权在例外情况下也可成为侵权责任法保护的对象，因此，侵权责任法还应置于债权之后，据此，在民法典的分则体系中，侵权责任法应当置于分则之尾。

三、民法典分则的具体排列顺序

（一）民法典分则体系排列的基本思路

人格权、身份权、继承权、物权、债权，是现代社会所普遍认可的基本民事权利，也是民事主体参与正常的社会生活和经济交往所必备的权利，而且其内涵都已经比较成熟。因此，有必要通过民法典而非一些单行法来予以确认。分则的权利体系应当以已经发展成熟，并且已经为社会生活广泛接受或迫切需要的权利为基础来构建，当然也应当为未来新的权利成长提供足够的法律空间。

问题的关键在于，如何排列民事权利才符合民法典体系的逻辑性。对此，有几种不同的思路：

1. 根据《民法通则》第五章和第六章所排列的顺序来确定。根据《民法通则》第五章的顺序，民事权利依次是"财产所有权和与财产所有权有关的财产权"、"债权"、"知识产权"、"人身权"。《民法通则》第六章规定的是民事责任。考虑到这两章的规定已经奠定了民法典分则的基础，许多学者建议，民法典分则体系应当贯彻《民法通则》的精神，主要有物权编、债权编、知识产权编、人身权编和侵权责任编。我国2002年的民法典草案（第一稿）大体采用了此种思路。

2. 根据《德国民法典》的体系，确立五编制的模式。这就是说，借鉴《德国民法典》编纂的经验，我国民法典分则也应当分别规定：债权编、物权编、亲属编、继承编。中国社会科学院法学研究所梁慧星教授负责起草的民法典草案建议稿基本采取此种思路。[1]

---

[1] 参见梁慧星：《当前关于民法典编纂的三条思路》，载《中外法学》2001年第1期。

3. 区分人身关系法和财产关系法，据此构建民法典分则体系。以徐国栋教授为代表的部分学者主张借鉴法国法的模式，来编纂我国的民法典。他认为，这一体系主要应由序编、正编和附编构成。其中正编由第一编"人身关系法"与第二编"财产关系法"构成，而这两编各自又包括四个分编：第一编包括：第一分编"自然人法"，第二分编"亲属法"，第三分编"法人法"，第四分编"继承法"；第二编包括：第一分编"物权法"，第二分编"知识产权法"，第三分编"债法总则"，第四分编"债法各论"。另外，在法典开头设一个序编——小总则，规定法律行为、代理、时效等制度。在法典后面设一个附编，规定国际私法。① 这一体系的设计主要是借鉴了法国的经验，另外也结合了拉丁美洲部分国家近代以来的立法经验，以及荷兰民法典的部分做法。

4. 根据人身权和财产权以及对权利的救济的思路来确定顺序。民法典分则的体例应当优先考虑人身权，然后再规定财产权，最后设置权利的救济，即侵权责任编。中国人民大学法学院民法典草案建议稿课题组采纳了这一思路。②

上述各种观点都不无道理，但笔者更赞成第四种思路，原因在于：（1）如前文所述，我国民法典体系的构建需要遵循"从权利到救济"的思路。区分权利的确认和权利的救济已经成为成文法的传统，只有确认了权利，才能对其进行有效救济。因此，民法典分则首先应当对各项具体权利的内容及行使规则进行确认，最后再规定侵权责任救济法。（2）就各种具体权利的编排顺序来说，首先应当坚持"人格权优于财产权"的基本理念，特别是生命健康权等权利应当优先于财产权。因为现代民法要充分体现人本主义的精神，强调对个人的终极关怀，这就要求将人格利益置于财产利益之前优先保护。试想如果生命、健康、自由都不能得到保障，所谓"万贯家财"又有何用？还应当看到，财产是个人的，但生命健康权等涉及社会利益。人格尊严作为法律的最高价值，应当具有优先于财产利益和私法自治的价值，将其作为重要价值加以保护，也体现了民法的现代性。《德国民法典》的五编制模式虽不无道理，但因其过度强调财产权的中心地位，给人以"重物轻人"之感。③ 因此，人格权应当置于民事权利之首。人格尊严、人身价值和人格完整，应该置于比财产权更重要的位置，它们是最高的法益。在提交全国人大常委会审议的民法典草案中，物权编被置于民法典分则各编之首，延续了《民法通则》第五章"民事权利"的体例，这是值得商榷的。（3）《德国民法典》五编制体例下人身关系、财产关系两分法也未免过于简单，

① 参见徐国栋：《民法典草案的基本结构——以民法的调整对象理论为中心》，载《法学研究》2000年第1期。
② 参见王利明主编：《中国民法典草案建议稿及说明》，中国法制出版社2004年版。
③ 参见薛军：《人的保护：中国民法典编撰的价值基础》，载《中国社会科学》2006年第4期。

例如，继承权是混合性质的权利，既有财产权的特点，又有人身权的特点，将继承权纳入人身关系法之中，似乎也不完全符合继承权的性质。笔者建议，将继承法置于婚姻法之后、财产法之前规定。对此，笔者将在后文详细分析。

（二）民法典分则体系排列的顺序

如果民法典的总则作为整个民法典的第一编，那么分则将从第二编开始。笔者建议，民法典分则体系采取以下方式来构建：

1. 第二编：人格权法。由于人格权具有优越于财产权的地位，而且为了彰显民法典的价值宣示功能，体现对人格尊严和人身自由的充分保障，分则之中人格权编应当置于其首位。

2. 第三编：亲属法。在人格权编之后，就应当规定有关亲属制度。关于亲属编，究竟应当置于财产法之后还是置于财产法之前？对此，学界一直存在不同的看法。笔者认为，尽管在五编制模式下，亲属法是置于财产法之后规定的，但此种模式还是具有一定的缺陷，主要原因在于：一方面，此种模式没有突出人法的重要性。民法典应当充分尊重和保护人，民法典的编排体例也应当起到相应的价值宣示的功能。尽管五编制模式下，主体制度已经在总则中规定，但亲属仍然是人法的重要内容，无论何时，对人的保护都应当优越于对财产的保护。[1] 另一方面，有关亲属的规定与人格权同属于人身关系的范畴，两者具有更密切的联系，所以将其置于人格权之后、财产权之前有一定的道理。正是因为上述原因，笔者认为，在规定了人格权法之后，就应当规定亲属法。

3. 第四编：继承法。继承权虽然具有财产内容，是个人财产死后移转的制度，但是，它主要是基于特定身份而产生的权利，所以，与人身权密切相关。换言之，继承可以看作是身份权效力的延伸。既然身份权的前置可以体现对于人的保护的优越地位，那么，在编排体例上也应当突出继承权的优先地位。继承法之所以应当在亲属法之后，是因为继承是以亲属关系为前提的。继承虽然是调整财产关系的法，但此种财产关系变动是以身份关系为前提的。因此，亲属法应当置于继承法之前。继承权也应当在物权、债权之前作出规定，并应当置于亲属编之后。

4. 第五编：物权法。物权属于财产权，应当置于人格权之后予以规定。毕竟，物权属于财产权的范畴，其与人格权相比较，人格权应当处于优越的地位。考虑到亲属法和继承法属于广义的人法范畴，其内容大部分属于身份权的内容，与人格权的关系密切，所以物权应当在人格权、亲属和继承权之后加以规定。但是，物权是交易的前提和起点，只有先明确了物权，才能进行交易，因此，物权

---

[1] 参见薛军：《人的保护：中国民法典编撰的价值基础》，载《中国社会科学》2006 年第 4 期。

应当置于债权之前规定。

5. 第六编：债权总则。我国 2002 年的民法典草案未设立独立的债权总则，有关债的概念和合同之外的几种债的形式（不当得利和无因管理）是在总则中的"民事权利"一章中规定的。但从维护民法典体系考虑，有必要设立债权总则编。且从顺序的排列上，该编应当位于合同和侵权之前。当然，有关债权的总则应当尽量简化，可以考虑将合同、侵权等债的形式中的一些共性的规则放在债权总则中进行规定，尤其是债权总则中有必要对合同法总则中没有规定的内容做一些补充性的规定。

债权编与物权编的编排顺序问题，也是民法典体系构建中的重要问题。就物权编和债权编的编排顺序，各国有不同的立法例：一是债权编前置的模式。此种模式以《德国民法典》为代表。按照此种模式，债权编置于物权编之前。二是物权编前置的模式。此种模式以《日本民法典》为代表。按照此种模式，物权编置于债权编之前。以往学者往往认为，债权编和物权编的顺序问题，仅仅是一个立法体例的问题。而最近，我国台湾地区学者王泽鉴、林诚二等人提出，究竟债权编是置于物权编之前，还是置于物权编之后，是一个实质问题，而不仅仅是体例问题。因为在工业未发达之前，民法以"土地"为财产的核心，债权仅仅是取得物权的一个方法，所以，物权编应当在先。而在工业发达之后，物权被认为是辅助于债权的，以债权实现物权的经济价值，所以，债权编应当置于物权编之前。① 还有学者认为，物权编和债权编的顺序确定，应当考虑两编相互援引的问题。一般来说，债权编需要援引物权编条文的机会较少，而物权编需要援引债权编的机会较多，例如，在相邻关系制度中需要援引债权编的损害赔偿制度，在添附制度中需要援引债权编的不当得利制度等。笔者认为，从债权和物权的重要性来解释债权编和物权编的顺序，似乎难以服人。作为一种制度的安排，物权编置于债权编之前似乎更为妥当。因为物权解决的是产权界定问题，只有界定了产权，才能进行交易，因此，物权的界定实际上构成了债权产生的前提。从这个意义上说，物权编应当置于债权编之前。所以，笔者认为，我国未来的民法典应当将物权编规定在债权总则之前。

6. 第七编：合同法。合同是债的主要形式，在规定了债权总则之后，就应当规定合同编。我国 1999 年颁行的《合同法》，它是民法典的重要组成部分，且内容体系比较完善，经过多年的适用已经为法官和民众普遍接受，成为我国法律文化的重要组成部分，不宜对其作较大的修改。所以，应该尽可能地将合同法的内容收入民法典之中。

---

① 参见林诚二：《民法债编总论》，中国人民大学出版社 2003 年版，第 3 页。

7. 第八编：侵权责任法。在规定合同法之后，应当规定侵权责任法。侵权责任法在总体上虽然不属于债法，但是其中的侵权损害赔偿制度仍然属于债法的制度。将侵权责任法置于民法典分则的最后一部分进行规定，主要是基于这样一种考虑：侵权责任法是救济法，其本身不能确认权利，而只是为既有的权利提供救济，只有规定了各种权利之后，才能规定其救济。在民法典分则列举了各种权利之后，应当规定权利的救济，即侵权责任。侵权责任编主要应当包括三部分：一是总则，其中包括：一般规定、共同侵权、抗辩事由；二是特殊的侵权行为，主要包括替代责任、危险责任、环境污染责任、物件致害责任、事故责任、商业侵权、证券侵权。三是损害赔偿及其他侵权责任，其中包括一般规定、财产损失、精神损害赔偿、特殊的损害赔偿、附带的损害赔偿、其他侵权责任。

按照这样一个逻辑顺序，民法典的分则体系应为人格权法、亲属法、继承法、物权法、债权总则和合同法、侵权责任法。

四、关于知识产权法和涉外民事关系的法律适用

（一）知识产权法在民法中的地位

对于知识产权制度是否应包括在民法中，学界争议很大。关于知识产权法与民法的关系问题、知识产权的立法体例问题，学理上有不同的观点，主要有以下几种。

1. 民事特别法说。此种观点认为，当代知识产权法是一个综合性、开放式且最具创新活力的法律规范体系，不宜将其全部植入民法典。知识产权是受民法典保护的权利。民法典作为民事基本法，在法律分类上具有更高的位阶和权威。在民法典中对知识产权进行明确定位，有助于维系这一权利的神圣不可侵犯性。我国知识产权制度宜在民法典中作原则规定，但同时保留民事特别法的体例。[①]

2. 知识产权法典化说。此种观点认为，知识产权法应当独立于民法，单独制定法典。例如，法国就制定了独立的知识产权法典。许多学者认为，法国知识产权法的"法典"现象深刻地反映了当代科学技术的飞速发展对法律的深刻影响，以及知识产权创造性的财产价值超越传统财产价值的发展现实。因此，我国也应当借鉴此种模式，使知识产权法完全与民法典相独立。[②]

3. 民法典组成部分说。此种观点认为，应当在民法典之中全面规范知识产权

---

① 参见吴汉东：《知识产权立法体例与民法典编纂》，载《中国法学》2003 年第 1 期。

② 参见王博：《知识产权法律制度研究综述》，载易继明主编：《中国科技法学年刊》（2006 年卷），华中科技大学出版社 2007 年版，第 62 页。

法。例如，2008 年 1 月 8 日生效的《俄罗斯民法典》第四部分第七编规定了"智力活动成果与个性化手段权"。其内容包括：一般规定、著作权、邻接权、专利权、育种成果权、微积分拓扑结构权、商业秘密权、企业个性化手段权等内容。此种立法经验值得借鉴。《越南民法典》也单独设立第六编，完整地规定了知识产权制度。也有的国家从各类知识产权中抽象出一些共同的规则或者一些重要制度，将其规定在民法典中。例如，1942 年的《意大利民法典》在第五编"劳动"中单设第九章，规定智力作品权和工业发明权，其中主要规定的是知识产权的一般规则。因此，有学者认为，知识产权制度应当成为民法典的组成部分。① 我国《民法通则》在"民事权利"中也专门规定了各类知识产权，表明其采纳了此种观点。

上述三种模式各有利弊，但笔者认为采纳第三种是不妥当的，主要理由在于：

1. 将知识产权整体纳入民法典将造成民法典内容过于庞杂。知识产权制度本身是一个内容非常庞杂的规范体系，在知识产权中既包括了实体性规范，又包括了程序性规范；既涉及公法，也涉及私法；既涉及国际法，也涉及国内法。可见，知识产权制度本身是一个内容非常庞杂的规范体系，因为知识产权不仅仅是基于主体的行为而取得，部分知识产权还需要经过依法登记或审批方能取得。例如，在我国，专利权、商标权、商号都需要经过依法登记或审批方能取得。这些规范实际上是行政法规范，在民法典出现是否妥当，尚值研究。此外，知识产权的保护不仅有民事责任，还涉及行政责任、刑事责任，且行政责任、刑事责任还在不断强化，而管理性规范、行政责任规范、刑事责任规范显然不宜在民法典中作出规定。知识产权需要大量体现我国参加或缔结的国际条约的内容，这些国际条约本身也是知识产权法的重要组成部分，将国际知识产权保护规则放入国内法不合适。由此可见，知识产权本身是一个综合性的法律规范体系，将其放入民法典是困难的。与其如此，还不如制定专门的知识产权法，集中规定知识产权的相关内容。所以，《荷兰民法典》在制定过程中曾考虑设立第九编"知识产权"，准备对知识产权作出集中规定，但鉴于知识产权的复杂性，最后被迫放弃。这一经验是值得我们借鉴的。

2. 将知识产权整体纳入民法典将损害知识产权的开放式体系。知识产权本身是不断变化发展的，自新技术革命于 20 世纪中叶兴起，知识产权法中出现了一种边缘保护法，即采用专利权和著作权的若干规则，创设出一种工业版权制度，如集成电路布图设计，即属于此种情况。② 再如，著作权邻接权的范围正在随着传播

---

① 参见王博：《知识产权法律制度研究综述》，载易继明主编：《中国科技法学年刊》（2006 年卷），华中科技大学出版社 2007 年版，第 62 页。

② 参见郑成思：《知识产权法》，法律出版社 1997 年版，第 38~39 页。

技术的提高逐渐扩大，如信息网络传播权等权利都纳入了知识产权的范畴。所以，一旦在法典中将知识产权的类型固定化，不一定适应知识产权的发展需要。

3. 将知识产权整体纳入民法典将会妨害民法典内容的和谐。民法典是基本法，要保持一定的稳定性，不能朝令夕改，这决定了其规则应当具有普遍适用和相对抽象的特点。而知识产权法的技术性规定较多，且变化性较大，放在民法典中，与其他民法法律部门的法律规范不协调。相对于其他民事权利而言，知识产权受社会文化、经济发展、新技术革命影响更巨，总是处于不断修订更迭的状态中，因此，若将此一频频变动的法律置于相对稳定、系统化的民法典中，无疑会极大地损害民法典的稳定性。且将此具体针对性突出的法律置于相对抽象的民法典之中，无疑会与民法典的风格极不协调。如法国在1992年颁布了知识产权法典，虽然此法典十分全面与进步，不但包括传统知识产权法的范围，而且也关注作为新技术革命产物的数据库制作者权、计算机软件创作者权等权利，但是，随着新技术的发展，该法典在1992～1996年不足四年的时间内已在新的保护客体、新的权利及权利限制等方面作了两次修订。在我国也发生同样的现象，如我国于1984年颁布了《专利法》，但由于我国近年经济科技发展迅速，该法经1992年修订后于2000年再次修订。因此，如果知识产权法以独立于民法典的单行法的地位而存在，这样对其作出修改要便利得多。笔者认为，知识产权法应作为民事特别法，在民法典之外另外规定。

知识产权法是民法的重要组成部分固无疑问，但这并不意味着把知识产权法放入民法典中，使之成为民法典的有机组成部分。笔者认为，知识产权不应当作为独立的一编在民法典中作出规定。但我国未来民法典有必要对知识产权的类型和内容予以概括性、原则性的确认和界定，确认知识产权的共同规则，或仅在民事权利的客体中确认知识产权客体。这样有两个作用：一是宣示知识产权为民事权利，尽管知识产权兼具人身性和财产性，但其本质上仍属于民事权利的范畴，是私法上财产权利和人身权利的结合。民法典作为调整人身关系和财产关系的私法，应当对这一重要的权利类型予以确认和界定。在发生知识产权纠纷后，如果知识产权法未作出特别规定，可以适用民法典的规定。例如，侵害知识产权的责任，在知识产权法中缺乏规定时，可适用侵权责任法的规定。二是共性的规则在特别法中不宜分散规定，可以放在民法典中规定。

（二）分则中是否应当设立独立的民事责任编

关于民事责任是否可以作为分则中的独立一编加以规定，值得探讨。我国不少学者认为，应当在民法典分则中设立独立的民事责任编。马俊驹教授指出，民事责任编是所有权利的保护编，分为第一章"一般规定"、第二章"合同责任"、

161

第三章"侵权责任"①。也有学者认为,我国民法典编纂体系应为总则—民事权利—民事责任的三编制,民事责任应该单独成编。② 此种看法不无道理。应当看到,也有国家(地区)在民法典分则中规定了民事责任,只是没有独立成编。例如《魁北克民法典》第五编"债",在第一题中规定了"债的一般",包括了概括性规定、合同、民事责任、债的其他发生根据、债的样态、债的履行、债的移转、变更和消灭等内容。该编第二题"有名合同"则规定了各种典型合同的内容。③ 笔者认为,在我国民法典体系构建中,可以在总则中设立民事责任一般规定,因为总则中规定了主体制度、行为制度、权利制度,故必须规定对权利的救济。但不宜在民法典分则中规定独立的民事责任编,更何况,1986 年的《民法通则》在第六章专门规定民事责任,因此,在总则中规定民事责任部分是可行的。但在民法典分则中没有必要规定独立的民事责任编。④ 理由在于:(1)民事责任编的规定将导致合同法被人为地割裂成为两部分。现行的合同法体系包括违约责任,但民事责任编独立以后,合同法就被分割为两部分,从而破坏了合同法的完整体系。(2)民法典关于违约责任和侵权责任的规定是非常具体和细致的,如果将其合并规定在民事责任编,将与其地位不相协调。⑤ (3)民事责任中违约责任和侵权责任的规定具有较大的差异性,如果将其合并为一编,将导致规则的杂糅,不利于法官正确适用法律。(4)民事责任编独立将导致与债权总则的冲突。侵权和违约属于不同的部分,在分则中不可能完成对责任的整合问题。同时违约和侵权确实存在一定的共性,对其共性的提炼分则不可能完成,必须在总则中完成,在总则中设立高度概括的民事责任一章,应该是比较合理的设计。

(三)关于涉外民事关系的法律适用

我国民法典中是否应当包含涉外民事关系的法律适用规则?按照 2002 年民法典草案的设计,第九编规定了"涉外民事关系的法律适用法",这也就是传统国际私法的内容。从比较法上看,在大陆法系,国际私法的立法有两种形式:一是在民法典中规定模式。有的国家是将冲突规范分散规定于民法典中,这种形式以《法国民法典》最为典型,它为早期的国际私法立法所仿效。也有些国家或者地区的民法典集中规定了国际私法的内容,例如《魁北克民法典》第十编就

① 马俊驹主编:《民法典探索与展望》,中国法制出版社 2005 年版,第 60 页。
② 参见孙建江、吕甲木:《民法典编纂中若干问题探讨》,载《宁波大学学报》(人文科学版)2003 年第 2 期。
③ 参见孙建江等译:《魁北克民法典》目录部分,中国人民大学出版社 2007 年版。
④ 参见魏振瀛:《民事责任与民法典体系》,载北京大学法学院主编:《民事责任与民法典体系》,法律出版社 2002 年版,第 9 页。
⑤ 参见余能斌主编:《民法典专题研究》,武汉大学出版社 2004 年版,第 392 页。

专门规定了国际私法的内容。二是单独规定模式。19 世纪末出现了以单行法规来专门规定冲突法的立法方式，具有代表性的是德国 1896 年《民法施行法》和以其为蓝本的 1898 年日本《法例》，因此叫作德国法系。^① 在我国，许多学者认为，随着经济一体化的加深，国际社会由单纯的国家间体制向国家间体制和超国家间体制并存的时代发展，国际私法中的实体法规范和冲突规范将呈现出此消彼长的态势。适应世界国际私法立法发展的这一要求，我国国际私法应当从民法典中独立出来，单独制定一部国际私法典。^②

在制定民法典的过程中，大多数学者的意见是国际私法的内容应当由单独的法律予以规定^③，笔者赞成此种看法，主要原因在于：（1）就同一个法律问题而言，如果是涉外法律关系，法律规则很可能因此而有较大差异，这与民法典所追求的体系性不相符合。国际私法发展到今天，其内容越来越丰富，关系越来越复杂，民法典已经不能容纳国际私法的规定，即使强行作出规定，也会不协调。^④（2）国际私法不仅仅涉及传统民法之中合同、物权、侵权等准据法的法律适用问题，还涉及国际经济法中，诸如《联合国国际货物销售合同公约》等法律；冲突规范不是民事实体规范，不具体规定当事人的具体权利与义务，而是指明某涉外法律关系适用何国法律或者何种法律，所以冲突规范是一种法律适用规范。这些规范主要是程序性、规则性内容，诸如管辖、转致、识别等问题。国际私法核心内容中的冲突规范部分，大量涉及管辖权和外国法院判决的承认与执行等程序性规范，这与民法典中其他部分的实体性规范性质也有较大差异。^⑤如果将这些内容都置于民法典之中，会导致整个民法典体系的不协调。（3）国际私法涉及了不仅仅是程序法方面的内容，而且也涉及了大量实体法的规定，如果将这些内容规定在民法典之中，因为国际私法单独成编，其规定内容的有限性会制约国际私法的发展和适用。^⑥ 基于上述原因，笔者认为，有关国际私法的内容应单独制定法典予以规定。

① 参见张文彬：《中国国际私法的过去、现在以及未来国际私法典的制定》，载《中国人民大学学报》1996 年第 1 期。

② 参见杜瑞平：《简论中国国际私法立法》，载《山西省政法管理干部学院学报》2003 年第 2 期。

③ 参见梁慧星：《为中国民法典而斗争》，法律出版社 2002 年版，第 49 页。

④⑤ 参见徐伟功：《中国国际私法典体系结构初探》，载《法商研究》2005 年第 2 期。

⑥ 参见梁慧星：《为我国民法典而斗争》，法律出版社 2002 年版，第 23 页。

第二编

民法典
体系的基本构成

第四章

民法典的价值与民法典体系

第一节 民法价值体系的含义和功能

一、价值的含义

"价值"一词，与古代梵文和拉丁文中的"掩盖、保护、加固"等词义有渊源关系。据学者考证，"价值"在意义上和用法上的扩展，最初始于经济学，即当时所谓的政治经济学，并日渐成为经济学中价值理论的中心术语。而一些哲学家如尼采等，则在更加广泛的意义上来理解价值和价值准则的概念，并在他们的思想活动中赋予这些概念以重要的地位。① 今天，"价值"已广泛使用于各门人文社会学科。

但关于价值的含义，迄今尚未有一致的意见。域外学者曾就哲学家所使用的"价值"一词作如下的归纳：其一，"价值"被用作抽象名词。在狭义上只包括可以用"善"、"可取"和"值得"等术语来恰当表示的事物；在广义上则包括了各种正当、义务、美德、美、真和神圣。其二，"价值"作为一个更具体的

---

① 卓泽渊：《法的价值总论》，人民出版社 2001 年版，第 16 页。

名词，往往用来指被评价、判断为有价值的事物，或被认为是好的、可取的事物。其三，"价值"还在"评价"、"作出评价"和"被评价"等词组中被用作动词。①

我国学者对于价值的含义也认识不一。有学者认为价值"是指客体的存在、作用以及它们的变化对于一定主体需要及其发展的某种适合、接近或一致。"②有学者认为"所谓价值，既不是有形的、具体的存在所构成的实体，也不是客观对象与主体需要之间的满足与被满足的关系，而是人类所特有的绝对的超越指向。"③还有学者综合前述两种对价值含义的认识，主张"价值是客体对于主体的意义。包括客体对于主体的需要的满足和主体关于客体的绝对超越指向两个方面。"④

我们认为，语词的含义只能结合其使用的语境和使用者的使用目的予以确定。本章主要是在"人类所特有的绝对的超越指向"这一含义上使用"价值"一词。其实，价值作为"人类所特有的绝对的超越指向"，当然也是对主体的特定需要的满足。

二、法的价值的含义

对于法的价值的含义，域外学者同样认识不一。《牛津法律大辞典》在解释价值观时指出，"价值因素包括：国家安全、公民的自由，共同的或者公共的利益，财产权利的坚持，法律面前的平等、公平，道德标准的维护等。另外还有一些较次要的价值，如便利、统一、实用性等。"⑤ 日本学者川岛武宜认为，"法律所保障的或值得法律保障的（存在着这种必要性）价值，我们将其称之为'法律价值'……各种法律价值的总体，又被抽象为所谓的'正义'。"⑥

我国学者对于法的价值的含义也作出了不同的界定。有学者认为，"法的价值是标志着法律与人关系的一个范畴，这种关系就是法律对人的意义、作用或效用，和人对这种效用的评价。因此，法的价值这一概念包括以下两个方面的基本含义：第一，法律对人的作用、效用、功能或意义。……第二，人对法律的要求或评

---

① ［美］R. B. 培里：《价值和评价》，刘继编选，中国人民大学出版社 1989 年版，第 1～7 页。
② 李德顺：《价值论》，中国人民大学出版社 1987 年版，第 13 页。
③ 何中华：《论作为哲学概念的价值》，载《哲学研究》1993 年第 9 期。
④ 卓泽渊：《法的价值总论》，人民出版社 2001 年版，第 18 页。
⑤ ［英］戴维·M·沃克：《牛津法律大辞典》，邓正来等译，光明日报出版社 1988 年版，第 920 页。
⑥ ［日］川岛武宜：《现代化与法》，申政武、王志安、渠涛、李旺译，王晨校，中国政法大学出版社 1994 年版，第 246 页。

价。"① 有学者认为，"法的价值是一定的社会主体需要与包括法律在内的法律现象的关系的一个范畴。这就是，法律的存在、属性、功能以及内在机制和一定人们对法律要求或需要的关系，这种关系正是通过人们的法律实践显示出来的。"② 还有学者认为，"所谓法的价值，就是法这种客体对个人、阶级、社会的积极意义，是法的存在、作用和变化对这些主体需要的满足及其程度。"③ 另有学者认为，"法的价值是以法与人的关系作为基础的，法对于人所具有的意义，是法对于人的需要的满足，是人关于法的绝对超越指向。"④ 不难看出，对"价值"一词的认识，直接决定着对"法的价值"一词含义的理解。

我们认为，关于"法的价值"含义的理解，也只能结合其使用的语境和使用者的使用目的予以确定。本章主要是在"人类所特有的绝对的超越指向"这一含义上使用"价值"一词，因此，"法的价值"就是指体现在法中的"人类所特有的绝对的超越指向"。

三、民法价值体系的含义

价值体系，"是在一定社会生产方式的制约下由价值观念所建构的体系。它作为对一定社会生产方式内在反映的精神力量，笼罩着整个社会生活，主导和制约着人们追求和实现生命价值的社会意识和社会行为。"⑤ 法的价值体系，"也可以称之为法的价值系统，是由法的价值所构成的价值系统或价值整体。"⑥

与前述认识相适应，民法的价值体系就是由民法的价值所构成的价值系统或价值整体。由于我们是在"人类所特有的绝对的超越指向"这一含义上使用"价值"一词，因此，"法的价值"就是指体现在法中的"人类所特有的绝对的超越指向"，而民法的价值自然就是体现在民法中的"人类所特有的绝对的超越指向"。在这种意义上，民法的价值体系就是指人们在民法中所表达的价值取向以及各项价值取向之间的相互关系。由于民法的价值取向集中体现在各项民法的基本原则中，因此民法的价值体系关注的就是各项民法基本原则及其相互关系。

在我国现行的民事立法上，承认了平等原则、私法自治原则、公平原则、诚

① 严存生：《法律的价值》，陕西人民出版社1991年版，第28页。
② 乔克裕、黎晓平：《法的价值论》，中国政法大学出版社1991年版，第40页。
③ 刘金国、舒国滢主编：《法理学教科书》，中国政法大学出版社1999年版。
④ 卓泽渊：《法的价值总论》，人民出版社2001年版，第26页。
⑤ 李从军：《价值体系的历史选择》，人民出版社1992年版，第1页。
⑥ 卓泽渊：《法的价值总论》，人民出版社2001年版，第51页。

实信用原则以及公序良俗原则。其中，平等原则是民法的基础原则，离开了民事主体之间平等的假设，民法就丧失了存在的根基，也就无从谈起民法的其他基本原则。私法自治原则是民法最重要、最有代表性的原则，是民法基本理念的体现。民法最重要的使命，就是确认并保证民事主体自由的实现。公平原则，意在谋求当事人之间的利益衡平。在民法上，只有违背私法自治原则的不公平安排，方会成为民法通过公平原则予以纠正的对象，因此公平原则是对私法自治原则的有益补充。诚实信用原则，将最低限度的道德要求上升为法律要求，以谋求个人利益与社会公共利益的和谐。公序良俗原则，包括公共秩序和善良风俗两项内容，对个人利益与国家利益以及个人利益与社会利益之间的矛盾和冲突发挥双重调整功能。诚实信用原则和善良风俗原则都是以道德要求为核心的。但善良风俗原则与诚实信用原则不同。善良风俗原则并不强制民事主体在民事活动中积极地实现特定的道德要求，它只是消极地设定了民事主体进行民事活动不得逾越的道德底线；诚实信用原则则强制民事主体在民事活动中积极地实现特定的道德要求，它设定了民事主体进行民事活动必须满足的道德标准。诚实信用原则和公序良俗原则是对私法自治原则的必要限制，力图谋求不同民事主体之间自由的和谐共存。

四、民法价值体系的功能

民法的价值体系包含着民事立法的准则。因为民法的基本原则，蕴含着民法调控社会生活所欲实现的目标，所欲达致的理想，集中体现了民法区别于其他法律，尤其是行政法和经济法的特征。它贯穿于整个民事立法，确定了民事立法的基本价值取向，是制定具体民法规范，设计具体民法制度的基础。在制定民事立法的过程中，立法者应遵循体系强制的要求，将各项民法的基本原则落实到相应的民法制度和规范中。在进行立法解释的过程中，民法的基本原则也是立法者解释的准则。唯有如此，才能实现民法体系化的要求，保持各项民法制度和规范在价值取向上的和谐，为类似问题类似处理的法治原则的实现开辟可能。

民法的价值体系包含着民事主体进行民事活动的基本准则。因为民事主体所进行的各项民事活动，不仅要遵循具体的民法规范，还要遵循民法的基本原则。在现行法上对于民事主体的民事活动欠缺相应的具体民法规范进行调整时，民事主体应依民法基本原则的要求进行民事活动。民法的基本原则对应着民法上的强行性规范，民事主体不得约定在民事活动中排除民法基本原则的适用。民事主体约定排除民法基本原则适用的条款属于违反效力性、禁止性规范的条款，应被认定为绝对无效。

民法的价值体系包含着裁判者对民事法律、法规进行解释的基本依据。因为尽管民法的基本原则不直接涉及民事主体具体的权利和义务，具有高度的抽象性。"它不预先设定任何确定的、具体的事实状态，没有规定具体的权利和义务，更没有规定确定的法律后果。"在未经足够的具体化以前不能作为裁判者的裁判规范。但裁判者在裁断民事案件时，须对所应适用的法律条文进行解释，以阐明法律规范的含义，确定特定法律规范的构成要件和法律效果，并辨别法律规范的类型。裁判者在对法律条文进行解释时，如有两种相反的含义，应采用其中符合民法基本原则的含义。无论采用何种解释方法，其解释结果均不能违反民法基本原则。另外，如果裁判者在裁断案件时，在现行法上未能获得据以作出裁判的依据，这就表明在现行法上存在法律漏洞。此时，裁判者应依据民法的基本原则来进行法律漏洞的补充，创制裁断纠纷的法律规范。

民法的价值体系包含着民法学者讨论价值判断问题时，应当权衡的主要因素。因为民法的诸项基本原则包含着民法上冲突的价值取向，如何经由学术的讨论，发现冲突所在，认识冲突的本质，提出协调冲突的可行办法并阐明其理由，是民法学者进行民法学研究的一项核心任务。

第二节　民法价值体系与中国民法学研究

一、对中国民法学研究的简要回顾与反思

中国的民法学研究自20世纪70年代末期恢复以来，经过两代民法学者[①]的努力，已成规模：不仅协助立法机关初步建立起中国的民事立法体系，而且基本的民法概念和民法制度都已成为研究的对象，经过民法学者反复的梳理和讨论，完成了必要的知识准备，形成了初步的民法共识。21世纪的前10年，中国的民事立法进入到一个关键阶段：即要在总结中国已有民事立法和民事司法经验教训的基础上，在对与民法相关的其他社会实践和民法传统进行调查研究的基础上，在对域外的民法理念和民法制度进行必要借鉴的基础上，完成民法法典化的任

---

① 这里的代际划分采用我国已故著名民法学家谢怀栻教授的说法。详情参见谢鸿飞：《"制定一部好的中国民法典"——谢怀栻先生访谈录》，载梁慧星主编：《民商法论丛》2001年第4卷，金桥文化出版（香港）有限公司2001年版。稍微不同的代际划分方法，请参见梁慧星：《在民法9人行聚会上的讲话》，载崔建远主编：《民法9人行》（第2卷），金桥文化出版（香港）有限公司2004年版。

务。如果中国的民法学是对中国的民事立法、民事司法和与民法有关的其他社会实践具有解释力的学问，如果中国的民法学是真正意义上"我们中国的民法学"，而非域外某个国家或地区民法学亦步亦趋的追随者，中国的民法学研究同样到了一个关键阶段：它不但要为民法的法典化提供必要的理论支撑，还要未雨绸缪，慎重考虑民法法典化以后民法学的发展方向。① 正所谓"人无远虑，必有近忧"，此际回顾过去 20 余年民法学研究的路向，总结其特点，检讨其不足，并以此为基础展望未来我国民法学的学术路向，不但可能，而且必要。

我国迄今为止的民法学研究，在总体上呈现出的一个突出特点就是过分侧重制度性研究。② 所谓过分侧重制度性研究，主要是指民法学研究一方面过分侧重以下四个方面的内容：（1）从解释论的角度出发，阐明我国现行民事立法上相关法律规则的含义，力图为法律的适用确定一个相对清晰、妥当的前提，为法官的裁判活动提供可资借鉴的意见；（2）从立法论的角度出发，指出我国现行民事立法的欠缺，并提出进一步改变或改进的意见，作为立法机关完善民事立法的参考；（3）针对现实生活中存在的实际问题，从民法的角度提出制度性的对策；（4）对域外的民法制度进行翻译、介绍、比较、分析，提出应当借鉴以及如何借鉴的建议或是阐明不应借鉴的理由。③ 另一方面，我国以往的民法学在进行上述四种类型制度性研究时，过分依赖法律的逻辑分析方法。

民法学属于实用法学，民法学的研究成果应当有助于解决实际问题，并最终

---

① 分别由梁慧星教授、王利明教授、徐国栋教授主持的课题组都已完成了民法典专家建议稿的起草工作，并将专家建议稿提交全国人大法工委。尽管民法学界此后仍将以参加研讨会等方式参与民法典的起草工作，但专家建议稿的完成在某种意义上表明，民法学界已经初步完成其在民法法典化过程中的使命。立法机关如何面对来自不同群体的利益诉求，进行利益衡量，作出价值判断，进一步决定相关民法规范的设计，将是民法典下一步工作中的重点。这主要应是"民法社会学"或"立法政治学"考察的对象。

② 这一判断并非全称判断。实际上，我国以往的民法学研究中，并非所有的民法学著述都存在过分侧重制度性研究的问题，只是出于讨论的便宜，才采用了这一说法。

③ 苏力教授在一篇讨论中国法学研究范式的文章中，使用了"诠释法学"一语，他认为诠释法学的特点是"高度关注具体的法律制度和技术问题，注意研究现实生活中具体的法律问题。""诠释法学的核心问题是构建一个基本完整、自洽且能够有效传达和便于司法运用和法律教学的法律概念系统和规则体系。"详情参见苏力：《也许正在发生》，法律出版社 2004 年版，第 12 页、第 17 页。从描述的学术现象来讲，"诠释法学"与这里所谓"过分侧重制度性研究"具有相似性，但并不完全等同。因为"诠释法学"的核心问题如果是"构建一个基本完整、自洽"的"法律概念系统和规则体系"，它已经超越了制度性研究的范畴，带有有意识的体系化思考的色彩。这就与本章对于当前民法学学术路向的判断不完全一致。在这种意义上，邓正来教授在一篇讨论中国法学学术路向的文章中，将迄今为止中国法学研究的一个侧面归结为"法条主义"，认为法条主义论者所从事的基本工作乃是"试图建构一个在概念系统上比较完整、逻辑自洽、传达便利和运用有效的有关各部门法的规则体系。""法条主义论者所从事的上述工作的基本特征是实证的，因为他们所研究的只是那些可以被称为是'实证法'的制定法。"详情参见邓正来：《中国法学向何处去（上）》，载《政法论坛》2005 年第 1 期。我们认为，这里所谓"法条主义"就更接近于苏力教授所称"诠释法学"，而非本章"过分侧重制度性研究"。

落实到民法规则的设计和适用上。在这种意义上，制度性研究无论何时都属于一个国家、一个地区民法学研究的核心内容。就中国而言，制度性研究奠定了中国民法学的知识基础，提供了民法学最基本的知识平台，为中国的民事立法和民事司法提供了必要的知识准备，并通过其对社会生活的实际影响确证了民法学研究的必要性。但是过分依赖法律的逻辑分析方法的制度性研究本身存在着难以克服的缺陷，就中国而言，在以往民法学研究的过程中，这样的制度性研究导致了以下两个典型缺陷：

第一个典型缺陷是"自说自话"。突出表现为在制度性研究的过程中，研究者前提的确定以及结论的得出过于随心所欲，不但无视学界已有的共识，甚至偏离研究者自己一贯的价值取向和预设的逻辑前提。例如在讨论相关问题时，研究者要么随意创造概念或者以自己对概念的重新界定作为讨论的起点，出现所谓的"定义偏好"以及"在定义的脊背上建立理论"①，诱发毫无价值的争议；要么是以自己的价值取向作为前提，仅仅依靠逻辑推演来确证自身价值判断结论的妥当性，或者误将价值判断结论的不同表述方式作为论证价值判断结论正当性的理由，甚至根本不经论证就排斥其他的价值判断结论；要么是错误地认识了讨论对象的问题属性，误将事实判断问题作为价值判断问题，或者误将立法技术问题作为价值判断问题展开讨论。诸此种种，不一而足。这样的研究成果既无法与其他民法学者进行有效的学术交流，也无助于推动民法学研究的进展②。

第二个典型缺陷是"自我封闭"，用一句老话来讲就是容易"只见树木，不见森林"。自我封闭主要体现为由于在进行制度性研究的过程中过分依赖法律的逻辑分析方法，使得民法学问题显得似乎只是民法学者自己的问题，民法学者在进行相关制度性问题研究的过程中间，欠缺与民法学以外的其他法学学科，与法学以外的其他人文学科，与社会科学、自然科学进行良性沟通和交流的渠道，在有意无意中营造了一个相对封闭的民法学术界。这种自我封闭，既使民法学以外其他学科的研究方法和研究成果无法成为民法学研究的知识资源；也使民法学问题成为纯粹的民法学者的问题，其他学科的学者无法切入民法问题的讨论，形成

---

① 哈特（H. L. A. Hart）语，转引自张文显主编：《马克思主义法理学》，吉林大学出版社1993年版，第109页。

② 杨日然教授曾经论及"科学的特性在于其'间主观的讨论或批判的可能性'。易言之，科学的理论或假设，不同其真伪程度如何，至少须在原理上具有可援用经验的验证或逻辑分析等间主观的方法判断其真伪的可能性。依Karl Popper所说，科学的进步，有赖于从事科学研究的各个学者，在学界的公共场合，所作间主观的讨论或批评，尤其是对于各个学说依据经验事实提出反证加以驳斥的努力，而学问的这种公共性格，实为科学进步的最大保障。"详情参见杨日然：《法理学论文集》，月旦出版社股份有限公司1997年版，第114页。尽管对于法学，包括民法学是否属于科学尚有诸多争议，但"间主观的讨论或批判的可能性"对于民法学研究同样至关重要。"自说自话"的制度性研究却不存在展开"间主观的讨论或批判的可能性"。

了人为的知识隔绝。① 这种"自我封闭"同时又容易导致另外一种相反的趋向，那就是一旦其他学科的研究方法或研究成果被介绍、引入到民法学研究中来，民法学者又缺乏必要的"免疫力"，导致对其他学科某些研究方法或研究成果的迷信。例如当法律的经济分析方法被引入到民法学研究中来以后，马上就被一些学者奉为法宝，认为它几乎可以回答所有的民法学问题；甚或认为在进行制度性研究的过程中，它具有相对于其他的法学研究方法无可比拟的优越性。这种现象，其实也是"自我封闭"的必然产物。

二、民法价值体系对于中国民法学研究的意义

如何改变我国以往民法学研究中存在的"自说自话"、"自我封闭"的局面，一方面使相关民法学问题的讨论能够成为进行有效学术交流的对象，从而真正推动中国民法学的发展，而非"自言自语者多，批评回应者少，看似一派兴旺，实则繁而不荣。"② 另一方面使民法学的研究具有开放性，既可以有效吸收其他学科的研究方法和研究成果，也可以使民法学研究的方法和成果能够为其他学科的学者所借鉴。这恐怕是任何一个从事民法学教学、科研和学习的人都无法回避的一个问题。我们认为，欲改变这一局面，民法学界必须要致力于建构以下两个学术平台：（1）民法学界应当致力于建构中国民法学内部的学术平台，即民法学者之间的学术平台。以这个学术平台为基础，民法学者对相关问题所进行的讨

---

① 王利明教授在《对法学研究现状的几点看法》一文中批评"饭碗法学"，认为"在我国法学研究中存在着一种可以称之为'饭碗法学'的观点，该观点的内容表现在两个方面：首先是自我封闭，将法学的学科严格划分为若干门类，如民法学、宪法学、刑法学、民事诉讼法学等。各个学科之间壁垒森严，甚至学科内部也沟壑纵横。其次是封闭他人，持'饭碗法学'观点者对其他领域的学者从事自己这个领域的研究往往表现出高度的警惕，一旦有越雷池者必然口诛笔伐，认为这种学者是不务正业，或者说是手伸得太长。甚至认为，这些跨学科研究的学者违反了学术界的所谓'游戏规则'，并对这些学者进行各种形式的非议。我认为，这种观点是与新世纪法学研究发展潮流和社会生活实际需要严重背离的。"详情参见王利明：《对法学研究现状的几点看法》，载《法制与社会发展》2005 年第 1 期。

梁治平先生曾在《法治进程中的知识转变》一文中对法学界普遍存在的这种现象进行了严厉的批评，他认为"在中国的知识界，很长时间以来一直存在着一种法律人与知识分子的分离。说得具体一些，法律人似乎并不关心一般知识分子所讨论的问题，普通知识分子也不了解法律人所做的工作。不但法律人不算是知识分子的一部分，而且他们几乎不相往来。"详情参见：梁治平：《法治进程中的知识转变》，载《读书》1998 年第 1 期。吴经熊先生在民国时期也曾撰文提出过类似的批评，他认为部门法的学科划分过于狭窄，于是法学者"因为各专一科的缘故，他们就往往把界限划得太严格，久而久之，以为这些界限是自然的分界。风不进，雨不出；两个疆域之间是永不会发生关系的。"他还称这种现象导致了"法学的孤独化的趋向"。详情参见吴经熊：《关于现今法学的几个观察》，原载《东方杂志》1934 年第 31 卷第 1 号，载《法律哲学研究》，清华大学出版社 2005 年版，第 192 页。

② 引自崔建远教授为《民法 9 人行》所作的序。详情参见崔建远主编：《民法 9 人行》（第 1、2 卷）序言，金桥文化出版（香港）有限公司 2003 年、2004 年版。

论，能够进行有效的交流和沟通，能够进行有效的批评和检证；（2）民法学界应该建构起民法学与民法学以外的其他法学学科，与法学以外的其他人文学科，与社会科学乃至与自然科学进行良性沟通和交流的学术平台，即民法学者与其他学科学者之间的学术平台。

通过什么样的途径，借助什么样的问题，可以建构起来这样的学术平台，从而克服以往这种过分侧重制度性研究所导致的"自说自话"和"自我封闭"的缺陷呢？

就建构中国民法学内部的学术平台而言，一个非常有效的途径就是强调在讨论制度性问题的过程中，应遵循体系强制的要求，即采取体系化的思考方法。这里所谓体系强制，是指民法制度的构造应力求系于一体，力求实现一致性和贯彻性，非有足够充分且正当的理由，不得设置例外。之所以要求民法学者对制度性问题的讨论应采取体系化的思考方法，应遵循体系强制的要求，是因为"法规则系存在于一特定的规整脉络中；多数规定彼此必须相互协调、逻辑一贯，以避免产生相互矛盾的决定。如果不想将法学工作局限为登录及注解个别规则和裁判，就不能不注意上述问题，质言之，必须作体系性的研究。"① 它"不仅有助于概观及实际的工作；它也成为借助那些——透过体系才清楚显现的——脉络关联以发现新知的根源，因此也是法秩序继续发展的基础。只研究个别问题，而没有能力发现较广脉络关联的学问，并不能继续发展出新的原则；在从事法比较时，以不同方式表达出来的实证制度、规定彼此功能上的近似性，它也不能认识。"②

对于中国的民法学研究而言，强调遵循体系强制的要求，强调体系化的思考方式，具有特别的意义：因为如果中国的民法学说是对中国的民事立法具有解释力的学问，就必须顾及中国的民事立法所具有的鲜明的混合继受特点。而"任何一个从本地的实际需要出发进行民事法律继受的国家和地区，在进行法律继受的过程中以及完成法律继受之后，运用体系化的思考方式对将要继受的或者已经继受的法律原则和法律制度进行整理与协调，以保持法律原则与法律原则之间、法律制度与法律制度之间、法律原则与法律制度之间、域外经验与本土资源之间的和谐关系，乃是民法得以成为社会交往中具有权威性的说服工具的重要一环。中国已经进入并将进一步进入法律继受的高峰期，……范围广泛的法律继受以及建立中国民法体系的需要都对民法学研究提出了新的挑战。挑战就意味着机遇。在法律继受过程中对于不同法制背景、不同预设前提之下法律制度的兼容并蓄，

---

① ［德］卡尔·拉伦茨：《法学方法论》，陈爱娥译，商务印书馆2003年版，第6页。
② ［德］Helmut Coing, Grundzuege der Rechtsphilosophie（4。Auflage），1986，S。353。转引自［德］卡尔·拉伦茨：《法学方法论》，陈爱娥译，商务印书馆2003年版，第45页。

既破坏了法律制度之间原有的内在关联和功能协调，又提供了建立一种新的内在关联，实现新的功能协调的机会。中国未来民法的独特性在一定程度上正与此有关。"①

民法学者在进行制度性研究的过程中，采取体系化的思考方法，遵循体系强制的要求，包括两个方面的内容：

1. 应遵循实质意义上体系强制的要求。即民法学者在讨论制度性问题的过程中，应维持法律制度之间价值取向的和谐。这就与民法的价值体系直接相关。因为实质意义上的体系强制要求，在讨论制度性问题的过程中，讨论者应依据民法的价值体系，尊重民法学界最低限度的价值共识②，并遵循由此所派生的讨论民法价值判断问题的实体性论证规则。即没有足够充分且正当的理由，在讨论制度性问题的过程中，不得支持构成民法基本价值取向例外的价值判断的结论。这就与民法的价值体系有关。它具体包括两项实体性论证规则：（1）在没有足够充分且正当理由的情况下，应当坚持强式意义上的平等对待。该规则对应着一项论证负担规则：即主张采用弱式意义上的平等对待来回答特定价值判断问题的讨论者，必须承担论证责任，举证证明存在有足够充分且正当的理由，需要在特定价值判断问题上采用弱式意义上的平等对待。否则，其主张就不能被证立。这就意味着，面对特定价值判断问题，主张弱式意义上平等对待的讨论者不仅需要积极地论证存在有足够充分且正当的理由，无须贯彻强式意义上的平等对待；还需要通过论证，有效反驳主张强式意义上平等对待的讨论者提出的所有理由。而坚持强式意义上平等对待的讨论者，则只须通过论证，有效反驳主张弱式意义上平等对待的讨论者提出的理由即可。（2）没有足够充分且正当的理由，不得主张

---

① 王轶：《物权变动论》，中国人民大学出版社 2001 年版，第 6 页。日本民法学者我妻荣教授曾就日本民法学的研究提出过类似的观点。他认为"日本民法是主要仿效德国民法第一草案，又加入了不少法国民法思想的，即使只作为纯粹的逻辑体系也有缺陷。研究这样的日本民法的人员，一边研究德国、法国两国的参考书，一边还要完成日本民法的逻辑的体系，这件事本身也有非常大的价值。"［日］我妻荣：《债权在近代法中的优越地位》，中国大百科全书出版社 1999 年版，第 346 页。日本民法学者山本敬三在讨论日本民法学史时谈到"在民法典制定后，学者展开了阐明其内容，将其体系化的作业。线索是德国法。这种倾向，尤其在从明治时代末期到大正时代的过渡阶段，被推向了极致。在这个时期，较之于民法的条文、起草者的见解，人们更热衷于调查某个问题在德国法中如何，就好像日本民法典也与德国法有相同的规定。这种法学的压倒性影响，称为学说继受。""后来，进入昭和时期后，批判当时德国法学一边倒之立场的意见，被强有力地提了出来。不过，重视德国法学的倾向，基本上一直持续到战后不久。""可是，进入 20 世纪 60 年代后，日本民法受到法国法的强烈影响，是通过对旧民法的修正而产生的这一事实，得到再一次确认，人们清醒地意识到用德国流来解释法国法风格的规定、制度的问题所在。结果，现在普遍的方向是，在慎重洞察民法的各项制度是来源于哪个国家的基础上，在与其他国家比较的同时，作适合日本社会的解释。"［日］山本敬三：《民法讲义Ⅰ总则》，解亘译，北京大学出版社 2004 年版，第 20～21 页。

② 在中国的宪政体制确立后，民法学界最低限度的价值共识就无须通过民法学者围绕民法基本原则及其关系的讨论、沟通来形成，而是要借助对宪法原则的阐释来形成。

对民事主体的自由进行限制。该规则也对应着一项论证负担规则：针对特定价值判断问题，主张限制民事主体自由的讨论者，应承担论证自身价值取向正当性的责任。如果不能证明存在足够充分且正当的理由要求限制民事主体的自由，就应当确认并保障其自由。[①] 在这种意义上，面对特定价值判断问题，主张限制民事主体自由的讨论者不仅要积极地论证存在有足够充分且正当的理由，要求限制民事主体的自由；还要对反对限制民事主体自由的讨论者提出的理由进行有效的反驳。而反对限制民事主体自由的讨论者只须有效反驳对方提出的理由即可。[②]

这里所谓"足够充分且正当的理由"是开放的，而且可以随"世易时移"不断地作出调整，它"只能借着与特定历史情境相联结，并借助当时一般法意识的中介，才能获得其具体内容。"[③] 因此遵循实质意义上的体系强制所建构的法律体系，具有开放性和适应性，会出现埃赛尔（Esser）所谓"发现问题、形成原则及巩固体系三者间的循环"。[④]

2. 应遵循形式意义上体系强制的要求。即民法学者在讨论制度性问题的过

---

① 张文显教授曾提及"自由是一种价值。因此，对公民自由的任何限制，无论是通过直接的刑法，还是通过其他的法律，都需要证成，即要说明限制自由的理由和条件。……在西方，法哲学家们提出了多种理由（理论、原则、学说）证成法律对自由的限制，比较流行的有：法律道德主义、伤害原则、法律家长主义、冒犯原则。……"详情参见张文显：《二十世纪西方法哲学思潮研究》，法律出版社1996年版，第546页以下。自由主义的批判者、德国政治学家卡尔·施密特（Carl Schmitt）尝言，自由主义宪法的核心内涵是，个人自由的范围在原则上是无限的，而国家干预这一范围的能力在原则上是有限的。换句话说，个人行动在理论上无须证明其合理性；相反，国家的干预行动却必须证明其合理性。Joseph W. Bendersky, Carl Schmitt: Throrist for the Reich, Princeton, New Jersey: Princeton University Press, 1983, pp. 107 – 122. 转引自李强：《宪政自由主义与国家构建》，载《公共论丛——宪政主义与现代国家》，三联书店2003年版。

② 详细的论述请参见王轶：《民法价值判断问题的实体性论证规则》，载《中国社会科学》2004年第6期。实质意义上的体系强制所对应的法律体系，类似于拉伦茨教授所谓具有"开放"及"不完全"特质的"内部体系"，但又有所不同。因为本章论及的实质意义上的体系强制，系以中国民法学的学术实践为背景，建立在中国民法学界最低限度的价值共识之上，因此其对应的法律体系的"开放"和"不完全"，是以此最低限度价值共识为底线的论证理由的"开放"和"不完全"。关于卡尔·拉伦茨教授的观点请参见［德］卡尔·拉伦茨：《法学方法论》，陈爱娥译，商务印书馆2003年版，第348～362页。

③ ［德］Claus-Wilhelm Canaris, Systemdenken und Systembegriff in der Jurisprudenz (2. Auflage), 1983, S. 71. 转引自［德］卡尔·拉伦茨：《法学方法论》，陈爱娥译，商务印书馆2003年版，第47页。

④ ［德］Josef Esser, Grundsatz und Norm (4. unveraenderte Auflage), J. C. B. Mohr (Paul Siebeck) Tuebingen 1990, S. 7.

程中，应维持法律制度之间的逻辑和谐。[①] 它具体包括两个方面的内容：（1）以民法概念的科层性为基础形成的体系强制。即在讨论民法问题的过程中，围绕下位概念所设计的民法制度，在没有足够充分且正当理由的前提下，不得与围绕上位概念所设计的民法制度出现冲突。民法的成文化意味着民法要以有限的法律条文去调整无限丰富的社会生活，因此民法成文化的过程就是一个抽象化的过程。在这一过程中，由于抽象化的对象存有差异，作为抽象化产物的法律概念就会存在位阶性，出现所谓上位概念和下位概念的区分。可见，这种意义上的体系强制所对应的体系，即抽象概念式的体系，其"形成有赖于：由——作为规整客体的——构成事实中分离出若干要素，并将此等要素一般化。由此等要素可形成类别概念，而借着增、减若干——规定类别的——要素，可以形成不同抽象程度的概念，并因此构成体系。借着将抽象程度较低的概念涵摄于'较高等'之下，最后可以将大量的法律素材归结到少数'最高'概念上。此种体系不仅可以保障最大可能的概观性，同时亦可保障法安定性"。[②] （2）以民法制度的逻辑相关性为基础形成的体系强制。即在讨论民法问题的过程中，必须意识到看似不相关的民法制度常常会存在逻辑上的关联，这种逻辑上的关联经常表现为某一民法制度的设计，会产生"路径依赖"的效用，会在逻辑上限定其他民法制度设计的可能性。以物权变动模式的立法选择为例，当其运用特定的民法言说方式对特定的社会经济交往关系作出解释以后，就会在逻辑上限定民法上一系列制度的具体设计和表述，如法律行为制度、善意取得制度、不当得利制度、买卖合同制度等的设计和表述，这就是所谓物权变动模式立法选择的体系效应。[③] 这种意义上的体系强制意味着，对具体民法制度的讨论，可以在限定其设计和表述可能的逻辑前提上，形成最低限度的学术共识，从而避免讨论的随意性。[④]

---

① 可能会有学者援引霍姆斯法官的话来批评形式意义上的体系强制，即"法律的生命一直都不是逻辑，法律的生命一直都是经验。"但恰如卡多佐法官所言："霍姆斯并没有告诉我们当经验沉默无语时应当忽视逻辑。除非有某些足够的理由（通常是某些历史、习惯、政策或正义的考虑因素），我并不打算通过引入不一致、无关性和人为的例外来糟蹋法律结构的对称。如果没有这样一个理由，那么我就必须符合逻辑，就如同我必须不偏不倚一样，并且要以逻辑这一类东西作为基础。"因为"人们在智识上强烈地爱好司法的逻辑性，爱好形式与实质的对称"。[美] 本杰明·卡多佐：《司法过程的性质》，苏力译，商务印书馆1998年版，第17～19页。其实即使本章强调形式意义上的体系强制，也并不意味着忽视了经验对于法律的重要性，而是强调相对于经验来讲逻辑也同样是重要的。

② [德] 卡尔·拉伦茨：《法学方法论》，陈爱娥译，商务印书馆2003年版，第316～317页。

③ 参见王轶：《物权变动论》第二编"效应论"，中国人民大学出版社2001年版，第191～366页。

④ 形式意义上的体系强制所对应的法律体系，与卡尔·拉伦茨教授所谓"外部的体系"有关，但并不等同。所谓"外部的体系"仅相当于形式意义上体系强制第一个方面的内容所对应的法律体系。关于"外部的体系"请参见 [德] 卡尔·拉伦茨：《法学方法论》，陈爱娥译，商务印书馆2003年版，第316～348页。

自然法思潮可谓是实质意义上体系强制的法理基础①，概念法学则对应着形式意义上体系强制的第一层含义。而实质意义上体系强制的实现，在很大程度上还要借重第一层含义的形式意义上体系强制。在这种意义上，第一层含义的形式意义上的体系强制具有较为浓厚的技术或工具色彩。不过二者间的这种"借重"关系，也缓和了形式意义上体系强制的僵硬，使法律体系富有开放性。

第三节　民法价值体系所包含的实体性论证规则

一、问题的提出

民法问题是民法学问题的核心，价值判断问题是民法问题的核心。作为社会治理的工具，民法就是通过对特定类型冲突的利益关系设置相应的协调规则，来维护社会秩序的和谐。所谓"特定类型冲突的利益关系"，首先是指民事主体与民事主体之间冲突的利益关系；其次，是指民事主体的利益与国家利益和社会公共利益之间的冲突关系。民法依据特定的价值取向对上述冲突的利益关系作出取舍，或安排利益实现的先后序位的过程，就是一个作出价值判断的过程。民法学者在学术实践中关注和讨论的问题大多与此有关。

在价值取向单一的社会，面对价值判断问题，讨论者"心有灵犀"，极易达成共识。但在价值取向多元的社会里，讨论者由于社会阅历、教育背景以及个人偏好的不同，而持守不同的价值取向，讨论价值判断问题难免"众口难调"，价值判断问题就成了困扰人类智慧的难解之题。讨论者面对无穷追问，难免流于如下三种命运：一是无穷地递归，以至于无法确立任何讨论的根基；二是在相互支持的论点之间进行循环论证；三是在某个主观选择的点上断然终止讨论过程，例如通过宗教信条、政治意识形态或其他方式的"教义"来结束论证的链条。② 正因如此，分析哲学家干脆否认价值判断问题可以成为理性讨论的对象。他们认为

---

① "深受自然法学派影响的人们探讨法律在过去的实施情况是怎样的，并从中抽象出法律应是什么的一般性原则，以便产生出理由充分的、具有普遍性或理性的法律。这一推理似乎必然导向抽象原则的条理化和系统化。换言之，被发现的一般性规则可构成井井有条，而且易于理解的系统。"参见宋冰：《读本：美国与德国的司法制度及司法程序》，中国政法大学出版社1998年版，第45页。

② 舒国滢：《走出"明希豪森困境"》（代译序），第1~2页。载［德］罗伯特·阿列克西：《法律论证理论》，舒国滢译，中国法制出版社2002年版。

"只表达价值判断的句子没有陈述任何东西，它们是纯粹的情感表达。"① 所以"伦理是不可说的。伦理是超验的。"② 而"对于不可说的东西我们必须保持沉默。"③④

问题是，民法作为通过规则治理社会的关键一环，承担着说服民众接受规则治理的使命。以民法学研究为业的人，也就无法如哲学家般的"超凡脱俗"。民法学者必须在进行充分论证的基础上，回答现实生活中形形色色的价值判断问题，为民事立法和民事司法提供借鉴。民法学者如何完成这一近乎不可能完成的任务？换言之，民法学者如何能够运用理性来讨论价值判断问题，以避免现实主义法学家罗斯（Alf Ross）不留情面的嘲讽——"祈求正义就像嘭嘭地敲击桌面一样，是一种试图把自己的要求变成先决条件的情感表达方式。"⑤？

建立在现代逻辑、语言哲学、语用学和对话理论基础上，并吸收了道德论证理论成果的法律论证理论⑥，尝试着提出了讨论价值判断问题的可行方法：即讨论者只要遵循特定的论证规则和论证形式，其得出的结论就可以作为符合正确性要求的结论。换言之，法律论证理论力图通过程序性的技术（论证的规则和形式）来为正确性要求提供某种理性的基础。⑦ 法律论证理论的代表人物阿列克西（Robert Alexy）就认为，理性不应等同于百分之百的确实性，只要遵守了一定的讨论（论辩）规则和形式，那么规范性命题就可以按照理性的方式来加以证立，讨论的结论就可以称为理性的结论。⑧ 这一思路当然可以用于讨论民法中的价值判断问题。但法律论证理论能否足以解决前面提出的问题？答案是否定的。正如德国法律诠释学的代表人物考夫曼针对法律论证理论所提出的批评那样，法律论证理论在哲学立场上几乎全以分析哲学为背景，分析哲学的缺陷自然也就成为法

---

① 艾耶尔（A. J. Ayer）语。Charles L. Stervenson, Facts and Values: Studies in Ethical Analysis, New Haven and London: Yale University press, 1963, p. 415.

② ［奥］维特根斯坦：《逻辑哲学论》，贺绍甲译，商务印书馆 2002 年版，第 102 页。

③ ［奥］维特根斯坦：《逻辑哲学论》，贺绍甲译，商务印书馆 2002 年版，第 105 页。

④ "一门科学必须就其对象实际上是什么来加以叙述，而不是从某些特定的价值判断的观点来规定它应该如何或不应该如何。后者是一个政治上的问题，而作为政治上的问题，它和治理的艺术有关，是一个针对价值的活动，而不是一个针对现实的科学对象。""只有把法的理论和正义哲学以至和社会学分开来，才有可能建立一门特定的法律科学。"［奥］汉斯·凯尔森：《法与国家的一般理论》，沈宗灵译，中国大百科全书出版社 1996 年版，作者序，第 Ⅱ－Ⅴ 页。

⑤ Alf Ross, On Law and Justice, Berkeley, 1959, p. 274.

⑥ 关于道德论证理论和法律论证理论的详细介绍和分析，请参见 ［德］罗伯特·阿列克西：《法律论证理论》，舒国滢译，中国法制出版社 2002 年版。

⑦ 舒国滢：《走出"明希豪森困境"》（代译序），载 ［德］罗伯特·阿列克西：《法律论证理论》，舒国滢译，中国法制出版社 2002 年版。

⑧ 颜厥安：《法、理性与论证——Robert Alexy 的法论证理论》，载《政大法律评论》总第 25 期。

律论证理论的缺陷，因此该理论只能以语义学的规则来讨论价值判断问题。① 这一批评确属的论。尽管阿列克西并未忽视讨论者的"先入之见"，而是一再强调"法律论证理论是在一系列受限的条件下进行的。在这一点上，特别应当指出它须受制定法的约束，它必须尊重判例，它受制于由制度化推动的法学所阐释的教义学，以及它必须受诉讼制度的限制。"② "谈话者最初既定的规范性确信、愿望、需求解释以及经验性信息构成了论证的出发点。"③ 但他却基于这样的理由，即"截然不同的规范性确信、愿望和需求解释均有可能作为出发点"④，从而放弃了对于讨论者"先入之见"的必要分析和考察。恰是这一点，使得法律论证理论无法圆满回答前文提出的问题。⑤ 因为确定讨论者在进入论证程序时共同的"先入之见"——即最低限度的价值共识，对于民法学者讨论价值判断问题至为重要。离开了最低限度的价值共识，民法学者就无以达成相互理解，也更谈不上在具体的价值判断问题上达成共识。我国民法学的学术实践也为这一论断提供了支持。

实际上，民法学者讨论价值判断问题，总是在特定的法治背景下展开的，而非"无底棋盘上的游戏"。⑥ 民法学者总可以在特定的法治背景中寻找到最低限

---

① ［德］阿图尔·考夫曼、温弗里德·哈斯默尔：《当代法哲学和法律理论导论》，郑永流译，法律出版社2002年版，第150～151页。引用时对译文略作调整。在阿图尔·考夫曼教授撰写的《法律哲学》一书中，他明确指出"纯粹程序理论的弱点在于，它相信可以放弃内涵与经验。"参见［德］阿图尔·考夫曼：《法律哲学》，刘幸义等译，法律出版社2004年版，第400页。

② ［德］罗伯特·阿列克西：《法律论证理论》，舒国滢译，中国法制出版社2002年版，第19～20页。

③④ ［德］罗伯特·阿列克西：《法律论证理论》，舒国滢译，中国法制出版社2002年版，第21页。

⑤ 当然，这种说法对于阿列克西的法律论证理论的确有些求全责备。在这种意义上，我们同意《法律论证理论》一书中文版的译者舒国滢教授下面的一席话："尽管法律论证理论偏重于程序理论，而且即使这个程序理论也还不是完美无缺的。"但"任何理论都不可能解决人类所有的理论和实践难题，但只要其推进了解决这些问题的过程，哪怕只是提出了解决这些问题的难度所在，那么也是应当予以正面评价的。"参见舒国滢：《走出"明希豪森困境"》（代译序），载［德］罗伯特·阿列克西：《法律论证理论》，舒国滢译，中国法制出版社2002年版，第25页。

⑥ 法律家不能像哲学家或伦理学家一样首先站在超实在法或实在法之外的立场来批判法律，不能完全用道德的评价代替法律的评价，不能简单地预先假设一切实在法都是"非正义的法"，是非法之法。法律家对法律的批评首先应当是"体系内的"批评，实在法为法律家提供了思考的起点和工作的平台，但同时也限制了法律家提问的立场和问题思考的范围。法律家完全可以表达自己在法律上的个人之价值判断，甚至像抒情诗人那样呈展自己渴望无限接近天空的浪漫想象，但法律家不能像诗人那样利用过度修辞的语言张扬自己的情感。他们如果不想让自己的判断和想象完全流于无效，那么他们就必须用所谓理性、冷静、刚性的"法言法语"包裹起这种判断和想象，按照"法律共同体"之专业技术的要求，来逻辑地表达为法律共同体甚或整个社会均予认可的意见和问题解决的办法。作为法律家之志业的法学应该担当起这个职能。诚如德国法学家卡尔·拉伦茨（Karl Larenz, 1903～1993）所指出的："假使法学不想转变成一种或者以自然法，或者以历史哲学，或者以社会哲学为根据的社会理论，而想维持其法学的角色，它就必须假定现行法秩序大体看来是合理的。……它所关心的不仅是明确性及法的安定性，同时也致意于：在具体的细节上，以逐步进行的工作来实现'更多的正义'。谁如果认为可以忽略这部分的工作，事实上他就不该与法学打交道。"

参见舒国滢：《从方法论看抽象法学理论的发展》，引自法律思想网，访问时间2005年8月8日。

度的价值共识，作为共同的"先入之见"，供作其讨论价值判断问题的学术平台。① 这一点，在民法学者从解释论的角度出发讨论价值判断问题时，表现得尤为明显。从解释论角度出发进行的讨论，须以现行的实定法为背景展开，讨论者必须尊重立法者体现在实定法中的价值取向。即使针对某项法律规范涉及的具体价值判断问题，讨论者可能会就立法者究竟在该法律规范中表达了何种价值取向产生争议，但他们至少可以在法律认可的基本原则的层面上达成最低限度的价值共识，以此作为进一步讨论的平台。② 如果民法学者从立法论的角度出发讨论价值判断问题，因无须考虑立法者业已在实定法中表达的价值取向，表面上看，在讨论者之间似乎无法形成价值共识。但学术实践的经验却告诉我们，讨论者总可以在某个抽象的层面上达成最低限度的价值共识。我国民法学的学术实践就证明了这一点：即使是从立法论角度出发讨论价值判断问题，讨论者也总可以在民法基本原则的层面上形成价值共识。这其实就印证了罗尔斯（John Rawls）极具洞见的一席话"当人们对具有较低普遍性认识的原则失去共识时，抽象化就是一种继续公共讨论的方式。我们应当认识到，冲突愈深，抽象化的层次就应当愈

---

① 凯尔森也曾提及"事实上，很多人的价值判断是一致的。一个实在的价值体系并不是孤立的个人的一种任意创造，而始终是在一个特定集团中，在家庭、部落、阶级、等级、职业中，各个人相互影响的结果。每一价值体系，特别是道德体系及其核心的正义观念，是一个社会现象，是社会的产物，因而按照其所产生的社会的性质而有所不同。在某一社会里有着某些一般接受的价值这个事实，与这些价值判断的主观的、相对的特征并不是矛盾的。"[奥]汉斯·凯尔森：《法与国家的一般理论》，沈宗灵译，中国大百科全书出版社1996年版，第8页。

② 郑成良教授持一种更为乐观的看法，他认为，如果从解释论的角度出发讨论价值判断问题，针对特定价值判断问题，由于立法者的价值取向被明确地以事实判断和逻辑判断的方式表达出来，并受到事实判断和逻辑判断的限制。这种价值判断的领域不再是一片任由讨论者各种相同或不同情感自由驰骋的领土，而转变为一个理性和逻辑占据主导地位的王国。这就使得特定价值判断问题的讨论可以转换为事实和逻辑判断问题的讨论。参见郑成良：《法律之内的正义》，法律出版社2002年版，第90～91页。汉斯·凯尔森也曾提及："说明一定人的行为与法律规范之间的一种积极的或消极的关系的那种法律上的价值判断，意味着对一个法律规范存在的说明。这一说明以及从而是法律上的价值判断本身，都可以通过作为规范存在条件的事实来验证。在这种意义上，法律上的价值判断具有客观性。法律价值的存在是在客观上可以验证的。"参见[奥]汉斯·凯尔森：《法与国家的一般理论》，沈宗灵译，中国大百科全书出版社1996年版，第52页。郑成良教授和凯尔森的论述涉及法律解释的客观性问题。日本法学界在第二次世界大战以后围绕法律解释的客观性展开的讨论，颇具参考价值。当时的讨论分为三个论题：第一个论题是，"法解释究竟是否、其次在什么程度上混入价值判断？"对这一论题如果回答"不混入价值判断"，问题就简单了。假使不是这样，而是回答"无论如何不能不混入价值判断"，则涉及第二个论题，即"法解释的过程中价值判断的混入，究竟是否、其次是在什么程度上将损害法解释结果的客观性？"有的学者对此问题作肯定回答，而有的学者则极力主张，在一定条件下，法解释的价值判断可以是客观的。姑且将前者称为"主观说"，后者称为"客观说"。如采客观说，姑且不论，如采主观说则要求进一步考察第三论题，即"法解释中掺杂一点主观要素的事态，究竟能否作为正常的事态被正当化，或者作为不受欢迎的病理事态而被克服？"对上述问题，日本的法学者作出了不同的回答。详情参见梁慧星：《民法解释学》，第165～188页。郑成良教授和汉斯·凯尔森的论述倾向于肯定法律解释的客观性。

高；我们必须通过提升抽象化的层次，来获得一种对于冲突根源的清晰而完整的认识。"① 以该认识为前提，民法学者运用理性讨论价值判断问题的可行途径，可以在最低限度上表述为：以讨论者关于民法基本原则的价值共识，也即存在于民法价值体系上的共识为前提，确立相应的实体性论证规则，经由理性的讨论，寻求相互的理解，并在此基础上尽量就具体的价值判断问题达成新的价值共识。

本节力图从民法的价值体系，即民法的基本原则及其相互关系②出发，提出民法学者讨论价值判断问题的两项实体性论证规则，并阐明与其相对应的论证负担规则。这里所谓实体性论证规则，不同于法律论证理论中作为程序性技术的论证规则，而是以民法学者最低限度的价值共识为内容的论证规则。我们深信，讨论者若以实体性的论证规则为前提，遵循作为程序性技术的论证规则和形式，运用妥当的论证方法③，必会达致相互理解，进而为形成新的价值共识开辟可能。

二、民法价值体系包含的第一项实体性论证规则

第一项实体性论证规则与作为民法基本原则的平等原则有关。所谓平等原则，也称为法律地位平等原则。我国《民法通则》第三条明文规定：当事人在民事活动中的地位平等。平等原则集中反映了民事法律关系的本质特征，是民事法律关系区别于其他法律关系的主要标志。平等观念是民法得以产生和发展的思想前提。在古罗马，事实上并不存在广泛的身份平等。在欧洲中世纪，身份平等也只是那些文化超前的自治式社会的存在物。④ 资产阶级革命从原则上否定了封建奴役和教会奴役，在天赋人权思想的影响下，实现了市民关于身份平等的理想，并在近代民法上确立了人格平等原则。如《瑞士民法典》第 11 条即规定，"（一）人都有权利能力。（二）在法律范围内，人都有平等的权利能力及义务能力。"当然，平等原则在民事立法先进的不少国家，如法国、德国等国未设有明

---

① John Rawls, Political Liberalism, New York: Columbia University Press, 1993, p. 46.

② 原则，即观察问题、处理问题的准绳。民法的基本原则，即观察、处理民法问题的准绳。它是民法的本质和特征的集中体现，反映了市民社会和市场经济的根本要求，表达了民法的基本价值取向，是高度抽象的、最一般的民事行为规范和价值判断准则。

③ 所谓运用妥当的论证方法，包括妥当地运用法律的语言分析、法律的逻辑分析、法律的社会分析（法律的历史分析以及法律的比较分析都属法律社会分析的具体形式）、法律的经济分析等方法。这些方法都可以用来论证讨论者持守的价值取向的正当性。

④ 张俊浩主编：《民法学原理》，中国政法大学出版社 1997 年版，第 21 页。

文规定，学者称之为无须明文规定的公理性原则。我国民法明文规定这一原则，强调在民事活动中一切当事人的法律地位平等，任何一方不得把自己的意志强加给对方，意在以我国特殊的历史条件为背景，突出强调民法应反映社会主义市场经济和民主政治的本质要求。

在民法诸基本原则中，平等原则是民法的基础原则，也是私法自治原则的逻辑前提。离开民事主体之间普遍平等的假定，民法就丧失了存在的根基[①]，也就无从谈及民法的其他基本原则。

平等原则首先体现为一项民事立法和民事司法的准则[②]，即立法者和裁判者对于民事主体应平等对待。这是分配正义的要求，因为正义一词的核心语义是公平，即一视同仁、平等对待。同时，"政治立法者所通过的规范、法官所承认的法律，是通过这样一个事实来证明其合理性的：法律的承受者是被当作一个法律主体共同体的自由和平等的成员来对待的，简言之：在保护权利主体人格完整性的同时，对他们加以平等对待。"[③]

民法作为一种组织社会的工具，是通过对冲突的利益关系设置相应的协调规则，来实现自身调控社会关系的功能。而在分配利益和负担的语境中可以有两种意义上的平等对待：一种是强式意义上的平等对待，它要求每一个人都被视为"同样的人"，使每一个参与分配的人都能够在利益或负担方面分得平等的"份额"，因此要尽可能地避免对人群加以分类。另一种是弱式意义上的平等对待，它要求按照一定的标准对人群进行分类，被归入同一类别或范畴的人才应当得到平等的"份额"。因此，弱式意义上的平等对待既意味着平等对待，也意味着差别对待——同样的情况同样对待，不同的情况不同对待。[④]

---

① 王利明：《民法总则研究》，中国人民大学出版社 2003 年版，第 107～108 页。
② 平等原则还体现为一项民事主体进行民事活动的行为准则，即要求民事主体之间应平等相待，这是民法上平等原则的核心和灵魂，也是民事法律关系区别于其他类型法律关系的根本所在。它是指民事主体在进行民事活动时应认识到彼此都享有独立、平等的法律人格，其中平等以独立为前提，独立以平等为归宿。在具体的民事法律关系中，民事主体互不隶属，各自能独立地表达自己的意志。离开了民事主体之间的平等相待，民法的基本理念就失去了生存的土壤，民法的其他各项基本原则以及各项民事法律制度也就丧失了存在的依据。必须看到，民法可以确认平等原则，并通过兼顾弱式意义上的平等对待，在一定程度上推动实质平等的实现。但实现民事主体之间的实质平等，主要不是民法承担的使命。民法仅是以民事主体之间平等的假定作为前提和基础。实现民事主体之间的实质平等，有赖于民法以外的其他法律部门，如宪法、行政法、经济法等。例如被认为是经济法核心的反垄断法，其主要功能就体现为营造平等竞争的市场环境。
③ ［德］哈贝马斯：《在事实与规范之间》，童世骏译，三联书店 2003 年版，第 514 页。
④ 郑成良：《法律之内的正义》，法律出版社 2002 年版，第 40 页。

近代民法①相对重视强式意义上的平等对待。因此平等原则主要体现为民事主体民事权利能力的平等，即民事主体作为民法"人"的抽象的人格平等。民法上的"人"包括自然人、法人和其他组织。一切自然人，无论国籍、年龄、性别、职业；一切经济组织，无论中小企业还是大企业，都是民法上的"人"，都具有平等的权利能力。社会经济生活中的劳动者、雇主、消费者、经营者等具体类型，也都在民法上被抽象为"人"，同样具有民法上平等的人格。② 正是借助这一点，民事立法实现了从身份立法到行为立法的转变。即从按社会成员的不同身份赋予不同权利的立法，转变为不问社会成员的身份如何，对同样行为赋予同样法律效果的立法。③ 也正是借助这一点，民法才可以通过成文法的方式，采用高度精粹、技术性的语言，抽离于各种社会的生活条件和世界观，显示出了惊人的超越体制特质。④ 之所以如此，是因为近代民法建立在对当时社会生活作出的两个基本判断之上。这两个基本判断，是近代民法制度、理论的基石。第一个基本判断是平等性。在当时不发达的市场经济条件下，从事民事活动的主体主要是农民、手工业者、小业主、小作坊主。这些主体，在经济实力上相差无几，一般不具有显著的优越地位。因此立法者对当时的社会生活作出了民事主体具有平等性的基本判断。第二个基本判断，是互换性。所谓互换性，是指民事主体在民事活动中频繁地互换其位置。这样，即使平等性的基本判断存有不足，也会因互换性的存在而得到弥补。⑤ 在这种意义上，互换性从属于平等性。正是这两项基本判断，为民事主体之间普遍平等的假定提供了坚实的社会基础，也为近代民法坚持强式意义上的平等对待提供了正当性。当然，近代民法上的平等原则也非常有限地包括弱式意义上的平等对待。主要体现为根据自然人的年龄、智力和精神健康状况，区分自然人的行为能力状况，并分别设置不同的法律规则等。

---

① 所谓近代民法，是指经过17、18世纪的发展，于19世纪欧洲各国编纂民法典而获得定型化的，一整套民法概念、原则、制度、理论和思想的体系。在范围上包括德国、法国、瑞士、奥地利、日本以及旧中国民法等大陆法系民法，并且包括英美法系的私法。梁慧星：《从近代民法到现代民法》，载梁慧星主编：《民商法论丛》（第7卷），法律出版社1997年版。

② 北川善太郎在论及近代民法模式的第一个显著特点时，就强调"以所谓经济人为前提的社会经济模型成为民法的基础。把这个经济人概念法律制度化，就形成了抽象的平等的法人格者概念，也是权利能力概念。民法总则中的人和法人或商法的商人概念就是这种概念。在近代社会中，市民是可以自由活动的基本单位。作为权利主体的人格概念就是将市民法律制度化而形成的。"［日］北川善太郎：《民法总则》，有斐阁1993年版，第13～16页。

③ 李开国：《民法总则研究》，法律出版社2003年版，第70～71页。

④ 苏永钦：《私法自治中的国家强制》，载《中外法学》2001年第1期。

⑤ 梁慧星：《从近代民法到现代民法》，载梁慧星主编：《民商法论丛》（第7卷），法律出版社1997年版。

现代民法与近代民法不同。现代民法上的平等原则在侧重强式意义上的平等对待的同时，更加重视兼顾弱式意义上的平等对待。从 19 世纪末开始，人类社会生活发生了深刻的变化。作为近代民法基础的两个基本判断受到了挑战，出现了某些社会群体之间的分化和对立：其一是企业主与劳动者之间的分化和对立；其二是生产者与消费者之间的分化和对立，劳动者和消费者成为社会生活中的弱者。① 面对企业主与劳动者、生产者与消费者之间的分化和对立，民事主体之间普遍平等的假定也受到了挑战。仅仅坚持强式意义上的平等对待，单纯强调民事主体抽象的人格平等，已经无法在特定的领域内维持社会的和平。弱式意义上的平等对待，日渐受到重视。具体表现为在生活消费领域内，将民事主体区分为经营者和消费者；在生产经营领域内，将民事主体区分为雇主和劳动者，分别设置相应的法律规则，侧重对消费者和劳动者利益的保护。我国现行民事立法中规定的平等原则，即属于现代民法上的平等原则。它既坚持强式意义上的平等对待，强调民事主体抽象的人格平等；又在特定的领域内兼顾弱式意义上的平等对待，在我国就有《消费者权益保护法》和《劳动法》，着重保护消费者和劳动者的利益。

应该说，强式意义上的平等对待是民法得以存续的基石，离开民事主体之间普遍平等的假定，不仅使私法自治原则丧失了存在的前提，民法也丧失了存在的正当性；离开民事主体之间普遍平等的假定，民法采用成文法的方式来实现调控社会生活的目标也就无所依凭。在这种意义上，弱式意义上的平等对待构成了强式意义上的平等对待的例外。只要民法尚未丧失其调控社会生活的正当性，弱式意义上的平等对待就永远只能作为例外而存在。这种意义上的平等原则，包含着民法上价值判断问题的一项实体性论证规则：在没有足够充分且正当理由的情况下，应当坚持强式意义上的平等对待。该规则对应着一项论证负担规则：即主张采用弱式意义上的平等对待来回答特定价值判断问题的讨论者，必须承担论证责任，举证证明存在有足够充分且正当的理由，需要在特定价值判断问题上采用弱式意义上的平等对待。否则，其主张就不能被立足。这就意味着，面对特定价值判断问题，主张弱式意义上平等对待的讨论者不仅需要积极地论证存在有足够充分且正当的理由，无须贯彻强式意义上的平等对待；还需要通过论证，有效反驳主张强式意义上平等对待的讨论者提出的所有理由。而坚持强式意义上平等对待的讨论者，则只须通过论证，有效反驳主张弱式意义上平等对待的讨论者提出的理由即可。

---

① 梁慧星：《从近代民法到现代民法》，载梁慧星主编：《民商法论丛》（第 7 卷），法律出版社 1997 年版。

按照论证负担规则承担论证责任的讨论者提出的理由，需要兼具实质上的正当性和形式上的正当性，方可构成足够充分且正当的理由。所谓实质上的正当性，是指承担论证责任的讨论者必须能够证明，如果不采用弱式意义上的平等对待，会导致处于分化和对立状态中的社会群体利益关系严重失衡，以至于身处弱势地位的一方无法自由地表达意志，从而使得建立在民事主体普遍平等假定之上的私法自治原则无法发挥作用。① 所谓形式上的正当性，是指承担论证责任的讨论者确实能够证明，采用弱式意义上的平等对待，符合体系强制的要求，② 因此并不违背类似问题应该得到类似处理的法治原则。

在《中华人民共和国合同法》（以下简称《合同法》）颁行以后，围绕该法第 52 条第 1 项和第 2 项③中所称的"国家利益"是否包括国有企业以及国家控股、参股公司的利益，民法学界存在较大的意见分歧。由于对这一问题的回答，将决定国有企业以及国家控股、参股公司从事的相应合同行为究竟是绝对无效还是可变更、可撤销④，从而直接影响到民事主体之间的利益安排，所以这是个典型的价值判断问题。我们拟借助这一问题来展示前述论证规则的运用。

对这一问题，民法学界存在两种截然对立的意见：一种观点主张国有企业以及国家控股、参股公司的利益就是国家利益⑤。《合同法》应对市场主体进行类型的区分——即将市场主体区分为作为国有企业以及国家控股、参股公司的市场

---

① "如果合同的一方拥有如此强大的力量，以至于——按照联邦宪法法院的说法——形成了一种'结构上不平等的谈判强势'，那么联邦宪法法院也会认为存在违反私法自治的情况。人们可以说，联邦宪法法院赋予了私法自治以实体意义。""如果较强的合同一方事实上单独地并且单方地规定了合同内容，以至于较强的一方把自己的意志强加给较弱的一方，那就存在'结构上不平等的谈判强势'。在这种情形下较弱的当事人就不再享有按她自己的意愿建立法律关系的自由了。"因此，德国"在民法中存在着保护弱者的一般规定。联邦宪法法院宣告说，使受阻的合同平等重新得以平衡和实现属于现代民法的主要任务，并且民法典的大部分内容都应该按照这一主要任务的精神来理解。"参见［德］汉斯－彼得·本纽儿：《鱼厂女工与联邦宪法法院》，郑骏飞译，方小敏校，载南京大学－哥廷根大学中德法学研究所编：《中德法学论坛》，南京大学出版社 2005 年版，第 19 页、第 22 页。

② 所谓体系强制是指民法制度的构造应力求系于一体，力求实现一致性和贯彻性，非有足够充分且正当的理由，不得设置例外。它具体包括两个方面的内容：一是指实质上的体系强制，强调价值取向的和谐。二是指形式上的体系强制，强调法律制度之间的逻辑和谐。关于体系强制的具体内容，请参见王轶：《民法典体系强制》，载《中国民法百年回顾与前瞻学术研讨会文集》，法律出版社 2003 年版，第 73 ~ 85 页。

③ 《合同法》第 52 条第 1 项确认"一方以欺诈、胁迫的手段订立合同，损害国家利益"，合同无效；第 2 项确认"恶意串通，损害国家、集体或者第三人利益"，合同无效。

④ 如果认定国有企业以及国家控股、参股公司的利益并非国家利益，在同样的情形下，有关合同行为效力的判断，主要会发生《合同法》第 54 条的适用。该条确认在特定情形下，如当事人一方受到欺诈或胁迫时，合同行为的效力为可变更、可撤销。

⑤ 谢怀栻等著：《合同法原理》，法律出版社 2000 年版，第 117 页。需要指出的是，此书本部分内容的写作者并不赞同文中引述的观点。

主体和其他类型的市场主体，分别设置不同的法律规则。另一种观点则坚持国有企业以及国家控股、参股公司的利益并非国家利益，因此不应对市场主体进行类型的区分，分别设置不同的法律规则①。不难看出，面对同一个价值判断问题，两种对立的观点反映了两种不同的平等观：前者主张弱式意义上的平等对待，后者则坚持强式意义上的平等对待。依据前述的论证规则及其派生的论证负担规则，主张国有企业以及国家控股、参股公司的利益属于国家利益的讨论者，应该承担相应的论证责任。他们不但要证明存在足够充分且正当的理由，必须采用弱式意义上的平等对待；还要对主张强式意义上平等对待的讨论者提出的所有理由都进行有效反驳。

在讨论的过程中，主张国有企业以及国家控股、参股公司的利益属于国家利益的讨论者提出，将国有企业以及国家控股、参股公司的利益从国家利益中排除出去，从而使相应的合同行为从绝对无效变为可变更、可撤销，如果国有企业的管理者以及国家控股、参股公司的管理者不负责任，不行使变更或撤销合同的权利，岂不是放任了国有财产的流失？② 这一理由是讨论者从逻辑推理的角度提出的，其有效性取决于对如下事实判断问题的回答，即是否有实际的证据证明承认（或否认）国有企业以及国家控股、参股公司的利益属于国家利益，就阻止了（或放任了）国有财产的流失。如果主张国有企业以及国家控股、参股公司的利益属于国家利益的讨论者不能够提出实际的证据证明其理由，该理由就建立在一个虚假的命题之上，不能发挥论证的效用。实际上，直到今日，我们也未能看到这样的证据。

与此形成对照的是，主张国有企业以及国家控股、参股公司的利益并非国家利益的讨论者倒是提出了不少有力的论据，支持在这一价值判断问题上贯彻强式意义上的平等对待。主要包括：

1. 认定合同绝对无效与认定合同可变更、可撤销最大的区别在于：认定合同绝对无效，意味着动用国家的公权力，对市场交易关系进行直接干预，绝对否定当事人之间合同约定的效力，不允许合同发生当事人预期的法律效果。因此，凡是在认定合同绝对无效的地方，就不存在合同自由原则的贯彻和体现。认定合同可变更、可撤销，则给合同当事人留有较为充分的自主决定余地。因意思表示不自由或意思表示存在错误而处于不利交易地位的当事人，既可选择行使撤销权消灭合同的效力，也可选择行使变更权调整当事人之间的利益关系，国家公权力并不直接介入到市场交易中去。以这种认识为前提，认定国有企业以及国家控

---

① 谢怀栻等著：《合同法原理》，法律出版社 2000 年版，第 117 页。
② 胡康生主编：《中华人民共和国合同法释义》，法律出版社 1999 年版，第 89～90 页。

股、参股公司的利益属于国家利益就存在以下问题：（1）迄今为止，我国进行的经济体制改革有一条主线，就是对国有企业要放权让利，让其成为合格的市场主体。在这种意义上，让国有企业享有充分的市场自主权，可谓我国经济体制改革最核心的内容之一。如果说国家利益包括国有企业以及国家控股、参股公司的利益，等于是在市场交易的很多情况下，用国家公权力的决定代替了作为市场主体的国有企业以及国家控股、参股公司的自主决定，这和整个经济体制改革的方向是相背离的。（2）在国有企业以及国家控股、参股公司因对方当事人实施了欺诈、胁迫行为，从而处于不利交易地位时，如果只需变更合同，就既能实现交易目的，又可以通过利益关系的调整避免自身遭受的损害时，认定其利益属于国家利益，导致上述合同绝对无效，会在实践中导致国有企业以及国家控股、参股公司丧失灵活调整利益关系的可能，从而在市场竞争中处于不利地位，与实现国有财产增值保值的初衷背道而驰。

2. 如果认为国家利益包括国有企业以及国家控股、参股公司的利益，法官会在审判实践中面对一个难题：一个国家控股60%的公司和其他市场主体之间订立合同，这个合同的对方当事人实施了欺诈或者胁迫行为，损害了这家国家控股公司的利益，法官如何去认定合同的效力？是认定整个合同绝对无效？还是国家控股60%，因此这个合同的60%是绝对无效的，剩下的40%按照《合同法》第54条的规定是可变更、可撤销的？如果说整个合同都认定是绝对无效的，公司其余40%的股份可能是由自然人或者民营企业控制，那么凭什么按照有关保护国家利益的法律规则，把这些股份对应的那一部分合同行为也认定为绝对无效？如果说合同的60%绝对无效，40%是可变更、可撤销的，就会出现同一个合同行为由于同一个原因一部分绝对无效，一部分可变更、可撤销这种难以想象的局面。同样，如果一方实施欺诈、胁迫行为，损害国家控股、参股公司利益时，不作绝对无效处理，仅将损害国有独资公司等国有企业利益的合同作绝对无效处理，这又不符合体系强制的要求，违反了类似问题类似处理的法治原则，与建立法治社会的理想背道而驰。

3. 在中国加入世界贸易组织的背景下，坚持强式意义上的平等对待，强调对所有的市场主体一体对待，不作类型区分，既是世界贸易组织规则的要求，也是我国政府的郑重承诺。认定国有企业以及国家控股、参股公司的利益属于国家利益，采用与其他市场主体不同的法律调整规则，明显不妥。

时至今日，坚持弱式意义上平等对待的讨论者，既不能证明存在足够充分且正当的理由，要求在这一特定价值判断问题上无须贯彻强式意义上的平等对待；又无法在论证的过程中对主张贯彻强式意义上平等对待的讨论者提出的理由进行有效反驳，其观点就没有被证立。我们藉此可以得出结论：国有企业以及国家控股、参股公司的利益并非国家利益。

三、民法价值体系包含的第二项实体性论证规则

第二项实体性论证规则与私法自治原则有关。私法自治原则，又称意思自治原则，是指法律确认民事主体得自由地基于其意志去进行民事活动的基本准则。基于私法自治原则，法律制度赋予并且保障每个民事主体都具有在一定的范围内，通过民事行为，特别是合同行为来调整相互之间关系的可能性。私法自治原则的核心是确认并保障民事主体的自由，它要求"个人应享有相对于法律可能性和事实可能性的最高程度的自由来做他愿意做的任何事情。"① 我国《民法通则》第四条规定，民事活动应当遵循自愿原则。该条规定即是对于私法自治原则的确认。②

私法自治原则是最重要的民法基本原则，是民法基本理念的体现。民法最重要的使命，就是确认并保证民事主体自由的实现。在民法诸基本原则的关系上，平等原则如前所述，是私法自治原则的逻辑前提。公平原则意在谋求当事人之间的利益衡平。在民法上，只有违背私法自治原则的不公平的利益安排，才会成为民法通过公平原则予以纠正的对象。因此公平原则是对私法自治原则的有益补充。诚实信用原则和公序良俗原则是对私法自治原则的必要限制，力图谋求不同民事主体之间自由的和谐共存。诚实信用原则，将最低限度的道德要求上升为法律要求，以谋求个人利益与社会公共利益的和谐；公序良俗原则，包括公共秩序和善良风俗两项内容，对个人利益与国家利益以及个人利益与社会公共利益之间的矛盾和冲突发挥双重调整功能。可见，就诸民法基本原则的关系而言，私法自治原则是处于核心地位的民法基本原则。详述如下：

公平原则，意在谋求当事人之间的利益衡平，是进步和正义的道德观在法律

---

① Robert Alexy, Theorie der Grundrechte, S. 317, Baden-Baden, 1985.
② 尽管在解释论上可以将自愿原则解释为私法自治原则，但从立法论的角度出发，"自愿"一词仅有不受他人强迫的含义，难以涵括"私法自治"或"意思自治"的丰富内涵。不妨在我国未来民法典中直接使用"私法自治"或"意思自治"来取代"自愿"。

上的体现，对于弥补法律规定的不足和保证私法自治原则的实现，具有重要意义。① 许多国家和地区的立法，对于公平原则大多设有明文规定。如《法国民法典》第 1135 条规定："契约不仅依其明示发生义务，并按照契约的性质，发生公平原则、习惯或法律所赋予的义务。"我国《民法通则》也明确认可公平原则，该法第四条规定，民事活动应当遵循公平的原则。公平原则包括两层含义：一是立法者和裁判者在民事立法和司法的过程中应维持民事主体之间的利益均衡；二是民事主体应依据社会公认的公平观念从事民事活动，以维持当事人之间的利益均衡。公平原则的第一层含义是公平原则的核心，它包括两个方面的内容：（1）民法上凡涉及民事主体利益关系安排的行为规范或裁判规范，应维持参与民事活动各方当事人之间的利益均衡。尽管民法规范多为任意性规范，但民事主体在进行民事行为时，未必都会依据私法自治原则就当事人之间民事关系的方方面面作出详尽无遗的约定。此时，任意性规范就可能在民事主体之间的利益安排上发挥拾遗补缺的作用。这就要求立法者在设计任意性规范时，必须公平地安排当事人之间的利益关系。在这种意义上，可以说公平原则是对私法自治原则的有益补充。（2）一旦民事主体之间的利益关系非自愿地

---

① 《民法通则》第 4 条在确认公平原则的同时，也规定民事活动应当遵循等价有偿原则。"什么叫作等价有偿？等价有偿这个原则，就是说民事活动所涉及的商品交换应该符合价值规律的要求，要贯彻等价有偿。等价不是绝对意义上的等价。等价即对价，等价交换是有偿的交换，不能无偿地去取得别人的权利或别人的财产。要取得别人的财产所有权就应该支付价款。别人为你完成了工作，就应该支付与他所付出的劳动相等的报酬，不能无偿地让别人去完成工作。"（参见王家福：《民法的基本原则》，载《中华人民共和国民法通则讲座》，中国法制出版社 2000 年版）。可见，等价有偿原则同样要求保持当事人之间利益关系的均衡。那么该原则与公平原则之间是何关系？《民法通则》规定等价有偿原则是有其特殊的历史背景。20 世纪 70 年代末期，中国刚刚开始进行改革开放的时候，法学界就是否需要民法，需要什么样的民法，存在巨大的意见分歧。民法学者必须对这些问题作出明确的回答。在学术争论的过程中，佟柔先生明确提出，商品经济是人类经济发展中不可逾越的阶段，而民法是调整社会商品经济关系的基本法律规范（参见王利明：《新中国民法学的奠基人》，载《佟柔文集》，中国政法大学出版社 1996 年版）。民法是为特定历史时期的商品经济服务的，并且也必然受特定历史时期的商品经济范围的制约（参见佟柔、王利明：《我国民法在经济体制改革中的发展与完善》，载《中国法学》1985 年第 1 期）。《民法通则》接受了这一认识，将民法定位为调整商品经济关系的基本法。而商品经济关系的一个突出特征就是等价有偿。不难看出，《民法通则》规定等价有偿原则，强调"不允许巧取豪夺，不允许用超经济的办法取得利益，不允许无偿平调，不允许凭借优势地位强迫对方接受不等价的交换。"（参见王家福：《民法的基本原则》，载《中华人民共和国民法通则讲座》，中国法制出版社 2000 年版）。在当时的历史条件下，对于推动我国民事立法和民法学的发展居功甚伟。但在今天看来，商品经济关系尽管是民法所调整的社会关系中非常重要的一部分内容，但毕竟只是一部分内容。而民法所调整的社会关系并非都要求等价有偿。因此从立法论的角度看，未来的民事立法不应再将等价有偿作为民法的一项基本原则加以规定。在解释论上，也应将等价有偿原则限定为属于民法所调整的商事活动应遵循的一项基本原则。以这种认识为前提，等价有偿原则是公平原则的重要组成部分，在商事交易中，等价有偿原则几乎就是公平原则的全部。但公平原则属于等价有偿原则的上位原则，存在并非等价有偿但却符合公平原则的情形。如赠与合同中仅赠与人负担给付义务，并不符合等价有偿原则的要求，但赠与人与受赠人利益关系的失衡建立在双方自愿的基础上，符合公平原则的要求。

失去均衡时，应依据公平原则给予特定当事人调整利益关系的机会。使用"非自愿地失去均衡"这样的表述意味着理解和适用公平原则不能仅着眼于利益衡量，还要考察导致利益关系失衡的原因。拉伦茨曾说："如果法律允许法官仅仅因为交换合同中约定的给付互相不等值而宣布合同为无效或对合同进行修正，那么会产生一种合同当事人无法忍受的受监护状态，最终会使私法自治虚有其表。"①在公平原则的第二层含义主要是对在民事活动中处于优势地位的民事主体提出的要求。这种含义的公平原则主要适用于合同关系，属于当事人缔结合同关系，尤其是确定合同内容时，所应遵循的指导性原则。它具体化为合同法上的基本原则就是合同正义原则。合同正义系属平均正义，要求维系合同双方当事人之间的利益均衡。如我国《合同法》第39条规定，采用格式条款订立合同的，提供格式条款的一方应当遵循公平原则确定当事人之间的权利和义务。在民法上就一方给付与对方的对待给付之间是否符合公平原则的要求，是否具有等值性，其判断依据一般采取主观等值原则，即当事人主观上愿以此给付换取对待给付，即为公平合理，至于客观上是否等值，在所不问。因为的确不存在真正令人信服而又实用的标准来确定客观上是否等值。"在最理想的情况下，也只能给出几个近似值；而就是在确定近似值时人们对哪些因素作为评价的标准也往往会产生分歧。"②可见，民法上，只有违背私法自治原则的不公平的利益安排，才

---

① 参见［德］卡尔·拉伦茨：《德国民法通论》（上册），王晓晔、邵建东、程建英、徐国建、谢怀栻译，法律出版社2003年版，第61页。

② 参见［德］卡尔·拉伦茨：《德国民法通论》（上册），王晓晔、邵建东、程建英、徐国建、谢怀栻译，法律出版社2003年版，第61页。当然，在某些例外的情形，法律也会兼顾客观等值原则。如《德国民法典》第315条规定："由契约当事人一方确定给付者，在有疑义时，应依公平的方法确定之。依公平的方法确定给付者，其确定只于适合公平时始得对他方当事人发生拘束力。"第317条规定："给付由第三人确定的，在有疑义时，第三人应依公平方法确定之。"第319条规定："给付由第三人依公平方法确定的，如其确定显系不公平时，对于契约当事人不发生效力。"需要强调的是，公平原则的具体运用，必须以私法自治原则的具体运用作为基础和前提，如果当事人之间利益关系的不均衡，系自主自愿的产物，就不能认为违反了公平原则。

会成为民法通过公平原则予以纠正的对象。① 因此公平原则是对私法自治原则的有益补充。

我国《民法通则》第四条规定，民事活动应当遵循诚实信用原则。诚实信用原则，要求处于法律上特殊联系的民事主体应忠诚、守信，做到谨慎维护对方的利益、满足对方的正当期待、给对方提供必要的信息等。民法上的诚实信用原则是最低限度的道德要求在法律上的体现。它将最低限度的道德要求上升为法律要求，以谋求个人利益与社会公共利益的和谐。

法律吸收道德观念，始于罗马法。古罗马的立法者在简单商品经济得到充分发展的背景下，日渐觉察到无论法律条款和合同条款如何严密，如果当事人心存恶意，总有规避之法。于是在罗马法中规定了所谓的诚信合同，确认了一般恶意抗辩诉权。这一规定对后世各国民法产生了深远影响。《法国民法典》第1134条规定："契约应以善意履行之。"从而在合同关系中确立了诚实信用原则。《德国民法典》第242条规定："债务人须依诚实与信用，并照顾交易惯例，履行其给付。"从而在立法上将诚实信用原则的适用范围扩大到债法领域。但司法判例和法学学说对这项原则的适用，已远远超出了它法定的适用范围。它不但适用于业已发生的债务关系，也适用于开始就合同进行谈判的阶段，而且还适用于任何

①　我国现行民事立法中，有不少制度在这种意义上体现了公平原则。如我国《合同法》第54条确认，在订立合同时显失公平的，当事人一方有权请求人民法院或者仲裁机构变更或者撤销合同。这里所谓"订立合同时显失公平"，并不包括当事人自愿地让合同所包含的利益安排显失公平，也不包括当事人明知合同所包含的利益安排显失公平仍然自愿地去订立合同，而是指一方当事人利用优势或者利用对方没有经验，致使双方的权利与义务明显违反公平、等价有偿等原则的情形。此时赋予当事人一方请求变更或撤销合同的权利，意在赋予并非由于自身的自主决定导致利益关系失衡的当事人一方调整利益关系的权利，恢复当事人之间的利益均衡。再如我国《合同法》第114条第2款规定"约定的违约金低于造成的损失的，当事人可以请求人民法院或者仲裁机构予以增加；约定的违约金过分高于造成的损失的，当事人可以请求人民法院或者仲裁机构予以适当减少。"从表面上看，允许当事人调整合同中约定的违约金数额，似乎是公平原则对私法自治原则的反动，似乎是公平原则限制了私法自治原则发生作用的范围。实际则并非如此。允许当事人在实际的违约行为发生后，根据违约造成的实际损失的大小，调整违约金的数额，是考虑到：合同关系当事人的预见能力相对于无限丰富的社会生活，总是有限的。尽管当事人力图在订立合同的当时，基于双方的预见能力，约定违约金条款，预定损害赔偿的数额。但"计划没有变化快"，当事人的预见有可能偏离交易的实际进展。而对于超出当事人预见能力的变化，当事人的自主决定已经丧失了其意义和价值。换言之，当事人在超出自身预见能力的情况下，已经丧失了事实上的决定自由。因此在实际的违约行为发生后，允许当事人调整违约金的数额，并非公平原则限制了私法自治原则的作用范围，而是公平原则对私法自治原则进行了有益的补充，使私法自治原则在此情形下也可得到实现。除了现行民事立法中的这些规定，在民事司法的过程中，得到法官认可的情事变更制度也在这种意义上体现了公平原则。所谓情事变更，是指合同生效以后，合同义务履行完毕以前，出现了当事人无法预料到的情事变化，致使合同义务的履行对合同的一方当事人显失公平，应允许该方当事人变更或解除合同的制度。该项制度能够适应社会经济情况的变化，更好地协调当事人之间的利益关系，体现了公平原则的要求，同样属于对私法自治原则的有益补充。

193

形式的法律上的特殊联系。①《瑞士民法典》第 2 条规定："无论何人行使权利履行义务，均应依诚实信用为之。"一举在立法上将诚实信用原则的运用范围扩张及于整个民法领域。《日本民法典》在法典制定之初并未规定诚实信用原则，第二次世界大战以后根据 1947 年法律第 222 号对民法典的修改，方认可了该项原则。法典第 1 条之 2 规定："权利的行使及义务的履行，须遵守信义，且诚实为之。"我国《民法通则》将诚实信用原则规定为民法的一项基本原则，具有适用于全部民法领域的效力。

诚实信用原则作为一般条款，对当事人的民事活动起着指导作用，确立了当事人以善意方式行使权利、履行义务的行为规则，如果当事人行使权利违背诚实信用原则的要求，即构成权利的滥用②。它以强制性规范的方式要求当事人在进行民事活动时必须遵循基本的道德要求，强调民事主体"应对其所为之承诺信守，而形成所有人类关系所不可或缺的信赖基础。"③ 以平衡当事人之间的利益冲突和矛盾，并通过平衡当事人之间的利益冲突和矛盾，实现平衡当事人的利益与社会利益之间的冲突和矛盾的功能。诚实信用原则的这一作用，有助于增进人与人之间的信赖，营造和谐的社会关系；有助于培育良好的市场信用，维护交易安全，降低交易费用，从而推动市场经济的良性发展。

诚实信用原则为不少民法规范提供了正当性依据，也是解释法律和民事行为的依据。此外，诚实信用原则尚有补充性功能。即诚实信用原则具有填补法律漏洞的功能。当人民法院在司法审判实践中遇到立法当时未预见的新情况、新问题时，可直接依据诚实信用原则行使公平裁量权，调整当事人之间的权利义务关系。因此，诚实信用原则意味着承认司法活动的创造性与能动性。④ 法官在适用诚实信用原则进行漏洞填补时，应当参考与本案类似的案例，借鉴民法学说中认为对判断本案具有重要意义的指导性观点。

诚实信用原则着力维护最低限度的道德要求，这里的道德要求主要体现为交易道德的要求。而最低限度的交易道德又是市场经济能够顺利运行的前提，因此诚实信用原则实际上承担着保护社会公共利益的使命，它以强制性规范的形式对

---

① ［德］卡尔·拉伦茨：《德国民法通论》（上册），王晓晔、邵建东、程建英、徐国建、谢怀栻译，法律出版社 2003 年版，第 58 页。

② 关于诚实信用原则与禁止权利滥用规则之间关系的论述，请参见林诚二：《民法理论与问题研究》，中国政法大学出版社 2000 年版，第 12～14 页。

③ 黄立：《民法总则》，中国政法大学出版社 2002 年版，第 510 页。

④ 彭万林主编：《民法学》，中国政法大学出版社 1994 年版，第 39 页。

民事主体提出了积极的要求，在功能上限制了私法自治原则发挥作用的范围。①

公序良俗原则，是公共秩序和善良风俗的合称，包括两层含义：一是从国家的角度定义公共秩序；二是从社会的角度定义善良风俗。它对个人利益与国家利益以及个人利益与社会公共利益之间的矛盾和冲突发挥双重调整功能。公序良俗原则是现代民法一项重要的法律原则，是指一切民事活动应当遵守公共秩序及善良风俗。在现代市场经济社会，它有维护国家社会一般利益及一般道德观念的重要功能。我国《民法通则》第六条规定：民事活动必须遵守法律，法律没有规定的，应当遵守国家政策。第七条规定：民事活动应当尊重社会公德，不得损害社会公共利益，破坏国家经济计划，扰乱社会经济秩序。依据学者的研究，公序良俗原则起源于罗马法。在罗马法上，所谓公序，即国家的安全，市民的根本利益；良俗即市民一般的道德准则，二者含义广泛，且随时间空间的不同而不同，非一成不变。违反公序良俗的行为无效。② 近现代许多国家和地区的民事立法都明文规定了这一原则。如《法国民法典》第 6 条规定："个人不得以特别约定违反有关公共秩序和善良风俗的法律"；《德国民法典》第 138 条规定："违反善良风俗的行为，无效"；《日本民法典》第 90 条规定："以违反公共秩序或善良的事项为标的的法律行为无效"；我国台湾地区"民法"第 72 条规定："法律行为，有悖于公共秩序或善良风俗者，无效。"

公序良俗原则中的公序，一般应当限定为经由法律、法规的强行性规定，尤其是禁止性规定建构的秩序。这里所谓"法律、法规"不限于民事法律和民事法规，一切法律和法规中的禁止性规范都可以通过公序原则在民法中发挥作用。在这种意义上，公序原则属于民法中的引致规范。它经历了一个发展的过程：起初公共秩序仅指政治的公序，包括与保卫社会主要组织即国家和家庭为目的的公共秩序。第二次世界大战以后，由于市场经济的发展及国家经济政策的变化，在传统的政治公序之外，又认可了经济的公序。所谓经济的公序，是指为了调整当事人间的契约关系，而对经济自由予以限制的公序。经济的公序分为指导的公序和保护的公序两类。市场经济条件下，指导的公序地位趋微，保护的公

---

① 诚实信用原则是法律吸收最低限度道德要求的产物，但何为最低限度的道德要求，需要借助特定国家和地区的民事立法，尤其是特定国家和地区的民事司法予以具体化。卡尔·拉伦茨曾说："在一个具体情况下的权利行使究竟在什么条件下才是违反诚信原则，因而不被准许，是无法逐一列举的，因为'诚实信用'是一个一般条款，它需要通过判例来进行补充和不断予以完善。"（参见［德］卡尔·拉伦茨：《德国民法通论》（上册），王晓晔、邵建东、程建英、徐国建、谢怀栻译，法律出版社 2003 年版，第 308 页）。因此民法学对于诚实信用原则的研究，应当采取面向司法的姿态，着力整理司法审判实践中已有的案例，将其类型化，以明确诚实信用原则的具体内容，为在民事立法上实现诚实信用原则的具体化奠定基础。我国《合同法》即在总结审判实践经验的基础上，参考民法学说和域外的立法经验，对诚实信用原则进行了具体化，如第 42 条、第 60 条第 2 款、第 92 条等。

② 参见周柟：《罗马法原论》（下册），商务印书馆 1994 年版，第 599 页。

序逐渐占据了重要位置。与保护劳动者、消费者、承租人和接受高利贷的债务人等现代市场经济中的弱者相关的保护性公序，成为目前各个国家和地区判例学说上讨论、研究的焦点。良俗，即善良风俗，学界一般认为系指为社会、国家的存在和发展所必要的一般道德，是特定社会所尊重的起码的伦理要求。不难看出，善良风俗是以道德要求为核心的。但善良风俗原则与诚实信用原则不同。善良风俗原则并不强制民事主体在民事活动中积极地实现特定的道德要求，它只是消极地设定了民事主体进行民事活动不得逾越的道德底线。诚实信用原则则强制民事主体在民事活动中积极地实现特定的道德要求，它设定了民事主体进行民事活动必须满足的道德标准。因此善良风俗原则通常派生禁止性规范，诚实信用原则通常派生强制性规范。公序良俗原则[①]同样属于对私法自治原则的限制。

综上所述，就诸民法基本原则的关系而言，私法自治原则是处于核心地位的民法基本原则。私法自治原则之所以成为民法基本原则中最核心的原则，是因为民法是市民社会的基本法。这里所谓市民社会，并非古罗马思想家西赛罗所表达的传统意义上的市民社会[②]，而是指近代意义上的市民社会。在1821年出版的《法哲学原理》一书中，黑格尔以区分政治国家和市民社会为前提，提出了近代意义上的市民社会概念。哈贝马斯一语中的，认为市民社会是一种独立于国家的"私人自治领域"。[③] 可见，市民社会自治是市民社会的基本特征。所谓市民社会自治，就是组成市民社会的主体在处理私人事务时，可以按照自己的或者彼此的共同意愿自主地行事，不受外在因素的干预，尤其是不受公权力的干预。私法自治原则是市民社会自治在私法领域的体现。正因如此，学界前辈谢怀栻先生才会

---

① 公序良俗原则属于一般条款，与诚实信用原则一样，需要借助特定国家和地区的民事立法，尤其是特定国家和地区的民事司法予以具体化。因此民法学对于公序良俗原则的研究，同样应当采取面向司法的姿态，着力整理司法审判实践中已有的案例，将其类型化，以明确公序良俗原则的具体内容，为在民事立法上实现公序良俗原则的具体化奠定基础。比如在日本民法学界，关于公序良俗原则的全面研究，最早始于我妻荣先生。其研究方法主要就是对判例的整理和分类，并提出了著名的"我妻类型"。他的这种研究方法曾经长期被日本民法学界沿袭。与诚实信用原则相仿，公序良俗原则具有填补法律漏洞的功效。这是因为公序良俗原则包含了法官自由裁量的因素，具有极大的灵活性，因而能处理现代市场经济中发生的各种新问题，在确保国家一般利益、社会道德秩序，以及协调各种利益冲突、保护弱者、维护社会正义等方面发挥极为重要的机能。参见梁慧星：《民法总论》，法律出版社1996年版，第45页。

② 即"市民社会不仅指单个国家，而且指业已发达到出现城市的文明政治共同体的生活状况。"参见［英］戴维·米勒、韦农·波格丹诺：《布莱克维尔政治学百科全书》，邓正来主编，中国政法大学出版社1992年版，第125页。18世纪以前，人们通常就是在这种古典意义上使用市民社会概念的，它指的是人类的文明状态。与市民社会相对应的不是政治国家，而是人类的自然状态或野蛮的部落生活。

③ 何增科：《市民社会概念的历史演变》，载《中国社会科学》1994年第5期。

断言：“什么是民法精神或私法精神？承认个人有独立的人格，承认个人为法的主体，承认个人生活中有一部分是不可干预的，即使国家在未经个人许可时也不得干预个人生活的这一部分。”① 诚哉斯言！自由之于民法，犹若灵魂之于生命。没有对于自由的信仰和崇奉，民法就没有存在的必要和可能。在这种意义上，民法就是保护和确认民事主体自由的法，是典型的私法。于是在民法上，“占据主导地位的通常是那些自由的、不需要说明理由的决定；而在公法中，占据主导地位的则是那些受约束的决定。”②

　　私法自治原则强调私人相互间的法律关系应取决于民事主体的自由意思，从而给民事主体提供了一种受法律保护的自由。这种自由，就是个人自由，它包括两个方面的内容：首先是免受干预地作出自主决定的消极自由；其次是得请求发动公权力保护自主决定实现的积极自由。任何民事主体的行为，“在仅只涉及本人的那部分，他的独立性在权利上则是绝对的。对于本人自己，对于他自己的身和心，个人乃是最高主权者。”③ 社会发展的历史告诉我们一个经验法则，保证个人自主决定实现的制度是符合人性的制度，也是最有生命力的制度；同时经济发展的历史也告诉我们一个经验法则，“自主决定是调节经济过程的一种高效手段。特别是在一种竞争性经济制度中，自主决定能够将劳动和资本配置到能产生最大效益的地方去。其他的调节手段，如国家的调控措施，往往要复杂得多、缓慢得多、昂贵得多，因此总体上产生的效益也要低得多。”④

　　由私法自治原则派生出的社团自治、私权神圣（核心是所有权神圣）、合同自由、婚姻自由、家庭自治、遗嘱自由以及过错责任等民法理念，是私法自治原则在民法不同领域的具体体现，也是民法对不同领域冲突的利益关系据以作出价值判断的基本依据。在一般的意义上，民法保证了私法自治原则，保证了上述民法理念的实现，就是保证了民法所追求的公平、正义的实现。因为民法上的公平、正义是建立在意思自愿的要素上，而非任何一种内容合理或正确性的要素上，所以法谚云“对心甘情愿者不存在不公正”。

　　当然，私法自治原则不是绝对的，民法所确认和保障的自由也不是不受限制的自由。以合同自由为例，在某种意义上，一部合同自由的历史，就是其如何受到限制，经由醇化，从而促进实践合同正义的记录。⑤ 近代民法受个人主义法律

----

① 谢怀栻：《从德国民法百周年说到中国的民法典问题》，载《中外法学》2001年第1期。

② ［德］迪特尔·梅迪库斯：《德国民法总论》，邵建东译，法律出版社2000年版，第7页。

③ ［英］约翰·密尔：《论自由》，程崇华译，商务印书馆1996年版，第10页。

④ ［德］迪特尔·梅迪库斯：《德国民法总论》，邵建东译，法律出版社2000年版，第143页。

⑤ 阿蒂亚语，转引自崔建远主编：《新合同法原理与案例评释》（上），吉林大学出版社1999年版，第24页。

思想的影响，侧重强调在私法关系中，个人取得权利、负担义务，完全依据个人的自由意思，国家不得干涉。凡是基于个人的自由意思缔结的合同，不论其内容如何，方式怎样，法律一概需要保护。只有在当事人发生纠纷时，国家才能够借助裁判机构进行裁决。而裁判机构进行裁决时，仍然要以当事人的约定为基准，不得对当事人的约定任意变更。这种绝对的合同自由，"巧妙地配合了 19 世纪自由经济的发展"①。但绝对合同自由的实现，要求人人必须在社会经济生活中立于绝对平等地位。否则社会地位低劣者以及经济上的弱者，"就不免于契约自由之美名下，为社会地位之优越者及经济上之强者所压迫。"② "对那些为了换取不足以维持生计的报酬而出卖血汗的人谈契约自由，完全是一种尖刻的讽刺。"③ 因为"法律自由，也就是做自己愿意做的事情的法律许可，如果没有事实上的决定自由，也就是没有事实上选择作被许可之事的可能性，是毫无价值的。"④ 于是，20 世纪以来，合同自由开始受到多方面的限制，包括来自公法的限制以及来自私法本身的限制。公法上的限制主要体现为出于推动特定公共政策实现的目的，对自由竞争进行的规制；私法上的限制主要体现为诚实信用和公序良俗原则限定了合同自由的外部边界。于是，"整个私法现在似乎超越了保障个人自决的目标，而要服务于社会正义的实现：'这样，对公民生存的确保、对弱者的保护，即使在私法中也获得了与追随个人利益同样的地位。'"⑤

可见，自由及其限制问题是民法的核心问题，民法的价值判断问题大多也都属于自由及其限制问题。自由不能没有限制，否则自由本身就不可能实现或不可能很好地实现；但是又必须严格限制对自由的限制，因为离开了对于自由的确认和保障，民法就丧失了其存在的正当性。由此我们可以推导出一项讨论民法价值判断问题的实体性论证规则：没有足够充分且正当的理由，不得主张对民事主体的自由进行限制。该规则也对应着一项论证负担规则：针对特定价值判断问题，主张限制民事主体自由的讨论者，应承担论证自身价值取向正当性的责任。如果不能证明存在足够充分且正当的理由要求限制民事主体的自由，就应当确认并保

---

① ［美］格兰特·吉尔莫：《契约的死亡》，曹士兵、姚建宗、吴巍译，载梁慧星主编：《民商法论丛》第 3 卷，法律出版社 1995 年版。

② 郑玉波：《民法总则》，三民书局股份有限公司 1979 年版，第 11 页。

③ ［美］伯纳德·施瓦茨：《美国法律史》，王军、洪德、杨静辉译，潘华仿校，中国政法大学出版社 1990 年版，第 210 页。

④ Robert Alexy, Theorie der Grundrechte, S. 458f.

⑤ ［德］哈贝马斯：《在事实与规范之间》，童世骏译，三联书店 2003 年版，第 495～496 页。

障其自由。① 在这种意义上，面对特定价值判断问题，主张限制民事主体自由的讨论者不仅要积极地论证存在有足够充分且正当的理由，要求限制民事主体的自由；还要对反对限制民事主体自由的讨论者提出的理由进行有效的反驳。而反对限制民事主体自由的讨论者只须有效反驳对方提出的理由即可。

主张在特定价值判断问题上限制民事主体自由的讨论者，按照论证负担规则承担论证责任，必须提出足够充分且正当的理由，来支持自己的价值取向。这里所谓足够充分且正当的理由，需要兼具实质上的正当性和形式上的正当性。

所谓实质上的正当性，就是讨论者应能证明若不限制民事主体的自由，就会违背诚实信用原则或公序良俗原则。其中，诚实信用原则着力维护最低限度的道德要求，这里的道德要求主要体现为交易道德的要求。而最低限度的交易道德又是市场经济能够顺利运行的前提，因此诚实信用原则实际上承担着以强制性规范的形式限制私法自治，从而维护社会公共利益的使命。公序良俗原则是公共秩序和善良风俗的合称，包括两层含义：一是从国家的角度定义公共秩序；二是从社会的角度定义善良风俗。在现代社会，它承担着派生禁止性规范限制私法自治，以维护国家利益和社会公共利益的使命。可见，得以限制民事主体自由的足够充分且正当的理由最终落脚于国家利益和社会公共利益。对这里的国家利益，不能作宽泛的理解，应仅限于国家在整体上具有的政治利益、经济利益以及安全利益。至于社会公共利益，内容就较为丰富，它首先是指不特定第三人的私人利益。不特定第三人的私人利益就是我们大多数人的利益，它是社会公共利益重要的组成部分②。其次是与基本的法律价值相联系的私人利益，如生命利益、健康利益等。从形式上看，这些利益仅与特定民事主体有关，但对于个体生命和健康的尊重与保护，维系着一个社会的基本秩序，因此也属于社会公共利益的范畴；再次是弱势群体的利益，如劳动者的利益、消费者的利益等。弱势群体是无法通过自身力量维护自身利益的群体，唯有将弱势群体的利益认可为社会公共利益，方可为动用国家公权力协助、保护弱势群体的利益提供法律上的依据。最后，与最低限度的道德要求相联系的私人利益也属于社会公共利益。现代民法，各个国家和地区普遍将最低限度的道德要求上升为法律要求，从而相继认可诚实信用、善良风俗为民法的基本原则，并将其落实到民法的各个领域。使民事主体的做人准则从单纯的"无害他人"转变为在特定情形下应"适当地关爱他人"，并在民事主体间培植信用，以维系社会关系的和谐。因此，以违背最低限度道德要求的

① 张文显教授提及"把法律责任与自由联结是对自由的限制。而任何对自由这种崇高价值的限制都需要证成，即要说明限制自由的理由和条件。这既是对立法者提出的实际问题，也是对法学家提出的理论问题。"张文显：《法哲学范畴研究》（修订版），中国政法大学出版社 2001 年版，第 212 页。
② 王利明：《合同法研究》（第一卷），中国人民大学出版社 2002 年版，第 649 页。

方式损害他人的私人利益，就是在损害社会公共利益。唯有国家利益和社会公共利益，可以成为民法中对民事主体的自由进行限制的根据。它们明确了民事主体自由的边界，这个边界，同时也是国家可以发动公权力干预私人生活的界限。①

所谓形式上的正当性，是指承担论证责任的讨论者确实能够证明，在特定价值判断问题上限制民事主体的自由，符合体系强制，可以在逻辑上保证类似问题应该得到类似处理的法治原则能够得到实现。

在进行物权法起草的过程中，学界围绕物权变动中交易安全保护策略的立法选择，存在有较大的意见分歧。一种意见主张应以债权形式主义的物权变动模式为前提，通过善意取得制度解决物权变动中交易安全的保护问题；另一种意见则主张以物权形式主义的物权变动模式为前提，通过物权行为的抽象原则和善意取得制度来共同解决物权变动中交易安全的保护问题。② 不同的保护策略，会导致当事人之间不同的利益安排，在这种意义上，学界争论的这一问题属于典型的价值判断问题。我们拟借助这一问题来展示前述论证规则的运用。

如果以所有权的变动为例的话，物权变动中交易安全的保护主要会涉及以下三方当事人的利益：即所有权人、无权处分人③以及意图从无权处分人处受让财产所有权的第三人。无论是善意取得制度还是物权行为的抽象原则，都是通过在特定情形下限制所有权人的利益，即否认其所有权的追及效力，来保护交易关系中第三人的利益，即从无权处分人处受让财产所有权的第三人的利益。如前所述，私法自治原则在物权法中的体现是所有权神圣，与此相应，前述的论证规则在物权法中就可以相应地具体化为：在没有足够充分且正当理由的情况下，不得设置所有权神圣原则的例外。我们可以检证一下善意取得制度以及物权行为的抽象原则在限制所有权人的利益时，是否有足够充分且正当的理由，以此作为评析前述不同主张的依据。

先看善意取得制度。善意取得制度，是指在基于民事行为的物权变动中，以无权处分行为为前提，从无权处分人处受让财产的第三人，如果在受让财产时不

---

① 应当指出，得以限制民事主体自由的国家利益和社会公共利益，必须最终能够落实为个人的利益。国家利益和社会公共利益，归根结底也只不过是以"国家"或"社会"名义表达的个人利益。确认某类个人利益为国家利益或社会公共利益，从而使其能够在冲突的利益关系中处于优先地位，并得到确认和保护，是民法协调利益冲突的重要策略。民法作为一种组织社会工具的功能，很大程度上要借助这一策略才能实现。正如有学者所言，"国家利益乃国民利益即每个公民之利益的整合，脱离公民利益与公民权利来谈论"国家利益"是没有意义的。"参见卞悟：《真假亨廷顿与东西亨廷顿》，载李世涛主编：《知识分子立场——激进与保守之间的动荡》，时代文艺出版社 2000 年版，第 535 页。

② 王利明：《物权法论》（修订本），中国政法大学出版社 2003 年版，第 142 页；王轶：《物权变动论》，中国人民大学出版社 2001 年版，第 320~330 页。

③ 在物权形式主义的物权变动模式之下，还包括虽有所有权，但却对原所有权人负担不当得利返还义务的人，其返还的对象就是其取得的所有权。

知道也不应该知道转让人为无权处分人，可以基于其他条件的满足从无权处分人处获得财产的所有权，财产原所有权人的权利相应地归于消灭。该制度之所以能够在法律上得到确认，乃是基于如下考量：近代以来的市场经济，建立在市场主体是在信息不充分的背景下进行市场交易这一基本判断和假定之上，这就使得如何解决物权变动中交易安全的保护问题显得尤为迫切。从逻辑上讲，立法者有两种可能的选择：一是不承认善意取得制度，而是要求市场主体自己付出调查成本去获取相应的信息。这就意味着，任何一个进入市场进行交易的市场主体，在购买财产或取得在财产上设定的权利时，都需对财产的来源情况进行详尽、确实的调查，以排除从无处分权人处取得相应权利的可能。这不但会滞缓交易进程，也会使交易成本急剧上升，从而在根本上破坏市场经济的存在基础。假设市场主体不愿意付出调查成本，在动产的所有与占有的分离成为常态，在不动产登记簿公示的权利状态与实际的权利状态不一致时有发生的背景下，市场主体就必须时时提防会有人行使所有物返还请求权，这难免会影响对财产的有效利用。可见，第一种可能的选择是一个代价昂贵的选择。二是承认善意取得制度，认可市场主体在信息不充分的背景下进行交易属于市场经济的基本前提，同时认可市场主体只需要以现有的信息状况为前提去进行交易，就可以在大多数的情形下得到交易安全的保护。可见，善意取得制度属于法律对动的交易安全的保护，该制度保护了市场交易中不特定多数市场主体的利益，促进了财产的流通和交易的便捷，实现了社会的整体效益。不难看出，善意取得制度正是基于保护社会公共利益的需要，证成了对所有权神圣原则的限制，这一理由可谓是足够充分且正当。

物权行为的抽象原则就不同了。所谓物权行为的抽象原则，又称物权行为的无因性原则，是指独立于债权行为的物权行为是否需要一个原因性的目的规定（"内容无因性"问题），以及物权行为的效力，是否取决于义务负担行为（即债权行为）的效力（"外部的无因性"问题）。[①] 其中与交易安全的保护直接相关的是外部的无因性问题。它意味着即使交易关系当事人之间的债权合同属于不成立或不生效力的合同，只要当事人之间的物权合同是生效合同，就可发生所有权移转的法律效果，受让人就可以从转让人处取得财产的所有权。如果受让人再将该财产转让，即属于有权处分。可见，物权行为的抽象原则也属于保护交易安全的法律制度。但物权行为的抽象原则在一定程度上偏离了法律保护交易安全的初衷：如前所述，市场交易过程中之所以需要保护交易安全，是因为法律假定市场主体是在信息不充分的背景下进行交易的，如果没有保护交易安全的法律制度，不特定多数人的利益，也就是社会公共利益就会受到损害。正是这一点，为认可

---

① [德] 鲍尔/施蒂尔纳：《德国物权法》（上册），张双根译，法律出版社2004年版，第92页。

保护交易安全的法律制度，认可所有权神圣原则的例外提供了正当性。但依据物权行为的抽象原则，即使次受让人在受让财产时，明知道受让人与前手转让人之间的债权合同不成立或不发生效力，受让人取得财产的所有权欠缺法律上的原因，他也可以从受让人处取得财产的所有权。可见，物权行为的抽象原则对于信息充分的次受让人也提供了保护，并允许在这种情形下剥夺财产原所有权人的权利。其对所有权神圣原则的限制，就不能说存在有足够充分且正当的理由。

此外，主张以物权形式主义的物权变动模式为前提，通过物权行为的抽象原则和善意取得制度来共同解决物权变动中交易安全的保护问题，还欠缺形式上的正当性。原因在于，在同一部法律中，善意取得制度和物权行为的抽象原则分别基于不同的理由限制所有权神圣原则，不符合体系强制的要求，违背了类似问题应该得到类似处理的法治原则。

综上所述，经由前述论证规则的运用可以得出结论，我国未来物权立法应在债权形式主义物权变动模式的前提下，通过善意取得制度保护物权变动中的交易安全。

四、本节小结

必须承认，民法学者讨论价值判断问题时，即使依据民法的价值体系，遵循前述实体性论证规则，也未必一定能够在具体的价值判断问题上达成共识。民法的价值体系及其所包含的两项实体性论证规则，充其量是提供了民法学者讨论价值判断问题最低限度的学术平台：它一方面力图避免学界有关价值判断问题的讨论成为自说自话的领域，成为纯粹的个人情感、个人偏好的宣泄和表达；另一方面它以民法学者最低限度的价值共识为基础，提供了一个达致相互理解，进而寻求新的价值共识的平台。我们将前述民法价值判断问题的论证规则限定在民法学研究的范围内，主要是考虑到，民法学学术的讨论，与发生在民事立法和民事司法过程中的讨论最大的不同就在于：民法学者的认识，不必也无须强求一律。讨论者若能够在最低限度的价值共识上寻求相互理解，就算达到目标了，即使无法取得新的价值共识也没有关系。民事立法和民事司法则不同，立法者和裁判者必须对价值判断问题作出明确且唯一的判断，否则就是失职。实践中常见的做法是：当立法者或裁判者面对价值判断问题出现意见纷争时，在时限内经由讨论仍无法达成共识的，就会依照法律认可的表决程序和表决规则作出决断。这其实就是用"力量的逻辑"代替了"逻辑的力量"，即用"征服"代替了"说服"，为民事立法和民事司法中的价值判断问题的讨论划上句号。但这并不意味着本章所提出的民法价值判断问题的实体性论证规则仅仅适用于学术的讨论。恰恰相反，在进行民事立法和民事司法的过程中，立法者和裁判者也应当在特定的时限内，依据民法的价值体系，运用实体性论证规则，遵循作为程序性技术的论证规则和形式，运用妥当的论证方法，去论证自己所持守的价值取向的正当性。唯有如此，才能保证民事立法和民事司法的决定不至于建立在无根据的决断或无理由的任性之上。

第五章

民法总则的体系构建

第一节　设立民法总则的必要性

民法总则就是关于民法的一般性规则。总则统领民法典并且可以普遍适用于民法各个部分，由于总则包含"民法典所赖以立足的抽象原则的阐述"①，它也是民法中最抽象、最概括的部分，是对民法典分则所要展开的全面内容的抽象和概括。在我国民法典制定的过程中，虽然大多数人对设立总则是没有异议的，但仍然有一些学者对设立总则持不同的看法。另外，关于总则的具体内容和框架如何设计，仍值得讨论。

一、关于设立总则的模式的发展

在罗马法中，并不存在总则，也没有形成关于总则的一般理论。这是因为罗马法在方法论上采取决疑法，即对具体的事项进行列举，而并不依赖于抽象的、一般性、开放性的规则。"罗马私法并没有组成一个抽象的概念体系，罗马法学

---

① Travaux de la Commission de réforme du Code civil, Année 1945 – 1946, Paris, Librairie du Recueil Sirey, p. 55.

家大多对法律素材的逻辑构造并没有多大的兴趣。"① 在盖尤斯的《法学阶梯》中，关于人、物以及诉的三分法理论，虽然具有一定程度的抽象性和概括性，但盖尤斯并未提出总则的思想。而且，按照后世学者的分析，盖尤斯的三分法理论并没有严格贯彻逻辑体系。例如，关于有体物和无体物的划分标准，其在不同的编章采用的标准是不同的。② 尤其是罗马法学家并没有严格区分实体法和程序法，这也使得其难以形成完整的总则。尽管后世学者认为，《德国民法典》是按照《学说汇纂》的模式设立的，但实际上《学说汇纂》本质上也是采取具体列举的方式编排，德国民法典的五编制只是在大的结构上借鉴了《学说汇纂》的框架，而在具体内容，尤其是总则思想上与《学说汇纂》仍有本质性的差异。当然，优士丁尼所编纂的《学说汇纂》已经包含了民法总则的某些形式要素。至中世纪，注释法学家在此基础上的改进在于强化了对民法基本要素的提炼，主要表现在：一是把实体法和程序法分开，形成了独立的实体法理论；二是提升了权利概念的地位，也把民事权利作为整个民法的核心；三是形成了物权的概念，并与债权相分离；四是变庞大的人法编为小的人法编，实现了亲属法与总则的独立，由此实现了总则的抽象化。③ 这些都为总则的形成奠定了基础。总则的思想正是研习罗马法注释法学家经过对罗马法进行加工整理而提炼出来的理论。这应当说是潘德克顿学派的重要贡献。

但是，在 19 世纪法典化进程中，总则的理论并没有得到重视。在《法国民法典》的起草过程中，曾经就是否设立总则产生了争议。1800 年，曾有一部草案规定了标题为"关于法律和制定法"的绪论，其中包括：一般定义、法律的分类、法律的公布、法律的效力、法律的解释和实施、法律的废除。这实际上是关于法律、立法一般规则的总括性规定，以至于《法国民法典》的起草者最终认为，绪论在内容上过于宽泛，在规则技术上过于学理化和抽象，在思想上表现出过分强烈的哲学倾向，因而不适于纳入民法典。民法典起草人波塔利斯认为，必须区分科学和立法。学术研究可以追求体系，而立法必须追求实用。此种指导思想导致《法国民法典》最终废除了总则。④ 《法国民法典》虽然没有规定总则，但在法典中规定了一个简略的序编，序编包含 6 个条文，涉及法律的一般性原则（公布、实施、溯及力、禁止法官造法等）。从某种意义上说，序编在一定

---

① Reinnhard Zimmermann, The Law of Obligations—Roman Foundations of the Civilian Tradition, Clarendon Paperbacks, 1996, p. 24.

② Reinnhard Zimmermann, The Law of Obligations—Roman Foundations of the Civilian Tradition, Clarendon Paperbacks, 1996, p. 26.

③ 参见徐国栋：《民法学总论与民法总则之互动——一种历史的考察》，载《法商研究》2007 年第 4 期。

④ 参见石佳友：《民法法典化的方法论问题研究》，法律出版社 2007 年版，第 112 ～ 126 页。

程度上也具有纲领性的作用，只是因其内容过于简略，适用范围过于狭窄，因而仍不能成为完全意义上的总则。《法国民法典》的编纂体系也对后世民法产生了重大影响。瑞士等许多国家和地区的民法都采纳了这一模式，只规定了序编，并没有设立总则。

《瑞士民法典》在制定时曾有不少学者主张，应当借鉴德国法的模式设立总则。但该民法典的起草人胡贝尔坚持认为要放弃总则的设置，转而采取《法国民法典》的序编模式，理由在于，"笔者认为法律的一般原则对于某一确定的制度具有特殊的重要性……例如，对于'错误'就是如此，错误可能出现在家庭法、物权法和债法之中。由此，或许人们可以在一部总则中制定某些规范。但是，如果我们一旦进入实践，我们立即会承认，错误在每一个领域中所起到的作用并不相同，即便我们可以发明某种一般性理论，我们仍然不能因此而省却一些特别条款"[1]。因此，《瑞士民法典》并没有设立总则，而规定了人法，并在人法之前设立的序编。

《德国民法典》首开设立总则之先河。早在18世纪，德国注释法学家在对《学说汇纂》进行系统整理的基础上，就已经提出了总则的理论构想。达贝罗和胡果在1800年前后就已经提出了总则的理念，但并没有形成关于总则的系统思想。一般认为，德国学者海瑟在其于1807年所出版的《普通法体系概论》中才详细阐述了民法总则的体系。[2] 萨维尼从法律关系的共同因素出发，从各种具体的民事法律关系中抽象出了具有普遍性的法律规范，形成了民法总则，例如权利能力、权利客体、法律关系、法律行为等。[3] 萨维尼关于法律关系的理论，深受康德哲学思想的影响。潘德克顿学派甚至认为，民法学的每一个分支部门都可以抽象出一个总则，例如债权法有"债法总则"，物权法有"物权总则"，债权法中的契约之债还有"契约总则"，等等。这种方法被研究者称为"提取公因式法"[4]，并形成了法典编纂的"总分"结构，为后世总则体系的构建奠定了坚实的基础。从这个意义上说，总则的理论仍是概念法学家对德国法学发展的重大贡献，一定程度上是构成了潘德克顿学派理论的核心。

但是，在《德国民法典》制定过程中，就是否需要设立总则，一直存在争议。例如，在19世纪初，一些著名的德国学者如 E. 汉斯（E. Gans）、普赫塔

---

① Rémy CABRILLAC, Les codifications, PUF, 2002, p. 241.

② 参见陈华彬：《潘德克顿体系的形成与发展》，载《上海师范大学学报》2007年第4期。

③ See Wclhelm, Walter, Zurjuristischen Methodenlehre im 19, Jahrbundert, 1958, Frankfurt/m. S. 22.

④ Franz Wieacker, A History of Private Law in Europe, with Paiticular Reference to Germany, translated by Tony Weir, Clarendon Press, 1995, p. 376.

（Puchta）和布林兹（Brinz）等都曾反对设立一部总则，其中尤以布林兹为代表。[1] 但是以温德沙伊德等为代表的潘德克顿学派积极主张设立总则，并最终占据了主导地位。1896 年的《德国民法典》最终采纳了设立总则的模式。以潘德克顿学说为基础，规定了独立的民法总则编，其中包括人、物、法律行为、期间、消灭时效、权利的行使、担保等。"总则编的设置，是潘德克顿法学的产物。"[2]

《德国民法典》所设立的民法总则的体系，对后世民法典产生了重要的影响。《德国民法典》总则具有如下特点：（1）它以法律行为制度为基础，以意思表示为核心，确立了私法自治原则，并且沟通了人与人、人与物之间的关系。（2）建立了较为完备的主体制度。《德国民法典》的总则抽象出了民事主体这一资格，其区分了自然人和法人，并且规定了合伙制度，从而形成一个完备的主体制度。虽然《法国民法典》也确定了主体能力资格，但《德国民法典》总则对主体能力资格作了进一步的抽象，规定了权利能力制度，从而使所有具体民事主体在民法典上具备抽象的权利能力，为在具体制度中赋予民事主体具体权利提供了良好基础。（3）《德国民法典》总则规定了较为完备的代理制度。随着社会分工的发展和市场交易的繁荣，民事主体仅仅凭借自身的精力和能力难以完成意欲从事的民事活动。为了弥补这种不足，《德国民法典》规定了民事代理制度，其是为了发挥辅助民事法律行为的作用而出现的，该制度不仅可以适用于各种交易行为，而且可以适用于部分身份行为。（4）《德国民法典》总则规定了较为完善的时效制度，针对大部分的请求权统一适用，反映了时间对民事权利的影响。（5）《德国民法典》总则规定了权利客体和权利的行使规则（权利的行使、自卫、自助）等制度。其将分则之中普遍适用的权利客体加以抽象，并用统一的"物"的概念加以涵盖。[3] 实践表明，《德国民法典》总则的体系和内容是一个非常成功的范例，其为司法实践提供了良好的制度支撑。总则的设立避免了各个分则之间不必要的冲突，提供了更为清晰、简明的民事法律规则，增加了法典的逻辑性和体系性，进一步促进了民法法典化的科学性。这些经验也应当为我国未来民法典总则所借鉴。

规定民法总则可以说是《德国民法典》一大特色。"民法总则的设立，充分

---

① Valérie Lasserre-Kiesow, La technique légilslative, étude sur les codes civils français et allemand, LG-DJ, 2002, p. 99.

② 谢怀栻：《大陆法国家民法典研究》，载易继明主编：《私法》（第 1 辑），第 1 卷，北京大学出版社 2001 年版。

③ 参见［德］卡尔·拉伦茨：《德国民法通论》（上册），王晓晔、邵建东、程建英、徐国建、谢怀栻译，法律出版社 2003 年版，第 119 页以下。

展现了德意志民族抽象、概念、体系的思考方法。"① 大陆法系许多国家和地区都接受了德国式民法典体系，如日本、泰国、韩国、葡萄牙、希腊、俄罗斯以及我国台湾地区、澳门地区等国家或地区的民法。

二、对总则模式的批评和反思

在各国民法典编纂中，尽管设立总则模式的学说居于主流地位并为多数国家所采纳，但也有学者一直对设立总则的模式持批评态度。在 20 世纪 30 年代，德国学者曾经一度主张废除总则，其中代表人物为拉伦茨，② 其希望构建新的概念体系。德国学者艾克哈德（Eckhardt）也对设立总则的模式提出了质疑。③ 这种主张甚至在《德国民法典》之后也并未消失，其主要理由在于：

1. 总则的规定是学者对现实生活的一种抽象，更像是一种教科书的体系。对总则的批评理由认为，法律的目的不在于追求逻辑体系的圆满，而是提供一种行为规则和解决纷争的准则。总则的规定大多比较原则和抽象，缺乏实用性和可操作性。以法律行为制度为例，该制度作为总则的核心内容，是对民事主体所有形成和变动民事法律关系的行为的抽象，这种抽象概念和制度脱离实际社会生活，成为游离于社会生活的"空中楼阁"，很难被缺乏高度智识与法律素养的普通人所理解和把握。如，关于分期付款买卖，一般人仅凭字面意思和生活经验就能对该制度的具体内容有大概了解，但如将此种买卖抽象定性为法律行为，除专门研究民法的人外，一般人势必难究其具体含义。④ 拉伦茨认为民法典脱离了现实生活，一般民众根本无法了解总则，他主张进行"法律革新"，起草一部"大众法典"，废除脱离生活的民法典总则。"对如何合乎事理地引导法学初学者而言，总则授课是第一等痛苦重担。"⑤ 无论从一般到特殊的规范设计多么简单明了，但民法典对该原则的复杂贯彻增加了该法典在适用上的困难。这样一部在结构安排上颇具匠心的法典，难以为非专业人士所阅读理解。⑥

2. 总则的设定降低了法律的可操作性，可能会增加法官适用法律上的困难。在设立民法总则的民法典中，原本统一的生活关系被割裂开，并分别置于民法总

---

① 王泽鉴：《民法总论》，中国政法大学出版社 2001 年版，第 24～25 页。

② AcP 135（1938）25 ff.

③ 参见［德］弗朗茨·维亚克尔：《近代私法史》（下），陈爱娥等译，上海三联书店 2005 年版，第 466 页。

④ 参见王泽鉴：《民法总则》，中国政法大学出版社 2001 年版，第 27 页。

⑤ ［德］弗朗茨·维亚克尔：《近代私法史——以德意志的发展为考察重点》（下），陈爱娥、黄建辉译，上海三联书店 2006 年版，第 467 页。

⑥ 参见［德］迪特尔·梅迪库斯：《德国民法总论》，邵建东译，法律出版社 2000 年版，第 35 页。

则和民法分则的各部分。这就给法官适用法律带来了以下两方面困难：一方面，法官在法律适用过程中，要寻找关于解决某一法律问题的法律规定，不能仅仅只查找一个地方，所要寻找的有关规定，往往分处于民法典的不同章节，其中，一般性的规定置于民法典的前面，特殊性的规定置于民法典的后面。同样，理解某一民事法律制度，往往需要将分处异处的各种规定联系起来，不能仅仅只查阅一处地方，否则，便只能获致管中窥豹的效果。如为解决某一买卖合同纠纷，需要查阅法律关于买卖的规定、关于合同的一般规定、关于债的一般规定，以及关于法律行为的规定等。迪特尔·梅迪库斯教授指出，在查阅法典时，需要按照从后向前的顺序进行，因为后面的特殊规定排除前面的一般规定的适用，只有在后面无法找到特殊规定的情况下，才能适用前面的一般规定。① 另一方面，总则的设立使得法官在适用法律时，要先查询特殊规范，后查询一般规范，这就是迪特尔·梅迪库斯教授所说的，"《德国民法典》应当从后向前阅读"的原因所在。② 因而，总则对法律的适用造成了麻烦。

3. 由于设立总则必须要设定许多民法共同的规则即一般条款，而在设定一般条款的同时必须设立一些例外的规定。但哪些规则应当作为一般规定置于总则，哪些规则应当作为例外规定？一般规定和例外规定的关系是什么？这些在法律上很难把握。一方面，总则内容实际上并不能真正贯穿民法的全部。在主体制度中，法人只是财产法（债编和物权编）里的主体，不能成为身份法（亲属法和继承法）里的主体，因而总则编中关于法人的规定就不是全部民法的"总"的规定。在行为制度中，不少法律行为的规定不能适用于身份法的，实际上在财产法和身份法之间不可能形成一个共同规则。③ 另一方面，总则造成了一般规定和例外规定之间的各种矛盾，"抽象的规定的优点在于概括，其缺点系必须创设例外，例如法律行为包括买卖、赠与、租赁、所有权移转、婚姻等不同性质和功能的契约，须就该契约另设规定，因而形成各种原则及例外，竞合或特别规定的复杂关系"④。如总则有关意思表示错误的规则，一般不适用于婚姻与遗嘱。拉伦茨教授指出，总则虽然省掉了许多重复性和援引性的规定，但在其他地方却多出了不少限制性和细分性的规定，法律适用并未因此而容易多少。⑤

4. 总则中的抽象规定难以有效涵盖社会生活中的复杂现象。批评总则的人认为，许多内容其实未必要设立一部独立的总则。例如，关于主体的制度可以置

① 参见［德］迪特尔·梅迪库斯：《德国民法总论》，邵建东译，法律出版社2000年版，第35页。
② 参见卢谌、杜景林：《德国民法典总则评注》，中国方正出版社2006年版，第4页。
③ 参见谢怀栻：《谢怀栻法学文选》，中国法制出版社2002年版，第409页。
④ 王泽鉴：《民法总则》，中国政法大学出版社2001年版，第26页。
⑤ 参见［德］卡尔·拉伦茨：《德国民法通论》（上册），王晓晔、邵建东、程建英、徐国建、谢怀栻译，法律出版社2003年版，第40页。

于人法之中；物的内容可以置于物法；权利行使的有关内容可以分别规定于物权和债权之中；代理可以分解到合同等制度中去；时效也出现于债法之中。即使就法律行为而言，也可以在债法的"一般性规定"部分中加以规定。① 所以，一些学者认为，总则的内容（人－物－行为等）其实本质上还是对盖尤斯《法学阶梯》的"无意识重复"，并不见得有多大的创新；由此总则的设立其实是可有可无。② 尤其是因为社会生活是极其复杂的，如法律行为这一抽象的概念所囊括下的买卖、赠与、租赁、婚姻、继承、合同、遗嘱、解约等就属于性质和功能迥异的活动，以及所有权变动、他物权的移转等，要将各种与交易行为和其他行为都以法律行为的概念加以概括，其实未必妥当。例如，就交易行为而言，消费者参与的买卖合同、公用事业服务合同要求注重对消费者的保护，而商事交易合同则注重交易的安全和快捷，其中表现的价值理念也不同。凡此种种都表明，一个抽象的法律行为概念并不能完全涵盖各种不同性质的合同。在比较法上，一些国家民法典并没有设立总则，如《瑞士民法典》，其第 7 条规定了依据债务法解决其他问题，也没有造成任何其他重大困扰。③ 所以，德国著名法律史学家维亚克尔认为，总则如果不是有害的，至少也是多余的。他认为，《瑞士民法典》欠缺总则规定所生问题，通过指示参照债务法得以解决，从未造成任何重大困扰。④

尽管对于总则的设立存在众多的非难，但大多数学者仍然赞成设立一部总则，典型的如利益法学派代表人物赫克（Philipp Heck，1858～1943）。赫克认为，任何一门科学都建立在具有共性抽象的基础上，无论是物理、化学等自然科学，还是其他社会科学，都必须从基础的共性规则谈起，只有这样，才能够建立起一个科学的体系，民法也不能例外。虽然讲授民法从总则开始，具有脱离现实的嫌疑，但这更多地归结于授课的方法，而不涉及是否应当废除总则的问题。⑤现在在大陆法系采取德国模式的国家，总则的思想已经深入人心，其对于民法典体系的形成也有莫大的贡献。特别是在近几十年来，一些新的民法典大多采纳了总则设置的体系。例如，《阿根廷民法典》颁布以来的 5 个修正草案，每一草案

---

① See Erns Zitelmann, Der Wert eines allgemeinen Teils des bürgerlichen Rechts, in Zeitschrif für das Privat-und öffentliche Rech（Grünhuts-Zteschr），33，p. 25.

② Valérie Lasserre-Kiesow, La technique légilslative, étude sur les codes civils français et allemand, LG-DJ, 2002, p. 99.

③ 参见［德］弗朗茨·维亚克尔：《近代私法史——以德意志的发展为考察重点》（下），陈爱娥等译，上海三联书店 2006 年版，第 467 页。

④ 参见［德］弗朗茨·维亚克尔：《近代私法史——以德意志的发展为考察重点》（下），陈爱娥等译，上海三联书店 2006 年版，第 487 页。

⑤ Heck AcP 46（1939）25 ff.

无不设立总则。由此可见，民法典总则的设立确有其合理性。①

三、我国民法典中设立总则的必要性

在我国民法典制定过程中，关于是否设立总则的问题存在着两种不同观点。一种观点认为，应当借鉴《法国民法典》的经验，采用"序编＋附编"的模式。序编即为一个小总则，该编主要用于规定法律行为、代理、时效等制度；附编主要规定国际私法内容。② 序编又可以分为形式序编和实质序编。前者是指在民法典首编前独立另设序编，在比较法上通常冠以"引言"、"序题"、"一般规定"、"基本原则"等不同称谓；后者是指包含在首编之中，不具备独立的序编形式的若干技术性规定和一般性条款。另一种观点认为，应当结合我国立法实践，借鉴《德国民法典》设立一部总则。③ 后一种观点为我国民法学界大多数人所赞同。

笔者认为，序编模式不符合我国立法实践。序编是三编制的产物。比较法上，《法国民法典》与《德国民法典》在结构上的分歧之一就表现在序编或总则的取舍态度上。《法国民法典》采用序编就法律效力、裁判规则和基本原则等问题作了概括性规定，而《德国民法典》直接设立了总则。④ 从各国立法实践来看，凡是采用法国模式的大多都设立了序编。例如，《西班牙民法典》的序编包括法的渊源、法律规范的适用、法律规范的一般效力、国际私法规范等，但采用《德国民法典》模式的国家都没有规定序编。我国民法典主要借鉴德国法模式，因此不宜采用序编的方式。此外，我国法律大多规定了基本原则，具有类似于序编的作用，也不必要在民法典中单独设立序编。

从我国立法传统和立法实践来看，采用后一种模式更具必要性与合理性。从《大清民律草案》开始，我国就采取设立民法总则的模式。而在1930年，国民党政府也颁行了民法典总则编。我国1986年《民法通则》基本上是关于民法总则性规范的条款（第五章"民事权利"和第六章"民事责任"除外）。这些规范经过多年的实践证明是成功的。因此，未来民法典设立总则是符合我国民事立法传统和立法实践经验的。除了这一原因，设立民法典总则还具有以下优点：

1. 运用立法技术保证法典简明扼要。民法典总则是通过"提取公因式"

① 参见徐国栋：《民法典草案的基本结构》，载《中国民法典起草思路论战》，中国政法大学出版社2001年版，第65页。

② 参见徐国栋：《民法典草案的基本结构》，载《中国民法典起草思路论战》，中国政法大学出版社2001年版，第61页。

③ 参见梁慧星：《为民法典而奋斗》，法律出版社2002年版，第46页。

④ 参见陈小君：《我国民法典：序编还是总则》，载《法学研究》2004年第6期。

的方式来完成的，其最主要的优点在于，将各项私法规则的共同要素加以归纳和抽象，并在民法典总则中集中规定，从而避免民法典各分则将同一个问题重复规定或设置大量采用准用性条款。① 赫克将设立总则模式的功能喻为"列车时刻表符号说明"，即前面已经说明过的东西，后面就没有必要再重复了。例如，总则对法律行为的要件、效力等制度作出规定后，关于合同等各种具体法律行为制度中就没有必要再对要件和效力规则作出重复规定了。反之，如果没有总则，则将导致法律规范的大量重复。例如，1794 年《普鲁士邦普通邦法》没有设立总则，但该法典规定了大量细节规范，例如，其为了解决"从物"的认定问题，竟然设置了 60 个段落，其中包括如下细节规范："在一个农场里的牲口为这个农场的属物"，"公鸡、火鸡、鸭、鸽是农场的属物"，"门锁和钥匙是建筑物的属物，而挂锁则不是"，"保护动物的必需品属于动物，使用动物的必需品则不属于动物"等。② 在这种模式下，不同制度中相同的要素分别见于不同的部门，极易造成其内涵和规则的不统一。事实上，在立法技术层面，法国民法典受到后世部分学者指责的理由之一，就是同一概念分别出现于不同部门的时候，其内涵并不完全一致，甚至造成法律规则的散乱。此外，总则一般都是对经过实践或者抽象的制度，具有更强的合理性，其可以防止民法典设立未经深思熟虑的规范。③

2. 增强法典整体的逻辑性和体系性。与分则相比，总则编的设置体现了一种对逻辑体系的追求，主要表现的是一种"系统化精神与抽象的倾向"④。"提取公因式"这一立法技术的运用更体现了这一点。一方面，总则的设立为法典分则各部分提供了一个良好的联系纽带。在人法和物法两部分里，确实存在着许多共同的问题，应当有共同的规则。例如主体、客体、权利的发生、消灭与变更、权利的行使等。在人法和物法之上设一个总则编，统一规定人的能力、法律行为等问题是可能也是应该的。⑤ 潘德克顿学派设立总则的意义在于，其使人法和物法二者衔接起来，形成一个有机的整体。民法分则各部分都围绕总则这个核心得以展开，共同成为民法典的有机组成部分。即便民法总则的部分内容并非适用于所有民法典分则制度，但只要其对绝大多数具体制度具有指导和统领意义，其就有存在的合理性和价值。另一方面，设立总则的模式充分地体现了"总分"结构的特色。民法总则使民法的各部分形成一个逻辑体系，而不是各种民事制度的机械组合。总则条款有利于统领分则条款，确保民法典的和谐性。在此种模式

---

① 参见王泽鉴：《民法总则》，中国政法大学出版社 2001 年版，第 26 页。
② 参见徐国栋编：《中国民法典起草思路论战》，中国政法大学出版社 2001 年版，第 246 页。
③ 参见［日］山本敬三：《民法讲义Ⅰ总则》，解亘译，北京大学出版社 2004 年版，第 17 页。
④ ［法］勒内·达维德：《当代主要法律体系》，漆竹生译，上海译文出版社 1984 年版，第 84 页。
⑤ 参见谢怀栻：《大陆法国家民法典研究》，载易继明主编：《私法》（第 1 辑），第 1 卷，北京大学出版社 2001 年版，第 27 页。

下，一般规定对特殊规定的适用具有指导意义，而特殊规定又优先于一般规定而适用。这就形成了一个从一般到具体的有内在关联的体系。

3. 实现了整个民法典价值和内容的一致性。立法者在更抽象的层次上，将民法典总结成一个法的体系，构筑了民法总则。[①] 该总则提炼出了普遍适用于民法的一般规则，保持了价值的内在一致。同时，在设立总则之后，可以使各项基本的民事制度、概念、范畴实现统一，即使其出现与分则的不同规定，其基本含义不会发生偏移或者差异。[②] 例如，总则中的法律行为制度分别可以出现于债法、家庭法、继承法等不同部门，但其基本内涵和要素并不会因此而有所不同。更为重要的是，民法典总则模式下价值和内容的一致性有利于保持司法的统一性和权威性。因为，法官在可以根据体系化的价值和制度作出统一的法律解释。所以，总则的设置对于法官理解总则所彰显的价值，并通过其解释和运用法律具有重要意义。需要指出的是，总则的设立有利于进一步弘扬民法的基本精神和理念。总则就是要借助于抽象的原则来宣示民法的基本理念，例如，总则关于民法各项基本原则的规定，民事主体制度中关于主体人格平等的规定、法律行为中关于意思自治的规定，它们就是对民法的平等、自由等精神的弘扬。[③]

4. 保持了法典的抽象性和开放性。抽象化的总则具有更强的包容性和弹性，这样就使民法条款的适用范围具有更大的开放性。法律规则越具体，其针对性越强，其适用的范围和调整的对象越优先，其也就越难以应对未来社会生活发展的新要求。民法总则是民法规范的生长之源，在民法典其他各编对某个问题没有具体规定的时候，可以通过总则中的基本原则和制度加以弥补，从而发挥填补法律漏洞与法律空白的作用。总则的规定是抽象的、一般的，其有助于培养法律人归纳演绎、抽象思考的方法，及形成法律原则的能力[④]，这就为法律的发展留下了空间。[⑤] 如果在民法典中不规定总则，法官填补法律漏洞的活动就缺乏法律依据和抽象规则的指引，其所能解释的具体规则也可能因此而产生重大偏差。

5. 适应了民商合一体例的要求。在民商合一体例下，需要设立一个同时适用于民法和传统商法的具有普遍约束力的法律规则，而民法典总则便是这些法律规则的有效载体。在民商合一体例下，所有的商事特别法都可以统一适用民法典总则，主体适用民事主体的规定，行为可以适用民事法律行为的规定，诉讼时效适用统一的民事诉讼时效的规定，商事代理可以适用代理的规定。民商合一体例

---

① 参见［日］北川善太郎：《日本民法体系》，李毅多等译，科学出版社 1995 年版，第 55 页。

② 参见徐海燕：《制定〈欧洲民法典〉的学术讨论述评》，载《当代法学》1999 年第 2 期。

③ 参见许中缘：《论民法典与我国私法的发展》，载易继明主编：《私法》（第 8 辑），北京大学出版社 2004 年版，第 114 页。

④ 参见王泽鉴：《民法总则》，中国政法大学出版社 2001 年版，第 26 页。

⑤ 参见徐海燕：《制定〈欧洲民法典〉的学术讨论述评》，载《当代法学》1999 年第 2 期。

下，公司法、证券法、票据法等商事特别法将仍然存在，但传统商事活动本质上仍然是平等主体之间的财产关系，其需要有相应规则的统一指导，民法典总则的设立，便沟通了民法与商法的关系，为商事特别法的运行提供了良好的基础和保障。这也有利于建立完整的民商法体系。①

第二节　民法总则与人法的关系

一、民法中人法的历史发展

对设立总则模式持批判态度的一个主要理由在于，总则没有突出自然人的主体地位，而摒弃总则模式而设立独立的人法则有利于突出人的法律地位。② 所谓人法就是关于人的主体资格以及人的身份关系的法律规范的总和。一般认为，作为相对独立的人法部门的出现，始于罗马法学家盖尤斯的法律思想。公元 2 世纪，盖尤斯在其《法学阶梯》一书中提出"人法（jus personarum）、物法（jus rerum）、诉讼法（actiones）"三编模式。公元 530 年，优士丁尼设立学说汇纂编纂委员会，同时着手编订《法学阶梯》，并于公元 533 年完成《法学阶梯》的编纂。该书全面借鉴了盖尤斯的体系，区分人、物、诉讼三部分③，成为一部专供学生学习法律的教科书。优士丁尼《法学阶梯》具有以下两个特点：一是突出了人法。正是以人、物、诉讼三部分构造了一个和谐统一的有机规范整体。④ 三编结构的展开首先是以人为前提和中心，所以人法应当放在各编之首。二是设立了独立的诉讼制度。在三编结构模式下，人法是和物法相对立的，所以在人法之后应当解决人和物的关系；但是在人和物的关系上，还可能存在纠纷的问题，这就是诉讼制度的存在理由。法国学者高德迈（Gaudemet）指出，这一结构"立足于对法律生活的观察：首先是人，其行使着对其他人和其物的控制。而后是物，也就是所控制的世界及其生产。最后，法学家不能忽视人的行为有时候是冲

---

① 参见魏振瀛：《中国的民事立法与法典化》，载《中外法学》1995 年第 3 期。

② 参见［葡］平托：《民法总则》，林炳辉等译，澳门法律翻译办公室、澳门大学法学院 1999 年版，第 5 页。

③ 参见陈朝璧：《罗马法原理》，法律出版社 2006 年版，第 23 页。

④ 参见［古罗马］优士丁尼：《法学阶梯》，徐国栋译，序言，中国政法大学出版社 2005 年版。

突的源泉：由此第三部分规定诉讼"。①

与现代民法主体制度相比，罗马法中的人法具有以下特点：（1）关于人的分类方式不同。尽管罗马法在人法中也有关于人的分类，但其主要将人区分为自由人和奴隶，并界定了自由人和奴隶的内涵。自由人又分为生来自由人和解放自由人，且规定了自权人和他权人的区别，此种区分主要是关于家父权的规定。（2）有关人法的制度在很大程度上是婚姻、家庭法律制度。② 例如，法学阶梯第一卷关于人法的规定中，从第 10 题开始一直到第 26 题，主要是讨论婚姻、收养、监护、保佐等法律规则。（3）人格有广义和狭义之分。罗马法上"人格"（persona）一词，从广义上讲，作物理上圆颅方趾之人类解，与"homo"一词同，自由人或奴隶包括在内，但泛指一般人时，拉丁文惯用"homo"一词，而不用"persona"；用于狭义，指权利能力，人之身份而言，奴隶在法律上无人之身份，无权利能力，故法律用语中之"persona"一词，专指自由人，而奴隶除外。③ 所以，在罗马法的人法中，并不是采取人格平等的原则，人格只是限于自由人；奴隶实际上被归入物的范畴，成为所有权的对象。罗马法时代的人法与现代法中的人法制度的另一个重大差别，是法人制度的缺失。

《法国民法典》基本上继受了优士丁尼的《法学阶梯》体例。早在 17 世纪，法国的一些罗马法研究学者已经对于罗马法进行了细致的研究，并且开始探讨体系化的问题。在这一时期，一些法国法学家提出在体系化方面，《法学阶梯》应当具有样板的作用。④ 《法国民法典》的第一份草案效仿《法学阶梯》，包含三卷：人法、财产法和债法。早在《法国民法典》的第一稿中，三编制体例即已经得到确立。康巴塞雷斯的第三稿草案宣称"构筑于'自然之法律（les lois de la nature）'的坚实土地与共和国的处女地之上"⑤。在民法典制定过程中，这种三编制的结构的最大特点是有一个人法，许多法国法学家认为，根据三编制体例，社会关系首先需要有"人"，这就是主体；其次，需要有"物"，这是人所支配的对象；再次，人与物之间的联接构成了"取得财产的各种方法"。这种三编制的结构是人在社会中生存和发展的一个逻辑展开：人的存在使得其必须获得某些权利；权利的行使必然及于某些物（必须指出，并非是自然界所有的物都

---

① Jean Gaudemet, Tentqtives de systematisation du droit a Rome, in Archive du philosophie du droit, 1980, Vol. 31, p. 21.

② 参见徐国栋编：《中国民法典起草思路论战》，中国政法大学出版社 2001 年版，第 188 页。

③ 参见陈朝璧：《罗马法原理》，法律出版社 2006 年版，第 31 页。

④ Valérie Lasserre-Kiesow, La technique législative, étude sur les codes civils français et allemand, LG-DJ, 2002, p. 99.

⑤ ［法］罗贝尔·巴丹戴尔：《最伟大的财产》，罗结珍译，载《法国民法典》（上册），代序，法律出版社 2005 年版。

可以构成民法中的"物");取得物或者其他财产必然要借助于各种方式。① 在法国法中,人法调整的主要是自然人的权利能力、行为能力、监护制度、市民身份和地位等问题。人法的独立和突出,人法和物法的对立与区分,也明显有助于法律关系的简化和明晰。

《法国民法典》的人法在结构上与优士丁尼的《法学阶梯》中的人法存在着渊源关系。例如,《法国民法典》中也没有规定法人制度,这与后者也是类似的。但是,《法国民法典》中的人法已经与罗马法中人法存在较大的区别。一方面,在制度理念上,《法国民法典》贯彻的是自由、平等的观念,而罗马法体现的是封建社会的宗法等级观念。例如,罗马法时代认为奴隶是所有权客体的观念在中世纪被抛弃,这很大程度上归功于基督教的教义的影响;因此到了19世纪初,奴隶不再视为是一项财产。不过值得指出的是,在法国民法典颁布以后,奴隶制在法国的海外殖民地仍然得以延续;奴隶虽然不能等同于一项财产,但是也很难说是严格意义上的"法律主体"②,而《法国民法典》中的婚姻制度已经世俗化,其将行政机关的婚姻登记作为缔结婚姻的条件,摆脱了传统宗教、父权的束缚。《法学阶梯》中对人的规定侧重人与自然、动物的关系,《法国民法典》中对人的规定侧重人与国家和民族的关系。③ 另一方面,从具体内容来看,《法国民法典》也与罗马法存在重大差别。例如民事权利能力制度,《法国民法典》坚持"民事平等(égalité civile)"原则,规定所有自然人都具有民事权利能力,这也为自然人人格平等原则奠定了宪法性基础。该原则的确立,宣告了"以法治为标志的新时代"的到来;《法国民法典》由此被称为是一个组织新社会的法律。④ 近两百年来,《法国民法典》关于"人"的规定发生了较大变化,该部分内容根据法国社会的面貌进行了很多修改、补充和修订。⑤

法国民法典所构建的三编制及其人法,对后世的民法典产生了重大的影响,不仅采纳三编制的模式的民法典都设计了人法,即使是未完全采纳三编制的民法典也都有人法的规定。比较法上,不同的民法典中设计了不同的人法制度,主要有三种模式:一是《法国民法典》的模式。《法国民法典》第一卷"人法"的规定,主要是对自然人和家庭关系的规定,其中包括:自然人国籍的取得与丧失、有关身份证书、住所、失踪、婚姻、离婚、亲子关系、收养、亲权、监护等

---

① Valérie Lasserre-Kiesow, La technique légilslative, étude sur les codes civils français et allemand, LG-DJ, 2002, p. 100.

② Gilles GOUBEAUX, Traité de Droit civil, Les Personnes, LGDJ, 1989, p. 14.

③ 参见赵晓力:《民法传统经典文本中"人"的观念》,载《北大法律评论》第1卷,法律出版社1998年版,第137~141页。

④⑤ 参见[法]罗贝尔·巴丹戴尔:《最伟大的财产》,罗结珍译,载《法国民法典》(上册),代序,法律出版社2005年版。

问题。《法国民法典》实际上是对自然人的规定，其中不仅包括了自然人的人格，还包括了自然人的身份关系，如婚姻、收养等方面的规定。《法国民法典》的规定是人法的最典型的模式。二是《瑞士民法典》的模式。《瑞士民法典》第一编"人法"，实际上是对民事主体制度的规定，与《法国民法典》的规定不同，在该编中包括了自然人和法人两章，具体对主体享有的权利能力和行为能力、人格的保护等问题作出了详细的规定。至于亲属问题，在《瑞士民法典》中单独设立第二编"亲属法"对此进行规定。三是《意大利民法典》的模式。《意大利民法典》在第一编"人与家庭"中详细规定了法典所称的"人"、住所、自然人的失踪及宣告死亡、血亲和姻亲、婚姻、亲子关系、收养、亲权、监护、领养、禁治产等内容。这些内容不仅具有体系性，而且相当全面。在对自然人的人格以及家庭关系作出规定的同时，《意大利民法典》又详细规定了法人制度，在这方面与《法国民法典》的人法不同，但《意大利民法典》又不同于《瑞士民法典》，有关继承的问题，在人法中并没有规定，而是在法典第二编单独设立继承法予以规定。

在法国的三编制模式下，由于人法的设立，有关民法总则的内容被分解为序编、人法以及其他内容之中。由于人法的存在使得总则没有独立存在的价值，有学者认为，如采纳三编制的模式，人法可以替代总则，设立人法而不设德国式的民法典总则，"是为了坚持罗马法的人－物二分体系，把被大总则淹没的人法凸现出来，并突出人法的特殊性"①。人法从总则中独立出来，自然人和法人各自设立分编。虽然从法律关系和性质来看，人格权作为和亲属法、财产法并行的部分，本来也应该独立设编，但是由于条文比较少，所以应当置于人法中规定。②一旦独立的人法形成，总则的设立也是没有必要的。许多学者赞成以独立的人法代替总则，主要的理由有：

1. 该模式突出了"人"在民法体系中的中心地位。在三编制的结构下，不仅人法置于各编之首，而且将适用于法律主体的规则集中以独立一编的架构予以规定，这充分体现了自然人在民法典中的首要地位。在设置总则的体例中，自然人和法人等社会组织被一同置于主体制度之中，这就使自然人的特殊地位难以突出，甚至其价值被极大地冲淡。③ 所以，有学者认为，法国的三编制模式突出了人法。而人格权属于人法的组成部分，它虽然不属于权利能力的范畴，但它和人

---

① 徐国栋：《民法典草案的基本结构》，载《中国民法典起草思路论战》，中国政法大学出版社2001年版，第77页。

② 参见陈小君：《建立我国未来民法典的体系》，载张礼洪等主编：《民法法典化、解法典化和反法典化》，中国政法大学出版社2008年版，第29页。

③ 参见〔葡〕平托：《民法总则》，林炳辉等译，澳门法律翻译办公室、澳门大学法学院1999年版，第5页。

的能力有密切的关系，所以，在这个意义上，人法显示了对人的保护的重视。①

2. 该模式彰显了人本主义的基本价值。人本主义是现代民法的基本价值理念，最大程度上为人的全面发展提供法律保护成为民法的基本使命，例如平等原则、人格尊严、人的优先地位、主体自治等。② 尤其是在人法中可以详细规定公民的权利，弘扬人道主义和人本主义精神，这在设立总则的模式下是很难实现的。③ 前述原则经由人法部分所确立，贯穿适用于民法其他的各个部门。民法在当代的重要发展趋势体现为对人的更高层次的保护，人法的价值也被普遍认为是法的一般性价值。在这个意义上，人法的独立成编明显有利于对于人的全面保护和尊重。

3. 该模式区分了人法和物法，使得法律的结构十分清晰和简洁。人法是与物法相对应的，二者同为民事法律调整的两大类法律法系，人身关系和财产关系构成民法的基本调整对象，人法—物法对应使得民法本身的调整范围更为明晰，人法—物法的划分也使得人法和物法的区别非常明确。

4. 人法的普遍适用性，使其在一定程度上可以发挥总则的作用。事实上，人法是总则中真正具有普遍适用意义的内容，可以完整地适用于其他的法律部门（物法、债法和继承等）；而总则中的其他内容其实都难以完全适用于分则的各部门，例如物、行为等无法完整适用于其他某些部门，因此，人法在某种意义上才是真正的"总则"。

二、不宜以人法取代民法总则

《法国民法典》在简短的序编之后，将人法作为独立的一部分置于民法典之首并冠以"人法"的称谓。"人法"编中规定了民事权利的享有及丧失、身份证书、住所、监护等内容。除了亲属制度之外，其多数内容属于民事法律制度的共通性规则，也就是我们通常所谓的总则的内容，其在一定程度上发挥了民法典总则的功能。我国未来民法典能否以人法代替民法总则呢？笔者认为，《法国民法典》三编制模式下的人法确有其合理性，但不值得我国借鉴。就我国民法典制定而言，更合理的做法是，将人法中部分内容（主要是主体制度）纳入民法典

---

① 参见［日］松元恒雄：《关于21世纪的民法典体系与人格权法的地位和内容》，载《2008年民法体系与侵权法国际研讨会材料》，中国人民大学法学院，2008年。

② Gérard CORNU, Droit civil, Introduction, Les personnes, Les biens, 11e éd., Montchrestien, Collection "Domat Droit privé", 2003, p. 199 et s.

③ 参见［葡］平托：《民法总则》，林炳辉等译，澳门法律翻译办公室、澳门大学法学院1999年版，第5页。

总则，将人格权内容置于人格权编。之所以不宜以人法取代民法总则，原因在于：

1. 独立"人法编"是在特殊历史背景下形成的。在法国资产阶级大革命胜利以后，人们尚没有完全从封建思想和封建体制的压迫中解脱出来。为了防止封建复辟，巩固革命成果，通过法律对资产阶级革命中提出的"人生而平等"、"天赋人权"等口号予以宣示和弘扬成为必要。[①] 但在当代，人人平等、权利保护等观念已经广为社会大众所认识和理解，那么，设立独立人法的宣示作用就没有必要了。从历史上看，设立独立的人法，将人法作为与物法相并列的编撰模式在 20 世纪以来的民法法典化进程中并不十分流行，大多数国家都采纳了《德国民法典》设立总则的经验。

2. 以人法取代总则不利于民法典的体系化。一方面，在法国民法模式下，民法只能划分为人法和物权法两部分，显然，这种粗糙的划分很难总结出民法中各部分的共同规则，民法就可能成为这两部分的机械组合。在缺乏民法总则的模式下，人法和物权法机械组合的法典难以形成一个有机的整体。[②] 另一方面，人法与物权法等制度很难协调。人法实际上是与物法相对应的，《法国民法典》仅仅规定了物法，但是并未区分物权和债权。而我国现行民事立法已经对物权与债权作了区分，在债法中又弱化了债法总则，而突出了合同法总则的地位。这样的立法体例使得物法无法在民法中独立成编。在物法不可能独立成编的情况下，人法独立成编的作用就会大打折扣。更何况随着现代财产的发展，物的概念也在不断演变和扩张，各种新的财产（如有价证券、知识产权等）都受到特别法的调整，在法律上无法将它们纳入民法典之中形成一个庞杂的物法体系。

3. 以人法取代总则不利于主体制度的完善。《法国民法典》中人法制度的重心在于身份法，但并未对法人制度作出规定。当然，这主要是由于民法典制定当时的历史条件所限。尽管当代法国学者一致认为，人法包括自然人制度（personne physique）和法人制度（personne morale）两大部分[③]，但是，由于民法典中没有对法人制度的规定，这就使得民法典没有实现主体的完善和体系化。即便是将法人制度引入人法之中，也会引起内在冲突，因为一方面，法人制度本身比较复杂，尤其是如果承认合伙也是主体、将其引入人法之中以后，人法的内容将显得极为庞杂，也很难抽象出共同的规则。另一方面，仅适用于自然人身份关系的许多制度无法适用于法人制度。例如，身份制度主要是调整自然人身份关系的

---

① 参见谢怀栻：《大陆法国家民法典研究》，中国法制出版社 2005 年版，第 6 页。

② 参见谢怀栻：《大陆法国家民法典研究》，中国法制出版社 2005 年版，第 42 页。

③ Gérard Cornu, Droit civil, Introduction, Les personnes, Les biens, 11e éd., Montchrestien, Collection "Domat Droit privé", 2003, p. 198.

制度，其与法人制度难以协调。此外，如果按照《法国民法典》的模式，人法对法人制度不能作出基本的规定，而总则也不能作出规定的话，将会使法人制度难以纳入民法典，而这必然有损法典的完备性。因此，设立总则而不是人法，规定专门的主体制度，就可以实现对于民事主体制度的体系化，形成关于主体制度的完整规则，克服人法独立成编模式下的不足。

4. 以人法取代总则不利于完善民法的一般规则。一方面，较之于人法，总则编的内容更为宽泛，不仅包括主体制度，还包括民事法律行为制度、代理制度、时效制度、客体制度等，这些都是人法无法包括的，需要通过设立总则来解决。另一方面，设立人法也不符合我国传统与现实。因为如果以人法代替总则，就要将婚姻法、收养法等内容都纳入人法之中。如此一来，就会破坏民法典的体系和逻辑。因为我国婚姻法历来就是一个相对独立的法律部门，我国民事立法和理论历来严格区分人格关系和身份关系，如果要将其并入人法之中，这不符合我们的立法传统。

此外，突出人的中心地位和民法的价值，并不意味着必须设立独立的人法。在设立总则模式下，民法典同样可以实现对人的中心地位的突出，这主要表现在以下方面：一是通过相对独立的主体制度对人的法律地位予以确认，并提供保护的基础；二是在这种模式下，设立独立人格权编的做法更有利于彰显人的特殊地位和人本主义的精神；三是通过设立独立成编的侵权责任，增加了民法典确立和保护人的尊严和权利的可操作性，并且更有利于强化对人的基本权利的保护。这种模式不仅从正面宣示了人的自由、平等和全面发展是民法的基本价值，而且从反面对侵犯人的自由和权利的行为进行警戒，也为权利受损后提供了充分的救济，从而实现了对人中心地位的周密保护。

综上所述，我国民法典仍然应当设立民法总则，而不应当以人法代之。有关人法的内容应当由主体法律制度、人格权法、亲属法等分别加以系统规定。

第三节 民法总则内容的构建

一、民法总则的制定应当以《民法通则》的规定为基础

如前所述，我国《民法通则》最大的特色在于，其确立了我国未来民法典总则的内容和框架。所谓通则，就是民事活动的基本规则。虽然《民法通则》

中涉及了分则部分的内容，但其重心是对总则的规定。其关于总则的构建具有以下特点：

1. 它确立了民法的调整对象和原则。《民法通则》第 2 条明确了，民法的调整对象是平等主体之间的关系，不仅明确了民法的对象，而且区分了民法和经济法等法律，构建了民商合一的基本体制。《民法通则》的规定结束了民法、经济法关系的论争。

《民法通则》确立了民事活动的基本原则。《民法通则》以基本原则的形式确立了平等原则、自愿原则、公平原则、等价有偿原则、诚实信用原则、尊重社会公共利益原则等。该法第一次在法律上确立了诚信原则，且适用于整个民事领域。这不仅反映了整个民事立法的发展趋势，而且为确立市场经济的基本规则奠定了基础。正是受《民法通则》的影响，《合同法》第 6 条也单独规定了诚信原则。

2. 《民法通则》构建了总则的基本制度和内容。《民法通则》规定了"公民"、"法人"、"民事法律行为和代理"、"诉讼时效"、"民事责任"等制度，从而构建了民法典总则的基本制度。从比较法的角度来看，许多制度不仅是各国民法典总则的重要内容，而且都具有独特和创新之处。例如，在主体制度之中规定了合伙；再如，单独规定民事责任。这些都具有一定的创新意义。经过多年的实践，证明这些制度基本上是可行的。

3. 它是立足于中国实践，并借鉴国外先进经验的结果。例如，《民法通则》关于法人设立条件，已经区分企业法人和非企业法人等，都是从中国实际出发设计的规则。但是，在法律行为、代理等制度中，也广泛借鉴了大陆法系国家的经验。这些内容经过《合同法》等法律的补充，而得到进一步完善。

笔者认为，我国民法典总则应当在修改《民法通则》的基础上进行。但应当看到，毕竟《民法通则》的规定比较简略，有些内容也与社会的发展不相适应。所以，我们在制定民法典总则时，应当借鉴国外先进经验，尤其是德国法的经验。但应当结合我国立法实践、既有制度和国情，对《德国民法典》总则的制度设计进行有选择的借鉴，而不能全盘接受。例如，《德国民法典》总则中没有规定民法基本原则，因为德国立法者认为，基本原则作为民法的公理，无须作出明确的规定。但是，如果我国民法典没有明确规定基本原则，将对法官解释法律带来一定困难，不符合我国的司法实践需要。《德国民法典》总则也缺乏民事责任制度的一般规定。这主要是因为《德国民法典》债编中规定了损害赔偿之债的一般规则，从而不必再在总则之中规定民事责任。但是，损害赔偿并不能够将各种民事责任形式概括进来。再如，总则关于客体的规定纳入了一些民法分则的内容，似乎缺乏共性，如关于物的规定，显然应当规定在物权法中。尤其是客

221

体部分没有将知识产权确定为一种权利，难以厘清民法典与知识产权法之间的关系。

二、我国民法典总则的构建

毫无疑问，民法典总则应当置于未来民法典各编之首，而民法典制定过程中一个迫切需要解决的问题在于，民法总则的内容和体系究竟应当如何建构。笔者认为，构建民法典总则的体系首先需要分析现行《民法通则》的基本架构。《民法通则》具体分为九章，即基本原则、公民、法人、民事行为和代理、民事权利、民事责任、诉讼时效、涉外关系的法律适用和附则。从民法法典化的视角来看，民事权利部分实际上属于民法典分则的内容，不应再纳入总则之中。有关民事责任中的违约责任和侵权责任的具体内容也应当分别在债与合同法、侵权责任法中作出规定。如前所述，涉外关系法律规范属于国际私法的内容不应纳入总则。除去上述内容外，余下部分已经基本构成了一个总则的框架。

既然我国民法典是立足于中国实践并广泛借鉴两大法系，特别是《德国民法典》等大陆法系国家的经验而制定的，因此，我国民法典总则的内容设计上除了要借鉴德国法的模式和经验外，更应当从中国的实际出发，总结和沿袭我们已经形成的有益经验。例如，德国民法总则中没有关于民事责任的一般规定，这主要是因为《德国民法典》的债编总则基本上涵盖了各种损害赔偿之债，基本解决了损害赔偿的问题。但由于在我国许多学者建议应当将侵权责任法从债法中独立出来，形成独立的侵权责任法体系，因此债权总则不能解决民事责任的一般规定的问题，这就有必要在民法典总则中规定民事责任的一般规则。所以，在构建民法总则内容时，首先应当总结《民法通则》的经验，凡是在 20 年来运行良好的制度，都应当保留。当然，这种保留需要符合系统的体例安排。

从建构总则的整体思路上来看，潘德克顿学派的思想具有借鉴意义，尤其是以法律关系为中心展开总则的体系。正如有学者指出，应将法律关系构成要件的内容分离成若干要素，并将这些要素作一般规定，形成类别概念，并依据不同层次的类型化，形成不同抽象程度的概念，并因此构成体系。[①] 如果以法律关系为核心来构建民法典的体系，则总则的设立实际上形成了一种抽象的逻辑体系。特别是将各种民事法律关系分解为主体、客体（物和给付）、权利。总则的重心在于规定主体、物和法律行为，代理可以看做法律行为的组成部分。至于权利制度，则由分则的各项内容加以解决。总则实际上形成了一种严谨的法律关系体系

---

① 参见［德］卡尔·拉伦茨：《法学方法论》，陈爱娥译，商务印书馆 2003 年版，第 356 页。

和结构。总则关于主体、客体的规定，与任何一项分则规定结合，都形成了一种法律关系的要素，这不仅使民事法律关系得以抽象化，且避免了在各项权利制度中对法律关系主体、客体的重复规定。所以，民法总则的形式合理性正是体现在这一点上。

综合考虑以上因素，我国未来民法典总则主要由主体制度、客体制度、法律行为和代理制度、责任制度和时效制度五部分构成。

1. 主体制度。主体制度主要表现为对民事主体的规定。民事主体，即依照法律规定能够参与民事法律关系、享受民事权利和承担民事义务的人，具体包括自然人、法人和合伙等社会组织。民事主体的主要特征表现为独立和平等。独立意味着独立的法律人格，即主体的法律地位不依赖于他人而独立存在，其可以在法律范围内独立自主地进行各项民事活动，不受他人干涉和限制。人格独立是民事主体参与民事法律关系的必备要件。任何公民作为民事主体都享有平等的权利能力。民事权利能力是国家通过法律确认的享受民事权利和承担民事义务的资格，它是一个人享受权利和承担义务的基础。不具备民事权利能力，既不能享受权利，也不能承担义务。任何组织和个人，无论其在行政、劳动法律关系中的身份如何，也无论其所有制形式和经济实力如何，他（它）们在从事社会商品经济活动的主体资格皆由民法主体制度所确认，其合法权益都要受民法保护。

我国《民法通则》规定了自然人、法人和合伙（包括个人合伙和法人联营时的合伙）。这种模式应为我国未来民法典所采纳。许多学者认为，我国民法典应当规定抽象的非法人团体的概念。笔者认为，非法人团体的概念并不是十分准确，采纳这一概念在立法技术上也存在很多问题，主要表现在：（1）传统民法认为非法人团体主要是为了这些组织在诉讼上的方便，因此具有诉讼能力[①]，而不具有独立的权利能力和责任能力。非法人团体原属民事诉讼法上之名词，不宜确定为民事主体的一种类别。（2）非法人团体难以涵盖法人之外的所有社会组织。除法人之外，社会组织形形色色，既有营利性的也有非营利性的，既有具备独立财产的也有不具备的，既有独立办公地点的也有存于网络空间的，这就使法律很难用统一的术语对这些组织加以概括，也很难在法律上抽象出统一的非法人团体的概念、特征和内涵。把这些经济组织一并纳入所谓"非法人团体"的弹性箩筐，不一定符合实际的需要和现代企业制度的发展。（3）难以形成系统的非法人团体法律规则。如前所述，非法人团体种类繁多，组织形态各异，需要适用的规则也不尽相同。例如，合伙与设立中的公司都属于非法人团体，但两者适用的规则未尽相同，在公司正式成立以后，设立中公司的对外债权债务关系通常

---

① 参见曾世雄：《民法总则之现在与未来》，中国政法大学出版社 2001 年版，第 92 页。

由公司继受。

2. 客体制度。客体是民事权利和义务指向的对象。客体概念的形成可以说是概念法学发展的产物。在我国民法典制定过程中，对于是否规定权利客体这一概念曾经有过激烈的争论。不少学者认为，在民法中不存在抽象的客体概念，因为客体总是和具体权利相联系的，只存在具体权利的客体，如物权的客体是物、知识产权的客体是智力成果等，所以，只能在各个法律制度中分别规定客体，而不必要在总则中加以规定。诚然，此种观点有一定道理，但笔者认为，总则中规定客体制度具有特殊的意义，因为：一方面，整个民法的逻辑体系的构建应当按照法律关系的基本要素展开。权利义务有主体必有其客体[①]，完整的法律关系的内涵应当包括主体、客体以及引起法律关系变动的法律行为、权利内容以及对权利保护的规则即责任制度。整个民法典的体系应当围绕这一法律关系的内涵而展开。总则中应当重点就主体、客体、法律行为、民事责任以及时效制度作出一般规定，而分则应当以权利为中心来展开，并在权利之后配置责任制度。另一方面，建立抽象的客体概念，可以为法律界定和解释新的客体提供基础。因为客体本身是一个发展的概念，随着科技的迅猛发展以及社会生活的变化，无形财产权利在迅速扩张。例如，有学者认为，像养老金、就业机会、营业执照、补贴、政治特许权利等都属于财产权范畴。[②] 因此，权利客体一词包含的范围十分广泛，这就需要使客体概念的包容性更强。

此外，为了适应民事权利客体发展的需要，我国民法典应当规定两类特殊的权利客体：一是智力成果和工商业标志。这就借助于客体的规定明确知识产权法属于民法的组成部分，从而明确民法典也可以适用于知识产权领域。二是集合财产。集合财产是指各种物和权利的集合。现代社会中大量的财产形式是以集合物表现出来的，这些财产作为交易的客体，与单个物相加的价值相比，其整体价值更大，在交易中具有更高的效用。我国《物权法》已经承认集合物可以成为物权的客体，例如《物权法》第一百八十一条规定动产浮动担保，就是以整个企业的集合财产作为担保物权的客体。因此，我国民法典应当对集合财产作出规定，对这种财产在交易中的相关法律制度作出界定。此外，在客体制度中，也可以规定物的可转让性规则等。有学者建议，我国民法典应当设立独立的财产权编，但事实上，财产权总则所要达到的涵摄各类单行法中财产权利的目的，可以通过适当充实民法典总则中的内容来实现。例如，在总则关于民事权利客体的规定中，可以对财产的概念进行定义，并强调其可转让性，从而不必再规定详细的财产权总则。

---

① 参见梁慧星：《民法总论》，法律出版社 1996 年版，第 80 页。

② Lawrence M. Friedman, The Law of the Living, the Law of the Dead: Property, Succession, and Society, 1996 Wis. L. Rev. 340.

民法典总则应当规定权利客体，但有关有体物的分类应当规定在物权法中。这主要是因为关于有体物的概念及其分类主要是物权法的内容，尽管债权的客体也包括物，但是，物毕竟不是债权的主要标的。此外，有体物的概念和分类也无法适用于亲属编和继承编。尽管我国《物权法》没有对物的分类作出规定，但未来民法典物权编应当对物的分类作出规定。

3. 法律行为和代理制度。法律行为又称民事法律行为，它是指民事主体旨在设立、变更、终止民事权利和民事义务，以意思表示为内容的法律事实。法律行为是德国法独创的概念，是民事法律事实的一种。作为民法总则中的一般规定，法律行为制度及其相关理论在现代民法学说中居于重要地位。尽管我国法律不承认物权行为理论，也不认为婚姻为契约行为，但法律行为制度的运用仍然是十分广泛的，该制度作为概念的抽象，不仅统辖了合同法、遗嘱法和收养法等具体的设权行为规则，形成了民法中不同于法定主义调整体系的独特法律制度。它不仅可以对民事主体的行为进行调整，而且能规范许多新的交易形式。法律行为制度以完备系统的理论形态概括了民法中一系列精致的概念和原理，形成学说中令人瞩目的独立领域。①

代理制度也与法律行为制度有着不可分割的联系。一方面，代理制度设立的根本原因是民事主体不能或不愿意亲自实施法律行为，其实际上起到补充和扩张行为能力的作用。另一方面，代理制度与法律行为制度是相衔接的，因为法律行为的表意人与该法律行为的法律效果承受人应该是同一的，任何人在为法律行为时都应该表明其民事主体的身份，如果行为人不表明是为自己为法律行为，法律也将推定其为该法律行为的效果承受人。② 我国《民法通则》第四章第二节规定了代理的制度，但这主要指的是直接代理；1999年《合同法》对表见代理和间接代理作出了规定。③ 我国未来民法典应当对此进行集中、统一规定。

4. 责任制度。民事责任是不履行民事义务的后果，也是法律对不履行民事义务行为的一种否定性评价。传统大陆法系国家民法典规定了统一的债不履行的责任，来解决所有民事责任的问题。所以，有关民事责任都是在债法中加以规定的，而不是在总则中进行规定。但是，随着新型民事责任的产生，例如精神损害赔偿、惩罚性赔偿、恢复名誉、赔礼道歉等责任形式的发展，传统的债不履行的责任很难涵盖和解释各种新型的责任形态，因此，有必要在民法典总则中规定民事责任的一般形态，来对各种民事责任进行统辖。有鉴于此，一些新的民法典已经反映了这一趋势，例如1994年《魁北克民法典》在第五编（债）第一题（债

① 参见董安生：《民事法律行为》，前言，中国人民大学出版社1994年版。
② 参见江帆：《代理法律制度研究》，中国法制出版社2000年版，第120页。
③ 参见我国《合同法》第四十九条、四百零二条、四百零三条。

225

的一般）中专设第三章，规定了民事责任的一般规则。这种模式已经对传统民事责任制度进行了重大发展，但是，将民事责任全部规定在债编中显得不够协调，如果将民事责任纳入总则中规定，则民法典的体系更为合理。由于《魁北克民法典》没有总则编，作出如此安排也是可以理解的。由于我国《民法通则》已经规定了民事责任制度，因此，我国未来民法典可以参照《民法通则》的模式。

民法典总则中规定的民事责任只是民事责任的一般规则，可以普遍适用于各类民事责任。总则在规定了法律关系的主体、客体以及简单列举了各种民事权利之后规定民事责任，也是顺理成章的。但是，在总则中，只宜规定可以适用于所有民事责任的共性规则，有关侵权责任和违约责任的具体规则等，不能在总则中规定，而应当在分则的各编中作出相应的规定，主要理由在于：（1）厘清总则和分则的角色与功能。如果民法典总则中规定了具体的民事责任的规则，不仅违反了总分结合的模式，而且难以妥当进行总则和分则的分工。总则的功能在于为民法典分则提供具有指导意义的条款，而不是包揽分则中设置具体制度的功能。总则设立的目的就是要和分则区别，如果总则规定了大量的分则内容，总则就不具有存在的必要了。我国《民法通则》在体例上并未对总则、分则作出严格区分，《民法通则》民事责任中具体规定了违约和侵权的内容，这是不可取的。（2）维持合同责任独立性和系统性。在民事责任中具体规定合同责任将使统一的合同法被分为两部分，一部分是关于违约责任之外的合同法的规则，另一部分是关于违约责任的规定。这两部分应当是一个统一的整体，因为违约责任是保护合同债权的基本规则，其与合同法其他的保护合同债权的规则是不可分割的。违约责任本身是违反义务的后果，它既是对违约的补救方式，也是合同效力的具体体现。责任与合同义务不可分割，仅规定合同义务不规定合同责任是不合逻辑的。一旦将违约责任归入民事责任之中，则完整的合同法将完全被分解，在体系上支离破碎。从立法技术上讲这是不可取的。（3）维持侵权责任法独立性。因为在总则中详细规定因侵权带来的民事责任，则分则中就没有必要再就侵权责任问题作出规定。因为侵权责任也不可能分割为两块，一块由总则规定，一块由分则规定，而只能将两者结合起来统一规定。总的来说，由于侵权责任法的不断发展，侵权责任法保障的权利范围在逐步扩大，各种新的侵权行为大量产生。在总则中详细规定侵权责任必然是不完全的，因为只有在具体规定了各种民事权利之后，才能具体规定侵权责任。这就决定了侵权责任只能在分则中而不能在总则中规定。（4）便利法律理解与适用。如果将合同责任和侵权责任分割成几块，分别规定，不论是公民学习法律，还是法官在司法实际中运用法律，都会面临法条搜寻复杂、比较选择成本高等烦琐和困难，不利于民法的普及学习和深化理解，也不利于法律的司法适用。

　　尽管不宜在总则中规定具体民事责任制度，但在侵权责任法独立成编之后，总则中应当规定相应的制度与分则中的制度相适应，因此总则可以设立关于民事责任的一般规则。例如，关于归责原则、免责条件、刑事附带民事、民事责任与刑事责任的关系、责任形式等。

　　5. 时效制度。顾名思义，时效就是时间的法律效力。它是指一定的事实状态在法定期间内持续存在，从而产生与该事实状态相适应的法律效力的法律制度。[①] 时效是各国所普遍承认的法律制度。比较法上，时效制度一般分为取得时效和消灭时效。我国未来民法典应当建立由消灭时效、取得时效构成的完备的时效制度，实现民事权利根据时效发生变动的周延性。时效制度之所以应当在总则之中规定，因为一方面，时效与法律行为制度关系密切，它是影响法律行为效力的重要因素，所以，既然在总则之中规定了法律行为，就应当在其中规定时效制度。另一方面，时效制度的适用范围非常广泛，不仅财产法律关系中存在时效，而且，人身法律关系中也存在时效制度。严格地说，债权请求权的行使都要受到时效的限制，继承权回复请求权也要受到时效的限制。所以，按照民法典编纂的"提取公因式"方法，时效制度应当规定在民法典总则之中。我国《民法通则》规定了诉讼时效，但并没有规定取得时效。在制定《物权法》时，许多学者呼吁要确立取得时效，但《物权法》最终没有确立该项制度。我国未来民法典可以考虑在总则编确立取得时效制度。

　　与时效有一定联系的制度是除斥期间。在我国目前民事立法中，虽然就具体领域规定了不同的除斥期间。但是，对于一般的除斥期间、除斥期间的适用范围、除斥期间的法律后果等缺乏规定。这常常导致实践中无法确定形成权的除斥期间。因此，我们建议，我国民法典总则编可以就除斥期间的一般问题进行规定，包括除斥期间的长短、除斥期间届满的法律后果等。

第四节　法律行为制度在民法典体系中的地位

一、我国民法典中设立法律行为制度的必要性

　　法律行为制度是大陆法系特有的法律术语，其是指以意思表示为核心，以设

---

　　① 　参见梁慧星：《民法总论》，法律出版社 1996 年版，第 236 页。

立、变更、消灭民事法律关系为宗旨的法律事实。也就是说，法律行为是以发生私法上效果的意思表示为要素的行为，它是实现私法自治的工具。自 1865 年《萨克森民法典》总则首先规定法律行为制度之后，1881 年《奥地利普通民法典》第 849 条对意思表示作出了较为详尽的规定，确立了法律行为概念的内涵。① 1900 年《德国民法典》首次确立了系统而完善的法律行为制度，该法典在总则编用 59 个条文全面规定了法律行为各项制度。作为民法的重要调整手段，法律行为制度通过赋予人们自由意志以法律效力，使人们能够自主安排自己的事务，从而实现了民法的任意性调整功能。因此，法律行为是民法中最为核心的制度之一。法律行为也是连接民事主体与民事客体的纽带，没有法律行为概念，设计体系化的总则是不可能的。②

在我国民法典总则编制定的过程中，学者对于是否应规定法律行为制度存在着不同意见。赞成者认为，我国《民法通则》中已经对法律行为作出了规定，法律行为的概念已经为法官和民众所接受，应该继续保留这一概念，从实践来看，法律行为制度的设立对法律的适用起到了重要作用，应当继续予以保留。反对设立法律行为制度的主要理由是，法律行为制度主要适用于合同关系，它是以合同为对象而抽象出来的概念，由于我国《合同法》对合同法总则的规定已经十分详尽，再设立法律行为制度，必然与合同法总则的规定发生重复。并且我国未采纳物权行为概念，因此法律行为适用范围已经十分狭窄。"法律行为"的概念主要为德国民法所特有，许多大陆法系国家民法中并没有这一概念，所以不应采纳这一概念。笔者认为，我国民法典，设立法律行为制度是有必要的，主要是基于以下理由。

（一）法律行为制度是实现私法自治的工具

法律行为制度的设立解释了私法自治的基本精神，或者说法律行为制度为意思自治原则提供了基本的空间。法律行为制度作为实现私法自治的工具的作用主要表现在：

1. 法律行为制度的设立解释了私法自治的基本精神。法律行为解释了能够设立、变更和终止法律关系是基于当事人的意愿。对某些行为，法律允许当事人通过其以民事法律关系发生变动为目的的意思表示来引起民事法律关系发生、变更或消灭，只要当事人的意思符合法定的条件，就可以实现当事人的目的，依法

---

① 参见［德］汉斯·哈腾保尔：《法律行为的概念——产生以及发展》，载《民商法前沿》第 1 辑，法律出版社 2003 年版，第 138 页。

② 参见许中缘：《论民法典与我国私法的发展》，载易继明主编：《私法》第 8 辑，北京大学出版社 2004 年版，第 111 页。

发生当事人所期望的法律后果。对于另一部分行为，法律则根本不考虑当事人的目的，只要该行为发生，即发生法律所规定的法律后果。前者即传统民法所言的法律行为，后者则是传统民法所言的事实行为。

2. 法律行为制度为意思自治提供了基本的空间，符合市场经济的内在要求。一方面，法律行为制度进一步解释了为什么民法规范以任意性规范为主要类型。任意性规范，是可以由当事人通过约定而加以排除适用的规范，这可以极大地发挥当事人的积极性与主动性。法律行为在本质上就是允许当事人通过其意思表示决定其相互间的权利义务关系，并由其意思表示变更、消灭其相互关系。这正是市场经济内在要求在法律上的表现。另一方面，民法典总则编确认的私法自治原则，必须通过法律行为制度加以落实。私法自治原则是民事主体根据其意志自主形成法律关系的原则，是对通过表达意思产生或消灭法律后果这种可能性的法律承认。私法自治原则具体体现为结社自由、所有权神圣、合同自由、婚姻自由、家庭自治、遗嘱自由以及过错责任等民法的基本理念，其强调私人相互间的法律关系应取决于个人的自由意思，从而给民事主体提供了一种受法律保护的自由，使民事主体获得自主决定的可能性。而法律行为制度充分体现了民法精神或私法精神，承认个人有独立的人格，承认个人为法的主体，承认个人生活中有一部分是不可干预的，即使国家在未经个人许可时也不得干预个人生活的这一部分。[①]

3. 法律行为制度为建立有限的、服务型政府奠定了基础。现代市场经济条件下，政府应当是有限的服务型政府，政府的行为应当局限于法律的授权范围内，凡是涉及社会成员私人生活的领域，只要不涉及公共利益、公共道德和他人的利益，都应当交给任意法来处理，即允许社会中私人之间的财产关系、人身关系由私人依法根据其自己的意思加以创设、变更或消灭。这就需要明确强行法的控制尺度和任意法的调整范围，对于本属于私人之间的事务应当更多地交给其自行处理。既然意思自治主要体现在法律行为制度中，因此，民法作为市场经济的基本法，有必要在总则中规定法律行为制度，充分体现法律行为以及意思自治在整个民商法体系或者整个市场经济法律体系中的重要位置，从而合理界定国家干预与意思自治的界限，为实现建立有限政府的行政体制改革目标奠定坚实的法律基础。

（二）法律行为制度有利于实现民法典的体系化

在 19 世纪末，经过了数十年的法典论战后，《德国民法典》的起草者采纳了由潘德克顿学派所提出的民法典体系，即德国式五编制模式。作为潘德克顿学

---

① 参见谢怀栻：《从德国民法百周年说到中国的民法典问题》，载《中外法学》2001 年第 1 期。

派学术思想结晶的《德国民法典》，具有概念精密清晰、用语简练明确、体系严谨完整等诸多优点，虽历经百年社会变迁，仍不愧为一部伟大优秀的民法典。"德意志编别法创设总则编之一举，意义甚为重大，当时德国法律学者皆认为，对各种法律关系共同事项，另有谋设一般的共同规定之必要。"① 而形成总则编的主要原因是潘德克顿学派通过解释罗马法而形成了法律行为的概念，从而使得物权法中的物权行为、合同中的合同行为、遗嘱中的遗嘱行为、婚姻中的婚姻行为等行为都通过法律行为获得了一个共同的规则。法律行为是各种分则中的行为提取公因式形式的结果。法律行为的设立使得代理也能够成为总则中的规则而存在。也就是说，潘德克顿学派设立了完整的法律行为制度，从而构建了一个完整的民法典总则的体系结构。

我国学术界大多数学者都认为，民法典应当设立总则，只有通过设立总则才能使民法典更富有体系性。但总则中如果缺少法律行为的规定，则代理制度也不能在总则中作出规定，而因为缺乏对行为的抽象，对客体的抽象也变得没有必要。这就使总则只剩下主体制度，从而在民法典中就只需要保留人法，而不必要设立大总则。许多大陆法系国家的民法典都只有人法，而没有总则，这在很大程度上是因为其没有采纳法律行为制度形成的。

法律行为制度在总则中具有举足轻重的地位，因为民法总则应当以主体、客体、行为、责任来构建，通过这一体系展示了民法的基本逻辑关系，这就必须以法律行为制度为基础。从逻辑体系上看，行为能力确定的是意思能力，而法律行为确立的是意思表示，没有法律行为的概念，难以解释意思能力。代理是指在本人不能作出意思表示时，如何由他人代理进行意思表示。如果民法典总则中有代理而无法律行为，就使代理的前提缺乏。从主体到代理，中间缺乏一个环节。取消法律行为制度以后，代理制度只能在《合同法》中规定，将代理放在合同中规定将导致一些体系上的矛盾，例如我国《合同法》将间接代理置于委托合同中，而将表见代理、无效代理放在《民法通则》和《合同法》中。但事实上指定代理与合同并无必然联系，而代理权的授予与委托合同也是有区别的，所以在合同法中规定代理是不妥当的。

正是法律行为制度的设立，使得散见在民法各个部分的杂乱无章的表意行为有了共性的东西，从而形成了一个统一的制度。当然，遗嘱和合同行为存在着质的区别：后者为双方交易行为，前者为单方行为。但笔者认为，两者还是存在着许多共同之处，可以将其共同之处抽象出来。所以，法律行为制度是民法总则中不可或缺的内容。

---

① 陈棋炎：《亲属、继承法基本问题》，三民书局1980年版，第3页。

（三） 法律行为制度的设立有助于民法的完善

《民法通则》已经对法律行为制度作出了规定，该概念已经为我国司法实践和人民普遍接受。经过十多年的实践证明，《民法通则》关于法律行为制度的规定具有重要意义，它建立了民法的基本制度，为后来市场经济的发展提供良好的法制环境。具体来说，它对民法的完善具有以下意义：

1. 它有助于法官、学者和民众正确理解民事法律制度，尤其是对债法中的各项制度具有解读功能。法律行为将各种以意思表示为核心的行为作出统一规定，避免了立法的重复，实现了立法的简洁。例如，在法律行为制度中规定了法律行为的生效要件、无效或可撤销的原因、法律行为的解释等，那么在有关单方行为、合同等的规定中就没有必要再重复规定。大家可以根据法律行为的成立、生效的制度和规则来判断某一具体行为的效力，而无须法律对每一个具体行为共性的规则重复规定。

2. 它为法官弥补法律漏洞、解决新型案件提供了基础。法律行为是高度抽象化的产物，它把合同、遗嘱等抽象化为法律行为制度，并通过法律行为的成立、生效要件，实现了国家对民事主体行为的干预，体现了一种价值判断。从审判实践来看，法律行为制度也已经成为民事裁判的重要规则。法官常常要引用法律行为制度的规定作为判案的依据，如果取消法律行为制度，将给法官适用法律带来一定的困难。

3. 它宣示了民法的基本价值和精神，体现了民法的人本主义的精神和私法自治的理念。法律行为制度已经成为我国民法的重要组成部分，除非有充分的理由，我们只能继承和发扬这一制度，而不能轻言放弃。法治本身是一个渐进的过程，也是一个长期积累的过程，现行立法中成熟的经验，都应当继续保留，对法律行为制度的取舍也应当采取这一态度。

4. 任何法律都是立法者意志的集中体现，民法典通过建立法律行为制度，为所有民事法律提供一个标准和尺度，有利于行为人按立法者的意思行为，维护立法者希望能够建立的社会秩序。法律行为是高度抽象化的产物，对合同、遗嘱等表意行为进行了抽象而形成的制度，并通过法律行为的成立、生效要件，实现了国家对民事行为的必要的控制和干预。

二、法律行为制度的适用范围

如前所述，法律行为制度能够成为总则中的一项重要制度，是因为该制度能够广泛适用于民法典分则的各个部分，是其能够作为总则制度的价值。然而，有

231

一些学者认为，由于我国物权法不承认物权行为理论，且因为我国不承认婚姻、收养为合同行为，因此法律行为制度主要适用于合同关系中。这样，既然法律行为主要适用于合同而不适用于其他关系，该制度不具有总则制度意义，只需要在《合同法》总则中作出具体的规定，就完全可以实现法律行为的功能，因此，民法中规定法律行为制度是不必要的。笔者认为，关于法律行为适用范围的理解过于狭窄。其实，法律行为具有普遍的工具性意义，适用范围十分广泛，具体体现在：

1. 法律行为在物权法中具有一定的适用空间。尽管我国《物权法》不承认物权行为的独立性、无因性，但并不意味着物权法中的行为就不能适用法律行为制度，这主要是因为：一方面，《物权法》中存在许多设立他物权的合同。例如，抵押权设立合同、质押合同、出典合同、国有土地使用权出让合同、地役权设立合同，它们仍然是产生民事权利义务关系的行为，它们不仅可以适用合同法总则的规定，也可以适用民法总则中法律行为的规定。另一方面，《物权法》中有关所有权权能的分离、侵害相邻权获得补偿、共有物的分割等，也会通过合同的方式来完成。这些行为也可以适用法律行为的规定。如果在总则中不设立法律行为制度，那么在物权法中就有必要规定这些行为适用《合同法》规定的准用条款，从而使法律的规定非常烦琐。

2. 《合同法》总则不能完全代替法律行为制度。尽管法律行为最初是对各种合同行为进行抽象的产物，但《合同法》总则不能完全代替法律行为制度。这主要是因为：一方面，就合同而言，除了有名合同之外，法律行为对于无名合同具有适用的意义。如企业内部承包合同，不仅适用《合同法》，亦可适用法律行为制度。由于法律行为制度较之于合同的规则更为抽象，所以它具有更为广泛的适用范围。另一方面，尽管法律行为制度主要适用于双方法律关系，但它还适用于单方法律行为和多方法律行为。在我国社会生活中，单方法律行为广泛存在，如悬赏广告与撤销权、解除权、形成权的行使行为等。由于其也属于当事人以变动法律关系为目的的意思表示，也应当适用法律行为制度的规则。此外，大量的多方法律行为，特别是章程行为，还要遵守一些订立章程的规则、程序，这些都不宜完全适用《合同法》的规定，但可以适用总则中关于法律行为的规定。法律行为制度作为对合同、遗嘱等行为高度概括的制度，不仅具有较为广泛的适用范围，而且也为新的法律行为留下了适用的规则。

3. 法律行为制度可以适用于婚姻、遗嘱、收养等身份关系。遗嘱行为是一种典型的单方法律行为，完全可以适用法律行为制度关于法律行为成立、效力等方面的一般规定。至于婚姻行为，我国现行立法不承认婚姻为合同，在当事人通过合意创设身份关系的过程中，尤其是创设婚姻关系过程中，其主要体现的是行为人的感情因素，对此很难设定一定的行为标准来加以判断，因此，法律不应、也不能对这一过程进行调整，否则，就意味着国家对个人私生活领域的过分干预。因此，对这一过程中行为的调整应当通过道德规范来进行。我国《婚姻法》不承认婚约的效力就是基于这种考虑。我国《合同法》第 2 条明确规定，婚姻、继承、收养不适用《合同法》的规定，但这并不完全排斥法律行为的适用，在婚姻、收养领域，至少有如下行为可以适用法律行为制度：一是无效婚姻和可撤销婚姻，在《婚姻法》没有明确规定的情况下，可以参照适用有关法律行为的规定；二是夫妻财产约定，完全可以适用法律行为的有关规定；三是离婚协议，尤其是离婚时双方对有关财产的分割等事项的约定；四是有关收养协议；五是遗赠扶养协议；六是委托监护等。由此可见，尽管法律行为制度主要适用于财产关系，但对于亲属、继承方面的身份行为，由于其也是以意思表示的合致为核心，关于其意思表示的形成与解释、其成立及效力也可以适用法律行为的规定，如收养协议的效力可以根据法律行为规则判断。

4. 在人格权和知识产权制度中，也可以适用法律行为制度。人格权法中，虽然人格权不能移转，但随着社会经济的发展，肖像使用权等人格权的利用权转让的现象日渐增加，对此也可适用法律行为制度加以调整。知识产权法等法律中涉及的一些法律行为，如有关专利权或著作权的转让、许可等合同，可以适用法律行为制度。

5. 法律行为制度还可以适用于商法的领域。我国实行民商合一，商事特别法要适用总则的规定。商法中涉及大量的法律行为的问题，如公司设立过程中发起人之间的协议关系等，对其成立、效力、解释等内容，商法中一般不作规定，这就需要在民法总则中寻找依据。如果不规定法律行为，将会使商法中的很多问题缺乏规范。

三、法律行为制度内容构架

民法总则中的法律行为制度应当如何建构，取决于我国民法典中有关总则的规定、是否设立债法总则以及《合同法》总则的内容等因素。因此，必须深入探讨法律行为制度与这些相关制度的关系。下面将对此逐一加以论述。

（一）法律行为制度在民法总则中的地位

既然总则以主体、客体、行为等法律关系的要素来构建其内容，那么法律行为就应当在民事主体、民事法律关系客体之后，在民事权利以及民事责任之前加以规定。法律行为制度是否应当包括代理的内容？按照《民法通则》的体例，

233

民事法律行为与代理并列规定在第 4 章，这种体例表明了《民法通则》的起草者认识到了法律行为制度与代理之间的关系。因为法律行为的核心是意思表示，而代理制度主要解决的是他人代为意思表示的问题，它是民事主体实施民事法律行为的延伸与辅助。所以代理与法律行为制度是不可分割的。但是，代理毕竟是民法中的一项独立制度，完全将其纳入法律行为制度之中也是不妥当的。笔者认为，民法总则中应当先规定法律行为制度，然后规定代理制度。

（二）法律行为制度与债法总则的关系

应当看到，法律行为制度与债法总则之间具有密切的联系性：一方面，债法总则中主要适用于合同的一些规则会与法律行为制度中的一些规则重复；另一方面，有关债的转让、变更、抵销、消灭等制度也必须通过法律行为制度加以实现。还要看到，债的履行大多是一种事实行为，但也有些行为要采取法律行为的方式，例如委托合同中受托人需要以订立合同的方式履行义务，协议抵销、协议解除合同以及通过票据进行支付的票据行为等也是法律行为。因此，未来民法典中如果设立了债法总则，我们必须合理地设计法律行为制度与债法制度之间的关系，防止出现重复与矛盾的规定。笔者认为，未来制定民法典时可以从以下几方面加以考虑。

1. 法律行为制度中主要规定的是意思表示、法律行为的概念、法律行为的成立、法律行为的效力、附条件的法律行为、附期限的法律行为等内容，而债法总则中主要规定的是债的发生原因、标的、种类、效力、变更、保全、转让、消灭等。尤其需要强调的是，债法总则中可以对债的发生原因作出规定，但不必对合同之债的成立、生效以及无效、可撤销等问题作出具体规定。有关意思表示与法律行为的解释可以放在总则中加以规定，债法总则中无须对解释的问题作出规定。

2. 凡是要适用法律行为制度的内容，就无须在债法总则中加以规定，例如解除协议有效成立的判断标准、免除债务的意思必须到达对方时生效等内容完全可以适用总则中关于法律行为的规定，无须在债法总则中重复规定。

3. 关于单方法律行为发生的债主要在法律行为中加以规定，而不必在债法中加以规定。单方法律行为与双方法律行为在债法总则中都属于债的发生原因，但债法总则中无须对其成立与生效等问题作出规定，应当统一由民法总则中的法律行为制度加以规定。例如，我国台湾地区"民法"将"合同法"总则的内容规定在债法通则即债法总则中。但就债总来看，主要在债的发生原因上才会涉及法律行为制度，而且主要是明确债可因合同及单方允诺发生即可，因此债法总则中不需规定法律行为制度的内容。我国台湾地区"民法"这方面的做法不值得仿效。

（三）法律行为制度与合同法总则的关系

法律行为制度与合同法总则之间的关系最为密切，因为法律行为制度本身就是对合同进行高度抽象后的产物，其绝大多数的规定都是以合同作为适用对象的。所以，要设计一套完整的法律行为制度就必须正确处理其与合同法总则之间的关系。从原则上说，既然我国《合同法》中已经设置了一套非常完备的合同法总则的规定，因此没有必要在合同法总则之外再规定较为完备与详尽的法律行为制度，也没有必要像《德国民法典》的总则那样，将法律行为制度规定得十分详尽，否则，难免导致法律行为制度与合同制度的重复。《德国民法典》将合同的成立制度放在法律行为中，而非在债法总则中加以规定，其目的也是避免这种重复。考虑到我国《合同法》已经规定了完整的总则，适用的效果也比较好，总则的规定也比较完备，应当继续保留。在安排两者之间的关系方面，笔者认为可以从以下几点加以考虑：

1. 有关意思表示的概念、构成要件、效力规则应当在法律行为制度中作出规定，《合同法》则不必对此作出规定。

2. 有关合同的成立问题涉及要约与承诺制度的详细规定，不仅技术性、程序性很强，而且其主要适用于合同，因此应当在合同法总则中加以规定，但关于法律行为成立与生效的一般规则由于不仅涉及合同，而且还涉及其他法律行为，所以可以在法律行为制度中加以规定。

另外，关于法律行为的效力与合同的效力的规定也应当有所区别。例如，合同的生效条件和遗嘱的生效条件不完全相同。合同和遗嘱尽管都是法律行为，要符合法律行为的一般生效要件，但各具不同的特殊要件。再如，在行为人欠缺行为能力时，该限制行为能力人订立的合同属于效力待定的合同，而其订立的遗嘱则属于无效遗嘱。因此，两者的无效条件也是不一样的。如果只是在合同法总则中规定合同行为的效力问题，则对于其他法律行为的效力还要一一进行规定，势必出现重复，也过于烦琐，还影响了法律行为规则的完整性。因为，法律行为制度的目的就在于对合乎或者至少不违背国家意志的当事人自由变动法律关系的意思加以认可并赋予法律上的效力，如果没有在法律行为中规定效力问题，就很难实现这一目的。

3. 单方法律行为和多方法律行为应当在法律行为制度中而不能在合同法中规定。就合同而言，我国《合同法》对合同的成立、效力、履行等内容已经进行了比较完备的规定，在实践中也取得了比较好的效果。但是，应当看到，我国《合同法》所适用的领域不包括身份关系中的双方法律行为，也无法涵盖单方法律行为，因此，对其中的一些共通性的内容应当置于民法总则的法律行为制度中规定，而仅适用于合同关系的内容或主要适用于合同关系的内容则应规定在合同法总则中。

4. 法律行为的解释和合同的解释应当分开。法律行为制度中既可以规定对法律行为的解释也可以规定对意思表示的解释。法律行为制度可以对各种解释的规则作出全面规定。但合同法则主要规定格式合同的解释，以及根据交易习惯解释合同等规则。有关意思表示和法律行为的解释问题，可以在法律行为中规定一般规则，而合同法可以针对合同的解释作出具体规定，二者不可代替。例如，合同可以根据交易习惯来解释，而这不能适用于一般的法律行为的解释。因为交易习惯主要适用于合同关系，而不能广泛适用于各种非合同的法律关系。

我国民法典总则应当保留法律行为的基本概念和制度，但该制度的内容应当简化。具体来说，主要规定法律行为的概念、法律行为成立和生效的一般规则、各种单方及多方法律行为、附条件或期限的法律行为、法律行为的解释等内容。至于各种具体法律行为的成立、生效要件、特殊的效力控制规则，如合同的成立与生效、格式条款的无效和可撤销、合同免责条款的特殊规制等，则不宜在法律行为制度中加以规定。

第五节　民法典总则与民商合一的立法体例

既然我国民法体系应当采取民商合一的体例，因此，就没有必要制定一部独立的商法，尤其没有必要制定一部商法总则。在此背景下，首先要发挥民法基本原则的价值指导功能。民法的基本原则不应仅仅是从民法典规则中抽象出来的价值理念，还应当包括从商事特别法中抽象出来的价值理念。例如，诚实信用原则被称为民法中的帝王条款，它不仅适用于民事关系，也应当适用于商事关系。再如，效率原则也是民商事领域都应当体现的基本价值取向。除基本原则之外，民法总则中相关制度，如主体资格、法律行为制度、代理制度、时效制度等，可以统一适用于法人、合伙等非自然人从事的民事活动。

一、民法典总则中的主体制度对于"传统商事主体"的适用

如前所述，我国应采取民商合一体例，因此，不存在民事主体和商事主体的区分。但考虑到实践中，商事活动中的主体具有特殊性，因此，我们也以"传

统商事主体”的概念来指称这些主体。例如，银行参与的借贷不同于自然人之间的借贷，其属于传统商事主体。按照民商合一体例，我国民法典总则对于“传统商事主体”的适用表现在以下几个方面：

1. 在民商合一体例下，我们应当坚持主体规则的统一性，建立统一的主体制度，而不再区分商人和非商人。民法典总则中所确立的民事主体，就应当具有充分的包容性。较之于民商分立体例，民商合一体例下民事主体的内涵与外延应当更加广泛，抽象度更高，从而可以涵盖各类民商事主体。① 据此，总则中应当规定统一的主体制度，不仅包括自然人、法人，而且包括合伙。就合伙而言，无论是民事合伙还是商事合伙，都应当适用统一的合伙制度。就法人而言，无论是企业法人还是非企业法人，都应当适用统一的法人制度。在构建我国民事主体制度的时候，必须尽可能地使主体制度可以适用于民事和商事领域。② 但是，在民法典规定的主体制度，并不能完全代替商事特殊主体的特殊规则。相反，在民法典总则对商事特殊主体作出概要性规定后，可以在民事特别法中规定公司、合伙企业的具体规则。这样既保证了民事主体制度的统一性，也符合了商事规则的特殊需要。

2. 民法典总则中的主体制度设计必须反映现代民事主体制度的发展趋势。民法的商法化发展对民事主体制度产生了重要影响，因此，民法典总则中的主体制度设计必须考虑到这一发展趋势，而不能简单地借鉴民商分立国家民法典总则中的主体制度。就合伙制度而言，19 世纪民法典中的合伙制度主要是民事合伙，而现代民法典中的合伙制度，其重心应当是规范商事合伙。我国民法典尤其是要反映合伙类型的多样化、责任的多元化等新特征。

3. 民法典总则中的主体制度应当为商事特别法的规定预留空间。民法典总则中主体制度的规定，毕竟不能替代商事特别法的规则。在现代社会，商事关系的发展日新月异，商事主体的规则也越来越复杂。民法典应当保持一定的稳定性，不可能规定过于具体的、烦琐的主体制度的规则，而应当留待民事特别法规定。否则，不仅与民法典总则的地位不相称，而且难以适应商事实践快速发展的需要。例如，有限合伙等新类型的主体制度不一定都在民法总则中规定，而应当留给商事特别法规定。

二、法律行为制度对于商事交易行为的适用

法律行为制度大量适用于交易行为，不仅包括纯粹自然人之间的民事活动，

---

① 参见王建平主编：《民法法典化研究》，人民法院出版社 2006 年版，第 288 页。
② 参见赵万一：《论民法的商法化与商法的民法化》，载《法学论坛》2005 年第 4 期。

也包括非自然人参与的各种交易行为。买卖、承揽、租赁等是最典型的商事交易行为，也是典型的法律行为。法律行为制度之所以广泛适用于各种交易行为，原因在于：既然我国采民商合一体例，商事特别法中的法律行为就应当适用民法典总则中的法律行为制度，例如，公司设立的发起人协议、公司章程的订立、保险合同的订立、票据行为的效力等。因此，民法典总则中的法律行为制度构建必须考虑商事领域中法律行为的各种类型，并为其确立相应的制度规范。需要指出的是，某些具体的商事交易行为确有其特殊性，比如，证券的发行、票据的背书等。但是，不能因为某些具体的商事交易行为的特殊性，就抽象出所谓"商行为"的概念，并与民事法律行为相区别。对这些特殊的商事交易行为，可以通过在法律中设立例外规定来解决。例如，根据我国《物权法》的规定，他物权的设定，原则上都应当采用书面形式。因此，没有必要因为某些甚至个别物权的设定行为的特殊性，就抽象出商行为的概念。事实上，即使是商事合同，也未必都要求采取书面形式。而当事人没有采取书面形式也并非一律导致合同无效或不成立。

在将法律行为制度适用于各类交易的时候，还必须处理好商事特别法、合同法总则、债权总则等与法律行为制度的关系。法律行为制度并不能替代各种具体的交易规则，它只有在各种交易规则无法适用时才适用法律行为制度。而且，法律行为制度较之于合同法总则和债法总则而言，更为抽象。因此，具体适用的顺序应当依次是：商事特别规则、合同法总则、债法总则、法律行为制度。

三、代理制度一体化

在民商分立的体制下，代理可以分为民事代理与商事代理。代理制度是法律行为制度的展开。在民商分立的体制下，民事代理是由民法规定的，而商事代理是由商法典和商事特别法规定的。我国《民法通则》和《合同法》分别规定了民事代理和商事代理，表明我国现行民事立法已经包含了传统商事代理的内容。通常民事代理都以显名为必要，但商事代理不以显名为必要，代理人根据委托协议和行业规则，既可显名，也可不显示被代理人姓名，还可完全以自己的名义从事代理。[①] 未来民法典应当将民事代理和商事代理统一起来，并规定在民法典总则之中。我国采用民商合一体例，因而，民法典总则中代理制度的设计就要适用于商事交易行为，并包含商事代理的内容。一方面，民法总则中的直接代理制度，不仅适用于民事领域，而且也可以适用于商事领域。例如，公司活动的代

---

① 参见张楚：《论商事代理》，载《法律科学》1997 年第 4 期。

理，票据和保险行为的代理，在公司破产还债中的财产代理，都可以依据民法总则关于代理的规定。另一方面，我国未来民法典总则中"代理"的概念中既应包括直接代理，也包括间接代理。《民法通则》第六十三条规定的代理概念仅仅是指直接代理，这显然难以包含间接代理，这也对实践中理解和适用代理制度带来一定困难。因此，在未来的民法典中，应当修改《民法通则》的代理概念。此外，民法典总则中的代理制度应当包括可以适用于民事代理和商事代理的基本规则，例如，关于代理权的发生和消灭等；再如，关于无权代理、表见代理等都应当规定在民法典总则中加以规定，而不宜将其置于民法典分则之中，或者置于商事特别法之中。我国《合同法》第四十八条规定了表见代理，只不过是权宜之计，从体系的角度来看，该规则应当置于总则的范畴，而不应当规定在《合同法》之中。

四、时效制度对商事关系的适用

在未来民法典总则中，时效制度的设计应当考虑到其适用于所有民商事领域的要求。应当看到，某些非自然人参与的交易对于时效应当有特殊的要求，这不仅是考虑到企业本身的理性判断能力较高，而且是为了提高交易的效率，适应其快捷性的需求。但我们没有必要因此建立两套时效制度，即民法上的时效和商法上的时效。在民法典总则中，我们应当建立一套完整的时效制度。时效的一般规则，如时效的起算点、时效届满的法律后果等，应当保持统一，从而尽可能统一适用于民事关系和商事关系。在民商合一体例之下，我们应当考虑到民法总则适用于商事领域的可能性，确定各类不同的时效期限。与此同时，考虑到特殊交易的快捷性的特点，也应当允许在民法典之外，特别法对于时效作出规定。例如，《票据法》、《保险法》及《海商法》中短期诉讼时效的规定，它们可以被视为是对民法时效制度的特别规定。又如，在很多国家的保险法中，因投保人违反告知义务，保险人解除保险合同的期限都只有 60 天。这大大短于形成权行使的一般期限（即 1 年）。再如，在我国《海商法》上，海上货运以及共同海损的分摊请求权为 1 年，而且关于起算点的规定还都非常严格。① 这样，民法典总则中的时效制度将与商事特别法中的时效制度构成一个完整的体系。

五、民事责任制度的统辖功能

我国现行法上的民事责任制度比较散乱，商事特别法中对于责任的规定也不

---

① 参见我国《海商法》第二百六十三条。

统一。这就迫切需要通过民法典总则来确定民事责任的一般规则,包括民事责任的形式、民事责任竞合等。民法典总则中民事责任的一般规则应当对于商事领域具有普遍适用性。例如,根据我国《证券法》第二百三十二条,当民事责任和行政责任等其他责任并存的时候,如果财产不足以同时支付时,应当优先适用民事责任,优先保障民事主体获得救济。民法典总则构建时可以考虑将该规则上升为民事责任的一般规则,使其获得普遍适用的功能。

第六节 民法典总则与民事权利体系

一、民事权利体系

日本学者松尾弘指出,一部民法典实际上就是一部关于权利体系的法律。[①]法治的基本精神就是规范公权力、保障私权利。民事权利是民事主体所享有的各种利益在民法上的体现,也是整个民法典所规范和保障的对象。正如德国学者冯·图尔所言:"权利是私法的核心概念,同时也是对法律生活多样性的最后抽象。"[②] 权利构建了民法的核心内容,整个民法就是以权利为中心而构建的体系。如前所述,我国民法典不宜以权利作为构建民法典体系的中心轴,但不可否认的是,法律关系的内容仍然是权利,民法典体系特别是分则体系也要以民事权利来展开,而民法分则是民事权利的具体展开,并分别形成了物权、债权、人身权等权利体系。即使就侵权责任法而言,侵权责任法之所以可以独立成编,构成民法典中的一个独立的部门法,主要就是因为侵权法是整个民事权利的救济法,承担了民事权利保障的功能。因此,民法典分则也需要以民事权利为中心来构建。分则围绕民事权利来构建体系有助于明确民法的性质和功能,这也是近现代以来权利本位思想的体现。自19世纪以来,以《法国民法典》和《德国民法典》为代表的近代民法虽然在个人本位和团体本位上有一定的差异,但是,其都是主张权利本位,而非义务本位。虽然在不同历史时期,不同所有制社会的民法所保障的权利在性质上存在着区别,但近现代社会的民法都坚持了一个共同的基本理念:民法以权利为核心。我国社会长期以来漠视权利,权利观念淡薄,这也要求我们

---

① 参见 [日] 松尾弘:《民法的体系》(第4版),应庆义塾大学出版社2005年版,第15页。
② 转引自 [德] 迪特尔·梅迪库斯:《德国民法总论》,邵建东译,法律出版社2000年版,第62页。

应当坚持以民事权利为中心构建民法典分则体系，从而充分、全面地保障私权。① 也正是在充分保障私权的基础上，才能真正地推进我国法治社会的构建。权利本位就意味着对权利的尊重和弘扬，而不是强调义务的承担。但以民事权利为中心来构建民法典分则时，应当注意以下几个问题。

1. 民法典分则既要重视财产权又要重视人格权。需要指出的是，在 19 世纪，民法典作为权利体系构建，是以所有权为中心的。物权的核心是所有权，而债权实际上是以移转所有权为目的的。人格的平等很大程度上强调在所有权取得和归属上是平等的。② 1804 年的《法国民法典》实际上就是其典型。但是，现代民法实际上是以人为中心。虽然其也强调所有权的重要性，但是，更注重人格自由发展和人格尊严的保护，对人格尊严的保护已经提高到更高的层次，甚至可以说，人格尊严的保护已经超越了对所有权的保护。所以，以民事权利为中心构建民法典体系，要求我们总体上既要重视财产权，又要重视人身权。在民法典分则中，不仅要注重调整财产关系，也要重视调整人身关系特别是人格关系。

2. 民法典分则应当以权利为中心展开，而不能以义务为中心展开。应当看到，在当代民法中，随着所谓"安全义务"、"前契约义务"等新型义务的出现，在相当程度上着眼于为风险来源方施加特定的义务，而非基于保护特定人群的利益。由此出现了一个所谓从权利到义务的"位移"。但是就体系构建而言，民法仍然以权利为中心，因为民法本质上就是权利法，其就是以保障私权、宣示私权神圣为其目的的法。以民事权利为中心构建民法典体系，还意味着在民法典分则编的命名上，应当以民事权利命名，而非以民事义务命名。例如，调整债权债务关系的分则编，就应当称为"债权编"，而非"债务编"。

3. 民法典分则应当区分公法上的权利和私法上的权利。民事权利是由民法所确认的权利，这表明民事权利不同于任何公法上的权利。民事权利有广义和狭义之分，广义的民事权利包括民法、劳动法等规定的各种权利，狭义的民事权利仅指民法典所规定的权利类型。这里所说的民事权利是指狭义的民事权利。我们所说的公法上的权利主要是指宪法和行政法所确认的公民所享有的各种权利，例如宪法所规定的公民所享有的选举权和被选举权、劳动权、休息权等。私权与公权之间的区别在于：一方面表现在义务主体不同。私权无论为绝对权还是相对权，其义务主体都只是特定或不特定的民事主体。但就公权利而言，大多数权利从形式上看是一种权利，实际上是为国家规定的一种职责，例如公民享有劳动权，则国家应承担为公民提供就业机会的义务。公法上的权利而言，权利主体实

---

① 参见孟勤国：《从民法与宪法关系的视角谈我国民法典制定的基本理念和制度架构》，载张礼洪等主编：《民法法典化、解法典化和反法典化》，中国政法大学出版社 2008 年版。
② 参见［日］松尾弘：《民法的体系》（第 4 版），应庆义塾大学出版社 2005 年版，第 15 页。

现这样的权利主要不依赖于其他民事主体履行义务（多为不作为义务），而是依赖于国家、其他社会组织的积极作为义务。① 正如有学者指出的，"宪法基本权利规范，旨在保障人民免受国家权力滥用的侵害，其富有针对国家的性质而非针对人民性质。宪法基本权利规范，只是关乎国家权力的行使，对私人之间，无任何效力而言"②。另一方面表现在权利内容和目的不同。市民社会与政治国家相对应，个人在政治国家中表现为公民，应享有公法上的权利，在市民社会中表现为市民，享有私法上的权利。这两种权利的内容是不同的，并分别受到不同法律的保护。③ 此外，救济途径不同。民事权利是私法上的权利，对该权利的侵犯一般通过民事诉讼的方式，适用民事诉讼程序提供救济。私权表明的是两个平等的民事主体之间的地位，国家处于中立的位置，如果双方发生争议，国家要从中解决争议。私权关系本质上就是私的关系，可以由当事人处分其权利和利益。公法上权利的行使和保护，是一个政治问题，它涉及国家的存在，规定的是国家的义务和责任。④ 而针对侵害公法上权利的救济，则一般通过行政复议、行政诉讼的方式进行，甚至导致违宪审查的方式的运用。⑤ 因此，凡是属于公法上的权利，原则上不应当属于民法典分则确认和保护的范围。

4. 民法典分则应当保持权利体系的开放性。民法典分则规定各类民事权利，必须保持一定的开放性，因为民事权利体系本身处在一个发展的过程中，民法典分则列举各类民事权利有必要采取开放的模式，特别是随着现代社会的变化，可能出现一些新型的权利。例如，人格权法中在列举各种具体人格权之后，应当规定一般人格权。尤其是在侵权责任法中应当扩大其保护的权益范围，为新型的权利的产生预留空间。例如，有关环境权是否构成私权一直存在激烈的争论，可以考虑将其作为利益加以保护，以后在条件成熟时，有可能成为一种权利。

民法典分则以民事权利为中心来构建，与以法律关系为中心轴来构建民法典的体系并不矛盾。因为法律关系的内容仍然是权利，只不过以法律关系为中心来构建民法典体系，不仅仅考虑内容要素即权利，还要考虑其他因素。以法律关系为中心轴的总体思路，更能全面反映我国民法典体系构建的逻辑，包含更为丰富的内容。

---

① 参见张新宝：《人格权法的内部体系》，载《法学论坛》2003 年第 6 期。
② 沈岿：《"宪法第一案"司法理论及质疑》，载《判解研究》2002 年第 1 期。
③ 参见周启柏：《公权力与私权利关系的法理学思考》，载《西安外事学院学报》2007 年第 1 期。
④ 参见沈岿：《"宪法第一案"司法理论及质疑》，载《判解研究》2002 年第 1 期。
⑤ 参见汪渊智：《理性思考公权力与私权利的关系》，载《山西大学学报》（哲学社会科学版）2006 年第 4 期。

二、民法总则是否应当规定民事权利体系

毫无疑问，在构建未来民法典的分则时，应当以民事权利为中心而展开。问题在于，民法典以权利为中心展开，是否意味着民法典总则要专设一章来规定民事权利？我国《民法通则》第五章"民事权利"部分曾经具体规定了各种类型的民事权利。但是，该法实际上是民法典的压缩版本，它主要规定了民法典总则的内容，也同时规定了部分民法典分则的内容。《民法通则》关于民事权利的规定，实际上是属于民法典分则的内容。我国 2002 年的民法典草案（第一稿）也在其总则部分的第六章专门规定了"民事权利"。但是，该章在列举了几项民事权利以后，重点规定了不当得利和无因管理。此种模式也受到一些学者的批评。笔者认为，未来民法典总则中可以规定各种权利行使的规则，包括诚实信用、公序良俗、禁止权利滥用原则等，但不必具体列举各种民事权利，主要理由在于：

1. 民事权利的具体类型属于具体规定，而不是各编的共通性规则。如果在民法典总则部分规定各种具体民事权利，就会混淆民法典总则和民法典分则之间的分工。同时，因为各种类型的民事权利之间也很难采用"提取公因式"方式抽出共同的规则，因此，在民法典总则部分规定民事权利就遇到立法技术上的障碍。正如有学者所指出的，"民事权利种类很多，各种权利的性质千差万别，我们必须把各种不同性质的权利加以整理分类，是指成为一个比较系统完整的体系。在这个体系中，不同的权利各得其所，各种权利的特点都能显示出来"[1]。因此，民事权利体系应当由民法典分则来具体规定，而不应当由民法典总则来承担该项任务。

2. 民法典总则中规定民事权利体系，必然导致民法典总则和民法典分则之间的重复。2002 年民法典草案（第一稿）的规定已经说明了这一问题。有学者认为，可以将不宜置于民法典分则之中的内容都以拾遗补缺的方式纳入总则中的民事权利体系部分。笔者认为，民法典总则中的许多内容都可以涵盖分则中不宜规定的内容，事实上，需要拾遗补缺的规定主要是有关不当得利、无因管理的规定，这是 2002 年民法典草案（第一稿）没有设立债法总则所致。我们主张设立债权总则，因此，不必考虑这一因素从而在总则中规定民事权利。

3. 民事权利体系的开放性也要求，民法典总则不宜规定民事权利。应当看

---

[1] 谢怀栻：《论民事权利体系》，载《法学研究》1996 年第 2 期。

到，民事权利体系是发展的、变动的。随着社会的发展，各种新型权利也会不断产生。仅以财产权为例，随着现代社会的发展，计算机软件、特许经营权、网络虚拟财产等新型财产权出现，都使得财产权的形态发生了很大变化。如果在民法典总则中具体列举各种民事权利的类型，反而会使人误以为民事权利体系是封闭的。至于今后出现的各种新的权利类型，也可以通过一般条款的适用、类推适用技术等来解决。

第六章

人格权法的体系构建

　　人格权是民事主体对其生命、健康、姓名或名称、肖像、名誉、隐私、信用等各种人格利益所享有的排除他人侵害的权利。人格权制度虽然可以最早溯及到罗马法，但该制度主要是 20 世纪初特别是第二次世界大战以来逐步形成和发展的一项新型民事法律制度，人格权制度在《法国民法典》与《德国民法典》中并不占有十分重要的地位。然而，随着人类社会一百多年的经济文化的发展、法治的进步，人格权的重要意义日益凸显，其类型与具体内容都得到了极大的丰富。在我国民法法典化进程中，正确的认识人格权制度在民法典中的地位以及确定其基本内容，是构建我国民法典体系的重要内容。

第一节　人格权制度独立成编的必要性

一、关于人格权制度在民法典中独立成编的争论

　　传统大陆法系的立法体例中，有关人格权的规定极为简略，有些国家的民法典甚至根本未涉及，因此人格权法并未在民法中成为一门相对独立的法律。无论是采取法国的三编制体例，还是采取德国的五编制体例，人格权的规定大多散见于人法、总则或债法之中。在我国当前制定民法典的情况下，如何正确地认识人

格权制度在民法典中的地位，人格权法是否应当独立成编，其理由如何等，都在学界存在不同的看法。目前，主要有赞成人格权法独立成编与反对人格权法独立成编两种观点。

1. 赞成说。赞成者认为，人格权应独立成编，主要理由在于：首先，人格权法独立成编有助于完善人格权法的体系，强化对人格权的保护。人格权法的独立成编可以完善权利体系，凸显民法所张扬的尊重人格的时代精神。① 其次，独立成编能够完善民法典自身固有的体系，因为人格权作为一项基本的民事权利，人格权法只有独立成编之后才能与财产法相协调。人格权法的独立成编不仅具有足够的理论支持和重大的实践意义，而且从民法典的体系结构来看，完全符合民法典体系的发展规律。② 再次，人格权法与侵权责任法可以分离，侵权责任法上的保护不能解释人格权的可支配性等规则。③ 最后，人格权制度经过 20 世纪后半期以来的巨大发展，积累了许多实践经验，可以为建立一个相当完善的人格权体系提供借鉴。④

2. 反对说。反对人格权法单独设编的理由主要在于：首先，我国属于大陆法系，然而在大陆法系立法例中人格权制度并不具有独立的地位。其次，人格权与人格伴随始终，不可须臾分离，人格不消灭，人格权不消灭。人格权与其他民事权利的区别，在于人格权不是存在于人与人之间的关系上的权利。例如有学者认为人格权"不是主体的外部关系，不是主体与他主体之间的关系，不是人与人之间的关系。所以，不能成为'人格权关系'或者'人格关系'。仅在人格权受侵害时，才发生权利人与加害人之间的关系，即侵权损害赔偿关系，属于债权关系"⑤。再次，民法总则的法律行为、代理、时效、期间、期日等制度，不能适用于人格权。人格权法单独设编，混淆了人格权与其他民事权利的区别，破坏了民法典内部的逻辑关系。⑥ 人格权只有在受到侵害时才有意义，因此可以在侵权责任法中加以规定。最后，人格权是一种宪法上的权利，不能由民法规定。⑦ 此外，人格权是一种最高度概括、最高度抽象的权利，它具有不确定性、不具体性和思想的内在性，所以只能一般地原则性规定，不能具体地个别规定。⑧

---

①④ 参见薛军：《人格权的两种基本理论模式与中国人格权立法》，载《法商研究》2004 年第 4 期。

② 参见袁雪石：《人格权不宜独立成编？——与米健先生商榷》，载《人民法院报》，2004 年 11 月 12 日。

③ 参见马俊驹、张翔：《人格权的理论基础及其立法体例》，载《法学研究》2004 年第 6 期。

⑤ 梁慧星：《民法典不应单独设立人格权编》，载《法制日报》，2002 年 8 月 4 日。

⑥ 参见梁慧星：《制订民法典的设想》，载《现代法学》2001 年第 2 期。

⑦ 参见尹田：《论人格权的本质——兼评我国民法草案关于人格权的规定》，载《法学研究》2003 年第 4 期。

⑧ 参见米健：《民法编纂——人格权不宜独立成编》，载《人民法院报》，2004 年 10 月 15 日。

这两种观点都具有一定的合理性。应当看到，目前各国民法典关于人格权的规定大都是散见于民法总则、人法或侵权责任法等编，而没有独立成编。这些立法大致可分为两种模式：一是主要规定在侵权责任法中，如《德国民法典》、《日本民法典》、《瑞士联邦债务法》等；二是主要规定在民法总则或人法中，如《法国民法典》等。作为 20 世纪初特别是第二次世界大战以来形成和发展的一项新型民事法律制度，人格权制度在《法国民法典》与《德国民法典》中确实不占有十分重要的地位，但是，随着一百多年的人类社会经济、文化的发展，法治的进步，人格权的重要意义日益凸显，其类型与具体内容都得到了极大的丰富。德国的学者也已开始对其民法典进行反思，如迪特尔·梅迪库斯认为，"法律对自然人的规范过于简单，因此没有涉及一些重要的人格权"①。可以说，在民法典中建立全面、完善、独立的人格权制度是我们这个深受数千年封建专制之苦的民族的现实需要。如何有机和谐地将人格权制度融入民法典正是新时代赋予中国民法学者的机遇。如果仅以德国民法典没有规定独立的人格权制度为由，而置现实需要于不顾，将人格权制度在民法典中用民事主体制度或侵权法的几个条款轻描淡写，一笔略过，这无异于削足适履，甚至是放弃了时代赋予当代中国民法学者的伟大机遇与神圣职责！人格权制度的独立成编不仅是出于丰富与完善民法典体系的需要，也是充分保障人权，贯彻以人为本和科学发展观的需要，更是完善社会主义市场经济法律体系的需要。

二、人格权法在民法典中独立成编的必要性

人格权法在民法典中独立成编，是丰富和发展民法典体系的需要，也是符合民法典体系发展的科学规律的。在人类已经进入 21 世纪的今天，我们要从中国的实际情况出发制定一部具有中国特色的民法典，应当重视在借鉴的基础上进行创新。民法是社会经济生活在法律上的反映，民法典更是一国民事生活方式的总结和体现。我国要制定一部反映中国现实生活、面向 21 世纪的新的民法典，就必须在体系结构上与我们这个时代的精神相契合，既要继承合理的传统，又要结合现实有所创新、有所发展。当然，创新不是一个简单的口号，更不能为了标新立异而"创新"，任何创新都必须与客观规律相符、具有足够的科学理论的支持。人格权法的独立成编不仅具有足够的理论支持和重大的实践意义，而且从民法典的体系结构来看，完全符合民法典体系的发展规律，并对民法典体系的丰富和完善具有十分重要的作用，这主要表现在：

---

① ［德］迪特尔·梅迪库斯：《德国民法总论》，邵建东译，法律出版社 2000 年版，第 24 页。

1. 人格权独立成编符合民法典体系结构的内在逻辑。传统大陆法系民法典中不存在独立的人格权编，本身是有缺陷的。因为民法本质上是权利法，民法分则体系完全是按照民事权利体系构建起来的。从民法权利体系的角度来看，人格权应该在其中占有重要的位置。民事权利主要包括人身权与财产权两大部分，人身权主要是以人格权为主。财产权分为物权与债权，而物权和债权都是独立成编的，而在传统大陆法系民法典中，对人格权的重视显然不够，没有让其单独成编，其规则或是在主体制度中予以规定，或是散见于侵权规则之中，这就造成了一种体系失调的缺陷，表现在：一方面，人身权制度是与财产权制度相对应的，而财产权制度已在民法中形成债权、物权的独立编章，人身权制度中的身份权制度（即亲属法）也已独立成编，但对于人格权制度而言却并无体系化的规则，这显然是不协调的。传统民法过分注重财产权制度，未将人格权作为一项独立的制度，甚至对人格权规定得极为"简略"，这本身反映了传统民法存在着一种"重物轻人"的不合理现象。事实上，今天人格权在私法上日益受到重视。诚如有学者所说的"人格性（personnalite）正在向财产夺回桂冠"①。另一方面，由于人格权没有单独成编，不能突出其作为民事基本权利的属性。在民法中与财产权相平行的另一大类权利是人身权，其中包括人格权。人格权作为民事主体维护主体的独立人格所应当具有的生命健康、人格尊严、人身自由以及姓名、肖像、名誉、隐私等各种权利，乃是人身权的主要组成部分。人身权与财产权构成民法中的两类基本权利，规范这两类权利的制度构成民法的两大支柱。其他一些民事权利，或者包含在这两类权利之中，或者是这两类权利结合的产物（如知识产权、继承权等）。如果人格权不能单独成编，知识产权等含有人格权内容的权利也很难在民法典中确立其应有的地位。由于在民法体系中，是以权利性质的不同来作为区分各编的基本标准的，所以人格权单独成编是法典逻辑性和体系性的要求。②

2. 从民法的调整对象来看，人格权应当独立成编。民法主要调整平等主体之间的财产关系和人身关系，这一点不仅得到了立法的确认，而且已经成为学界的共识。财产关系和人身关系是两类基本的社会关系，财产关系因民法的调整而表现为各类财产权，而人身关系作为与人身相联系并以人身为内容的关系主要包括人格关系和身份关系，在民法上应当表现为人格权和身份权。民事主体作为市民社会的参与者，也会形成各种人格关系，此种人与人之间的社会关系理所当然应当成为民法的重要调整对象。人格关系是一种人与人之间的对世关系，那种否

---

① 转引自［日］星野英一：《私法中的人》，王闯译，载梁慧星主编：《民商法论丛》第8卷，法律出版社1997年版，第182页。

② 参见曹险峰、田园：《人格权法与中国民法典的制定》，载《法制与社会发展》2002年第3期。

认人格关系存在的观点是"见物不见人"思维的体现。① 然而，迄今为止大陆法系民法设置了单独的亲属编，调整身份关系，同时设定了财产权编（物权编和债权编）来调整财产关系，但一直缺乏完整的人格权编调整人格关系，这就使得民法的内容和体系与其调整对象并不完全吻合。

3. 人格权独立成编，并不会造成原有体系的不和谐，相反是原有体系的完整展开。如前所述，民法典的分则体系是按照民事权利结构构建的。将人格权确认为一项独立的权利，其实还是在按权利体系构建整个民法典的体系，可以说将人格权独立既继受了既有的权利体系，又是对这一体系的适当发展。即使从《德国民法典》的模式来看，根据许多学者的看法，该模式实质上是按照法律关系的模式构建的体系，在总则中以主体、客体、行为构建总则的体系，在分则中以权利类型构建。总则中的内容加上分则中的权利，就构成了潘德克顿学派精心构建的一个体系。因此，即使借鉴德国法的体系，应当说人格权的独立成编也不会妨碍这一体系的和谐，反而实际上丰富了这一体系。这就是说，将人格权编作为分则各编之首，其与总则的制度相结合，仍然可以按照主体、客体、行为、权利而形成完整的依照法律关系模式构建的体系。

4. 一旦侵权责任法独立成编，也就必然在体系上要求人格权单独成编。在民法典的制定过程中，我国民法学者大多主张，应将侵权责任法单独成编，在民法典中集中规定侵害各种民事权利的侵权责任。具体而言，侵权责任不仅仅是包括侵害物权所形成的责任，还应当包括侵害知识产权、侵害人格权以及在特殊情况下侵害债权的责任。侵权责任，其主旨在于保护各项民事权利，这就需要首先在民法典的分则中具体规定各项民事权利，然后再集中规定侵权的民事责任，从而才能形成权利与责任的逻辑结合和体系一致。如果民法典还是一如既往地仅仅规定物权、知识产权等权利而不对人格权进行体系化的规定，显然使侵权责任编对人格权的保护缺乏前提和基础。

5. 人格权独立成编是人格权自身发展的需要。人格权制度是现代民法中发展最为迅速、不断丰富和完善的制度。现代民法理论中，人格权保护已经置于更重要的地位，表现在：一方面，各种新型的人格利益被上升为人格权并受到法律严格的保护。除了姓名权、肖像权、名誉权、生命健康权等权利以外，现代人格权还包括自然人的隐私权等。总之，具体人格权的外延在不断扩大。现代城市化生活所带来的"个人情报的泄露、窥视私生活、窃听电话、强迫信教、侵害个人生活秘密权、性方面的干扰以及其他的危害人格权及人性的城市生活现状必须

---

① 参见马特：《民法典人格争议问题探讨》，载《人民法院报》，2003 年 9 月 12 日。

加以改善"①。随着工业化的发展，各种噪音等不可量物的侵害，使个人田园牧歌式的生活安宁被严重破坏，从而使自然人的环境权、休息权具有前所未有的意义，因国外不少判例将这些内容都上升到人格权的高度加以保护，而近来外国学说与判例又在探索所谓"谈话权"和"尊重个人感情权"，认为谈话由声音、语调、节奏等形成，足以成为人格的标志。② 这些都造成了人格利益的极大扩张。因此，人格权制度法条较少、设立专编不和谐的诘难是值得商榷的。另一方面，一般人格权观念得到了立法与司法的承认与保护。本来，德国民法并未就人格权作一般性的原则规定，而仅于侵权行为章中规定个别人格权，承认其为应受保护的法益，但是为适应对人格权保护的需要，第二次世界大战后德国联邦最高法院根据基本法关于保障人格自由发展的规定，发展出一般人格权，并纳入其民法典第 823条第 1 款的绝对权利中予以保护。③ 此种理论相继为大陆法系国家或地区的民事立法所沿袭，如我国台湾地区判例和学说也广泛承认了一般人格权的理论。

尤其需要指出的是，现代化进程中以及高科技发展过程中所提出的人格权保护问题，都需要通过我国民法典人格权编的完善来应对。例如，对个人生活情报的收集和泄露、对个人身体隐私的窥探、对于生命信息和遗传基因的保护、对环境权的保护等，都是我们所必须面临的新的课题。另一方面，市场经济的发展所引发的有关信用、商誉、姓名的许可使用以及名称的转让、形象设计权的产生等都是我们在人格权制度中必须加以解决的问题。此外，随着我国法制建设的发展以及对于公民的人权保护的扩张，出现了许多新的人格利益。如对于通过造型艺术获得的形象的保护、对于死者姓名和名誉的保护、对于遗体的保护、对于具有人格纪念意义的物品的保护等，都需要在人格权法中有所反映。所以我国的人格权法不应当是一种简单列举式的规定，而应当是将各种应当受到法律保护的人格利益尽量予以确认，这将会使人格权制度的内容较为复杂。作为独立的一编，必须使人格权法具有宽裕的空间展示其全部内容，使其保留继续发展的空间，而不是将它限制在不适当的狭小空间内，这样才能适应现代社会对于人权观念以及人格权制度发展的需要。④

人格权法在民法中的相对独立，不仅有助于完善民法的内在体系，而且也能在民法上建立一套完整的人格权法体系。从我国《民法通则》的规定来看，其规定仍然比较简略。经过二十多年的发展，司法实践中已经积累了大量的实践经验，一些新型人格权也逐渐被司法解释或法院判决所认可，这些都需要在制定民

---

① ［日］北川善太郎：《日本民法体系》，李毅多等译，科学出版社 1995 年版，第 48 页。

② 参见姚辉：《民法的精神》，法律出版社 1999 年版，第 161 页。

③ E. J. Cohn, Manual of German Law, vol. 1, London, 1968, pp. 155, 165; BGHZ 13, 334ff.

④ 参见王利明主编：《中国民法典草案建议稿及说明》，中国法制出版社 2004 年版，第 320 页。

法典时通过体系化整理和理论性提升，规定在民法典之中。一些学者认为，人格权的内容太少，单独设编有损于民法典的形式美。① 在民法典的制定中，关于其结构设计的目标是多元的，法律适用的便利、结构符合学理的逻辑、结构的匀称和美感，甚至内容与结构的相称都是必须加以考虑的因素。人格权独立成编不符合形式美的要求。② 笔者认为这种观点是值得商榷的，因为，民法典体例的编排首先需要考虑的是民法典的规定如何因应社会生活的需要，尤其是我国目前进一步加强和规范人格权保护的迫切需要。其次，民法典体系的设定要重点考虑各项民事法律制度之间的逻辑性，而不完全是其形式的美感，只有在这一问题解决后，才考虑民法典的形式美问题。换言之，在逻辑性与因形式上的美感而生的协调性之间，优先需要考虑的是逻辑问题，只有在不损害逻辑的情况下，才可以顾及形式美的问题。再次，根据哲学上的一般理论"内容决定形式"，民法典中人格权法在民法典中的体例编排属于形式问题，此种形式是由人格权法所应当规定的内容所决定的。也就是说，形式的编排不能影响到人格权制度内容的表达。例如，如果人格权制度不能独立成编，将人格权置于主体制度规定，则有关既适用于公民又适用于法人的规则，就难以找到适当的位置来规定。这就表明，形式的安排直接影响了内容。所以，形式美不能影响内容的完整表达。人格权发展至今，其内容已经较为丰富，从技术上也具备了独立成编的可能性。

6. 人格权独立成编是我国民事立法宝贵经验的总结。1986 年的《民法通则》在"民事权利"一章（第五章）中单设了人身权利一节（第四节），这是一个重大的体系突破。笔者认为，《民法通则》关于民事权利一章的规定为我国未来民法典整个分则体系的构建奠定了基础。在"人身权"一节中，《民法通则》用 8 个条文的篇幅对人身权作出了较为系统和集中的规定。在"公民"和"法人"（第二章、第三章）、"民事责任"（第六章）中，都有许多涉及对人身权的确认和保护的规定。在一个基本法中，规定如此众多的人格权条文，这在世界各国民事立法中是罕见的。尤其值得注意的是，《民法通则》将人身权与物权、债权、知识产权相并列地作出规定，这在各国民事立法中也是前所未有的，此种体系本身意味着我国民事立法已将人格权制度与其他法律制度相并列，从而为人格权法在民法典中的独立成编提供了足够的立法根据。《民法通则》所确立的体系，是其他国家的民法典难以比拟的立法成果，是已经被实践所证明了的先进的立法经验，也是为民法学者所普遍认可的科学体系。既然《民法通则》关于民事权利的规定已经构建了一种前所未有的新的体系，并已经对我国民事司法

① 参见徐国栋编：《中国民法典起草思路论战》，中国政法大学出版社 2001 年版，第 328 页。
② 参见薛军：《论未来中国民法典债法编的结构设计》，载《法商研究》2001 年第 3 期。

实践与民法理论都产生了深远的影响，就没有任何理由抛弃这种宝贵的经验。任何国家法制的发展都是长期实践积累的结果，法制的现代化也是一个渐进累积的过程，无法一蹴而就，因此，在制定中国民法典时，对现行民事立法的宝贵经验，如果没有充足的正当的理由就不应当抛弃，反而应当继续加以保留。这就决定了我们应当在民法典的制定中保留《民法通则》的经验，将人格权独立成编。

需要强调的是，我国目前正在制定民法典，应当贯彻以人为本，充分体现对个人人格尊严、人身自由的尊重与保护的精神。尤其在我们这个有着几千年不尊重个人人格封建传统的国家，对人的关注与保护愈发重要。而民法是权利法，体现了对个人权利的保障。民法又是人法，以对人的终极关怀为使命。如果在民法中再设立独立的人格权编，进一步对人格权予以全面的确认与保护，并确认民事主体对其人格利益享有一种排斥他人非法干涉和侵害的力量，同时也使个人能够据此同一切"轻视人、蔑视人，使人不成其为人"的违法行为作斗争，这必将对我国民主与法制建设产生极其重要的影响。人格权独立成编将在法律上确认一种价值取向，即人格权应当置于各种民事权利之首，当人格利益与财产利益发生冲突时应优先保护人格利益。"人格较之财产尤为重要，其应受保护殊无疑义"①，人格权保障了人的尊严与人身的不受侵犯，也保障了个人身体与精神活动的权利，而人的尊严与人身自由是实现主体其他民事权利的前提与基础，也是实现个人人格的最直接的途径。② 由于人格权大多是主体所固有的、与人的民事主体资格的享有相伴始终的，它更有助于实现人格的价值。从人格权与财产权的关系来看，人格权本身是获得财产的前提，当生命、健康、自由都无法得到充分保护的时候，即使拥有万贯家财又有何用？所以，在民法中，人格尊严、人身价值和人格完整应该置于比财产权更重要的位置，它们是最高的法益。

第二节　人格权法的立法模式比较

一、世界各国民法典规定人格权法的基本体例

当代世界各国民法都极为重视人格权，把人格权作为民事主体的基本民事权利，放在越来越重要的地位，加以严密的保护。目前，世界各国民法典规定人格

---

① 黄立：《民法总则》，中国政法大学出版社 2002 年版，第 91 页。
② 参见黄立：《民法总则》，中国政法大学出版社 2002 年版，第 90～91 页。

权法，主要有四种体例。

（一）法国法式

《法国民法典》非常重视人的地位和保护，第一卷专门规定人法，对人的问题进行了详细的规定，其中第 16 条规定："法律确保人的首要地位，禁止任何侵犯人之尊严的行为，并保证被一个人自生命一开始即受到尊重。"但是，《法国民法典》受到时代的限制，法典并没有专门规定人格权。在随后的历次修改中，民法典陆续增加了有关人格权的若干规定，但仍然不够完善。在司法实践中，法国十分重视人格权的保护，其法律依据在于《人权宣言》和《宪法》关于人格权的规定，以及民法典第 16 条规定。

（二）德国法式

按照梅仲协教授的意见，人格权一语系德国学者所创设。在立法中，《德国民法典》关于人格权的规定分为两个部分。第一部分，在总则中专门规定姓名权及其保护，这就是第 12 条："有权使用某一姓名的人，因他人争夺该姓名的使用权，或者因无权使用同一姓名的人使用此姓名，以致其利益受到损害的，可以要求消除此侵害。如果有继续受到侵害之虞时，权利人可以提起停止侵害之诉。"第二部分，规定在债法的侵权行为法中。法典第二编是债的关系法，其中第七章为"各个债的关系"，第二十五节规定侵权行为。第 823 条规定生命权、身体权、健康权和自由权，第 824 条规定信用权，第 825 条规定了贞操权，把这些人格权作为侵权行为的客体加以规定，确定了对人格权的法律保护。在 2385 条组成的《德国民法典》中，规定人格权的条文寥寥几条，与人格权的重要地位并不相称。因此，有的学者批评《德国民法典》是一部"物文主义"的民法而不是人文主义的民法。

（三）瑞士法式

《瑞士民法典》改变了《法国民法典》和《德国民法典》关于人格权法规定的惯例，采用了新的方法，即在民法总则中规定人格权法，把人格权作为最主要的民事权利加以规定，形成了当时最具鲜明特色的人格权法的立法例。在法典的总则中，从第 1 条开始，就规定自然人的一般人格权，规定防止对人格权的过度约束，防止侵害，并且规定人格权的具体保护方法。同时，在瑞士债法的侵权行为法中，又专门规定了对生命、身体、名誉等具体人格权的保护。这样的立法体例，揭开了人格权法立法的新的一页，对保护人格权具有重要的意义。瑞士民法典的人格权法部分在人类法制史上具有里程碑性质，标志着现代人格权法立法已经进入了完善时期。

（四）魁北克法式

1991 年 12 月 18 日通过，1994 年 1 月 1 日生效实施的《加拿大魁北克民法典》，一改世界各国民法典规定人格权法的上述三种模式，采用了新的方法规定人格权。该法典首先在第一编第一题中规定第 3 条，明确规定一般人格权以及对人格权的保护："任何人均为人格权的享有者，诸如生命权、人身不可侵犯和完整权、姓名、名誉和私生活受尊重权。""上述权利不可转让。"其后，该法典在第一编第二题，专门规定"某些人格权"。其中，专门规定人身完整权、子女权利的尊重、名誉及私生活的尊重、死后身体的尊重。在第三题中，还专门规定了姓名权。在第五题规定了法人的人格和人格权。事实上，《魁北克民法典》的第一编就是规定人格和人格权，其意义在于，将人格权与其他民事权利诸如物权、债权等列在平等地位上，并且突出了人格权法的重要地位，是人格权法的最佳立法例，代表了当代民法对人格权法的认识。

我国《民法通则》关于人格权的规定与以上四种立法例均不相同。《民法通则》第五章规定的是"民事权利"，共有四节：第一节规定财产所有权以及与财产所有权有关的财产权（即物权），第二节规定债权，第三节规定知识产权，第四节规定人身权。其中第四节规定的名称虽然是"人身权"，但实际内容是规定人格权，并没有规定身份权，分别规定的是生命健康权、姓名权、肖像权、名誉权、荣誉权和婚姻自主权。

《民法通则》只是一个通则性的民法，只有 156 个条文，实际上并没有规定民法分则。而《民法通则》第五章实际上就是民法分则的缩略版、简编版，是对民法分则的浓缩和简化。如果将《民法通则》的第五章予以展开，实际上就是民法分则的全部内容。因此，我国《民法通则》关于人格权的规定，是世界各国的最新立法例，是具有中国特色的人格权法立法，是以前的民法典所从来没有采用过的立法例，可以叫作人格权法立法的"中国模式"。这种立法例的意义在于：

1. 突出了人格权法在民法中的地位。民法就是一部权利法。在民法规定的各项民事权利都是重要的，但人格权具有更为重要的地位。在人权体系中，人格权具有非常重要的地位，是当代人权的主要内容。但是，在各国民法典中，对人格权的规定没有给予特别重视。我们可以沿着上述四种有关人格权的立法例的发展观察，可以看到人格权在民法中的地位是越来越重要的。直至《魁北克民法典》，将人格权作为人法的基本内容加以规定，代表了当时民法对人格权法的最新认识。而我国《民法通则》将人格权法规定在可以作为民法分则对待的第五章中，占有相对独立的重要地位，表达了人格权在民法中具有的重要地位的这一思想的。

2. 突出了人格权在保护人和人格中的重要作用。人格权是保护好人和人格的民事权利。长期以来，我国并没有对人格权加以特别的重视，因此出现了"文化大革命"中大规模地对人和人格任意蹂躏和凌辱的惨剧。拨乱反正之后，人们痛定思痛，接受"文化大革命"的教训，终于认识到人格权对保护人和人格的重要作用，出现了特别强调人格权保护的思潮。《民法通则》特别重视人格权的立法和保护，就是用法律的形式肯定这个反思的结果。《民法通则》将人格权单独进行规定，表明了中国民法保护人格权的决心，体现了人格权的重要作用。

3. 表达了人格权与物权、债权、身份权、知识产权和继承权之间具有平等地位的正当诉求。民法规定的六种基本民事权利，在其他各国民法典中，多数都在分则中作出专门规定，只有人格权被规定在债权法的侵权法中，或者被规定在民法总则中，没有独立的民事权利的地位。而知识产权按照各国的立法惯例都做特别法规定。《民法通则》将人格权规定在第五章中，与物权、债权、知识产权并列在一起，确立了人格权与这些权利的平等地位，具有世界领先的意义。

二、我国制定民法典应当继续坚持将人格权法单独规定

因为前述原因，我国在制定民法典时，必须继续坚持将人格权法单独规定。

我国立法机关在起草民法典中，已经有了继续坚持《民法通则》确定的人格权法立法例的意向，在民法典草案中，专门规定了第四编即人格权法编，分别规定了一般人格权和最重要的具体人格权。

我们认为，立法机关的这种做法，是对世界民事立法的重大贡献，因此具有重要意义。

1. 突出人的地位，突出人格权的地位，真正使人成为名副其实的权利主体。如果说21世纪的民法应当突出其新世纪的特征，那么，人格最重要的特征就是坚持人本主义，突出人的地位和人格权的地位。这是世界各国民法发展的方向。特别是在我国的民法典中突出人的地位和人格权的地位，更有利于防止"文化大革命"悲剧的重演，使人得到最好的尊重。

2. 继承发扬《民法通则》的优良传统，保持立法思想的连续性和制度的一贯性。《民法通则》关于人格权立法的"中国模式"在实践中的操作是行之有效的。二十多年来，我国立法和司法不断进步，对《民法通则》的规定进行补充和完善，目前民事主体的民事权利得到了历史上最好的尊重，我国人格权的法律

保护已经达到了最好的时期。将《民法通则》人格权立法的传统保持下来，做好法律制度的传承，就能够使我国民事立法的特色，保持先进地位。

3. 扩展人格权立法的空间，更好地发挥人格权保护人的权利的作用。如果改变民法通则的传统，将人格权放在民法总则中规定，则空间过于狭小，不利于人格权的发展。将人格权专门规定为一编，就会有更大的空间对人格权进行规定，可以清楚、明确、详细地规定各种具体人格权，不仅有助于帮助人们掌握自己究竟享有哪些人格权，他人应当如何进行尊重，同时，也能够使法官裁判案件有明确的依据，防止出现人格权列举不足，而导致法官滥用或者"向一般条款逃逸"现象的发生。

因此，在制定民法典中，应当继续坚持具有中国特色的人格权法立法模式，将人格权法单独作为一编，置于民法分则之中，并且应当规定在第二编即民法分则中的第一编，以突出人格权的地位和作用，规定好人格权的具体内容，以更好地保护民事主体的人格权。

第三节　一般人格权与具体人格权制度构建

一、一般人格权的制度构建

（一）规定好一般人格权的意义

一般人格权是指自然人和法人享有的，概括人格独立、人格自由、人格尊严全部内容的一般人格利益，并由此产生和规定具体人格权的基本权利。

民法典之所以必须规定好一般人格权，原因在于它的重要功能。这些功能是：（1）解释功能。由于一般人格权的高度概括性和抽象性，使它成为具体人格权的母权，成为对各项具体人格权具有指导意义的基本权利，决定各项具体人格权的基本性质、具体内容以及与其他具体人格权的区分界限。正因为如此，一般人格权对于具体人格权而言，具有解释的功能。在对具体人格权进行解释的时候，应当依据一般人格权的基本原理和基本特征为标准，对有悖于一般人格权基本原理和规则的对具体人格权的解释，均属无效。（2）创造功能。一般人格权是具体人格权的"渊源权"，或者叫做权利的渊源。人格权是一个不断发展的概念。纵观人格权的发展历史，它是一个从少到多、从弱到强，逐渐壮大的权利组合。尤其是在近现代民事立法上，创造了大量的具体人格权，使具体人格权达到了十数种。其种类之多，使其他权利无法与其相比。这些权利的产生，无一不是依据一般人格权的渊源而创造出来的。今后新的具体人格权的创造，仍然依赖于一般人格权。（3）补充功能。一般人格权也是一种弹性的权利，具有高度的包容性，既可以概括现有的具体人格权，又可以创造新的人格权，还可以对尚未被具体人格权确认保护的其他人格利益发挥其补充的功能，将这些人格利益概括在一般人格利益之中，以一般人格权进行法律保护。当这些没有被具体人格权所概括的人格利益受到侵害时，即可依侵害一般人格权确认其为侵权行为，追究行为人的侵权责任，救济人格利益损害。

因此，民法典规定人格权法编，必须规定好一般人格权。

（二）我国立法规定一般人格权的现状和问题

我国法律对一般人格权是有规定的，但规定不完善。这些规定从立法形式上可以分为三种：一是《宪法》的原则规定。《宪法》第三十八条规定："中华人民共和国公民的人格尊严不受侵犯。"这一条文是确立一般人格权的宪法依据。二是《民法通则》的原则规定。第一百零一条规定："公民、法人享有名誉权，公民的人格尊严受法律保护，禁止用侮辱、诽谤等方式损害公民、法人的名誉。"从该条的立法本意看，条文中的人格尊严似乎是指名誉权的客体，其实人格尊严并非名誉权的客体，而是一般人格权的内容。三是单行法的具体规定。最主要的规定是，《消费者权益保护法》首先在第14条规定："消费者在购买、使用商品和接受服务时，享有其人格尊严、民族风俗习惯得到尊重的权利。"第二十五条规定："经营者不得对消费者进行侮辱、诽谤，不得搜查消费者的身体及其携带的物品，不得侵犯消费者的人身自由。"除此之外，还对人格尊严和人身自由受到侵害的，规定了民法制裁的规范，这就是第四十三条："经营者违反本法第二十五条规定，侵害消费者的人格尊严或者侵犯消费者人身自由的，应当停止侵害、恢复名誉、消除影响、赔礼道歉，并赔偿损失。"

对此，我们的评论是：

1. 我国宪法关于人格尊严的规定没有任何缺陷，因为宪法是根本大法，它只能就某项基本权利作原则的规定，确立宪法原则，然后再由基本法去作具体规定。在这一点上，我国宪法关于人格尊严的立法与各国宪法的规定基本相同，确认了一般人格权。

2. 《民法通则》对人格尊严的规定，是有严重缺陷的。（1）该法没有规定一般人格权的条文；（2）将人格尊严规定在名誉权的条文之内；（3）在民事责任中没有规定一般人格权的法律保护规则。应当指出的是，《民法通则》本来就

257

不是一个完备的民法，其中缺漏、不足并不鲜见，在适用中，应当发挥立法解释和司法解释的功能，对其进行完善。好在该法条文毕竟设了"人格尊严"保护的内容，立法者可以依据这一基础作出一般人格权的扩大解释，司法机关也可以据此作出保护一般人格权的判决。

3. 在各单行法关于人格尊严的立法中，立法者在着力对《民法通则》的上述缺陷进行修补。从《残疾人保障法》开始，就特别强调保护人格尊严，并规定权利和人格尊严等合法权益受到侵害的，可依法向法院起诉。在《未成年人保护法》中，这种努力又进了一步，强调尊重未成年人的人格尊严，禁止侮辱人格尊严的行为，保障其合法权益，在侵害未成年人上述合法权益造成财产损失和其他损失、损害的，应负民事责任。这里特别强调其他损失、损害，包含侵害人格尊严造成的精神损害。在《妇女权益保障法》中，这种努力已经达到了一个新的阶段，真正把人格尊严和名誉权在立法上分开，分别进行保护。如果说在《民法通则》制定之初对一般人格权和名誉权还有所混淆的话，那么到《妇女权益保障法》通过之时，这一问题已经彻底解决。到《消费者权益保护法》关于人格尊严的规定，已经在立法上完全承认了一般人格权为概括的基本人格权，并且确立了相应的法律保护制度。

特别值得重视的是，最高人民法院依据上述法律规定，按照关于一般人格权的理论研究成果，在《关于确定民事侵权精神损害赔偿责任若干问题的解释》中，对一般人格权的法律适用作出了解释，规定人格尊严权和其他人格利益的法律保护措施，确认了人格尊严的一般人格权地位，以及以其他人格利益受到损害的救济方法保护一般人格权做法。

（三）我国民法典规定一般人格权应当规定的基本内容

我们认为，在我国民法典人格权法编中，应当首先规定一般人格权。我们设计了两个模式：一是王利明主编的《中国人格权法草案专家建议稿》第2条："自然人的人格尊严、人格平等和人格自由受法律保护。"二是杨立新设计的《中国民法典人格权法编建议稿》第1条："自然人、法人和其他组织的人格独立、人格自由和人格尊严受法律保护。"这两种模式除了在主体上的表述有所差别之外，没有原则区别。在民法典人格权法中规定一般人格权，主要是要规定好以下三个基本内容。

1. 人格独立。人格独立的实质内容，是民事主体对人格独立享有，表现为民事主体在人格上一律平等，在法律面前，任何民事主体都享有平等的主体资格，享有独立人格，不受他人的支配、干涉和控制。人格独立表明人人都有平等的权利，人人都有保护个人人格的权利，人人都有捍卫个人独立性的权利。它包括：民事主体的人格不受他人支配，民事主体的人格不受他人的干涉，民事主体的人格不受他人控制。

2. 人格自由。一般人格权中的人格自由，是私法上的抽象自由，既不是公法上的自由，也不是私法上的具体自由权。它不是泛指主体的行为自由和意志自由，也不是指财产自由、契约自由，而是经过高度概括、高度抽象的人格不受约束、不受控制的状态。它既是指人格的自由地位，也是指人格的自由权利，是民事主体自主参加社会活动、享有权利、行使权利的基本前提和基础。权利主体丧失人格自由，就无法行使任何权利，不能从事任何社会活动。人格自由是自然人、法人享有一切具体自由权的基础和根源。作为一般人格权内容的人格自由，包括以下两个方面的内容：（1）保持人格的自由；（2）发展人格的自由。

3. 人格尊严。人格尊严，是指民事主体作为一个"人"所应有的最起码的社会地位，并且应受到社会和他人最起码的尊重。换言之，人格尊严是把人真正当成"人"。因此，无论自然人的职业、职务、政治立场、宗教信仰、文化程度、财产状况、民族、种族、性别有何差别，其人格尊严都是相同的，绝无高低贵贱之分。人格尊严是一种主观认识与客观评价的结合，表现是：（1）人格尊严是一种人的观念，是自然人、法人对自身价值的认识。这种认识基于自己的社会地位和自身价值，它来源于自身的本质属性，并表现为自己的观念认识。因而，人格尊严具有主观的因素。（2）人格尊严具有客观因素。这种客观因素是他人、社会对特定民事主体作为人的尊重。这种客观因素是一种对人的价值的评价，但与名誉这种社会评价不同，是对人的最起码的做人的资格的评价，评价的内容不是褒贬，而是对人的最起码尊重，是把人真正作为一个人所应具有的尊重。因而无论人的各种状况、状态有何不同，但对其尊严的评价却无任何不同。（3）人格尊严是人的主观认识和客观评价的结合。它既包括自我认识的主观因素，也包括社会和他人的客观评价和尊重。这两种因素结合在一起，才构成完善的人格尊严。

二、具体人格权的制度构建

（一）法律法规和司法解释已经规定的具体人格权

《民法通则》规定的具体人格权是生命健康权（包括生命权、健康权和身体权）、姓名权、名称权、肖像权、名誉权、荣誉权和婚姻自主权。规定这些具体人格权显然不足，因此，最高人民法院通过《关于确定民事侵权精神损害赔偿责任若干问题的解释》，规定了人身自由权和隐私利益。新修订的《妇女权益保障法》规定了隐私权。

（二）人格权法应当规定的具体人格权

我们认为，我国现行法律规定的具体人格权仍然不足，应当对于那些已经成熟、可以规定为具体人格权的权利，作出明确规定，以防止对于应当保护的人格权由于没有具体规定而将其作为一般人格利益或者其他人格利益保护，造成"向一般条款逃逸"现象的大量出现。

我国应当规定的具体人格权有：

1. 生命权、健康权、身体权、休息权。人格权法应当首先规定"自然人享有生命权"。规定生命神圣不可侵犯，禁止非法剥夺；规定生命不可放弃，只有为社会公共利益、他人合法利益或法律另有规定的，才不在此限。同时还应当规定安乐死合法化，具备必要条件的，自然人有权选择安乐死，包括积极安乐死和消极安乐死。

人格权法应当规定"自然人享有健康权"，禁止任何人侵害自然人的身心健康。同时，应当规定由于灾害、事故、疾病等原因，使自然人生命、健康权受到威胁时，医疗机构及医护人员不得拒绝救治。

人格权法应当规定"自然人享有身体权"，禁止侵害自然人身体、破坏身体的完整性。针对目前存在的问题，应当规定自然人有权决定将自己身体的血液、骨髓等体液和器官捐献给医学科研、教学、医疗机构或者需要救助的他人；无行为能力人、限制行为能力人所作的捐献应由法定代理人同意。自然人有权决定自己遗体的捐献、解剖、安葬或进行其他合法的处分。自然人生前未对其遗体的处分作出明确的表示的，其近亲属可以作出决定。还应当规定对自然人进行医疗检查、手术、人体试验、施行新的治疗方法等，必须经当事人同意；无行为能力人或限制行为能力人的医疗行为由法定代理人同意；法律另有规定者除外。自然人对与其身体分离部分的支配受法律保护。他人对该分离部分的处分应经当事人或其法定代理人同意，法律另有规定者除外。对身体或其组织、器官进行重大处分的表示应以书面形式作出，以口头方式作出者，应有两个见证人在场见证。法律应当规定，禁止买卖人体组织、器官，禁止买卖死者遗体及其组成部分。

2. 姓名权、名称权、肖像权、形象权、声音权。人格权法应当规定"自然人享有姓名权"，规定姓名包括姓和名。应当规定禁止他人盗用、假冒自然人的姓名，禁止干涉自然人依法行使姓名权的行为。姓名权受到侵害的，权利人可以请求法院除去侵害，并可以请求损害赔偿。自然人的姓名权不得转让，任何转让姓名的行为均为无效。

人格权法应当规定"法人及其他组织享有名称权"。法人及其他组织有权决定、使用和依照法律规定变更自己的名称。禁止盗用、假冒法人和其他组织的名称。企业法人或者其他组织的名称可以依法转让，但法律另有规定的除外。企业法人或者其他组织转让其名称权，其经营权也应随之转让。在营业终止的情况下，其名称可以单独转让。企业或者其他组织可以依照法律规定，允许他人使用其名称。准许他人使用名称的，双方应当签订书面合同，约定使用范围、使用期限、使用方式等内容，使用人应当按照约定范围使用。

人格权法应当规定"自然人享有肖像权"。规定肖像是指通过绘画、照相、雕塑、录像、电影等造型艺术方式所反映的自然人的面部形象，对此，权利人享有制作、使用和准许他人部分使用的权利。自然人有权通过造型艺术方式及其他形式再现自己的形象，制作他人的肖像，应当征得本人同意。自然人有权自己利用或者许可他人利用本人的肖像。利用他人的肖像，应当征得本人同意，并以协议方式约定使用范围等有关事项。非经本人同意，任何人不得非法使用他人的肖像。应当明确规定禁止以违背社会公德的方式使用他人的肖像。

人格权法应当规定"自然人的声音标识受法律保护"，未经同意，不得私自录制他人的声音，但法律另有规定的除外。禁止歪曲、模仿、剪接他人的声音，自然人可以同他人签订有偿的声音使用许可合同。

人格权法应当规定"自然人享有形象权"，对于个人除了以面部为主体的肖像以外的其他身体形象，自然人享有权利，禁止他人非法侵害。同时，应当规定，指纹、掌纹等其他视觉上能够辨别的个人身体标识准用形象权保护规则，进行保护。

3. 名誉权、信用权、荣誉权。人格权法应当规定"自然人、法人和其他组织享有名誉权"。自然人、法人和其他组织有权保持、维护自己的名誉，并享有名誉所体现的利益。禁止以侮辱、诽谤等方式损害自然人、法人和其他组织的名誉。人格权法应当明确规定，禁止利用严重失实的新闻报道损害他人名誉，禁止利用内容不当的文学作品损害他人名誉，禁止借检举、控告之名，侮辱、诽谤他人。

人格权法应当规定"自然人、法人和其他组织享有信用权"。应当界定，信用是指自然人、法人和其他组织就其经济能力和履约意愿所获得的社会评价与信赖。自然人、法人和其他组织有权保持自己的信用，享有信用利益，维护其信用不受非法侵害。在当前我国诚信道德和诚信秩序缺失的情况下，应当特别鼓励建设征信机构。法律应当明确规定，征信机构应当客观、公正地调查、收集、整理、提供自然人、法人和其他组织的信用信息，确保该信息准确、完整、及时。征信机构应当按照独立、公正和审慎的原则，依据科学的评估办法，对自然人、法人和其他组织作出正确、客观的信用评级，服务社会。

261

人格权法应当规定"自然人、法人和其他组织享有荣誉权",禁止非法剥夺、诋毁、侵占自然人、法人或者其他组织的荣誉称号。自然人、法人和其他组织有权获得因其荣誉所产生的物质利益,禁止任何人非法剥夺该利益。

4. 人身自由权、隐私权、性自主权、婚姻自主权。人格权法应当规定"自然人享有人身自由权,自然人的人身自由不受侵犯",禁止非法拘禁或者以其他方法剥夺、限制自然人的身体自由,禁止以欺诈、胁迫等手段侵害自然人的意志自由。任何自然人,非经人民检察院批准或决定,或者人民法院决定,并由公安机关执行,不受逮捕。所有被剥夺自由的人应获得人道及尊重其固有的人格尊严的待遇。还应当特别规定,非经正当程序,任何单位和个人不得对自然人非法进行强制性治疗。任何人不得仅仅由于无力履行约定义务而被监禁。禁止强制劳动和奴隶制。

人格权法应当规定"自然人享有隐私权"。应当明确规定,未经合法授权,任何单位和个人不得侵害自然人与社会公共利益无关的隐私。隐私权保护的隐私范围,应当包括私人信息、私人活动、私人空间以及私人生活安宁。应当特别规定,权利人就其个人信息依法享有权利,不得预先抛弃或以特别约定进行限制。信息使用者不得作出违反收集信息原则的行为,但如果该行为是依法进行的除外。自然人的私人空间不受外界侵扰,自然人的生活安宁受法律保护,禁止以窥视、窃听、跟踪、侵入、信件或电话骚扰等方式侵犯私人空间,破坏自然人的生活安宁。

人格权法应当规定"自然人享有婚姻自主权",有权自主决定与他人结婚和离婚。禁止买卖、包办婚姻和其他干涉婚姻自由的行为。

人格权法应当规定"自然人享有性自主权"。规定性自主权是指自然人自主保持其性纯洁、支配其性利益的人格权。禁止以强迫卖淫、强奸、奸淫幼女、鸡奸、猥亵等方式侵害他人性自主权。禁止以任何方式对自然人实行性骚扰。用人单位应当采取合理措施避免工作场所的性骚扰,未尽到注意义务的,应当就其受害人受到的侵害承担相应的责任。

人格权法应当规定"自然人对于个人的信息资料享有知情权",任何人不得侵害。自然人行使知情权不得侵害他人的合法权益。

第七章

亲属法的体系完善

第一节　亲属法的定位和框架

一、亲属法代替《婚姻法》、《收养法》等单行法

荀子曾言："力不若牛，走不若马，而牛马为用，何也？曰人能群，彼不能群也。"这就说明了，人类之所以成为万物之灵，原因在于人的相互结合。人与人的结合，导致了身份关系的产生。身份关系是很复杂的，国家在法律上只规定一定范围（该社会认为须由法律予以调整的）内的基本身份关系。[①] 亲属法就是调整身份关系的主要法律。

亲属法，就实质意义而言，系指规定亲属关系及由此所生各种权利义务之法规；就形式意义而言，系指民法典中亲属编之规定。[②]

1950 年，新中国颁布了《婚姻法》，这是我国颁布的第一部具有民事基本法律性质的法律。因为我国当时面临废除封建婚姻家庭制度，建立新民主主义婚姻家庭制度的历史任务，而且，中国共产党领导的革命政权早在革命根据地时期就

[①] 谢怀栻：《外国民商法精要》，法律出版社 2002 年版，第 208 页。
[②] 高凤仙：《亲属法理论与实务》，五南图书出版公司 1998 年版，第 1 页。

颁布亲属法令，积累了丰富的婚姻家庭立法经验。① 此后，我国一直将《婚姻法》作为单行的法律。后来，我国又颁布了《收养法》等法律法规。

2002 年的《中华人民共和国民法典草案》将"婚姻法"作为第五编独立出来，同时，将"收养法"作为第六编，与婚姻法和继承法并列。这样的立法体例存在较大的问题。具体表现为：（1）收养法和婚姻法所规定的内容具有共性，这些内容应当集中予以规定。这样不仅可以避免重复规定，而且可以实现法条的有效整合。（2）收养法和婚姻法的共同内容应当抽取出来，以"提取公因式"的模式予以规范。这种立法技术突出体现了潘德克顿模式的优势，而且，也是提升我国民事立法技术的合适方法。（3）民法典中的编应当尽可能地减少，以实现民法典的逻辑性和体系化。民法典各编的设立应当体现一定的逻辑脉络，婚姻法和收养法分别作为一编，不仅难以寻觅其中的逻辑，而且，打乱了民法典其他各编既有的意义关联。

笔者认为，在未来的民法典之中，应当以亲属法取代《婚姻法》和《收养法》等单行法，理由在于：（1）婚姻法和收养法并不能包含亲属法的全部内容。亲属法的内容远比其广泛，如亲系、亲等内容就不能被婚姻法和收养法涵盖。（2）民法典的体系化要求以亲属法来代替婚姻法和收养法。编纂民法典就是要进行规范的整合，从而实现法律的体系化。通过亲属法的创制，可以有效地配合民法典的体系，并实现亲属法内部的体系化。（3）亲属法作为民法典一编的模式，是德国法系国家的通行模式。我国自清末立法以来，主要继受德国法，可以称为是德国法系国家。以亲属法取代婚姻法和收养法，符合我国既有的理论继受和立法继受背景。（4）采用"亲属法"的称谓可以实现定名上的科学性、准确性以及国际通用性。②

二、亲属法向民法典回归，成为民法典中的一编

就世界范围来看，现代亲属法的立法体例，主要有三种：（1）隶属于民法典的亲属法。因为受到罗马法传统和康德"婚姻契约论"的影响，近代主要资本主义国家都将亲属法包含在民法之中，如《法国民法典》和《德国民法典》。③（2）诸多单行法形式的亲属法。在英国，亲属法基本上由一些制定法组

---

① 杨大文：《我国婚姻法的修改和完善》，http：//www. civillaw. com. cn/weizhang/default. asp?id＝8094。

② 参见曹诗权、陈小君：《我国婚姻法的宏观立法思路与具体方案之重构》，载《江苏社会科学》1997 年第 4 期。

③ 参见王洪：《婚姻家庭法》，法律出版社 2002 年版，第 11～12 页。

成，没有完整的亲属法（典）。①（3）独立于民法典的亲属法典。苏联法学界认为，民法只是调整商品经济关系的法律，亲属法应当独立出来。因此，苏联在1918年制定了《户籍、家庭和监护法典》。②

1950年，新中国就颁布了《婚姻法》，将婚姻法作为独立于民法的法律部门。它的出现主要基于以下原因：（1）这主要是受苏联模式的影响。苏联法学界认为亲属法不属于民法体系，而是与民法平行的独立法律部门。③ 新中国成立后，我们的立法和法学理论都受到苏联的决定性影响，民事立法也不例外。（2）这是新中国民法发展相对不足的表现。④ 新中国民事立法和理论都先天不足，这就使苏联法学思想被不加批判地接受。（3）这是当时法学理论误导的结果。当时的理论认为，亲属法主要是身份法，民法主要是财产法，如把亲属法归入民法中，在理论上有婚姻家庭法受私有制金钱异化之嫌。⑤另外，当时的理论界认为，民法是调整商品经济关系的法律，所以，婚姻家庭法不能包含其中。（4）这是革命根据地时期婚姻立法所形成的经验化传统影响的结果。在革命战争的特殊时期，婚姻法以独立部门的立法形式表现出来。但这种立法经验的传递作用，一开始即影响了新中国的婚姻家庭立法，使其从名称到地位乃至基本框架内容都没能跳出习以为常的旧模式。⑥

在我国制定民法典的过程中，有学者提出，要继续这种模式，制定独立法典式的婚姻家庭法。⑦ 笔者认为，苏联将亲属法典与民法典并列的模式并不足取。在苏联，亲属法从民法中独立出来的思想根源是否定公法与私法划分的理论。⑧但是，这种否定公私法划分的做法，并不为我国当前学术界所认可，所以，亲属法典独立出来的模式，就失去了其理论基础。

在我国民法典创制的背景下，亲属法纳入民法典的模式是比较理想的选择。其理由主要在于：（1）民法的调整对象涵盖了亲属法的调整对象。传统中国法律所追求的婚姻、家庭关系是一种男（夫）尊女（妻）卑、父尊子卑、男主外女主内的家庭、婚姻关系。⑨ 但是，随着中国近现代法制改革的推进，平等、自

① 谢怀栻：《外国民商法精要》，法律出版社2002年版，第209页。
② 参见王洪：《婚姻家庭法》，法律出版社2002年版，第11～12页。
③⑤ 杨大文：《我国婚姻法的修改和完善》，http：//www.civillaw.com.cn/weizhang/default.asp?id=8094。
④ 曹诗权、陈小君：《我国婚姻法的宏观立法思路与具体方案之重构》，载《江苏社会科学》1997年第4期。
⑥ 曹诗权：《中国婚姻法的基础性重构》，载《法学研究》1996年第3期。
⑦ 杨大文：《新婚姻家庭法的立法模式和体系结构》，载《法商研究》1999年第4期。
⑧ 参见王洪：《婚姻家庭法》，法律出版社2002年版，第14～15页。
⑨ 谢在全等：《民法七十年之回顾与展望纪念论文集（三）》（物权·亲属编），中国政法大学出版社2002年版，第246页。

由的新型亲属关系已经取代了传统的亲属关系。所以，亲属关系就应当成为民法调整对象的一部分。（2）亲属法的调整手段和方法也与民法相同。亲属法的调整手段也是"确立权利"、"保护权利"、"损害赔偿"等方法，而这些恰恰是民法的调整手段和调整方法。（3）民法的调控社会方式也充分体现在亲属法之中。在民法上，根据法律效果的设计是否考虑当事人的意思，可以将其调控方式区分为意思主义和法定主义两种。这两种调控方式都充分运用在了亲属法之中。意思主义的调控方式的表现有：结婚、收养、离婚等方面；而法定主义的调控方式的表现有：扶养、离婚损害赔偿等。（4）亲属法的价值和精神与民法相同。在亲属法领域，随着家族主义向个人主义的转化，男尊女卑向男女平等的转化等，亲属法内部逐渐形成了男女平等、婚姻自由等基本原则。这些基本原则与民法的价值和精神充分契合，甚至可以说是民法基本价值在亲属法之中的具体化。（5）亲属法的作用与民法相同。近现代亲属法的价值定向集中于确认私人利益，调整私人利益在主体间的互动关系，通过保障此类"私益"的最佳满足达到婚姻家庭社会功能的有效实现。所以，亲属法与民法共同的作用是将确认和调整的私人利益关系归属到权利主体，建立民事权利体系，保障私权，从而奠定权利法的根本属性，使法律的价值定位显得个人优位于社会。[1]（6）亲属法上的一些制度可以直接适用民法总则的规定。亲属法作为平等主体之间关系的法律，它应当可以适用民法总则的一些规定。亲属法纳入民法典，就可以避免亲属法就一些共同规则再作规定，例如，诉讼时效、法律行为的效力等。

总之，笔者认为，亲属法回归民法典，反映了亲属法与民法的本质联系和逻辑必然。[2] 不过，即便将亲属法纳入民法典，也有不同的立法模式可以作为我们的选项。我们可以参照的主要有两种模式：一是法国模式。《法国民法典》包括三部分：人法、物法和财产取得的方法。亲属法中关于亲属身份权利义务的规范被置于"人法"部分，而亲属法中关于亲属财产权利义务的规范被置于"财产取得的方法"部分。二是德国模式。《德国民法典》共有"总则、债法、物权法、亲属法、继承法"五编。

我国民法典的总体框架，应当主要借鉴德国法，理由见第三章第二节有关内容。

但即使采用德国模式，我们可能也需要思考，是否将亲属财产法置于其他编来予以规定。亲属法所规定的权利义务，可以分为身份上的权利义务和财产上的

---

[1] 曹诗权：《新婚姻法导论》，载吴汉东主编：《私法研究》（第 1 卷），中国政法大学出版社 2001 年版。

[2] 王洪：《婚姻家庭法》，法律出版社 2002 年版，第 15 页。

权利义务。规定前者的亲属法，称为纯亲属法；规定后者的亲属法称为亲属财产法。① 关于亲属身份上权利义务的规范，应当置于民法典"亲属法"编，但是，关于亲属财产上权利义务的规范，是否置于"亲属法"编，则有探讨的余地。

笔者认为，亲属财产法也应当置于民法典"亲属法"编予以规定，理由在于：（1）亲属财产上的权利义务，都是基于夫妻、亲子等特别身份关系而产生的，与普通的财产权利义务存在着区别。② 既然这样，将亲属财产法置于民法典财产法部分，似乎也并不妥当。（2）亲属财产上的权利义务都是基于身份关系而产生的，如果将亲属财产法置于其他编，反而不符合逻辑。因为应当先有特定身份，而后才有基于此产生的财产权利义务。（3）亲属财产法的规则往往比一般财产法的规则更为复杂，它实际上是一般财产法规则的综合运用，所以，置于其他财产法之后，也可以方便法律的适用。

三、亲属法与民法典总则编的关系

（一）民法典总则编在亲属法中的适用

"亲属法"置于民法典之中作为一编出现，就必须处理好，亲属法与民法典总则编之间的关系。从民法典编纂的整体思路来看，应当采用"提取公因式"的模式。体系化就是要借助逻辑工具实现法律的科学化，它是一种对数学的模仿。③ 这就是说，凡是共同的规则，都应当置于民法典总则编来规定。

不过，亲属法是关于私人间身份生活的法，④ 与民法典中绝大多数编的财产法性质不一致。所以，亲属编是否可以完全适用民法典总则的规定，尚有疑问。对此，学界有不同的看法，主要有三种观点：第一种观点认为，亲属法上的身份行为因其特殊性，即使没有特别规定也不能适用总则的规定。第二种观点认为，亲属法本身没有具体规定时，就应当类推适用亲属编的规定，不应适用总则的规定。第三种观点认为，如果亲属编没有具体规定，民法典总则的规定就应当适用。或者认为，除有了亲属法明文规定或依事务的性质不能适用的以外，民法典总则的规定应当都可以适用。⑤

笔者认为，既然亲属法作为民法典的一编来规定，那么，民法典总则的规定

---

① 史尚宽：《亲属法论》，中国政法大学出版社 2000 年版，第 1 页。
② 参见史尚宽：《亲属法论》，中国政法大学出版社 2000 年版，第 1 页。
③ 熊谞龙：《民法的体系整合与规范整理》，中国人民大学 2006 年博士学位论文，第 11 页。
④ 高凤仙：《亲属法理论与实务》，五南图书出版公司 1998 年版，第 1 页。
⑤ 参见史尚宽：《亲属法论》，中国政法大学出版社 2000 年版，第 11 页。

就应当可以统一适用于民法典各编，包括亲属编。不过，考虑到亲属法本身的特点，在以下两种情况下，不能适用民法典总则：（1）如果按照事务的性质，不应当适用民法典总则的规定。（2）如果类推适用亲属法的规定，能得出更妥当的结论，也不应当适用民法典总则的规定。

（二）监护与亲权制度的构建

监护，就是指监督保护行为能力有欠缺者的制度。[①] 监护制度最初可以追溯到罗马法。在罗马法上，监护的设立最初是为了保全家族财产，嗣后方逐渐变为保护被监护人利益的一种方法。[②] 近现代各国法律普遍设立了监护制度，目的是为了补充无民事行为能力或限制民事行为能力的不足，保护他们的利益。监护与亲权的区别就在于，监护人是除父母以外的其他自然人或法人。亲权是指父母对于未成年子女的身体和财产上的监督、管理、抚养、教育和保护的权利义务制度。[③] 亲权制度来源于罗马法上的家长权。在"家族本位"和"亲本位"的亲子法中，亲权是以子女的人身和财产为支配对象的支配权。但近现代民法上的亲权，其性质和目的已经发生改变，由以家族和亲权人（父亲）的利益为中心，转变为以未成年子女的利益为中心。[④] 亲权是基于父母子女身份关系而产生的权利与义务，它不仅仅是父母的权利，更是父母的义务。[⑤]

我国现行法设立了统一的监护制度，使得监护制度包括了其他国家的亲权制度。这种模式有其优点：（1）这种模式通过简单化处理，使得民法上的制度易于理解和学习。统一的监护制度，实现了原本意义上的"监护"和"亲权"的整合，从而便于人们熟悉和理解该制度。（2）这种模式避免了规则的重复，实现了法律的简约。因为"监护"和"亲权"在不少方面具有相同之处，分别立法，就难免重复，不利于法律的简洁。

但是，在制定民法典亲属编的时候，我们必须重新反思此种模式的合理性。笔者认为，此种模式有优点也有弊端，在未来民法典的创制中，应当分别设立监护制度和亲权制度。理由在于：（1）从制度源头上来看，亲权和监护原本属于不同的制度。亲权是专属于父母对未成年子女人身和财产所享有的权利和职责，具有强制性和身份性。[⑥] 不过，当父母双亡，或因父母滥用亲权而被宣告停止亲

---

① 杨与龄：《民法概要》，中国政法大学出版社 2002 年版，第 356 页。
② 梁治平：《寻求自然秩序中的和谐》，中国政法大学出版社 2002 年版，第 253 页。
③⑤ 夏吟兰：《21 世纪中国婚姻法学展望》，载《法商研究》1999 年第 4 期。
④ 梁慧星主编：《中国民法典草案建议稿附理由·亲属编》，法律出版社 2006 年版，第 153～154 页。
⑥ 曹诗权、陈小君：《我国婚姻法的宏观立法思路与具体方案之重构》，载《江苏社会科学》1997 年第 4 期。

权，或因父母因精神状况而无法行使亲权时，就使得未成年人不能受到适当之保护及教养。此时，为了保护未成年人的利益，法律才为其设置监护人。① （2）从规则的疏密上看，亲权的规则比较简单，而监护的规则比较细密。亲权是父母对子女享有的权利，考虑到父母和子女的特殊关系，法律没有必要设计复杂的规则。而未成年人的监护人，虽然多数情况下也是其亲属，但终非父母可比。所以，法律对于监护人权利义务的规定，较对于父母者详密，② 目的是为了更好地保护被监护人的利益。（3）从规则的内容来看，亲权的规则和监护的规则也有不同之处。亲权人是基于父母子女关系而履行义务，他不应当请求报酬的给付。而监护人往往是被监护人的近亲属，甚至可能是没有亲属关系的自然人或者法人，此时，就应当考虑权利人的报酬请求权。（4）从国际交流的角度来看，分别设立亲权和监护制度，可以实现民法制度与多数国家的制度接轨。多数大陆法系国家，都采用亲权和监护分立的模式。我国采纳此种模式则便于学术交流。

显然，亲权制度属于父母子女关系的范畴，应当被置于亲属法没有疑问。接下来的问题是，监护制度应当置于民法典总则编，还是应当置于亲属法编呢？大陆法系的国家大多将监护制度置于亲属法，作为对亲权的补充和延伸。因为无论是对未成年人的监护还是对精神病人的监护，都是以亲属监护为主，第三人监护只是亲属监护的补充和延伸。③

笔者认为，我国民法典制定中，应当将监护制度置于民法典总则，将亲权制度置于亲属法。理由在于：（1）监护制度并不是实质意义的亲属法，④ 将其置于亲属法，不甚妥当。因为监护人并不限于亲属，还包括亲属以外的自然人或法人。（2）监护制度的适用范围较广，远非亲属法所能调整。在我国，监护包括对未成年人的监护和对成年精神病人的监护。成年精神病人的监护，就很难说仍然属于亲属法的范畴了。（3）监护制度与民事行为能力制度具有密切的联系，置于民法典总则，具有合理性。监护可以看作是民事行为能力的补充，它与民事行为能力制度是相互配套的，最好置于民法典总则之中。（4）我国《民法通则》将监护制度规定于总则部分，这种立法模式已经深入人心了。立法之中应当尽可能遵循已有的做法。既然我国民法一直将监护制度置于总则部分，没有十分充足的理由就不应当改变既有的模式。

---

① 谢在全等：《民法七十年之回顾与展望纪念论文集（三）》（物权·亲属编），中国政法大学出版社 2002 年版，第 273 页。

② 杨与龄：《民法概要》，中国政法大学出版社 2002 年版，第 356 页。

③ 巫昌祯、夏吟兰：《民法典婚姻家庭编之我见》，载《政法论坛》2003 年第 1 期。

④ 参见史尚宽：《亲属法论》，中国政法大学出版社 2000 年版，第 1 页。

四、亲属法在民法典中的位置

亲属法（包括亲属财产法和亲属人身法）究竟应当置于民法典的什么位置呢？这实际上涉及民法典整个编制的顺序安排。不过，此处我们并不想涉及"人格权法独立成编"和"侵权法独立成编"的问题。我们仅仅想探讨总则编、物权编、债权编、亲属编、继承编的顺序问题。

我国民法典起草过程中，曾经进行过一次"物文主义"和"人文主义"的论争。如果按照所谓"人文主义"者的设计，亲属法似乎应当置于"人法"部分，大概是直接置于总则编之后。笔者认为，这种构想并不恰当，亲属编应当置于继承法之前，总则编、物权编、债权编之后。

亲属编置于继承编之前的理由在于：（1）继承法律关系产生的前提是一定的亲属关系。死者遗产的移转，主要是在其亲属之间进行的。所以，只有先明确了亲属关系，才能够明确继承人的范围。（2）民法典编纂的规律是，原则上后面的法条可以引用前面的法条，但前面的法条原则上不得引用后面的法条。这也是为了方面人们阅读和适用法律。在继承法适用中，要引用亲属法的规定；而亲属法的适用，则基本不需要引用继承法的规定。（3）这也是大陆法系很多国家宝贵立法经验的总结。在大陆法系国家，不少都采用这一顺序，如德国、日本等。我国应当借鉴此种经验，而不是轻易地另起炉灶。

亲属编置于总则编、物权编、债权编之后，是考虑到：（1）民法典各编的安排，应当遵循先简单，后复杂的原则。相对于亲属制度而言，物权制度和债权制度比较简单。亲属制度实际上是物权制度和债权制度在亲属之间的运用，更加复杂。（2）民法典各编的安排还应当遵循这一原则，即被引用、准用或参照适用的法条，应当置于前面。亲属法需要大量引用、准用、参照适用总则、物权法、债权法的条文，所以，亲属法应当置于总则编、物权编、债权编之后。

五、亲属法的框架

（一）亲属法总则设立的必要性

亲属法是否应当规定总则，这是构建民法典亲属编首先要考虑的问题。笔者认为，应当规定亲属法总则，理由在于：（1）总则的设立，是实现亲属法体系化的重要步骤。通过"提取公因式"的方法，总则部分可以实现对亲属法共同规范的整合。此外，通过亲属法基本原则的规定，总则部分还有助于构建亲属法的价值体系。（2）总则的设立，可以有效地弥补现有亲属法规范的不足。现在，亲属法总则部分的内容散见于《婚姻法》之中。亲属法总则编可以归整现有的规定，并补充欠缺的规定，例如，亲属的种类、亲等、亲等的计算方法等。（3）亲属关系在民法、继承法、刑法、诉讼法、国籍法等许多法律领域中都具有一定的法律效力。为了进一步从总体上规范亲属制度，尤其是使散见在各法律部门的亲属立法协调一致，有关亲属的范围、亲属的种类、亲系、亲等及其计算方法等，均应当在婚姻家庭法中作出明确的、统一的规定。① （4）亲属法总则的设立也是大陆法系各国的通例。大陆法系各国各国民法典亲属编，大多都规定了一般性规则，如法律调整亲属关系的范围、亲属的种类，亲属法律关系的法律效力，亲等及其计算方法等。② 我国既然是"以大陆法系为体"，就应当规定亲属法总则。

（二）亲属法的框架和内容

综合考虑各方面的因素，笔者认为，民法典亲属编应当依次规定以下内容：③

1. "总则"。该部分主要规定如下内容：亲属法的指导思想和立法依据、亲属法的调整对象、亲属法的基本原则（包括婚姻自由、一夫一妻、男女平等、保护妇女儿童老人的合法权益）、诉讼时效的规定、亲属的种类、亲属法上的亲属范围、亲系、亲等、亲等的计算方法。

2. "结婚法"。该部分主要规定如下内容：婚约、结婚的条件（包括法定婚龄、禁婚亲和其他禁止性规定）、结婚登记、婚姻无效（包括原因、请求权人和效力）、婚姻可撤销（包括原因、撤销的程序、行使撤销权的期限）。

3. "夫妻关系法"。该部分主要规定如下内容：夫妻姓名权、夫妻同居义务、夫妻忠实义务、夫妻约定财产制、夫妻法定财产制、日常家事代理权等。

4. "离婚法"。该部分主要规定如下内容：协议离婚的条件和程序、诉讼离婚的条件、离婚诉权的限制、离婚的认定标准（婚姻破裂原则）、离婚后的子女抚养、离婚后的财产分割、离婚后的债务清偿、离婚后的损害赔偿、离婚后的经

---

① 巫昌祯、夏吟兰：《民法典婚姻家庭编之我见》，载《政法论坛》2003 年第 1 期。

② 杨大文：《我国婚姻法的修改和完善》，http://www.civillaw.com.cn/weizhang/default.asp?id=8094。

③ 此处主要参考史尚宽：《亲属法论》，中国政法大学出版社 2000 年版；王洪：《婚姻家庭法》，法律出版社 2002 年版；高凤仙：《亲属法理论与实务》，五南图书出版公司 1998 年版；杨大文：《新婚姻家庭法的立法模式和体系结构》，载《法商研究》1999 年第 4 期。

济补偿、离婚后的经济帮助等。

5. "亲子法"。该部分主要规定：亲权、非婚生子女的认领、子女对父母的赡养义务、继父母继子女关系、养父母子女关系、人工生育子女与父母的关系等。

6. "收养法"。该部分主要规定：收养的条件、收养的登记、收养协议、收养的无效、收养的可撤销、收养关系的解除。

7. "扶养法"。① 该部分主要规定：扶养权利人、扶养义务人、扶养权利人的顺序、扶养义务人的顺序、扶养的程度、扶养的方式、扶养的变更等。

第二节　亲属法的价值体系

一、亲属法体系化的途径——价值体系

法律是社会调控的重要手段。人类的目的在于依据法律形成和维护一定的社会秩序，即所谓的"社会控制"。② 我们制定亲属法的目的也是如此。要达到妥当进行社会调控的目的，就应当实现法律的体系化。因为体系化的法律不仅可以起到说理的功能，而且可以避免法律适用中的不知所措。诚如拉伦茨所言，"只要我们仍然应该研究'真正的法秩序'及其在思想上的渗透影响，就不能放弃体系思想。"③

体系化的途径有两种办法：一是借助抽象概念和形式逻辑实现的体系化；二是借助法律原则实现的体系化。在近代社会，法学家非常推崇借助抽象概念和形式逻辑实现的体系化。这些法学家以概念法学派为代表，他们的目的是要形成严谨的符合形式合理性的体系，以保障法的安定性。但是，19 世纪以来那种对于人类理性狂热自信以及在此基础上所形成的德国概念法学，试图在一个精致的体系内完成所有法律问题答案的思路在当下注定是行不通的。④ 随着社会的发展，概念法学所主张的体系，有日益僵化之弊。因为假使体系的构成要素是概念——演绎式体系的概念，这样构成的体系，在很大程度上必然会趋于僵化，在理念上

---

① 　此处所说的扶养，是广义上的扶养，包括狭义上的扶养、抚养和赡养。

② 　[日] 川岛武宜著：《现代化与法》，王志安等译，中国政法大学出版社 2002 年版，第 241 页。

③ 　[德] 卡尔·拉伦茨著：《法学方法论》，陈爱娥译，商务印书馆 2005 年版，第 43 页。

④ 　熊谓龙：《民法的体系整合与规范整理》，中国人民大学 2006 年博士学位论文，第 23 页。

倾向一种终结性的体系。① 另外，一个只依据形式逻辑的标准所构成的体系，其将切断规范背后的评价关联，因此也必然错失法秩序固有的意义脉络，因后者具有目的性，而非形式逻辑所能涵括。② 于是，人们就渐渐抛弃了此种体系，而改采取价值体系。

二、法律原则形成的价值体系

在所有的法文化中均一再重复，"发现问题、形成原则及巩固体系三者间的循环"。依此，构筑体系的真正要素乃是法律原则而非抽象概念。③

法律原则（包括法律的基本原则和法律的具体原则）之间必须组成有机的整体，即形成价值体系。因为只有明确了价值体系，才能避免具体进行的各种价值判断之间发生矛盾。④ 也只有明确了价值体系，才可以构筑开放式的法律体系，从而实现法典的科学性和适应性。运用法律原则来构筑价值体系，必须注意以下几点：

1. 我们必须从实际生活中提取和提炼法律原则，而不能主观臆断。法律原则是来自于生活，又服务于生活的。⑤ 因此，"立法者应该把自己看作一个自然科学家。他不是在制造法律，不是在发明法律，而仅仅是在表述法律，他把精神关系的内在规律表现在有意识的现行法律之中。如果一个立法者用自己的臆想来代替事情的本质，那么我们就应该责备他极端任性。"⑥

2. 我们只能力求将特定历史条件下的法律基本原则构筑为一个体系。法律原则是特定时空下的产物。各种社会价值都是历史的产物，社会生活的变化必然使社会价值乃至法律价值发生变化。⑦ 因此，体系性工作是一种永续的任务；只是大家必须留意，没有一种体系可以演绎式地支配全部问题；体系必须维持其开放性。它只是暂时的概括总结。⑧

3. 我们应当通过法律原则之间的相互限制、相互补充，从而形成价值体系。原则并非一律适用，绝无例外，而且其彼此间可能适相矛盾反对；同时它们也不主张其具有专一适用性，亦即，不可用"当而且只有当……则……"的形式来描述这些原则；唯有透过其彼此相互补充、互相限制的交互作用，原则的固有意

---

① ⑧ ［德］卡尔·拉伦茨著：《法学方法论》，陈爱娥译，商务印书馆 2005 年版，第 45 页。

② ［德］卡尔·拉伦茨著：《法学方法论》，陈爱娥译，商务印书馆 2005 年版，第 49 页。

③ ［德］卡尔·拉伦茨著：《法学方法论》，陈爱娥译，商务印书馆 2005 年版，第 44 页。

④ ［日］川岛武宜：《现代化与法》，王志安等译，中国政法大学出版社 2002 年版，第 263 页。

⑤ 参见［日］川岛武宜：《现代化与法》，王志安等译，中国政法大学出版社 2002 年版，第 244 页。

⑥ 《马克思恩格斯全集》第 1 卷，人民出版社 1956 年版，第 183 页。

⑦ ［日］川岛武宜：《现代化与法》，王志安等译，中国政法大学出版社 2002 年版，第 247 页。

义内涵才能发展出来。① 也正是这种相互补充、相互限制，使得法律原则可以形成一个价值体系。

具体到亲属法来说，它作为一个部门法律制度，必须具备科学性、规范性、严密性和确定性，自成一体，系统全面，确保其诸项法律价值的整合同构。② 因此，我们必须努力构建亲属法的价值体系，这个价值体系的构建，同样是借助于亲属法的原则。不过，我们最看重的还是亲属法的基本原则。

三、亲属法基本原则与民法基本原则的关系

民法基本原则和亲属法基本原则之间的关系主要表现在两个方面：

一是抽象与具体的关系。民法典总则编规定的基本原则，是高度抽象的规则，必须由各分则编规定的基本原则予以具体化，其与各分则编的基本原则之间构成上下位阶的关系。下位原则具有更为具体的内涵和特殊的规范功能。③ 例如，民法基于"每个人都是自己利益的最佳判断者"考虑，确立了意思自治原则。而在亲属法中，意思自治原则就具体演变为婚姻自由原则，从而允许婚姻当事人自己决定其婚姻事务。再如，民法上基于人人平等的思想，而确立了平等原则。而在亲属法中，平等原则就具体体现为男女平等原则。

二是补充与被补充的关系。亲属法中还存在一些具体的基本原则，难以为民法基本原则所涵盖。因为亲属法的调整对象是人类的两性关系和血缘关系。④ 亲属的身份关系秩序，是法律以前的规范秩序，即以人伦秩序为其基础。⑤ 所以，亲属法与民法调整的其他法律关系之间还存在区别。例如，基于爱情的本质和文明的发展，亲属法确立了一夫一妻原则。这一原则就只能适用于亲属法，而不可能普遍适用于民法全部领域。正因为这些亲属法特殊原则的存在，使得亲属法基本原则可以补充民法基本原则的不足，并体现亲属法本身的特性。

四、亲属法基本原则和宪法基本价值的关系

宪法属于公法，民法属于私法。与公法是规定国家（包括地方公共团体等）

---

① ［德］卡尔·拉伦茨著：《法学方法论》，陈爱娥译，商务印书馆 2005 年版，第 46 页。
② 曹诗权：《新婚姻法导论》，载吴汉东主编：《私法研究》（第 1 卷），中国政法大学出版社 2001 年版。
③ 梁慧星主编：《中国民法典草案建议稿附理由·亲属编》，法律出版社 2006 年版，第 3 页。
④ 曹诗权：《中国婚姻家庭法的宏观定位》，载《法商研究》1999 年第 4 期。
⑤ 陈棋炎、黄宗乐、郭振恭：《民法亲属新论》，三民书局股份有限公司 2003 年版，第 9 页。

的组织、其相互关系及其与其他个人之间的关系相对，私法在历史上是从规定个人与个人之间的关系出发，即使在今天也在规定着这种关系。①

就宪法和民法的关系而言，存在不同的观点，主要有两种：一种观点认为，"宪法乃万法之母"，宪法体现的基本价值要在部门法之中具体化。宪法基本价值具体化的重要途径就是创制民法典。从这个意义上说，民法典的制定必须接受宪法基本价值的指导。另一种观点认为，民法典中就存在应该说是通用于公法与私法的通则性制度、规定。换言之，就是可以说存在着关于私法与公法的一般法。② 甚至有学者提出"公法"是"私法"的特别法，即"私法"是"公法"的一般法的观点和承认存在"公法"与"私法"的"共同法"的观点。③

在我国现阶段，宪法创制在先，民法典创制在后，我们宁愿认为，民法典要贯彻宪法的基本价值。因此，在制定民法典亲属编之时，我们就应当尽可能地体现宪法中的基本价值。例如，关于人的自由、平等，在与国家的关系上是由宪法加以规定的，在与他人的关系上，是由民法加以规定的。④

在我国宪法上，规定了一些与亲属法密切联系的基本价值，具体包括：（1）公民在法律面前一律平等。⑤（2）男女平等。⑥（3）老人、妇女和儿童受特殊保护。⑦（4）保护婚姻自由。⑧这些宪法的价值，应当被具体落实为亲属法的基本原则。除此之外，宪法的基本价值和亲属法的基本原则之间还存在一种互动的关系：（1）亲属法的基本原则也可以弥补宪法的价值的不足。因为宪法的价值是比较抽象和概括的，有时也是难免挂一漏万的。所以，亲属法的基本原则可以根据亲属法内在的属性，来确定妥当的基本原则。（2）宪法的基本价值，还可以帮助协调亲属法基本原则之间的冲突。法律基本原则之间可能彼此矛盾。与规则的适用不同，原则只能以或多或少的程度被实现。法律原则要求，"应于事实及法律可能的范围内尽可能地实现之"。因此，在诸原则相互矛盾的情形，每一原则应向其他原则让步，直到两者都可以得到"最佳的"实现。如何可认已符合此项要求，则又系诸各该关涉法益的阶层，于此又要求为法益衡量。⑨法益衡量的重要手段就是借助于宪法的基本价值。

---

① ［日］星野英一：《民法劝学》，张立艳译，北京大学出版社 2006 年版，第 47 页。
② ［日］星野英一：《民法劝学》，张立艳译，北京大学出版社 2006 年版，第 87～88 页。
③ ［日］星野英一：《民法劝学》，张立艳译，北京大学出版社 2006 年版，第 88 页。
④ ［日］星野英一：《民法劝学》，张立艳译，北京大学出版社 2006 年版，第 3 页。
⑤ 参见我国《宪法》第三十三条第二款。
⑥ 我国《宪法》第四十八条第一款规定："中华人民共和国妇女在政治的、经济的、文化的、社会的和家庭的生活等各方面享有同男子平等的权利。"
⑦⑧ 我国《宪法》第四十九条第四款规定："禁止破坏婚姻自由，禁止虐待老人、妇女和儿童。"
⑨ ［德］卡尔·拉伦茨著：《法学方法论》，陈爱娥译，商务印书馆 2005 年版，第 349 页。

五、亲属法应当规定的基本原则

（一）民法典亲属编明文规定其基本原则的必要性

虽然我国立法机关往往在法律的前几条明确法律的基本原则，但是，考察世界各国立法，将亲属法的基本原则明文化的做法，并不多见。在民法典亲属编，我们是否有必要明文规定其基本原则呢？笔者觉得还是有必要，理由在于：（1）我国属于法律继受国家，没有经过启蒙教育的洗礼，通过法律基本原则的规定，可以起到教育的功能。因为法律规范兼具裁判规范和行为规范的意义。它一方面是法官解决纠纷的基准，另一方面也会使得人们了解规范本真，从而为或者不为一定的行为。① （2）亲属法的基本原则有助于亲属法的解释。法律应当追求正义的实现，所以，法律解释都具有价值取向性，具体表现为解释法律要受到宪法基本价值和部门法基本原则等的指引。② 在解释亲属法的过程中，如果出现两种以上的解释，我们也应当选择符合基本原则的解释。（3）亲属法的基本原则可以帮助我们填补法律漏洞。法律漏洞，就是法律体系上的违反计划的不圆满状态。③ 填补法律漏洞，需要借助于法律的基本原则。因为法律原则一旦明文化，就可以约束法官。只是法律基本原则的内容非常概括，法官应当通过对其解释变成具体的法律规范，从而填补法律漏洞。④

（二）亲属法基本原则的认定

学界对于哪些原则应当作为亲属法的基本原则，看法并不一致。⑤ 如何解决这一纷争呢？笔者认为，在确定亲属法的基本原则时，应当考虑如下标准：（1）反映现代亲属法的基本价值和精神。亲属法的基本原则应当体现现代亲属法的基本价值取向，以实现我国亲属法的现代化。（2）能够较多地体现为具体制度和规范。法律原则本身过分抽象，它要发挥作用必须具体化为诸多的规则。但是，既然是"基本"原则，它就必须具体化为较多的制度和规范，这样才能名副其实。（3）贯彻我国民法典和宪法的基本价值和精神。宪法的基本价值和民法典的基本原则，

---

① 参见［日］星野英一：《民法劝学》，张立艳译，北京大学出版社 2006 年版，第 15 页。
② 参见黄茂荣：《法学方法与现代民法》，中国政法大学 2001 年版，第 258～259 页。
③ 参见黄茂荣：《法学方法与现代民法》，中国政法大学 2001 年版，第 293 页。
④ 参见黄茂荣：《法学方法与现代民法》，中国政法大学 2001 年版，第 378 页。
⑤ 参见曹诗权、陈小君：《我国婚姻法的宏观立法思路与具体方案之重构》，载《江苏社会科学》1997 年第 4 期。

都是确定我国亲属法基本原则的重要依据。

按照这一标准，笔者认为，民法典亲属编应当贯彻的基本原则包括：婚姻自由原则、男女平等原则、一夫一妻原则、妇女儿童老人受特殊保护原则。需要指出的是，我国不少学者主张，民法典亲属编的基本原则还包括这两项原则，即"夫妻间相互忠实、家庭成员间敬老爱幼互相帮助原则"和"计划生育原则"。[①]是否应当包括呢？

我国现行《婚姻法》第四条规定："夫妻应当相互忠实，相互尊重；家庭成员间应当敬老爱幼，互相帮助，维护平等、和睦、文明的婚姻家庭关系"。因此，不少学者据此认定，"夫妻间相互忠实、家庭成员间敬老爱幼互相帮助原则"是亲属法的基本原则。但是，它是否适合于作为亲属法的基本原则呢？笔者认为，它不适合，理由在于：（1）它只是表明了婚姻家庭法的价值取向，[②]并不具备基本原则的规范性。确切地说，它只是确认了社会公认的道德准则，力图通过法律来实现良好的道德风尚，但是，它并没有具体的规范内容。（2）它并没有通过具体的规则来落实。法律原则通常具有主导性法律思想的特质，[③]往往需要具体规则来中介才能被落实。但是，现行《婚姻法》第四条并没有被具体化。

计划生育，是指人类自身的生产应当有计划地进行。按照其原本的含义，它包括两个方面：一是有计划地控制全社会人口的增长；二是有计划地鼓励全社会人口的增长。就我国目前阶段来看，计划生育就是指控制人口数量、提高人口素质。笔者认为，计划生育也不应当作为基本原则，理由在于：（1）该原则的内容实际上体现了公民对国家和社会的义务，应当属于宪法或行政法的范畴，不能体现平等主体之间的关系。（2）即便将计划生育理解为平等主体之间的关系，也不应当将其作为基本原则来对待。因为基本原则是要被具体落实到诸多具体条文之中的，而亲属法中体现计划生育的条文较少，所以，不宜于将其称为"基本"原则。（3）该原则并没有反映出我国亲属法的价值和精神。（4）计划生育原则是否作为亲属法的基本原则，并不影响其作为基本国策的地位。

六、亲属法基本原则的具体内容

（一）婚姻自由原则

婚姻自由并不是古已有之的。在我国古代社会，婚姻是家族的事情，且赋有

---

① 杨大文：《新婚姻家庭法的立法模式和体系结构》，载《法商研究》1999 年第 4 期。
② 王洪：《婚姻家庭法》，法律出版社 2002 年版，第 35 页。
③ ［德］卡尔·拉伦茨著：《法学方法论》，陈爱娥译，商务印书馆 2005 年版，第 353 页。

宗教的意味。在古代婚姻里面,完全没有个人的意志。① 而近代法的精神则是从"人本主义"出发,排斥加诸于人类身上的身份或等级等因素,来作为权利义务的基础。近代法认为,个人与个人间关系之维系,不是基于身份或等级等封建因素,而是"契约"。这里所指的"个人"必须是自由、平等、自律的人格独立体;人们透过订立"共同契约"的方式组成的社会,就是近代市民社会。② 正是在这种背景下,产生了婚姻自由的思想。据考证,婚姻自由是欧洲文艺复兴时期提出的思想和口号。1791 年的《法国宪法》宣告婚姻为民事契约,并确立了婚姻的自由化,至此,婚姻自由才成为一项法律原则。③

我国《宪法》第 49 条第 4 款规定:"禁止破坏婚姻自由。"这就从宪法的角度确立了婚姻自由原则,实现我国封建婚姻制度向社会主义婚姻制度的转变。我国民法典亲属编也应当继续坚持宪法的基本价值,确立婚姻自由原则。婚姻自由包括结婚自由和离婚自由,它具体体现为如下规范:(1)结婚必须男女双方自愿,禁止包办、买卖婚姻和其他干涉婚姻自由的行为。(2)欺诈、胁迫的婚姻是可撤销的婚姻。(3)男女双方可以协议离婚。

不过,婚姻自由也不是无限制的自由。正如孟德斯鸠所言,自由只是法律范围内的自由。例如,就结婚来说,它不仅关系到当事人间的利害,而且涉及社会秩序与伦理,因此法律不容认男女无条件的结合关系,就婚姻的成立,就设有一定的要件。④

(二)一夫一妻原则

一夫一妻原则,就是指一男一女结为夫妻的婚姻原则。在人类的婚姻史上,经历了群婚制、对偶婚制,最后才进入一夫一妻制。新中国成立以来,我国婚姻法就坚决废除了一夫多妻或一夫多妾,坚持了一夫一妻制。

我国婚姻法之所以要实行一夫一妻制,理由主要在于:(1)一夫一妻制是婚姻本质的要求。性爱按其本质来说是排他的,所以,"以性爱为基础的婚姻,按其本性来说就是个体婚姻。"⑤ 只有实行一夫一妻制,爱情才会稳定、生活才会幸福、家庭才会和谐。(2)一夫一妻制与男女平等原则相辅相成。一夫一妻

---

① 不仅没有当事人本人的意志,甚至也不完全承认家长的意志。因为家长亦必须遵行有关婚姻的种种禁忌,并且要考虑求神问卜、八字算命后显示出的天意。参见梁治平:《寻求自然秩序中的和谐》,中国政法大学出版社 2002 年版,第 131 页。

② 谢在全等:《民法七十年之回顾与展望纪念论文集(三)》(物权·亲属编),中国政法大学出版社 2002 年版,第 318 页。

③ 梁慧星主编:《中国民法典草案建议稿附理由·亲属编》,法律出版社 2006 年版,第 5 页。

④ 参见谢在全等:《民法七十年之回顾与展望纪念论文集(三)》(物权·亲属编),中国政法大学出版社 2002 年版,第 211 页。

⑤ 参见《马克思恩格斯选集》第 4 卷,人民出版社 1972 年版,第 78 页。

制既是男女平等的要求，又是实现男女平等的保障。① 无论是一夫多妻，还是一妻多夫，都会导致男女不平等，从而与现代社会的价值理念相冲突。（3）一夫一妻制是社会文明进步的结果。一夫一妻制是人类婚姻制度进化的最终结果。法律必须因应社会实际需要，社会发生变迁，法律也应加以改变，以发挥维持社会秩序的机能。正如慎到（战国时期赵国人，约公元前395年～公元前315年）所言，"法非从天下，非从地出，发于人间，合乎人心而已。"② （4）一夫一妻制有利于保障社会稳定。按照自然规律，男女比例基本持平。如果实行一夫多妻或一妻多夫，就有可能使得部分人的配偶较多，而部分人没有配偶，从而影响到社会稳定。

一夫一妻原则应当具体体现诸多的规范，主要有：（1）重婚情况下的婚姻无效。（2）"重婚或有配偶者与他人同居"是判决离婚的法定标准。（3）重婚或者有配偶者与他人同居，受害人可以请求损害赔偿。

（三）男女平等原则

男女平等是现代法治的基石之一，其基本含义是指任何公民不得因性别而受到差别待遇。③ 男女平等原则，是针对历史上长期存在的男尊女卑和性别歧视而言的，是近现代民主法治的一项基本法律原则。可以说，男女平等的实现程度，是社会文明与进步的标志。④

在中国几千年的封建社会，宗法家庭及其亲属系统充当着特别重要的社会角色，确立了以牺牲个体利益和强调尊卑等级、孝顺敬畏、支配服从等身份不平等为内容的婚姻家庭价值体系。⑤ 在这种背景下，"夫唱妇随"和"三从四德"，成为中国妇女的最高美德。⑥ 所以，在我国，男女平等原则的确立，具有突出的历史意义。

人人平等的思想，不仅是社会主义的题中应有之意，而且，也是世界范围内认可的近现代思想。近代欧陆法律思想，就建立于独立人格与两性平等之基础上，不分尊长与卑幼，更不分男性与女性，在法律之前人人平等。⑦ 而被当代普遍认同的联合国《公民权利和政治权利公约》第26条也规定："所有的人在法

---

① 王洪：《婚姻家庭法》，法律出版社2002年版，第27页。
② 谢在全等：《民法七十年之回顾与展望纪念论文集（三）》（物权·亲属编），中国政法大学出版社2002年版，第171页。
③ 王洪：《婚姻家庭法》，法律出版社2002年版，第29页。
④ 梁慧星主编：《中国民法典草案建议稿附理由·亲属编》，法律出版社2006年版，第7页。
⑤ 曹诗权：《新婚姻法导论》，载吴汉东主编：《私法研究》（第1卷），中国政法大学出版社2001年版。
⑥ 陈棋炎、黄宗乐、郭振恭：《民法亲属新论》，三民书局股份有限公司2003年版，第13页。
⑦ 谢在全等：《民法七十年之回顾与展望纪念论文集（三）》（物权·亲属编），中国政法大学出版社2002年版，第146页。

律面前平等，并有权受法律的平等保护，无所歧视。在这方面，法律应禁止任何歧视并保证所有的人得到平等的和有效的保护，以免受基于种族、肤色、性别、语言、宗教、政治或其他见解、国籍或社会出身、财产、出生或其他身份等任何理由的歧视。"也正是这个原因，我国民法也确立了平等原则。

问题在于，民法上的平等原则落实到亲属法之中，为什么仅仅变成了男女平等原则，而不是人人平等原则呢？笔者认为，这既有历史的原因，也有现实的因素。（1）这是男女不平等的历史的要求。在我国古代社会，男女不平等，一直是社会的常态。新中国成立后，反封建的主要任务就是要实现男女平等。因此，男女平等就成为亲属法的基本原则。（2）这是男女不完全平等的现状的要求。在我国现实生活中，男女不平等仍然时有出现，有时还比较严重。这就要求我们要继续坚持男女平等原则。因为男女两性的平等是社会文明的基础，两性关系的改善是社会发展的关键，人类社会是男女两性相关与整合的杰作，没有这种互存互补，人类不可能生存和繁衍。两性之间相互依存、相互扶持才有社会的均衡与和谐。[1]（3）如果亲属法也以人人平等作为其基本原则，似乎是对民法典总则的简单重复，这是没有任何意义的。亲属法基本原则存在的特殊意义就在于，它不仅是民法基本原则的落实，而且是民法基本原则的充实。

男女平等原则在亲属法中的具体体现为：（1）夫妻在家庭中的地位平等。[2]（2）男女都可以到对方的家庭生活。（3）男女双方的姓名权不因婚姻而受影响。（4）男女双方都享有工作和从事其他社会活动的自由。（5）夫妻双方都负有扶养子女的义务。（6）夫妻都有相互继承遗产的权利。

（四）妇女、儿童、老人的权益受特殊保护原则

平等是人类社会不懈追求的理想境界，[3]所以，人人平等成为近代民法的基本精神。但是，在近代民法上，人是"抽象的人"，平等也是形式意义上的平等。

随着社会的发展，人们发现，"抽象的人"和"形式意义上的平等"，并没有导致人们孜孜以求的正义的结果。因为这种来自于法律上平等地对待事实上不平等的人，完全任凭其自由活动，以致产生了事实上自由的人和事实上既不自由也不平等的人。[4]为了解决强者与弱者之对立的不平等，市民法不得不作适当的修正。社会法就在此社会、经济条件下诞生，而担当起实现实质平等的主要任

---

① 龙翼飞：《2004 年婚姻家庭法学研究的回顾与展望》，载《法学家》2005 年第 1 期。

② 我国《婚姻法》第十三条规定："夫妻在家庭中地位平等。"

③ 夏吟兰：《澳门新〈民法典〉之亲属卷探析》，http：//www.civillaw.com.cn/weizhang/default.asp?id=13138。

④ ［日］星野英一：《民法劝学》，张立艳译，北京大学出版社 2006 年版，第 97 页。

务。社会法的主要目的就是要保护经济上的弱者，因此实质上是一种保护法。[1]

在亲属法领域，这一问题同样严重。因为生理上的差异、社会角色的不同、历史的因素等各种自然原因和社会原因，妇女、儿童、老人等处于弱势群体的地位。[2] 为了实现实质意义上的平等，我们在亲属法上必须强调"妇女、儿童、老人的权益受特殊保护原则"，这一原则颇具社会法的意味。同时，这一原则的确立，也是我国宪法基本价值的落实。我国《宪法》第49条第1款规定："婚姻、家庭、母亲和儿童受国家的保护。"同条第4款规定："禁止虐待老人、妇女和儿童。"这实际上就确立了妇女、儿童、老人的权益受特殊保护的思想。

妇女、儿童、老人的权益受特殊保护原则的主要体现是：（1）在妻子怀孕期间和分娩后一定期间内，限制丈夫的离婚诉权。（2）亲权和监护制度。（3）扶养制度（包括扶养、抚养和赡养）。（4）老年监护制度。（5）禁止家庭暴力。（6）禁止虐待和遗弃。

第三节　亲属法体系构建中的具体问题

一、亲属的分类

我国传统法律因重男轻女并以父为本，故亲属的分类也依宗法观念：先将亲属分为宗亲（男系血族）、外亲（女系血族）两种；后来又外亲中分离出独立的妻亲（妻之血族），成为三种亲属。[3]

我国亲属法应当以男女平等原则作为立法基础，而不能以宗法观念为根据。所以，亲属的分类，应当为配偶、血亲和姻亲。

问题是，配偶是否是亲属的一类？对此，学界有不同的看法。有学者认为，因为配偶是亲属关系的泉源，既不是血亲也不是姻亲，配偶就是配偶，不应当归入亲属的范围。也有学者认为，配偶应当被包含在亲属之中，作为独立的类型。笔者认为，配偶应当作为亲属的一种类型，理由在于：（1）这是历史因素决定的。我国自古就将配偶作为亲属，而且是最亲近的亲属之一，因而我国婚姻法自

---

[1] 林秀雄：《夫妻财产制之研究》，中国政法大学出版社2001年版，第16页。
[2] 参见王洪：《婚姻家庭法》，法律出版社2002年版，第30页。
[3] 参见高凤仙：《亲属法理论与实务》，五南图书出版公司1998年版，第7页。

281

应以配偶为亲属。① （2）这是我国既有法律规定的要求。我国现有法律在解释
"近亲属"的概念时，一般都将配偶包含其中，如果将配偶排除出亲属的范围，
也会导致法律体系内部的矛盾和冲突。（3）这是"亲属法"的名称决定的。如
果将配偶排除在亲属的范围之外，也使得"亲属法"名实不符。

二、亲等制度

在我国古代，亲等的计算以丧服质地的粗细、服丧的期限及守丧礼仪为标
准。这种亲等计算方法，起源于周朝，沿用到清朝，贯穿于漫长的古代社会。它
将有服亲属分为斩衰、齐衰、大功、小功、缌麻五个等级，这就是中国传统社会
中的"五服"制度。但是，我国古代的五服制，是以男女不平等和宗法观念为
基础的，不符合现代法律的精神，不能够为现代亲属法所继承。

我国现行《婚姻法》规定的亲等计算方法，是以"代"为单位的。这种亲
等计算方法虽然简便易行且符合生活习惯，但是，它既不能准确反映亲属关系的
亲疏，也难以与世界接轨，实不足采。

就世界范围来看，亲等的计算有两种模式：② 一是罗马法主义。按照此种模
式，直系血亲以一世为一亲等。例如，父子为一世，所以，父子之间是一等亲。
而旁系血亲则从己身数至同源的直系血亲，再由此同源的直系血亲数至要计算的
另外的血亲，以总的世数作为两个亲属之间的亲等。例如，计算自己和妹妹之间
的亲等时，先由自己数至父亲，这是一世，再由父亲数至妹妹为一世，共两世，
所以，自己和妹妹是二等亲。二是寺院法主义。按照此种模式，直系血亲以一世
为一亲等。例如，父子为一世，所以是一等亲。而旁系血亲从己身数至同源的直
系血亲，再由与之计算亲等的血亲数至同源之直系血亲，最后，以世数相同者或
较多者作为这两个亲属的亲等。例如，计算自己与侄子的亲等时，由自己数至父
亲为一世，由父亲数至侄子为二世，所以，自己和侄子之间是二等亲。

我们不难看出，寺院法模式没有罗马法模式精确。例如，按照罗马法模式，
舅舅和外甥女之间是三等亲，表兄弟姐妹之间是四等亲，可以从亲等上反映出亲
疏关系。而按照寺院法模式，舅舅和外甥女之间是二等亲，表兄弟姐妹之间也是
二等亲，并不能反映出亲疏关系。所以，罗马法的计算方法被多数国家所采用，
只有少数天主教传统根深蒂固的国家采用寺院法的亲等计算方法。③ 笔者认为，

① 王洪：《婚姻家庭法》，法律出版社 2002 年版，第 43 页。
② 参见高凤仙：《亲属法理论与实务》，五南图书出版公司 1998 年版，第 14 页。
③ 杨大文：《我国婚姻法的修改和完善》，http：//www. civillaw. com. cn/weizhang/default. asp?id = 8094。

我国亲属法要实现其现代化，就应当采用罗马法模式，如此不仅使得亲等的计算非常科学、精确，而且使得我国亲等的计算方法与世界接轨。

三、婚约制度

婚约，俗称"定婚"，就是指男女双方约定将来应互相结婚的契约。① 在古代社会，婚约是结婚的必经程序。没有经过定婚的结婚行为不具有法律效力。而且，订立婚约通常都要取决于父母的意志，正所谓"父母之命，媒妁之言"。

对于婚约的性质，学界有不同的看法：一是契约说。此说认为，婚约就是一种预约，确切地说，它是作为本约的结婚契约的预约。二是合同行为说。此说认为，婚约是当事人双方具有共同目的指向的行为。三是事实行为说。此说认为，婚约不是法律行为，而是事实行为，它是按照法律规定而发生一定效力的。

自新中国成立以来，我国就不承认婚约的效力。早在1950年6月26日中央人民政府法制委员会公布的《有关婚姻法实行的若干问题与解答》中就指出，"订婚不是结婚的必要手续。任何包办强迫的订婚，一律无效。男女自愿订婚者，听其订婚，订婚的最小年龄，男为19岁，女为17岁。一方自愿取消订婚者，得通知对方取消之。"

在我国现行《婚姻法》中，定婚不是结婚的必经程序，是否定婚并不影响婚姻的效力。婚约相当于"君子协定"，并不具有任何的法律效力，违反婚约也不需要承担类似于"违约责任"的民事责任。另外，最高人民法院《关于适用〈中华人民共和国婚姻法〉若干问题的解释（二）》第十条中还规定，在下列情形下可以要求返还彩礼：一是双方未办理结婚登记手续的；二是双方办理结婚登记手续但确未共同生活的；三是婚前给付导致给付人生活困难的。解释中规定的第二和第三两项，应当以双方离婚为条件。

值得讨论的是，我国未来民法典"亲属编"是否应当承认婚约的效力，或者说，承认婚约是一种契约或者合同行为？

笔者认为，我国民法典"亲属法"编应当承认婚约是契约或者合同行为，并设计相应的法律规则，尤其是关于婚约解除和违反婚约的法律后果的规则。这样规定具有明显的优点，具体表现为：（1）它契合我国民众的婚姻习惯。自西周以来，我国婚姻就遵循"六礼"的要求，即纳采、问名、纳吉、纳征、请期、亲迎。其中纳征就包含着婚约的订立。虽然我国现行法律废除了"六礼"制度，

---

① 杨与龄：《民法概要》，中国政法大学出版社2002年版，第321页。

但是，这种婚姻习惯还广泛存在于民间。① 既然社会生活中，订立婚约如此普遍，法律就应当勇敢地面对，而不是消极地回避。而且，承认婚约能产生法律行为的效力，就意味着尊重民众的婚约习惯。（2）它有利于培养人们的诚信观念。在我国现行法制之下，婚约不具有任何法律效力，这就使得婚约有可能成为一些人利用的工具。这样就不利于鼓励人们树立诚信观念，甚至会鼓励一些人实施不诚信的行为。（3）它可以更妥当地规范现实生活。人类的目的在于依据法律形成和维护一定的社会秩序，即所谓的"社会控制"。② 承认婚约为契约或者合同行为，进而设计细密的规则，就可以实现对社会生活的妥当规范，实现社会控制的目的。例如，就婚约的解除，可以规定一方当事人在特定情况下的解除权（如另一方实施了故意犯罪、另一方与他人同居等），如此，就可以有效地保护无辜的当事人。（4）它符合人们朴素的法感情。法律的设计应当符合人们朴素的法感情，这样的法律才是良法。现行法不承认婚约的法律效力的做法，就不太符合人们的法感情。例如，现实生活中，无过错的婚约一方通常都觉得，对方既然实施了过错行为，就应当赔偿"青春损失费"，如此才公平合理。按照现行法，这种赔偿要求并不能得到支持。但是，我们如果承认了婚约为契约或合同行为，并规定，有过错的违反婚约一方，应当对另一方承担精神损害赔偿责任，这样就符合了人们的法感情。（5）它有利于避免社会矛盾的产生和激化。我国目前阶段不承认婚约的法律效力，这就可能导致人们采用私力来实现他们认为的"正义"。因为理与法的冲突，往往导致违法行为的出现，并导致私力救济的不可控制。而私力的使用很容易导致社会矛盾的产生，甚至是激化，并酿成悲剧。

具体而言，婚约制度应当包括如下内容：（1）婚约并不是结婚的必经程序，没有定婚并不影响结婚行为的效力。（2）婚约应当是当事人双方意思表示的一致，而且，应当贯彻"身份行为不得代理"的原则。这样就可以避免父母的包办婚姻。（3）婚约的解除。婚约可以基于法定事由的出现而解除，类似于法定解除权，解除权人不承担任何赔偿责任。此外，婚约当事人还可以任意解除，不过，应当承担相应的赔偿责任，包括精神损害赔偿。如此，"青春损失费"就可以以"精神损害赔偿"的名义而加以主张。

四、同性婚姻

在人类进入 21 世纪的时候，已经开始有国家承认同性婚姻。荷兰是世界上

① 参见王洪：《婚姻家庭法》，法律出版社 2002 年版，第 72 页。
② ［日］川岛武宜：《现代化与法》，王志安等译，中国政法大学出版社 2002 年版，第 241 页。

第一个赋予同性恋者同等的婚姻权利的国家。2000 年 12 月，荷兰参议院通过一项法律，允许同性恋者结婚并领养孩子，该项法案于 2001 年 4 月 1 日正式生效。有资料显示，仅在该法生效的当月，就有 386 对同性伴侣在荷兰结婚。[①] 后来，比利时、丹麦、瑞典、冰岛、挪威、法国、西班牙等都在一定程度上接受同性伴侣的注册，给予有限的法律上的保护。[②] 在我国民法典亲属编创制过程中，我们也必须面对这一新的课题，即同性婚姻是否应当允许。对此问题，学者争论相当激烈。

反对者认为，我国目前还不宜于允许同性婚姻，理由在于：（1）我国公众在意识上和道德观念上难以接受同性恋婚姻。[③]（2）为了保证孩子在正常的婚姻关系中被抚养和健康成长，不应允许同性结婚。[④]（3）婚姻的目的在于生育，它是为了确保人类的传宗接代。[⑤]（4）婚姻结构自然地要求异性相互补充，并以此为前提，[⑥] 而同性婚姻不能满足此点。（5）这也是世界各国关于婚姻立法的通例。[⑦]（6）同性婚姻未经试验证明可行。[⑧]

赞成者则认为，我国可以允许同性婚姻，理由是：（1）对同性婚姻的禁止是一种性别歧视，是性别歧视的某种扩展，因为对同性婚姻的禁止根本上维持性别间分明的二元界限和祀奉家长制的以异性恋配偶为中心的认可的机制。[⑨]（2）同性婚姻并不意味着违反道德，更何况异性婚姻中违背道德的行为不胜枚举。[⑩]（3）同性婚同样可以抚养子女，并且通过人工授精，还可以生育子女。而许多异性伴侣却无此能力，但他们仍然可以自由结婚。[⑪]（4）性生活并不是婚姻的必备条件，同性婚也不能因为缺少性生活而丧失其存在的前提。同性家庭在主要方面已经具备了家庭的实际功能，这些家庭的主体应该得到由婚姻身份所派生的法律和经济上的便利。[⑫]（5）作为人类情感组成部分的同性爱在新时代也应得到与异性爱婚姻家庭同样的法律地位保障，而不应回避这个问题。[⑬]

笔者认为，这一问题涉及宪法、民法、刑法等多部法律，也涉及政治、文化、伦理等多个领域，是比较棘手的问题。民法典亲属编可以暂时不予以规定，留给特别法来加以规范可能更妥当。

---

①⑤⑧⑨⑬ 王丽萍：《同性婚姻：否定、接受还是对话？》，http：//www.civillaw.com.cn/weizhang/default.asp?id=22723。

②④ 郭晓飞：《求同存异和求异存同：同性婚姻的宪法之维》，http：//www.civillaw.com.cn/weizhang/default.asp?id=21426。

③⑦ 陈苇主编：《结婚与婚姻无效纠纷的处置》，法律出版社 2001 年版，第 56 页。

⑥⑩⑪⑫ 余延满：《论婚姻的成立》，载《法学评论》2004 年第 5 期。

五、军婚的特殊保护

在我国，对军婚的特殊保护最早可以追溯到新民主主义革命时期。1931 年的中华苏维埃共和国的《婚姻条例》就规定："红军战士的配偶要求离婚的，必须征得红军战士的同意。"这一制度被新中国的婚姻立法所继承。我国现行《婚姻法》第三十三条规定："现役军人的配偶要求离婚，须得军人同意。但军人一方有重大过错的除外。"

可以说，我国《婚姻法》保护军婚的规定，是为了保障现役军人安心服役，增强部队战斗力，体现了国家对人民子弟兵的关怀和爱护。在特定的历史时期，它曾经发挥了积极的作用。但是，问题在于，我国未来民法典是否还有必要规定军婚的特殊保护？

笔者认为，在我国未来民法典中，似乎没有必要继续保留，理由在于：（1）保护军婚是特定历史时期的产物，已经不太符合现在的社会实际。现代社会，随着军队体制改革的深入和军人待遇的提高，军婚的保护已经成为不必要的了。（2）保护军婚还似乎与民法上的平等原则不相一致。民法上的平等可以分为形式意义上的平等和实质意义上的平等两种。形式平等具有天然的正当性，不需要进行论证。但是，要实行实质意义上的平等，就必须具有充足的理由。[1] 保护军婚旨在实现实质意义上的平等，但是，我们并不能充分地说明，该制度在当前的背景下仍然具有正当性。（3）保护军婚条款的实际效果，可能与其立法的初衷并不一致。保护军婚的规定，虽然从表面上看是要保护军人的婚姻，但是，同时也为军人的婚姻设置了障碍，它使得非军人非常谨慎地与军人结婚。（4）司法实践对保护军婚规则的执行，也说明其存在的必要性值得探讨。最高人民法院 1984 年 8 月 30 日《关于贯彻执行民事政策若干问题的意见》第 1 条第 9 项的规定，实际上是废弃该条规定，[2] 或者说，司法机关通过特殊的方式避免了该规则的适用。

六、禁婚亲

禁婚亲，就是"禁止结婚的亲属关系"的简称。法律之所以要规定禁止结婚

---

[1] 参见王轶：《民法价值判断问题的实体性论证规则》，载《中国社会科学》2004 年第 6 期。

[2] 1984 年 8 月 30 日《关于贯彻执行民事政策若干问题的意见》第 1 条第 9 项的规定："军人不同意离婚时，应教育原告珍惜与军人的夫妻关系，尽力调解和好或判决不准离婚。对夫妻感情已经破裂，经过做和好工作无效，确实不能继续维持夫妻关系的，应通过军人所在部队团以上的政治机关，做好军人的思想工作，准予离婚。"

的亲属关系，主要有两个原因：（1）伦理学上的考虑。根据普遍的道德观念，血缘关系太近的人之间发生性关系，被视为乱伦。而且，还会造成亲属身份上的紊乱。（2）优生学上的考虑。按照优生学的原理，血缘关系太近的人结婚，容易将一方或双方生理上和精神上的疾病或缺陷遗传给下一代，这就会危害民族的健康。应当说，这两个理由都是充分的，但问题在于禁婚亲的范围究竟应当如何设定？

1. 直系血亲。直系血亲之间不得结婚，这不仅是伦理的要求，而且是世界各国的普遍做法。

2. 旁系血亲。一定范围内的旁系血亲，也禁止结婚。但是，各国规定的范围有广狭之别，主要有以下几种：有的国家规定，禁止二亲等内的旁系血亲结婚，如德国、古巴等。有的国家规定，禁止三亲等内旁系血亲结婚，如日本、英国、瑞士等。有的国家规定，禁止四亲等内的旁系血亲结婚，如美国的一些州。[①] 我国对于旁系血亲的结婚限制比较宽泛，四亲等以内的旁系血亲都禁止结婚。[②] 在我国民法典亲属编之中，可以考虑适当缩小禁婚亲的范围。

3. 直系姻亲。直系姻亲是否可以结婚，我国现行《婚姻法》没有规定。按照最高人民法院的司法解释，为了照顾群众的影响，以及防止群众思想不通，因而引起意外事件的发生，对于此种情况，有关部门应当尽量说服他们不要结婚，但如果双方态度异常坚决，说服无效时，为避免意外的发生，当地政府可酌情处理，如劝令其迁居等。迁居以后，双方向新居住地的婚姻登记机关申请登记，婚姻登记机关应当准许其登记。不过，就世界范围来看，基本上是采取直系姻亲间禁止结婚的立场的。[③] 我国学界通说也认为，直系姻亲虽无直系血亲的法律地位，但由于直系姻亲间通婚有悖于社会伦理道德和风俗习惯，基于伦理上的要求，也应予以限制为宜。[④] 所以，我们认为，在未来的民法典之中，应当明确规定，禁止直系姻亲结婚。

4. 拟制血亲。按照我国现行《婚姻法》的规定，养父母与养子女、继父母与受其扶养教育的继子女之间的权利义务，适用婚姻法对亲生父母子女关系的规定。因此，婚姻法对直系血亲缔结婚姻的限制，也应适用于养父母子女之间和有扶养关系的继父母子女之间，而且，不考虑这种拟制血亲关系是否解除。基于同样的理由，拟制的旁系血亲之间的婚姻，也应当在禁止的范围。血亲之间禁止结婚，主要是考虑到伦理学和优生学上的原因。但是，在拟制血亲的情形，似乎主要是伦理学上的考虑。在拟制亲属关系解除以后，则禁婚亲的规定不能再适用。

---

① 杨大文主编：《亲属法》，法律出版社 2003 年版，第 81 页。
② 此处采罗马法的亲等计算方法。
③ 参见［日］粟生武夫：《婚姻法之近代化》，胡长清译，中国政法大学出版社 2002 年版，第 24 页。
④ 参见王洪：《婚姻家庭法》，法律出版社 2002 年版，第 79 页。

七、可撤销婚姻

（一）无效婚姻和可撤销婚姻区分的必要

结婚作为法律行为的一种，也存在效力瑕疵的问题。就是否同时承认无效婚姻和可撤销婚姻，世界范围内有两种不同的做法：一是同时规定无效婚姻制度和可撤销婚姻制度，例如，瑞士、日本、英国等。二是规定单一的无效婚姻制度，将欠缺婚姻成立要件的违法结合统称为无效婚姻，例如，古巴、秘鲁、罗马尼亚、保加利亚等。①

我国亲属法究竟应当采何种模式，也有不同的看法。笔者认为，在未来民法典之中，还是区分无效婚姻和可撤销婚姻比较妥当，理由在于：（1）区分无效婚姻和可撤销婚姻，是尊重当事人意思的表现。无效婚姻在本质上具有违法性，对其应当采取国家干预的原则。而可撤销婚姻主要是对结婚没有形成合意的婚姻，对于可撤销婚姻的确认，公权利则没有主动介入的必要。②（2）区分无效婚姻和可撤销婚姻，可以使得民法典总则编的法律行为制度尽可能地统摄全部民法典。如果在亲属编采单一的无效婚姻制度，就不仅使得民法典体系内部不和谐，而且不利于条文的简约。（3）从各国法律来看，也大多区分了无效婚姻与可撤销婚姻。1896年的德国民法典，在亲属编兼采无效婚与撤销婚两种制度。此后，日本、瑞士、美国、英国等许多国家与地区都相继规定了无效婚姻与可撤销婚姻两种制度。③（4）我国现行婚姻法区分了无效婚姻和可撤销婚姻，没有十分充足的理由，我们就没有必要改变已经形成的制度。

（二）婚姻可撤销的事由

我国现行《婚姻法》将胁迫作为婚姻可撤销的原因④，学者一般认为，这一做法应当继续坚持。不过，该条规定还可以完善，具体包括：（1）明确此处的"胁迫"不仅包括结婚当事人一方的胁迫，也包括第三人的胁迫。（2）因胁迫撤销婚姻的除斥期间的起算点，应当为胁迫解除之日。

---

① 参见杨大文主编：《亲属法》，法律出版社2003年版，第91页。
②③ 王利明：《婚姻法修改中的若干问题》，载《法学》2001年第3期。
④ 我国《婚姻法》第十一条规定："因胁迫结婚的，受胁迫的一方可以向婚姻登记机关或人民法院请求撤销该婚姻。受胁迫的一方撤销婚姻的请求，应当自结婚登记之日起一年内提出。被非法限制人身自由的当事人请求撤销婚姻的，应当自恢复人身自由之日起一年内提出。"

但是，欺诈是否可以作为婚姻撤销的理由呢？对此，因时代不同，国家的不同，而有不同的做法。概括而言，主要有两种做法：一是欺诈不得作为婚姻撤销的理由。例如，法国法上有所谓"结婚任人欺"的法谚，认为，结婚多少含有欺诈的成分，对于对方的人品、性格、身体健康、财产、职业、嗜好等，结婚当事人难以完全预测，从而对对方的人身性质多少有错误认识，而且，这些错误应当属于动机错误而非结婚意思内容上的错误。如果允许主张被欺诈而撤销婚姻，恐怕多数婚姻难逃被撤销的命运。[①] 二是欺诈可以作为婚姻撤销的理由，但是，适当限制其撤销。多数国家都采取这种做法，以维护婚姻关系的稳定。例如，《意大利民法典》第 122 条第 3 款就规定，这一错误认识，只限于：（1）阻碍夫妻生活的身体或精神疾病、性变异；（2）因非过失犯罪而被判处 5 年以上的有期徒刑；（3）惯犯或职业犯罪；（4）因卖淫而被处 2 年以上有期徒刑；（5）对于非由配偶导致的妊娠。[②]

笔者认为，在我国未来民法典中，应当将欺诈作为婚姻可撤销的事由[③]，同时适当限制婚姻的撤销。这样既尊重了当事人的意思，又维护了婚姻关系的稳定，是妥当的立法。

（三）婚姻被撤销的后果

在婚姻被宣告撤销后，该婚姻是自始无效，还是自撤销时起无效，学者间有不同的看法。一种观点认为，婚姻被撤销以后，该婚姻应当是自撤销时起无效。这样的设计可以避免孩子成为非婚生子女。另一种观点认为，婚姻被撤销以后，该婚姻应当是自始无效。理由在于：一方面，依我国民法的规定，可撤销民事行为被撤销后，具有溯及力，自始无效。可撤销婚姻被撤销后的法律后果应与民法的规定相协调。另一方面，既然当事人申请撤销婚姻，就说明当事人不希望在其间形成合法的婚姻关系，所以，规定婚姻被撤销后自始无效，符合当事人的意愿。[④]

笔者认为，后一种观点值得赞同。因为在我国，婚生子女和非婚生子女并没有任何法律后果上的差异，没有必要为了避免非婚生子女的出现，而修改一般的法律规则。

八、婚姻不成立

在民事法律行为制度里，我们通常都要区分法律行为的不成立和法律行为的

---

① ② 王洪：《婚姻家庭法》，法律出版社 2002 年版，第 75 页。
③ ④ 王利明：《婚姻法修改中的若干问题》，载《法学》2001 年第 3 期。

无效。可是，在亲属法领域，是否存在着婚姻不成立和婚姻无效的区分呢？对此，有两种不同的观点：一是不区分说。该说认为如果采用宣告无效的立法例，无效婚姻与无婚有区别；如果采用当然无效的立法例，无效婚姻与无婚无异。[①] 二是区分说。该说认为对于无效婚姻，无论是采用宣告无效还是采用当然无效的立法例，无效婚姻与无婚均有差别。婚姻不成立无治愈的可能，不因追认或同居甚至生育子女而使其为有效。[②]

笔者认为，应当区分婚姻的不成立和无效，理由在于：（1）法律行为不成立和无效的区分，已经深入人心，理当在亲属法中贯彻。（2）婚姻成立和婚姻无效是性质不同的两个问题，应当区分开来。婚姻的成立只是事实判断问题，而婚姻是否有效则是价值判断问题。[③]（3）区分婚姻的不成立和无效，有利于解决实践中出现的问题。例如，实践中出现的冒名顶替进行婚姻登记的情况，只有利用婚姻不成立制度才能得到妥善的解决。

不过，婚姻不成立的原因应当限于两种：（1）没有形成缔结婚姻的合意，例如，冒名顶替进行婚姻登记。（2）同性婚姻（这以不承认同性婚姻为前提）。

九、夫妻财产制度

夫妻财产制，就是关于夫妻间财产关系的制度。[④] 夫妻虽共同生活，无分彼此，然而夫妻都有获得财产的机会，他们财产上的关系，影响夫妻和第三人的利益，所以，应当确立制度，以免纷争。[⑤]

（一）法定财产制和约定财产制

从发生的角度来说，夫妻财产制可以分为法定财产制和约定财产制两种。法定财产制，是指在夫妻双方婚前和婚后均未就财产关系作出约定，或是所作财产约定无效的情况下，依照法律规定当然适用的夫妻财产制。约定财产制，是指夫妻以合法约定的形式决定婚姻财产关系的制度。[⑥]

根据法定财产制的适用原因的不同，一般将法定财产制分为通常法定财产制与非常法定财产制两种形式。通常法定财产制，是指夫妻在婚前或婚后均未订立夫妻财产约定或虽有约定但其无效或被撤销时，当然适用法律所规定的夫妻财产

---

①② 余延满：《论婚姻的成立》，载《法学评论》2004 年第 5 期。
③ 余延满：《试论近、现代法上婚姻的本质属性》，载《法学评论》2002 年第 3 期。
④⑤ 参见杨与龄：《民法概要》，中国政法大学出版社 2002 年版，第 329 页。
⑥ 杨大文主编：《亲属法》，法律出版社 2003 年版，第 122 页。

制。非常法定财产制，是指夫妻在婚姻关系存续中，因发生特定事由，适用通常法定财产制或约定财产制难以维持正常的夫妻财产关系时，依据法律的规定或经夫妻一方（或夫妻之债权人）的申请由法院宣告，须终止原来的财产制而适用分别财产制。①

根据夫妻财产制契约的内容是否受法律限制，约定财产制一般可分为自由式的与选择式的夫妻财产制契约。自由式的约定财产制，指当事人可以自由约定夫妻财产关系的内容，只要其内容系关于夫妻财产关系，且不违反一般契约的禁止性规定，法律不加限制，允许当事人自由约定。而选择式的约定财产制，指当事人虽然可以夫妻财产约定排除法定财产制的适用，但当事人只能在法律所规定的数种典型的、内容已确定的夫妻财产制中选择一种，不得全面另行约定其内容。②

（二）夫妻财产制的主要类型

就世界范围来看，夫妻财产制主要有以下三种：

1. 统一财产制，即一切财产统一由夫所有、由夫管理、债务也由夫负担。离婚后妻只能请求返还价额。③ 例如，1900 年的《德国民法典》就规定，妻子的财产因结婚而归丈夫管理和使用收益，妻子非经丈夫的同意而处分她带入的财产的行为是无效的。

2. 共同财产制。它主要包括两类：一是一般共同制，即不论是夫妻各自的婚前财产还是婚后所得财产，也不论是动产还是不动产，一律属于夫妻共有，只是法律另有特别规定的除外。二是婚后所得共同制，即婚姻关系存续期间双方所得财产原则上属于夫妻共有财产，婚前财产仍归各自所有。④

3. 分别财产制，即夫妻双方婚前和婚后所得财产均归各自所有，单独行使管理、用益和处分权；但不排斥妻子以契约形式将其个人财产的管理权交付于丈夫，也不排斥双方拥有一部分共同财产。⑤

（三）我国的夫妻财产制

我国现行法分别规定了夫妻法定财产制和约定财产制。就夫妻法定财产制而言，基本上采取婚后所得共同制，而就夫妻约定财产制而言，则采取自由式的约定财产制。

---

① 王洪：《婚姻家庭法》，法律出版社 2002 年版，第 119 页。
② 王洪：《婚姻家庭法》，法律出版社 2002 年版，第 120～121 页。
③ 谢怀栻：《外国民商法精要》，法律出版社 2002 年版，第 212 页。
④ 杨大文主编：《亲属法》，法律出版社 2003 年版，第 124～125 页。
⑤ 杨大文主编：《亲属法》，法律出版社 2003 年版，第 124 页。

法定财产制应当能够反映现实生活中最常采用的财产制形态。它如同"专家推荐版本",如果这个版本并不符合大家的需要,人们就会另外订立约定的财产制。如此,就会造成法律资源的浪费,且会给人们的生活增加不便。目前,我国的法定财产制基本上符合我国的国情。

就世界范围来看,多数国家规定,约定财产制,不能对抗善意的第三人。这就是说,它必须公示或者为第三人明知,才能对抗第三人。遗憾的是,我国现行法虽然规定了夫妻约定财产制,但是,并没有规定公示方法。这样就很难保护夫妻双方的利益,也不能实现财产约定的目的。① 笔者认为,应当建立约定财产制的登记公示制度。登记的机关应当统一,可以考虑在民政部门或者法院进行登记。此外,登记应当向社会公开,而且能够查阅。

十、夫妻家事代理权

日常家事代理权指夫妻因日常事务与第三人的交往时所为法律行为,视为夫妻共同的意思表示,配偶他方承担连带责任。② 婚姻生活中,日常需处理的事务甚多,必然有夫妻相互代理的需要。这种代理基于配偶身份而生,不以明示为必要,与一般民事代理不同。因此,多数国家婚姻家庭法律规定夫妻有相互代理权。③ 例如,《瑞士民法典》第163条第1项规定:"妻为家计日常需要之处理,与夫同样代表共同体。"

夫妻家事代理权的最初形式就是妻子的家事代理权。妻子的家事代理权,起源于13世纪的都市法。因为当时都市勃兴,交换经济普及,不得不允许妻由外部购入家族生活必需品,于是发生妻以夫的负担与第三人交易的家事代理制度。④

我国现行《婚姻法》并没有规定夫妻家事代理权制度,但是,学者普遍认为,应当建立夫妻家事代理权制度,⑤ 而且,这也是世界各国立法通例。所以,笔者认为,我国未来民法典应当规定此种制度。

十一、别居制度

所谓别居制度,又称为分居制度,是指夫妻依协议或判决免除同居义务的

① 参见王利明:《婚姻法修改中的若干问题》,载《法学》2001年第3期。
②③ 蒋月:《配偶身份权的内涵与类型界定》,载《法商研究》1999年第4期。
④ 〔日〕粟生武夫:《婚姻法之近代化》,胡长清译,中国政法大学出版社2002年版,第86页。
⑤ 蒋月:《配偶身份权的内涵与类型界定》,载《法商研究》1999年第4期。

制度。①别居制度起源于旧教会法。旧教会法规定，绝对禁止离婚，所以，就产生了作为离婚制度代用的别居制度。不过，别居制度的作用，不限于离婚的代用，它还有其他的功能。所以，近现代各国即使允许离婚，同时也设置了别居制度。②

别居制度的优点有二：（1）它可以使一时冲动的夫妻悔悟，而回复共同生活，且可与离婚制度并行不悖，有相互调剂的效果。③（2）它可以作为离婚的扩充。离婚的原因甚为狭隘，在情事轻微不能离婚时，则使其别居，以充分满足彼等分离的目的。④

别居的理由，主要是离婚的事由。不过，有些国家规定，除了离婚以外的事由，其他原因也可以导致别居。例如，瑞典、挪威、丹麦等，酗酒、拒绝抚养等，虽非离婚的原因，然可为别居的原因。⑤在别居期间，夫妻的地位并不丧失，所以，两者之间如果要恢复夫妻关系，只以开始同居为已足，无须再缔结婚姻。另外，在别居期间，夫妻双方都不能再婚，否则就构成重婚。⑥

笔者认为，别居制度虽然也有一些弊端，如维持有名无实之婚姻，⑦但它的优点更多。我国未来民法典亲属编应当规定此种制度，这样不仅可以在离婚和不离婚之间创造过渡地带，而且可以使得一时冲动或暂时不和的夫妻重新回归夫妻生活。另外，在我国亲属法上，没有规定离婚诉讼的考虑期制度，在此背景下，别居制度更有规定的必要。

十二、家制

在古代社会，家族都是大家族，大家族具有共同生产和共同消费的双重性质。自产业革命以后，产生了社会的生产方式，从而个人有不同的事业，即在家族共同生活体里面，仅有共同消费之一面，而别无共同生产之可言。⑧所以，现代社会的家族，都是"小家族"，"家"的组成人员比较少。⑨

中国传统文化不外是家的文化，孝的文化，它不承认"个人"的存在。依此原则组织起来的家，既是社会的基本单位，又是在文化上有着头等重要意义的伦理实体。⑩正是在这种文化背景下，旧中国在制定民法典之时，就规定了家制。

在承认家制的法律之中，"家"就是以永久共同生活为目的而同居的亲属

---

① 高凤仙：《亲属法理论与实务》，五南图书出版公司 1998 年版，第 219 页。
② 参见［日］粟生武夫：《婚姻法之近代化》，胡长清译，中国政法大学出版社 2002 年版，第 116 页。
③⑦ 高凤仙：《亲属法理论与实务》，五南图书出版公司 1998 年版，第 220 页。
④⑤ ［日］粟生武夫：《婚姻法之近代化》，胡长清译，中国政法大学出版社 2002 年版，第 119 页。
⑥ 参见［日］粟生武夫：《婚姻法之近代化》，胡长清译，中国政法大学出版社 2002 年版，第 117 页。
⑧⑨ 陈棋炎、黄宗乐、郭振恭：《民法亲属新论》，三民书局股份有限公司 2003 年版，第 6 页。
⑩ 梁治平：《寻求自然秩序中的和谐》，中国政法大学出版社 2002 年版，第 140 页。

团体。[1] 家为家长与家属组成之团体，并无法律上之人格，且因非以经营共同生活为目的，故非合伙，不能适用关于社团或合伙之规定，为亲属法上之特别团体。[2] "家置家长。同家之人，除家长外，均为家属。"[3] 家长享有的权利包括：管理家务、指定家属的居所、命令成年的或已结婚的未成年家属离家；而家长负担的义务包括：注意家属全体的利益、监护未成年和精神病的家属、扶养家属。[4] 家属的权利包括：受家长扶养、请求离家（限于成年的或已结婚的未成年家属）；而家属的义务包括：受家长的必要约束、扶养家长。[5]

可是，我国民法典亲属编是否应当规定家制呢？笔者认为，这种制度没有必要规定，理由在于：（1）亲属法的发展趋势是个人主义逐渐代替家族主义。关于亲属法立法，向来有家族主义与个人主义的对立。在家族主义，夫妻、亲子等关系，均以家族主义为其脉络。而依个人主义，只是在亲属法中规定夫妻、亲子等亲属关系，而无所谓家。[6] 家族功能的缩小化和在家族的法规制中民法所占位置低下倾向的发展是能够预料的。[7] 我国亲属法应当顺应个人主义代替家族主义的趋势，不设家制。（2）在现代社会，小家庭已经常态，没有家制产生的必要。在小家庭制度中，其组成分子仅包含一个或两个世代，是以夫妻子女为核心的，"家"并没有独立的目的与机能，家庭成员虽共同生活，但是经营社会生活所必需，并以培育未成年子女使其将来能独立生活为目的。[8] 在实行"小家庭"（核心家庭）制的社会里，家庭关系只是亲子关系。[9] 在这种家庭形态下，家制赖以产生的土壤并不存在。（3）随着近现代社会分工的细化和产业的发展，每个人逐渐成为独立的社会生活单位。在这种情况下，民法对自然人采取了原子化的技术处理。如果没有必要，就不需改变这种一贯采用的原子化技术而设立家制。（4）新中国《婚姻法》一直都没有设立家制。我国现行法之中并没有家制，这并没有引发任何的问题，可见，没有增加家制的必要。

十三、亲属会议

亲属会议，就是指为了处理一定亲属之间的法定事项，而由其亲属所组织的

① 陈棋炎、黄宗乐、郭振恭：《民法亲属新论》，三民书局股份有限公司2003年版，第18页。
② 高凤仙：《亲属法理论与实务》，五南图书出版公司1998年版，第432页。
③ 参见我国台湾地区"民法"第1123条。
④ 参见高凤仙：《亲属法理论与实务》，五南图书出版公司1998年版，第441页以下。
⑤ 参见高凤仙：《亲属法理论与实务》，五南图书出版公司1998年版，第447页以下。
⑥ 史尚宽：《亲属法论》，中国政法大学出版社2000年版，第6页。
⑦ ［日］星野英一：《民法劝学》，张立艳译，北京大学出版社2006年版，第143页。
⑧ 高凤仙：《亲属法理论与实务》，五南图书出版公司1998年版，第431页。
⑨ 谢怀栻：《外国民商法精要》，法律出版社2002年版，第209页。

会议。① 亲属会议制度，导源于罗马法。依罗马法，妻有重大不正行为者，夫欲审问之，处罚之，须征求亲属会议之同意，"家父"处罚其自者亦同。夫对妻形式审判之权利时，亲属会议，由妻之血亲及夫之宗亲组成之。②

我国古代亦有类似亲属会议之制度，例如亲族会等组织。③ 所以，旧中国民法尊重此种习惯，设立了亲属会议制度。亲属会议存在的目的是，保护亲属之利益。④ 亲属会议是由一定的亲属组成，解决某些亲属法上的问题（主要是对未成年人的监护问题）的组织。⑤ 在我国台湾地区"民法"上，亲属会议的职权较大，包括：监护的监督、亲权滥用的纠正、抚养方法的决定、选定遗产管理人、认定口授遗嘱的真伪、选定遗嘱执行人等。⑥ 亲属会议处理事务以其会员之多数决行之，故为合议机关。亲属会议得为常设机关，亦得为临时机关。⑦ 不过，亲属会议并不是法人，也不是非法人团体，在诉讼上须由全体为原告或被告，但如其中一人或数人主张亲属会议为无效而提起诉讼时，仅以其余会员为被告。⑧

新中国成立后，我国大陆地区彻底废除了亲属会议制度，理由是亲属会议是封建制度的产物，不宜采纳。现在，我们制定民法典就应当重新思考，是否有必要设立亲属会议制度。笔者认为，该制度没有设立的必要，理由在于：

1. 随着工商社会发达，亲属会议的召开越来越困难。工商社会发达的结果是：人口流动增加、家族观念淡漠、社会陌生化程度加剧。这不仅使得亲属之间的空间距离增加，而且使得亲属之间的关系越来越疏远，亲属会议的召开十分不容易。

2. 家族形态的变迁，也导致亲属会议的价值降低。在传统上，国家将家族置为社会共同体的原子单位，透过对于家长的控制来掌握整个社会，也就成为国家控制社会的有效方法。⑨ 随着社会的变迁，家族形态也逐渐由"大家族"转变为"小家庭"，因此，亲属会议存在的价值就大为降低。

3. 亲属会议的功能可以被村委会、居委会或法院替代。我国现行法非常注重居委会、村委会作用的发挥，因此，亲属会议的很多功能可以由其代替。此外，法院也可以替代亲属会议的功能。因此，亲属会议就没有了多少存在的意义。

4. 亲属会议制度的设立，不符合世界民事立法的趋势。因亲属会议在现代

---

① 参见杨与龄：《民法概要》，中国政法大学出版社 2002 年版，第 363 页。

② 陈朝璧：《罗马法原理》，法律出版社 2006 年版，第 462 页。

③④⑦⑧ 高凤仙：《亲属法理论与实务》，五南图书出版公司 1998 年版，第 451 页。

⑤ 谢怀栻：《外国民商法精要》，法律出版社 2002 年版，第 213 页。

⑥ 参见我国台湾地区"民法"第 1090、1120、1177、1211 条。

⑨ 谢在全等：《民法七十年之回顾与展望纪念论文集（三）》（物权·亲属编），中国政法大学出版社 2002 年版，第 318 页。

社会中功能不彰，有些国家（如德国、日本等）已修法废除亲属会议制度。① 如果我国大陆地区反而增设亲属会议制度，就有违亲属法的发展趋势。

十四、收养协议

自古以来，就存在收养制度，这或许是基于人类作父母的本性。该制度随着社会的变迁不断变换其目的和功能。按照收养制度目的和功能的不同，它可以被区分如下三个阶段：（1）家的收养。在家族或宗族制度兴盛时期，收养之目的为家族血统之继续，唯家长有收养之权利，罗马法之收养为其代表。（2）亲的收养。家族或宗族制度衰微后，收养之目的并非为血统之继续，而是为养儿防老或增加亲方之劳力，其特色是对于收养设有严格之形式限制（如年龄等），自拿破仑法典制定至第一次世界大战末期法国民法之收养，为其代表。（3）子女的收养。第一次及第二次世界大战后，产生许多孤儿及非婚生子女问题，故现代收养法之收养目的以养育子女及增进子女利益为目的，其特色为简化收养之形式要件，并采取许可主义以监督子女的幸福，英国、德国及苏俄等国的收养堪称为其代表。②

我国于 1991 年 12 月 29 日颁布了第一部《收养法》，该法所确立的收养可以归入"子女的收养"类型。

在收养制度中，收养协议非常重要，它是收养的前提。例如，我国《收养法》第十一条规定："收养人收养与送养人送养，须双方自愿。收养年满十周岁以上未成年人的，应当征得被收养人的同意。"但是，问题在于，我国收养法上的收养协议，究竟是谁与谁之间的协议，未臻明确。

从我国《收养法》第十一条的规定来看，似乎是以收养人和送养人作为收养协议的主体。此种法律构造存在着严重的问题，即送养人并没有权利决定被收养人的身份关系的变化。即使送养人是被收养人的父母，父母的亲权里也没有包含"改变子女身份关系"的内容。其他的送养人就更不可能享有此种权利。

笔者认为，收养协议的当事人应当是收养人和被收养人，因为只有被收养人自己才可以决定自己的身份关系的变化。如果被收养人是限制民事行为能力人，被收养人与收养人之间的协议，还必须得到被收养人的法定代理人的同意。如果被收养人是无民事行为能力人，他就无法作出意思表示，此时，应当由被收养人的法定代理人代被收养人作出意思表示。

---

① 高凤仙：《亲属法理论与实务》，五南图书出版公司 1998 年版，第 452 页。
② 高凤仙：《亲属法理论与实务》，五南图书出版公司 1998 年版，第 279~280 页。

在收养协议中，还需要探讨的一个问题是，是否需要设定试养期（the pro-bationary period）。世界各国的收养法一般规定了试养期，因为人不同于动物，并非可以适应一切环境，通过试养期的设定，可以观察被收养人在新环境中的状况，从而最终决定是否继续收养。试养期通常是 6 个月到 1 年，少数国家规定为两年①。我国现行法并没有规定试养期，这无疑不利于保护被收养人。我们建议，在我国民法典中规定试养期制度。

十五、亲子关系

有男女然后有夫妻，有夫妻然后有父母与子女的关系，即亲子关系。② 亲子法（又称"父母子女关系法"），是关于调整亲子关系的法律规范。最初，亲子法受家族法的支配，亲权仍具有家长权的实质。所以亲子法先后经历了所谓"家本位的亲子法"、"亲本位的亲子法"的过程。③ 今日的亲子法，就是以子女利益为最高的指导原则。④

传统上，民法上的亲子关系分为两类：一是自然亲子关系，包括父母与婚生子女的关系、父母与非婚生子女的关系。二是拟制亲子关系，包括养父母与养子女的关系、继父母与继子女的关系。随着现代技术的发展，还出现了人工生育的子女，相应地，又出现了新型的亲子关系。

我国《婚姻法》规定了亲子关系的内容，但是，还有待于进一步完善，我们认为，可以从以下方面来完善。

1. 建立亲权制度。亲权，是指父母基于其身份，对未成年子女享有和负担的以教养保护为目的的权利义务的集合。⑤ 我们主张，亲权和监护应当区分开，建立独立的、完整的亲权制度。不过，亲权的规定，应当比监护简略。因为亲权是父母享有的权利，基于父母的天性，他们不需要太多的法律规范，就会尽力教育保护自己的子女。亲权制度应当规定这些内容：（1）亲权人，即父母双方。（2）亲权的行使。亲权原则上由父母共同行使。亲权应当由父母双方共同行使。⑥（3）亲权的主要内容。人身方面的亲权包括：扶养权、教育权、姓名决定

---

① 参见《瑞士民法典》第 264 条。
② 杨与龄：《民法概要》，中国政法大学出版社 2002 年版，第 347 页。
③ 陈明侠：《完善父母子女关系法律制度》，载《法商研究》1999 年第 4 期。
④ 林秀雄：《婚姻家庭法之研究》，中国政法大学出版社 2001 年，第 214 页。
⑤ 参见史尚宽：《亲属法论》，中国政法大学出版社 2000 年版，第 656 页。
⑥ 《法国民法典》第 372 条规定："父母双方在婚姻期间，共同行使亲权。"《瑞士民法典》第 297 条第 1 款规定："生父母在婚姻存续期间，共同行使亲权。"

权、住所指定权、监督权、身份行为的代理权和同意权。财产方面的亲权包括：子女财产的管理权、子女财产的使用收益权、处分权、财产行为的代理权和同意权。（4）亲权的终止。

2. 适应社会发展，明确父母与人工生育子女之间的关系。人工生殖技术是指根据生物遗传工程理论，采用人工方法生育出子女的生殖技术，包括人工授精、试管婴儿、代孕母亲等。人工生殖技术具有积极优生、弥补生理缺陷及作为自然生育不足补充手段的作用，因而它才可能在本世纪得到迅速发展并在下个世纪成为生育的一种选择方式。① 它与人类传统的自然生育过程不同，生育与性行为无关，且人工生殖的子女可能有两个以上的父母，因此，它是对传统的父母子女关系的挑战。② 我国现行《婚姻法》并没有规范"人工生育的子女"问题。2001 年 2 月 20 日颁布的《人类辅助生殖技术管理办法》，对此作出了一定程度的规范，但是，远不能满足社会生活的需要。因此，我国民法典应当对人工生育的子女作出规范，主要包括如下内容：③（1）人工生殖技术所生子女的法律地位；（2）他们是婚生子女还是非婚生子女？（3）当人工生殖的子女有两个以上的父母时，如何确定父母子女间的法律关系？（4）代孕行为能否合法，应否设定条件，如何确定其法律地位？

3. 修改继父母与继子女关系的规定。在其他国家民法上，继父母和继子女之间都只是姻亲关系。我国现行法规定，形成扶养教育关系的继父母子女之间，存在拟制血亲关系。但是，"形成扶养教育关系"如何认定，并无明确的标准。这就使得法的安定性受到很大的影响。笔者认为，最好修改现行法的规定，规定继父母子女之间仅存在姻亲关系，如果双方要形成父母子女关系，可以通过收养的方式来实现。

十六、家庭暴力

按照我国现行法的解释，"家庭暴力"，是指行为人以殴打、捆绑、残害、强行限制人身自由或者其他手段，给其家庭成员的身体、精神等方面造成一定伤害后果的行为。④ 此定义一方面明确了受害主体不限于夫妻，还包括其他家庭成员；另一方面也明确了，暴力侵害的客体不限于身体，还包括精神等方面。

---

①③　夏吟兰：《21 世纪中国婚姻法学展望》，载《法商研究》1999 年第 4 期。

②　参见夏吟兰：《21 世纪中国婚姻法学展望》，载《法商研究》1999 年第 4 期。

④　参见 2001 年 12 月 24 日最高人民法院《关于适用〈中华人民共和国婚姻法〉若干问题的解释（一）》第 1 条。

家庭暴力的危害，主要体现为四个方面：① （1）侵害了家庭成员的人身权利，危及或威胁家庭成员的生命安全，导致被害人的肉体、精神、心灵、人格、尊严等一系列的伤害后果。（2）破坏了婚姻基础，极易引发婚姻的破裂和家庭的离散，是构成离婚的重要原因之一。（3）破坏了家庭的安宁和和谐，直接影响社会安定团结，扩散亲属矛盾和冲突。（4）对未成年子女的身体、心理健康产生不良的影响。

2001 年修改《婚姻法》时，我们增设了禁止家庭暴力的规定。之所以如此规定，主要原因在于：（1）这是我国现实中家庭暴力现象的法律对策。因为历史的、现实的诸多因素的影响，我国确实存在家庭暴力问题，必须给予相应的法律对策。② （2）这是整理零散的法律规定的途径。在我国法律中，虽然已有一些零散的惩治家庭暴力、保护受害人的规则，但"只见树木，不见森林"，需要加以集中、整合和明确。③ （3）这是我国履行国际条约义务的要求。我国是《消除对妇女一切形式歧视公约》的缔约国之一。以法律禁止家庭暴力，是我国应当履行的条约义务。④

我国民法典应当继续《婚姻法》的经验，对家庭暴力作出规定，具体可以规定以下几个方面：（1）将家庭暴力作为离婚的理由。现行法将"家庭暴力"作为离婚的法定事由加以规定，家庭暴力的受害者可以以受到暴力侵害为由提出离婚。⑤ 这不仅有利于保障受害人的利益，而且有利于法官判决是否准予离婚，是值得保留的规定。（2）赋予受害人损害赔偿请求权（包括精神损害赔偿）。亲属法应当通过损害赔偿的方式对家庭暴力的行为人予以制裁，对于受害人提供补救。⑥ 这种损害赔偿，不仅可以在离婚时提出，而且可以在婚姻关系存续期间提出。（3）丧失继承权的法定事由。家庭暴力还可以产生继承法上的后果，如果行为人构成严重的虐待，就应当认定其丧失继承权。（4）警察权的介入。警察权的介入可以有力保障受害人的利益，不过，此种权力的介入应当满足严格的条件和程序。（5）村委会、居委会的介入。在我国，居委会和村委会承载了较多的社会功能。现行法规定，"对正在实施的家庭暴力，受害人有权提出请求，居民委员会、村民委员会应当予以劝阻。"⑦ 这一规定应当保留。（6）作为夫妻分居的法定事由。如果亲属法设立了分居制度，那么，家庭暴力就应当被规定为夫

---

① 参见曹诗权：《新婚姻法导论》，载吴汉东主编：《私法研究》（第 1 卷），中国政法大学出版社 2001 年版。

②③ 曹诗权：《新婚姻法导论》，载吴汉东主编：《私法研究》（第 1 卷），中国政法大学出版社 2001 年版。

④ 杨大文：《我国婚姻法的修改和完善》，http：//www.civillaw.com.cn/weizhang/default.asp?id = 8094。

⑤⑥ 王利明：《婚姻法修改中的若干问题》，载《法学》2001 年第 3 期。

⑦ 参见我国《婚姻法》第四十三条第二款。

妻分居的法定事由。

十七、离婚的判断标准

在人类历史发展进程中，离婚也有由禁止到严格限制、到离婚自由这样一个发展过程。① 离婚自由是社会进步的一种标志。② 新中国成立以来，我国婚姻法一直坚持"保障离婚自由、反对轻率离婚"的立法指导思想。保障离婚自由是"婚姻自由"原则的基本要求。而反对轻率离婚是基于社会公共利益的考虑，为了保障家庭和社会的稳定。因为法律必须对情欲设定有效的制动器，即法律要防止使作为契约中最神圣的契约变成见异思迁和移情别恋的玩具，并且，应当警戒，不能使它成为所有卑劣欲望和可耻投机的对象。③

法院判决离婚，必须坚持一定的标准，这个标准随时代的变化而变化。可以说，判决离婚的标准是离婚制度中的根本性制度和离婚法指导思想的直接体现，也是一个国家、一个民族有关离婚的传统性文化积淀之精髓和制度性法文化的最集中、最现实的反映。④

在 20 世纪 50 年代，就离婚标准问题，我国学界存在着理由论和感情论两种观点。理由论强调，离婚必须有正当理由，无正当理由不得准予离婚。感情论则强调感情是婚姻的本质，只要夫妻感情确已破裂，就应当准予离婚，而不问理由是否正当。理由论与感情论之争，实际上是过错离婚主义与无过错离婚主义之争。1980 年婚姻法彻底否定了理由论，第一次在中国采取无过错的破裂主义，从此感情论取代了理由论。⑤ 依据破裂主义，感情确已破裂，即作为婚姻关系缔结和存续之基础的夫妻情爱完全归于消失，夫妻关系在主观上和客观上均难于维持。"感情确已破裂"的含义包括：（1）它是夫妻感情彻底破裂、全面破裂，而不是某些方面的裂痕。（2）它是夫妻感情已经破裂，而不是可能破裂、将要破裂或刚刚开始破裂。（3）它是真正破裂，而不是虚假的破裂表象或当事人主观上认为破裂。（4）它是无因的破裂。即不论导致夫妻感情破裂的具体原因，不论当事人是否有过错责任。⑥

---

① 谢怀栻：《外国民商法精要》，法律出版社 2002 年版，第 211 页。

② 张贤钰：《离婚自由与过错责任的法律调控》，载《法商研究》1999 年第 4 期。

③ ［日］星野英一：《民法劝学》，张立艳译，北京大学出版社 2006 年版，第 94 页。

④ 曹诗权：《新婚姻法导论》，载吴汉东主编：《私法研究》（第 1 卷），中国政法大学出版社 2001 年版。

⑤ 夏吟兰：《民法亲属编离婚制度之探讨》，http：//www.civillaw.com.cn/weizhang/default.asp?id = 8073。

⑥ 参见曹诗权：《新婚姻法导论》，载吴汉东主编：《私法研究》（第 1 卷），中国政法大学出版社 2001 年版。

显然，以"感情破裂"代替"正当理由"，这是巨大的进步。它反映了社会主义婚姻的本质，符合我国离婚立法的发展，是我国司法实践经验的总结。[①] 但是，笔者认为，"感情破裂"标准仍然存在诸多不足，它应当被"婚姻关系破裂"标准代替，理由在于：

1. 从亲属法的规范对象来看，"婚姻关系破裂"标准较为妥当。夫妻感情属于人的心理、情感精神活动范畴，根本不属于法律能够直接规范和调整的领域；只有婚姻关系才是法律规范应该调整的对象。[②] 将"感情确已破裂"改为"婚姻关系破裂"，就使离婚法走出不应也不可能调整人的心理、情感和精神生活的误区，将确认和调整的方位真正落实到作为客观实体的婚姻或夫妻关系上，实现离婚标准的客观性、科学性。[③] 所以，"婚姻关系破裂"标准契合了亲属法的规范对象。

2. 从婚姻关系的多元性来看，"婚姻关系破裂"标准更能适应各种离婚的事由。婚姻是作为男女两性精神生活、性生活、物质生活及其他社会关系的共同体而存在的。夫妻之间的感情只是夫妻精神生活的内容之一。[④] 因此，以"感情破裂"为标准，不符合婚姻内容的丰富性和婚姻的多元化，也不能包括所有的离婚理由。[⑤]

3. 从司法实践来看，"婚姻关系破裂"比"感情破裂"标准更具有可操作性。感情是否破裂，实际上是内心世界的问题，法官很难作出判断。因此，"感情破裂"标准的可操作性差，法官的主观随意性会造成司法不公正。[⑥] 而"婚姻关系破裂"标准较为客观，有利于实现法的安定性。

4. 从婚姻关系的内涵来看，"婚姻关系破裂"标准也更能契合婚姻的丰富内涵。婚姻关系并不仅仅是夫妻两个人的事情，它不仅融权利、义务和责任于一体，而且，融个人、家庭和社会于一体。[⑦]感情破裂标准难以适应如此丰富的婚姻关系的内涵。

5. 从与世界接轨的角度来看，"婚姻关系破裂"标准也更符合世界立法通

---

① 夏吟兰：《民法亲属编离婚制度之探讨》，http：//www. civillaw. com. cn/weizhang/default. asp?id＝8073。

② 曹诗权：《新婚姻法导论》，载吴汉东主编：《私法研究》（第1卷），中国政法大学出版社2001年版。

③ 曹诗权、陈小君：《我国婚姻法的宏观立法思路与具体方案之重构》，载《江苏社会科学》1997年第4期。

④⑦ 曹诗权：《新婚姻法导论》，载吴汉东主编：《私法研究》（第1卷），中国政法大学出版社2001年版。

⑤⑥ 参见夏吟兰：《民法亲属编离婚制度之探讨》，载 http：//www. civillaw. com. cn/weizhang/default. asp?id＝8073。

例。"婚姻关系破裂"是大多数实行破裂主义离婚原则的国家所采用的用语。[①]我国民法典要实现民事立法的现代化，并与世界接轨，就应当尽可能实现术语的通用化。

尽管"婚姻关系破裂"较之于"感情破裂"标准更为可操作，但是，该标准仍然具有一定的抽象性，因此，我们应当借助于类型化的方法。这样既可以指导法官正确适用法律，又可以指示当事人，发挥法律的"信号灯"功能。我们建议，仍然借鉴现行法的做法，具体列举出特定的可判决离婚的事由，如重婚或有配偶者与他人同居、实施家庭暴力或虐待遗弃家庭成员、有赌博、吸毒等恶习屡教不改、因感情不和分居满 2 年、一方被宣告为失踪人等。

另外，在采取"婚姻关系破裂"标准的同时，我国亲属法还应当借鉴其他国家的经验，规定"困难条款"。所谓"困难条款"，是指亲属法中规定的，虽然婚姻关系破裂但仍然不允许离婚的条款。例如《德国民法典》第 1568 条规定："婚姻虽已破裂，如果有特殊理由；或者婚姻关系的继续符合于婚姻中所生子女的利益；或者反对离婚的一方提出，由于一种非常的情况，离婚对其要发生严重的困难，因而婚姻的继续仍有必要，此时可以不予判离。但双方分居已达 5 年以上时，可不适用前款规定。"法律规定"困难条款"的目的是，为不愿意离婚的一方提供必要的法律保护，使其在某种特定条件下可诉请适用这些条款来阻止离婚，由法院驳回离婚起诉或判决不准离婚。[②] 这可以看作是对于破裂主义的一种缓和规定。[③] 笔者认为，基于保护家庭利益、保护受害方利益或者保护子女利益等考虑，可以设定"困难条款"，以免"婚姻关系破裂"的适用导致不公平的结果。

十八、待婚期

待婚期，就是指女性一方自离婚或婚姻被撤销之日起，不能再行结婚的期间。[④] 待婚期制度源自古罗马法。设计待婚期制度的根本目的，就是要避免血统的混乱。一些国家借鉴这一制度，规定了待婚期，期间大多是三百日。不过，

[①] 例如，《德国民法典》第 1565 条规定："婚姻如果破裂，可以离婚。如果婚姻双方的共同生活不复存在并且不可能期待婚姻双方重建此种共同生活，婚姻即为破裂。"美国《统一结婚离婚法》第 302 条规定，确认婚姻已无可挽回地破裂是法庭准予离婚的前提条件。英国《家庭法》第 3 条将婚姻彻底破裂作为法院发出离婚令的实质条件。参见夏吟兰：《民法亲属编离婚制度之探讨》，http://www.civillaw.com.cn/weizhang/default.asp?id=8073。

[②] 张贤钰：《离婚自由与过错责任的法律调控》，载《法商研究》1999 年第 4 期。

[③] 谢怀栻：《外国民商法精要》，法律出版社 2002 年版，第 212 页。

[④] 参见［日］粟生武夫：《婚姻法之近代化》，胡长清译，中国政法大学出版社 2002 年版，第 20 页。

如果明显没有混乱血统的可能，也不适用待婚期的规定。例如，罗马法规定，如果妇女显然没有怀胎，或前婚的子女已经分娩，就不适用待婚期间。①

我国学界对于待婚期是否应当规定，有不同的看法。反对者认为，待婚期制度不应当规定，理由在于：（1）该制度违反了男女平等原则，② 因为它仅仅针对女性设立，男子不需要遵守待婚期的规定。（2）该制度无法阻止事实上的再婚，也不能收到防止血统混乱的效果。③（3）该制度因 DNA 鉴定技术的出现而变得毫无意义。赞同者认为，待婚期制度仍然有其意义，理由是：（1）该制度并不违反男女平等原则，因为它是针对女性的特殊生理特点所作的规定，而不是针对女性的性别作出的规定。（2）该制度并不会因 DNA 技术的出现而失去意义，因为 DNA 鉴定的进行需要当事人的配合，如果当事人不配合，就难以进行。

笔者认为，待婚期的规定没有必要，理由是：（1）DNA 鉴定技术的出现，该制度的意义大为降低。借助此技术，人们可以很容易地分辨子女的血统。所以，就没有必要借助待婚期制度来辨认子女的血缘关系。（2）该制度并不能避免待婚期内女方的同居行为，所以，它很难实现其预期目的，即避免血统的混乱。虽然待婚期制度可以禁止女性一方再次结婚，但是，它并没有禁止女性与第三人同居，这就使得该制度的效果大打折扣。

十九、扶养的范围

所谓扶养，是指在一定亲属之间，有经济能力的人对于不能维持生活的人提供必要的经济上供给的亲属法上的义务。在我国，"扶养"的概念有广义和狭义之分。广义的扶养包括：狭义的扶养、抚养和赡养。狭义上的扶养，是指同辈份人之间的扶养。抚养是长辈对晚辈的扶养。赡养是晚辈对长辈的扶养。我们这里使用广义"扶养"的概念。

扶养的范围，是指法律规定的相互存在扶养权利义务的具有亲属身份的主体范围。④ 我国《婚姻法》规定了父母子女之间、夫妻之间、兄弟姐妹之间及祖父母、外祖父母与孙子女、外孙子女之间有扶养义务。民法典是否应当扩大扶养的范围？主要涉及是否扩大到直系姻亲、三亲等以内的旁系血亲、其他的直系血亲之间。

就直系血亲而言，有学者建议，同居生活的一亲等姻亲之间应当互负扶养义

---

① ［日］粟生武夫：《婚姻法之近代化》，胡长清译，中国政法大学出版社 2002 年版，第 20 页。
②③ 王洪：《婚姻家庭法》，法律出版社 2002 年版，第 182 页。
④ 王洪：《婚姻家庭法》，法律出版社 2002 年版，第 304 页。

务。① 笔者认为，此种见解值得采纳，理由是：（1）这符合我国社会生活中既有的习惯。在我国社会生活中，与公婆或岳父母共同居住的儿媳或女婿往往都会相互扶养。亲属法应当尊重和确认这种习惯。（2）这可以妥善解决男到女家的问题。在男到女家的情况下，双方之间事实上达成了一个默契，即女婿要赡养岳父母。如果不承认这种姻亲之间的扶养义务，就与人们的朴素法感情相违背。（3）这有利于老人的赡养。随着我国人口老龄化的加剧，老人的赡养问题成为重要的社会问题，而承认特定姻亲间的扶养义务有利于老人的赡养。

三亲等以内的旁系血亲是否互负扶养义务？有学者认为，也应当负有扶养义务，理由主要是：我国社会保障程度不高、我国历来近亲属间关系密切、国外有先例（如日本）。② 笔者认为，此种观点值得商榷，理由在于：（1）虽然我国的社会保障程度不高，但是，也不应当简单地通过强加给自然人义务的方式来弥补。（2）扶养义务的强加应当比较慎重。义务的强加，就意味着自由的限制，这需要强有力的理由支撑才行。（3）随着我国工商社会的发展，亲属之间的关系越来越淡漠，旁系血亲之间更是如此。

除了我国《婚姻法》的规定外，其他直系血亲之间是否负有扶养义务呢？笔者认为，应当承认其扶养义务的存在。首先，这是人类的感情决定的。直系血亲之间关系十分密切，要求其承担扶养义务，符合人类的情感。其次，这是社会生活习惯的要求。在生活中，直系血亲之间往往都互负扶养义务，法律应当尊重并确认此种习惯。最后，这也是多数国家的立法通例。在德国、我国台湾地区等，法律都承认了直系血亲之间的扶养义务。

二十、扶养的顺序

所谓扶养的顺序，就是指扶养义务人或扶养权利人有数人时，确定履行扶养义务人或者享受扶养权利人的先后顺位。③ 可见，扶养的顺序包括扶养义务人的顺序和扶养权利人的顺序。

关于扶养的顺序，各国有不同的立法模式，主要有两种：（1）概括主义。在此模式下，法律只是对扶养的顺序作原则的规定，并不具体确定其顺序。例如，日本民法规定，扶养义务人和扶养权利人的顺序都应当由当事人协商确定，协商不成时，由家事法院确定。④（2）列举主义。在此模式下，扶养义务人和扶

---

① 王洪：《婚姻家庭法》，法律出版社 2002 年版，第 305 页。
② 参见杨大文主编：《亲属法》，法律出版社 2003 年版，第 294 页。
③ 参见杨大文主编：《亲属法》，法律出版社 2003 年版，第 294～295 页。
④ 参见《日本民法典》第 878 条。

养权利人的顺序都是法律通过列举的方式确定的。例如，我国台湾地区"民法"就明确规定了，扶养义务人的顺序依次是：直系血亲卑亲属、直系血亲尊亲属、家长、兄弟姐妹、家属、子妇女婿、夫妻之父母。[①]

我国现行《婚姻法》没有对扶养顺序作出明确规定。但从我国立法对扶养规定的条文来看，可以推定扶养应按下列顺序：第一顺序为配偶间和父母子女间承担扶养义务。第二顺序为祖父母、外祖父母与孙子女、外孙子女间及兄弟姐妹间承担扶养义务。当第一顺序的扶养人死亡或无扶养能力时，才由第二顺序的扶养人承担扶养责任。但是，上述顺序还是非常粗糙的。另外，考虑到我国民法典要扩大扶养范围，亲属编应当明确规定扶养顺序问题。就前述的两种模式而言，概括主义模式虽然具有灵活和适应性强的优点，但是，也容易导致义务人或权利人不明确，从而引发纷争。笔者认为，我国亲属法应当采取列举主义模式，以明确当事人的权利义务，避免纷争。具体而言，可以参考学者的建议规定扶养的顺序。

在确定扶养顺序时，我们必须区分亲属间的两种扶养义务：一为生活维持义务。此种扶养为自己生活的一部分，不取决于有无扶养能力，如夫妻相互间、父母对未成年子女。二为生活扶助义务。只有在被扶养人生活有困难而又不影响扶养人的生活时才存在，如兄弟姐妹相互间。[②]

就生活维持义务人而言，他们是无条件的义务，是要保持相同生活水平的义务。此种义务产生于配偶之间和父母子女之间。

而就生活扶助义务而言，才存在扶养顺序的问题。此时，扶养义务人的顺序为：（1）直系血亲卑亲属；（2）直系血亲尊亲属；（3）兄弟姐妹；（4）共同居住的儿媳和女婿；（5）共同居住的岳父母和公婆。而扶养权利人的顺序依次为：（1）直系血亲卑亲属；（2）直系血亲尊亲属；（3）兄弟姐妹；（4）共同居住的岳父母和公婆；（5）共同居住的儿媳和女婿。[③] 同一顺位的扶养权利人或扶养义务人，以亲等近者优先；亲等相同者，顺序相同。

---

① 参见我国台湾地区"民法典"第 1116 条。
② 谢怀栻：《外国民商法精要》，法律出版社 2002 年版，第 214 页。
③ 参见杨大文主编：《亲属法》，法律出版社 2003 年版，第 296~297 页。

第八章

继承法的体系完善

第一节　继承法的定位和框架

一、继承制度概述

　　从历史的角度来看，继承可以分为三类：财产继承、身份继承和祭祀继承。在古代，受灵魂不灭宗教信仰的影响，祭祀祖先为家族结合之中心，而家长即代表祖先之灵。当时，重视祭祀的继承，是当然的，没有祭祀就没有继承。到了封建社会，身份继承成为重要的继承形态。[①] 后来，随着封建社会的崩溃，使得原本附着于人格继承、身份继承的财产继承，能够独立而存在。所以，近代以来的继承制度，就仅仅是财产继承。[②]

　　继承制度为私有财产制度的反映面。在不认私有制度的社会，就没有可以继承的标的物。[③] 而在承认私有制度的社会里，自然人的死亡就很可能会产生财产继承。所以，继承制度是与承认自然人可以拥有自己的财产为前提的。

---

　　① 林秀雄：《继承法讲义》，元照出版公司 2006 年版，第 1 页。
　　② 参见林秀雄：《继承法讲义》，元照出版公司 2006 年版，第 1 页。
　　③ 史尚宽：《继承法论》，中国政法大学出版社 2000 年版，第 3 页。

继承制度的存在有其必要性。它可以以鼓励人们勤劳俭朴，生产积蓄，并基于亲子的情爱，遗留财产给子孙，以免其冻馁，所以，继承是人类社会生活所必需的。虽然继承也有可能导致子孙的依赖、骄佚等问题，也不能废止。①

我国于 1930 年制定旧中国民法典之时，就废止了宗祧继承。因为宗祧继承以男子继承为中心，女子并无继承权，此与现代潮流不符。② 从此，我国法上继承也仅为财产继承。

需要注意的是，在社会主义国家，曾经有人提出过要废除继承制度，理由在于：（1）继承制度是不劳而获的表现。（2）继承制度使得剥削制度得以延续。此种主张还曾经被苏俄实践过。1918 年 4 月，苏俄颁布了《废止继承制度令》，后来恢复了继承制度。新中国成立以来，我国从没有废除过继承制度。不仅《宪法》保障公民的继承权，而且，1985 年 4 月 10 日，我国《继承法》经第六届全国人民代表大会第三次会议通过，这是我国第一部社会主义继承法。所以，在我国目前阶段，继承制度的存在没有受到质疑，这也避免了我们再走苏俄的弯路。

二、继承法与民法典的关系

（一）继承法的立法体例

通常，财产关系可以在任何一个人与另一个人之间发生。但有些财产关系则只能在具有一定身份的人之间发生，例如，当事人一方死亡后所发生的关系，这就是继承。③ 继承法规范的是遗产在平等主体之间如何移转的问题。或者说，它的调整对象，是平等主体之间的财产关系。所谓民法，就是指规定国民间私人生活关系的基本生活规范。私人生活关系可以分为身份关系和财产关系。④ 继承法既然是调整平等主体之间关系的法，就属于民法的范围。

就世界范围来看，继承法的立法体例主要有三种：（1）以法国为代表的法典主义模式。在此种模式下，继承法规范被编入统一的民法典之中。1804 年《法国民法典》将继承法规范列入"财产取得编"。（2）以英国为代表的特别法模式。在此种模式下，继承法被作为单行法律加以规定。英国先后颁行了《遗

---

① 杨与龄：《民法概要》，中国政法大学出版社 2002 年版，第 365 页。
② 林秀雄：《继承法讲义》，元照出版公司 2006 年版，第 7 页。
③ 谢怀栻：《外国民商法精要》，法律出版社 2002 年版，第 215 页。
④ 参见邱聪智：《从侵权行为归责原理之变动论危险责任之构成》，中国人民大学出版社 2006 年版，第 12 页。

嘱法》（1837 年）、《无遗嘱死亡人遗产法》（1952 年）、《家属扶养法》（1966年）等法律。（3）以德国为代表的"法典主义＋部分特别法主义"模式。德国一方面在民法典中规定继承编，另一方面又制定了关于遗嘱制作的单行法规，如1938 年的《遗嘱作成和继承契约法》。①

我国该如何选择呢？笔者认为，我们应当将继承法纳入民法典，理由在于：（1）这是对我国民法（包括继承法）进行体系整合的需要。民法典创制就是要实现法律的体系化和合理化，只有将民法规范都纳入民法典，才能提升我国民事立法的水平。（2）这是我国法典文化的要求。我国自清末变法以来，主要继受德国民法的理论。德国法的理论具有强烈的法典文化色彩，所以，在其影响之下，我国走上了法典化道路。（3）这是完善我国继承法的重要机遇。随着我国经济社会的发展，人民的财富日益增加，我国现行《继承法》已经逐渐暴露出其滞后性和片面性。为了适应变化了的社会经济现状和尊重群众的继承习惯，也为了符合国际上的继承惯例，有必要对我国现行的继承制度进行充实和完善。而将继承法纳入民法典加以规定，就是一个宝贵的机遇。（4）这是各种民事基本制度关联性的要求。继承权的行使和保护与民事主体制度、民事法律行为和代理制度、时效制度、物权制度、债权制度甚至知识产权制度息息相关。将财产继承法律制度置于民法典中加以规范，体现出民法在保障民事主体实现财产权利方面各个制度之间的关联性。②（5）这符合继承权作为民事基本权利的地位。继承权是民事领域的基本权利，此种权利只有纳入民法典中加以规定，才能与其地位相符。（6）这是我国立法传统的继续。我国清末修法的时候，继承法被包含在民法典之中。后来，1930 年 12 月，国民党政府也制定了"民法典"继承编。可以说，自我国法律近代化以来，继承法一直都是纳入民法典加以规定的。

（二）继承法在民法典中的位置

继承法究竟应当置于民法典的什么位置，也颇值得思考。从其他国家的立法经验来看，主要有四种可选择的模式：③（1）将继承法纳入物权编。这种立法例，是将继承权看作是财产所有权于所有人死亡后的自然延伸，因而继承法应为物权法的一部分。例如奥地利民法、荷兰旧民法。（2）将继承法作为亲属编的一部分。这种立法体例是将继承看作是亲属关系的附属产品。例如，瑞士的地方

---

① 参见龙翼飞：《制定中国民法典财产继承编的思考与建议》，载《中华女子学院学报》2002 年第4 期。

② 龙翼飞：《制定中国民法典财产继承编的思考与建议》，载《中华女子学院学报》2002 年第 4 期。

③ 参见史尚宽：《继承法论》，中国政法大学出版社 2000 年版，第 17 页；郭明瑞、房绍坤：《继承法》，法律出版社 2003 年版，第 16 页。

法。（3）将继承法作为"财产取得编"的一部分。这种立法体例是将继承作为财产所有权移转的一种方式，将继承与买卖、赠与等取得财产的法律行为同等看待。例如，法国民法。（4）将继承法作为独立的一编。这种立法例，是将继承权看作是与身份关系相联系的独立权利。其中又有以继承法为民法法典中的中间一编的，例如瑞士民法；也有以继承法为民法典的最后一编的，例如德国民法、日本民法、韩国民法、我国台湾地区"民法"等。

考察上述模式，我们可以发现，将继承法作为"物权编"、"亲属编"或"财产取得编"都存在不少弊端。具体而言，（1）将继承法纳入"物权编"是不恰当的。继承的客体并不限于物权，还包括债权、知识产权等各种非专属性的权利，所以，将继承制度纳入物权法不符合逻辑。另外，将继承置于物权法之中，还会导致"物权法"名不符实。（2）将继承法纳入"财产取得编"也不合适。因为我国民法典的编制就整体而言是采取德国模式的，不可能出现"财产取得编"，更不可能将继承制度置于该编了。（3）将继承法纳入"亲属编"也不妥当。因为亲属制度和继承制度二者之间的差异较大，将二者强行纳入一编，不符合民法典体系化的要求。

笔者认为，在我国民法典中，继承法应当作为独立的一编置于亲属编之后，理由在于：（1）这是民法典编纂逻辑的要求。民法典的编纂应当符合逻辑的要求。既然继承制度主要是基于亲属身份而进行财产移转的制度，[①] 那么，就应当先规定亲属制度，后规定继承制度。（2）这是继承法本身的特点决定的。继承法有着自己的基本原则、自己的内容、自己的逻辑，因此，它应当自成体系。（3）这是考虑到历史的原因。我国自清末变法以来，基本上都是借鉴德国模式，将继承法作为民法典的一编，并置于亲属编之后。

三、继承法的框架

（一）立法体例的借鉴

考察世界各国民法典继承编的框架，我们可以发现，个性大于共性。因为各国的继承立法比较注重其特殊的国情与固有的习惯。[②] 例如，《德国民法典》"继承编"分为九章："继承顺序"、"继承人的法律地位"、"遗嘱"、"继承合同"、"特留份"、"继承不够格"、"继承的抛弃"、"继承证书"、"遗产买卖"。《日本

[①]　参见杨与龄：《民法概要》，中国政法大学出版社 2002 年版，第 365 页。

[②]　参见罗鼎：《民法继承论》，三民书局 1978 年版，第 1 页。

民法典》"继承编"分为八章:"总则"、"继承人"、"继承的效力"、"继承的承认及放弃"、"财产的分离"、"继承人的不存在"、"遗嘱"、"特留份"。而《瑞士民法典》则将"继承编"分为两大部分。第一部分是"继承人",其中又包括两章:"法定继承人"、"遗嘱处分"。第二部分是"继承",其中又包括三章:"继承的开始"、"继承的效果"、"遗产的分割"。

我国现行《继承法》包括以下部分:"总则"、"法定继承"、"遗嘱继承和遗赠"、"遗产的处理"。我国学者起草的民法典继承法草案建议稿大多借鉴了现行法的做法,但又有所不同。有学者将其分为"总则"、"法定继承"、"遗嘱"、"继承合同和遗赠扶养协议"和"遗产的处理"。[1] 也有学者将其分为"总则"、"法定继承"、"遗嘱处分"、"遗赠扶养协议"和"遗产的处理"。[2]

笔者认为,在我国民法典继承编的起草过程中,我们既要注重以往立法经验的继续,又要重新反思现有框架的弊端。基于此,我国继承法应当分为"总则"、"法定继承"、"遗嘱处分"和"遗产的处理"。

之所以要设立总则,理由有二:一是我国民法典创制的需要。民法典的编纂就是要实现体系化,而总则的设立就可以强化民法典的体系性。二是各编协调的需要。我国民法典应设有总则,各编也应设有总则,如此不仅符合"提取公因式"的立法技术,而且具有协调的美感。

将法定继承置于遗嘱处分之前,主要是考虑到遗嘱继承和遗赠中的不少制度都以法定继承中的制度为前提,例如,法定继承人的范围就是区分遗嘱继承和遗赠的核心标准。

至于遗赠扶养协议,笔者认为,它不应当规定于继承法之中,下面会详细探讨。

(二) 遗赠扶养协议的取舍

所谓遗赠扶养协议,是指被扶养人与扶养人订立的,扶养人承担被扶养人生养死葬的义务,而被扶养人将自己财产的一部或全部于其死后转移给扶养人所有的协议。[3] 我国现行《继承法》规定了遗赠扶养协议,但是,未来民法典亲属编是否还应当规定遗赠扶养协议呢?对此,学者们有不同的看法。

赞成者提出如下理由:(1) 它是我国继承立法的创造,具有中国特色。[4]

---

① 参见张玉敏主编:《中国继承法立法建议稿及立法理由》,人民出版社 2006 年版。
② 参见郭明瑞、房绍坤、关涛:《继承法研究》,中国人民大学出版社 2003 年版。
③ 我国《继承法》第 31 条规定:"公民可以与扶养人签订遗赠扶养协议。按照协议,扶养人承担该公民生养死葬的义务,享有受遗赠的权利。公民可以与集体所有制组织签订遗赠扶养协议,按照协议,集体所有制组织承担该公民生养死葬的义务,享有受遗赠的权利。"
④ 参见刘春茂:《中国民法学·财产继承》,中国人民公安大学出版社 1990 年版,第 290 页。

（2）它虽然属于合同问题，但也与遗产的处置相关，因此，在继承法中加以规定，未尝不可。[①]（3）它有利于减轻社会负担。遗赠扶养协议这种形式既可以借助集体或个人的力量以弥补社会救济的不足，帮助、扶养孤老病残，帮助老年人安度晚年，同时，又可以减轻国家负担。[②]（4）它有利于更好地解决"五保户"的扶养问题。确认遗赠扶养协议，由"五保户"与集体组织签订遗赠扶养协议，可以清楚地规定双方的权利义务，使集体组织能够更好地对"五保户"尽到扶养的义务，也可以避免在"五保户"死亡后发生遗产继承纠纷。[③]

反对者也提出了自己的理由：（1）遗赠扶养协议属于合同问题，不属于继承中的问题，不应当在继承法中规定。确切地说，遗赠扶养协议就是一个双务有偿的合同，因此，规定在继承法之中并不恰当。（2）我们不应当按照字面意思，将"遗赠扶养协议"理解为扶养和遗赠的结合，尽管从结果意义上讲，被扶养人死后发生的继受被扶养人的遗产与遗赠的效果一样，但就其实际而言，遗赠扶养协议仅有遗赠之名而无遗赠之实。遗赠需要遗嘱，而遗赠扶养协议根本就不是遗嘱。[④]

其实，这场争论要想得到解决，最关键的就是要弄清楚遗赠扶养协议的确切含义。我国学界主流观点也认为，遗赠扶养协议中并不包含遗赠的内容。[⑤] 笔者认为，这种观点值得赞同，理由在于：（1）遗赠扶养协议是双务的法律行为[⑥]，而遗嘱是单方法律行为，从双方法律行为中很难解释出包含了"遗赠"。（2）遗赠就是以遗嘱的形式而设定的赠与，而我国现行法并没有要求遗赠扶养协议必须采取遗嘱的形式。（3）遗嘱是可以随时撤回的，但是，在遗赠扶养协议中，受扶养人并不能随时撤回遗嘱。（4）按照我国《继承法》第五条的规定，遗赠扶养协议的效力优先于遗嘱。如果遗赠扶养协议属于遗赠，那么，如何解释它的效力会优先于遗嘱呢？

笔者认为，遗赠扶养协议是一份包含了扶养和死因赠与的协议。被扶养与扶养人之间实际上达成了协议，扶养人负责被扶养人生养死葬，而被扶养人将其财产赠与给扶养人，只不过，这个赠与要到被扶养人死亡时才生效。

不可否认，遗赠扶养协议是我国社会生活经验的总结，也在实践中产生了积极的效果。[⑦] 但是，在我国民法典中，该制度应当被置于亲属法的扶养部分，而

[①] 郭明瑞、房绍坤、关涛：《继承法研究》，中国人民大学出版社 2003 年版，第 186 页。

[②] 郭明瑞、房绍坤、关涛：《继承法研究》，中国人民大学出版社 2003 年版，第 312~313 页。

[③] 郭明瑞、房绍坤、关涛：《继承法研究》，中国人民大学出版社 2003 年版，第 313 页。

[④] 张平华：《海峡两岸继承法比较研究（上）》，载 http://www.civillaw.com.cn/weizhang/default.asp?id=16373。

[⑤] 郭明瑞、房绍坤、关涛：《继承法研究》，中国人民大学出版社 2003 年版，第 188 页。

[⑥] 郭明瑞、房绍坤、关涛：《继承法研究》，中国人民大学出版社 2003 年版，第 312 页。

[⑦] 参见张玉敏主编：《中国继承法立法建议稿及立法理由》，人民出版社 2006 年版，第 151 页。

不应当被置于继承法之中,理由在于:(1)遗赠扶养协议主要是未来解决扶养问题的,规定在扶养部分更为恰当。虽然,它同时又包含了死因赠与,但是,置于赠与合同部分,就难以彰显其目的和功能。(2)将遗赠扶养协议规定于亲属法的"扶养"部分也不会损害扶养人的利益。因为如此,就等于受扶养人的财产必须先用于清偿债务,然后,再进行遗赠继承和法定继承。(3)遗赠扶养协议本身的重要性和现实意义,并不意味着,它必须被规定在继承法之中。该制度的重要意义,只是意味着民法典最好对其加以规范。但是,究竟置于何处,还应当考虑民法典的体系和逻辑。

(三) 我国民法典继承编的具体框架

我国民法典继承编可以考虑分为四个部分:

一是"总则"。这部分主要规定:继承法的基本原则(包括继承权受法律保护、有限继承原则、继承权平等原则、遗嘱自由原则等)、继承的开始、继承能力、继承的接受和放弃、继承回复请求权等。

二是"法定继承"。这部分主要规定:法定继承人的范围、法定继承人的顺序、应继份等。

三是"遗嘱处分"。这部分主要规定:遗嘱的形式、遗嘱的撤回和变更、遗嘱的效力、特留份、遗嘱的执行等。

四是"遗产的处理"。这部分主要规定:遗产分割的方法、遗产分割的效力、归扣、无人继承遗产的处理等。

第二节 继承法的价值体系

一、继承法价值体系的构建

民法典编纂工作的重要一环就是体系化。"取向于目的,设定所期功能,将知识和事物根据其存在上之关系、作用组织起来的方法,便是体系化。"[1] 体系化就意味着,借助逻辑工具实现法律的科学化,是一种对数学的模仿。[2] 在 17、

---

[1] 黄茂荣:《法学方法与现代民法》,中国政法大学出版社 2001 年版,第 458 页。
[2] 熊谞龙:《民法的体系整合与规范整理》,中国人民大学 2006 年博士学位论文,第 11 页。

18 世纪，近代自然法学家的学者们，试图按照欧几里德几何学的方法，将各个法律的解决办法尽可能地以从少数公理和假说进行演绎的形式加以体系化。① 这种方法的代表性学派就是概念法学。对于实现法学的科学化、实现法学的形式合理性，概念法学曾经产生了巨大的历史作用。但是，随着社会的发展，这种方法越来越难以适应社会发展的需要。

在民法典亲属编的起草过程中，我们固然也要努力实现继承法的形式合理性，但是，我们更重视的是继承法价值体系的形成。这不仅可以保证继承法内部的协调统一，而且可以保证体系不断适应社会的需要，保持体系的开放性。

与亲属法相同，我们也是借助于继承法的原则（最重要的就是基本原则）来构建其价值体系。继承法的原则不仅上承宪法的基本价值、民法的基本原则，而且下接各种具体的制度和规则，这样就不仅使得民法典之中形成一个价值体系，而且使得整个法律价值体系也得以形成。

二、继承法的原则与民法基本原则和宪法基本价值的关系

（一）继承法的原则与民法基本原则的关系

民法典的存在主要是揭示民事关系的基本原则，建构成一套缜密的体系，并勾勒出典型交易的图像，好让民事裁判者在争议发生时，比较容易据而作出裁判。②

整个民法典价值体系的形成，不仅要依靠民法基本原则，而且要依靠各编的法律原则。因此，继承法的原则与民法的基本原则之间就形成了抽象与具体、补充与被补充的关系。例如，"平等原则"就是民法的基本原则，但是，在继承法之中，该原则就具体化为"继承权平等原则"。这就体现了民法基本原则和继承法的原则之间的抽象与具体的关系。而像"有限继承原则"则无法由民法基本原则中推导出来，这就体现了继承法原则对民法基本原则的补充作用。

（二）继承法的原则与宪法基本价值的关系

事实上，整个法律体系也可以形成内在的价值体系。这就要求，宪法基本价值和各个部门法的原则之间形成和谐统一的体系。继承法作为民法典的一编，当然也要体现宪法的基本价值。

① ［日］星野英一：《民法劝学》，张立艳译，北京大学出版社 2006 年版，第 133 页。
② 苏永钦：《民事立法与公私法的接轨》，北京大学出版社 2005 年版，第 20 页。

就继承法来说，宪法也确认了与之相关的一些基本价值，包括人人平等和公民的继承权受法律保护。① 这两项基本价值的具体体现就是，"继承权人人平等原则"和"继承权受法律保护原则"。

三、我国继承法应当坚持的基本原则

（一）继承权受法律保护原则

在资本主义国家，继承权受法律保护是理所当然的。在我国，它应当作为继承法的基本原则予以明确规定。我国继承法之所以强调继承权受保护原则，主要是基于以下原因：

1. 这是我国的社会主义性质所决定的。社会主义的思想，就潜伏着继承制度的废除。历史上，不少社会主义者都主张应当废除继承制度。例如，圣西门（St. Simon）说，"继承，于其出发点，即反于社会之利益。自严格的正义言之，实不应采用。夫勤劳致人，较之怠惰之人，固应多所取得。然此乃因个人状况所生之不平等，于理尚无不合。反之，由继承而生之不平等，则于理于情均不可恕。"② 盖德（Guesde）也曾言，"遗产继承，吾人期必废。何则，盖犯人对于其所生产之物，应于其生存中处分之。一朝死亡，则应将其勤劳之结果返还于共同体。易词言之，即因生存所需之物，只能于生存中取得。及其既死，则无此必要，应以之返还于一般之社会。"③ 而这些社会主义者的思想，具有相当大的误导作用。所以，在我们这个社会主义国家，就应当特别强调继承权受法律保护原则。

2. 这与苏俄废除继承制度的经历有关。1918 年 4 月，苏俄颁布了《废止继承制度令》，提出，法定继承和遗嘱继承一律废止，死者的财产全部归属于国库。1918 年 9 月的《苏俄亲属法》第 160 条也规定："子女对于父母的财产没有任何的权利。"考虑到实际操作的困难，还规定，遗产在一万卢布以上的，才归国家所有。但是，基于现实的逼迫，苏俄还是恢复了继承制度。

3. 这是我国市场化改革的必然要求。我国自 20 世纪 70 年代开始市场化改革，逐渐建立起了市场经济。所谓市场经济，就是"只通过市场进行统一管理、规制、决定方向的经济体系。"④ 市场经济就是交换经济，而交换的前提就是承

---

① 我国《宪法》第十三条第二款规定："国家依照法律规定保护公民的私有财产权和继承权。"
②③ 罗鼎：《民法继承论》，三民书局 1978 年版，第 10 页。
④ ［日］星野英一：《民法劝学》，张立艳译，北京大学出版社 2006 年版，第 133 页。

认私人的产权。对于生存之人，我们承认其产权；相应地，对于死亡之人，我们就必须承认其近亲属可以继承其遗产。

4. 这也是宪法基本价值具体的要求。我国《宪法》规定继承权受法律保护。考虑到宪法"万法之母"的特点，我们也应当尽可能地将宪法的价值具体化，从而演化为继承法的基本原则。

继承权受法律保护原则，可以体现在很多方面：（1）自然人都具有继承能力，它实际上可以理解为是民事权利能力的一部分。（2）胎儿也可以享有继承权。胎儿不仅可以作为法定继承人，而且可以作为遗嘱继承人和受遗赠人。（3）自然人死亡时的合法财产都是遗产，遗产一般不收归国有。（4）继承人的继承权不得非法剥夺。（5）继承回复请求权制度。

（二）遗嘱自由原则

所谓遗嘱自由就是指自然人可以通过选择遗嘱的形式，并通过遗嘱来处置其财产。遗嘱自由原则可以看作是民法上意思自治原则的具体体现。因为在私法上，我们坚持这样的原则，"个人是自己利益的最佳判断者"。所以，民法就允许当事人自主形成法律关系。意思自治原则作为民法的一项基本原则，彰显了民法的基本精神，体现了民法的价值取向。它具体体现为结社自由、合同自由、婚姻自由、遗嘱自由以及过错责任等。

在私有财产制度下，基于所有权绝对原则，个人对于自己的财产可以任意处分，而此原则配合遗嘱制度被贯彻于所有权人死亡之后，就是允许所有权人可以通过遗嘱自由处分其遗产。[1]

各国对于遗嘱形式都采取严格的采取法定主义，这就意味着，除非采用法定形式，否则不产生效力。法律规定遗嘱的方式的原因在于：（1）遗嘱从成立到生效，往往经历较长的时间，如果没有明确的方式，就无法准确认定遗嘱人的意思。（2）遗嘱生效时，遗嘱人已经死亡，如果对遗嘱内容有所争执，举证不易，也就是常说的"死无对证"。（3）遗嘱所涉及的事项比较重要，不应当轻率决定，所以，要求法定形式可以促使遗嘱人谨慎行事。[2] 不过，尽管如此，遗嘱人还是可以在法定的各种遗嘱形式之中进行选择。

遗嘱自由原则主要体现在遗嘱内容自由方面。这就是说，遗嘱人可以通过遗嘱来确定继承人、受遗赠人、继承份额、受遗赠的财产等问题，基本上是完全的自由。依遗嘱内容自由的原则，凡是不违反强行规定或公序良俗的，都可以作为

---

[1] 林秀雄：《继承法讲义》，元照出版公司 2006 年版，第 215 页。

[2] 参见罗鼎：《民法继承论》，三民书局 1978 年版，第 168 页。

遗嘱的内容。① 遗嘱内容自由的边界就是法律的强制性规定和公序良俗，尤其是特留份。这可以看作是权利社会化的表现。②

（三）继承权平等原则

继承权平等，是指自然人平等地享有继承权，不因其性别、年龄、种族、婚生与否等因素而受到影响。继承权平等原则符合现代法治的精神。它既是我国宪法规定的平等权在继承法中的落实，也是民法上平等原则的具体化。

之所以强调继承权平等原则，既有历史的原因，也有现实的原因。从历史来看，我国封建社会一直都存在着，女子不享有继承权的传统。作为反封建的成果，我国继承法一直强调女子和男子享有平等的继承权。就现实来看，女子、非婚生子女、养子女、继子女等特殊群体的继承权往往容易受到侵害，根源在于继承权平等的观念还没有深入人心。

继承权平等原则包括如下方面：（1）继承权男女平等，包括儿子和女儿的继承权平等、丈夫和妻子的继承权平等等内容。（2）非婚生子女和婚生子女的继承权平等。作为社会主义原则的体现，我国一直强调，婚生与否并不影响继承权的享有和继承份额。③（3）养子女和亲生子女的继承权平等。（4）继子女和亲生子女的继承权平等。（5）同一顺序的继承人继承遗产的权利平等。

（四）限定继承原则

限定继承，就是指继承人以继承所得的遗产为限，偿还被继承人的债务。④限定继承与无限继承是相对的。无限继承，又称不限定继承，是指继承必须承受被继承人全部财产权利义务的继承。在限定继承的情况下，继承人虽继承被继承人之"全部"债务，但对于债务之清偿，负以遗产为限度的物的"有限"责任，因此，被继承人中债权人固得对继承人请求偿还全部的债务，但限定继承人得拒绝以自己的固有财产进行清偿。⑤

在我国封建社会，长期实行的是无限继承，俗称为"父债子还"。但是，我国现行《继承法》废除了此项制度，而改采取限定继承，理由在于：（1）无限继承不符合现代法治的精神。现代社会强调个人责任原则，从而避免无辜者受到

---

① 杨与龄：《民法概要》，中国政法大学出版社 2002 年版，第 384 页。
② 龙显铭：《私法上人格权之保护》，台湾中华书局 1958 年版，第 15 页。
③ 《法国民法典》第 760 条规定："非婚生子女只能继承婚生子女的一半份额。"
④ 杨与龄：《民法概要》，中国政法大学出版社 2002 年版，第 374 页。
⑤ 林秀雄：《继承法讲义》，元照出版公司 2006 年版，第 153 页。

牵连。"父债子还"显然不符合现代法治的精神。（2）无限继承不符合继承权的权利性质。继承权既然被称为权利，就意味着，它只能给权利人带来利益，而不是负担。如果采取无限继承，继承权就不再是权利，而成为了义务。（3）无限继承可能导致对继承人产生不利影响。在我国古代，父债子还，无论父亲的积极财产与消极财产能否相抵或仅有消极财产，他的继承人，都应当负担清偿责任，这样，浪费无度的父亲就可能使儿子终身陷在债累之中，而无以自拔。[1]（4）无限继承不符合从"身份到契约"的社会发展趋势。无限继承，实际上是和家庭作为封建社会活动单位相一致的。[2] 确切地说，"父债子还"就是家庭为其过去的债务负责。而在现代社会，每个人都是独立的个人，都是社会活动的单位，类似于有限责任公司。

笔者非常赞同现行《继承法》的立场，未来民法典继承编也应当继续这一立场，它不仅是民法的个人主义原理的具体化，而且是继承法现代化的标志。

不过，限定继承在保护继承人的同时，可能要以牺牲债权人利益为代价。这就要求我们妥善平衡债权人利益保护和限定继承的关系。我国采取无条件的限定继承原则，这十分不利于保护债权人的利益，因此，我们应当借鉴他国的立法经验，设置相应的制度，以救济债权人。

第三节　继承法体系构建中的具体问题

一、共同继承原则

根据参与继承的人数，继承可以分为共同继承与单独继承。单独继承是指继承人仅为一人的继承。而共同继承，就是指继承人有数人时，共同继承被继承人全部遗产。[3] 不过，这里说的继承人的数量，只是理论上的，并不考虑实际的继承人数量。

在历史上，单独继承曾经很盛行。单独继承的形态主要是"长子继承"，也有"幼子继承"的。该制度曾经加剧了资本原始积累的进行，促进了资本主义

---

[1]　参见史尚宽：《继承法论》，中国政法大学出版社2000年版，第21页。

[2]　参见罗鼎：《民法继承论》，三民书局1978年版，第7页。

[3]　杨与龄：《民法概要》，中国政法大学出版社2002年版，第374页。

317

的产生与发展。据考证，西欧封建化比中国晚近千年，但资本主义原始积累速度比我们快得多，完成了资本主义化。原因之一是它们实行的财产嫡长子继承制。而我国封建社会一直实行按支继承的制度。这种诸子平均分配家产的继承制度，是中国传统的"不患寡而患不均"价值取向的直接后果。

近现代的继承法都已经抛弃了单独继承，而改采取共同继承。例如，法国在1790年就废除了长子继承制，实行遗产均分的继承；而英国在1925年也彻底废除了一子继承制。① 依笔者的理解，这主要是基于现代法治的平等精神。人人平等就是机会的平等、起点的平等。而单独继承制明确地承认子女法律地位的不平等，这就与现代法治精神相违背。

不过，共同继承也有其弊端，主要是不利于财富的集中和事业的继续。这就要求通过特定的制度设计来弥补其缺憾，例如，通过遗嘱的方式来限制遗产的分割，或者通过继承人的协议来限制遗产的分割等。

二、当然继承主义

就世界范围来看，继承制度有当然继承主义和非当然继承主义区分。在大陆法系国家，实行当然继承主义（直接继承制度）。② 遗产于继承开始时即转归全体继承人共有，或为共同共有，如德国、瑞士、旧中国，或为分别共有，如法国、日本。而且，准许各共有人随时请求分割，各继承人的分割请求权为形成权，不因时效而消灭。③ 而在英美法系国家，采取非当然继承主义（间接继承制度）。按照这一制度，继承开始后，遗产不是直接转归继承人，而是作为独立的遗产法人，由遗嘱执行人或者遗产管理人负责管理。④

就我国而言，采取当然继承主义比较恰当，理由在于：（1）我国长期实行直接继承制度，群众对此已经习惯、认同。⑤我国自清末变法以来，历次制定民法典"亲属编"都采取当然继承主义。新中国成立后，我国《继承法》也规定了当然继承主义。这就使得人们对此制度产生了认同感。（2）当然继承主义比较契合我国现有的司法制度。在英美法之下，为了保护债权人的利益，几乎每个人死后都需要由有关国家机关出面处理继承问题，如果没有健全的专司遗产继承的专门法院或其他专门机关，这种制度是难以实行的。⑥（3）当然继承主义符合我国民众的心理。在采取间接继承制度的情况下，国家司法机关经常要介入继

① 参见郭明瑞、房绍坤：《继承法》，法律出版社2003年版，第21页。
②④⑤ 张玉敏：《财产继承中债权人利益的保护》，载《现代法学》1997年第2期。
③ 谢怀栻：《外国民商法精要》，法律出版社2002年版，第218页。
⑥ 张玉敏：《财产继承中债权人利益的保护》，载《现代法学》1997年第2期。

承，以保护债权人。但是，我国民众可能不太愿意司法机关太多地介入继承程序，所以，还是当然继承主义比较适合我国。

三、有限亲属继承主义

就世界范围来看，继承制度存在着"有限亲属继承主义"和"无限亲属继承主义"的区别。"无限亲属继承主义"，就是依照亲属关系的亲疏来确定继承的顺序，只要有血缘关系的亲属，不管多么遥远的关系，都可以继承。在过去，西欧国家大多采纳此种原则。[①] 采此原则的原因主要是，尊重私人财产权，防止遗产成为无主财产而被国库取得。[②]

但是，现代各国逐渐采用"有限亲属继承主义"。原因在于：（1）个人财富的取得也有社会和国家的贡献。（2）遥远的亲属继承财产，会导致"笑容满面"的继承人的产生。这与人们的伦理观念相违背。（3）以往的大家庭已经转变为小家庭，因此，无限亲属继承主义也失去了其存在的基础。[③]

我国自清末变法以来，一直实行有限亲属继承主义，现行《继承法》也不例外。这种做法显然符合继承法的发展趋势，也兼顾了个人利益和国家利益。

四、死亡时间的推定

两个或者两个以上的相互之间有继承权的人在同一事故中死亡，而且不能确定死亡的先后顺序的，每个人死亡的时间如何确定，就变得很有意义，它直接影响到相关人的利益。

就世界范围来看，主要有两种做法：一是推定为同时死亡。德国、日本、瑞士等国家都采取这种做法。例如，《日本民法典》第 32 条第 2 款规定："死亡的数人中，某一人是否于他人死亡后尚生存事实不明时，推定该数人同时死亡。"二是推定死亡的先后顺序。此种做法主要考虑自然规律，从而推定死亡的先后顺序。例如，英国 1925 年的《财产法法案》第 184 条规定："两人同时遇难，不能确定谁先死亡的，年轻者视作较年长者后死亡。"法国也是如此，而且设计了更复杂的规则。[④]

我国采用上述第二种做法。《最高人民法院关于贯彻执行〈中华人民共和国继承法〉若干问题的意见》（以下简称"继承法意见"）第 2 条规定："相互有

①②③　参见林秀雄：《继承法讲义》，元照出版公司 2006 年版，第 14 页。
④　参见郭明瑞、房绍坤：《继承法》，法律出版社 2003 年版，第 185～186 页。

继承关系的几个人在同一事件中死亡，如不能确定死亡先后时间的，推定没有继承人的人先死亡。死亡人各自都有继承人的，如几个死亡人辈分不同，推定长辈先死亡；几个死亡人辈分相同，推定同时死亡，彼此不发生继承，由他们各自的继承人分别继承。"

不过，有学者提出，我国司法解释的规定，一定程度上违反了自然规律，应当修改。[1] 也有学者提出，我国应当采取第一种立法例，即在同一事故中死亡的人都有其他继承人时，不论辈分是否相同，应一律推定为同时死亡，其遗产由各自的其他继承人继承。[2]

笔者认为，死亡时间的推定问题，并不是事实探求的问题，而是立法政策的问题。因此，是否考虑自然规律，应当属于政策考虑。我国既有的规定在实践中效果良好，而且，已经为人们所接受，不应当再进行修改。

五、遗产

关于遗产的法律地位，理论上有各种学说。概括起来，主要有三种：一是无主财产说。该说认为，遗产分割前，遗产的权利人没有确定，因此没有所有人，遗产属于无主财产。二是财产法人说。该说认为，遗产本身是一个法人，独自享有和承担权利义务。三是继承人共有说。该说认为，遗产在分割前，为全体继承人共有，在继承人没有作出放弃继承的表示以前，继承人一律视为遗产的共有人。[3]

事实上，探讨遗产法律地位问题的前提是，继承法是否采取当然继承主义。在采取当然继承主义的立法之下，遗产就属于继承人共有；而在采取非当然继承主义的立法之下，遗产可以被理解为财产法人。我国现行《继承法》采取当然继承主义，所以遗产属于继承人共有。我国未来民法典也应当继续这一立场。

但是，遗产究竟属于继承人共同共有，还是按份共有呢？对此，有两种不同的立法例：一是按份共有模式。在此种模式下，当继承人有数人时，各继承人对于遗产按其应继份而按份共有，在遗产分割前，各继承人可以处分其份额。二是共同共有模式。在此种模式下，各继承人对于各个遗产，没有独立的应有部分，只是一种共同共有。[4] 按份共有模式是罗马法的体例，后来，为日本、法国等国

---

[1] 参见郭明瑞、房绍坤：《继承法》，法律出版社 2003 年版，第 187 页。

[2] 张玉敏主编：《中国继承法立法建议稿及立法理由》，人民出版社 2006 年版，第 33～34 页。

[3] 郭明瑞、房绍坤：《继承法》，法律出版社 2003 年版，第 190 页。

[4] 参见林秀雄：《继承法讲义》，元照出版公司 2006 年版，第 97 页。

家所借鉴。而共同共有模式是日耳曼法的体例，后来为德国、瑞士等国家所借鉴。①

对于遗产的共有究竟为共同共有还是按份共有，我国学界也有不同的看法。《民法通则意见》第一百七十七条明确其为共同共有。笔者认为，此种做法应当继续。因为我国继承法往往根据权利义务相一致原则对继承份额进行调整，这就使得按份共有模式不太可能被引入。

六、继承权的丧失

继承权，就是可以成为他人继承人的权利。② 在继承开始以前，继承人享有可能成为他人继承人的权利，此种继承权在性质上是期待权；而在继承开始以后，继承人因为继承的开始而享有事实上的继承权，此种继承权在性质上是既得权。③

继承权的丧失，可以理解为是继承人的消极资格。④ 各国继承法都规定，继承人犯有某些严重违背伦理道德的不法行为的，就丧失继承权。⑤ 因为这些违反道德的行为，应当受到必要的制裁。这也是亲属法强烈伦理性的具体表现。

继承权的丧失是对继承人继承权的剥夺，这项制度不仅对继承人的权利影响极大，而且涉及整个继承制度的立法观念。⑥ 所以，各国立法都明确规定继承权丧失的法定事由。虽然各国规定不一，但大体包括以下几种：杀害被继承人的；为谋夺遗产而杀害其他继承人的；以欺诈、胁迫等手段妨害被继承人订立、撤销或变更遗嘱的；伪造、隐匿、篡改、销毁遗嘱的。⑦

我国现行《继承法》第七条规定："继承人有下列行为之一的，丧失继承权：（一）故意杀害被继承人的；（二）为争夺遗产而杀害其他继承人的；（三）遗弃被继承人的，或者虐待被继承人情节严重的；（四）伪造、篡改或者销毁遗嘱，情节严重的。"不过，本条规定还有待于改进，主要在以下方面：（1）故意杀害被继承人，应当限于违法行为，且行为人应当具有责任能力。如果存在违法阻却事由，就不应当丧失继承权⑧；如果无责任能力者实施了杀害行为，也不应当丧失继承权。（2）还应当增加三类丧失继承权的事由：一是以欺诈或胁迫的手

---

① 参见郭明瑞、房绍坤：《继承法》，法律出版社 2003 年版，第 191～192 页。

②③ 杨与龄：《民法概要》，中国政法大学出版社 2002 年版，第 369 页。

④ 罗鼎：《民法继承论》，三民书局 1978 年版，第 47 页。

⑤⑦ 张玉敏主编：《中国继承法立法建议稿及立法理由》，人民出版社 2006 年版，第 35 页。

⑥ 郭明瑞：《〈民法典·继承篇〉立法中的若干问题》，载 http://www.civillaw.com.cn/weizhang/default.asp?id=8143。

⑧ 参见《德国民法典》第 2339 条。

段，迫使或者妨碍被继承人设立、变更或者撤回遗嘱，应当是作为继承权丧失的事由。因为这种行为严重侵犯了被继承人的遗嘱自由的权利。德国、瑞士等国家也都将这种情形作为丧失继承权的事由。[①] 二是隐匿遗嘱的也应当作为丧失继承权的事由。因为隐匿和伪造、篡改、销毁的性质相同，应当作类似处理。三是对被继承人有重大的侮辱行为。此种行为严重违背道德，应当使行为人丧失继承权。

继承权的丧失还可以分为绝对丧失和相对丧失两种。我国《继承法意见》第 13 条规定："继承人虐待被继承人情节严重的，或者遗弃被继承人的，如以后确有悔改表现，而且被虐待人、被遗弃人生前又表示宽恕，可不确认其丧失继承权。"这可以理解为是关于继承权相对丧失的规定。不过，关于相对丧失继承权的事由，我国继承法规定得过于狭窄。可以考虑增加，如以欺诈或胁迫的手段，迫使或者妨碍被继承人设立、变更或者撤回遗嘱。另外，相对丧失继承权的判断标准应当趋于明确化，否则，不仅不利于法官自由裁量权的限制，而且不利于继承权的保护。笔者建议，参考我国台湾地区"民法"作修改，规定只有被继承人明确的表示，才是认定是否相对丧失继承权的标准。

七、继承回复请求权

继承回复请求权，是指继承权被侵害时，被害人（真正权利人）或其法定代理人可以请求回复的权利。也就是说，正当继承人，请求确认其继承资格并回复继承标的的权利。[②] 如前所述，我国未来民法典应当采取当然继承主义。在这种模式下，继承人就是遗产的共有人，他们的继承权受到侵害时，完全可以根据物权请求权等权利来保护自己。为什么还要设立继承权回复请求权呢？

对此，学者有不同的解释。[③] 第一种观点认为，继承标的物很多，如果继承人都要一一提起诉讼，真正的继承人恐怕不胜其烦，所以，法律在物权请求权之外又设立了继承权回复请求权，以便于继承人一次请求，就可以概括地回复被占有的标的物。第二种观点认为，物权请求权没有诉讼时效或者诉讼时效过长，为了尽快确定财产权属，保障交易安全，就设计了继承权回复请求权，并设定较短的诉讼时效。第三种观点认为，通过继承回复请求权诉讼，法院可以统一确定全部有继承资格的人，以便于继承关系的尽快确定。

笔者认为，第一种观点值得赞同。因为继承制度的设计主要是为了保护继承

---

① 郭明瑞：《〈民法典·继承篇〉立法中的若干问题》，载 http：//www.civillaw.com.cn/weizhang/default.asp?id=8143。

② 杨与龄：《民法概要》，中国政法大学出版社 2002 年版，第 371 页。

③ 参见林秀雄：《继承法讲义》，元照出版公司 2006 年版，第 50 页。

人的利益，这也与我国继承法确定的"继承权受法律保护"原则相一致。

继承回复请求权的行使必须符合以下要件：（1）必须是无继承权人已为事实上占有遗产。（2）遗产占有人没有合法的遗产占有根据。（3）占有人否认真正继承人的继承权。

在共同继承发生继承权受侵害时，是否应由全体继承人共同行使继承回复请求权呢？对此，有两种不同的观点：一是共同行使说；二是单一行使说。笔者认为，单一行使说应当采纳，因为它能够充分救济当事人。

继承回复请求权是否适用诉讼时效？这与继承回复请求权的性质有关。关于继承权回复请求权的性质，学说上有三种观点：一是继承地位恢复说，又称形成权说；二是遗产权利恢复说，又称遗产返还请求权说；三是折衷说，即形成权兼遗产返还请求权说。此处我们不想对其进行探讨，但按照我国学界的一般看法[①]，继承回复请求权应当适用诉讼时效的规定。

如果继承回复请求权的诉讼时效届满，继承人是否还可以依据其他法律规定请求救济，尤其是基于物权请求权请求救济？笔者认为，基于保障真正继承人的利益考虑，应当承认这种请求权的竞合。另外，如果我们承认继承回复请求权制度设立的目的就是更好地保护继承人，那么，允许请求权竞合才符合立法目的。

八、遗嘱能力

遗嘱能力，是指行为人可以立遗嘱的资格。[②] 从性质上来说，遗嘱能力属于民事行为能力的范畴。是否具备遗嘱能力，应当以立遗嘱的时间进行判断，而不能以遗嘱人死亡的时间为准。[③]

我国现行《继承法》第二十二条第一款规定："无行为能力人或者限制行为能力人所立的遗嘱无效。"这就意味着，只有具有完全民事行为能力的人，才具有遗嘱能力。当然，结合我国《民法通则》的规定，16 周岁以上不满 18 周岁、以自己的劳动收入作为主要生活来源的人，也具有遗嘱能力。

在制定民法典的时候，我们就应当反思，既有的立法是否合理。考察世界各国的立法，我们发现，多数国家规定的遗嘱能力的年龄最低限，都比普通民事行为能力的年龄最低限要低。[④] 例如，德国法规定，20 周岁以上者为完全民事行为能力人，但 16 周岁以上者就具有遗嘱能力。如此规定的理由在于：（1）即使没

---

① 我国《继承法》第八条规定："继承权纠纷提起诉讼的期限为 2 年，自继承人指导或者应当知道其权利被侵犯之日起算。但是，自继承开始之日起超过二十年的，不得再提起诉讼。"

②③ 杨与龄：《民法概要》，中国政法大学出版社 2002 年版，第 384 页。

④ 王泽鉴：《民法总论》，中国政法大学出版社 2001 年版，第 325 页。

有完全民事行为能力的人也已经具有相当的识别能力，允许其立遗嘱，可以充分发挥遗嘱制度的作用。（2）遗嘱是于遗嘱人死后发生效力的，不会对立遗嘱人产生不利影响。笔者认为，在我国民法典中，也可以借鉴其他国家的经验，规定较低的遗嘱能力标准，建议规定，16周岁以上精神正常的人都具有遗嘱能力。

另外，精神病人显然不具有遗嘱能力，但问题是，法院所作的民事行为能力宣告，究竟是如何影响遗嘱能力的认定？换言之，虽然属于精神病人，但是，没有经过人民法院宣告，是否就具有遗嘱能力？或者，虽然精神病已经痊愈，但是，法院还没有撤销宣告，是否不具有遗嘱能力？笔者认为，法院所作的民事行为能力宣告，应当仅仅具有推定的功能，允许当事人举证推翻。如此，才能体现对被继承人意思的尊重，也有利于保护继承人的利益。

九、法定继承人

法定继承人，就是指因法律的规定而取得继承人资格的人。[①] 各国继承法有采取无限亲属继承主义的，也有采有限亲属继承主义的。前一种立法例下，法定继承人的范围是一切具有亲属关系的人，而在后一种立法例下，法定继承人仅仅是一定范围内的亲属。

即使在采取有限亲属继承主义的国家，各国法定继承人的范围和顺序也不一致。各国都是根据当时的社会情形，综合各项制度以及历史文化传统，以婚姻、血缘和家庭关系为基本要素来确定继承人的范围与顺序的。[②] 不过，整体的趋势是逐渐缩小继承人的范围，如法国民法最初规定旁系血亲十二亲等以内者均可以继承（参见《拿破仑民法典》第755条），现在则缩小到六亲等（参见现行《法国民法典》第755条）。[③]

根据我国《继承法》[④] 的规定，法定继承人分为两个顺序。第一顺序的法定继承人包括：配偶、子女或者其晚辈直系血亲（代位继承人）、父母、对公婆或岳父母尽了主要赡养义务的丧偶儿媳和丧偶女婿。第二顺序的法定继承人包括：兄弟姐妹、祖父母、外祖父母。这种规定基本符合我国社会的实际情况和人民的继承习惯，但是，它也有需要改进之处：

1. 增加第三顺序的法定继承人。我们可以考虑将四亲等以内的其他旁系血

---

① 杨与龄：《民法概要》，中国政法大学出版社2002年版，第366页。

② 郭明瑞：《〈民法典·继承篇〉立法中的若干问题》，载 http://www.civillaw.com.cn/weizhang/default.asp?id=8143。

③ 谢怀栻：《外国民商法精要》，法律出版社2002年版，第217页。

④ 参见我国《继承法》第十条、第十一条、第十二条。

亲作为第三顺序的法定继承人（如叔、伯、姑、舅、外甥、侄子女），[①] 理由在于：（1）尊重当事人的财产权利，尽可能避免财产归国家所有。随着我们国家计划生育政策的贯彻落实，近亲属之内的成员越来越少，发展到最后有可能许多财产都无人继承。[②]（2）借鉴其他国家的立法经验，扩大法定继承人的范围。相比较其他国家来说，我国法定继承人的范围稍嫌狭窄，有必要适当扩大。

2. 丧偶儿媳和丧偶女婿继承权的调整。现行法律规定，丧偶儿媳或女婿对公婆或者岳父母尽了主要赡养义务的，作为第一顺序的法定继承人。此举是我国继承法的创新，目的是鼓励赡养老人，发扬中华民族的优良传统。[③]但是，此种规定也有值得商榷之处，主要是：（1）法定继承人的确定一般都是根据血缘关系、婚姻关系来确定的，在这个关系以外的人一般不定为法定继承人。[④]（2）这在一定程度上打破了我国继承中的"各房均分"的习惯。（3）要求丧偶儿媳或丧偶女婿尽到主要赡养义务，这也过于苛刻。笔者认为，丧偶儿媳或者女婿赡养公婆或岳父母直到其死亡的，没有代位继承人的，为第一顺序继承人；有代位继承人的，应当分给适当的遗产。[⑤]

十、遗嘱的形式

遗嘱，就是因行为人死亡而发生效力的单独要式法律行为。[⑥] 各国通例都要求，遗嘱必须满足特定的形式，这既是为了确保遗嘱人的真实意思的实现，同时，也是为了提醒遗嘱人谨慎行事。

现行《继承法》规定了五种遗嘱形式：公证遗嘱、自书遗嘱、代书遗嘱、录音遗嘱、口头遗嘱[⑦]。这几种遗嘱形式既符合了人们的生活习惯，也满足了人们的生活需要，适用的效果较好。借助民法典亲属编制定的机遇，我们可以对遗嘱形式加以完善，主要表现在以下方面：

1. 就公证遗嘱而言，民法典应当明确规定公证遗嘱的制定，而不能将其完全交由特别法规定。这既是民法典的基本法地位决定的，也是限制特别法立法随意性的需要。就公证遗嘱而言，法律应当明确，必须有两个以上的公证人员，而且，应当符合回避的要求。

2. 就自书遗嘱而言，应当增加如下内容：（1）遗嘱必须由遗嘱人亲笔签名，不能以盖章或按印的方式代替。因为既然是亲自书写遗嘱，一般都会亲自签名，

---

①②③④⑤　郭明瑞：《〈民法典·继承篇〉立法中的若干问题》，http://www.civillaw.com.cn/weizhang/default.asp?id=8143。

⑥　杨与龄：《民法概要》，中国政法大学出版社2002年版，第384页。

⑦　参见我国《继承法》第十七条。

盖章或按手印既不符合常情，也容易伪造。（2）遗嘱必须注明年月日。如此，不仅可以判断遗嘱人立遗嘱时是否具有遗嘱能力，而且可以按照日期来确定各份遗嘱的先后。不过，采用"金婚纪念日"或"某年中秋节"等方式，只要可以认定具体年月日的，也认为符合要求。（3）自书遗嘱如需涂改、增删时，遗嘱人也须在涂改、增删处签名、注明时间和增删字数，否则，其涂改、增删的内容无效。

3. 代书遗嘱。我国现行法规定，遗嘱人应当签名。此种要求似乎过于苛刻，因为既然需要代书，就意味着遗嘱人很可能不会写字。因此，应当允许遗嘱人盖章或者按手印。

4. 录音遗嘱。考虑到现代科学技术的发展，应当允许以录像、光盘以及其他电子读物为载体而制作遗嘱的形式。[1] 在遗嘱人录制完遗嘱后，见证人也应当将自己的见证证明录制在录制遗嘱的音像磁带上。遗嘱人在录制完遗嘱后，还应当将记载遗嘱的磁带条封存，并由见证人共同签名，注明年月日。[2]

5. 口头遗嘱。此种遗嘱形式，需要完善之处甚多：（1）见证人不在场，也应当允许。因为在有些紧急情况下，不可能要求见证人在场。（2）见证人应当当场记录或者补记遗嘱人的口头遗嘱，并由记录人、其他见证人签名，注明年月日。（3）危急情况的解除，必须持续一定期限，才能使口头遗嘱无效。人们不能期待，危急情况一旦解除，遗嘱人立即立遗嘱。这个期限可以设定为 10 天。[3]

最后需要探讨的是，我国是否有必要规定密封遗嘱。密封遗嘱，是指将遗嘱密封，再会同见证人、提经公证人证明的遗嘱。[4] 密封遗嘱是具有悠久历史的遗嘱方式，并为大多数国家所采用。密封遗嘱的优势是，比起公证遗嘱密封遗嘱具有保密性，比起自书遗嘱密封遗嘱具备较强的公信力。但是，笔者认为，密封遗嘱所要求的保密性可以由公证机构的保密职责实现，因而密封遗嘱没有规定的必要。[5]

十一、共同遗嘱

共同遗嘱，也称为合立遗嘱，是指两个以上的遗嘱人共同设立的、同时处分共同遗嘱人各自财产或共同财产的遗嘱。共同遗嘱分为：单纯共同遗嘱、相互共同遗嘱和相关共同遗嘱。单纯共同遗嘱是指内容各自独立的两个以上的遗嘱，记

---

① 郭明瑞、房绍坤、关涛：《继承法研究》，中国人民大学出版社 2003 年版，第 270 页。
② 参见张玉敏主编：《中国继承法立法建议稿及立法理由》，人民出版社 2006 年版，第 114 页。
③ 参见张玉敏主编：《中国继承法立法建议稿及立法理由》，人民出版社 2006 年版，第 118 页。
④ 杨与龄：《民法概要》，中国政法大学出版社 2002 年版，第 385 页。
⑤ 参见张平华：《海峡两岸继承法比较研究（下）》，http://www.civillaw.com.cn/weizhang/default.asp?id=16374。

载于同一遗嘱书之中。相互共同遗嘱，是指遗嘱人相互为遗赠或者相互指定他方为自己继承人的遗嘱。相关共同遗嘱，是指两个遗嘱人相互以他方的遗嘱为条件所立的遗嘱。[1]

对于共同遗嘱是否应当承认，有赞同说和反对说。赞同说认为：（1）共同遗嘱符合我国人民的习惯。我国素来有夫妻合立遗嘱的习惯。（2）共同遗嘱适应我国家庭财产共同共有的性质。合立遗嘱有利于妥善解决家庭共有财产的处理问题。[2]反对说提出如下理由：（1）共同遗嘱与遗嘱的基本原理相违背。遗嘱应当是单方行为，而共同遗嘱为双方行为。（2）遗嘱自由原则要求遗嘱可以随时随意撤回，而共同遗嘱的撤回也应当共同进行，这影响了遗嘱自由的实现。[3]

我国《继承法》没有明确规定共同遗嘱的效力问题，但司法部颁布的《遗嘱公证细则》却有条件地认可了共同的公证遗嘱的效力，即明确了遗嘱变更、撤销及生效的条件的共同公证遗嘱，可以有效。[4]

笔者认为，既然这是我国人民的习惯，民法典就不应当回避共同遗嘱的问题。区别不同的共同遗嘱而对待，应当是比较妥当的。（1）应当区分单纯共同遗嘱和其他共同遗嘱，原则上只承认单纯共同遗嘱的效力。（2）夫妻合立的遗嘱，应当一概承认其效力。

十二、遗赠

遗赠，就是指通过遗嘱将个人财产赠给国家、集体或者法定继承人以外的人的法律行为。[5]遗赠与遗嘱继承的区别主要在于，遗嘱继承人与受遗赠人的范围不同。遗嘱继承人只能是法定继承人范围以内的人；而受遗赠人是国家、集体或法定继承人以外的人。

在实践中，最难区分的是遗赠和死因赠与。死因赠与，是以赠与人死亡作为生效要件的赠与。遗赠和死因赠与都是一方当事人死亡后发生效力的行为。但是，遗赠与死因赠与的区别在于：（1）遗赠是单方的法律行为，只需要有遗赠人一方的意思表示即可，无须征得对方的同意；而死因赠与是双方法律行为，只

---

[1] 史尚宽：《继承法论》，中国政法大学出版社 2000 年版，第 415～416 页。

[2] 参见郭明瑞、房绍坤：《继承法》，法律出版社 2003 年版，第 170～171 页。

[3] 参见史尚宽：《继承法论》，中国政法大学出版社 2000 年版，第 417 页。

[4] 我国《遗嘱公证细则》第十五条规定："两个以上的遗嘱人申请办理共同遗嘱公证的，公证处应当引导他们分别设立遗嘱。遗嘱人坚持申请办理共同遗嘱公证的，共同遗嘱中应当明确遗嘱变更、撤销及生效的条件。"

[5] 我国《继承法》第十六条第二款规定："公民可以立遗嘱将个人财产赠给国家、集体或者法定继承人以外的人。"

有赠与人和受赠人意思表示一致才能成立。（2）遗赠采取遗嘱的方式，由继承法调整；而死因赠与采取合同方式，不必采用特定的方式，受合同法调整。

遗赠是继承法上的重要制度，它虽然不属于狭义的继承制度的范畴，但是，因其采用遗嘱的方式，所以，应当规定在继承法之中。不过，我国现有的遗赠制度，还存在不少不足之处，笔者认为，可从以下方面加以完善。

1. 承认遗赠的推定。现行法规定，"受遗赠人应当在知道受遗赠后两个月内，作出接受或者放弃受遗赠的表示。到期没有表示的，视为放弃受遗赠。"[①]这种规定值得商榷，因为法律原则上不作对当事人不利的推定。我们建议，借鉴我国台湾地区"民法"的做法，规定"到期没有表示的，视为接受遗赠。"[②]

2. 废弃遗托的概念，采取"附负担的遗赠"的表述。现行法虽然没有采取"遗托"的表述，但是，我国学者往往采纳"遗托"的概念，认为遗托是遗嘱人在遗嘱中对受赠人或者遗嘱继承人提出的须履行某附加义务的要求。[③]遗托实际上就是附负担的遗赠中的负担，既然如此，就没有必要规定遗托。

3. 增加"用益遗赠"制度。用益遗赠，就是以遗产的使用、收益为客体的遗赠。在用益遗赠中，受赠人不得处分该遗产，只是可以使用、收益。受遗赠人负有返还的义务。返还的期限如此确定：首先，依遗赠人的意思确定；其次，依遗赠的性质确定；再次，仍然无法确定的，以受遗赠人的终身为其期限。[④]我国现行法没有规定用益遗赠，而且，物权法规定居住权的可能性也不大，所以，我们可以考虑以用益遗赠实现对居住权制度的部分功能替代。

4. 增加"物上代位的遗赠"制度。我国台湾地区"民法"规定了此制度，该法规定，"遗嘱人因遗赠物灭失、毁损、变造或丧失物之占有，而对于他人取得权利时，推定以其权利为遗赠。因遗赠物与他物附合或混合，而对于所附合或混合之物，取得权利时，亦同。"[⑤]此种制度符合遗赠人的意思，而且有利于处理实践中的纠纷，值得借鉴。

十三、代位继承

代位继承，是指被继承人的子女先于被继承人死亡时，由其子女的晚辈直系

---

① 我国《继承法》第二十五条第二款。

② 我国台湾地区"民法典"第1207条规定："继承人或其他利害关系人，得定相当期限，请求受遗赠人于期限内为承认遗赠与否之表示，期限届满尚无表示者，视为承认遗赠。"

③ 参见郭明瑞、房绍坤：《继承法》，法律出版社2003年版，第177页。

④ 参见我国台湾地区"民法典"第1240条；另参见杨与龄：《民法概要》，中国政法大学出版社2002年版，第387页。

⑤ 参见我国台湾地区"民法典"第1203条。

血亲代替被继承人的子女来继承被继承人遗产的法律制度。不过，这个定义，是基于我国现行法的规定作出的。就世界范围来看，代位继承制度的规定差别较大。

关于代位继承的发生原因，有三种不同的规定：（1）以被代位人先于被继承人死亡为代位继承发生的唯一原因，如法国。（2）被代位人先于被继承人死亡和丧失继承权，都可以引起代位继承，如日本、韩国、意大利。（3）被代位人先于被继承人死亡、丧失继承权和抛弃继承权，都可以导致代位继承，如德国和瑞士。[①]

我国现行法采取第一种模式，但是，在民法典之中，是否考虑借鉴其他的模式呢？笔者认为，我们可以借鉴第二种模式，即被代位人先于被继承人死亡和丧失继承权，都可以引起代位继承。理由在于：

1. 我国继承法不承认在被继承人死亡前，继承人可以抛弃继承权，这就意味着，继承人抛弃继承权不可能导致代位继承的产生。

2. 代位继承人应当是基于自己的固有权利来代位继承，所以，代位继承不应当受到被代位人是否丧失继承权的影响。

对于代位继承人为何可以继承，有代表权说和固有权说两种观点。代表权说（又称代位权说）认为，代位继承人是代替被代位人的继承地位而继承，被代位人的继承权是代位人继承的基础，代位继承有替补继承的性质。所以，被代位人丧失继承权，其晚辈直系血亲就不可能代位继承。而固有权说则认为，代位继承人是基于自己的固有权利继承被继承人的遗产，所以，被代位人丧失继承权，他的晚辈直系血亲仍然可以基于自己的固有权利而继承。笔者认为，固有权说更为可采，理由在于：

1. 继承人丧失继承权，这是对继承人背德行为的惩罚，但是，此种惩罚不能殃及到继承人的晚辈直系血亲。否则，就违背了现代民法的个人责任原则。

2. 从制度上考察，代位继承是基于亲系继承和按支继承这样两种继承制度。亲系继承的特点是，按亲系划分继承顺序，前一亲系的所有成员的继承顺序在后一亲系的人之前，亲等近者先于被继承人死亡，由其晚辈直系血亲，即亲等较远者代位继承。所谓按支继承，即在子女及其直系卑亲属这个亲系之中，按子女的人数划分为若干支，每个子女及其后裔为一支。遗产在这个亲系中按支分配而不是按人分配，每一支当中按亲等近者优先的原则继承。如果某一支中亲等近者先于被继承人死亡或丧失继承权，则由其晚辈直系血亲代位继承。只要这一支当中

---

① 张玉敏：《代位继承比较研究》，载《中央政法管理干部学院学报》1997年第3期。

有直系卑亲属存在，该应继份就不转归他支。其他亲系依此类推。① 既然如此，固有权说就更符合代位继承的制度起源。

在代位继承的情况下，被代位人的范围如何？在我国现行法之下，被代位人仅仅限于被继承人的子女。但是，综观各国继承立法，关于被代位人范围的规定，大体有四种类型：（1）被继承人的直系卑亲属，如我国台湾地区。（2）被继承人的直系卑亲属和兄弟姐妹及其直系卑亲属，如日本、法国、韩国、加拿大。（3）被继承人的直系卑亲属、父母及其直系卑亲属和祖父母及其直系卑亲属，如德国和瑞士。（4）被继承人的直系卑亲属、兄弟姐妹及其直系卑亲属、祖父母及其直系卑亲属，如美国。②

笔者认为，我国现行法的做法体现了我国既有的继承习惯，而且，尊重了被继承人往往希望财产由自己的晚辈直系血亲继承的愿望。所以，民法典没有必要改变此种做法。

十四、可撤销遗嘱

民事法律行为中存在无效民事行为和可撤销民事行为之分。但是，我国继承法并没有承认可撤销遗嘱，而只是规定了统一的无效遗嘱制度。因为遗嘱是于遗嘱人死亡后才生效的，于遗嘱人死亡后本人并不能撤销该有瑕疵的遗嘱，所以，受到胁迫、欺诈的遗嘱也应当是无效的。③

不过，有些国家规定了可撤销遗嘱制度，即遗嘱人因错误、欺诈、胁迫等原因而立了遗嘱，可以撤销。遗嘱人生前可以撤销，遗嘱人死后，其继承人可以行使撤销权。④

笔者认为，我国民法典也应当借鉴此种模式，规定可撤销遗嘱制度。虽然在因错误、欺诈、胁迫而立遗嘱的情况下，遗嘱人生前是否享有撤销权并不重要，因为他可以随时撤回遗嘱。但是，规定此制度还是具有一定的意义：（1）这可以保持民事法律行为制度的统一性。在总则编，法律行为包括了可撤销民事行为和无效民事行为。基于体系协调考虑，继承编也应当规定无效遗嘱和可撤销遗嘱。（2）规定可撤销遗嘱，也是尊重当事人意思的表现。如果遗嘱人没有行使撤销权而死亡，则该撤销权可以由法定继承人继承。⑤ 这时应当将是否撤销遗嘱

---

①② 张玉敏：《代位继承比较研究》，载《中央政法管理干部学院学报》1997年第3期。

③ 郭明瑞、房绍坤：《继承法》，法律出版社2003年版，第156页。

④ 参见《日本民法典》第120条。

⑤ 张平华：《海峡两岸继承法比较研究（下）》，http://www.civillaw.com.cn/weizhang/default.asp?id = 16374。

的选择权交给继承人，否则违背了私法自治的精神。

十五、遗产酌给请求权

遗产酌给请求权，是指法定继承人以外的人可以请求分配一定遗产的请求权。我国《继承法》第十四条规定："对继承人以外的依靠被继承人扶养的缺乏劳动能力又没有生活来源的人，或者继承人以外对被继承人扶养较多的人，可以分给他们适当的遗产。"这就是对遗产酌给请求权的规定。

"继承人以外的依靠被继承人扶养的缺乏劳动能力又没有生活来源的人"享有遗产酌给请求权的原因是：（1）克服法定继承的局限性。因为法定继承人只限于一定范围内的亲属，除此之外的人往往不能得到遗产。被继承人的死亡就可能使得他们突然丧失扶养，从而生活无着。（2）基于死后扶养的思想。被继承人生前有扶养的义务，其死亡后，也应当以其遗产进行扶养。[①] 此种遗产酌给请求权，各国继承法基本上都予以承认。

而"继承人以外对被继承人扶养较多的人"享有遗产酌给请求权的原因在于：（1）克服法定继承的局限性。因为法定继承人以外的人，即使尽到了较多的扶养义务，也不能继承遗产。（2）这是我国继承法权利义务相一致思想的体现。

《继承法》第十四条的规定具有现实意义，应当保留。但是，还有几个问题需要明确：

1. 被继承人生前扶养的人，是否限于其负有法定扶养义务的人？对此，学者间有不同的看法。有学者认为，应当限于被继承人对其负有法定扶养义务的人，对于其他人而言，如果被继承人有继续扶养的意思，就已经通过遗赠的方式给予财产了。也有学者认为，只需要被继承人生前有对其继续扶养的事实，有无法定扶养义务，则非所问。[②] 笔者认为，从该制度的立法目的考虑，应当不限于被继承人对其负有法定扶养义务的人。另外，从保护弱者、维护社会稳定考虑，也应当作此解释。

2. 酌给的数量。根据我国《继承法解释》第三十一条的规定，酌给遗产时，按具体情况可多于或少于继承人。这就意味着，标准十分弹性。有学者建议，未来大陆民法典应该规定，遗产酌给请求权的请求范围不得超过继承人的应继承部

---

① 参见史尚宽：《继承法论》，中国政法大学出版社 2000 年版，第 166 页。

② 杨与龄：《民法概要》，中国政法大学出版社 2002 年版，第 373 页。

分。① 我们认为，此建议合理。

3. 遗产酌给请求权的优先效力。这就是说，遗产酌给请求权，是否可以优先于被继承人的债务清偿、遗嘱继承和遗赠？对此，我国台湾地区通说见解认为，从救济社会弱者的角度考虑，遗产酌给请求权应当优先于受遗赠权、继承权，不过，不应当优先于债权。② 我们认为，此种做法既保护了债权人的利益，又注重对弱者的保护，值得赞同。

十六、特留份制度

特留份就是指被继承人必须为继承人保留，而不得以遗嘱处分的一部分遗产。③ 特留份为法定继承人的不可侵犯的部分，非继承人（包括丧失继承权的人与抛弃继承权的人）不得享有。④

就世界范围来看，是否规定特留份制度，有两种不同的立法例：一是绝对的遗嘱自由模式。例如，在近代英国法上，通过遗嘱来处分财产，完全委诸个人的自由。这是近代个人自由主义的要求，也是为了鼓励财富的创造。⑤ 二是承认特留份模式。特留份制度可以最早追溯到罗马法。公元前 40 年的法尔其第法（Fex Falcidia）就规定了义务份。后来，大陆法系国家都承认了特留份制度，目的是维持法定继承制度和亲属关系，并避免继承人突失生活依据。⑥

我国《继承法意见》第 37 条的规定："遗嘱人未保留缺乏劳动能力又没有生活来源的继承人的遗产份额，遗产处理时，应当为该继承人留下必要的遗产，所剩余的部分，才可参照遗嘱确定的分配原则处理。"这虽然也有特留份制度的影子，但是，并不是完全的特留份制度。在起草我国民法典的过程中，不少学者都建议规定特留份制度。笔者认为，此种建议应当采纳，理由是：

1. 遗嘱自由并非法律的目的，基于实际需要完全可以限制此种自由。从法律发展的趋势来看，私有财产的自由处分并不是绝对的真理，基于社会共同生活的必要而对此项自由加以相当的限制，不但不违背于事理，而且符合实际需要。⑦

2. 特留份制度可以看作是以个人主义为主，以家族主义为辅的立法思想的体现。我国继承立法应当顺应社会发展趋势，坚持个人主义为主，家族主义为辅的立法思想。而特留份制度契合了家族主义思想。

---

①② 张平华：《海峡两岸继承法比较研究（下）》，载 http：//www. civillaw. com. cn/weizhang/default. asp?id = 16374。

③⑥ 杨与龄：《民法概要》，中国政法大学出版社 2002 年版，第 390 页。

④ 谢怀栻：《外国民商法精要》，法律出版社 2002 年版，第 217 页。

⑤⑦ 参见罗鼎：《民法继承论》，三民书局 1978 年版，第 251 页。

3. 特留份制度有利于维护家庭关系和亲属关系。家庭关系的稳定和亲属关系的稳定，对于整个社会都具有重要意义。因此，出于维护以家庭为中心的亲属关系，也有必要规定特留份制度。[①]

4. 特留份制度可以适当限制遗嘱自由，从而合乎善良风俗。自由不能没有限制，遗嘱自由如不加以限制，任由遗嘱人将身后财产全部赠与法定继承人之外的他人，会影响到亲情伦理关系的稳定，而为社会善良风俗所不容。[②]

规定特留的方法有两种：一为就全部遗产规定一定比例，如日本。二为就各继承人的应继份规定一定的比例，如德国、瑞士。[③] 因为我国继承法没有规定应继份，所以，我们只能就遗产的一定比例来规定。

此外，德国、瑞士、日本等国家还规定了剥夺特留份制度。虽然特留份为法定继承人的不可侵犯的部分，但是非继承人（包括丧失继承权的人与抛弃继承权的人）不得享有。[④]这就是说，丧失继承权的人，应当丧失其特留份。

十七、遗嘱执行人

遗嘱在立遗嘱人死亡时才生效，所以必须有人去执行遗嘱。[⑤] 执行遗嘱的人就称为"遗嘱执行人"。按照我国现行法的规定，遗嘱执行人的产生方式有三种：（1）遗嘱人在遗嘱中指定遗嘱执行人。（2）遗嘱人未指定遗嘱执行人或者指定的遗嘱执行人不能执行遗嘱的，遗嘱人的法定继承人为遗嘱执行人。（3）前两种遗嘱执行人都不存在或者不能执行的，遗嘱人生前所在单位或者继承开始地点的基层组织为遗嘱执行人。

笔者认为，此种规定基本上可以认同，也符合我国的实际。但是，遗嘱人生前所在单位作为遗嘱执行人似乎不恰当。现行法之所以规定被继承人生前所在单位可以作为遗嘱执行人，是因为长期以来我国大陆存在企业办社会的状况，被继承人生前所在单位负担职工的生养死葬被认为是天经地义的事。随着企业改革的深化，企业、事业法人的社会职责将逐步转交给社会，他们将不适宜继续在继承活动中担任遗嘱执行人。[⑥] 另外，"基层组织"的含义似乎也应当明确，最好明

① 郭明瑞：《〈民法典·继承篇〉立法中的若干问题》，载 http://www.civillaw.com.cn/weizhang/default.asp?id=8143。
② 张平华：《海峡两岸继承法比较研究（下）》，载 http://www.civillaw.com.cn/weizhang/default.asp?id=16374。
③④ 谢怀栻：《外国民商法精要》，法律出版社2002年版，第217页。
⑤ 谢怀栻：《外国民商法精要》，法律出版社2002年版，第219页。
⑥ 张平华：《海峡两岸继承法比较研究（上）》，载 http://www.civillaw.com.cn/weizhang/default.asp?id=16373。

确为村委会和居委会。

遗嘱执行人的职务也应当予以明确，具体包括：（1）编造遗产清册；（2）管理遗产；（3）实施执行遗嘱的必要行为。

遗嘱执行人在执行遗嘱的过程中，可能因为自己的过错给继承人或受遗赠人造成损害，他如何承担赔偿责任呢？考虑到遗嘱执行人无偿服务的性质，他应当仅限于对自己的故意或者重大过失负责。[1]

十八、补充继承

补充继承，又称为再指定继承和候补继承，是指遗嘱人为防止在被指定的继承人于继承开始前死亡，或者继承人不接受继承的情况下，在遗嘱中再指定继承人继承的制度。如果指定继承人先于被继承人死亡，或者丧失继承权，或者放弃继承权时，指定继承人不能或不参加继承，指定由该继承人继承的遗产须依法定继承办理。为了避免这种情况出现，法律规定允许遗嘱人指定候补继承人。[2]

关于补充继承，外国有许多国家在民法典或继承法中予以规定。[3] 我国继承法中没有明文规定补充继承，不少学者认为，在遗嘱中再指定继承人，这与遗嘱人处分自己财产的本意并不相悖，因此，遗嘱中有指定候补继承人的，其内容应为有效。[4]

我国民法典是否应当规定补充继承制度呢？笔者认为，应当规定此制度，理由是：（1）根据遗嘱自由原则，应当允许遗嘱人在其遗嘱中指定候补继承人。（2）规定这一制度的同时，可以明确此种遗嘱的效力，避免出现不必要的争议。（3）规定这一制度，可以指导人们设立遗嘱，从而使得民法典继承编发挥"专家建议"的作用。

十九、后位继承

后位继承，是指遗嘱人在遗嘱中不仅指定了遗嘱继承人，而且又指定了在遗

---

① 郭明瑞：《〈民法典·继承篇〉立法中的若干问题》，载 http：//www. civillaw. com. cn/weizhang/default. asp?id = 8143。

②④ 参见郭明瑞、房绍坤：《继承法》，法律出版社 2003 年版，第 151 页。

③ 参见《德国民法典》第 2096 条、《苏俄民法典》第 536 条、《捷克斯洛伐克民法典》第 539 条、《前德意志民主共和国民法典》第 378 条、《匈牙利人民共和国民法典》第 640 条、《保加利亚人民共和国继承法》第 21 条。

嘱继承人于继承遗产以后死亡，遗产再由谁继承的制度。

就后位继承制度而言，世界各国立法学说观点差异较大，主要有肯定说和否定说两种。① 肯定说认为，后位继承制度是遗嘱自由原则的体现。为了尊重遗嘱人的意思，我们应当允许其指定后位继承人。德国民法和瑞士民法都采此种观点。② 否定说认为，后位继承制度与财产权利的本质相违背。因为遗嘱执行的结果是，遗嘱继承人继承了遗产，财产权利已经转移。指定后位继承人，就侵犯了遗嘱继承人已经取得的财产权利。③ 法国民法就采此种观点。④

笔者认为，否定说的观点更值得赞同。一方面，否定说指出了后位继承制度与既有民法理论的不兼容性；另一方面，若遗嘱人希望给予"后位继承人"特定利益，他完全可以通过既有的继承制度来实现其目的，例如，附负担的遗赠、用益遗赠等。

二十、继承权的抛弃

继承权的抛弃，是指继承人在继承开始后遗产分割前所明确作出的不继承被继承人遗产的意思表示。在我国继承法上，继承权的抛弃被称为"继承权的放弃"。不过，我们认为，抛弃是具有特定含义的、且被普遍认可的名词，我们最好还是使用"抛弃"的提法，而不是"放弃"。

抛弃继承权，是以自愿继承原则为前提的。古代继承法奉行强制继承原则，即正统继承人（即被继承人的男性直系卑亲属）无继承选择权，他必须继承被继承人的法律地位，为被继承人清偿全部债务。自近代以来，家庭观念日渐淡薄，家庭成员逐渐取得独立的民事主体资格，社会以个人为本位，强制继承原则因不符合个人本位的观念而被抛弃，自愿继承原则遂取而代之。自愿继承的核心是承认继承人有继承选择权，并要求其按照自己的选择承担相应的责任。⑤

就世界范围来看，有的国家或地区不允许预先（即在继承开始前）抛弃继承权，预先抛弃继承权是无效的，如我国台湾地区"民法"。⑥ 而有的国家或地区准许被继承人在生前与其血亲及配偶订立合同，由后者抛弃其继承权，抛弃的

---

① 参见郭明瑞、房绍坤：《继承法》，法律出版社 2003 年版，第 151～152 页。
② 参见《德国民法典》第 2100 条、第 2101 条，《瑞士民法典》第 545 条。
③ 参见刘素萍主编：《继承法》，中国人民大学出版社 1988 年版，第 281 页。
④ 参见《法国民法典》第 896 条。
⑤ 张玉敏：《财产继承中债权人利益的保护》，载《现代法学》1997 年第 2 期。
⑥ 杨与龄：《民法概要》，中国政法大学出版社 2002 年版，第 380 页。

效力及于特留份和代位继承，而且抛弃继承合同是严格的要式行为，如德国、瑞士、奥地利。① 我国现行法采取前一种模式，认为只能在继承开始后抛弃继承权。笔者认为，这种模式符合权利的本质，因为只有既得权才能被抛弃，而继承开始前，继承人享有的只是继承期待权，是无法被抛弃的。

抛弃继承权的行为，是否有相对人的单方法律行为？我国现行法对此并没有明确规定。笔者认为，考虑到抛弃继承权行为的重要性，我们应当规定其为有相对人的单方法律行为。此后，还必须明确相对人是谁？是其他继承人，还是法院？出于简化程序和降低成本考虑，还是以继承人为相对人比较妥当。如果没有继承人，则应当以法院作为相对人。

无民事行为能力人抛弃继承权时，应当由法定代理人代理。这是身份行为不得代理的例外。而限制民事行为能力人要抛弃继承权，必须得到法定代理人的同意。

抛弃继承权的行为，有可能影响到第三人的利益。《继承法意见》第四十六条规定："继承人因放弃继承权，致其不能履行法定义务的，放弃继承权的行为无效。"但是，这里"法定义务"的含义，还需要明确。笔者认为，最好限定为法定扶养义务较为妥当。

二十一、无人承认的继承

无人承认的继承，指继承开始时，是否有继承人不明确。所以，确定的没有继承人，或者虽然有继承人但是继承人下落不明，或者继承人是否承认继承不明确，这些都不属于"无人承认的继承"。② 法律设计"无人承认的继承"制度，主要是为了尽快搜索继承人，并对遗产进行管理，以免被继承人的债权人、受遗赠人、可能的继承人的利益遭受损害。③ 因为在此情况下，如果遗产处于无人管理的状态，则损毁灭失在所难免，无法保护相关利害关系人的利益。④

我国现行法没有规定"无人承认的继承"制度，大概是因为我国的法定继承人范围较小，一般不会出现继承人不明确的情形。但是，我国民法典应当规定这一制度，理由是：首先，我国民法典应当适当扩大法定继承人的范围，与之相配套，我们就需要规定这一制度。其次，在我国司法实践中，也出现过继承人不

① 谢怀栻：《外国民商法精要》，法律出版社 2002 年版，第 220 页。
② 杨与龄：《民法概要》，中国政法大学出版社 2002 年版，第 382 页。
③ 参见史尚宽：《继承法论》，中国政法大学出版社 2000 年版，第 365 页。
④ 参见罗鼎：《民法继承论》，三民书局 1978 年版，第 150 页。

明确的情形（如流浪汉死亡），要解决实践中的问题，就需要法律规定这一制度，以尽可能避免"无法可依"的困境。

继承开始时，继承人有无不明，这时如果无人管理遗产，势必造成遗产的灭失和毁损，因此，有设置遗产管理人的必要。① 遗产管理人应当履行如下义务：（1）编造遗产清单；（2）保存遗产；（3）清偿债务、追索债权；（4）移交遗产于继承人或国家；（5）报告遗产状况。② 同时，遗产管理人还应当享有报酬请求权。③

法律还应规定继承人的搜索程序，以尽快结束遗产归属不明确的状态。该程序通过遗产管理人的申请而启动，"法院应依公示催告程序，定六个月以上之期限。公告继承人，命其于期限内承认继承。"④ "无人承认继承时，其遗产于清偿债权，并交付遗赠物后，如有余，归属国库。"⑤

关于无人承认继承情况下遗产的状态，各国法律规定不同。一是"拟制法人说"。此种观点认为，在无人承认继承的情况下，遗产是拟制的法人，如日本。此时，遗产无所归属，所以，应当承认遗产本身为法人，使其具有独立人格。二是"非法人说"。此种观点认为，在无人承认继承的情况下，遗产并不是法人，如德国。此时的遗产虽然一时没有权利主体，但是，如果有人承认继承，遗产就会归属于该继承人；如果没有人承认继承，则遗产归属于国库。而且，最后遗产归属的效力，可以溯及到继承开始之时，所以，没有必要承认此种遗产本身是法人。⑥ 笔者认为，"非法人说"不仅符合继承溯及到继承开始时生效的原则，而且可以避免法律理论的过分复杂化。

二十二、遗产的分割

遗产分割，就是指遗产的共同继承人，以消灭遗产的共同共有关系为目的的行为。⑦ 按照共同共有的一般原理，在共同关系存续期间，共有人不能请求分割。但是，遗产的共同共有过分限制了继承人的处分自由，因为共有人既不能处分应有部分，又不能单独处分遗产的全部。⑧ 这可以说是"遗产共同共有说"的

---

① 林秀雄：《继承法讲义》，元照出版公司 2006 年版，第 197 页。
② 参见我国台湾地区"民法典"第 1179 条、第 1180 条。
③ 参见我国台湾地区"民法典"第 1183 条。
④ 参见我国台湾地区"民法典"第 1178 条。
⑤ 参见我国台湾地区"民法典"第 1185 条。
⑥ 参见罗鼎：《民法继承论》，三民书局 1978 年版，第 151 页。
⑦ 杨与龄：《民法概要》，中国政法大学出版社 2002 年版，第 377 页。
⑧ 参见史尚宽：《继承法论》，中国政法大学出版社 2000 年版，第 210 页。

弊端。正是在这种背景下，继承法允许继承人随时请求分割遗产。继承人可以随时请求分割遗产的权利，就是分割请求权。通说认为，遗产分割请求权是形成权，因为即使其他继承人反对，也不能阻碍分割的进行。① 此种分割请求权不受诉讼时效的限制。

事实上，我国民法典物权编一定要规定共同共有财产的分割问题，接下来的问题是，继承编是否还有必要再规定遗产的分割？笔者认为，继承编还是有必要对此作出规定。总的说来，理由就是，遗产的分割还有不少特殊的问题需要规定，具体而言：（1）一般的共同共有都是基于一定的目的而产生的，所以，在共同关系存续期间，不能请求分割。但是，遗产的共同共有并不是基于一定的目的，而且，它的存在还影响财富的充分利用。所以，法律应规定，继承人可以随时请求分割。（2）遗产的分割还应当尽可能尊重被继承人的意思，所以，它与普通共同共有财产的分割不同。（3）遗产的分割还涉及到被继承人债务清偿等特殊问题，这也需要继承编加以规范。

关于遗产分割的效力，有宣告主义和移转主义两种不同的学说。宣告主义认为，遗产的分割就等于宣告遗产归属于特定的继承人，而且，此种宣告溯及到继承开始时生效。这就是说，遗产分割后，溯及到继承开始时，发生单独所有的效力。移转主义认为，遗产的分割是将继承人共同共有的权利移转给单个的继承人。继承开始后，遗产分割前，遗产属于继承人共有；遗产分割后，遗产才属于单个继承人所有。②

笔者认为，移转主义更为恰当，理由是：（1）一般共同共有的分割就仅仅具有移转的效力，遗产的分割并没有什么特殊之处，也应当采取移转主义。（2）如果采取宣告主义，就会导致这样的矛盾结果，即一方面，我们承认继承开始后遗产属于继承人共同共有，另一方面，我们又承认继承开始后、遗产分割前，遗产属于某个继承人单独所有。③（3）宣告主义与遗产分割中的瑕疵担保责任相矛盾。移转主义承认遗产分割的过程，就是各继承人相互交换（潜在的）应有部分，以达到各个所有的过程，其过程类似买卖或互易，故买卖法中的瑕疵担保责任也有适用余地。而宣告主义则主张继承人从继承开始即取得或分得权利，根本无须上述类似买卖或互易的过程，则瑕疵担保无以适用。④

共同继承主义和单一继承主义，各有优劣，我们在采取共同继承主义的同时，还应当看到共同继承主义的弊端，即不利于资产的集中和事业的延续。克服

---

① 参见史尚宽：《继承法论》，中国政法大学出版社 2000 年版，第 213 页。

②③ 参见林秀雄：《继承法讲义》，元照出版公司 2006 年版，第 137 页。

④ 张平华：《海峡两岸继承法比较研究（上）》，载 http://www.civillaw.com.cn/weizhang/default.asp?id = 16373。

这一弊端的方法，就是限制遗产的分割。限制遗产分割的方法主要有二：一是被继承人通过遗嘱的方法限制遗产的分割。如果被继承人想要保全产业，或顾全继承人的利益，他也可以禁止遗产的分割。但为了避免争议，被继承人应当通过遗嘱来设定此种限制。同时，为避免阻碍经济和遗产的利用，以遗嘱禁止遗产的分割，还应当有年限的限制。[1] 例如，在我国台湾地区就规定，"以十年为限。"[2] 二是继承人协议禁止遗产的分割。继承人作为遗产的共同共有人，自然可以协议约定，不得分割遗产。不过，为了避免过分限制遗产分割的自由，法律也应当对年限作限制。例如，在我国台湾地区，这个年限最高为5年。[3] 笔者认为，我国民法典也应当借鉴此种做法，以克服共同继承主义的弊端。

与一般共同共有财产的分割不同，遗产分割的方法，还应当尊重被继承人的意思。遗产分割以后，继承人要对其他人分得的物或权利承担瑕疵担保责任。不过，该瑕疵担保责任的承担，应当以他继承的遗产价值为限。

二十三、归扣

归扣，又称为扣除、合算、冲算，是指被继承人生前对继承人的赠与，应计入遗产，冲抵继承人的分配份额。[4]

就世界范围来看，是否归扣有两种不同的立法例：一是非归扣主义。该立法例的理论基础是，被继承人有处分财产的自由，只要不违反特留份的规定，被继承人没有以被继承人生前所赠与的特种利益补偿其他继承人的必要。丹麦、挪威、墨西哥等国采此种模式。[5] 二是归扣主义。该立法例的理论基础是，被继承人生前所为的特种赠与，具有应继份预付的性质，所以，遗产分割时，应当将生前特种赠与的价额加入遗产中作为应继承的遗产，再进行分配，目的是实现共同继承人之间的公平。德国、日本等国采此种模式。[6]

我国现行法没有规定归扣制度，但是，不少学者建议，民法典之中应当规定此种制度。笔者认为，该建议应当采纳，理由在于：（1）归扣打破了遗产必须是死者身后财产的限制，扩张了实质意义上遗产的范围，对维持共同继承人之间

---

① 杨与龄：《民法概要》，中国政法大学出版社2002年版，第377页。
② 参见我国台湾地区"民法典"第1165条。
③ 参见杨与龄：《民法概要》，中国政法大学出版社2002年版，第377页。
④ 张玉敏：《继承法律制度研究》，法律出版社1999年版，第349页。
⑤ 郭明瑞、房绍坤、关涛：《继承法研究》，中国人民大学出版社2003年版，第97页。
⑥ 参见林秀雄：《继承法讲义》，元照出版公司2006年版，第123页。

的公平，具有重要的意义。① （2） 我国民间存在着父母生前将重要财产在主要继承人之间分配，父母死亡后已分得财产的继承人就不能或应该少分遗产的习俗，归扣制度符合此种习俗。（3） 归扣制度是多数大陆法系国家的做法，我们国家应当遵从此种立法通例。

归扣制度的核心是归扣的客体，即哪些特种赠与应归扣？对此，各个国家继承法规定情况不一样，要考虑一个国家的国情，要考虑一个国家财富的情况。根据我国国情，归扣的客体应当限于如下赠与财产：（1） 因婚姻受赠与的财产，但一般的婚礼费用和礼品不应包括在内；（2） 因分居（分家）所给予的赠与；（3） 因营业所给予的赠与；（4） 超出正常的教育经费、保险费用。②

二十四、有限继承之下的债权人利益保护

民法向来注重债权人利益的保护，因为债权人利益关系到交易安全，而只有保障了交易安全，才能使社会经济秩序得到保障。在古代社会，家族或家庭是社会组织的单位。家族或家庭是因为血统上的联系，而构成一个坚固的团体。③ 这时就必然采取无限继承原则。而到了近代，社会组织的单位转变为个人，每个人都像一个有限责任公司。这时就改采有限继承原则。

有限继承原则有利于保护继承人的利益，但同时它也直接涉及被继承人的债权人的利益。因此，这一制度必须同时起到两方面的作用：一方面保证继承人的固有财产不被强制用于清偿被继承人的债务；另一方面保证被继承人的债权人能够就遗产优先受偿。④

然而，可惜的是，我国现行法只注意到有限继承原则"保护继承人"的功能，而没有注意到它可能给被继承人的债权人带来的危险。正是这种疏忽导致了我国《继承法》采纳无条件的有限继承原则。它是指继承人无须呈交遗产清册等，他只需承认继承就是限定继承，即使继承人有隐匿遗产、企图诈害债权人的遗产处分行为等也不论。⑤

---

① 张平华：《海峡两岸继承法比较研究（上）》，http：//www.civillaw.com.cn/weizhang/default.asp?id=16373。

② 郭明瑞：《〈民法典·继承篇〉立法中的若干问题》，http：//www.civillaw.com.cn/weizhang/default.asp?id=8143。

③ 罗鼎：《民法继承论》，三民书局1978年版，第7页。

④ 张玉敏：《财产继承中债权人利益的保护》，载《现代法学》1997年第2期。

⑤ 张平华：《海峡两岸继承法比较研究（上）》，http：//www.civillaw.com.cn/weizhang/default.asp?id=16373。

在这种无条件的有限继承原则之下，被继承人的债权人的利益受到了极大的威胁。这显然有悖于立法的初衷。因此，笔者建议，在有限继承原则的背景下，我们必须注重被继承人的债权人的保护。保护被继承人的债权人的措施，主要有以下几个：

1. 建立遗产清册制度。我国采取当然继承原则，被继承人死亡之时，遗产直接转入继承人手中，债权人很难知悉遗产的具体状况。[①] 为了确定遗产的具体范围，大陆法系国家一般都要求建立遗产清册制度，即继承人如选择有限责任继承，必须在规定的时间以内制作出遗产清册，并提交给主管机关。[②]

2. 建立诈害被继承人的债权人行为的惩罚性规则。在大陆法系国家，即使继承人获知遗产不足以偿还债务，也因缺乏相应机制，如遗产破产、财产分立等，根本无法制止继承人继续占有、使用乃至处分遗产。[③]因此，如果继承人企图诈害债权人，如隐匿财产、恶意处分等，就应当让继承人承担不利后果，可以考虑让其承担无限责任。

3. 建立有限继承和无限继承的选择机制。按照法国、德国、日本等国的规定，继承开始以后，继承人取得选择权，可以在法律规定的期限内选择无限继承、以有限继承为条件接受继承或者放弃继承。如果继承人没有在规定的时间内明示选择，则推定为无限责任继承。[④]此种制度值得借鉴。

---

①③　齐树洁、林兴登：《论继承法对债权人利益的保护》，载《厦门大学学报》（哲学社会科学版）1998年第3期。

②④　张玉敏：《财产继承中债权人利益的保护》，载《现代法学》1997年第2期。

第九章

物权法与民法典体系的构建

物权法（英文为 the law of real rights，德文为 Sachenrecht，法文为 droits réels），是调整平等主体之间因物的归属和利用而产生的财产关系的法律规范。我国十届全国人大五次会议以高票通过了《物权法》，这意味着我国在建设社会主义法治国家的道路上又迈进了重要的一步，为构建具有中国特色社会主义法律体系提供了重要支撑。《物权法》的制定与颁行在我国法治进程中具有里程碑的意义，必将对我国经济、社会的发展和社会主义和谐社会的构建产生深远影响。《物权法》第一次以民事基本法的形式对物权法律制度作出了安排，从而全面确认了公民的各项基本财产权利，这就为公民的基本人权保障、法治社会的创建奠定了基础。《物权法》不仅构建了自身的体系，而且也为民法典的制定提供了丰富的立法经验，为民法典的体系构建奠定了重要的基础。制定《物权法》是我国分阶段、分步骤编纂民法典的一个重要部分，它是科学立法程序的重要内容，它所运用和体现的立法技术、立法方针为我国民法典的后续立法以及编纂工作提供了良好的借鉴。我们只有充分借鉴《物权法》的经验，才能制定出一部立足中国实际，反映广大人民群众意愿的、面向未来的、科学和高质量的民法典。

第一节　民法典体系化视野下的《物权法》

一、我国《物权法》是民法法典化和体系化的成果

在大陆法系国家，无论物权法在民法典中是否独立成编，物权法律制度都是民法典的重要内容。《物权法》的颁行是我国民法法典化分步骤、分阶段战略所取得的重要成果，也极大地推动了我国法典化过程，加快了民法典制定的步伐。

物权一词最早起源于罗马法，罗马法曾确认了所有权（dominium）、役权（servitutes）、永佃权（emphyteusis）、地上权（superficies）、抵押权（hypotheca）、质权（pignus）等物权形式，并创设了与对人之诉（actio in personam）相对应的对物之诉（actio in rem）以对上述权利进行保护。罗马法学家也曾经使用过对物的权利（iura in re）以及对物之权（jus ad res）[1]，但物权（jus in re）与他物权（iura in re aliena）等概念在罗马法中并未出现。[2] 罗马法中对物之诉与对人之诉的区分主要是从程序诉讼的便利考虑的，目的并不在于区分物权和债权。[3]中世纪注释法学家在解释罗马法时，曾经从对物之诉和对人之诉中，引申出"物权"和"债权"的概念，并将物权的两种形式即完全物权（plena in re potestas）和他物权（iura in re aliena）用"物权（iura in re）"这个词来概括。我国《物权法》第二条第三款明确规定："本法所称物权，是指权利人依法对特定的物享有直接支配和排他的权利。"这就在法律上明确了物权的概念，不仅对于界定物权的内容和效力、区别物权和债权具有重要意义，而且对于宣传普及物权的观念也十分重要。

我国物权法采纳"物权"的概念，并在区分物权和债权的基础上制定了物权法。这首先表明，我国民法典编纂采纳了德国的五编制模式，而非法国的三编制模式。因为在法国法上，物权和债权是没有明确区分的两类权利，而德国法的五编制是以严格区分物权和债权为基础的，并分别设编加以规范。《物权法》的制定表明，我国立法机关已经将物权法作为未来民法典的一编加以规定，尤其是

①③　See Vinding Kruse，*The Right of Property*，Oxford University Press，1953，p. 131.

②　See Gyorgy Diosdi，Ownership in Ancient and Preclassical Roman Law，Akodomiai Kiado，Budapast，1970，p. 107.

其要构建物权法体系，并与债权法体系相对应。

我国《物权法》采纳"物权"的概念，并以此为基础制定《物权法》，也表明其没有采纳部分学者提出的"制定财产法"的建议。以《法国民法典》为代表的三编制模式，没有明确承认物权和债权的区分。此外，就财产所涵盖的范围来看，它包括物、无体财产（如知识产权）。《荷兰民法典》第三编第一次在法律上独立设置财产权总则，提取了物权和债权的共性规则。该法典实际上整合了物权法和债权法，而创立财产法的一般规则。《魁北克民法典》在第四编"财产"中，第一题规定了"财产的种类及取得"。这实际上是设立了独立的财产编。于是，在我国民法典制定中，有学者认为应当在民法典"总则编"外设立独立的"财产权总则"，将各种有形财产和无形财产抽象出来，以涵摄物权、债权、无形财产以及其他民事财产权利形式。但他们认为，设立财产权总则并不意味着要制定独立的财产法，而只是在财产法中设立一个在民法总则之下对各类财产权制度予以抽象的共同规定；而且，设立财产权总则的目的也只是扩大民法典的适用范围，为物权、债权以外的其他单行法中规定的财产权利在民法典中提供一个规则基础，从而最终为民商合一提供体例上的基础。因此，它并不需要把单行法中规定的各类财产形式直接纳入民法典当中，成为民法典中的一个独立部分。相反，制定单独的财产法的目的则在于，试图在物权法的基础上把所有财产形态事无巨细地都纳入其中，成为一个独立的包容所有财产类型的法律体系。①

我国立法机关没有采纳设立独立的财产编的主张，而采纳了物权的概念，并制定了《物权法》。这一做法对于构建完整而科学的民法典体系意义深远，具体表现为：

1. 有利于区分物权、债权。采纳物权概念的最大优点在于，在法律上使物权和债权这两种基本的财产权形态得以严格区分。准确地区分物权和债权，适应了市场经济的内在需要，反映了交易的一般规则，可以使社会上各种纷繁芜杂的财产关系得以明晰化、体系化，也为法官处理各种复杂的财产纠纷提供了基本的思路。物权为支配权，债权为请求权，二者虽同为财产权，但应当适用不同的法律规则，例如时效等。物权和债权是相互对应的两种民事权利，它们共同组成民法中最基本的财产形式。物权的概念区分了对有体物的支配和对无形财产的权利，使作为一项重要无形财产的债权与物权相分离，这不仅完善了民法的内在体系，而且因为明确了物权和债权分别使用的不同规则（如债权的平等性和物权的优先性等），从而为法官正确处理民事纠纷提供了极大的

---

① 参见马俊驹、梅夏英：《对我国未来民法典设立财产权总则的理由和基本构想》，载《中国法学》2004 年第 3 期。

方便。

2. 有利于区分有形财产和无形财产，并设定不同的法律规则。随着科技的进步和社会的发展，无形财产权利的客体范围也在逐渐扩大，例如票据、知识产权、证券等等。这些无形财产权与传统有形财产除了表现为形态上的差异之外，它们所适用的法律规则也存在重大差异。主体在占有和支配有体物过程中所形成的财产关系是社会基本的经济关系，是产生社会财富的基础。这种关系也是社会生活中最基础的法律关系和产生其他财产关系的基础。例如，因货物的运输、买卖，才产生提单、仓单；因实物的出资，才能产生股权；因有现金的往来，才产生票据。所以，对有体物权利的设定、移转、占有的规范，形成了社会生活中最基本的规则。正是从这个角度上说，物权法是调整社会财产关系的最基本的法律。在《物权法》对这种基础关系作出规定以后，再由公司法、票据法、证券法等特别法对在物权基础上产生的无形财产予以规范，从而实现民法典和民事特别法之间的合理分工，有利于构建科学的民事法律体系。

3. 有助于在区分各种法律关系的基础上构建民法典的完整体系。民法典分则体系是按照民事权利体系而展开的，因此它包括人格权、身份权、继承权、物权、债权等内容。而财产权总则的设立，将改变这一体系所赖以建立的分类标准。因为财产权总则是从人身权与财产权的分类角度谈的，而分则的体系则是从民法基本权利的层面展开的，如果规定了财产权总则，则会使分则体系很难展开。此外，如果财产权法独立成编，这似乎意味着要独立设立人身权编。但民法中很多的财产权利，如继承权、知识产权，尽管其内容主要是财产权，但也包括了人身权的内容，是人身权和财产权的结合。显然，这些权利不能为财产权总则所涵盖。

4. 将具有同质性的财产关系规则进行系统规定，构建了物权法的完整体系。物权法规定物权的概念，并建立了物权体系，实际上就是将物权这一类财产关系集合在一起，它们在性质上的相同性，决定了其可以构建为和谐的逻辑体系。而各类财产权类型复杂，具有明显的异质性，例如，知识产权、物权等虽然都称为财产权，但其个性大于共性。将它们捏合在一起，很难抽象出总则性规定，从而给立法带来困难。设立抽象的财产权总则也是非常困难的。笔者主张，在民法典之中应当采取总分结合的结构，此种总分结构是指在民法典总则和民法典分则之间，以及民法典分则各个部分之间采取一般规定和特殊规定相结合的方式。例如，合同法和物权法都分别设立总则和分则，但这并不意味着需要在这两个法律之上再设立总则。各类财产权的共性主要在于其以财产利益为内容，以及原则上具有可转让性，但仅有这些内容还很难进一步概括抽象出共性的规则，即便进行表述，其篇幅也过于简短，无法独立构成民法典中的一编。既然我国《物权法》

已经规定了物权制度并与债权相区别，尤其是规定了物权法总则，那么，没有必要在物权制度之上再设定财产权总则，这只会徒增总则的层次，甚至可能导致法律规范的重复。

总之，在民法上如果没有物权的概念，将难以理清各种财产关系，整个民法的内在体系也难以得到完善。尽管《法国民法典》中没有采纳物权的概念，但法国的判例和学理都广泛地采纳了物权的基本概念，法国民法历来也严格区分了对物权（le droit reel）和对人权（le droit personnel，即债权）这两种权利类型，并认为"对物权与对人权的区分构成了财产权利的'脊梁'"①。可以说物权的理论是大陆法民法理论和立法的基础。

二、我国《物权法》的体系

物权法的体系是指物权法依据一定的逻辑结构所构成的制度和规范体系。我国《物权法》首先规定了总则，然后在分则部分第一次按照四分法的模式，分别规定了所有权、用益物权、担保物权和占有，从而在法律上构建了我国物权法的较为完整的体系。严格地说，物权法的体系和物权的体系是有区别的：物权法的体系是有关物权法律规范之间的体系，而物权的体系是由法律规定的各种物权类型所形成的体系。《物权法》第二条第三款规定："本法所称物权，是指权利人依法对特定的物享有直接支配和排他的权利，包括所有权、用益物权和担保物权。"因此，我国《物权法》建立的物权体系结构主要包括所有权、用益物权和担保物权。由于物权法主要是关于物的归属、利用和保护的规范，所以，它必须要以物权的类型为基础来构建体系，但是，物权法体系又不限于物权类型。例如，物权法关于占有的规定就不属于物权体系的范畴，不过，虽然占有不属于物权，但占有制度仍然属于物权法体系的重要内容。根据我国《物权法》的规定，其体系主要包括以下几个方面。

(一) 物权法总则

我国《物权法》总则包括以下三部分内容：一是基本原则；二是物权的设立、变更、转让和消灭；三是物权的保护。物权法设立总则的原因在于，物权法作为民法的相对独立领域，它必须形成自身的体系，只有规定了总则，才能强化物权法的体系性，并实现物权法条文的简约。物权法的总则为整个物权制度的构建和适用提供了指引和基础。例如物权法的基本原则（平等保护原则、物权法

---

① Carbonnier, Les biens, p. 38. 转引自尹田：《法国物权法》，法律出版社 1998 年版，第 22 页。

定原则等），都是贯穿于整个物权法的基本原则，其对于物权的享有和行使具有共同的指导意义。

（二）所有权制度

所有权制度是物权制度中的核心内容，其反映了一个国家的经济体制和基本经济制度。所有权是所有人对其物享有的独占的支配权，它包含了占有、使用、收益和处分四项权能，因而是权利内容完整的物权。在各类物权中，其他物权都是在所有权的基础上产生的，是所有权权能分离的结果。由于所有权是他物权得以产生的前提和基础，所以在《物权法》中，首先应规定所有权，然后才能规定他物权。

以权利主体为标准，所有权又可分为国家所有权、集体所有权以及私人所有权。这种分类是符合我国多种所有制的经济制度的。在《物权法》起草过程中，对于所有权是否需要类型化并在此基础上构建我国物权法体系，学界存在不同的观点。一种观点认为，应该放弃这种类型化方法，不规定国家所有权、集体所有权和个人所有权，仅对土地所有权、矿藏所有权和公有物、公用物作特别规定。[①] 另一种观点认为，从我国所有制的性质出发，《物权法》应当反映我国基本经济制度的要求，从而将所有权类型化为国家所有权、集体所有权以及私人所有权。笔者认为后一种观点更为合理。因为，一方面，各国物权法都具有很强的本土色彩，其必须反映一国的历史传统和国情，多数大陆法系国家物权法是建立在财产私有制基础上的，国家所有权则通过单行法来调整，而一般不在民法典中加以规定。如果我国物权法也照搬这一模式，将物权法中的所有权限于私人财产权，而不包括国家所有权和集体所有权，则将脱离我国实际国情。我国《物权法》要反映并维护国家的基本经济制度，就必须从我国多种所有制并存的现实情况出发，而确认并保护各类所有权。如果《物权法》不对公有财产加以规定，也难以体现出平等保护的原则。另一方面，公有财产确实有其特殊性。例如，从客体上看，有些财产，如土地只能由国家或集体所有；从取得方式上看，国家所有权可以通过征收的方式取得，这些都表明国家所有权和集体所有权具有其特殊性。如果《物权法》不考虑这种特殊性，将不利于法律对国家所有权和集体所有权的调整。

我国《物权法》采纳了所有权类型化的主张，规定了国家、集体和私人所有权。在这三种所有权的基础上，《物权法》不仅确立了平等保护原则，而且对所有权的内容也作了创新性的规定。例如，该法第五十九条将集体所有权规定为

---

① 参见梁慧星：《关于中国物权法的起草》，载《山西大学学报》2002 年第 2 期。

"本集体成员集体所有"，这就明确了集体所有权是集体成员共同支配、共同管理、共享收益的权利。《物权法》还第一次规定了私人所有权，从而扩大了对私人财产的保护范围。在"所有权"编中，为了强化对公民房屋所有权的保护，专设第六章规定了业主的建筑物区分所有权。这些都表明，《物权法》对所有权内容的规定既有创新，又非常丰富。

（三）用益物权制度

用益物权是指权利人依照法律规定，对他人所有的不动产享有的占有、使用和收益的权利。例如，建设用地使用权就是在国家土地所有权的基础上产生的用益物权。用益物权人取得的是物的使用价值，对物的使用价值的支配性使得用益物权人对于标的物没有法律上的处分权，因而用益物权又可称为"使用价值权"。虽然各国的用益物权都要调整不动产（尤其是土地）的使用收益关系，但是由于历史传统、经济制度、生活习惯等的不同，各国的用益物权也存在较大差异。我国《物权法》的用益物权制度也立足于中国实践，反映了国家基本经济制度和完善市场经济的需要。与其他国家的用益物权制度相比较，我国用益物权制度具有如下特点：一是从国情出发，物权法以我国土地公有制为基础，确立了以土地承包经营权、建设用地使用权、宅基地使用权和地役权为内容的用益物权体系；根据自然资源的有偿使用和效率原则，确立了相应权利的取得和变动规则。《物权法》将与农民的生产、生活关系最为密切的两项权利，即农村土地承包经营权与宅基地使用权第一次明确地规定为物权，这就有力地保护了8亿农民最基本的财产权利。《物权法》继续采用了改革开放以来一直沿用的法律概念，例如土地承包经营权、宅基地使用权，这些概念是人们熟悉且普遍接受的概念，采纳这些概念也有利于保障法律的稳定性。二是出于维护自然资源、保护生态环境的需要，规定了海域使用权、探矿权、采矿权、取水权和养殖捕捞权等准用益物权，这不仅是对传统用益物权制度的重大发展，也有利于对这些资源的合理有效利用。从具体制度来看，用益物权制度充分体现和反映了国家在农村的基本经济政策，强化了对耕地的最严格保护制度，充分体现了对集体所有权的维护和对广大农民利益的维护。三是在建设用地使用权中，我国《物权法》规定了空间权。根据我国《物权法》第一百一十七条的规定，用益物权的客体不仅限于不动产，还包括动产以及空间等资源。这为自然资源全面和有效率地利用提供了制度基础。

（四）担保物权制度

担保物权是指当债务人不履行债务时，债权人对债务人或者第三人提供的担保财产进行拍卖、变卖，就其价款依法优先受偿的权利，包括抵押权、质权、留置权。担保物权的主要目的是担保债权的实现尤其是合同的履行。为了适应经济全球化的发展和市场经济繁荣的基本要求，大陆法系国家担保物权存在着趋同性，例如，担保物权的类型、公示方法和变动方式存在一定程度的统一化趋势。抵押权以不动产为标的，而质权及留置权一般以动产为标的。[①] 比如，法国和德国的担保物权制度，原则上都区分了动产和不动产，动产担保应当通过质押方式来进行，并且必须移转占有，而以不动产设立担保则应当设定抵押，担保物无须移转占有，但要办理登记。我国《物权法》在担保物权领域，广泛借鉴了国外的先进经验，并且认真总结了国内司法实践中长期以来所积累的宝贵经验；对那些在实践中证明是合理的做法和制度，都在立法中予以了保留；对于一些尚存争议且不成熟的制度（如动产让与担保等），立法采取了暂时回避的态度；对于某些在实践中证明是不合理的规则，《物权法》直接进行了修改。此外，《物权法》在《担保法》的基础上，增加了一些新的担保形式，例如，规定了动产浮动担保、应收账款质押等，从而有利于促进融资，保障债权，发展社会主义市场经济。

（五）占有制度

占有，是指基于占有的意思而对物进行控制的事实状态。尽管关于占有究竟是一种事实还是权利，在学说上一直存在争议，但不可否认的是，我国《物权法》上的占有既不是所有权，也不能等同于占有权，而是一种事实。在现实生活中，对各种占有的形态进行保护十分必要，因为占有不仅涉及财产归属，而且涉及对财产秩序的维护，在法律上应当设立独立的占有制度，对占有进行充分保护。

由于占有本身不是一种权利，所以，许多学者认为《物权法》可以在公示制度、所有权变动制度中规定占有，但不必将占有制度独立成编。事实上，物权法的所有权、用益物权和担保物权部分中不可能规定对无权占有进行保护，因此，必须专门规定占有编。我国《物权法》专章规定了占有制度（第十九章），主要理由在于：（1）占有制度的重要功能在于维护占有的秩序，维护秩序的功能也称为"维持功能"。这就是说，通过对占有的保护，防止私人滥用暴力，随意抢夺或妨害占有人的占有，从而维护社会财产秩序和社会安全。无论对有权占有还是无权占有，在法律上进行保护，其实质都是为了维护社会的秩序，实现社会的和谐。即使占有人的占有是无权占有，但是其持续性的占有会形成一种"事实力"[②]，这种事实力可以相应地形成稳定的利益格局，体现的是一种社会的

---

① 参见刘得宽：《民法总则》，中国政法大学出版社 2006 年版，第 143 页。

② ［德］鲍尔、施蒂尔纳：《德国物权法》（上册），张双根译，法律出版社 2004 年版，第 107 页。

安全利益。所以，维持占有的秩序就是维护社会的秩序，保障社会的安定。正如德国学者柯拉（Kohlet）所言，"占有者非法律秩序之制度而是和平秩序之制度也"①。占有一旦存在，就应当受到保护，任何人不得凭借其私力改变占有的现状。即使是非法占有，也应当受到占有的保护。除了有关国家机关依法可以剥夺占有人的占有之外，任何人不得没收、强占占有人占有的标的物，否则占有人有权行使占有保护请求权。（2）基于合同占有动产或不动产的债权人，其占有被侵害时，一旦所有权人（物权人）客观上无法及时行使物权请求权，赋予该债权人占有保护请求权是十分必要的。例如，甲将房屋出租给乙，乙在合法占有期间，被丙强行驱逐，而甲因身处国外而难以主张权利，乙可以依据占有保护请求权请求法律的保护。（3）确认占有的权利推定规则。所谓占有的权利推定规则，是指占有某项动产之人，法律依此事实推定其对该动产享有某种权利。确认占有的权利推定规则有利于维持权利人占有自己财产的安定状态。民事主体占有自己的财产之后，不需要时刻收集证据以证明自己的财产占有是合法的，或者证明自己对财产具有所有权（事实上，就动产而言人们常常很难证明其属于自己的财产）。如果一旦有人提出异议，就要由占有人证明其所有权，那么人们在购物之后就必须永久地保留各种取得该财产的法律文件（如买卖合同书）或者书面证据（如购物发票），这将会给人们的生产生活带来极大的不便。如果不能举证证明自己占有的财产是自己享有所有权的财产，其财产的合法性就会受到他人质疑，甚至会被没收、强占，这样财产的秩序、安全就会受到重大损害。

我国《物权法》所确立的体系是较为完善的，不仅概括了《物权法》的主要内容，而且也为未来物权类型的发展留下了必要的空间。因此，在我国民法典制定中要基本保留其内容设计和体系架构。

第二节　我国《物权法》体系的新发展

一、当代物权法的体系变迁

当代物权法适应社会经济变化，在体系上具有新的演变，主要体现在以下几个方面。

---

① 转引自刘得宽：《民法诸问题与新展望》，三民书局 1980 年版，第 315 页。

（一） 当代物权法并不局限于以不动产为中心

动产和不动产的区分源于 1804 年《法国民法典》。该法典直接宣称：一切财产皆为动产，或者不动产。近代物权法不仅严格区分不动产和动产，而且，以不动产作为其规范的中心。不过，到了现代，越来越多的学者指出，近代物权法以不动产为中心具有明显的历史局限性。随着现代科学技术的发展，动产的价值在现代社会越来越大，无论是在交换价值还是使用价值上，动产都具有越来越重要的地位，例如汽车、航空器、船舶等的价值远远超过了许多不动产。[①] 尤其是现代社会已经进入一个所谓"消费社会"，动产的形态和价值的不断变化，成为社会经济中的一个显著的现象。动产与不动产价值的区分日益困难。[②] 一方面，科学技术手段的迅速发展，大量新型的动产财富被创造出来，例如，航空器、计算机软件等；另一方面，"消费社会"中对于休闲产品（例如赛马、赛车、游艇等）、艺术收藏品的需求，处于持久的增长态势。因此，完全以不动产为中心构建物权法的体系是不适应社会发展的需求的。正因如此，当代物权法越来越注重对动产的归属和利用的调整。

动产和不动产所适用的法律规则出现了交错，传统上适用于某一类财产的规则如今也越来越多地适用到了另一类财产。原来仅适用于不动产的部分规则逐步适用于动产，而部分动产法律规则也开始适用于不动产。此外，部分新型财产同时采用了不动产和动产的法律规则。例如，抵押在最初只能适用于不动产，而动产采用质押的方式，这就是所谓"动产质押—不动产抵押"的二分法模式，但现代物权法中抵押制度也越来越多地适用于动产；传统上登记只是不动产权属变动规则，现在某些特殊的动产也适用登记规则。又如，善意取得制度最初是以动产为中心而建立的，而随着登记功能的变迁和登记模式的发展，不动产善意取得也成为可能，我国《物权法》就确立了不动产善意取得制度。再如，一些所谓的"第三类"财产的出现，使得传统的二分格局显得越来越尴尬和不合时宜。对于某些形态的集合财产，它是动产、不动产甚至还包括无形财产的总括和集合，显然很难将它硬性地归入动产或者不动产之中。尤其是随着所谓财富的非物质化、去物质化，纯粹以价值形态而存在的无形财产大量出现，它们也很难简单地被归入到传统的动产和不动产之中。[③]

---

① 参见《法国民法典》第 516 条。

② 参见尹田：《法国物权法》，法律出版社 1998 年版，第 80 页。

③ 关于"新财产"，详见徐国栋：《现代的新财产分类及其启示》，载《广西大学学报》2005 年第 6 期。

（二）物权客体出现扩张趋势

随着社会的发展和人类生产力和创造力的提高，一些新型财富形式不断产生。由于这些新的财产类型的出现，物权客体的范围也相应扩张，这就需要物权法不断扩大其适用范围，确认和保护一些新型的财产形式。一方面，一些新的财产都有可能成为物权的客体，比如电磁波谱、排污权、收费权等都是一些重要的财产，甚至网络的虚拟财产、航道、特许权等也可以成为财产。1993 年《联合国生物多样性公约》第 68 条规定："鉴于经调查发现，'贫困会使现有的任何荒漠化趋势更为加剧'，导致生物多样性的减少或丧失，因此必须严肃考虑根据《生物多样性公约》第 8（j）条，在利用或应用关于上述生态系统遗传资源的传统知识、发明和方式方面公平分享所带来收益的问题。"因此，有关生态系统遗传资源的传统知识、发明和方式，也成为一种新的财产，并引起各国学者的广泛关注。另一方面，尽管传统物权法不调整空间关系，但在现代社会，人口激增、经济快速发展以及城市化的日益加快，导致不可再生的土地资源越来越稀缺，决定了人类对土地的利用逐步从平面转向立体，空间的利用与开发也就越来越重要。因此，地上和地下空间也成为重要的财产，出现了空间权、空间役权等制度。此外，需要指出的是，所有权的形态也在变化。过去我们理解所有权都是从静态角度来考虑的，所有人支配的是有体物，所有权的客体也是有体物。但是现在在有些国家的法律中，所有权不仅以实物为对象，还可以在时间上进行分割，这在很多国家法律中都是承认的。我国物权法就在建设用地使用权中规定了空间权，并将"海域"、"无线电频谱"纳入物的概念之中，这对于有效地利用空间等资源具有重要的意义。

（三）财产法总则的出现

大陆法系国家民法典中，无论采取法国法的三编制，还是采取德国法的五编制模式，都没有设立财产法总则的模式，但荷兰民法典独树一帜，设立了独立的财产法总则。1992 年《荷兰民法典》共分为八编，其中第三编为财产法总则，第五编为物权法，第六编为债法总则。[①] 在该模式下，财产法分为两个层次：第一个层次是关于财产的一般性规定，第二个层次是关于物权和债权等方面的规定。按照立法者的解释，两层分类的基础在于，如果适用于所有的物和财产的规则，应作为财产的一般规则。有关法律行为、代理这样的规定，不仅仅是

---

① 参见［荷］亚瑟·S·哈特坎普：《荷兰民法典的修订：1947～1992》，汤欣译，载《外国法译评》1998 年第 1 期。

在物权法中发挥作用，在债法中也发挥作用，因此应该置于财产法总则中加以规定。① 这种模式，一方面，尝试用财产法总则替代民法总则，将物权法、债权法、继承法的共性规则抽象出来，可以说是传统大陆法系立法体例的重大突破②；另一方面，将法律行为和代理视为仅适用于财产法领域，而非适用于所有领域，这在一定程度上限制了它们的适用范围。虽然我们很难断定，财产法总则的设立是否体现了当代物权法的发展趋势，我国《物权法》的制定也否认了我国采用财产法编或财产法总则的现实可能性，但是，它的出现毕竟是比较法上的重要现象，是否会对其他国家的民法典体系产生重大影响，还有待于观察。

（四）物权法加强了对自然资源的调整

资源即为"资产、资财的来源"③，自然资源是指"在一定时间和条件下，能够产生经济价值以提高人类当前和未来福利的自然环境因素的总称"④。传统的物权法并不调整自然资源，也不调整自然资源以外的其他资源。自然资源的归属和利用是由公法和特别法调整的。但在现代社会，不仅各种传统的自然资源如土地、水资源、石油、矿产等因日益稀缺而凸显其更大的战略意义，而且随着科学技术手段的提高，人们的活动范围不断扩大。物权法在用益物权制度中，也加强了对自然资源的调整：一方面，用益物权的客体范围得以扩大，海域权、探矿权、采矿权等被纳入物权法调整范畴，这也符合国际范围内物权法的发展趋势⑤；另一方面，从调整方式上看，除了直接确认自然资源的归属之外，还通过对财产权利行使的限制来对自然资源进行规制。尤其是在西方发达国家，因越来越强调对于环境和生态的保护，从而对自然资源的利用设定一些新的限制，这尤其体现在与国计民生有重大关系的领域。例如，土地利用必须要符合环境保护的要求，禁止闲置或者抛荒某些土地；对于某些私人房屋或者建筑，如果其构成国家文化遗产，则其利用和处分将受到某些公法规范的限制。⑥

（五）担保物权的体系发生了重大变化，出现了大量的新型担保物权

基于担保物权在担保债权的实现、保障金融安全、促进商品流通和资金融通

① 参见《荷兰民法典》（第3、5、6编），王卫国主译，中国政法大学出版社2006年版，第16页。
② 参见马俊驹主编：《民法典探索与展望》，中国法制出版社2005年版，第132页。
③ 上海辞书学会编：《辞海》（中卷），上海辞书出版社1994年版。
④ 1992年联合国开发署的定义，参见蒋运龙主编：《自然资源学原理》，科学出版社2000年版，第39页。
⑤ 参见《法国民法典》第598条，《意大利民法典》第987条。
⑥ 参见石佳友：《物权法中环境保护之考虑》，载《法学》2008年第3期。

方面的重要功能，各国法律都十分重视担保物权制度的构建，从发展趋势来看，担保物权朝着逐步扩大担保物、担保标的的范围、降低担保设立费用、提高担保物的利用效率、减少担保物的执行成本等方向发展。一方面，动产担保的作用日益增强。在相当长一段时间内，动产担保仅仅限于质押、留置等以移转担保物占有为要件的担保方式，这种方式没有充分发挥动产的使用价值，因此这种担保方式的使用频率也不高。晚近以来，动产担保由于以下两个因素重新焕发了生机，具体来说，一是动产财产价值的增强。随着生产力的日益提高，大型企业每天都生产出大批量的动产，比如汽车制造厂每天都可以生产出成千上万的汽车，它的价值总量是巨大的。科技越发达、技术越进步，动产的价值就越重要。比如说，宇宙飞船的价值究竟有多大，甚至很难估量。计算机软件的开发使软件具有重要的财产价值。二是动产担保方式也发生了重大变化。动产抵押和其他以动产作担保的形式越来越多，作用越来越突出。尤其是动产抵押方式的产生，大大促进了动产使用价值和交换价值的同时实现。在比较法上，动产担保也受到重视和广泛运用，例如，美国《统一商法典》第九编"担保制度"确立并强化了权利质押。又如，《魁北克民法典》也承认各种非移转占有的动产担保物权。另一方面，担保类型越来越多，如浮动担保、电网收费权担保、高速公路收费权抵押、最高额抵押、财团抵押等。日本修改和制定了一系列新的特别法规，确立了抵押证券、让渡担保、所有权保留、债权让渡、抵销预约、代理受领、保险担保、担保信托等非传统担保形式。[①]《美洲国家组织动产担保交易示范法》确立了应收账款担保。此外，公示制度也在不断发展，例如，在动产担保中，美国、加拿大和受其影响的许多国家采用互联网的方式对动产担保进行公示，即在互联网上将债务人的姓名予以公开，只要查到了债务人就可以大概地了解债务的情况。电子登记方式因成本低、查阅方便、适用范围广等特点而得到广泛采用。据资料显示，在一些整体经济实力和电子信息化程度远比我们低的国家，都采用了电子登记方式，并在实践中取得了良好的效果。

二、我国物权法体系的新发展

我国《物权法》并没有采纳设立财产法总则的做法，但我国《物权法》广泛借鉴了国外最新立法经验和理论研究成果，并从中国实际出发，在体系上有许多创新和重大发展。

---

① 参见梁慧星：《日本现代担保法制及其对我国制定担保法的启示》，载梁慧星主编：《民商法论丛》第3卷，法律出版社1995年版，第180页以下。

（一） 注重动产物权的确认和保护

传统的物权法基本上以不动产为核心，物权法规则的主体是不动产法。我国《物权法》适应现代物权立法的发展趋势，充分考虑到了动产和不动产的发展变化，在以不动产作为规范重心的前提下，也强调了对动产物权取得和变动的规范。尤其是突破了动产与不动产的界限，规定了各种资源的归属和利用问题，使物权法的体系获得了新的发展。这特别表现在：首先，物权法针对某些动产物权的变动，原则上以交付作为物权变动的要件，但是也适用不动产物权变动的登记规则，以登记作为对抗要件。例如，《物权法》第二十四条规定："船舶、航空器和机动车等物权的设立、变更、转让和消灭，未经登记，不得对抗善意第三人。"其次，《物权法》为了适应整个物权体系在未来发展的趋势，突破了传统上用益物权都只是在不动产上设立的规则。《物权法》第一百一十七条规定："用益物权人对他人所有的不动产或者动产，依法享有占有、使用和收益的权利。"这就承认了在动产之上也可以设立用益物权。再次，物权法还规定了大量的动产担保物权，依据《物权法》第一百八十条，生产设备、原材料、半成品、产品、交通运输工具等动产都可以实行抵押。该法第一百八十一条还规定了浮动抵押。再如，《物权法》对于动产抵押以及动产浮动抵押也采取登记的方式，但实行的是登记对抗主义。尤其需要指出的是，《物权法》第一百八十条规定，法律、行政法规未禁止抵押的其他财产都可以抵押。这就极大地扩张了抵押财产的范围。在质押范围方面，物权法强化了权利质押的内容，规定了应收账款质押、可以转让的基金份额、股权等都可以质押。由此表明，我国《物权法》在担保物权中实际上已经突破了传统大陆法系国家的做法，在物权体系方面具有新的发展。

总之，物权法突破动产、不动产划分的限制，在体系的构造上不是封闭的，而是开放的。这就使得物权法不仅能够适应社会生活的需要，而且，能够适应未来社会变动的需要。这些都是对传统大陆法系物权法体系的重大突破。

（二） 将自然资源纳入物权法的调整范围

传统大陆法系民法并不调整因自然资源所产生的民事关系，但现代物权法越来越注重对各类自然资源的归属和利用的调整，且资源的范围日益宽泛。例如，资源不仅仅包括土地和自然资源，还包括遗传资源、生物资源等等。我国《物权法》也适应强化资源与环境保护的发展趋势而作出了新的规定。就我国而言，所有的自然资源都属于公有财产，绝大部分自然资源都属于国家所有。但在对自然资源的利用过程中，出现了很多乱挖滥采、对自然资源的破坏性利用的情况，如何在维护人与自然的和谐、保护生态环境的前提下，有效率地利用自然资源，显得十分重要。此外，未来我国要走新型工业化的道路，经济的发展要从粗放型转向集约型，对自然资源的合理有效的利用更加需要采取法律的方式加以调整，因此《物权法》中需要规定对自然资源实行有偿利用原则，并确立合理的利用制度。在现代社会，由于人口激增、经济快速发展以及日益加快的城市化，导致了不可再生的土地资源越来越稀缺，这就决定了人类对土地的利用需要逐步从平面利用向立体利用发展，因而《物权法》必须对这些自然资源的归属与合理利用加以调整。①

我国《物权法》确认了矿藏、水流、海域、野生动植物资源、无线电频谱资源、空间等的归属，这对于实现对资源合理而有效的利用和保护生态环境是非常必要的。这些自然资源不是纯粹的有体物，其中也有一些属于无形财产，而资源是很难纳入动产和不动产之中的。该法第一百三十六条还规定了空间的利用权，即建设用地使用权的分层设立，这些都使得其规范的内容范围不限于不动产，还包括其他财产，内容极为丰富。随着海洋技术的发展，海域可以通过技术手段进行区分，并进行排他性利用，因此，在用益物权中，《物权法》也规定了海域使用权、探矿权、采矿权、取水权和使用水域、滩涂从事养殖、捕捞的权利，都可以作为用益物权受到保护。

（三）用益物权体系的新发展

构建我国用益物权制度不仅要借鉴国外经验，更重要的是从中国的实际情况出发，注意吸收我国人民群众的实践智慧以及司法实务的优秀经验成果，在此基础上建立一整套具有中国特色的、符合中国国情的用益物权制度。例如，农村土地承包经营权和建设用地使用权已经成为我国民众普遍接受的约定俗成的概念，不宜采用永佃权或地上权的概念来代替，即使采用也很难为人们所接受。凡是实践中出现的对不动产各种不违反法律规定的使用、利用形态都应进行认真的整理和清理，需要物权法加以规范的，应确认为一种用益物权加以规范。

我国《物权法》确定的几种典型的用益物权包括：土地承包经营权，建设用地使用权，宅基地使用权，地役权。我国《物权法》对于用益物权体系的发展，主要是为了适应物尽其用和保护环境的需要，确立了一些新的用益物权和准用益物权。一是在建设用地使用权中，承认了地上、地下空间可以设置建设用地使用权。二是规定地役权可以在建筑物和用益物权之上设立。三是规定了海域使

---

① 例如，有的国家规定基于公共利益，国家可以利用私人所有的土地地下一定深度的空间；某些国家甚至规定，土地所有权地下若干米之下的空间归国家所有。

用权、探矿权、采矿权、取水权和使用水域、滩涂从事养殖、捕捞的权利，这些权利又被称为准用益物权。四是用益物权的客体不仅仅限于不动产，还包括动产以及空间等资源。这些都是对用益物权体系的重大发展。

（四）担保物权体系的新发展

我国的担保物权制度，是随着改革开放和市场经济体制的建立和完善而逐步建立起来的。新中国成立后，因为实行高度集中的计划经济体制，在这种背景下，担保制度难以生存和发展。但随着改革开放的推行和商品经济的发展，银行逐渐开展担保业务，因而1986年的《民法通则》第八十九条规定了几种典型的担保形式，包括抵押和保证等。但是，《民法通则》并没有明确承认抵押权为担保物权。在市场经济体制下，担保物权的地位和作用日益突出，法律对担保制度作出全面而详细的规范越显重要。有鉴于此，我国于1995年颁布了《担保法》。《担保法》实际上是将各种担保类型统一规定，对担保制度进行了重大完善，起到了为市场经济"保驾护航"的作用。但是，由于《担保法》制定之时，我国担保制度在理论上还不够成熟，担保的实践也还不尽丰富，所以，《担保法》并没有明确承认抵押权、质权、留置权等担保物权的物权性质，且担保制度的内容和体系也不够完善。例如，《担保法》第三十五条规定，抵押人所担保的债权不得超出其抵押物的价值。这就在一定程度上限制了超额抵押和重复抵押，不利于担保财产的最大化利用。[①] 为了适应我国市场经济改革和发展的需要，进一步促进融资、完善担保物权制度，我国《物权法》对担保物权制度作了更为科学合理的规定。主要表现在以下几个方面：

1. 深化了对担保功能的认识。在《物权法》中，是否应该规定新的担保形式，首先涉及对担保功能的认识问题。担保物权具有"安全"和"效率"的双重功能，二者之间有内在的冲突和张力。一方面，担保物权制度的重要功能在于保障债权的安全，保证债权在到期后能够得到清偿和实现，这是担保物权本身的"安全"价值；另一方面，担保物权又需要为当事人提供尽可能多的融资途径，为当事人获取融资提供尽可能多的制度选择，这是担保物权的"效率"价值。而在"安全"和"效率"这两个基本功能之间，显然是存在着一定冲突的。如果强调安全价值的优先意义，就必须要对当事人自发的制度创新活动予以必要的限制，要强调法定主义作为调整的基本手段；而如果强调效率本身是优先目标，那么就应当允许当事人具有更大的制度创新空间，许可当事人在创设物权及确定物权内容方面发挥更大的作用。我国《物权法》兼顾了两个方面的功能，为了

---

① 参见何志：《担保法审判实务研究》，人民法院出版社2002年版，第242页。

保证当事人获得尽可能多的融资途径，规定了正在建造的建筑物的抵押、动产浮动担保、基金份额质押、应收账款质押等，扩大了担保财产的范围，增加了新的担保方式，这些都适应了担保物权国际化发展的趋势。

2. 我国《物权法》扩大了担保财产的范围，对当事人设定担保提供了更多的选择手段。当事人选择担保的余地越大，越表明这种制度符合社会发展的需要。具体来说，一是扩大了抵押标的物的范围。例如，允许在正在建造的建筑物等之上设定抵押；《物权法》第一百八十条第一款第七项强调，法律、行政法规未禁止抵押的其他财产，都可以抵押。二是规定了浮动担保制度。《物权法》规定，经当事人书面协议，企业、个体工商户、农业生产经营者可以将现有的以及将有的生产设备、原材料、半成品和产品抵押。三是《物权法》规定了基金份额可以质押。四是《物权法》规定了应收账款可以质押。《物权法》还扩大了抵押中抵押物的范围。例如，《物权法》第一百八十条第一款第七项中规定的"法律、行政法规未禁止抵押的其他财产"，使得抵押权的类型在严格的物权法定主义的模式下，具有一定程度的开放性。

3. 《物权法》对《担保法》中的若干不合理的规定作了修改和完善。我国《物权法》制定过程中，适应了担保制度国际化发展趋势，在担保物权的类型、设立和实现等诸多方面对《担保法》作了修改和完善。例如，《担保法》第二十八条规定："同一债权既有保证又有物的担保的，保证人对物的担保以外的债权承担保证责任。"而《物权法》对《担保法》确立的"物保优于人保"规则作了必要的修改。根据《物权法》第一百七十六条的规定，当事人首先应当订立协议，如果没有约定或约定不明的，债务人自己提供物的担保的，债务人应当首先就该物的担保承担责任；第三人提供物的担保的，债权人可以就物的担保主张优先受偿，也可以要求保证人承担保证责任。再如，《担保法》没有严格区分合同的效力与物权的效力，其在第四十一条规定，"应当办理抵押物登记，抵押合同自登记之日起生效"。而《物权法》严格区分了登记的效力与合同的效力，登记只是影响物权的设立和变动，但不影响合同的效力。①

4. 有效地协调了"法定主义"和"意定主义"两种基本调整手段的关系，赋予了当事人在担保物权的创设、担保范围、担保的实现等方面更多的意思自治空间。物权法定主义的优势在于为当事人提供了一套固定、成熟和安全的担保物权体系，供其自由选择。但是，其不足在于：法定主义会限制当事人的制度创新，妨碍人们的自主创造和对资源的最有效利用。根据《物权法》第一百八十条第一款第七项的规定，对于抵押物的范围，法律并未加以限制性规定，反而采

---

① 参见王君、郭林将：《论担保物权的完善》，载《新学术》2007 年第 3 期。

取了开放性立法体例，因而各种新的财产只要具备了合适的公示方法，均可设定抵押，这从一定程度上缓和了严格的法定主义所带来的僵化和刚性。例如，在动产担保设定方面，动产是采取抵押还是质押，可以由当事人选择。在物权法定原则下，《物权法》赋予当事人在担保物权体系内予以自由选择的权利。此外，《物权法》还增加了一些新的规则，例如区分动产抵押和其他财产的抵押，对不动产抵押实行登记要件主义，而对动产抵押实行登记对抗主义。

5. 简化了担保物权的实现程序，降低了担保物权的实现成本。现代担保物权制度发展的一个趋势就是简化担保物权的实现程序，降低担保物权的实现成本。根据《物权法》第一百九十五条的规定，实现抵押权必须由抵押权人与抵押人之间达成协议，以抵押财产折价、拍卖或变卖该抵押财产所得的价款优先受偿。如果一方不执行协议，显然应当承担相应的违约责任。在协议未能履行的情况下，抵押权人可以不再要求法院审理主合同，而直接就该协议依据非诉讼程序作出裁定，然后依据此裁定强制执行。依据《物权法》第一百九十五条第二款，在当事人就抵押权的实现方式没有达成协议的情况下，抵押权人可以直接请求法院拍卖或变卖抵押财产。[①]

第三节 《物权法》对我国民法典体系的影响

《物权法》是我国分阶段、分步骤制定民法典的成果的体现，《物权法》所确立的体例、制度、规则、价值等也会对我国民法典体系的构建产生重要影响。具体主要表现在如下方面：

一、《物权法》的制定使民法典的体系更为明晰

长期以来，我国学界和立法机关对如何构建民法典体系进行了深入探索，并提出了一系列体系化的思想和理论，形成了多部民法典草案建议稿。《物权法》的制定无疑是对这些理论和建议稿的选择性反映，是民法典体系构建的有益尝试，有利于未来民法典体系的逐步明晰。甚至可以说，《物权法》的出台预设了民法典体系。这是因为，一方面《物权法》贯彻了物权与债权相区分、物权法独立成编的思想。例如，我国《物权法》没有按照《担保法》构建自身的体系，

---

① 参见王君、郭林将：《论担保物权的完善》，载《新学术》2007 年第 3 期。

而是将担保分为人保和物保，将物保纳入《物权法》之中，人保可能将在未来纳入《合同法》中，这本身就是尝试构建民法典体系。因为我国《担保法》在制定时并没有按照体系化思想来构建，而只是针对担保这一事项进行立法，主要是从担保主债权履行的法律效果来考虑的。另一方面，《物权法》第一次在法律上明确了物权与债权的区别，明确了物权请求权和占有保护请求权，并与侵权请求权相区分，同时，也构建了完整的请求权体系。还要看到，《物权法》没有规定物权主体、取得时效、物的概念等，这表明其是要留待未来的民法典总则来规定，也表明其是在按照民法典体系构建的思想指导下制定的。《物权法》对物权行为理论的否认，结束了长期以来对于物权行为理论的争议。《物权法》并没有规定物权合意，更没有规定物权行为制度。这使得我国法律行为制度中不可能包含物权行为，也使得法律行为制度的适用范围被限定为债权行为、婚姻行为和遗嘱行为等。由此可见，《物权法》的制定会使民法典的体系更为明确。

二、《物权法》的制定进一步强化了民商合一体制

长期以来，民商分立抑或民商合一是我国民法典制定中的重大争议，《物权法》的制定使民商合一的思想得以进一步巩固。（1）《物权法》确立了统一的登记制度，其并没有区分民法和商法，而是适用于所有的民商事领域。尤其是，在登记效力方面，并没有区分民事和商事活动，而是设立了统一的登记效力规则。例如，在证券登记方面，因为没有商事特别法，所以，应当准用《物权法》的相关规则。按照《物权法》第十六条的规定，"不动产登记簿是物权归属和内容的根据"。因此，当事人就证券归属发生争议时，也应当准用该条规定，即以相关登记簿上的记载确定证券权利人，除非有相反证据。（2）在用益物权制度中，《物权法》贯彻了物尽其用、禁止权利滥用等原则，这实际上体现了传统商法的基本理念。（3）在所有权制度方面，《物权法》也包含了传统商法的规则。例如，善意取得制度就可以统一适用于商事交易领域。《物权法》规定的私人所有权实际上包括对于股票、债券等的权利，因此，对公司的财产权的确认、行使、股票的发行与股票权利的行使，对作为商品所有权的票据的保护等，仍然适用物权法的相关规定。[①]（4）没有区分民事主体和商事主体，而是采用了统一的物权主体概念。《物权法》不仅规定了公民个人的财产权，而且规定了企业的财产权。该法第六十八条规定："企业法人对其不动产和动产依照法律、行政法规以及章程享有占有、使用、收益和处分的权利。企业法人以外的法人，对其不动产

---

① 参见范健等：《商法论》，高等教育出版社2003年版，第110页。

和动产的权利，适用有关法律、行政法规以及章程的规定。"该法第六十九条规定："社会团体依法所有的不动产和动产，受法律保护。"（5）《物权法》确立了统一担保制度，该担保制度不仅适用于民事关系，而且适用于商事关系。例如，该法第二百三十一条规定："债权人留置的动产，应当与债权属于同一法律关系，但企业之间留置的除外。"该条实际上将民事留置权和商事留置权作了统一规定。有学者主张，在民法物权之外，还存在商法上的物权，包括独立的商事所有权、商事留置权、商事质权等商事物权。[①] 但从我国《物权法》担保物权部分的规定来看，并没有区分所谓民事物权和商事物权。此外，《物权法》在规定统一适用于所有民商事关系的物权制度时，也为商事特别法的制度设计预留了空间。例如，该法第一百七十二条第一款规定："设立担保物权，应当依照本法和其他法律的规定订立担保合同。担保合同是主债权债务合同的从合同。主债权债务合同无效，担保合同无效，但法律另有规定的除外。"该条实际上为商事领域独立担保制度的发展提供了空间。

三、《物权法》所确立的平等保护原则是对民法典价值的丰富和发展

《物权法》第四条首次以基本法的形式确立了平等保护原则，该原则是具有中国特色的私法原则，也是《物权法》的首要原则，是我国《物权法》中国特色的鲜明体现。我国《物权法》确认各种类型的所有权，这些权利都要受法律的平等保护。《物权法》确认了私人所有权，并将其范围扩大到投资收益、储蓄、合法收入等，这并不是说，这些财产都受物权请求权的保护，而是为了强调私人的合法财产都要受平等保护原则的保护，这对于市场经济的发展具有重要意义。

平等保护原则不仅仅是物权法的一项基本原则，而且也应当作为民法典的一项基本原则。在平等保护原则之下，《物权法》特别强调保护广大民众的财产权，并强化对这些财产权的保护，这是"民生至上"最为重要的体现。什么是"民生"？实际上最大的民生就是老百姓的财产权问题。老百姓的财产权问题解决不好，就不可能真正解决好民生问题。例如，老百姓的房屋所有权未能得到充分的尊重，就无法保障老百姓的基本生存条件和生活条件。物权法平等保护原则的重要内容在于，不仅要保护老百姓的财产，而且要对老百姓的财产予以同等保护。《物权法》对民生的保护体现在它的很多规定中。例如，住宅建设用地使用

---

① 参见范健：《物权：一个商法命题》，载《财产法暨经济法》创刊号，2005 年。

权自动续期规则旨在切实保护公民的房屋所有权，真正做到人们"住有所居"；车库首先要满足业主需要原则，有利于维护广大业主利益，解决小区停车难的问题；房屋预告登记制度有效地阻止了"一房二卖"这种情况的发生，保障了购房者的合法利益①；征收征用制度有利于保护公民的财产权，防止行政权侵害公民的财产权。这些都体现了浓厚的人本主义精神和对民生的最大关注。

《物权法》的平等保护原则体现了民法的基本价值理念。我国民法贯彻民事主体平等原则，确认公民在法律上具有平等的人格，并对各类民事主体实行平等对待。无论个人在客观上是否存在财富多寡、种族差异、性格差别等方面的区别，他们在民法上都属于平等的主体。不管是哪一个权利人的权利受到侵害，都应该受到平等保护。在民法典制定过程中，应该对物权法中充分关注民生的理念进行全面的反映，从而保障公民的基本生存权利。民法典之所以要充分关注民生，这首先是因为民法典本质上是人法，要体现人本主义。正如孟德斯鸠所说，在民法慈母般的眼里，每一个个人就是整个的国家。② 因此民法典是否科学合理，关键在于其是否反映了人的主体性，体现了对人的尊重。一部充分关爱个人的民法，才是一部具有生命力的高质量的民法，才能得到人民的普遍遵守和拥护。

四、《物权法》所展现的开放性为民法典体系构建提供了有益经验

《物权法》首次确定了物权法定原则，该原则具体包括种类法定和内容法定。种类法定是指物权的类型必须由法律作出明确规定，既不允许当事人任意创设法定物权之外的新种类物权，也不允许当事人通过约定改变现有的法律规定的物权类型。理论上也将此种情况称为排除形成自由（Gestaltungsfreiheit）。③ 内容法定是指物权的内容应当由法律作出规定，通过明确物权内容的规定，可以使交易当事人明确物权的内容，从而维护交易的安全。内容法定禁止当事人随意约定与法律规定不符合的内容，实际上也有利于降低当事人谈判的成本，保障法律目的的实现。④ 物权法定对物权种类的列举实际上是一种非开放性的列举，难免使物权法具有一定的封闭性。这种模式对于维护法的稳定性是必要的，但是，封闭性的列举会妨碍物权的发展，使得人们不能有效利用物权形式来创造社会财富。

---

① 参见全国人大常委会法制工作委员会民法室编：《中华人民共和国物权法条文说明、立法理由及相关规定》，北京大学出版社 2007 年版，第 31～32 页。
② 参见 [法] 孟德斯鸠：《论法的精神》（下册），张雁深译，商务印书馆 1995 年版，第 190 页。
③ 参见 [德] 曼弗雷德·沃尔夫：《物权法》，吴越、李大雪译，法律出版社 2004 年版，第 14 页。
④ 参见苏永钦：《物权法定主义松动下的民事财产权体系》，载《月旦民商法杂志》2005 年第 8 期。

因此，物权法还通过各项制度的设计体现了开放性的要求，有效协调物权法的封闭性与开放性的关系，具体体现为：

1.《物权法》保持了权利客体范围的适度开放性。我国《物权法》第二条第二款规定："本法所称物，包括不动产和动产。法律规定权利作为物权客体的，依照其规定。"这就是说，《物权法》主要调整有形财产权利关系，但在法律有特别规定的情况下，权利本身也可以成为物权的客体。例如，无形财产权利可以成为担保物权的客体。此外，我国《物权法》明确将"无线电频谱资源"纳入物权法的适用范围，也扩大了物权客体的范围。我国司法实践也承认，电、热、声、光等在物理上表现为无形状态的物，作为有体财产的延伸，仍然属于有体物的范畴，从交易观念出发，它可以作为物而对待。最高人民法院《关于审理盗窃案件具体应用法律若干问题的解释》第一条第三项已经将盗窃电力、煤气、天然气等无形物的行为纳入盗窃罪的处罚范围。我国《物权法》第一百三十六条规定，空间权可以成为一项权利，这实际上就是要将空间资源纳入物权客体的范围。这些都表明了物权法不仅以有形财产作为其调整的对象，而且为无形财产成为物权客体提供了可能。

2.《物权法》保持了用益物权客体范围的开放性。尽管《物权法》列举的各种用益物权都是不动产物权，但该法第一百一十七条规定："用益物权人对他人所有的不动产或者动产，依法享有占有、使用和收益的权利。"因而，用益物权的客体也不限于不动产，还包括动产。动产用益物权为将来居住权等人役权的设立预留了空间。这里特别要指出，《物权法》第一百五十三条关于宅基地使用权的规定体现了开放性的要求，根据该条规定，"宅基地使用权的取得、行使和转让，适用土地管理法等法律和国家有关规定"。该规定在总体上维持了现行规定的做法，但随着我国市场经济的发展和改革开放的深化，严格限制宅基地使用权流转的做法，也有进行改革的必要。所以《物权法》第一百五十三条维持现行规定的同时，又为今后逐步放开宅基地的转让、修改有关法律或调整有关政策留有余地。① 目前，有些地区正在进行宅基地转让的试点改革现在一些地方也在积极探讨集体土地进入市场进行交易的问题。例如，2003 年 7 月，广东省出台了《关于试行农村集体建设用地使用权流转的通知》，该《通知》指出，集体建设用地可以上市流转，包括出让、转让、出租、抵押等形式。2004 年 2 月，大连市出台了《大连市集体建设用地流转管理暂行办法》，该《办法》指出，农村集体建设用地可以自由买卖。如果这些试点单位获得了政府有关部门的批准，也

---

① 参见王兆国 2007 年 3 月 8 日在第十届全国人民代表大会第五次会议上所作的《关于〈中华人民共和国物权法（草案）〉的说明》。

可以认为符合《物权法》第一百五十三条所说的符合"国家有关规定"。由此也可以看出，《物权法》的规定也为宅基地使用权制度的改革留有空间。①

3.《物权法》协调了担保物权的法定性与开放性。例如，《物权法》第一百八十条第一款第七项中规定的"法律、行政法规未禁止抵押的其他财产"都可以抵押，这就为未来我国法院解释出一些新的担保形式提供了依据。再如，《物权法》规定了抵押权可以在法律有特别规定的情况下与主债权分离，允许它有一定的独立性，这就为独立担保制度的发展留下了空间。这些都在一定程度上缓和了严格的法定主义所带来的僵化和刚性。

总之，《物权法》在体系的构造上不是封闭的，而是开放的，这就使得《物权法》不仅能够适应当前社会生活的需要，而且能够适应未来社会变动的需要，从而为未来法律发展提供了空间。这种做法也为未来民法典的制定提供了经验。我国民法典既要坚持其内在体系的周延性，继续维持权利法定的立法模式，也要兼顾其开放性。例如，适当规定个别具有高度概括性特点的民事权利如一般人格权，并通过侵权责任等对尚未上升为权利的合法利益加以保护。再如，在法律中设置一些一般条款，避免列举式规定挂一漏万的弊端，并为未来民法规则的发展提供一定的空间。

五、《物权法》的复合继受方法有助于民法典的体系化

我国《物权法》不仅大量借鉴了德国、法国等大陆法系物权立法例，也适度参考了英美法上的一些合理制度，这为民法典的制定提供了宝贵的经验。我国《物权法》关于用益物权、担保物权分类的体系，以及有关的物权法原则（如物权法定）、物权请求权、占有保护、地役权等，都来自于大陆法。所以，在整个体系结构上，我国《物权法》并未在根本上突破大陆法系的框架。当然，这并不等于说《物权法》没有自己的创新。在从中国的实际情况出发的基础上，《物权法》也包含了大量的制度创新内容，这其中最重要的是从我国土地公有制的实际出发所构建的所有权和用益物权制度，如国家所有权、集体所有权、土地承包经营权、建设用地使用权、宅基地使用权等，这些制度体现了强烈的本土性。此外，物权法也适当吸收了英美法的有关经验，规定了浮动抵押制度（第一百八十一条）②、应收账款质押（第二百二十三、二百二十八条）等。在立法上充

---

① 参见胡康生主编：《中华人民共和国物权法释义》，法律出版社 2007 年版，第 340 页。
② 参见全国人大常委会法制工作委员会民法室编：《中华人民共和国物权法条文说明、立法理由及相关规定》，北京大学出版社 2007 年版，第 328 页。

分借鉴两大法系的经验，这一重要立法方法应当在未来制定民法典时予以坚持。虽然法典和法典化是大陆法系的标志性特征之一（正因为如此，大陆法系也被比较法学家们称为"法典法系"），但这并不意味着在法典化的过程中不能借鉴普通法的一些具体制度和做法。必须要看到，在全球化的今天，两大法系的交融已是一个基本的事实①，在这样的背景下，在法典化工程中对普通法的借鉴尤其必要。在充分借鉴两大法系经验的基础上所制定出来的民法典，才能保证立法质量和科学性。

第四节 《物权法》对新型财产的调整与民法典体系构建

一、《物权法》主要规范的是有体财产

自罗马法以来，大陆法学者一直认为："物权可以定义为对某物的独立支配权。这就意味着，对该物的权利形式以及对其不同程度的享有均独立于同一定人的关系，因而，也独立地通过对物之诉（即可对任何第三人提起地诉讼）获得保护。"② 德国学者索姆认为，物权（或对物权）是"对某物进行直接支配（ein unmittelbares Herrschaftsrecht）的权利，它是使权利人享有对物自行采取行为的权利"③。物权是支配权可以说已经成为一种通说。我国《物权法》第二条第三款明确规定："本法所称物权，是指权利人依法对特定的物享有直接支配和排他的权利"。据此，物权主要是对有体物的支配，这就是说，物权法主要调整有体物的归属、利用等关系，所构建的规则也主要是适用于有体物。在现代社会，尽管无形财产的价值越来越重要，但是无形财产主要受到其他法律部门（公司法、证券法、知识产权法等）的调整。对于有体物而言，它们是社会财富的基础。西方古典经济学家曾经形象地说，土地是财富之母，劳动是财富之父；我国古代也曾经有"有土是斯有财"的说法。这些都说明了有体物是社会财富的基础，

---

① 参见［日］大木雅夫：《比较法》，范愉译，朱景文审校，法律出版社 1999 年版，第 125～127 页、第 136～137 页；［美］约翰·亨利·梅利曼：《大陆法系》（第 2 版），顾培东、禄正平译，法律出版社 2004 年版，第 26 页。

② ［意］彼德罗·彭梵得：《罗马法教科书》，黄风译，中国政法大学出版社 2005 年版，第 141 页。

③ 转引自金可可：《鲁道夫·索姆论债权与物权的区分》，载《华东政法学院学报》2005 年第 1 期。

也基本上是无形财产的终极来源。因此，对于有形财产的归属和利用的规定，构成了我国《物权法》的基本内容。具体来说，我国《物权法》调整的财产包括以下几类：

1. 动产和不动产。不动产，是指依照其物理性质不能移动或者移动将严重损害其经济价值的有体物。《担保法》第九十二条规定："本法所称不动产是指土地以及房屋、林木等地上定着物。本法所称动产是指不动产以外的物。"所谓动产，就是不动产之外的物，是指在性质上能够移动，并且移动不损害其经济价值的物，如电视机、书本等。《物权法》第二条规定，本法所说的物主要是动产和不动产。动产和不动产都是有体物，因此，从这个意义上说，物权的客体主要是有体物。有体物主要是指具有一定的物质形体，能够为人们所感觉到的物，而无体物主要是指权利。物权的客体之所以主要限于有体物，原因在于：一方面，由于物权是一种支配权，应当具有特定的支配对象，而只有有体物才能够满足这个要求，如果以无体财产作为物权的客体，就难以界定物权的内涵及效力范围。例如，如果以所有权作为所有权的客体，将会出现所有权之上的所有权，甚至会出现债权的所有权、继承权的所有权。如此，则所有权的概念本身将陷于自相矛盾与模糊不清的状态。另一方面，它确定了物权的特征，物权是以有体物为客体的，因而物权就是有体财产权。这也使得物权与知识产权、债权、人身权等权利得以区分开。还要看到，《物权法》围绕动产和不动产的归属、移转而展开，这就明确了《物权法》调整对象的范围，有关无体财产就应当由其他法律来调整，而不属于《物权法》的范畴。

在传统大陆法系国家的物权法中，用益物权主要是在他人的不动产之上设立的。"从古代起直到工业革命时代，土地（一种不动产）被认为是最重要的一种财产，所以逐步制定了详细的规则来保障有关土地的占有、使用和收益的权利。"[①] 据此，在我国《物权法》制定过程中，不少学者认为我国《物权法》用益物权的客体应当限于不动产。[②] 从《物权法》的内容来看，尽管《物权法》第一百一十七条关于用益物权概念的规定中包括了动产，但是，现行用益物权的客体主要还是不动产，其中最主要的还是土地。在物权法起草过程中，对于是否应当规定居住权和典权，争议极大。立法机关后来删除了居住权、典权的规定。就《物权法》规定的用益物权来看，其客体原则上仅限于土地。但是，考虑到地役权设立方式的多样化，其在特殊情况下也可以在房屋上设立。例如，眺望地役权就是在他人的房屋之上设定的。所以，用益物权的客体也不完全限于土地。

---

① "财产法"，载《不列颠百科全书》（第 15 版）第 15 卷，中国大百科全书出版社 2000 年版，第 51 页。

② 参见钱明星：《我国用益物权体系的研究》，载《北京大学学报》（哲学社会科学版）2002 年第 1 期。

根据我国《物权法》第一百一十七条的规定，在动产之上也可以设定用益物权，这就极大地丰富和发展了我国用益物权的体系。比如说在融资租赁交易中，承租人对于租赁物所享有的权利若构建为动产用益物权，则对各方当事人都会有利。在条件成熟时，也可能会成为一种用益物权。

2. 不动产权利。在传统民法中，某一项权利原则上不能作为其他权利的客体，尤其是用益物权不能作为其他物权的客体，用益物权之上不得再设立用益物权。但是，一些大陆法系的物权法承认在例外情况下，允许在地上权等权利之上再设定用益物权。[①] 在我国，由于土地等自然资源公有，且所有权不能移转，所以土地本身不能作为抵押权的客体，但建设用地使用权作为不动产权利可以作为抵押权的客体。尤其应当看到，在土地之上设立各种用益物权而实现对资源最大效率的利用就显得格外重要，由此决定了在我国的土地公有制之上，不仅可以在国家的土地之上设定建设用地使用权、土地承包经营权，还可以在这些权利之上设定地役权有学者认为此时用益物权的客体究竟是指不动产本身还是权利，值得研究。[②] 例如，在土地承包经营权之上再设定利用他人土地进行通行的地役权。建设用地使用权之上可以设立地役权，因此不动产权利也可以成为物权的客体，这就改变了传统民法针对用益物权的设立上的限制性规则，丰富和发展了用益物权的体系。

二、《物权法》对新型财产的保护，扩张了民法典的调整对象

虽然物权法主要调整有体物，但是，随着社会的发展，物权法已经不再仅仅以有体物作为其调整对象，而扩展到许多新型的财产。财产总是处于不断的变动之中，许多新的财产形态将会不断涌现，例如，出租车牌照、网络虚拟财产、频道等等，这些新的财产出现都要求法律作出相应的回应。总体而言，现代物权法所确认和保护的财产主要包括有体物，而我国《物权法》适应调整新型财产的需要，将其调整范围扩张到了一些新的财产形态。《物权法》规范的对象主要是有形财产，但该法第二条规定，法律规定权利作为客体的，即依照《物权法》和其他法律进行保护。这实际上表明了《物权法》扩大其保护范围的立场。总体而言，《物权法》对新型财产的保护，扩张了民法典的调整范围，具体表现为：

[①] 参见孙宪忠：《德国当代物权法》，法律出版社 1997 年版，第 235 页。
[②] 参见梅夏英、高圣平：《物权法教程》，中国人民大学出版社 2007 年版，第 202 页。

1. 集合财产。传统民法上关于"物"的概念中没有集合物的概念。集合财产的发展是现代社会财富发展的新形式，因为集合财产包括各种动产、不动产和权利，对其进行交易和设定各种担保越来越具有效益，集合财产通过其有机组合可以发挥整体优势。财产以集合财产的形式出售，其价值更高；财产以集合财产形式来担保，也更有效率。由于集合财产实际上是各种财产的集合，很难在物权法中作出规定，只能在民法典总则中作出规定。但是，随着动产浮动担保等制度的确立，使得集合物成为物权法上重要的概念，因此，我国《物权法》也规定了集合财产可以成为动产浮动担保权的客体。再如，《物权法》规定应当保护公民的投资、收益和其他财产。该法第六十五条以明文的方式规定，保护公民的"合法的储蓄、投资及其收益"。这是强化公民私有财产保护的体现。该规定使得所有权客体不限于有形财产。

2. 空间。空间是一个物理学上的概念，是以一定的长、宽、高来界定的三维空间。作为法律概念的空间是以权利客体的形式存在的。然而，空间权的客体与一般物权的客体是有区别的，因为空间不是有形物，它难以被实际控制或占有。但它仍然可以作为物权的客体存在，因为它是客观存在的资源，在一定条件下也可以为人类所支配和控制，并能够满足人类的某种需要。[①] 与电、气、磁场等类似，空间也是可以被感知的。在现代社会由于我国土地资源相对不足，城市人口稠密，生产和生活空间都极其稀缺，因而对空间的利用越来越重要。[②] 尤其是在土地资源日益稀缺的今天，立体利用空间可以在很大程度上弥补土地资源稀缺的不足。因而，空间利用权作为一项财产的重要意义也日益突出。尤其是随着人类对空间利用能力的提高，以及现代科学技术的发展，人类利用空间的手段和能力也不断提高，空间作为重要的财产，其重要性越来越凸显。[③] 这些都在客观上需要《物权法》将空间作为用益物权的客体纳入到它的调整范围。我国《物权法》第一百三十六条规定："建设用地使用权可以在土地的地表、地上或者地下分别设立。新设立的建设用地使用权，不得损害已设立的用益物权。"这就承认了建设用地使用权可以在地上、地下的空间设立，从而实际上认可了空间可以成为用益物权的客体。

3. 土地之外的其他自然资源。传统的物权法并不调整自然资源，也不调整自然资源以外的其他资源。自然资源的归属和利用是由公法和特别法调整的。但在现代社会，物权法加大了对土地，以及水资源、石油、矿产等资源的保护。我国《物权法》确认了海域使用权、探矿权、采矿权、取水权、养殖权、捕捞

---

① 参见赵怡：《试论物权法中的空间权制度》，载《市场周刊》2004 年第 6 期。
② 参见石少侠、王宪森：《土地空间权若干问题探析》，载《政治与法律》1994 年第 1 期。
③ 参见刘春彦等：《空间使用权法律问题思考》，载《山西高等学校社会科学学报》2007 年第 2 期。

权等准用益物权。这不仅明确了其为物权法确认和保护的对象，而且使得其可能成为民法的重要权利。由于准用益物权的客体包括了海洋，使得准物权的调整范围从传统用益物权中的土地延伸到海洋，大大扩大了物权的功能。准用益物权虽然不是典型的用益物权，但因为《物权法》是在用益物权之中对其作出规定的，所以其仍然属于用益物权的范畴。由于《物权法》承认了准用益物权，所以我国《物权法》上的用益物权实质上可以细分为典型用益物权和准用益物权。当然，准用益物权不仅受到《物权法》的调整，还要受到相关特别法的调整。

4. 无形财产。《物权法》第二条规定，法律规定权利作为物权客体的，依照其规定，这实际上为物权法调整各种无形财产关系提供了法律依据。物权法在特殊情况下调整无形财产关系是必要的，也是符合财产发展趋势的。这特别表现在我国《物权法》确认了各种权利担保的方式，实际上是承认了大量的无形财产可以成为担保物权的客体。现代担保法出现了动产质押逐渐衰落，权利担保不断增长的趋势。因为现代社会的财富构成已经不同于传统的农业社会，现代社会财富更多地表现为权利而不是有体物，以权利作为融资手段的需要日益增长。现代社会是知识经济的社会、信息爆炸的社会，是以信息、知识、技术等的生产、分配和使用为主体的时代，知识产权等权利的重要性越来越突出。承认各种权利、收益作为担保物，就可以广泛地开辟担保的渠道，对于搞活金融、资金的流通、保障债权的实现是非常重要的。因此，我国《物权法》承认了建设用地使用权、"四荒"土地承包经营权等可以抵押；承认了集合物的担保；承认了有价证券、基金份额、股权、知识产权、应收账款等可以质押。《物权法》规定了"应收账款质押权"，该类权利可以适用于高速公路收费权、出租车牌照、公路运营权、公交线路运营权等，这使得行政特许权成为民法确认和保护的对象，行政特许权是基于行政特许而产生的权利。《物权法》虽然没有直接规定行政特许权，但是，通过"应收账款"概念的引入，实际上将行政特许权纳入其中，并成为民法的调整范围。我国《物权法》明确将"无线电频谱"纳入物权法的适用范围，这事实上也扩大了物权客体的范围。我国司法实践也承认，电、热、声、光等在物理上表现为无形状态的物，作为有体财产的延伸，仍然属于有体物的范畴，从交易观念出发，它可以作为物而对待。

由于《物权法》将调整范围扩张到一些新型的财产，从而扩大了对财产的保护范围，这对我国未来民法典的制定也提供了有益的经验。鉴于现代社会中，无形财产和其他财产性利益的重要性日益突出，我国未来民法典制定时，必须要具有一定的前瞻性，以应对新型财产发展的课题。由于民法典作为保护私权的基本法，应全面保护民事主体的财产及其权益，所以，民法典不应受制于物权法的适用范围，而无形财产以及新型财产在实践中所发挥的作用越来越大，必须引起立法者的重视。我们要全面保护民事主体的财产及其权益，不仅需要物权法、债权法等详尽规定已经成熟的财产权规则，还要为将来可能出现的新型财产或者财产性利益预留空间，由民法典规定财产保护的一般条款，使之成为指导民法典的各组成部分的财产规则以及特别法中的财产的重要规则，并为法律未明文规定的财产保护提供支持和依据。

第五节　完善物权法体系的若干问题

一、物权法应随着民法典的制定而不断完善

《物权法》的制定建构了我国民法典物权编的基本内容，而且为民法典体系构建提供了有益的借鉴。但是，《物权法》的制定并非意味着我国物权法体系的终结；相反，我们应当随着社会的发展和理论研究的深入，不断完善我国物权法的体系。

在民法典制定过程中，我们应当总结《物权法》颁行后司法实践中的重大问题，总结司法审判中的经验，结合我国社会生活和经济生活的实际需要，不断完善我国物权法的制度和规则。具体表现在：一方面，需要进一步完善我国物权体系。物权法定原则的特点决定了物权体系的相对稳定性，但是，它也应当随着社会经济的发展而不断发展。我国《物权法》虽然规定了物权法定原则，但其所列举的物权并不完全。以用益物权为例，《物权法》主要规定了土地之上的用益物权，而对于房屋之上的用益物权类型规定较少。因此，有必要在物权法定原则之下，保持物权的开放性，在条件成熟时，应当在法律上承认更多的物权类型，如居住权、典权等。另一方面，物权法的功能也要随着社会的发展而不断进行调整。例如，在近代社会中，物权法的功能主要在于保护所有权，而到了现代社会，物权法日益强调物尽其用。从今后的发展趋势来看，我国物权法需要进一步强化对自然资源的保护。自然资源和环境保护是现代社会迫切需要解决的问题，也是 21 世纪全人类必须面临的重大问题。我国未来民法典应当适应时代发展的需要，强化对自然资源的保护，尤其是应当在物权编规定环境保护和可持续发展的一般条款，使法官可以按照该一般条款进行解释，限制滥用物权损害环境

的行为。① 还应当看到，物权法上的一些制度还需要进一步完善。例如，我国《物权法》第十条提出了统一不动产登记制度的目标，但是，对于动产登记制度的统一问题却没有给予足够的重视。无论在立法上还是在实践中，我国动产登记制度都出现了"条块分割"的局面，这不仅不利于当事人办理登记，而且不利于利害关系人查询登记。在未来民法典制定中，应当着力解决动产登记制度的统一问题。再如，我国《物权法》没有规定先占、添附等制度。从比较法上来看，先占、添附是重要的财产取得方法，也是物权法上的重要制度。我国《物权法》对这些制度采取了回避的态度，这不仅难以有效规范社会生活，而且难以适应司法实践的需要。因此，我国未来民法典应当借鉴国外成熟经验，规定完善的先占、添附等财产权取得制度。

二、民法典制定过程中应协调物权法与其他法律的关系

（一）物权法与民法总则的关系

民法总则是民法的一般规则，而物权法是物权的规则。因此，凡是普遍适用于所有民法领域的规则，就应当规定在民法总则之中；而仅适用于物权法的制度则应当规定在物权法之中。我国《物权法》中规定物权的主体是权利人，这也涉及与民法典总则编之中民事主体制度的协调问题。《物权法》在制定中已经从民法典体系角度考虑，将一些共通性的规范留给民法典总则来规定，具体来说包括以下几个方面。

1. 关于主体的概念应当由民法典总则加以规范。《物权法》对于物权主体仅仅规定为"权利人"，并没有对"权利人"的概念予以明确。事实上，"权利人"的概念具有高度的概括性，可以将各种民事主体纳入其中。一方面，权利人包括了各类物权的主体，如国家所有权人、集体所有权人、私人所有权人等。当然，在具体的物权法律关系中，权利人都是指特定的权利人。例如，所有权人、宅基地使用权人、土地承包权人、建设用地使用权人、抵押权人、留置权人等，这就表明通过"权利人"的概念可以统一概括各种类型的物权人。在具体物权形态中，需要结合具体的物权形态和规定确定具体的物权人。另一方面，在《物权法》中，权利人包括了自然人和法人，但又不限于这两类主体。因为作为国家所有权主体的国家是不能归属于法人概念范畴的；另外一些集体经济组织，如村民小组也无法以法人的概念涵盖，但采用权利人的概念可以将各类民事主体

---

① 参见石佳友：《物权法中环境保护之考虑》，载《法学》2008 年第 3 期。

371

概括进来。在物权法中，还有一些组织，如业主会议等，既不是自然人，也不是法人，但仍然可以享有一些实体权利，可以作为权利人存在。随着社会经济的发展，可能会出现一些新的物权人，即使其无法被归入自然人或法人的范畴，也可以以权利人的概念来概括。

2. "物"的概念应当由民法典总则进行规定。在《物权法》起草过程中，对于是否应当规定物的概念，学界存在不同的看法。在构建整个民法典体系时，必须要考虑到民事客体制度与民法典物权编之中物的概念的协调问题。《物权法》不适于规定"物"的概念，理由在于：一方面，物的类型非常宽泛，不仅包括有体物，还包括无体物以及资源等，物权法调整范围的有限性决定了其不可能对所有的物作出规定。另一方面，物的概念实际上可以广泛适用于民法典之中的很多部分，如债权法、继承法等。还要看到，物的概念本身具有一定的弹性，且与其他相关制度都具有密切的关联性，因此，最好规定在民法典总则的民事客体部分。①

3. "禁止权利滥用"原则应当由民法典总则来规定。我国《物权法》并没有就禁止物权的滥用作出规定。所谓禁止权利滥用，是指权利人必须以恰当的方式从事行为，需要顾及社会和他人的利益，禁止以损害他人利益的方式恶意地行使其权利；这是诚信原则的具体体现和要求。罗马法时期曾有法谚云："任何人不恶用自己的物，乃国家利益之所在（expedit enim rei publicae ne quis re sua male utatur）。"19 世纪末叶以后各国均以法律或判例的形式确立了"禁止权利滥用"原则。我国《物权法》第七条规定，物权的取得和行使，应当尊重社会公德，不得损害公共利益和他人的合法权益。这也可以被视为是对"禁止权利滥用"原则的一个规定。许多学者认为，"禁止权利滥用"是物权法的一项重要原则②，但实际上，该条毕竟没有明确"禁止权利滥用"的规则。在民法典制定过程中，可以在民法典总则中规定一般性的禁止权利滥用条款。

4. 取得时效制度应当由物权编来规定。在我国《物权法》之中没有规定取得时效，使得我国时效制度的体系出现了重大缺陷，也导致实践中的很多案件难以解决。在司法实践中，许多当事人针对年代久远的产权纠纷，都提出重新确权，尤其是对历次政治运动中的产权纠纷主张确权，法官很难根据当时的政策予以处理。笔者认为，取得时效在社会生活中具有十分重要的意义，它不仅可以督促权利人及时行使权利，而且有利于确认产权、及时清结债务等纠纷。我国《物权法》在制定之时，考虑到该问题的复杂性，并没有作出规定。但在将来制

---

① 参见常鹏翱：《民法中的物》，载《法学研究》2008 年第 2 期。
② 参见钱明星：《论用益物权的特征及其社会作用》，载《法制与社会发展》1998 年第 3 期。

定民法典之时，必须考虑物权编与民法典总则时效制度的协调。笔者认为，取得时效属于物权取得的制度，并不能普遍适用于民法典的各个部分，因此，应当置于民法典物权编之中来规定。

（二）《物权法》与《担保法》的关系

关于《物权法》与《担保法》的关系，是《物权法》适用中必须要解决的一个重大问题。《物权法》第一百七十八条规定："担保法与本法的规定不一致的，适用本法。"在《物权法》颁布实施的同时，《担保法》仍然有效。因为《担保法》不仅仅包括了物的担保，而且也包括了人的担保，属于人的担保的内容本来属于债法的内容，但是因为《合同法》并没有将保证的形式纳入其中，这就产生了一个法律上的难题，即如果废止《担保法》，则会使《担保法》中的保证的内容无所依从，这显然是不妥当的。根据《物权法》第一百七十八条的规定，在《物权法》通过之后，《担保法》继续仍然有效。但是，《物权法》与《担保法》的关系并不是普通法与特别法的关系，只是新法与旧法的关系。根据这一规定，凡是《担保法》与《物权法》不一致的，都应该适用《物权法》的内容。应当承认，《物权法》已经对《担保法》的诸多内容作了较大的修改与完善。《担保法》与《物权法》的内容不一致的，其内容当然废止。当然，最好的办法是，在将来制定我国民法典的时候，重新构建我国民法典的体系，按照民法典的体系，将既有的《担保法》的内容一分为二，将物的担保纳入物权编，而将人的担保纳入债权编，然后废止《担保法》，这样才能形成科学合理的法律体系。

（三）物权法与不动产登记法的关系

所谓不动产登记法，是指规范不动产登记程序的法律规范。我国《物权法》中虽然规定了物权登记的规则，但并不意味着，不动产登记法等程序性法律规则都要纳入未来的民法典之中。笔者认为，在未来民法典制定时，仍然有必要对实体性规则和程序性规则进行妥当安排，物权法应当主要规定实体性规则，程序性规则主要留给民事特别法来规范。例如，可以通过制定不动产登记法来调整登记程序问题。民法典物权编主要规范实体性规则，主要原因在于：（1）登记制度应当通过单行的不动产登记法来予以规定。登记制度涉及面广泛，技术性非常强，不宜规定在民法典之中，否则会导致民法典的篇幅过长、内容过于庞杂，且变动性强。所以，没有必要再将不动产登记法纳入民法典之中。（2）将登记制度纳入民法典，也与民法典体系安排不相协调。毕竟民法典主要应对民事生活中的基本规则加以规定，而登记等程序性规定，只是配合民法典物权编的实体性规则发挥作用的。所以，就其重要性衡量，它们也不应当被纳入民法典。（3）民法典中许多编都涉及程序性规则的问题。例如，亲属法之中的婚姻登记，也需要详细的登记规则予以配套。如果物权登记制度要纳入民法典，其他的程序性规则也势必要纳入民法典，这就会导致民法典的内容过分膨胀。

（四）物权法和侵权责任法的关系

侵权责任法独立成编必然要求在侵权责任法中对各种侵害民事权利并构成侵权行为的形态及其责任都作出全面、具体的规定，从而在此基础上构建完整的侵权责任法体系。然而，构建这样一个完整的侵权责任法体系，必须要处理好侵权责任法与物权法的关系。我国《物权法》正是依循此种原理而在第三章专设"物权的保护"，其中第三十四至第三十六条规定了返还原物、排除妨害、消除危险等物权请求权的内容。同时，又在第三十七条规定："侵害物权，造成权利人损害的，权利人可以请求损害赔偿，也可以请求承担其他民事责任。"因而，我国《物权法》在物权请求权之外，也规定了损害赔偿请求权。这是否意味着，《物权法》将损害赔偿作为物权请求权的内容加以规定呢？显然不是。

在《物权法》上，物权请求权与侵权损害赔偿的请求权是存在区别的，表现在：（1）功能和目的不同。传统的行使物权请求权的方式主要是请求返还原物、请求侵害排除和请求侵害防止，其目的在于排除物权受侵害的事实或者可能，恢复或者保障物权的圆满状态；而行使侵权请求权就是要求加害人履行损害赔偿之债，其目的是填补损失，即以货币方式恢复被损害物的价值状态，弥补受害人所遭受价值损失。（2）过错举证不同。根据我国现行法律的规定，除了法律特别规定的侵权行为以外，一般侵权行为的受害人要行使侵权请求权必须适用过错责任原则。也就是说，受害人要主张权利就必须举证证明加害人具有过错，如不能证明加害人具有过错，则加害人不负侵权责任。但是如果适用物权请求权，权利人要求侵害人返还财产、停止侵害、排除妨害和恢复原状，都不需要证明相对人具有过错。（3）损害证明不同。从危害后果上来看，在物权的保护中，行使侵权请求权的前提是存在损害赔偿之债，没有损害赔偿之债，就失去了行使侵权请求权的基础。损害赔偿之债要求加害人造成了受害人财产的损失才应负赔偿责任，没有损失就没有赔偿。但是物权人行使物权请求权的前提是物权遭受到妨害或者有遭受妨害的可能，而不以造成财产损失为前提。也就是说，只要行为人妨害物权人行使其物权，不管是造成现实的妨害，还是对将来行使物权造成妨害，也不管此种损害是否可以货币确定，物权人都有行使物权请求权之可能。（4）时效不同。根据我国《民法通则》第一百三十五、一百三十六条的规定，侵权请求权适用普通诉讼时效期间是2年，对于身体受到伤害要求赔偿等侵权案件适用 1 年的诉讼时效期间。但是对于物权请求权则不能适用上述时效的规定。正是因为两种请求权存在明显的区别，所以笔者认为不能以一种请求权代替另一种请求权。

《物权法》在规定物权请求权的同时，也规定了损害赔偿请求权，并没有混淆二者之间的区别，也没有造成法律适用的混乱。《物权法》第三十八条第一款规定："本章规定的物权保护方式，可以单独适用，也可以根据权利被侵害的情形合并适用。"这就意味着，立法者的目的就是要采用多种方式对物权进行保护，从而为当事人提供多项可能的选择。法律规定的这些方法，既可以由当事人选择其中一种，也可以同时并用。因而，所有救济的方式的设立都只不过是物权保护的手段，最终只是为了充分救济物权人。借鉴《物权法》的立法经验，在我国侵权责任法制定中，同样可以针对侵害物权的行为，既允许受害人行使物权请求权，也允许受害人行使侵权请求权。而侵权请求权的内容不仅仅包括损害赔偿，而且包括停止侵害、排除妨害、消除危险。在物权法规定了物权请求权之后，在侵权责任法中规定侵害物权的各种责任，更有利于正确安排侵害物权的责任体系，维护民法内在体系的和谐，给受害人提供充分的救济。主要理由在于：

1. 物权法规定了物权请求权之后，侵权责任法中规定侵害物权的各种责任，既可能导致责任竞合，也可能导致责任聚合。所谓责任聚合，就是指在同一侵害物权的行为发生以后，行为人要同时承担多种形式的责任。例如，某人将他人之物据为己有，不仅要承担返还原物的责任，而且要承担因侵夺占有而导致的所有权人损失的赔偿责任。所谓责任竞合，是指因侵害物权行为的产生导致多种责任形式的产生，但由于这些责任形式之间冲突，因而须由受害人对责任进行选择。例如，某人故意在他人房屋之前堆放杂物，此时，受害人既可以依据物权请求权要求行为人排除妨害，也可以依据侵权责任法的规定要求行为人承担损害赔偿责任，即恢复原状的责任。在侵害物权的情况下，实行责任竞合较之于排斥竞合更有利于受害人。因为一方面，允许竞合实际上使受害人基于自己的意志与利益可以选择对其最为有利的责任形式提出请求或提起诉讼；另一方面，物权请求权和侵权请求权各具特点，不能相互替代，排斥竞合实际上就否定了受害人基于不同考虑选择责任形式的可能性，这并不利于对受害人的充分保护。所以，侵权责任法独立成编，并对各种责任形式作出规定，既满足了受害人救济的需要，又可以妥当规定各种救济方式之间的关系。

2. 物权法规定了物权请求权之后，侵权责任法中规定侵害物权的各种责任并不会破坏民法内在体系的和谐。冯·巴尔指出，在大陆法系对于物权的侵害可能产生物上请求权，这主要是因为大陆法区分了绝对权和相对权，同时有关相邻关系的制度属于物权法的一部分，而不构成侵权责任法的内容。在普通法中凡是侵害他人的物权都构成侵权，因为普通法并没有采纳所谓绝对权的概念，所以不存在所谓所有物的返还请求权。① 这种观点有一定的道理。也就是说，物权请求权设立的主要依据在于对绝对权保护的需要，但是如果认为仅仅因为物权是绝对权就应当通过物权请求权给予特别的保护，那么各种其他的绝对权甚至在将来产生的各种新型绝对权是否都需要确立特别的保护方法呢？如果对人格权、知识产权等绝对权的侵害方法都需要设立特殊的保护方法，并且都要从侵权责任体系中分离出来，则不仅会割裂侵权责任体系，而且会造成整个民法体系内在失调。此外，在民法的各个权利制度中分别规定责任形式也会造成立法的重复甚至相互矛盾的现象。

3. 物权法规定了物权请求权之后，在侵权责任法中规定侵害物权的各种责任，十分有利于对各种新型财产利益的保护。侵权责任法保护的对象不仅仅限于物权，还包括各种尚未形成物权的财产利益。由于这些财产利益尚未上升为一种物权，因而很难受到物权请求权的保护，例如允许摆摊设点的权利、对于电话号码所享有的权利、域名权等这些权利或利益并不是完整的物权，也不适用物权请求权的保护方法，但在这些权利或利益受到侵害以后，由于侵权责任法保护的范围不仅有权利也有各种合法的利益，所以可以获得侵权责任法的保护。侵权责任法中规定各种侵权责任形式有助于形成保护各种新型利益的开发的体系，可以为各种利益受到侵害的受害人提供救济的根据。

有一种观点认为，在侵害物权的情况下，采用物权的请求权比采用侵权的请求权更为合理，因为物权有优先于债权的效力，从而在破产程序中可以行使取回权；物权请求权无须证明损害、过错，这些都是对受害人有利的。笔者认为，这种观点有一定的道理，但我们既然承认责任竞合，就已将选择权赋予了受害人，其可以自行选择。而且有关时效的问题可以在民法总则的诉讼时效制度中对因侵害所有权而产生的诉讼时效作出特别的规定。法律可以对请求权竞合情况下的时效问题作出特殊的安排。这主要是因为选择侵权的请求权对受害人可能不利，所以从保护受害人利益的角度可以规定此时不受时效的限制。

问题在于，侵权责任法中规定了多种责任形式，而"返还原物、排除妨害、消除危险"传统上属于物权请求权的内容，不以行为人的过错为要件。如果侵权责任法规定了这些责任形式，这是否意味着，侵权责任法对于损害赔偿责任的承担采取过错责任原则，而对于与物权请求权内容相同的侵权责任的承担采取严格责任原则？笔者认为，一旦侵权责任法将前述形式都规定为侵权责任形式，这

---

① 参见〔德〕冯·巴尔：《欧洲比较侵权责任法》（上卷），张新宝译，法律出版社 2001 年版，第654 页。

就意味着，它们都要适用侵权责任法的统一的归责原则，如果法律规定其为过错责任，就应当适用过错责任原则；如果法律规定其为严格责任，就应当适用严格责任原则。例如，动物致人损害适用严格责任，无论受害人是否要求停止侵害或赔偿损失，都应当适用严格责任原则。再如，行为人在施工中砸毁他人房屋，受害人既要求排除妨害，又要求赔偿损失，都应当适用过错责任原则。所以，应当将责任形式的适用和归责原则区分开来。

第六节 《物权法》对商事交易的适用

《物权法》作为规范财产关系的基本法，它同时也确立了最基本的交易法律规则。在民商合一的体例下，《物权法》对于传统商事交易也具有特殊的适用意义。

一、《物权法》在证券市场中的适用

《物权法》的实施确立了资本市场运行的制度框架。《物权法》的颁行，为整个证券市场的运行和发展提供了基础性的制度保障。从宏观的角度来讲，证券市场是我国整个市场经济的重要组成部分。从内容上看，证券是财产性权利和其他权利的凭证，证券交易本身就是对财产的交易，只是此种财产交易方式与传统的实物交易有所不同而已。证券市场的特殊性在于，权利以证券作为载体，从表面上看交易的对象是证券，而交易的实质是权利的转换，某一证券的交易背后实际上蕴含了巨大的财产价值。从交易方式上看，证券交易与传统的买卖双方直接交易不同，其采用大规模的集中竞价交易形式来促成证券买卖。证券交易实质内容和交易方式的特殊性，对证券交易的安全秩序提出了很高的要求，但这种制度和安全只能建立于完善的交易和监管规则的基础之上。证券交易必然伴随市场风险，这一特点在买空卖空的期货交易中就更为明显，其对交易安全和秩序具有很高的要求。我国《物权法》作为明确财产归属、保护交易安全的民事基本法，其中很多制度对维护健康的证券市场交易秩序具有重要作用。例如，《物权法》对投资者权益的保护、确定物权的登记制度、保护善意第三人的善意取得制度、证券票据担保制度等，都是与证券市场交易密切相关的制度。从宏观的角度来看，市场交易越安全，资本市场就越发达，交易就越迅速、越有秩序。《物权法》对所有权制度的完善，为交易确定了前提和基础，给投资者提供了稳定的预期，也为证券市场的有序发展奠定了基础。所以，《物权法》对于整个交易安全的维护，必然能够为建立一个稳定的证券市场秩序发挥重要作用。①

《物权法》作为主要调整有形财产的法律，与证券法等调整无形财产的法律的结合，共同构成财产法保护的完整框架。从这个意义上说，《物权法》的颁行不仅对构建有形财产秩序具有重要意义，而且对于整个证券市场的发展和完善也具有十分深远的影响。有学者主张，在民法物权之外，还存在商法上的物权，包括独立的商事所有权、商事留置权、商事质权等商事物权。② 但从我国《物权法》担保物权部分的规定来看，并没有区分所谓民事物权和商事物权。《物权法》对证券法的直接适用表现在以下几点：

1. 所有权的规则。尽管所有权是以有形财产为客体的，但是，我国《物权法》中所有权的客体范围实际上是很宽泛的。以私人所有权为例，《物权法》第一次采用"私人所有权"的概念，赋予了私人所有权丰富的内涵。就私人投资而言，私人所有权这一概念除了包括投资财产本身之外，还包括投资的收益（股息、红利等），这就使得私人所有权的客体不限于有形财产。因此，对公司的财产权的确认、行使、股票的发行与股票权利的行使，对作为商品所有权的票据的保护等，仍然可以适用《物权法》的相关规定。③ 尤其值得注意的是，我国《物权法》第六十五条特别规定，"合法的储蓄、投资及其收益"受法律保护；《物权法》第六十七条、第六十八条规定企业法人的财产权，这也确立了证券市场主体的基本财产权利，并且从财产权层面上界定了股东和企业之间的相互关系。这些都是《公司法》、《证券法》、《票据法》等单行法不能代替的制度功能。

2. 部分物权变动的规则。物权变动就是指基于法律行为和其他法定原因而发生的物权设立、变更、转让和消灭。所有权是最完整的物权，其以有体物为客体，而随着所有权分离而产生的用益物权和担保物权则不一定以有体物为客体，例如票据质权、应收账款质权是以票据权利、债权为客体的。尽管如此，票据质权、应收账款质权等权利仍然属于物权的范畴，应当遵循物权变动的一般规则。例如，设立权利质押要符合质权设立的一般要件，应收账款质押要依法办理登记手续。因为某些特定的物权的客体可以是证券，在证券之上可以设立特定的物权。对于这部分物权的取得变动和丧失规则，应当适用《物权法》而非证券法。此外，无记名证券在法律上一般视为动产，从而适用动产物权变动的一般规则。善意取得等特殊的物权变动规则，也有可能适用于证券。如果证券公司违规操作，挪用客户的证券，善意第三人也可能在符合《物权法》第一百零六条规定

---

① 参见邱永红：《〈物权法〉对我国证券市场的积极影响、待决问题与对策研究》，载《证券市场导报》2007年第5期。

② 参见范健：《物权：一个商法命题》，载《财产法暨经济法》创刊号，2005年。

③ 参见范健等：《商法论》，高等教育出版社2003年版，第110页。

的善意取得制度时取得证券权利。

3. 权利抵押和质押规则。《物权法》扩大了动产抵押的范围，尤其是确立了动产浮动抵押制度和集合抵押制度，对于证券市场具有重要意义。这实际上允许证券和其他财产捆绑在一起设立抵押，而此种抵押的设立必须要直接依据《物权法》的规定进行。根据我国《物权法》的规定，权利质押的客体包括股权、基金份额、债权等有价证券。因此，证券市场上的证券质押原则上都可以适用《物权法》关于权利质押的规则。例如，基金份额质押就必须符合《物权法》第二百二十六条规定的要件。另外，按照《物权法》第二百二十四条的规定，有权利凭证的证券质押，应当交付该证券，没有权利凭证的证券质押，应当办理登记。

4. 关于证券权利的确认与保护规则。《物权法》首次确立了物权请求权等权利保护的具体救济方法，这也为保护各种具体的财产形态提供了依据。就证券资产而言，其权益的保护除了通过合同和侵权的手段来救济外，还可以通过《物权法》所确立的物权确认请求权来获得保护。

5. 占有的规则。占有可以分为基于合同关系的占有和非基于合同关系的占有。《物权法》第二百四十一条关于基于合同关系占有的规定，同样也可以适用于证券市场。例如，根据《物权法》的规定，在委托投资和委托理财等情况下产生的占有，当事人之间收益分配、违约责任等的确定，应当依据合同来进行，如果没有合同约定或者合同约定不明的，应当依照有关法律规定来确定。此外，《物权法》还确立了占有保护请求权制度。对证券的持有，也是一种占有，占有的规则都可以适用。因此，占有人在占有受到侵害时，可以行使占有保护请求权。例如，某人的权利凭证为他人所非法占有，其合法所有人可以依循《物权法》的有关规则，要求非法占有人返还其权利凭证。

二、《物权法》在票据行为中的适用

《物权法》主要是确认有形财产的归属和利用的法律，票据是一种有价证券，通常不适用《物权法》，而应当适用《票据法》。但是，票据质押形成的权利质押，仍然应当适用《物权法》。在票据权利发生争议时的确权，也可以参照适用《物权法》。尤其需要指出的是，票据流转本身是一种交易，也需要适用《物权法》中的交易规则。例如，票据流通中的善意受让，应当以《物权法》的善意取得制度为依据。我国《票据法》第十二条规定："以欺诈、偷盗或者胁迫等手段取得票据的，或者明知有前列情形，出于恶意取得票据的，不得享有票据权利。持票人因重大过失取得不符合本法规定的票据的，也不得享有票据权利。"这一规则实际上确立了票据权利的善意取得。但是，此处只是规定了善意取得的部分要件，而对票据权利善意取得的其他要件并没有明确规定，笔者认为，可以参照《物权法》第一百零六条的规定适用。毕竟无记名票据，可以视为特殊的动产，而《物权法》第一百零六条可以适用于动产，因此，票据权利的善意取得可以适用《物权法》的相关规定。

还值得注意的是，《物权法》的部分规定与《票据法》不尽一致，司法实践中需要认真考虑和协调二者之间的关系。例如，根据《票据法》的规定，设质背书是票据设质的必备要件，而根据《物权法》关于票据质押的规定，交付票据即可设立票据质权。那么，二者之间的关系究竟如何？票据作为一种金钱债权，首先是可以按照《物权法》的规定设立普通权利质权的，但是，只有经过设质背书，产生了票据质权才具有《票据法》上的特殊效力。[①]

三、《物权法》在保险关系中的适用

从广义而言，保险法可以分为保险合同法和保险业法。保险业法属于行政法的范畴，与《物权法》基本上没有关联；而保险合同法则可以理解为是合同法的特别法，因此，保险合同主要应适用债法总则和合同法的相关规定。不过，《物权法》在保险领域也有其适用的范围，主要表现在人寿保险的保单质押方面。就人寿保险而言，其具有储蓄的功能，保单本身具有一定的价值。因此，人寿保险的保单是可以质押的。我国《保险法》对此也予以确认。这实际上就确立了权利质押的具体类型。但是，《保险法》并没有对保单质押的具体规则作出规定，因此，其应当适用《物权法》的规定。

四、《物权法》在海事活动中的适用

《物权法》在海事活动中的适用主要表现在以下几个方面：一是船舶作为一种特殊的动产，其权利的变动采取登记对抗主义。因而，应当适用《物权法》关于登记对抗主义的一般规定。二是船舶所有权也是所有权的一种类型，其取得、转让和消灭，如果涉及登记的问题，也要适用不动产登记的一般规则。但是，《物权法》和《海商法》的规定不尽相同。例如，《海商法》第九条规定："船舶所有权的取得、转让和消灭，应当向船舶登记机关登记；未经登记的，不

---

① 参见熊丙万等：《论〈物权法〉视野下票据设质背书的功能》，载王利明、祝幼一主编：《〈物权法〉与证券投资者权益保护》，中国人民大学出版社 2008 年版，第 145～146 页。

得对抗第三人。船舶所有权的转让，应当签订书面合同。"而《物权法》第二十四条规定："船舶、航空器和机动车等物权的设立、变更、转让和消灭，未经登记，不得对抗善意第三人。"那么，根据两个不同的立法，未经登记的船舶购买人不能对抗的到底是"第三人"还是"善意第三人"？笔者认为，《物权法》是新法，新法的规定更为合理，应当适用《物权法》的规定。此外，船舶共有属于共有的具体类型，因此，《物权法》关于共有的规则也是可以适用于船舶共有的。三是《海商法》上规定了船舶抵押权、船舶留置权，除了适用《海商法》的有关规定以外，也要适用《物权法》关于担保物权的相关规定。

第十章

债法总则、合同法体系的构建

第一节　债法在民法典体系中的地位

一、债的概念的界定及其对构建民法典体系的意义

（一）债的概念的起源与发展

债是特定人之间的请求关系，是一方请求他人为或者不为一定行为的权利；但债权并非绝对等同于请求权；债就其本质而言是一种以财产给付为内容的请求关系，反映的是一种财产关系。债（obligation）的概念起源于罗马法。据学者考证，"债"（obligatio）一词可追溯到西塞罗（Schulz, Friz, Classic Roman Law, 1951）。但从制度的起源来看，罗马法的债的概念，最初起源于以后被称为侵权行为的私犯（ex decicto）中的罚金责任。在《十二铜表法》制定以前，同态复仇依然盛行，而至《十二铜表法》以后，对私法的制裁变成了由法律制度加以确定的财产刑（poena pecuniaria），这是一种由私人通过维护自己权利的诉讼手段而取得的私人罚金。《十二铜表法》中已经对盗窃、侮辱、伤害规定了罚金，

直到共和国末期才逐渐完善。① 而给付罚金的义务被列入债的范畴以后，罗马法中债的概念才获得了其真正的含义，正如彭梵得（Pietro Bonfante）所指出的："法律规定首先应当要求支付'罚金（poena）'或'债款（pecunia 或 res credia）'，只是当根据债务人的财产不能给付或清偿时，权利享有人才能通过执行方式对其人身采取行动；直到此时，债（obligatio）才第一次获得新的意义，即财产性意义。"② 而正是因为给付罚金义务列入债的范畴，从而使罗马法债的体系得以建立。

在罗马法上，债权制度的特点表现在：（1）债被视为法锁。债（obligatio）这个词，既指债权、债务，也指债权债务关系，但常常被称为"法锁"（iuris vinculum）。所谓法锁即法律上的锁链，是指债权债务应能对当事人产生拘束力，一方依法负责履行给付的义务，他方依法有权接受债务人应履行的给付，从而获得一定的利益，由此形象地表明了债的法律拘束力。（2）罗马法中债务和责任并没有严格区分开来。由于罗马法将债务作为一种法锁，所以，债务也是一种责任，或者说，是债务人对债权人所负有的财产给付责任。一般认为，直到 19 世纪，德国学者布林兹根据古罗马法时代的各种琐碎资料，提出了债务和责任的区别。他认为，债权需要有责任才能产生，更因为存在着诉权的责任，才产生了债权的概念。③（3）罗马法中债务可以及于人身。古代罗马把债的关系视为人身关系，债务人不履行债务，债权人就可以拘押债务人，从而以人身作为债的担保。④ 人身可以成为债的标的物。（4）罗马法第一次将债分为契约之债和基于不法行为之债，并将合意之债和不法行为之债都纳入债的范畴。这一分类方法及依此建立的债法体系对后世法律产生了重大影响。

至 13 世纪，罗马法的复兴运动在法国兴起，法学家们对罗马法的复兴和中世纪欧洲共同法的创设作出了重大贡献。他们的著作与优士丁尼的《国法大全》一起，构成了为全西欧所接受的罗马法。整个中世纪，法学家对于法律问题的解答在一些地方对法院具有约束力。⑤ 注释法学家在解释罗马法的基础上对债的制度作出了重大完善，例如，将不当得利和无因管理解释为债的发生原因，并置于债法之中。另外，在对人之诉和对物之诉区分的基础上，区分了对人权和对物权。

罗马法完备的债法制度，尤其是债的体系，对法国法无疑产生了重大影响。17 世纪，法国学者多玛根据罗马法精神，在《民法的自然秩序》一书中提出了

---

① 参见［意］彼德罗·彭梵得：《罗马法教科书》，黄风译，中国政法大学出版社 2005 年版，第 285 页。
② ［意］彼德罗·彭梵得：《罗马法教科书》，黄风译，中国政法大学出版社 2005 年版，第 284 页。
③ 参见李宜琛：《日耳曼法概论》，商务印书馆 1994 年版，第 74 页。
④ 参见周枏：《罗马法原论》（下册），商务印书馆 2002 年版，第 677 页。
⑤ 参见［美］约翰·亨利·梅利曼：《大陆法系》（第 2 版），顾培东、禄正平译，60 页，法律出版社 2004 年版，第 60 页。

应把过失作为赔偿责任的标准。他指出："如果某些损害由一种正当行为的不可预见结果所致，而不应归咎于行为人，则行为人不应对此种损害负责。"① 在该书中，他强调，不法行为产生的损害赔偿仍然属于债的关系，并应适用债的一般规定。1804 年的《法国民法典》完全采纳了罗马法的体系，将合同称为"合意之债"，而将侵权行为和准侵权行为称为"非合意之债"，在该法典第 1370 条中规定："有些义务或债务，无论在义务人或债务人一方或在权利人或债权人一方，并非因合意而发生。前项义务或债务中，有些由于法律的规定而发生，有些则由于义务人或债务人的行为而发生。"这就是《法国民法典》将侵权责任法置于债法中的主要原因。

《德国民法典》在制定中也深受罗马法的影响。该法典按罗马法的学说汇纂理论将民法典分为五部分，即总则、债的关系法、物权、亲属、继承。而在债的关系法中，德国法突出规定因契约产生的责任，而将侵权行为、不当得利等与各种具体合同并列，集中规定在"各种债的关系"一章中。从德国法开始将侵权责任法作为债法的分则加以规定，这一模式对于许多大陆法系国家民法也产生了重大影响。德国法将侵权行为纳入债的体系的主要根据在于，债法是关于"债"的权利，它是某人基于契约、不当得利或侵权行为而获得的、只是针对特定人的一种请求权利。② 目前，无论是在德国的法学著作还是大学课程中，侵权行为都未被视为一个独立的法学领域，而只是被作为债权法论著或课程的一部分。这一点已形成为德国民法的一个重要特点。③

（二）债与请求权的关系

在罗马法中，由于实行程序主义，仅有诉权（actio）而无请求权的概念。诉权体系构成了罗马法的核心。罗马法将诉讼分为对物诉讼和对人诉讼，与之相适应，区分了对物权和对人权。而由于债被称为法锁，债和责任没有严格区分，债和请求权之间也难以严格分离。因此，德国学者齐默曼认为，很难用英语来表达罗马法中债的概念。因为，一方面，在罗马法中，"债"（obligatio）意指法锁（iuris vinculum），包含两层含义：一是指债权人的权利，二是指债务人的义务；而英语中的"债"（obligation）一词仅仅指对一方当事人的约束，而没有另一方

---

① Denis Tallon, Civil Law and Commercial Law, in International Encyclopedia of Comparative Law, vol. 8, Specific Contracts, Chap. 2, J. C. B. Mohr (Paul Siebeck), Tubingen, 1983, p. 71.

② 参见［德］K. 茨威格特、H. 克茨：《比较法总论》，潘汉典等译，贵州人民出版社 1992 年版，第 269 页。

③ 参见［德］罗伯特·霍恩等：《德国民商法导论》，楚建译，161 页，中国大百科全书出版社 1996 年版，第 161 页。

当事人享有权利的含义。因此，两个概念之间具有重大差异。① 另一方面，罗马法上并不存在近代意义上的"请求权"概念。罗马法时代的法学发展水平还不够发达，因而也没有"请求权"这一概念。按照萨维尼的看法，在罗马法中，"权利的侵害只能被想象为一个确定的加害者的行为，通过此种加害行为，我们进入到一个对立的、新的法律关系中；该法律关系的内容一般由如下内容所决定，即我们要求该加害者消除侵害。该针对一个确定的人和要求一个确定的行为的请求权具有与债相类似的本质"②。也正因为如此，耶林认为，"为具体的权利而斗争，其目的指向权利人的主张"③。尽管当时已有"诉权"这一概念，但其并没有严格区分实体权利和程序权利。后来，德国注释法学家首次提出了"请求权"概念，从此才可以区分诉权和实体性权利。

在《法国民法典》中，凡是特定人之间的请求关系，都可以被归入债的范畴，"债"和"请求权"这两个概念并没有严格区分。与此不同的是，德国民法中"债"和"请求权"两个概念已经出现了一定区别。德国学者温德沙伊德通过解读罗马法中的"诉"（actio）的概念，认为，罗马法的诉的概念并不是被侵害的权利的保护手段，它只是赋予遭受侵害的权利人一种救济方式。在他看来，尽管罗马法中的"诉权"并不是请求权，但有必要"将罗马法中通过 actio 语言方式表示出来的内容转化为我们法学的语言（实体权利的语言）"④。由于温德沙伊德第一次从罗马法上的"诉权"解释出实体法上的请求权，解释了权利人没有提起诉讼的情况下，是否可以主张权利的问题，尤其是请求权概念的产生，使主观权利构成了一个完整的体系。温德沙伊德的观点对《德国民法典》的制定产生了重大影响。此后，德国学者拉伦茨等人认为，债权是债权人请求债务人给付的权利，在性质上属于请求权范畴。但债权只是请求权的一种，除了债权请求权之外，还包括物上请求权、亲属法上的请求权、人格权请求权、占有保护请求权等。⑤ 德国学者迪特尔·梅迪库斯也认为请求权是一般规定，而债权是特别规定，债权请求权属于特殊的请求权而非一般的请求权，所以债法关于债权的规定不能适用于债法调整范围之外的请求权。⑥ 这就进一步丰富和完善了请求权的

---

① See Reinhard Zimmermann, The Law of Obligations, Clarendon Press, Oxford, 1996, p. 27.
② ［德］萨维尼：《当代罗马法体系》第 5 卷，第 5 页。转引自朱岩：《论请求权》，载《判解研究》2003 年第 4 期。
③ ［德］耶林：《为权利而斗争》，郑永流译，法律出版社 2007 年版，第 9 页。
④ 转引自朱岩：《论请求权》，载《判解研究》2003 年第 4 期。
⑤ 参见［德］卡尔·拉伦茨：《德国民法通论》（上册），王晓晔、邵建东、程建英、徐国建、谢怀栻译，法律出版社 2003 年版，第 322 页。
⑥ 参见［德］迪特尔·梅迪库斯：《德国债法总论》，杜景林、卢谌译，法律出版社 2004 年版，第 7 页。

理论。

我国现行立法并未对"债"进行严格定义。但在学理上，关于债和请求权的关系，历来存在两种不同的观点。一种观点认为，二者基本上是等同关系，凡是一方请求另一方为或者不为一定行为，都可以属于债的范畴。另一种观点则认为二者是不同的概念。一方面，请求权不限于债权请求权，还包括物权请求权、人格权请求权等，而债的内涵也不限于请求权，还包括受领权等。另一方面，债权的请求权只是债权的主要权能而并不是其全部的权能，因为债权除请求权外，还包括其他权能，请求权只是债权的一种权能，或者说是其主要权能，但不能概括债权的全部内容。① 由此可见，请求权只是债权的一项权能。正是从这个意义上，德国学者冯·图尔（von Tuhr）将请求权的概念表述为"作为权能的请求权"②。还要看到，请求权是作为一种民事权利而存在的，它不仅在债权法中，而且在物权法、亲属法、继承法等领域中都普遍存在。例如，在所有人的财产遭受他人非法侵占的情况下，所有人可以根据物上请求权要求返还，此种请求权并非债权上的请求权。再如，继承法中继承权的回复请求权也不同于债权请求权。所以，请求权在民法中是普遍存在的，它是与支配权、形成权、抗辩权相对应的权利。明确这一点，对于构建债法体系乃至于整个民法典的体系，都具有重要意义。

1. 厘清"债"与"请求权"的关系，有助于构建完整的请求权体系。请求权体系的构建对于强化民事权利的保护，以及增强法典的体系性等，都具有十分重要的意义。区分债权和请求权，意味着不能仅仅将请求权归入债的范畴，虽然它们都是相对的法律关系，但是，它们在性质上是有区别的。既然两者之间存在着区别，我们就应当承认债权之外的其他类型请求权。债权请求权强调给付内容的"财产性"，其是作为债权的权利内容而存在的。③ 而除了债权请求权之外，人格权、身份权、物权等各种基础性的权利都可以产生特定的请求权。只有将债权和请求权加以区分以后，我们才可能构建一个请求权的体系。如果否认了二者之间的差别，则势必将所有的请求权都归入债的范畴，这就否认了各种请求权独立存在的价值。债权之外的请求权实际上是为保护基础性的权利而存在的，旨在维护和实现基础性权利。以所有权为例，在其未受侵害的情况下，通常并不存在因所有权而生的问题，只是在他人妨害或者侵害所有权之后，才产生返还请求权的问题。④ 因此，任何权利在遭受侵害之后，只要权利人有权提出请求，便应当

---

① 参见王泽鉴：《债法原理》（第 1 册），中国政法大学出版社 2001 年版，第 17 页。
② 转引自［日］奥田昌道：《论请求权的概念》，载（东京大学）《法学论丛》第 82 卷，第 243 页。
③ 参见朱岩：《论请求权》，载《判解研究》2003 年第 4 期。
④ 参见黄茂荣：《债法总论》（第 1 册），中国政法大学出版社 2003 年版，第 39 页。

享有某种独立的请求权，正是因为这种请求权的存在，才可以以此为依据提起诉讼或者直接向相对人提出请求。如果没有请求权的概念，权利人即使享有诉权，也无法在诉讼之外直接针对相对人提出请求。所以，构建一个完善的请求权体系，既可以明确界定债权的内容，也可以强化对基础性权利的保护。

2. 厘清"债"与"请求权"的关系，有助于合理界定债权请求权的准确内涵。究竟什么是债？在大陆法系，主流观点认为债是一种请求关系。在罗马法上，债就是一方请求他方为一定行为或不为一定行为的关系。罗马法学家保罗将"债"定义为："债的本质不在于我们取得某物的所有权或者获得役权，而在于其他人必须给我们某物或者做某事。"① 优士丁尼的《法学阶梯》一书对此所下的著名的定义是："债是一把法锁，根据我们国家的法律，我们因之而有必要履行某种义务。"② 德国学者齐默曼通过解释罗马法认为，债就是请求权，就是某人应当向他人履行的义务。③ 这样一来，就必然导致请求权和债权请求权的混同。事实上，从上述罗马法学家保罗关于债的定义可以看出，并不是任何请求都是债，只有以财产给付为内容的或者以从事某种行为为内容的请求才可以归入债的范畴。笔者认为，既然债和请求权是有区别的，那就不能将请求权等同于债权。由于债权是以财产给付为内容的请求权，所以，凡是非财产给付内容的请求权，均不属于债权的范畴。例如，受害人在名誉权被侵害以后，请求行为人停止侵害、恢复名誉、赔礼道歉，从当事人之间的相对关系来看，可以归入请求权，但是，停止侵害、恢复名誉、赔礼道歉等请求权的内容并不具有明显的财产内容，而只是一种非财产性的人身关系。正因如此，笔者认为，侵权责任关系并不能全部纳入债法范畴。这也是我们主张侵权责任法应当独立成编的理由所在。

3. 厘清"债"与"请求权"的关系，有助于正确看待债的发生原因。《法国民法典》实际上采纳罗马法的做法，将合同行为和侵权行为都纳入债的范畴，认为它们都是产生债的原因。而《德国民法典》则第一次将不当得利、无因管理也纳入债法体系，因此，大陆法系国家的债法理论一般认为，侵权行为、合同行为、不当得利行为、无因管理行为都能引起债的发生，属于债的发生原因。在我国，许多学者认为："从债的类型或内容来看，各国或地区的民法典所构建的债法体系具有内容上的同一性，都把合同、无因管理、不当得利和侵权行为纳入债法的体系，确立了四种基本的债的类型。"④ 笔者认为，此种观点不一定妥当，因为不能笼统地说，所有的侵权行为都会导致债的发生，只有因侵权行为产生了

① ［意］彼德罗·彭梵得：《罗马法教科书》，黄风译，中国政法大学出版社1992年版，第283页。

② Reinhard Zimmermann, The Law of Obligations, Clarendon Press, Oxford, 1996, p. 1.

③ See Reinhard Zimmermann, The Law of Obligations, Clarendon Press, Oxford, 1996, p. 1.

④ 柳经纬：《我国民法典应设立债法总则的几个问题》，载《中国法学》2007年第4期。

加害人或其他赔偿义务人的损害赔偿责任时，才能认为侵权行为是债的发生原因。如果侵权行为产生的责任方式仅仅是停止侵害请求权、恢复名誉请求权或赔礼道歉的请求权时，在侵权人与受害人之间并没有形成损害赔偿之债，所以不属于债的发生原因。毫无疑问，侵权损害赔偿属于债，因为它是以财产给付为内容的相对法律关系，而且以责任财产的存在为前提。也就是说，债权人有权请求债务人赔偿损失。但是，对于停止侵害、恢复名誉、赔礼道歉等侵权责任，无法归入债的范畴。因为这些责任形式不是以财产给付为内容的，不能认定为债。如果将这些责任形式作为债的形态，也与一般人的观念大相径庭。例如，某人名誉权遭受侵害，权利人请求赔礼道歉，不能说其享有对于赔礼道歉的债权，也不能说行为人负有赔礼道歉的债务，因为这种责任具有人身属性和道德色彩，无法归入财产性给付之中。正因为这些形式无法归入债权请求权，所以，侵权责任法应当独立成编。

除了侵权损害赔偿请求权之外，其他因侵害绝对权而产生的一些请求权，如物权请求权、知识产权请求权以及人格权请求权等，并不属于债的发生原因。正因如此，请求权是债的上位概念，债只不过是请求权的一种形式。我们不能将请求权的体系与债的体系简单地加以等同。

二、债法在我国民法典体系中的地位及意义

法国学者达维德指出，"债法可以视为民法的中心部分"[①]。债法在各国民法典体系中都居于重要地位。无论是采用德国法系的五编制结构，还是采用法国的三编制结构，债法都应当是民法典分则的最核心、最重要的内容。在德国的五编制模式下，债法是独立的一编，是与物权法相对应的。以德国为例，其民法典分则包括四编，分为物权法编、债权法编、亲属编和继承编。而在三编制的模式下，债法虽然不是独立的一编，但是，它和物权一起都是民法典规范的重要对象。以法国为例，其民法典分为三编：人法、物法和财产的取得方法。其中"财产的取得方法"部分主要是债法的内容。而在瑞士，其《债务关系法》虽然在形式上独立于民法典，不过，一般认为，它实际上是民法典的重要组成部分。1964 年的《苏俄民法典》虽然是计划经济的产物，其不承认物权，但仍然在法典的第三编规定了债法。1995 年的《俄罗斯联邦民法典》在第三编和第四编中用两编规定了债法总则和债的种类。从世界各国民法典的规定来看，除了极个别国家的民法典（如《越南民法典》）没有规定债法，几乎所有国家的民法典都将

---

① ［法］勒内·达维德：《当代主要法律体系》，漆竹生译，上海译文出版社 1984 年版，第 79 页。

债法作为其重要的组成部分在法典中加以规定。①

尽管在我国 2002 年民法典草案中，债法并没有作为独立的一编，而侵权责任法与合同法都已经独立成编，但是这并不意味着债法作为民法典的重要组成部分，已经不复存在。由于迄今为止我国尚未颁布民法典，不存在由民法典所规定的形式意义上的债法，但是这并不意味着在我国民法典体系中实质意义上的债法就已经不存在了。即便合同法都已经作为独立法律存在，但它依然是债法的组成部分；侵权责任法虽然要独立成编，但是它并没有脱离与债法的关系。侵权行为产生损害赔偿之债，仍然是债的主要发生原因之一，债法中的诸多规定依然可以适用于侵权责任法。我国《民法通则》等法律关于债的规定都构成了我国实质意义上债法的重要内容。

债法在我国民法体系中居于重要地位。之所以在我国民法典草案尚未规定形式意义上的债法即债权编的情况下，我们仍然要强调实质意义上的债法的重要性，主要是基于以下原因：

1. 债法集中体现了民法调整社会关系的特点。民法调整的对象是平等主体之间的财产关系和人身关系。而在民法调整的财产关系中，重心是交易关系。所谓交易，是指独立的、平等的市场主体就其所有的财产或利益进行的交换。交易包括了商品的转手、财物的互易、利益的交换等各种方式。在民法上，交易的表现形式多种多样，其正常的形式是合同，其特殊形式是侵权损害赔偿和不当得利返还等。可见，真正的交易关系，才是典型的平等主体之间的财产关系。各种交易关系实际上都是债的关系，所以，民法典调整社会关系，表现在法律上大量的都是债的关系的形式。我们说，民法是市场经济的基本法律制度，是因为债权法和物权法是直接调整交易关系的法律，反映了市场经济最本质的要求，因此，也是市场经济最基本的规则。此外，由于各项民法制度都涉及债权债务关系问题，如主体制度中的有限责任和无限责任是以债务关系为基础的，继承制度中也涉及以债权为遗产和对被继承人的债务的清偿问题等，如果缺乏债权制度，必将使系统的民法体系支离破碎、残缺不全。债法制度跨越了民法调整的各个领域，对于各类基本的法律关系都具有可适用性。例如，在物权法的相邻关系制度中，其损害赔偿要适用债法中的损害赔偿制度；在亲属法之中的离婚损害赔偿，也适用债法中的损害赔偿制度；在继承法之中的遗赠扶养协议，也适用债法之中的合同制度。

2. 债法集中反映了民法的基本调整方法和原则。民法的平等、自由的价值理念，以及任意性的调整方法，在债法之中得到了最充分的体现。正如马克思所

---

① 1995 年《越南民法典》第三编规定了"民事义务和民事合同"，而没有使用"债"的概念。

指出的：“这种通过交换和在交换中才产生的实际关系，后来获得了契约这样的法的形式。”① 马克思指出，商品是“天生的平等派”②。只有商品交换关系是在平等的商品交换者之间进行的。债法主要是调整交易关系的法律，所以，它贯彻了民法的平等、自治等精神，较多地采用了任意性规范，无论是意思自治原则，还是法律行为制度，其直接适用的对象还是债法，如果不理解债法，实际上无法理解意思自治原则的内容和精神。因此，债法最集中地运用了民法的调整方法和原则。

3. 债权是相对于物权而言的，债权与物权共同构成了民法财产权的两大权利，以民事权利体系架构的民法典分则如果设置了物权编而没有债权编，则体系显得支离破碎、极不对称。债权是相对于物权而言的，债权和物权是民法上两种非常重要的权利，既然在民法典中设立物权编，自然应当设立债权编或债权总则。债权制度与物权制度相互配合，组成两类调整财产关系的基本法律制度。物权和债权作为两类基本的财产权，在反映财产从静态到动态的过程中，形成了一系列相对的概念，如物权的支配权和债权的请求权、绝对权和相对权、物权的保护方法和债权的保护方法等。如果没有债权制度，不仅物权在运动的状态中的表现难以确切地规范、物权制度不能发挥出应有的作用，而且必将破坏物权和债权的和谐统一的结构。

4. 随着“以所有为中心”向“以利用为中心”的转变，债法在民法中的地位日趋重要。在传统上，人们注重物的归属，强调所有权的中心地位，强调私人所有权神圣不可侵犯。但是，随着社会的发展，物尽其用的观念日益深入人心，物的归属的中心地位，逐渐让位于物的利用。以此为背景，债法就越来越凸显其重要性，因为它是物的利用的重要形式。还要看到，随着违约责任与侵权责任竞合现象的发展、第三人侵害债权制度的确立、缔约过失责任制度的形成等等，都使合同法与侵权责任法具有相互渗透和影响的趋势，同时也产生了一些不能单纯由合同法或侵权责任法调整的领域，这就需要通过完善债的规则解决各个法律所不能解决的问题。拉德布鲁赫在《法学导论》中曾指出，物权是人类直接支配物而满足欲望的权利，债权是可请求他人给付物的权利。“物权是目的，债权从来只是手段……法律上物权与债权的关系，就像自然界中材料与力的关系。前者是静的要素，后者是动的要素。在前者占主导地位的社会里，法律生活呈静态；在后者占主导地位的社会里，法律生活呈动态。”而我妻荣则认为，由于近代以来财产债权化的发展，债权在近代法中处于优越地位和中心地位，所以，债权已

---

① 《马克思恩格斯全集》（第 1 版）第 19 卷，人民出版社 1963 年版，第 423 页。
② 《马克思恩格斯全集》（第 1 版）第 23 卷，人民出版社 1972 年版，第 103 页。

经不再是手段。① 这就表明了债法在现代社会中的极端重要性。

5. 从我国民事立法经验来看，我国《民法通则》第五章第二节专门规定债权，并与其他民事权利相对应，《民法通则》在第六章第二节和第三节又分别规定了"违反合同的民事责任"和"侵权的民事责任"。这实际上意味着，在合同法和侵权责任法之外还应当规定债权总则。这也表明我国立法实际上是已经承认了债权制度在我国民法体系中居于重要的地位。

诚然，英美法中并不存在债法的抽象概念和体系，而是将合同法视为一个独立存在的法律部门，并以此调整各种交易关系，在实践中也具有很好的效果。然而英美法律制度是一套完整的体系，并且深深植根于其历史传统和文化，根据一些学者的考证，英美法之所以未采用债的概念，是因为历史上英国曾使用各种不同的诉讼程序规范各种不同的债务，因此没有通过抽象化而得出债的概念。② 英美法将不当得利、无因管理之债作为"准合同"，与英美法的合同及对价等概念是密切联系在一起的，因此英美法本身是一个体系。简单地照搬其体系，将会对我国整个民商法体系造成冲击。即使是就合同法自身的内容来看，英美法不采用债法的概念，也与合同法中一些独特的制度是有关系的。例如大陆法的债的概念强调当事人之间所承担的权利和义务，强调债对当事人的拘束力，而英美法更注重违约后的补救，英美法的名谚"救济走在权利之前"（remedies precede right），仍然是指导英美法学界的思路。③ 尤其应当看到，尽管英美法中不存在债的一般规则，但由于英美法主要是判例法，其通过大量的判例大大弥补了债的一般规则的不足，显示了英美合同法极强的灵活性和实用性。总之，笔者主张仍然保留债的概念和债权总则，并强调债的一般规则对合同法的指导作用，所以，不能因为侵权责任法已经独立成编，合同法已经自成体系，便否定债法存在的重要意义。

第二节　债法的内容和体系的构建

一、大陆法系国家民法典债法内容和体系的基本特点

债法是传统民法中的核心制度，但在盖尤斯的三分法体系中，债法与继承法

---

① 参见［日］我妻荣：《债法在近代法中的优越地位》，中国大百科全书出版社 1999 年版，第 7 页。

② 参见沈达明编著：《英美合同法引论》，对外贸易教育出版社 1993 年版，第 66 页。

③ 参见沈达明编著：《英美合同法引论》，对外贸易教育出版社 1993 年版，第 18 页。

一样，只是作为财产法的一部分出现的。后世学者一般认为，在罗马法的债法中，"并不具有我们今天所说的明显独立的整体特征，它是附属于'物（res）'以及'物法（the law of things）'而存在的。债并没有被认为是独立的权利。因此，在盖尤斯的《法学阶梯》的第二章'物法'的内容中，具有继承以及债的内容"①。但是，在盖尤斯的著作中，已经有合同之债（obligationes ex congtractu）与侵权行为之债（obligationes ex delicto）的区分。在盖尤斯的《法学阶梯》中，将财产法律关系中有关债的概念、原理、规则以及有关各类单一债的关系的规定汇集在一起统一进行定义、区分和界定，已经显示出以一个独立的部分集中论述债的理论的思想。而在优士丁尼《学说汇纂》中虽然也没有实现债法的独立，且整个债法与诉讼保护的体系结合在一起进行编排，但其也已经形成了债的基本原理。②

中世纪注释法学家对罗马法的债法理论进行系统整理，从中抽象出债法的诸多概念、规则、原理，尤其是这些法学家从罗马法中抽象出物权的概念，并与债权相区分，这些都促进了债权制度的发展。至 19 世纪，债法理论已经相对成熟，只不过在法典编排体系上存在争议。

在近代的法典化运动中，债法最初并未独立成编。《法国民法典》的起草者认为，应当以盖尤斯的三编制为基础，将继承、债以及婚姻都放在"所有权的取得方式"中进行规定。③ 因此，《法国民法典》就遵循了罗马法的传统，将债法作为财产的取得方式进行规定，从而归入物法的内容之中。在该法典的第三卷"取得财产的各种方式"的第三编"契约或约定之债的一般规定"中，规定了契约的成立要件、债的效果和种类、债的消灭等内容，在该卷第四编"非因约定而发生的债"中，则规定了准契约、侵权行为与准侵权行为等内容。④ 但《法国民法典》的债法模式中并没有将物权和债权的概念区分开，也没有将债法独立成编，而是将债作为财产的取得方式加以处理。这显然是受到了《法学阶梯》三编制模式的局限。⑤

《德国民法典》很大程度上可以认为是潘德克顿学派法学思想的结晶。例

---

① Reinnhard Zimmermann, The Law of Obligations—Roman Foundations of the Civilian Tradition, Clarendon Paperbacks, 1996, p. 25.

② 参见［意］桑德罗·斯奇巴尼选编：《契约之债与准契约之债》，丁玫译，前言，中国政法大学出版社 1998 年版。

③ See Reinnhard Zimmermann, The Law of Obligations—Roman Foundations of the Civilian Tradition, Clarendon Paperbacks, 1996, p. 29.

④ 具体内容请参见《法国民法典》，罗结珍译，法律出版社 2005 年版。

⑤ 参见［德］迪特尔·梅迪库斯：《德国债法总论》，杜景林、卢谌译，法律出版社 2004 年版，第 34 页。

如，海瑟（Heise）教授在其著述中就已经提出了五编制体系，将债与物、债法与物法进行了区分。债与物是应该区分的，前者涉及相对权的规定，后者涉及绝对权的内容，因此，债就成为一个独立的有机体系。潘德克顿学派的思想后来就成为《德国民法典》五编制模式的理论基础。[①]《德国民法典》在世界立法史上第一次将债从物法中分离出来独立成编，并形成了债权与物权的制度区分，这是对民事立法体系的重大贡献。[②] 但《德国民法典》对于债的规定仍然存在着一定的缺陷。该法典的债权编虽然与物权编分离，但其总体内容上过于庞杂，对于侵权行为之债的规定虽然较之于《法国民法典》内容上有所增加，但其并没有完全反映工业社会的需要（如规定了很少的危险责任）。

1881 年，瑞士颁行了《瑞士联邦债务法》，该法典几乎包括了债法的所有规则，包括合同法的一般规定、侵权法、不当得利法、合同各论等。其特点在于，规定统一的债的规则，且以民商合一作为指导思想，将各种商事合同纳入其中（如行纪合同、运输合同等），同时，还规定了商法的部分内容，如公司法、合作社法、票据法等。但是，《瑞士联邦债务法》也存在一些缺陷，例如，其将公司、商事登记、票据制度等都纳入债法，而这些内容并非债法的制度，因而导致其债法典名实不符且内容庞杂。

总体上，大陆法系国家的债法体系具有以下几个特点：

1. 债法体系依据"总分"体系构建，设立债权总则，包括债的概念、效力以及消灭事由等规则，并以此一并调整各种特殊债的共性规则。而合同法和侵权法仅仅作为债的特别规定，作为债的发生原因加以规定。从规范的构成来看，各国或地区民法典都规定了有关债的发生、债的效力、债的移转、多数人之债、债的消灭等属于债权总则的一般规范，以及各种具体类型债和具体合同的规范，由此构建了一个内容大体相同的债法规范体系。[③] 法国法尽管在三编制的模式下，债法没有独立出来，但是其总体上采取了总分结构，所以，也存在债的一般规定和特殊规定的区别。而在德国法的五编制模式下，规定了独立的债权总则，作为适用于所有债的一般规则。

2. 从内容上主要按照债的发生原因规定各种类型。从债的类型或内容来看，法国模式中，规定了合同之债和侵权之债，然后规定了准合同之债和准侵权之债。《德国民法典》细化了债的发生原因，第一次将不当得利规定为一个单独的债的发生原因，而后世的民法典基本上延续德国法中的债法体系。所以，从内容

---

① See Reinnhard Zimmermann, The Law of Obligations—Roman Foundations of the Civilian Tradition, Clarendon Paperbacks, 1996, p. 30.

② 参见覃有土、麻昌华：《我国民法典中债法总则的存废》，载《法学》2003 年第 5 期。

③ 参见柳经纬：《我国民法典应设立债法总则的几个问题》，载《中国法学》2007 年第 4 期。

上讲，债的内容主要以德国法为代表，各国或地区的民法典所构建的债法体系大体上都把合同、无因管理、不当得利和侵权行为纳入债法的体系，确立了四种基本的债的类型。在有关侵权行为、无因管理和不当得利的体系安排上，倾向于一种后缀式的处置，将其附在各种有名合同之后。①

3. 传统债编模式主要是以合同法为中心建立起来的，债法体系主要围绕合同法进行结构设计，表现出强烈的合同法主导型的结构。比如只为合同法设立总则规定，甚至倾向于以合同法总则取代债权总则。②有关债权总则的制度以合同制度为蓝本，比如，债权总则中的核心制度如债务不履行体系，主要是从违约责任体系提炼出来的，再如履行不能制度、债务履行瑕疵、迟延履行、债的移转和变更等制度，其适用对象主要是合同制度。这也导致了合同法总则大多被吸纳到债权总则中。甚至很多国家民法典，根本没有合同法总则，只有债权总则，因而合同法很难自成体系。由于上述原因，在传统的大陆法国家民法典中存在着合同法条文繁多、侵权法过于简略等一些不协调的现象。

值得注意的是，自第二次世界大战以来，大陆法系国家的债法模式出现了一些新的变化。例如，1992 年的《荷兰民法典》尝试将传统大陆法系的债法一分为三，侵权法和合同法成为独立的一编，创建了新型的"分层式"的民法典体系。在有关未来欧洲民法典的研究报告中，一些学者的建议稿也纷纷将侵权法和合同法作为独立的一编加以起草。由此表明，债法体系本身也在不断发生变化。仅以合同为例，由于经济全球化的发展，欧洲经济一体化进程的推进，消费者保护的加强，德国为了适应欧盟民事法律的统一已对本国法律作出了一些相应的修改，其中最明显的就是 2002 年 1 月 1 日施行的《德国债法现代化法》。该法出台的直接动因就是欧盟关于消费品买卖的 1999/44 号指令。德国债法修改的主要目的是适应消费者保护的需要，并且将一些判例法中的制度纳入民法典中，如缔约过失责任、情事变更原则，并且强化了债的效力。德国学者文德浩教授称，债法现代化法是《德国民法典》自 1900 年生效以来最为深刻的一次变革，它动摇了德国民法的教条理论大厦的支柱，震撼了那些最为直接的继受了罗马法的教义。③ 所以，债的内容本身也是在不断发展变化，尤其是就侵权责任法而言，已经出现了越来越明显的与债法相对独立的趋势。

二、我国民法典不宜完全采纳德国法系的债法体系

如前所述，我国民法典制定中，首先要保留债的概念、分类等基本制度。可

---

①② 参见薛军：《论未来中国民法典债法编的结构设计》，载《法商研究》2001 年第 2 期。
③ 参见《德国债法现代化法》，邵建东、孟翰、牛文怡译，中国政法大学出版社 2002 年版，第 1 页。

以说，债的概念是对社会生活的高度抽象和准确概括，也是千百年来民法学发展的结晶。毫无疑问，我国民法典编纂中应当保留这些科学概念和规则。但是，我国民法典编纂中是否应当毫无保留地借鉴德国法系的债法体系，对此存在着不同的看法。笔者认为，应当高度认识到德国法上债法体系的科学性、合理性，但是，也要认识到其债法的缺陷：一是德国法系的债法没有充分认识到各种债之间的差异，由于各种债的关系几乎囊括了绝大多数民事关系，这就导致了"民法债编所涉事项既然繁多、类型亦杂，则不同事项、类型之间，难免常有同异互呈之情形"①。此种模式在建立债权总则体系时，仅仅注意到了各种债的发生原因的形式上的共性，即各种债都是发生在特定人之间的请求关系这一共性上，王泽鉴先生曾将其称为"形式的共同性"，但是，却忽略了合同、侵权等债的发生原因之间巨大的实质上的差异性，结果导致这些国家用形式上的共同规则去调整实质差异很大的领域，造成了很多的问题。例如，债权总则中的规则要么只适用于合同，要么只能适用于侵权。二是债法是以合同法为中心构建的，其债权总则的内容实际上是以合同领域为参照制定的，并没有充分考虑到所有类型的债的共性。所以，大陆法的债法体系在结构上主要偏重于合同法，可以说，合同法占据了债法的大部分内容，因此，许多学者对其科学性产生怀疑，认为，将合同法原理套用于侵权行为是不妥当的，甚至认为，与其将合同法总则搬到债权总则中，还不如直接规定合同法总则。② 三是债法之中的侵权责任部分过于简略，大量的工业社会中的侵权行为并没有得到规范，从而导致后来通过大量特别法和判例来确定相应的规则。这也可以说为后来出现的"去法典化"现象埋下了伏笔。据此，笔者认为，我国民法典应当规定债权总则编，但在引入债法体系的同时，不能完全照搬大陆法系传统债法体系。因为任何体系都是发展变动的。我们不能简单地将他国的模式看作是固定不变的、必须遵循的教义。就债法体系而言，它是民法中发展最为活跃和迅速的部分，无论是合同还是侵权，其制度和规则都在不断发展变化。相较于物权法而言，债法的发展变化更为迅速。因此，在构建我国民法典债法体系时，应当立足于中国实践，与时俱进，吸收国外最新的经验。

笔者认为，我国民法典在规定债权总则编、引入债法体系的同时，在内容和体系编排应重新设计构造，具体主要从以下几个方面入手：

1. 强调债权总则内容更高程度的抽象性，缩小传统债权总则的内容。我国债权总则的设计，应当将本来应当属于合同法总则的内容回归合同法，将仅仅适用侵权法的内容回归侵权法。在大陆法系体系中，民法典债法的典型模式是将侵

① 邱聪智：《债各之构成及定位》，载《辅仁法学》第 11 期，第 105 页。
② 参见薛军：《论未来中国民法典债法编的结构设计》，载《法商研究》2001 年第 2 期。

权行为、合同、不当得利、无因管理等都纳入债的范畴，因此，也被称为大债法模式。尤其是像《德国民法典》等法典中，债权总则内容十分复杂庞大。从立法的科学性上说，其中许多内容并不都真正属于债权总则的内容，从而也并不一定符合债权总则的本来性质。在我国未来民法典体系构建中，不一定要借鉴此种模式的经验，否则债权总则将完全替代合同法总则的规定。债权总则并不需要追求形式上的完整性，而关键是具有真正的总则意义，尤其是需要确定债的概念和债的效力、分类以及消灭事由，从而使其真正能够直接适用于各种具体的债的关系。①

2. 应当注意保持现有的合同法体系的完整性。我国已经制定了《合同法》，其内容和体系都相当完备，而且充分顾及了现代合同法的发展趋势。所以，在构建我国民法典体系中，应当注重保持现有合同法体系的完整性。保持合同法体系完整性的原因还在于，一方面，正如我们在后文所要阐述的，合同法本身富有极强的体系性，这种体系性决定了它自身可以在民法典内部保持相对独立的体系。另一方面，保持现有的合同法体系的完整性也符合合同法的发展趋势。随着经济全球化的发展，越来越要求实现交易规则的一致性，从而促进了两大法系合同法规则的相互借鉴和融合。与此同时，合同法也越来越自成体系，并且形成了相对独立于债法总则的"微系统"。从今后的发展趋势来看，合同法体系将日渐完备，且内容越来越丰富，两大法系的合同法规则也会朝着统一的方向发展。这一点无论是从《联合国国际货物买卖合同公约》、《国际商事合同通则》等国际领域内的公约和示范法，还是从《美国合同法重述》等各个国家的合同法规则中都得到了鲜明的体现。

3. 应当将侵权法从债法中独立出来。债的发生原因是纷繁复杂的，产生债的法律事实，既可以是事件，也可以是事实行为和法律行为。在这样的体系中，"侵权行为都未被视为一个独立的法学领域，而几乎总是被作为债权法论著或课程的一部分，这一点颇让普通法律师感到惊奇"②。正如我们在本书后面将要讨论的，在侵权行为法独立成编之后，有关侵权损害赔偿之债也应当在侵权责任法中加以规定，但是由于其性质属于债权请求权，所以可以适用债权总则的一般规定。问题在于，在侵权责任法独立成编之后，债权总则的规定对于侵权行为究竟是适用还是准用？笔者认为，既然债权总则的规定是对各种债的发生原因中的共同规则更高程度的抽象，因此债权总则的规定原则上都可以适用于侵权损害

---

① 参见王全：《债法总则的功能与体系分析》，载《重庆科技学院学报（社会科学版）》2007 年第 6 期。

② ［德］罗伯特·霍恩等：《德国民商法导论》，楚建译，中国大百科全书出版社 1997 年版，第 161 页。

赔偿。

4. 协调并理顺债权总则与民法总则的关系。债权总则的设立必须处理好与民法总则的关系，这尤其表现在意思表示制度的安排方面。有学者认为，民法总则的一些内容，如意思表示，应当放在债权总则之中规定。而且从比较法上来看，也有一些国家的立法采取了这一模式。例如，2007 年的《柬埔寨民法典》第四编规定了债务，其中第二章规定了"意思表示以及合同"，其中就规定了意思表示的瑕疵、无效、撤销、代理等。笔者认为，这种认识并不妥当。一方面，意思表示是法律行为的核心要素，如果将意思表示规定在债权总则中，那么民法总则对法律行为的规定就毫无意义。另一方面，意思表示是一个具有很高抽象程度的概念，其不仅适用于债法领域，也适用于物权法、亲属法、继承法等民法的各个领域。如果将意思表示规定在债权总则中，则其他民法领域中将无法适用关于意思表示的规定。这一点正是传统民法将意思表示规定在民法总则中的原因。

总之，在制定民法典债编的过程中，我们在广泛吸收借鉴各国民法的优秀经验的基础上，应认真总结我国债和合同立法的经验，既要考虑到各种债的发生原因的形式上的共同性，也要密切关注它们的实质差异性，从而构建适合我国法学传统和现实需要的债法体系。

三、债权总则在我国民法典中应当独立成编

在德国法系各国民法典中，一般将普遍适用于各类债的关系的一般规则抽象出来，在债权总则中予以统一规定，称为"通则"或"总则"。我国法律通常将此共通性规定称为"总则"。目前，我国已经制定了独立的合同法，立法机关也正在加紧制定独立的侵权责任法。这两部法律都已经或将要设立总则，在此情况下，是否还有必要在民法典中设立独立的债权总则编？这是一个多年来困扰理论界的重大问题。对此，存在着截然不同的两种观点：

1. 赞成说。此种观点认为，我国民法典之中还应当设立债权总则，理由在于：一方面，设立债法总则是多数国家（地区）民法典的通例。在大陆法系国家，债权总则的规定是多数国家借鉴德国法经验的结果。另一方面，债的一般规范对非合同之债具有适用性；此外，侵权责任法从债法体系分立出去的理由不充分，因此，仍有必要设立债权总则，统辖合同、侵权等制度。[1]

2. 反对说。此种观点认为，我国民法典不应当设立债权总则。反对民法典设立债权总则的理由主要包括：（1）既然我国已经制定了独立的合同法，并在

---

[1] 参见柳经纬：《我国民法典应设立债法总则的几个问题》，载《中国法学》2007 年第 4 期。

加紧制定独立的侵权责任法，就表明合同法和侵权责任法已经与债法相独立；而因为合同法和侵权责任法之中都已经存在自己的总则，所以，没有必要再设立债权总则。否则会导致内容重复，故无必要设立债法总论。（2）我国合同法已经规定了合同法总则，且我国又采纳了法律行为制度，再设立债权总则将形成法律行为制度、债权总则、合同法总则三重结构。（3）从英美法的经验来看，其并没有债权总则的规定，而仅仅存在合同法和侵权责任法，实践证明并没有影响法律的适用。

应当看到，从大陆法系一些新的民法典来看，在债编之中，仅仅规定了合同法总则而没有规定债权总则。例如，1960年颁布的《埃塞俄比亚民法典》在第四编"债"中仅仅规定了"合同的一般规定"、"非契约责任与不当得利"、"代理"，但没有规定债权总则。因此，不设债权总则并非没有先例。

我国2002年的民法典草案（第一稿）在第三编和第八编中规定了"合同法"和"侵权责任法"，但并没有规定单独的"债权总则"。而只是在第一编第六章"民事权利"中规定了自然人和法人享有的债权。其中规定因合同、侵权行为、无因管理、不当得利以及法律的其他规定在当事人之间产生债的关系。由此可见，该民法典草案（第一稿）采纳了第二种模式。该草案在公布之后，有关否定债权总则独立成编的做法也受到不少学者的批评。①

笔者认为，反对债权总则的观点也不无道理。首先应当承认，合同法在我国已经适用多年，并已经为广大法官、学者等法律人所熟悉，如果要借鉴国外的经验，设立债权总则，则要对合同法进行大幅度修改，将导致法律普及和法律适用的成本大大增加，而且，也可能将不利于法律的稳定性和培养法律的权威性。如果在民法典中规定独立的债权总则，而并没有处理好其与合同法和侵权责任法的关系，就会造成叠床架屋，导致不必要的规范重复。其次，从英美法的经验来看，没有独立的债权总则并不会影响到债法纠纷的解决。在英美法上，其并没有债权总则，甚至没有债法的概念，然而法官适用合同法和侵权责任法等来解决债法纠纷，并不会受到较大的不利影响。

但是，在我国民法典创制中，合同法、侵权责任法都独立成编以后，仍然应当保留债权总则，主要原因在于：

1. 实现民法典的体系性与完整性。法典化实际上就是体系化，而体系化的一个重要特点就是体系整体结构的和谐一致。该"整体结构"在实体法上反映出了法律条文的独立性、连贯性和统一性，同时体现各组成部分彼此间的整体和

---

① 参见孙宪忠：《中国民法典制定现状及主要问题》，载《吉林大学社会科学学报》2005年第4期。

谐。① 债权总则的设立可以使债权总则制度与民法的其他制度相互衔接，构建我国民法典内在统一的和谐体系。设立债权总则对于实现民法典体系的和谐一致具有重要意义：（1）整合债法自身的体系。按照王泽鉴先生的看法，"债之关系为现代社会最复杂之关系，民法债编设有严密之规定，为债之关系之一般原则，适用于任何债之关系，具有模式性（Model-charakter）"②。如果民法典没有债权总则，各种具体债法制度就难以体系化。因为，债的概念和基本制度可以为具体债法制度提供一个具有统领意义的框架，在这个框架之下，具体制度得到指引，并形成一个有机整体。如果不设立债权总则，则合同法、侵权责任法等具体债法制度中的共性内容难以得到体现，不利于对这些制度的系统把握。所以，债权总则的构建有助于维持民法各项制度体系的统一。③ 债权总则所设立的共通性规则还可以满足债法体系性的要求。债的发生原因是纷繁复杂的，产生债的法律事实也各不相同，通过债权总则的设立，可以提升债法部分的体系化，因此，债权总则也为长于三段论式思维模式的大陆法系民法学家所青睐。（2）构建财产权制度的体系。财产法律关系主要可以分为财产的归属关系和流转关系，这两类关系反映到民法中即是物权法律制度和债权法律制度。物权和债权作为两类基本的财产权，在反映财产从静态到动态的过程中，形成了一系列相对的概念，如支配权和请求权、绝对权和相对权、物权保护方法和债权保护方法等。如果没有债权制度，则将使规范财产流转关系的法律散乱无序，这也不利于对财产关系的正确认识和理解。（3）完善民事权利的体系。物权与债权的区分是大陆法系对民事权利的最经典分类方式之一，对于正确认识、理解和行使财产权影响甚大。如果债权总则不复存在，则民法典总则之中"债权"的概念就难以与民法典分则中的相应编章对应，从而也会影响到整个民法典体系的和谐和体系化程度。④ 债权对于其他民事权利也具有可适用性。例如，在继承制度中，也涉及以债权为遗产和对被继承人的债务的清偿问题等。因此，债法总则设立之后，可以在这个基础之上构建系统的诸多其他民事法律制度。有学者认为，"如果取消债权概念和债权总则，必将彻底摧毁民法的逻辑性和体系性，就连权利名称也将成为问题"⑤，绝非言过其实。

2. 协调债权总则与合同法的关系。尽管现代合同法大量规则都是直接规范交易关系的，并且其规则大多转化为债权总则的内容，但不能因此而否定债权总

① 参见［法］让·路易·伯格：《法典编纂的主要方法和特征》，郭琛译，载《清华法学》第 8 辑，清华大学出版社 2006 年版，第 20 页。
② 王泽鉴：《民法学说与判例研究》（第 4 册），台北，自版 1979 年，第 127 页。
③ 参见薛军：《论未来中国民法典债法编的结构设计》，载《法商研究》2001 年第 2 期。
④ 参见柳经纬：《我国民法典应设立债法总则的几个问题》，载《中国法学》2007 年第 4 期。
⑤ 梁慧星：《当前关于民法典编纂的三条思路》，载《中外法学》2001 年第 1 期。

则存在的必要性，不能以合同法总则代替债权总则。主要原因在于：（1）合同法总则主要是以交易为中心建立起来的法律规则，而债权总则中的规定具有更高的抽象性，其实质是以双方当事人之间的给付关系为中心建立的一套法律规则，其不仅适用于合同法律关系，也广泛适用于侵权损害赔偿、无因管理、不当得利等给付关系，还适用于单方行为等其他给付法律关系。因此，债权总则的内容与合同法总则的内容并不相同，二者具有不同的功能。（2）债权总则比合同总则更抽象，能够概括各种债，也能够为各种以行使请求权和受领给付为内容的法律关系提供一般性规定。而债法的基本规则对于合同法都是适用的。例如，债的保全、移转、终止比合同的保全、移转、终止的适用范围更为宽泛，更具有抽象性和概括性。再如，关于抵销规则，债的抵销比单纯的合同抵销更为宽泛，甚至侵权之债也可以作为被动债权被抵销。所以，相对于债权总则而言，合同法总则属于特别规定，而债权总则属于一般规定。① （3）从合同法与债法的相互关系来看，债权总则对合同法具有重要的指导作用，任何合同都只是构成债的单元之一，应适用民法关于债法总则的规定。我国民法赋予当事人在合同领域内一定的依法行为自由，因此，当事人按照合同自由原则，可以订立合同法规定的有名合同，也可以订立无名合同。而如果这些无名合同不能适用合同法的规定，就应当适用债法总则的规定。② 在这些合同产生以后，如果现行的合同法对此又未作出规定时，应适用民法关于债的履行、变更、担保等方面的规定，从而使无名合同、混合型合同在法律上有所依循。可见，合同法虽可以相对独立，但又不能完全摆脱债法而独立。当然，我们强调债法对合同法的指导作用，也不能忽视合同法的相对独立性，正像我们在强调法律行为制度对合同的指导作用的同时，不能将合同法完全作为法律行为制度的一部分的道理一样。债权制度的确立，为合同法确立了一般规则。债权债务关系的种类繁多，而合同只是构成债的单元之一，无论是何种合同形式，都要适用民法关于债的规则。③

3. 规范债法的共通性规则。邱聪智指出，"民法债编所涉事项既然繁多、类型亦杂，则不同事项、类型之间，难免常有同异互呈之情形"④。虽然合同法和侵权法在性质上存在很大差异，不能以合同法原理适用于侵权领域，但是，不可否认合同法和侵权责任法存在密切联系，而且也存在具有共同的规则。例如，关于按份之债、连带之债、多数人之债、债权的移转、债的消灭、债的担保，这些

① 参见王全：《债法总则的功能与体系分析》，载《重庆科技学院学报（社会科学版）》2007 年第6 期。

② 参见詹森林：《民事法理与判决研究》，中国政法大学出版社 2002 年版，第 16 页。

③ 参见柳经纬：《设立债法总则的必要性和可行性》，载《厦门大学法律评论》第 7 辑，厦门大学出版社 2004 年版。

④ 邱聪智：《债各之构成及定位》，载《辅仁法学》第 11 期，第 105 页。

规则既可以适用于合同，也可以适用于侵权。通过债权总则的设立，可以实现民法典条文的简约化，因为债权总则可以规定债法的共通性规则，这就可以减少规定"准用"、"适用"之类的条文，从而减少条文的数量。甚至债法总则可以为各种债提供一套备用的规范。① 所以，从立法技术来说，设立债权总则可以使民法典的条文更为简约。② 通过债权总则的设立，也可以妥当规范各种债。如果不设立债权总则，那么在债法的各个部分都要规定"适用"、"准用"之类的条款。"准用"是一个模糊的概念且无明确的标准，其给了法官较大的自由裁量权，法官可以决定是否适用，因此，这些条款过多，也不利于法的安定性。此外，通过债权总则的设立，还可以避免债法各个部分规定的冲突和抵触。

债权总则可以适用于非合同之债，它的设立不仅使不当得利、无因管理、缔约过失等债的形式在债法中找到了其应有的位置，而且确立了可以适用于这些债的关系的规则。总体上，债的发生原因可以分为两大类：一是合同约定；二是法律规定。基于法律规定而产生的债，包括不当得利之债、无因管理之债、缔约过失责任和其他法定之债，这些债的形式都可以适用债法的一般规定。如果以合同之债代替债的概念，则这些制度很难找到恰当的位置。尤其应当看到，上述法定之债在社会生活中具有较为宽泛的适用范围和重要作用，因此，债法必须要对其作出规定。我国有学者提出，不当得利、无因管理等债的形式本身在社会生活中并不重要，所以，没有必要为这些制度的存在而设立债权总则。这实际上是对上述债的形式的误读。从社会生活来看，不当得利、无因管理、缔约过失等制度的适用范围相当广泛，且具有其独特的规范功能。以不当得利制度为例，它不仅在侵权领域可以广泛适用，而且在合同领域也有其适用价值。例如，在合同被撤销、宣告无效等情况下，都可能适用不当得利制度来恢复原有的利益状态。该制度的适用也要求原告证明被告没有合法依据而获利，因此，其具有举证责任负担方面的优势，从而可以实现对合同制度和侵权责任制度的替代，从而使得受害人可以拥有更多的选择请求权的机会，更有利于受害人的救济。从比较法上来看，英美国家的"返还法"（Restitution Law）是一部重要的法律。甚至有学者认为，不当得利制度已成为债法中与合同、侵权并立的第三根支柱。

4. 对债法各论部分进行拾遗补缺。在民法体系中，债法总论与合同法、侵权责任法的关系是普通法与特别法的关系。债权总则相对于合同法、侵权责任法而言，是比较抽象的，而且是一般规则。因此，在法律适用上，具体的债法纠纷

---

① 参见柳经纬：《关于如何看待债法总则对各具体债适用的问题》，载《河南省政法管理干部学院学报》2007 年第 5 期。

② 参见王全：《债法总则的功能与体系分析》，载《重庆科技学院学报（社会科学版）》2007 年第 6 期。

首先应当适用合同法或侵权责任法的规则，如果无法适用合同法或侵权责任法的规则，则应当适用债法总论。从立法技术的角度来看，凡是不能为合同法和侵权责任法所包含的债法内容，也可以置于债法总论之中加以规定。我国已经制定了合同法，并即将制定侵权责任法。这两部法律颁行以后，都形成了相对独立的体系，也已经为人们所接受。在此背景下，债法各论部分应当不必作大的调整。将合同法和侵权责任法中无法包括的内容规定在债权总则之中，就可以弥补债法各论部分规定的不足。① 还应当看到，虽然债的关系主要包括合同关系、侵权责任关系、无因管理关系、不当得利关系，但随着社会的发展，也产生了一些不能完全归属于前述四种法律关系的领域，这就需要通过完善债的规则以解决各个法律所不能解决的问题。

5. 促进民法规则和商法规则融合。郑玉波教授认为，债法为财产法、任意法、交易法。② 而商事特别法主要是交易法，商法规范是关于市场机制运作的一整套制度规范，从市场主体的设立到撤销，从证券筹资到票据行为、破产行为、保险行为，从陆上交易到海商活动，这套规范相互衔接、缜密系统，可谓是人类对经济活动的最精巧的制度设计。③ 但基于民商合一的立法体例，设立债权总则可以沟通债法和商事特别法的联系。债权制度的确立，沟通了票据法、破产法、保险法等民事特别法对民法典的依存关系，并为这些民事特别法确立了适用的一般准则。许多商事制度实际上都是债法制度的具体化和发展。例如，票据权利的设定、移转、担保证明以及付款和承兑等都是债权制度的具体化。破产制度坚持债权平等主义，保护正常的债权债务关系，通过对资不抵债的债务人宣告破产，使债权人的利益在公平分配的基础上得以实现。保险合同是具体的债的单元，保险中的投保与承保、保险的理赔与追索、海损的理算与补偿等，都要适用民法债的规定。而从债的发生基础来看，商事活动领域出现越来越多的债的类型，例如，票据行为所发生的债的关系，无法归结到合同关系，票据的背书转让不能等同于合同的移转。为了寻找到一般的规定，有必要通过债的一般规定满足商事活动的需要，提供必要的法律规定基础。④ 总之，债法总论作为交易法的总则，可以实现民法典与商事特别法的沟通，并促进民法和商法规范的体系整合。在民商合一的体例下，债权总则实际上构成整个交易法的总则。

---

① 参见柳经纬：《设立债法总则的必要性和可行性》，载《厦门大学法律评论》第 7 辑，厦门大学出版社 2004 年版。

② 参见郑玉波：《民法债编总论》，三民书局 1993 年版，第 125 页。

③ 参见顾耕耘主编：《商法教程》，上海人民出版社 2001 年版，第 8 页。

④ 参见魏振瀛：《中国的民事立法与法典化》，载《中外法学》1995 年第 3 期。

6. 保持债法体系的开放性。从保持债法的开放性和发展性角度考虑，我们也应当规定债权总则。人类生活和社会实践变动不居，包罗万象，立法者不可能预见所有问题。我们无法想象立法者可以预见并解决所有细节问题。[①] 尤其是在现代社会，随着市场经济的发展和经济全球化的推进，各种交易形式层出不穷，大量的新的债的形式将会出现，如果设立了债权总则，就可以通过抽象的条款来应对社会生活，从而使新的债的形式纳入债法规范的对象。因为债权总则本身还具有发展法律的所谓"造法性功能"。例如，在债权总则中规定诚实信用，较之于仅在合同法加以规定，效果必是不同的；在前一种情形下，法官在进行法律解释的时候，可以依据诚实信用原则发展或创设有关的规则。总之，通过设立债权总则，可以发挥法律的"造法性功能"。

7. 遵循大陆法系国家的立法通例。由于债法在民法中占据重要位置，它是保持民法体系完整性的重要体现。因此，在比较法上，设立债权总则成为多数国家（地区）民法典的通例。时至今日，大陆法系的一些新民法典也仍然保留了债权总则。例如，1992 年的荷兰新民法典在体系上有许多重大创新，但仍然将债权法分为债权总则、合同法与运输法三编；1994 年的蒙古新民法典将债权法分为债权总则、合同之债与非合同之债三编；1995 年的《俄罗斯民法典》也将债权法分为债权总则与债权分则两编。在欧盟法律统一的进程中，虽然很多学者主张要使合同法和侵权责任法统一，但也并没有否定债权总则的必要性。起草ECLP 的兰度委员会也确定了一个所谓债权总则。因此，"无论制定什么样的民法典，债法总则都是必要的"[②]。

应当承认，在设立债法总则之后，也有可能会产生一定的消极效应，主要表现在：（1）债权总则的设立可能会增加法律制度的层次。例如，就买卖汽车的合同纠纷，就要分别适用买卖合同的规则、合同法总则、债权总则、民法总则。这也是许多学者批评债权总则设立的原因，认为这样会导致规则的"叠床架屋"，从而影响法律适用的便宜性。而且，从法律适用来看，债权总则未必能实现其适用上的理想效果。[③] 这将导致债法总则与合同法总则之间配合和衔接的困难。（2）这将导致法律适用的复杂化。债法总则的设立将在一定程度上增加法官适用法律的困难，形成民法总则的法律行为、债法总则、合同法总则、有名合同规则的四层结构。这就太过繁杂，且要求较高的专业化水平，普通人难以掌

---

① 参见［法］让·路易·伯格：《法典编纂的主要方法和特征》，郭琛译，载《清华法学》第 8 辑，清华大学出版社 2006 年版，第 19 页。

② ［日］藤康宏：《设立债法总则的必要性与侵权责任法的发展》，丁相顺译，载张新宝主编：《侵权法评论》第 1 辑，人民法院出版社 2004 年版，第 178 页。

③ 参见麻昌华、覃有土：《论我国民法典的体系结构》，载《法学》2004 年第 2 期。

握。① 笔者认为，克服此种缺陷，关键是要合理安排债法总则的内容，协调好债法总则和合同法、民法典总则等之间的关系，避免其相互之间的冲突，同时也要简化债权总则内容。债法总则要真正发挥其拾遗补缺的功能，就必须科学合理安排其内在结构，尽量减少规则的"叠床架屋"现象。

总之，笔者认为，我国民法典之中应当设立债权总则，但是，债权总则既不应当采取大债法的模式，也不能够完全以合同法总则代替债权总则。在债权总则单独成编之后，其应当放在合同法和侵权法之前，从而表明债权总则和合同法、侵权法之间仍然形成一种总分关系。但债权总则的单独成编不应该影响合同法、侵权责任法的独立成编。此外，在侵权责任法从债法中分离出去后，在某些方面，债权总则仍然应适用于侵权责任，债法的实际调整范围并没有改变。

第三节 债权总则与相关法律的关系

一、债权总则与合同法

（一）债权总则不能代替合同法总则

在大陆法系国家的民法典体例中，即使侵权责任法没有独立成编，债法总则也是以合同法为中心所构建的。而在我国，侵权责任法独立成编是未来民法典制定的必然趋势，债法总则是否仍然以合同法为中心来构建？笔者认为，我国债法制度应当保留我国合同法绝大部分规定。多年的实践证明，我国合同法立足于中国实践，注重吸收两大法系的成功经验，其内容是相对成熟和完善的。所以，我国现行合同法应当成为债法的主要内容。但这不意味着，合同法总则要代替债权总则。如前所述，债权总则的设立具有其重要价值和必要性，因此，不应当在民法典中仅规定合同法总则，而不规定债权总则。

从比较法上看，债权总则和合同法总则的关系，主要有以下几种模式：（1）债权总则与合同法总则并存模式。此种模式的典型代表就是《德国民法典》。该法典第二编第一章等规定了债权总则的内容，而在第三章又规定了合同

---

① 参见崔建远：《债法总则与中国民法典的制定》，载《清华大学学报（社哲版）》2003 年第 4 期。

法总则的内容。《魁北克民法典》也采取此种做法，该法典第五编的第一题是"债的一般规定"（即债权总则），第一题的第二章规定了"合同"（即合同法总则）。《荷兰民法典》也采取了此种模式，该法典第六编规定了"债法总则"，其中第五章又规定了"合同法总则"。（2）有债权总则而无合同法总则的模式。《俄罗斯民法典》将债分为第三编（"债法总则"）和第四编（"债的种类"），有关合同的一般规定（包括合同的概念、条件与合同的订立、变更和解除等）则置于债权总则之中。《蒙古国民法典》将债法分为"债的通则"、"合同责任"、"非合同责任"。这种立法体例实际上采取了以债权总则替代合同法总则的做法。（3）有合同法总则，但无债法总则。此种模式可以看作是传统大陆法系国家立法模式的例外。例如，《埃塞俄比亚民法典》把债法分为第四编"债"（包括合同总则、非契约责任、不当得利、代理）与第五编"合同分则"，但没有设立债法总则。

如前所述，在体系上，不宜将合同法总则"升格"为债权总则，反过来，也不能以债权总则替代合同法总则，主要理由在于：

1. 合同法总则的一些制度仅适用于合同之债，无法为债法总则的一般规则所涵盖。例如，合同法总则中关于要约承诺的规则只适用于合同成立的规则，对于其他类型的债并不适用。如果将仅仅适用于合同制度的规则纳入债权总则，就可能导致以合同法规则来处理法定之债，如侵权之债、不当得利之债，其结果将忽略法定之债与意定之债的区分，不能实现妥当规范社会生活的目的。如果以债权总则来代替合同法总则，将会否定各种债的特殊性，混淆合同之债与其他债的类型在适用上的区别。由于各种债或基于法定或基于约定产生，或基于合法行为或基于非法行为产生，在很多方面表现出来的个性往往大于其共性。侵权行为"与合同在性质、特点和适用法律上个性大于共性，同'债'概括在一起，并没有严格的科学性"①。有些合同法的规则，仅仅适用于合同的成立等情况。而在这一阶段，债并没有产生，所以，将其纳入债的一般规定之中，也不符合日常生活和交易关系。

2. 合同法总则的价值和精神具有特殊性，难以被债权总则全部包容。合同之债发生在具有社会接触的人之间，是一种合意之债，而侵权损害赔偿之债是发生在没有社会接触的人之间的非合意之债。因此，就侵权损害赔偿之债与合同之债而言，两者存在着明显的区别：简言之，侵权责任法要求人们不能把事情做糟，而合同法要求人们把事情做好。合同行为是交易的法律形式，是法律所鼓励的合法行为，只有促进合法的交易行为充分发展，才能促进市场经济的繁荣和社

---

① 王作堂等：《民法教程》，北京大学出版社 1983 年版，第 14 页。

会财富的增长。由此决定了合同法的目的在于保障交易关系，鼓励交易行为，保护交易当事人的合法权益。尤其是在合同法之中，要充分贯彻合同自由原则。合同法的这些价值理念与侵权责任法的价值理念不完全相同。侵权责任法的主要目的是对受害人提供补救，并防止损害的发生，在理论上，与合同法并不相同。英国学者 Tony Weir 指出，侵权之债的规则主要起到保护财富的作用，合同之债的规则应具有创造财富的功能。① 这也概括了两法之间的区别。

3. 合同法总则具有任意法的特点，而调整非合同之债的规则具有强行法的特点。合同作为交易的法律形式，是法律所鼓励的合法行为②，所以，合同法要借助大量的任意性规范，充分尊重当事人的意志，鼓励当事人在法定的范围内行为。因此，合同法以鼓励交易为其目标。只要当事人所缔结的合同不违反法律和政策，法律就承认其效力。合同法应当充分贯彻合同自由原则，赋予交易当事人在合同的订立、履行、变更、转让、补救方式的选择等方面的广泛的选择行为自由，从而充分尊重当事人的意志，因此，合同法总则具有任意法的特点，当事人可以通过约定排除其适用。而侵权行为是侵害他人财产和人身的行为，是法律所禁止的行为。侵权行为虽可产生债，但此种债务与合同当事人自愿设立的合同之债的关系是完全不同的。在侵权行为产生以后，行为人负有对受害人作出赔偿的义务，损害赔偿也是行为人对国家所负有的责任，行为人是否愿意承担责任和在多大范围内承担此种责任，不以行为人的意志为转移，从这个意义上说，侵权法体现了强行性的特点。除了侵权责任法之外，其他的调整非合同之债的规则也体现了法定主义的民法调控方式，其原则上不允许当事人通过约定排除其适用，因此，大多具有强行法的特点。③

4. 合同法总则与合同法分则具有紧密的联系。这也就是说，合同法中的各项规则具有密切的联系，相互之间的体系性较其他民事部门法更强，且逐步实现更高程度的体系化是未来的发展趋势，也是经济全球化发展和我国市场经济体制对统一交易规则的要求。这种体系性的一个表现就是合同法总则与合同法分则之间具有良好的对接关系。因此，如果以债法总则代替合同法总则，则会造成债法总则与合同法分则之间的僵硬联系，致使合同法分则缺乏最紧密的共同抽象规则的统领。如果合同法总则被债权总则所代替，那么，合同法部分就将仅仅存在合同分则，这就会导致合同法的体系被分解，难以形成体系。而合同法总则的设立本身就是一个通过提取公因式的方式来实现合同法本身体系化的过程，通过总则的设立也使得合同法体系保持了自身的完整性。

---

① See International Encyclopedia of Comparative Law Ⅲ, chapter 1, pp. 1 – 2, chapter 12, p. 6.
② 参见王家福等：《合同法》，中国社会科学出版社 1986 年版，第 14 页。
③ 参见王泽鉴：《债法原理》（第 1 册），中国政法大学出版社 2001 年版，第 7 页。

5. 保留合同法总则有助于法律的准确适用。如果以合同法总则代替债权总则，将导致非合同之纠纷适用法律的困难。由于侵权法调整的是因侵权行为产生的债务和责任关系，而合同法调整的是交易关系，因而它们在责任的归责原则、构成要件、责任主体、举证责任、责任方式、诉讼时效、免责条件等方面的规定上是各不相同的。因此，当某一种民事违法行为产生以后，行为人依据合同法承担违约责任，或依据侵权法承担侵权责任，在责任后果上是不同的。如果将合同法总则提升为债权总则，那么，在出现了非合同纠纷以后，法院很难直接援引债权总则来处理。正如有学者指出："一部好的法典其规定应该适度抽象到足以调整诸多现实问题，又不能因此而偏离其所调整的现实生活而成为纯粹的理论宣言。"①

因此，笔者认为，我国未来的民法典还是应当借鉴上述第一种模式，既设立债权总则，又设立合同法总则。因此，从整体上而言，债法的内容已经被一分为三，即债权总则、合同法、侵权责任法。

（二）合同法总则与债权总则的协调

在设立了独立的债权总则编以后，就必须处理好债权总则与合同法的关系。应当看到，在合同法总则比较完备的情况下，它确实会影响到债权总则的设立。无论以债权总则代替合同法总则，还是既设立债权总则又设立合同法总则，都要协调好二者之间的关系。如果确立了较为完备的合同法总则，再设立复杂的债权总则，就必然会导致规范的重合。笔者认为，协调合同法总则与债权总则之间的关系，应当把握以下原则：

1. 原则上应当保留我国合同法总则的内容。从立法的现状来看，我国《合同法》的内容已经比较完备，该法的总则部分已经体系化，且内容非常充实。经过多年的实践已经证明，其是较为科学和合理的。为了尽可能地降低立法和司法成本，保持法律的安定性，即使构建了债权总则，合同法总则不应当作大幅调整，原则上应当保持合同法总则既有的制度和规则。

2. 债法领域的共通性规则要纳入债权总则之中。从比较法的角度来看，债权总则的内容主要是债法领域的共通性规则。债权是相对于物权而言的，而合同是相对于侵权、无因管理、不当得利等而言的。所以，合同关系与债权关系在民事法律关系的体系上，不属于同一个层次，合同关系属于债的关系的一种。正因如此，债权总则应当比合同法总则更为抽象，适用范围更为宽泛。按照这一思路，可以考虑，将那些超出合同领域的规则、普遍适用于各种债的形式的规则

---

① ［法］让·路易·伯格：《法典编纂的主要方法和特征》，郭琛译，载《清华法学》第 8 辑，清华大学出版社 2006 年版，第 19 页。

（如抵销、混同等）纳入债权总则之中，而将那些仅仅适用于合同领域的规则仍保留在合同法总则部分。这一原则也符合总分结合的民法典编纂思路。

3. 尽量减少合同法总则中的准用性条款。有学者认为，取消债权总则就意味着会有大量的"准用性"规定，比如债的履行、担保、债权让与、债务承担等在合同之外产生时都会准用合同的规定。[①] 日本学者内田贵指出，此种模式值得借鉴，即通过合同法总则来代替债权总则。在合同法之中规定债的一般规则，而在法定之债中规定准用性条款。[②] 笔者认为，准用方式仍然存在一定的问题，主要理由在于：一方面，不符合总分结合的立法技术要求。另一方面，"准用"的概念不明确，给予法官过大的自由裁量权。侵权损害赔偿过多准用合同法的规则，显然是不妥当的。为了避免这一缺陷，侵权法本身也要作出比较详细的规定，这可能会导致条文的重复。

4. 仅适用于合同领域的规则应当在合同法中规定，而不宜规定在债权总则之中。例如，债的更新、债的履行，本身就是合同更新、合同履行的问题，其应当在合同法总则中加以规定。因为这一原因，丰富合同法总则是必然的趋势。[③]

应当看到，合同法富有极强的体系性，合同法总则常常被认为是按合同发生及发展的时间先后顺序来规定相应的制度，即合同的订立、生效、履行、违约及其救济等。首先是合同双方当事人进行合同的磋商缔约阶段，然后是合同的签订阶段，在合同成立以后发生效力，然后双方当事人都负有履行的义务，在履行过程中可能发生同时履行抗辩、不安抗辩等抗辩权，在合同履行期到来之后，可能发生违约情形，从而可能导致合同的解除或终止。可见，我国《合同法》是按照这样一个交易过程的时间顺序而展开合同法总则内容的。这种"单向度"使合同法内容具有十分明显的"同质性"（homogeneity），这个特点在侵权法中完全不存在。当代侵权法被认为具有明显的"异质性"（heterogeneity），从责任基础来看，过错责任和严格责任、公平责任同时存在于其中，过错责任通常以一般条款来规定，而其他责任需要特别规定。所以侵权责任不可能按照时间的顺序而展开。正因如此，笔者认为，保持合同法的相对完整性在很大程度上有助于增强民法典的体系性。

（三）合同法总则的具体构建

根据前述关于合同法总则与债法总则协调的基本思路，关于合同法总则的具

---

① 参见高勇、万敏：《关于债法体系的思考》，载《法制与社会》2008 年第 2 期。
② 参见 [日] 内田贵：《民法典体系》，载《2008 年民法体系与侵权法国际研讨会材料》第 126 页，中国人民大学法学院，2008 年 5 月 8～9 日。
③ 参见 [日] 内田贵：《民法典体系》，载《2008 年民法体系与侵权法国际研讨会材料》第 124 页，中国人民大学法学院，2008 年 5 月 8～9 日。

体构建可以从以下几个方面考虑：

1. 专门适用于合同法的特殊规则，如合同的订立、合同的生效、合同的履行、合同的解除、合同的终止等规则，都应当保留在合同法之中。因为这些规则仅仅适用于合同之债，而无法适用于其他债的关系。关于缔约过失，究竟应当在合同法总则还是应在债权总则中规定，对此学界存在争议。应当承认，缔约过失是债的发生原因之一，而此种类型的债和合同之债毕竟存在性质上的差异。但是，其毕竟是发生于缔约阶段，属于整个合同链条中的一个环节。在此阶段，当事人之间虽然未形成合同关系，但已经具有特殊的关系，这与侵权法之中当事人之间是普通人的关系不同。因此，将缔约过失置于合同法总则之中规定也是可以选择的模式。这将使得整个合同的订立、履行等都置于合同法之下予以规范，从而可以将前合同阶段的关系和后合同阶段的关系都纳入合同法。此外，我国学界对于悬赏广告的位置安排也存在争议。就其性质来说，学界存在着契约说和单方允诺说的争议，不同的学说决定了悬赏广告的位置。我国司法实践也主要采纳了合同说。[①] 笔者认为，悬赏广告在性质上属于单方允诺，理由在于：一方面，这有利于保护不知道广告存在的人的利益；另一方面，这有利于保护无民事行为能力人和限制民事行为能力人的利益。因此，悬赏广告是与合同不同的债的发生原因之一，它应当置于债权总则之中。

2. 合同的变更和移转制度也可以在合同法中加以规定，但是，必须要协调好其与债权总则之间的关系。凡是特别适用于合同的规则，不宜在债权总则中规定。例如，一些合同的变更和转让需要有一些特殊形式要件要求的，此种要求仅仅适用于合同，与债的一般规则不协调，应当在合同法之中规定。但是，应当考虑到，债的变更和转让实际上不限于合同之债的情形，因此，凡是可以适用于各种债的变更和转让的规则，都应当置于债权总则之中来规定。

3. 关于合同的消灭应当根据不同情况分别规定在债权总则和合同法总则之中。导致合同消灭的原因很多，但是，合同的消灭制度应当仅仅适用于当事人之间存在合同关系的情形。如果当事人之间虽然存在债的关系，但不是合同之债，其债的消灭就不应当在合同法中规定。某些事由既可以是合同的消灭原因，也是其他债的消灭原因，其就应当置于债权总则之中规定。例如，我国《合同法》采用了"合同终止"概念，将解除和其他终止合同的原因都规定在合同终止部分，而事实上，解除是仅仅适用于合同，合同终止的其他原因与债终止的其他原因是相同的，例如，抵销、履行、混同、免除等。因此，可以考虑将抵销、履行、混同、免除等债的共同消灭规则纳入债权总则之中。

---

① 参见《李珉诉朱晋华、李绍华悬赏广告酬金纠纷案》，载《最高人民法院公报》年 1995 年第 2 期。

4. 债的保全不仅仅适用于合同之债，还适用于非合同之债，应当在债权总则中规定。我国《合同法》规定债的保全制度，主要是一种权益之计。我国民法典之中应当将债的保全制度扩大到所有债的类型，从而使得非合同之债的债权人享有更多的救济手段，避免债务人不当减少其责任财产。例如，为了避免债务人转移财产逃避债务，侵权损害赔偿之债的债权人也应当享有债权保全的权利。因此，在设立债权总则的情况下，就应当将债的保全纳入其中，普遍适用于各种债的关系。

5. 违约责任制度应当规定在合同法总则部分。传统大陆法系国家的民法典大都在债权总则中规定了债务不履行的责任，并适用于各类债不履行的责任。但这种模式事实上是存在缺陷的。从总体上看，债务不履行主要指意定之债的不履行，在法定之债中特别是侵权损害赔偿之债中，一般很难发生债务不履行的问题。因为确定债务的履行，首先要确定债务的数额，但在实践中，侵权损害赔偿之债发生后，具体赔偿数额尚未确定，如果要确定该数额，当事人要么通过和解协议对此加以确定，从而转化为合同之债，要么诉请法院裁判，而通过强制执行加以解决。但是，其转化为合同之债而不履行，属于违约的问题，转化为法院的判决后不履行，属于不履行生效判决的问题。因此，债务不履行主要是合同之债不履行的问题。如果我们合同法总则中规定了系统完备的违约责任，基本上可以解决债权总则中的债务不履行问题。

从体系上看，违约责任应当在合同法总则中加以规定。因为一方面，违约责任是违反义务的后果，因此，在规定违约责任之前，必须规定合同的成立、生效和履行问题。只有在规定了合同义务的前提下，才能规定违约责任。如果在债权总则中规定债务不履行制度，则因为缺乏合同义务的规定，从而使合同法体系并不完整。另一方面，违约形态具有多样化的特点，包括拒绝履行、瑕疵履行、迟延履行、不完全履行、预期违约等形态。这些违约形态很难都用债务不履行的概念来概括，如果将其都规定在债权总则之中，债权总则的抽象性程度与之不相适应。还应当看到，我国合同法关于违约责任的规定是较为丰富而全面的，它不仅规定了各种违约的形态，而且也规定了违约的各种补救方式。从现代违约责任的发展趋势来看，"补救"的概念已经替代了"债务不履行的责任"的概念，而合同法对各种违约行为的补救的规定，符合合同法的发展趋势，所以，不宜以债务不履行的责任来替代违约责任。①

---

① 参见王利明主编：《中国民法典学者建议稿及立法理由·债法总则编·合同编》，法律出版社2005年版，第7页。

（四）合同法分则制度的完善

还需要讨论的是，债权总则与合同法分则之间的关系。债权总则作为债的一般规则，其当然可以适用于合同法分则。合同法分则可以理解为债权总则的特别法，如果出现了新的无名合同，无法类推适用有名合同的规则，也无法适用合同法总则的规则，就可以适用债权总则的规定。

尽管我国《合同法》总体上比较成熟、完善，但是，合同法分则部分的内容仍然需要作适当的修改，合同法关于有名合同的规定仍然存在需要改进的地方：（1）应当增加有名合同的类型。笔者认为，有必要增加旅游合同、和解合同、出版合同等实践中比较常用的合同类型。这些合同在实践中运用广泛，且具有其不同于其他有名合同的特点，而且，在理论上，学界对这些合同类型的研究成果比较丰富。经过多年的实践，这些有名合同的内容已经比较固定，可以通过有名合同的形式将其典型的权利义务关系加以规范。（2）应当将保证合同制度纳入其中。我国《担保法》规定了保证合同的内容，但是，我国《担保法》制定之时并没有考虑民法典编纂体例，而是将各种担保方式（包括人保和物保）集中在一起加以规定。从体例的角度来考虑，这并不符合民法典体系的思考方式。我国《物权法》制定时，就仅仅将担保物权纳入该法之中。如前所述，在未来民法典制定时，担保制度应当一分为二，担保物权制度纳入物权法，而保证合同置于合同法分则。（3）应当将合伙合同纳入合同法分则之中。我国《合伙企业法》等法律都规定了合伙合同，但是，内容并不全面。合伙本身包括合同型合伙和企业型合伙，而《合伙企业法》仅仅包括企业型合伙，其关于合伙合同的规定仅涉及企业型合伙，这显然不能适用于所有类型的合伙合同。因此，笔者认为，有必要在民法典的合同法分则部分规定合伙合同，以统一适用于各种合伙。（4）现有有名合同的规则也要进一步完善。例如，委托合同之中关于间接代理的规定应当置于民法典总则之中，而不宜在合同法分则中作出规定。

二、债权总则与侵权责任法

在侵权责任法独立成编之后，侵权责任法将与合同法、物权法并列成为民法典分则中的重要编章。但是，这并不意味着侵权责任法与债法毫无联系。一方面，因侵权行为所产生的损害赔偿责任是债的发生原因之一，从本质上讲，损害赔偿责任仍然是一方当事人请求另一方当事人为一定给付的行为，这就属于债的调整范围；另一方面，债法的很多规则对侵权责任仍然是适用的，例如，共同侵权行为要适用债权总则之中连带之债的规定，侵权损害赔偿要适用债权总则之中损害赔偿之债的一般规则。所以，在债权总则中，可以考虑规定债的一般规则，如按份之债、连带之债的划分，这些规则可以直接适用于侵权的损害赔偿。例如，因共同侵权而产生的连带责任，无论侵权责任法是否作出了规定，都可以适用债权总则中关于连带之债的规定。这就有必要考虑在构建债权总则的时候，针对那些将适用于侵权责任而又不宜于在合同法或侵权责任法之中作详细的规定的规则，将其纳入债权总则。

如前所述，在我国未来民法典中，侵权责任法应当独立成编。在此种民法典体系构建之下，侵权责任法不属于债法分则的内容。这就意味着，债权总则的规则并不能一概适用于侵权责任法，具体表现为如下几点：（1）侵权行为不一定产生损害赔偿之债，而可能产生一些非财产给付的责任，这些责任并非损害赔偿。（2）基于公共秩序和立法政策的考虑，侵权责任也被禁止适用债权总则的某些规则，例如，故意侵权致他人人身损害的，受害人因此享有的损害赔偿请求权不能抵销，否则将违反公序良俗。（3）精神损害赔偿与财产损害赔偿不同，它很难完全适用债权总则的规定。有学者认为，大陆法系过度以财产为中心，忽视了对人的人身权利的保护。不仅如此，传统民法典对人的存在本身的处理也是"泛财产化"的，在"损害"的概念上长期坚持财产化的原则，拒绝承认精神损害的概念。① 此种观点不无道理。事实上，传统大陆法系民法中的损害赔偿，确实主要是针对财产损害的补救，并不包括对人格权提供救济的精神损害赔偿。例如，完全赔偿原则就不能适用于精神损害赔偿。这都使得侵权责任法相对于债权总则而言，呈现出许多例外性特征。（4）惩罚性赔偿是英美法的固有概念，近几十年来，大陆法系国家也逐渐接受该制度。但是，惩罚性赔偿与传统大陆法系债法中的损害赔偿差异较大，很难完全适用债权总则的规定。这也是侵权责任法应当从债法体系中独立出来的重要理由。

第四节　债权总则的内容设计

一、债权总则的基本内容

一般认为，债权总则是普遍适用于各种债的规则。笔者认为，债权总则的设

---

① 参见薛军：《人的保护：中国民法典编撰的价值基础》，载《中国社会科学》2006 年第 4 期。

立是由债权总则的功能所决定的，由于债权总则具有如下功能，即整合债法自身的体系、规范债法的共通性规则、对债法各论部分进行拾遗补缺、促进民法规则和商法规则融合等功能，这就决定了债法的具体内容和债法分则体系的安排。

自罗马法以来，大陆法国家理论和学说借助债的概念对类似的生活现象进行概括，并抽象出了各种债法的概念、规则和制度，从而形成了比较成熟的、完整的债法理论体系。表现在法律上，在传统大陆法系民法典模式之中，债权总则已经比较成熟，其内容也相对稳定。正如许多学者所指出的，债权总则主要包括：债的发生、债的标的、债的效力、多数人之债、债的移转、债的消灭等。债权总则的内容一般包括债的标的（给付义务、种类之债、金钱之债和选择之债）、多数人之债（按份之债、连带之债等）、债的移转以及债的消灭（清偿、提存、抵销、免除等）。[①] 这些观点基本上借鉴了传统大陆法系国家债法体系。但是，我国的债权总则构建仍然应当从中国实际出发，总结我国民事立法和司法审判经验，反映我国交易和社会生活习惯的需要。具体来说，一方面，债权总则内容和体系的构建必须考虑到我国侵权责任法已经独立成编的事实，考虑我国合同法已经自成体系的现象。在我国未来民法典之中，应当尽可能将《合同法》的内容予以保留。另一方面，我国民事立法历来就没有采纳大债法的模式。从1981年的《经济合同法》制定以来，我国基本上采取了以合同法为主导的债法模式。所以，我国现行法律从来就没有构建过债权总则的体系，我们也没有大债法总则的传统。正是基于上述考虑，笔者认为，凡是仅仅适用于侵权责任法的内容就应当置于侵权责任法之中，例如侵权损害赔偿，就不应当再置于债权总则之中。凡是合同法之中已经规定的内容，就应当尽可能纳入合同法之中。

我们构建的债权总则体系，不是大而全的、适用范围十分宽泛的债权体系，相反，它应当是适用范围受到一定限制的体系。总体上，债权总则应当主要包括如下内容：

1. 债的概念。债是一个高度抽象的概念，我国《民法通则》第八十四条规定："债是按照合同的约定或者依照法律的规定，在当事人之间产生的特定的权利和义务关系。"这一定义基本概括了债的发生类型，但是表述上并不十分严密。因为该条规定没有能够涵盖基于合同以外的其他法律行为而产生债的情形。事实上，除了按照合同的约定之外，当事人之间还可以基于其他法律行为而产生债的意定，如单方法律行为等。所以，"因法律行为而发生"比"按照合同的约定"的规定更为周延。

---

① 参见柳经纬：《当代中国民事立法问题》，厦门大学出版社2005年版，第198~201页；王利明主编：《中国民法典学者建议稿及立法理由·债法总则编·合同编》，法律出版社2005年版，第5页。

2. 债的发生原因和主要类型。债的发生原因与类型划分具有历史演变的过程。在不同的时代，因为对债的认识不同，其发生原因与类型也存在差异。在盖尤斯的《法学阶梯》中采用契约和私犯的两分法；优士丁尼《法学阶梯》采用契约、准契约、私犯和准私犯的四分法。在大陆法系国家，债依其发生原因一般被分为法定之债和意定之债。但从比较法的角度来看，各国对于债的发生原因的规定并不完全一致。例如，《意大利民法典》规定债的发生根据包括抚养义务、缔约上过失、单方允诺行为、无因管理、非债给付、不当得利、非法劳务、有限责任公司股份转让。《魁北克民法典》采用了新的两分法，除了合同外，其他的债的发生包括民事责任（取代过去的侵权责任）、无因管理、非债清偿和不当得利。[①] 我国民法学者一般认为，债发生的原因有四种，即合同、侵权、不当得利和无因管理。也有一些学者认为，除了上述四种之外，还包括代理权的授予。[②] 但关于代理权的授予作为债的发生原因，一直受到学者的批评，所以，笔者认为，其不宜作为债的发生原因。我国《合同法》规定，缔约过失也可以作为债发生的原因。此外，实践中一些单方行为也会发生债。因此，可以将债的发生原因主要概括为六种，即缔约过失、合同、侵权、不当得利和无因管理和单方允诺。当然，随着社会经济生活的发展，债的发生原因可能会出现新类型。因此，债的发生原因应当是开放性的，而不能采取"法定主义"的模式。

在法律上，依据不同的标准，可以对债进行不同的分类。例如，依据主体标准，可以将债分为单数人之债和复数人之债；依据客体标准，可以分为作为之债和不作为之债；依据标的物，可以分为特定之债和种类之债；依据双方的关系，可以分为双务之债和单务之债；依据债的效果，可以分为连带之债与按份之债，在连带之债中，又发展出了不真正连带之债的概念。这些债的分类理论，可以为我国债权总则所借鉴，并作出相应的规定。

在此需要探讨的是，关于不当得利、无因管理是否应当作为债权总则的部分加以规定？从大陆法体系来看，虽然将不当得利和无因管理都作为债的类型，置于债法之中，但是，考虑到体系上的方便，《德国民法典》是将其置于债权总则之中加以规定的。这一经验是值得借鉴的。在我国，可以考虑将不当得利、无因管理等债的发生原因规定置于债权总则部分，原因是：一方面，侵权责任法从债法分则中分离出去以后，在债法中没有必要仅仅为无因管理、不当得利而设置一个债法分则。无因管理与不当得利可以置于债权总则当中。另一方面，不当得利适用的范围相对比较宽泛，在合同法与侵权责任法中都涉及不当得利的问题，如

---

① 参见孙建江等译：《魁北克民法典》，序言，中国人民大学出版社 2005 年版。
② 参见王泽鉴：《债法原理》（第 1 册），中国政法大学出版社 2001 年版，第 6 页。

合同无效的返还就涉及不当得利，而侵权行为往往也会构成不当得利。所以，不当得利具有普遍适用价值，可以置于总则之中。至于无因管理，虽然比较特殊，但是在社会生活中相对较少，不具有特殊意义。英美法甚至不承认无因管理是一种债，可以获得法律上的救济。所以，将无因管理放在债权总则加以规定也是可行的。此外，在总则中单独规定不当得利和无因管理，也满足了两种特殊之债具有独立性的要求。基于这些原因，有必要借鉴《德国民法典》以及我国台湾地区"民法典"的经验，将不当得利、无因管理制度置于债权总则之中。①

3. 债的效力。债权都具有相对性，所谓债的相对性，就是指债只是在当事人之间发生效力，只有债的一方当事人可以向对方当事人提出请求，而不能向第三方主张权利。债的相对性是与物权的绝对性相对应的，它是构建债法的基础。债的相对性实际上是确定债的效力的问题，但它又是债法的基本原则，可以适用于各种类型的债，因此应作为债权总则的内容加以规范。

需要指出的是，德国法区分债权的效力和物权的效力，并为许多国家所仿效。债权效力的确定主要是在合同法中规定的，而物权变动的效果是在物权法中规定。而事实上，这两者之间是不可分割的。以房屋买卖为例，房屋买卖合同属于合同法的范围，而所有权移转的效力是在物权法中规定的。这两者之间就存在一定的脱节。要解决这一问题，可以通过债法总则规定相应的规则来解决。例如，可以在债法总则中规定，法律行为的效力虽然要区分物权效力和债权效力，但是，在不涉及第三者的情况下，债权效力应当影响到物权的效力。例如，仅仅是在买卖合同当事人之间，合同被宣告无效以后，即使办理的物权登记，也应当进行重新确权。

4. 债的转让。债的转让主要是合同债权的转让，侵权损害赔偿之债极少发生转让。让与通过原债权人与新债权人之间的合同发生。② 因为在发生了损害之后，常常难以确定赔偿的具体数额，必须通过双方当事人达成合意或者法院裁判才能确定具体的数额。当事人通过合意确定了具体数额，此时，加害人和受害人之间已经订立了一个有关损害赔偿的合同，如果发生转让，实际上是合同债权的转让。如果要依据裁判来确定损害赔偿的数额，那么，受害人就必须提起了诉讼，此时，其才能转让该损害赔偿之债。但这种情况比较少见。当然，在某些情况下，也可能发生合同之外的转让。如在财产损害引发的侵权之债的关系中，没有理由禁止权利方转让此种权利。在财产保险关系中，也不宜禁止当事人转让其

---

① 参见王利明主编：《中国民法典学者建议稿及立法理由·债法总则编·合同编》，法律出版社2005年版，第9页。

② 参见［德］迪特尔·梅迪库斯：《德国债法总论》，杜景林、卢谌译，法律出版社2004年版，第545页。

损害赔偿请求权。正因如此，债的转让的规则可以适用于绝大多数转让债权的关系。

5. 债的消灭。债的消灭事由包括履行、混同、抵销、免除、提存等。这些制度都不仅仅适用于合同法，也适用于其他债的类型。债权总则中规定了债的消灭事由之后，并不妨碍合同法对合同消灭的原因另行加以规定，二者是一般法与特别法的关系。至于有关债的更新、履行等，宜由合同法加以规定，债权总则中不宜作出过多规定。

6. 损害赔偿的共性规则应当规定在债权总则中。传统债权总则还规定了损害赔偿法的内容，在侵权法和合同法独立之后，是否应当在债权总则规定损害赔偿法的内容，值得探讨。考虑到违约救济和侵权损害赔偿仍然具有共性，尤其是有关损害赔偿的基本原则、损害的类型等，如果规定在债权总则中，可以避免因为合同与侵权请求权竞合所产生的差异后果，同时也可以增加债权总则与合同法以及侵权法的联系。所以，关于损害赔偿的共同规则应当在债权总则之中加以规定，例如，过失相抵规则、损益相抵规则等。但考虑到违约损害赔偿和侵权损害赔偿之间存在很大差别，所以，应当在合同法和侵权责任法中分别规定不同的损害赔偿规则。例如，违约损害赔偿中的可预见性规则只能在合同法中规定，而侵权损害赔偿中采取的完全赔偿规则应当在侵权责任法中规定。

最后需要探讨的是，是否有必要在债权总则之中引入"消费者"和"经营者"的概念。2002 年，《德国债法现代化法》将这两个概念引入《德国民法典》。这一立法模式对大陆法系国家产生了重大影响。目前，日本正在进行债法典的修订，其内容之一，就是要在债法总则中规定"消费者"、"经营者"的概念及基本权利和义务。其之所以采此种做法，理由在于：在现代市场经济社会，对立的主体不是商人和非商人，而是消费者和经营者，民法作为市场经济的基本法，当然应当规范消费者和经营者的关系。① 笔者认为，尽管在现代社会，消费者和经营者的关系非常重要，二者的权利义务涉及市场经济的基本规则。但是，消费者和经营者是以具体人格为基础来设计的，它的引入会导致债法体系内部的不和谐。尤其应当看到，在德国债法修改过程中，也有不少德国学者对此概念的引入持批评态度，认为这种做法破坏了德国民法典的体系。在我国，既然已经制定了《消费者权益保护法》，而且规定了比较完备的消费者权益保护制度，所以，不必在民法典之中规定消费者的权利义务。当然，债权总则之中可以设置引致性规定，以衔接债法与消费者权益保护法。

---

① 参见 ［日］内田贵：《为实现债权法的根本修改》，载《日本经济新闻》，2008 年 7 月 7 日。

二、债权请求权及其体系问题

所谓请求权（Anspruch），是指请求他人为一定行为或不为一定行为的权利。请求权人自己不能直接取得作为该权利内容的利益，而必须通过他人的特定行为实现自己利益。请求权的概念最早由德国学说汇纂学派代表人物温德沙伊德于1856年发表的《从现代法的立场看罗马私法上的诉权》一书中提出，他认为，请求权是"某人向他人要求一些东西的权利"[1]。他认为请求权是一切权利都具有的某种强制性因素，是一种纯粹的实体权利。[2] 此种观点为《德国民法典》所采纳，并为许多大陆法国家的民法所借鉴。[3]

温德沙伊德提出请求权概念，实际上是在总结和解释罗马法的基础上形成的。他从对罗马法上的"诉"的本来面目的确认入手，从中分离出请求权的概念，其目的在于通过"请求权"的媒介作用，把罗马法"诉权"中的实质性内容移入实体法体系，从而摆脱从诉讼的角度把握权利的思维方式。温德沙伊德认为，尽管罗马法中的"诉权"并不是请求权，但有必要将诉权的概念解释为请求权，并在此基础上沟通实体法与程序法之间的关系[4]。温德沙伊德认为，诉权也具有普遍性，即使在诉讼之外也可以行使。将罗马法的诉权翻译为一种现代私法中的实体权利，就是请求权。温德沙伊德认为："并不是所有的权利受到侵害都能直接地被赋予在司法上获得救济的权利（诉权），而是在权利受到侵害的同时，侵权人和权利人的意思又发生冲突的情况下，才招致司法上救济的直接赋予。"[5] 温德沙伊德提出的请求权的概念，一方面，解释了权利人之间发生争议后，提起诉讼前，权利人的权利状况。另一方面，由于请求权都是发生在特定相对人之间的一种权利，该理论为当事人在诉讼外获得救济提供了理论基础。此外，请求权也有助于对私权的保护，并抵御公权力的侵害。[6] 这是因为在公权力不法侵害私权利的情况下，民事主体可以依据私权所产生的请求权，主动要求公权力机关纠正不法行为，如果不能实现，将进一步提起诉讼。这样可以增加权利保护的途径，强化公民的权利保障意识。

所谓债权请求权，是指一方当事人请求另一方当事人实施一定行为或者不实

---

① 转引自金可可：《论温德沙伊德的请求权概念》，载《比较法研究》2005年第3期。

② 参见金可可：《论温德沙伊德的请求权概念》，载《比较法研究》2005年第3期。

③ 参见［日］奥田昌道：《论请求权的概念》，载（东京大学）《法学论丛》第82卷，第236页。

④ 转引自朱岩：《论请求权》，载《判解研究》2003年第4期。

⑤ ［日］奥田昌道：《请求权概念的产生与发展》，东京，创文社，1979年版，第17页。

⑥ 参见辜明安：《请求权在民事权利结构中的性质与地位》，载《西南政法大学学报》2007年第5期。

施一定行为的权利。它主要包括合同请求权，此外，还包括缔约过失请求权、不当得利请求权、无因管理请求权、侵权损害赔偿请求权、缔约过失发生的损害赔偿请求权等。这些内容都构成债权请求权体系，并成为债法的重要内容。请求权和债权的关系经常容易发生混同，许多学者认为，"债权最初是以请求权这种形式存在的，而且就债权而言，由于债务不履行所引起的效果就是请求权的发生"①。因此，在债权关系上发生的各个请求权的概念和债权是同一意义的。但是严格说来，请求权与债权并不是同一概念，因为一方面，请求权是作为一种民事权利而存在的，它不仅在债权法中，而且在物权法、亲属法、继承法等领域中都普遍存在。例如，在所有人的财产遭受他人非法侵占的情况下，所有人可以根据物上请求权要求返还，此种请求权并非债权上的请求权。再如，继承法中继承权的回复请求权也不同于债权请求权。所以，请求权在民法中是普遍存在的，它是与支配权、形成权、抗辩权相对应的权利。另一方面，债权的请求权只是债权的主要权能而并不是其全部的权能，因为债权除请求权外，还包括"选择、解除、终止等权能，又债权请求权因时效而消灭时，债权虽减损其力量，但仍然存在，债务人仍为履行之给付者，不得以不知时效为理由，请求返还"②。由此可见，请求权只是债权的一项权能。正是从这个意义上，德国学者冯·图尔将请求权的概念表述为"作为权能的请求权"③。

关于债权的请求权，是否有必要在债权总则中统一规定，存在三种不同的观点。一种观点认为，所有的债权请求权都应当统一规定在债法总则之中，从而构建完整的债权请求权体系。另一种观点认为，应当将各种债权请求权统一规定在侵权责任法之中。还有一种观点认为，应当在合同法、侵权法、债权总则部分分别规定各种债权请求权。笔者赞成第三种观点。主要理由在于：（1）债权总则之中规定债权请求权，只能是就其共性的规则进行规定，从而符合总分结构的民法典的编纂技术。但是，各种债权请求权的个性大于共性，且依附于不同的基础法律关系，应由合同法等分别规定。（2）债权请求权与其赖以产生的基础关系紧密联系，不可分割。如果在债权总则之中规定所有的债权请求权，将导致债权请求权与其基础法律关系被人为分割，影响法律制度的完整性。（3）即便在债权总则之中规定各种债权请求权，也导致债权总则与合同法、侵权责任法等之中规则的重复。债权总则的地位决定了，其规则是比较抽象和概括的，无法代替合同法、侵权责任法等之中对具体类型请求权的规定，这难免会造成规则的重复。

---

① ［日］奥田昌道：《论请求权的概念》，载（东京大学）《法学论丛》，第 82 卷，第 241 页。
② 王泽鉴：《债法原理》（第 1 册），中国政法大学出版社 2001 年版，第 17 页。
③ ［日］奥田昌道：《论请求权的概念》，载（东京大学）《法学论丛》，第 82 卷，第 243 页。

第五节　民商合一和债与合同法体系

我国未来民法典设立债权总则编，也是考虑到采用民商合一体例的需要。既然在我国实行民商合一的立法体例，债权制度是普遍适用于各种财产交易的最一般的、普遍的法律规范。债权制度的设立，给财产交换带来了巨大的方便，使它超出了地域、时间和个人的限制。债权制度的建立必然对各个商事领域具有普遍的适用性，对商事特别法中的交易法应当具有指导性和可适用性。也就是说，相对于债法而言，商事特别法中的交易规则属于特别法[①]。

我国合同法的特色之一，就是根据民商合一的体例构建其制度和规则。不仅合同法总则普遍适用于各种民事和商事合同，而且在合同法分则中，采取了四种方法很好地处理了民法与商法之间的矛盾：（1）在某一类合同中同时规定由所谓商人参与的合同关系和没有商人参与的合同关系。如《合同法》第十二章借款合同中明确规定了公民之间的借款关系和银行参与的信贷关系。（2）仅规定传统的商事关系，忽略传统的民事合同关系，或者相反。如《合同法》第二十一章委托合同中只规定了商事委托合同。（3）不区分民事规则与商事规则，用统一规则来统一调整合同关系，有例外情形的，适用例外性规定，如关于瑕疵通知义务的规定等。（4）将传统上典型的商事合同纳入到合同法之中，如行纪合同、仓储合同等。实践证明，此种做法不仅顺应了民法商法化的发展趋势，确立了统一的民商事规则，而且也便利了法官适用统一的规则来处理合同纠纷。我国未来民法典之中应当继续采取此种做法。

按照民商合一体例，我国债与合同法的构建，不仅要使其能够适用于传统民事领域，而且要使其能够适用于商事领域。为此，我们要借鉴《瑞士债务法典》的经验，制定统一适用于所有民商事领域的债与合同法，使债权制度能够对商事领域具有一定的实用性，从而使商事领域中的债法规范与民法典中的债权制度形成有机的体系，这具体表现在如下方面：

1. 债权制度对保险合同的适用。严格而言，保险合同是债的一种形式，也是债的典型形式。随着社会的发展，保险的功能越来越重要，越来越需要保险的"分散风险、提供保障"的功能。保险合同作为一种有名合同，具有较大的特殊

[①]　参见柳经纬：《关于如何看待债法总则对各具体债适用的问题》，载《河南省政法管理干部学院学报》2007 年第 5 期。

性，且其规则相当丰富、技术性较强，所以，它不可能置于合同法分则之中加以规定。例如，从保险合同的解除来看，尽管我国《合同法》第九十三条规定了法定解除的条件，但该法仅仅设立了合同解除的一般条件，而没有针对保险合同中的解除权另行规定。根据我国《保险法》第十五条、第十六条的规定，除本法另有规定或者保险合同另有约定外，保险合同成立后，投保人可以解除保险合同，而保险人不得解除保险合同。由此可以看出，《保险法》区分不同的当事人，设定了不同的解除权。这显然与《合同法》的一般规定不同。所以，在处理保险合同纠纷中，如果保险合同法缺乏依据，也可以适用合同法总则和债权总则的规定。①

2. 债权制度对证券交易的适用。证券是财产性权利和其他权利的凭证，证券交易本身就是财产的交易，只不过这种财产交易多数采取了无纸化交易的形式，且实行大规模的"集中竞价交易"的形式，不需要完成实际的交付行为。虽然证券交易有许多特殊性，但是，从性质上来说，证券交易仍然要借助债权制度来完成，因为债权制度具有财产取得的工具的功能。证券交易不过是一种债的具体形式，所以，除非法律另有规定，证券交易可以适用债法之中的一般规则，如合同的订立、合同的变更、合同的解除、合同的移转、债务承担、违约责任等规则。再如，我国《物权法》规定了动产浮动担保、证券的最高额质押、基金份额质押，这些担保方式都需要订立担保合同，但这些担保合同的内容不可能都在《物权法》中作出规定，如果《合同法》之中又没有相关规定，可以适用债权总则的规则。

3. 债权制度对合伙合同的适用。合伙虽然是共同行为，但仍然是债的产生原因。在大陆法系某些国家，虽然区分了共同行为和契约行为，但是，就其法律效果而言，合同行为仍然是法律行为的一种，它可以产生债的效力。在我国，《合伙企业法》等法律就商事领域的合伙合同作出了规定。但是，此种规定只是就设立合伙企业的合同而言，实践中大量的合伙合同的订立并非为了设立合伙企业，这些合同就不能适用《合伙企业法》的规定。即便通过合伙合同设立合伙企业，这些合同也不完全适用《合伙企业法》，因为有关合同的效力、解除、消灭、违约责任等，仍然要适用《合同法》的规定。就合伙合同的适用而言，债权制度与这些商事特别法之间构成普通法与特别法的关系，如果商事特别法没有规定，就应当适用债权制度。同时，债权制度还可以起到指导商事特别法制定的作用。

① 参见柳经纬：《关于如何看待债法总则对各具体债适用的问题》，载《河南省政法管理干部学院学报》2007年第5期。

4. 债权制度对票据行为的适用。票据在性质上属于金钱债权，票据交易本身属于财产交易的一部分，因此，也可以适用债的一般规则。因票据行为而产生的债（如付款请求权、追索权等）本质上仍然属于债的一种，所以，要适用债权制度。① 例如，《票据法》第 18 条规定："持票人因超过票据权利时效或者因票据记载事项欠缺而丧失票据权利的，仍享有民事权利，可以请求出票人或者承兑人返还其与未支付的票据金额相当的利益。"因此，在持票人因为超过特殊时效而丧失票据权利时，其仍然可以根据与出票人或者承兑人之间的债权债务关系请求保护。此外，关于票据保证亦构成典型的债权债务关系，仍然要遵循连带债务等一般规则。但是，基于票据快速融通的需要，《票据法》往往为票据法律关系设置了特殊的规则，例如，票据行为无因性、抗辩切断（即前手不能对票据权利人主张其可以对其后手的抗辩）等规则，因此，票据行为产生的债，主要适用票据法的规则。如果票据法对于因票据行为而产生的债没有作出规定，就应当适用债权制度。

5. 债权制度对海上货物运输合同等海商法制度的适用。在海事领域，海上货物运输合同，是一方当事人收取运费，将另一方当事人的货物经过特定的方式运达目的地的合同。从本质上看，它也是运输合同的一种类型，其中关于合同的主体、内容、合同的解释、违约责任等都与一般的运输合同存在很大的相似性。当然，由于海事实践的特殊性，海上货物运输合同也存在特殊之处，比如，承运人的免责条款、承运人的赔偿限额等。但从总体上看，债权制度中有关合同一般规定以及运输合同等在海上货物运输合同中仍有很大的适用空间。

---

① 参见谢怀栻：《票据法概论》（增订版），法律出版社 2006 年版，第 36 页。

第十一章

侵权责任法的体系构建

第一节　侵权责任法独立成编的必要性与可行性

侵权责任法，是指规定侵权行为形态、构成要件、责任方式等的法律。它是保护民事主体的合法权利、确认和维护社会经济和生活秩序的重要法律。侵权责任法在现代社会中具有日益重要的地位。如果说合同法是鼓励交易，从而促进财富创造的法；侵权责任法则是保护权利，保护财富的法律。如果说物权法主要是确认和保护有形财产权的法律；侵权责任法则是保护各种绝对权和利益的法律[1]，更是一门为受害人所遭受的损害提供补救的法律。在我国建设社会主义法治国家的过程中，建立与完善侵权责任法更是具有极为重要的作用。

在现代法律体系中，侵权责任法是最为活跃的法律，它也是现代民法的增长点所在。《民法通则》把侵害人身权、物权、知识产权都规定为一般的侵权行为。因此，在我国，侵权责任法的保护对象包括人身权、物权、知识产权等绝对权。[2] 除权利之外，我国侵权责任法也保护各种利益。例如，物权法上的占有就受到侵权责任法的保护。随着社会主义法治建设的推进，侵权行为的类型日益丰富和复杂，在民事案件中占据相当的比重。根据浙江省 2004 年至 2007 年民事案

---

[1] 参见王泽鉴：《侵权行为法》（第 2 册），台北，自版 2006 年，第 5 页。

[2] 参见王明锁：《侵权行为之债及其立法路径辨析》，载《中国法学》2007 年第 4 期。

件类型的统计，合同纠纷、亲属纠纷整体上呈现下降趋势，而侵权案件以每年6%的速度增长。①

从大陆法系的传统来看，一直将侵权责任法作为债法的一部分而将其归属于债法之中。此种模式的合理性极少受到学者的怀疑并一直被赋予高度评价。例如，王泽鉴教授在评价债法体系时，认为"在大陆法系，尤其是在素重体系化及抽象化之德国法，历经长期的发展，终于获致此项私法上之基本概念，实为法学之高度成就"②。但笔者认为，现代社会发展及民主法制建设的需要，已使侵权责任法所保障的权益范围不断拓展；其在传统债法体系中所负载的功能显然已不足以适应时代的需求。因此，侵权责任法应当从债法体系中分离出来而成为民法体系中独立的一支。侵权责任法的独立成编是完善我国民法体系的重要步骤，也是侵权责任法得以不断完善发展的重要条件。因为只有将侵权责任法独立成编，成为民法典分则中的独立一编，这样才能完善侵权责任法自身的体系，形成侵权责任法的有机体系，分别形成侵权责任法总则与分则。如果侵权责任不能独立成编，那么它必将被纳入到债法当中，只能成为债的一种发生原因。侵权责任法不可能在债法中再形成自己的总则与分则，也难以形成内在的完备体系，从而不能充分发挥侵权责任法在民法中的应有功能。

一、大陆法的债法体系忽略了各种债的关系的个性

尽管传统的大陆法债法体系，将侵权之债、合同之债等都纳入其中，然而，债的发生原因是纷繁复杂的，产生债的法律事实，既可以是事件，也可以是事实行为和法律行为。各种债的关系几乎囊括了绝大多数民事关系，这就导致了"民法债编所涉事项既然繁多、类型亦杂，则不同事项、类型之间，难免常有同异互呈之情形"③。在这样的体系中，"侵权责任法都未被视为一个独立的法学领域，而几乎总是被作为债权法论著或课程的一部分，这一点颇让普通法律师感到惊奇"④。所以，债法表面上富有体系性，但实际上该体系存在明显的缺陷，主要表现在：大陆法的债法体系虽然注重了各种债的关系的共性，但忽略了各种债的关系的个性。

严格地说，各种债的共性主要体现在各种债都是发生在特定人之间的请求关

① 参见浙江省高级人民法院：《关于侵权案件审理情况和侵权立法建议的汇报》，2008年4月9日。

② 王泽鉴：《民法学说与判例研究》（第4册），中国政法大学出版社1998年版，第87页。

③ 邱聪智：《债各之构成及定位》，载《辅仁法学》第11期，第105页。

④ ［德］罗伯特·霍恩等：《德国民商法导论》，楚建译，中国大百科全书出版社1997年版，第161页。

系这一共性上，王泽鉴先生曾将其称为"形式的共同性"。但各种债或基于法定或基于约定产生，或基于违法行为或基于合法行为产生，在很多方面表现出来的个性往往大于其共性。就侵权损害赔偿之债与合同之债相比较，两者存在着明显的区别：合同行为是商品交易的法律形式，是法律所鼓励的合法行为，只有促进合法的交易行为充分发展，才能促进市场经济的繁荣和社会财富的增长。由此决定了合同法的目的在于保障交易关系、鼓励交易行为、保护交易当事人的合法权益。尤其是合同法应当充分贯彻合同自由原则，赋予交易当事人在合同的订立、履行、变更、转让、补救方式的选择等方面的广泛的行为自由，从而充分尊重当事人的意志，只要合同内容不违反法律禁止规定及所谓"公序良俗"，法律便应承认合同的效力。[①] 而侵权行为则是侵害他人财产、人身的行为，是法律所禁止的行为，侵权行为虽可产生债的关系，但此种债务与合同当事人自愿设立的合同之债是完全不同的。在侵权行为发生之后，行为人负有对受害人作出赔偿的义务，但损害赔偿也是行为人对国家所负有的责任，行为人是否愿意承担责任和在多大范围内承担此种责任，不以行为人的意志为转移，因此，侵权责任法体现了强行性的特点。尤其应当看到，由于侵权责任由侵权责任法调整，而合同法调整的乃是交易关系，从而决定了两法在责任的归责方式、构成要件、责任主体、举证责任、责任方式、诉讼时效、免责条件等方面的规定上是各不相同的。因此，当某一种民事违法行为发生以后，行为人依据合同法承担违约责任，或依据侵权责任法承担侵权责任，在责任后果上是不同的。由此可见，侵权行为"与合同在性质、特点和适用法律上个性大于共性，同'债'概括在一起，并没有严格的科学性"[②]。

从发展和起源上看，侵权责任法和合同法就存在重大差别。作为保障社会成员的财产和人身的法律，侵权行为法曾经是"法律程序的原始形态"[③]。在人类社会向文明的门槛迈进的时候，原始的侵权责任法主要是野蛮的同态复仇规则。侵权责任法的产生实际上是为了替代同态复仇，其历史应该说比合同法更为古老。而合同法是交易的法律形式，正是因为存在商品交换，才逐渐产生了合同法的规则。因为二者的历史起源不同，它们的规则实际上是沿着不同的轨迹发展的，共同之处甚少。

传统的债法体系主要是以合同法为中心建立起来的，一部债法主要就是合同法，侵权的规范寥寥无几。债法中，侵权责任法的规范与合同法的规范极不成比

---

① 参见王家福等：《合同法》，中国社会科学出版社 1986 年版，第 14 页。
② 王作堂等：《民法教程》，北京大学出版社 1983 年版，第 14 页。
③ ［美］R. 雷德菲尔德：《原始法》，载［美］P. 波汉南主编：《法律与战争：冲突人类学研究》，英文版，1967 年，第 9 页。

例，内容本来极为丰富的侵权责任法完全被大量的，甚至以上千个条文表现出的合同法规范所淹没。因此，学者在表述债法的特点时，实际上都是在表述合同法而非侵权责任法的特性。例如，郑玉波认为，债法为财产法、任意法、交易法。① 而邱聪智则认为，"债法为直接规范财产创造活动之法律规范"②。这些表述虽不无道理，但都是对合同法特点的概括，它们不能反映侵权责任法的特性，相反，侵权责任法的特性与此完全不同：一方面，侵权责任法并不是规范交易关系的法律，也不是创造财富的法律，而是规范侵权责任关系，保护财产的法律。侵权责任法正是通过为财产受到损害的受害人提供补救，从而使其所受损害尽快得到恢复。所以，法国学者托尼·威尔（Tony Weir）指出，侵权之债的规则主要起到保护财富的作用，合同之债的规则应具有创造财富的功能。③ 我国学者沈达明也认为侵权责任法旨在保护财产，并不创造财产，而合同法给予债权人的保护将增加财产，因此合同法所处理的是财富的创造。④ 另一方面，侵权责任法并不是任意法，由于侵权责任法所规定的责任并非不法行为人所自愿承受的，而是法律规定的侵害人必须对国家所负有的责任，所以，侵权责任法的规定是强行性规范。同时，侵权责任法规定了各种债权行为，只有符合法律的规定，才可以提起侵权之诉。如果完全将侵权责任法当做任意法不仅不符合债权法的性质，而且忽视了国家对侵权责任关系的干预而使侵权责任法迷失发展方向，侵权纠纷在实践中也难以得到正确处理。⑤ 由此可见，完全以合同法的属性来解释债法的规则表明了侵权责任法在债法体系中并未找到适当的位置。将各种不同性质的债的关系都置于债法的调整范围之中，将导致债的内容过于杂乱，不能使债法找到明确的、特定的规范对象。

大陆法的债法体系忽略了各种债的关系的个性，这还表现在，大量的债的一般规则，是针对交易关系设定的，不能直接适用于侵权责任关系。尤其是，大陆法的债法体系没有充分体现侵权责任和违约责任的特殊性，具体表现在：

1. 侵权责任法归入债法的一个重要原因是侵权行为产生侵权损害赔偿之债，可以适用债的一般规则，但这种做法却忽视了侵权责任与合同法中违约责任的不同。违约责任允许缔约方自行约定，侵权责任则禁止当事人自行约定。从性质上看，一般债务关系主要具有补偿性，一般不具有惩罚性。而对于侵权损害赔偿而言，其不仅包括财产损害赔偿和人身伤害赔偿，而且在受害人因他人侵害人格权

---

① 参见郑玉波：《民法债编总论》，三民书局 1993 年版，第 125 页。
② 邱聪智：《债各之构成及定位》，载《辅仁法学》第 11 期，第 106 页。
③ See International Encyclopedia of Comparative Law Ⅲ, chapter 1, pp. 1 - 2, chapter 12, p. 6.
④ 参见沈达明编著：《英美合同法引论》，对外贸易教育出版社 1993 年版，第 88 页。
⑤ 参见王家福等：《合同法》，中国社会科学出版社 1995 年版，第 15 页。

而蒙受精神损害的情况下，可以通过精神损害赔偿来获得救济，而精神损害赔偿不仅具有补偿性，而且具有一定的制裁性。

2. 违约责任赔偿范围由法律规定的可预见规则进行限制，而且允许当事人事先约定违约损害赔偿的计算方法。这样规定的原因在于合同本质是交易关系的反映，允许缔约方自行约定违约责任，可以使缔约方对风险与责任进行合理预测，尽量降低风险，鼓励交易。对于侵权损害赔偿来说，则没有赔偿范围的明确限定，只要因侵权行为造成受害人的财产损失、人身伤亡、精神损害，都应由侵权行为人负责赔偿。因此，"契约法上的赔偿有别于侵权责任法上的赔偿。法律不要求违反契约者对其违约行为的所有后果负责，而侵权者都必须对其行为的一切后果承担责任"①。

3. 一般的债务可以抵销，侵权责任则原则上不能作为被动债权抵销。各国民法大都规定，因故意、重大过失的侵权行为所产生的债务不得抵销。如《德国民法典》第 393 条规定："因故意侵权行为而产生的债权，不得抵销。"如果允许抵销侵权之债，就意味着法律确认了债务人所实施的侵害他人财产和人身的行为具有合法性，这显然与侵权行为的违法性质是根本不符的。

4. 违约责任可以代位行使和转让，这有利于鼓励流通，刺激财富增长；因侵权行为所生的债权是否可以转让和代位行使，应作具体分析。对于因侵害财产权所生的侵权之债来说，此种责任的转让并不违反法律和公序良俗，所以有一些国家的法律对此作出了肯定。德国 1926 年 1 月 9 日的《帝国保险条例》第 1542 条第 1 项规定了财产损害赔偿的法定移转。② 而对于侵害人格的损害赔偿，特别是精神损害赔偿，法律应禁止其代位行使和转让。

5. 关于免责条款的设定。对合同关系而言，根据合同自由原则，当事人可以在合同中约定免责条款以限制或免除未来的合同责任。然而对侵权责任来说，当事人不得随意设立免责条款。《合同法》第五十三条规定，"合同中的下列条款无效：（一）造成对方人身伤害的；（二）因故意或重大过失造成对方财产损失的。"该条虽没有明确限定为侵权，但实际上主要适用于侵权，本条立法的一个重要理由就是更有利于保护弱者，体现民法对社会弱者的关爱。

6. 关于经济利益对责任的影响。由于合同关系乃是交易关系，因此，合同义务的确定和违约责任的认定要考虑到当事人之间的利益关系。例如，无偿保管人的注意义务显然要轻于有偿保管人的注意义务，如因保管人的过失导致委托人

---

① ［美］格兰特·吉尔莫：《契约的死亡》，载梁慧星主编：《民商法论丛》第 3 卷，法律出版社 1995 年版，第 207 页。

② 参见上海社会科学院法学研究所译：《德意志联邦共和国民法典》，法律出版社 1984 年版，第 218 页。

财产遭受损害，确定责任要考虑利益关系。而对于侵权责任的认定和赔偿范围的确定来说，大多不需考虑各种利益关系。

7. 关于债的履行规则，主要适用合同之债，对侵权之债是很难适用的。因为合同之债中履行的数额和具体义务是事先确定的，而侵权之债的履行数额是事先不确定的。如果双方通过协商确定，则实际上已经转化为合同之债。如果由法院判决确定，则当事人的行为已经不是履行债务，而是执行法院的判决和裁定。

二、侵权责任法置于债法之中不利于构建民事责任体系

如前所述，我国《民法通则》规定了独立的"民事责任"一章，实际上已经为侵权责任法的独立成编提供了依据。从我国《民法通则》的规定看，现行民事立法已包含了关于侵权行为的一般规定、各种具体侵权行为、行为人责任的免除或减轻、共同侵权、无行为能力及限制行为能力人的侵权责任、承担侵权责任的方式等丰富内容，有学者认为，这些规定已经形成一个较为完整的符合逻辑要求、便于条款安排的立法结构。[1] 侵权责任法的上述结构是自成一体的，完全不需要依赖债法的一般规则而存在，这就为侵权责任法独立成编而奠定了基础。

如果将侵权责任法置于债法之中作出规定，对各种绝对权利和利益的保护缺乏一般的规则，只能是在物权、知识产权、人格权之中分别规定，这就不利于构建我国民事责任体系，也不利于强化对受害人的保护。我们之所以主张独立成编，就是要通过独立的侵权责任法建立一个内容完备、体系严谨的民事责任制度。具体理由如下：

1. 侵权法规则集中规定有利于保持法律的简洁。我国民法典所应当确立的权利体系包括：人格权、亲属权、继承权、物权、债权、知识产权，这些权利已经为各国的立法、判例和学说所普遍承认，也为我国民事立法和实践所确认。它们是现代社会所普遍认可的一些基本的民事权利，但是如果在各个权利制度中分别规定侵权的责任，将导致规范大量的重复，不符合民事立法应当尽可能简约的要求。例如，关于损害赔偿的规则，侵害财产权、人格权都会产生损害赔偿的问题，如果每一编都规定大量各种技术性的规则，必将造成严重的重复现象。如果将权利的救济集中规定，就可以把大量的具有共性的规则采用一般的规定整合起来，有利于条文简洁，节省立法成本。以侵害人格权、知识产权行为为例，如果将其分别纳入各编规定，会导致规则的大量重复。一方面，分则中关于权利制度不应规定大量的责任

---

① 参见张新宝：《中国侵权责任法》，中国社会科学出版社1995年版，第6页。

问题，也不可能对责任制度作出过于详尽的规定。另一方面，即使作出规定，各编之间的有关责任的规定也可能是不协调的。还要看到，权利规则要侧重于规定权利主体享有的权利，包括主体享有的各种权利的列举、内容、对他人妨害权利的禁止和排除等。而责任主要是从侵权行为人违反义务所导致的后果上作出的规定。各编之间的有关责任的规定很难与侵权责任的一般规定相互协调。

2. 侵权法规则集中规定有利于构建完整的侵权责任体系。如前所述，在现代社会中，侵权责任法日益发展，其代表了未来法律发展的趋势，也是民法之中发展最为活跃的部分，侵权法规则越来越复杂，需要在法律上明确规定，而只有独立成编才能将这些规则吸纳其中，也只有在侵权责任法独立成编以后，才能形成总分结合的模式，构建侵权责任法的体系。总体上看，与合同责任等其他民事责任形态相比，侵权责任在责任要件、责任基础、因果关系、责任形式、损害赔偿规则、免责事由等方面，存在着明显的独特性；这些都决定了侵权责任与其他责任的差异明显大于共性，由此，将侵权责任与其他责任硬性捏合在一起，笼统加以规定，是无视侵权法自身的独特性，也不利于构建完整的侵权责任体系。

3. 侵权法规则集中规定有利于为受害人提供统一的救济手段或方式。应当承认，各种侵权行为即使在归责原则的适用上有特殊性，但不否认它们作为侵权行为要适用一些共同的规则。例如，有关抗辩事由可以不可抗力、意外事故、正当行使权利等作为免除或减轻责任的理由；损害赔偿方面要适用共同的规则；责任形式上也有不少是共同的。例如就侵害人格权而言，其在性质上属于一般的侵权行为，它要适用侵权责任法的一般规则，如果在侵权责任法中规定了侵权行为的一般规则以后，人格权法中毫无必要对此作出规定。即使在人格权法对侵害人格权的各种责任形式、构成要件和损害赔偿都作出具体规定，也不如在侵权责任法中规定得那么完整充实，难免挂一漏万，从而不利于对受害人的保护。一旦建立统一的侵权责任法，就可以在民法框架中为人们提供统一的救济模式。

4. 侵权法规则集中规定有利于法官适用法律。在比较法上，德国民法中侵权行为法大多是通过判例得以发展的，德国"希冀侵权责任法逻辑体系之严密，乃至具体适用上妥当之达成，然其结果，则几乎恰属相反，不仅失之芜杂，而且于实际适用之后，法典本身之体系，亦常相当冲突及修正"①。这反而不利于法律的适用。因此，通过将侵权责任法集中规定，有助于法官比较快捷地查找和适用法律。此外，侵权责任法统一以后，其也可以减少因为规则和裁判不统一而带来的司法成本。

---

① 邱聪智：《民法侵权行为修正草案基本问题之探讨》，载（我国台湾地区）《法学丛刊》第118期，第79页。

5. 侵权法规则集中规定有助于使侵权责任法成为一个开放的体系。侵权责任法不仅具有对权利受侵害时的补救功能，还具有权利生成功能。社会生活的发展，导致一些利益首先应受到侵权责任法的保护，而后逐渐上升为具体的民事权利，这一过程的实现需要侵权责任法保持一种开放的完整的体系。所以，侵权责任法只有独立成编才能为侵权责任法在未来的发展提供足够的空间。例如，许多民事权利的发展是先获得了侵权责任法的保护，然后才逐步上升为民事权利。我国司法实践中历来承认对合法利益的保护。最高人民法院《关于确定民事侵权精神损害赔偿责任若干问题的解释》（2001 年 3 月 10 日起施行）将违反社会公共利益或者社会公德侵害他人人格利益作为一种独立的侵权类型，对这类合法利益提供直接的司法保护。这表明，至少在审判实践中，法院认可了"故意以背于善良风俗之方法加损害于他人"这一责任构成。尤其是随着市场经济的发展，对各种知识产权和各种商业利益、无形财产的保护也在不断加强。当某种利益尚未形成为权利的时候，必然要通过侵权责任法对之保护，而不可能通过具体的权利制度作出规定。这就必须要采取集中规定侵权责任的模式，而不是分散规定的模式，否则将使大量的合法利益难以获得侵权责任法的救济。

三、单纯的财产损害赔偿不足以为各种受害人提供充分救济

在传统的大陆法系国家民法中，基于债的发生原因而将因侵权行为产生的损害赔偿认定为损害赔偿之债，从而纳入债法的调整范围。此种体系的优点在于：因侵权行为而产生的损害赔偿关系确实在很大程度上可以适用债法的规则，通过运用债的概念涵盖因合同、无因管理、不当得利以及侵权行为四种法律事实产生的法律关系，可以在最大限度上做到对法律关系的类型化与抽象化思考，从而保证了逻辑的严密与条文的简约。

应当看到，侵权行为主要的责任方式乃是损害赔偿。更确切地说，主要是财产损害赔偿。侵权责任法就是通过损害赔偿的方式而形成了对公民、法人的财产权利及相应的人身权利的充分保障。财产损害赔偿制度谋求当事人之间的利益平衡，反对对他人劳动的侵占和无偿占有，因此，它巩固了以价值为基础的交换关系。由于损害赔偿请求权是市场经济条件下对民事权利因遭受侵害而提供补救的最佳方式，因而"现代债权法之主要重点，可说在于规范损害赔偿，同时，债权关系除因给付结果发生而消灭外，其最后解决途径，不外强制执行与损害赔偿"[①]。将侵

---

① 林诚二：《论债之本质与责任》，载郑玉波主编：《民法债编论文选》（上），五南图书出版公司1984 年版，第 39 页。

权责任法置于债法之中，在一定意义上亦可突出损害赔偿补救方式的重要性。财产损害赔偿符合债的本质特征，因此可以纳入债的范畴。

传统民法理论大多将损害赔偿作为侵权行为的唯一责任形式，这一做法是基于这样一种考虑，即侵权责任法的主要目的在于补偿受害人遭受的损失。"侵权责任法所论及的是有关一方由于他方非法的或危险的行为引起的损害、防止或赔偿问题。"① 侵权行为的受害人之所以提起诉讼，乃是为了获得赔偿，因为"若被告遭受惩罚但原告并未获得任何赔偿金，那原告的报复目的是否能够满足？人们没有理由支持这种类型的侵权责任法体系。满足于看被告受到惩罚而不能对损害进行任何可能的补偿，获得这样一睹为快的机会与提起诉讼而耗费的时间及金钱相比，实在太不相称了"②。损害赔偿可以最大限度地保护受害人利益，并可以有效地遏制不法的或反社会的行为。③ 尤其是在市场经济条件下，损害赔偿作为侵权损害补救方式的功能更为突出，法国社会学家杜尔克姆曾认为"机械形态社会"（即农业社会）的法律主要是刑法或强制法，而"有机形态社会"（即商品经济社会）的法律主要是赔偿法或合同法；赔偿法的着眼点是用赔偿或归还等方式处理当事人之间的利益冲突。④

如前所述，侵权责任法主要是救济法。然而，在侵权责任法领域，损害赔偿作为责任形式并不是万能的，德国著名民法学家耶林在其《为权利而斗争》中就曾猛烈地抨击了罗马法中广泛采用赔偿制度所存在的不合理性。⑤ 其观点表明，损害赔偿并不是对侵权行为的受害人提供保护的唯一方法。应当看到，损害赔偿责任是针对侵害财产权而产生的责任形式，而现代民法的权利体系非常宏大，不仅包括各种财产权，还包括了形式多样的人格权，以及人格权与财产权的结合形态——知识产权。侵权责任法的保障范围也应当发展：从主要保护财产权向对人格权、知识产权等不断扩张发展。传统上主要适用于对财产权侵害而提供补救的损害赔偿责任，已不能完全适应侵权责任法对多种民事权利保护的需要。这就在客观上需要突破单一的侵权损害赔偿之债的责任方式。多种侵权责任方式的采用，既实现了侵权责任法本身应当具有的补偿受害人的损失、制裁不法行为等多方面的功能，同时，也对遭受损害的受害人提供了充分的补救。责任形式的多样性表明现代侵权法除主要具有救济法功能以外，还具有预防损

① 上海社会科学院法学研究所编译：《民法》，知识出版社1981年版，第224页。
② ［美］迈克尔·D·贝勒斯：《法律的原则》，中国大百科全书出版社1996年版，第256页。
③ 参见王家福主编：《民法债权》，法律出版社1991年版，第414页。
④ 参见［美］罗杰·科特威尔：《法律社会学导论》，潘大松等译，华夏出版社1989年版，第85页。
⑤ 参见［德］耶林：《为权利而斗争》，载梁慧星主编：《民商法论丛》第2卷，法律出版社1996年版，第53页。

害的功能，这是侵权责任法发展的必然结果，也是现代侵权责任法的一个重要特征。

　　金钱损害赔偿作用的有限性最典型地表现在对人格权的侵害提供保护的场合。19 世纪末期，大陆法系许多学者曾认为，由于人格权为非财产权，因此应采取排除妨害的补救方法作为对人格权的民法保护方法。《德国民法典》在制定过程中就有不少学者对以金钱赔偿非财产损害的观点持反对态度。[①] 第二次世界大战以后，德国仍然有不少学者对金钱赔偿持反对态度，其主要根据在于金钱赔偿使被害人的人格沦为了可交易的财产，因而是不道德的。人格利益是无价的，不是用金钱可以交易的[②]，所以，德国民法对侵害人格权的责任采取了恢复原状主义。所谓恢复原状，就是恢复损害事件发生以前的状态，在侵害名誉权的情况下，就是要使受害人受到损害的名誉恢复到原来的状态。德国法主要采用恢复原状而不是损害赔偿的办法，有利于保护受害人，因为按照这一模式，"基于权利而产生的排除妨碍请求权是以客观上存在侵害权利的违法行为为其成立要件的。如果把恢复名誉的请求作为一种损害赔偿请求来考虑，就不需要加害人的故意、过失这种必要的责任要件……这种要件的缓和对受害人的过敏反应也轻而易举地予以了保护"[③]。而损害赔偿责任作为侵权责任的一般责任形式，应以加害人的故意或过失作为构成要件，这无疑增加了受害人的举证负担。日本流行的判例和学说曾经认为，金钱赔偿的方法可以充分保护受害人的利益，它不仅具有补偿的功能，而且具有制裁功能，金钱赔偿的方法在很大程度上可取代恢复名誉的责任。[④] 因此，受害人选择金钱赔偿还是恢复原状，实际上只是损害赔偿的方法问题。但是最近日本的判例学说认为，精神损害赔偿的请求与恢复原状的请求在机能上是有区别的，应该对恢复原状请求权的独立性进行再认识。例如，四宫教授在谈到恢复措施的机能时说："基于名誉侵害发生的损害，如果不消除其损害源，至少这种侵害还会持续一段时间，所以仅用金钱赔偿填补并不恰当。对被毁损的社会评价进行现实性的恢复很有必要。"也就是说，金钱赔偿并没有消除损害源，并没有对被毁损的社会评价进行现实恢复的功能。如果是这样的话，名誉恢复请求权当然应该有其独立的要件。日本甚至有一些学者如齐藤等人主张，在名誉侵害的场合首先应该考虑适用恢复名誉的请求权，而不是损害

---

　　① 参见胡平：《精神损害赔偿制度研究》，中国政法大学出版社 2003 年版，第 2 页。

　　② 参见 Chartier, Yves, La reparation du prejudice, 154 页以下，1983 年。

　　③ ［日］和田真一：《民法第 723 条关于名誉恢复请求权的考察》，载《立命馆法学》1991 年第 4 号，第 472 页。

　　④ 参见［日］和田真一：《民法第 723 条关于名誉恢复请求权的考察》，载《立命馆法学》1991 年第 4 号，第 471 页。

赔偿的请求权。①

笔者认为，在侵害人格权的情况下，即使强调金钱损害赔偿是侵权责任的重要形式，此种赔偿与财产损害赔偿存在诸多区别。例如，财产损害赔偿旨在对受害人提供救济，而精神损害赔偿除对受害人提供救济外，还要对加害人予以制裁。正因为如此，精神损害赔偿要考虑行为人的主观过错。还要看到，精神损害赔偿责任也不能替代侵害人格权的其他的责任形式。具体来说：

1. 损害赔偿不能代替恢复名誉的补救方式。在名誉权遭受侵害的情况下，受害人所遭受的直接损失是名誉受到毁损，受害人的社会评价降低。因名誉受损可能使受害人遭受精神损害或附带的财产损害，从而产生损害赔偿责任。但由于受害人遭受的直接损害是社会评价的降低而非财产上的损害，因此采用损害赔偿责任并不能对受害人的直接损害予以补救，只有通过采用恢复名誉这一补救方式才能使受害人遭受的直接损害得以恢复，进而消除名誉受到毁损的"损害源"。

2. 损害赔偿不能代替停止侵害的责任形式。在人格权遭受侵害的情况下，受害人可能希望行为人及时停止侵害，而并不一定要求加害人赔偿多少损失；或者受害人认为其无法证明实际遭受了多少损害，而不愿意采取损害赔偿的责任方式。因此请求停止侵害也可以实现其补救的目的。例如，某技术监督机构误将某假冒伪劣产品作为某一公司的产品，并对外召开记者招待会，宣布该公司生产并销售假冒伪劣产品，致使该公司的名誉权遭受损害，但该公司很难证明其究竟遭受了多少财产损失，在此情况下，其最有效的补救是请求法院作出停止侵害的裁判。

3. 损害赔偿不能代替赔礼道歉的责任形式。赔礼道歉不只是一种道义上的责任，更是一种法律上的责任。从我国审判实践来看，大量的侵害名誉权的纠纷中受害人不要求损害赔偿，而是要求加害人赔礼道歉，这表明了这一责任形式在我国司法实践中的重要性。尽管在某些案件中，法院作出责令加害人赔礼道歉的判决后，一些加害人拒绝赔礼道歉，但这并不意味着赔礼道歉就不能执行。通过法院判决的公开实际上已经起到某种程度上相应的效果，即通过对加害人进行公开的谴责和否定性评价，已经能够在一定程度上达到受害人所希望的法律补救的目的。从实践来看，我国司法实践已经找到了一些执行的手段。例如，要求行为人事先写出赔礼道歉的内容，然后作出判决，判决后再予以公开。

4. 在侵害名誉权的情况下，财产损失或精神损害并非必然的结果，或者即使存在前述损害的情况下，受害人也可能不请求加害人承担侵权损害赔偿责任，

① 参见［日］和田真一：《民法第723条关于名誉恢复请求权的考察》，载《立命馆法学》1991年第4号，第472页。

而只是要求采取恢复名誉、赔礼道歉等补救方式。对于人格权的侵害，不是简单地采用损害赔偿就能够提供救济的，损害赔偿只是其中的一种方式，不能代替其他的方式。我国《民法通则》第一百二十条规定："公民的姓名权、肖像权、名誉权、荣誉权受到侵害的，有权要求停止侵害、恢复名誉、消除影响、赔礼道歉，并可以要求赔偿损失。"可见我国法律对人格权的侵害采取了多种责任形式。在司法实践中，注重恢复名誉和损害赔偿的结合运用，从而有效地、充分地发挥了这些责任形式对受害人的保护和对加害人的制裁作用。

应当看到，赔礼道歉或恢复名誉的判决作出以后，可能要求加害人通过支付一定的金钱来在报刊上作出声明，予以赔礼道歉或恢复名誉，但是这是否如某些学者所说的那样，这两种责任形式已经被转换成了损害赔偿责任呢？有些学者认为，即使承认停止侵害、赔礼道歉等具有不同于损害赔偿责任的特点，但将侵权责任置于债法体系中，就是要建立一个以损害赔偿为中心的责任制度。因为在现代市场经济社会，损害赔偿才是最有效的权利补救方式。其他的方式并不能得到强制执行，如赔礼道歉，有的并不适合于商业社会的特点，如恢复名誉等。即便是赔礼道歉最后可能还是需要通过损害赔偿的方法予以解决，例如被告拒绝登报抱歉，于是只能由法院代为登报道歉，只不过此时应当向被告要求支付登报的费用。笔者认为，这些看法是不妥当的。因为要求加害人支付一定金钱的目的并非是通过这些金钱来补救受害人的损害，而是在现代文明社会中法院强制执行判决的方法。在侵害名誉权的情况下，真正对名誉权进行救济的方式，不一定是经济赔偿，停止侵害、恢复名誉、赔礼道歉等责任形式是从名誉权的本质方面消除损害后果的最有效方式。至少其作用是损害赔偿方式所不可替代的。

金钱损害赔偿作用的有限性也表现在对知识产权的侵害提供保护的场合。一方面，知识产权属于绝对权，对知识产权的侵害可采用有关对绝对权的保护方法，如停止侵害、排除妨害等。另一方面，在知识产权遭受侵害的情况下，由于对损害的证明常常比较困难，因此在许多案件中由法院颁布一项禁令，禁止加害人使用某项知识产权或禁止销售某种侵权产品，这对受害人利益的保护更为有利。为加强对知识产权的保护，侵权责任法也广泛采用了损害赔偿以外的其他责任方式。我国《民法通则》第一百一十八条规定："公民、法人的著作权（版权）、专利权、商标专用权、发现权、发明权和其他科技成果权受到剽窃、篡改、假冒等侵害的，有权要求停止侵害、消除影响、赔偿损失。"我国新修改的有关知识产权的法律，根据 TRIPs 的有关规定，采纳了"诉前禁令"的制度，允许受害人在其知识产权受到侵害以后在向法院正式起诉以前，要求法院对侵害人颁布停止侵害的禁令。可见，对知识产权的全面保护并非采取单一的损害赔偿的方式就可实现。

即使是对于财产权的侵害也不能单纯适用损害赔偿的补救方式，将损害赔偿作为侵权行为的唯一责任形式忽略了侵权损害和妨害的多样性。侵权行为必然造成损害，但损害并不一定都是能够通过金钱加以准确计算的财产损失。反之，侵权行为可能仅仅造成财产损失，但不一定造成对权利的侵害（这便是所谓的"经济损失"）。[1] 侵害财产行为既可能表现为对他人财产的实际占有，也可能表现为对他人财产的侵害。既可能表现为正在持续进行的损害行为，也可能表现为尚未实际发生的、将有可能出现的妨害。针对各种不同的侵权行为，应该采取不同的责任形式，例如对正在进行的损害，采取停止侵害、排除妨害的方式，对未来可能发生的损害，采取排除妨碍的方式。这些方式都是物权请求权的内容，但亦可以在侵权责任法中加以规定，从而为保护受害人的物权提供更多的选择。

侵权责任的多样化，虽不改变侵权法主要为补偿法的性质特点，但对民法体系也提出了挑战，换言之，尽管侵权行为常常产生侵权损害赔偿之债，但也可产生多种责任形式。而损害赔偿之外的责任形式并不是债的关系。债法并不能涵盖这些责任形式，因此债法对侵权责任法的调整便受到了限制。有人认为恢复名誉、停止侵害、赔礼道歉等责任形式主要发生在特定的当事人之间，且仍然以请求为一定行为或不为一定行为为内容，因此本质上仍然是债的关系。笔者认为，将恢复名誉、停止侵害、赔礼道歉等责任形式完全等同于债的关系是不妥当的。债权首先是一种请求权，但又不能等同于请求权，因为债权的内容不限于请求权，还包括其他权利，反过来，特定人之间的请求关系，也不一定都是债的关系，如物权请求权就不能等同于债权。就恢复名誉、停止侵害、赔礼道歉等形式来说，尽管也是发生在特定人之间的请求关系，但是，并非债的关系。主要原因在于债本质上不仅仅是一种请求关系，而在于其是以财产给付为内容的请求关系。因为债权本质上是反映交易的法律形式，它要以财产给付为内容，非财产给付的请求一般不应包括在债的范畴里。而恢复名誉、停止侵害、赔礼道歉等责任形式在本质上不是以财产给付为内容的，所以不应属于债的关系。这就有必要通过独立成编的侵权责任制度来规定各种责任形式，而不应当将其完全纳入债法的体系当中。当侵权责任法越来越注重对各种人格利益提供补救，越来越注重适用多种责任形式对受害人的财产利益提供保护时，侵权责任法相对独立的必要性也日益加强。从这种意义上说，侵权责任形式的多样性，是侵权责任法独立成编的重要根据。据此，有一些学者认为，侵权责任的多样性也是我国《民法通则》单设民事责任制度的原因。[2]

---

[1] 参见王泽鉴：《产品责任现况之检讨及其发展趋势》，载王泽鉴：《民法学说与判例研究》（第3册），中国政法大学出版社1998年版，第173页。

[2] 参见佟柔主编：《中国民法》，法律出版社1990年版，第562页。

侵权责任法独立成编，就是要建立一套完整的责任体系，尽管民法是以民事权利为核心构建的，但是没有责任保障的权利本身就不是真正的权利，没有完整健全的责任体系也就没有完整健全的权利体系。权利应当成为一个完整的体系，那么对权利的补救即责任也应当成为一个完整的体系。侵权责任法独立成编的最大好处在于将侵害各种权利的责任形态集中加以规定，使受害人一旦在遭受侵害之后可以明确其在法律上享有的各种补救手段，并可以在各种救济手段之间进行理性的选择。受害人虽然不能随意选择，但是他们可以选择对自己最为有利的责任方式。这些都要求我们必须突破单一的损害赔偿责任的思维模式，从内容丰富的责任形式的体系角度来考虑问题。同时，各种责任形式集中明确地规定也为法官正确适用法律、保障司法的统一性发挥了重要的作用。而且采用多种的责任形式在我国具有现实的基础，也是我国多年来立法与司法审判经验的总结。我国《民法通则》第一百三十四条就列举了十种民事责任，其中绝大多数可以适用于侵权行为。从审判实践来看，《民法通则》的规定具有极大的合理性并且也是行之有效的。实践中已经成熟的立法与司法经验已经构成了我国社会主义法治建设的宝贵财富，在没有非常充分的正当的理由之前不能仅以不合一些国家的立法例为由而加以否定。当然，在侵权法规定了损害赔偿等各种责任形式之后，也不妨碍物权法规定物权请求权、人格权法规定人格权请求权、知识产权法规定知识产权请求权。

四、侵权责任法独立成编符合现代侵权法的发展趋势及我国的现实需要

侵权责任法独立成编是符合现代侵权法的发展趋势的。民法体系本身又是一个动态的、不断整合的过程。自20世纪以来，民法体系发展的一个重要表现就是侵权责任法在民法中的地位日益突出。一方面，随着大工业和现代科学技术的发展，其在给人类文明带来了巨大的推动力的同时也产生了一系列严重的问题：核辐射、环境污染、生态破坏、产品责任、交通事故以及其他各种自然灾难和人为灾害，都严重威胁着成千上万人的财产和人身安全。现代文明所带来的各种副产品，各种自然力的灾难和人为的危害，都使得生存与毁灭问题严重地摆在人类面前，对人身和财产损害的赔偿问题成为社会普遍关注的问题，这就需要以侵权法来应对已发生的种种损害，为无辜的受害人提供补偿。另一方面，现代社会是一个风险社会，各种危险大量增加，例如高压作业、环境污染、产品责任、交通事故、核设施致害、动物致害等。在人类生活中，无形的、不可预测的风险无处

不在，随时可能造成严重灾害，因而需要借助侵权法提供救济和预防风险。① 现代社会也是一个信息化社会，科学技术的广泛运用和互联网的发展在为人类生活带来巨大便利的同时，也提出了对隐私以及知识产权等侵权问题。日益增多的严格责任类型，也要求侵权责任法对其作出回应，以避免严格责任纳入民事特别法，从而肢解侵权责任法的现象出现。"今日工业的种种经营，交通的方式及其他所谓的'现代生活'方式的活动，迫使人类付出了生命、肉体及资产的代价，且已达到骇人的程度。事故引起的经济损失不断消耗社会的人力和物质，而且有增无减。"② 为保障社会成员的安全、维护社会的秩序，西方国家侵权行为法也相应发生了"急剧的变化"（abrupt change）。但与此同时，侵权责任法保护范围不断扩大，从主要保护物权向保护人格权、知识产权等绝对权的扩张，侵权法的保护对象不仅限于财产权和人身权，而且包括法律尚未规定但应当由公民享有的权利（如隐私权等）以及一些尚未被确认为权利的利益。所以，自 20 世纪以来，一些新制定的民法典在侵权责任法部分更加呈现出重视具体列举各种侵权行为的趋势。1994 年《蒙古民法典》就是将合同责任和非合同责任作为两编单独规定，其中非合同责任就是规定的侵权责任。1995 年《越南民法典》在第三编"民事义务和民事合同"中，单独规定合同外的损害赔偿责任，1992 年《荷兰民法典》，就将侵权行为法单独列为一编（第六编），在该部分对各种侵权行为作出非常详尽的、内容十分丰富的列举。尤其应当看到，《法国民法典》侵权编正在酝酿作大幅度修改，其重点在于改变传统 5 条的模式，大量增加关于具体侵权行为的列举式规定。

侵权责任法的发展代表了未来民法发展的方向。尽管侵权责任法的历史悠久古老，梅因提出："在法学幼年时代，公民赖以保护使不受强暴或欺诈的，不是犯罪法而是侵权责任法。"③ 但在民法体系中都一直未找到适当的地位。而法国民法及德国民法则是从北川教授所谓的"自我完结的学问体系"出发，继续沿用传统的债法模式，使侵权责任法未能获得良好的继续发展的基础。传统民法理论认为，侵权责任法的功能主要是填补已经发生的损害，将法律关系"回复"到损害发生以前的状态；侵权责任法因此是补偿性和回溯性的，是所谓"向后"的法律；与之相对，合同法是将法律关系置于合同被正确履行之后的状态，是所谓前瞻性和建构性的，是所谓"向前"的法律。然而，在当代社会，通过对发生冲突的不同价值规范之间作出选择与取舍，侵权责任法在很大程度上具有塑造

① 参见［日］北川善太郎：《关于最近之未来的法律模型》，载梁慧星主编：《民商法论丛》第 6 卷，法律出版社 1997 年版，第 306 页。
② John Fleming, An Introduction to the Law of Torts, Oxford University, 1967, p. 10.
③ ［英］梅因：《古代法》，沈景一译，商务印书馆 1984 年版，第 209 页。

未来社会的价值观念的功能；从这个角度来看，侵权责任法显然也具有了"前瞻性"，具备了"向前"的创造性功能。①

侵权法的发展是现代法律发展的必然趋势，这是因为它体现了以人为中心的特点。传统侵权责任法主要注重保障财产权利，而现代侵权责任法则十分注重对人格权的保护。人格权是人们在现代社会中的一项基本人权，但现代生活带来的"个人情报的泄漏、窥视私生活、窃听电话、强迫信教、侵害个人生活秘密权、性方面的干扰以及其他的危害人格权及人性的城市生活现状必须加以改善"②。这就必须借助侵权责任法。侵权责任法通过对民事权利的保障来维护个人的人格尊严、价值以及生活的安定，实现人的全面发展。可见，侵权责任法保护公民的各项权利的功能，集中体现了法律的基本价值。现代社会经济生活条件造就了侵权责任法发展的基础，而民主与法治的加强又扩张了其规范的功能。可以说，侵权责任法的发展代表了未来民法发展的方向。侵权责任法的发展使其内容的丰富复杂程度不亚于民法中的任何一个部门，其地位和在社会生活中的重要性也不亚于物权法、债与合同法等法律，在这种情况下，仍将侵权责任法禁锢于债法之中，既不适应侵权责任法的发展状况，也与侵权责任法的作用极不相称，尤其是，这样一种立法安排将会严重限制侵权责任法的不断发展及完善，不利于发挥其充分保障社会及公民权利的功能。

侵权责任法独立成编，符合我国民事立法体系化的要求，一方面，在侵权责任法方面，我国已经颁布了大量的单行法律或者行政法规，但这只能是权宜之计。尤其是其中有一些特别法经过多年来的适用，已经形成了比较成熟的经验，有必要将之上升为民法典侵权责任编中的规定；而一些限制赔偿等带有明显部门、行业保护的规范，理应废止。需要指出的是，有的单行法涉及侵权法的规定，但不少都超越了立法权限，许多提法极不规范，例如有的规定对侵权责任采用责令赔偿表述，实际上已经转化为行政责任，关于不可抗力等基本法律术语也进行了不同于基本法的表述。因此，我们有必要尽快制定统一的侵权责任法，将这些散乱的法律规范系统化。在民法法典化过程中，已经独立制定的侵权责任法自然应当纳入民法典并作为独立的一编。另一方面，我国颁布了大量关于侵权法的司法解释，如最高人民法院《关于确定民事侵权精神损害赔偿责任若干问题的解释》、最高人民法院《关于审理人身损害赔偿案件适用法律若干问题的解释》、最高人民法院《关于审理涉外海上人身伤亡案件损害赔偿的具体规定（试行）》等，但是，这些司法解释的制定由于没有经过体系化的全盘考虑，难免存

---

① Geneviève Viney, Patrice Jourdain, Traité de droit civil. Les obligations. La responsabilité, tome 2（les conditions）, 2e éd., LGDJ, 2006, p. 26.

② ［日］北川善太郎：《日本民法体系》，李毅多等译，科学出版社 1995 年版，第 48 页。

在内部矛盾，甚至与法律相冲突。因此，有必要通过制定一部统一的侵权责任法消除这些矛盾。还要看到，侵权责任法独立成编，符合我国民法典起草的总体思路。根据我国民法典制定的总体思路，基本上是按照侵权责任法独立成编的方式来进行的。早在1986年的《民法通则》就在"民事责任"一章中用专节规范了侵权责任，共设了17个条文。2002年全国人大常委会审议的民法典草案（第一稿）第八编单独规定了侵权责任法，该编包含一般规定、损害赔偿、抗辩事由、机动车肇事责任、环境污染责任、产品责任、高度危险作业责任、动物致人损害责任、物件致人损害责任、有关侵权责任主体的特殊规定。自《物权法》通过以后，全国人大正加紧制定侵权责任法。而这部法律将来就会成为我国未来民法典的独立一编。

侵权责任法独立成编，符合我国司法实践的需要。从性质上来看，侵权法主要是裁判法，因此，具体规定各种侵权的规则，为司法裁判提供依据本身就是侵权法应有的使命。从民法典的内在结构来看，民法典既然可以对任意性的合同法进行详细规定，也有必要对于主要以强制性规范为主的侵权行为法进行细致规定，一方面，从司法实践来看，侵权案件在民事案件中所占的比重快速增长，成为民事案件的主要类型之一。如果对各种特殊的侵权行为不作具体规定而完全交由法官自由裁量，难免会出现同一类型案件审理结果的不同。以高楼抛物致人损害而无法找到真正的致害人为例，全国各地已经发生了多起类似案件，但是判决的标准尺度十分不一致，差异很大：有的判决完全由受害人自行负担损失，有的判决由部分业主分担损失，有的判决由物业管理人承担。这显然损害了法律适用的统一，危害法制的尊严。为了保障立法的统一性，我们需要利用民法典编纂的机会来实现我国侵权责任法的统一。另一方面，侵权法领域中出现大量的新型案件，这要求未来的侵权法保持相当的开放性；而侵权法独立成编正好是适应这一要求的合理选择。独立成编后的侵权法将具有明显的开放性，这特别体现在对各种新型的侵权案件的开放性方面，譬如侵害各种新型的人格利益，以及各种新型的侵权纠纷包括侵害债权案件、纯粹经济损害案件、滥用权利、妨害邻居、抛掷物致人损害、流氓软件侵权、恶意病毒攻击、在网络上非法披露他人隐私、证券侵权、商业诽谤、不正当竞争等。法院在面对这些新型侵权案件，由于缺乏立法，所以，法官就难以找到判案的依据。还要看到，在责任形式等方面，独立成编后的侵权法将跳出传统债法的窠臼，由法官根据具体案件的需要灵活地采纳一些最能补救当事人所遭受损害的方式，全面对当事人的利益进行救济。因此，我们不能走法国的一般条款模式，而应当采取一般条款与类型化相结合的方式。如果大量采用这种结合的方式规范侵权行为，就必然使侵权责任法的规定比较丰富完整，这也要求侵权责任法独立成编。

第二节 从《民法通则》"侵权民事责任" 到《侵权责任法草案》

一、《民法通则》关于侵权民事责任的规定

我们说，民法就是私法，私法的领域就是权利的领域。在民法中，私权本位，私权平等，私权至上，私权的地位高于一切，在平等的民事主体之间，相互尊重的就是权利，相互应当做到的就是履行自己的义务。权利和义务的概念，是民法的基本概念；权利和义务所构成的法律关系，是民法的基本社会关系。即使是在民法社会中发生了争议，也有体现正义的公平、平等、诚实信用、公序良俗的民法基本原则作为最基本的调整手段，以及解决纠纷的具体规则，来进行调解和裁决。建设这样一个公平、正义、平等、相互尊重、相互协助的一个理想社会，就是我们搞民法的人的梦想。而民法作为民法的基本行为规则、基本社会生活规则的总和，正是民法理论工作者和民法实务工作者梦寐以求的法律。有了民法，就有了民法的基本规则，就有了民法的秩序，就有了民法平等、公平、和谐的社会生活。1986年的《民法通则》具有里程碑的意义。

我们应当看到的是，在二十年前以及更早一些的时候，我们的国家还没有那么开放，我们的社会环境还没有那么宽松和进步，我们的法制还没有那么健全，而且我们的民法理论修养还没有做好充分的准备，甚至是我们的立法技术也还没有今天这样的进步和灵活。可是，就是在那样的基础之上，老一代民法学家为了实现这个梦想，顶着压力，用他们的聪明和才华，用他们的勇气和智慧，创造出了具有历史意义的、为中国社会取得巨大进步作出了重大贡献的《民法通则》。我们在二十年后的今天纪念《民法通则》的诞生，用"光荣"这一个词来讴歌老一代民法学家的贡献，实在是一点也不过分的。

《民法通则》第一次规定了保护民事权利的侵权责任法制度，在《民法通则》短短的156个条文中，竟然用了17个条文专门规定侵权责任法，与合同责任共用的条文12条，侵权责任法规范的条文总共达到29个，是全部条文的19.4%，差不多是五分之一。可见，老一代民法学家在起草《民法通则》时对民事权利保护下了多么大的心血！在这些条文中，规定了一般侵权行为、特殊侵权行为、侵权责任的人身损害赔偿、财产损害赔偿、精神损害赔偿责任等基本的

侵权责任法制度，大体上完善了我国的侵权行为法建设，使民事主体的民事权利得到了很好的保护，以至于"侵权行为"和"侵权法"都成了民众挂在口头的常用词汇。我国现行的侵权责任法规定在《民法通则》第六章中，除了《民法通则》第六章的一般规定外，专设了第三节"侵权民事责任"。这一规定，从侵权民事责任的归责原则开始，规定各种侵权行为的赔偿原则，也规定了特殊侵权行为，规定决定侵权损害赔偿等责任的各种问题，以及侵权的民事责任方式。应当说，《民法通则》对侵权责任的规定基本可行。

经过 20 余年的司法实践，也发现存在较多问题，主要是：关于侵权责任归责原则体系的规定不够明确，影响司法实践的统一实施；侵权行为一般条款规定不够准确，在实践中不易准确把握；侵权行为类型化不够，仅仅规定了 8 种特殊侵权行为，规则不细，操作性不强；对于民事责任方式规定过多、过杂，没有突出损害赔偿责任作为侵权责任法的基本责任方式的地位。这些问题，经过总结实践经验和理论研究，制定了一些司法解释进行补充，是卓有成效的。对此，侵权责任法应当予以借鉴。

二、对《侵权责任法草案》的一般评价

2002 年 12 月 23 日，第九届全国人大常委会第 31 次会议审议《中华人民共和国民法草案》，其中第八编是"侵权责任法"。我们充分肯定，侵权责任法草案在以下几个方面取得成功，应当特别加以肯定：

1. 《侵权责任法》单独成编，与《物权法》、《合同法》和《人格权法》、《亲属法》、《继承法》等处于同等的法律地位。这是最近十多年以来侵权行为法发展和侵权行为法理论研究和实践探索的结果。这种规定，打破了大陆法系传统的侵权行为法立法模式，借鉴了英美法系侵权行为法的立法模式，是一个大胆的立法举措，应当充分肯定。

2. 将《侵权责任法》编的位置放在《物权法》、《合同法》以及《人格权法》、《亲属法》、《继承法》之后，作为最后的民事权利保障法的地位来规定，打破了大陆法系历来将侵权行为法作为债法的组成部分，把侵权行为作为产生债的根据的法律事实来规定的做法，提升了侵权行为法在民法典中的法律地位，使其成为民事权利保护法。

3. 将侵权行为法称之为《侵权责任法》，既沿袭了《民法通则》的传统，保持了法律的连续性，同时，也有所创新，区别于大陆法系侵权行为法叫做不法行为法、损害赔偿法、非合同产生之债法等称谓，具有中国的特色。

4. 在很多具体规定上，吸收了侵权行为理论研究的新成果和司法实践的新

经验，有了新的发展，表现了中国侵权行为法面向 21 世纪的创新性。例如，关于侵权责任归责原则的规定，关于因果关系的证明责任的规定，关于机动车肇事责任的规定，关于产品责任的规定，关于高度危险作业责任的规定，关于物件致人损害责任的规定，以及有关侵权责任主体的特殊规定等，都有创新性的内容。

第三节　制定中国侵权责任法应当着重解决的问题

在制定侵权责任法时，应当着重解决以下五个问题：（1）规定一个完善的侵权行为一般条款，（2）确定严密的侵权责任归责原则体系，（3）规定较为详细的侵权行为类型，（4）确定包括各种侵权责任形态的侵权责任形态体系，（5）制定好人身损害赔偿、财产损害赔偿和精神损害赔偿的标准，以便统一司法。

一、应当借鉴《埃塞俄比亚民法典》的方法规定侵权行为一般条款

（一）《埃塞俄比亚民法典》规定侵权行为一般条款的创新之处

在大陆法系的侵权行为法中，都要规定侵权行为一般条款，我国的侵权责任法同样如此。《侵权责任法草案》已经在第一条规定了这一内容，但还有改进的余地，应当借鉴《埃塞俄比亚民法典》的方法规定中国侵权责任法的侵权行为一般条款。

现代侵权行为法的立法模式分为两种，一是大陆法系的一般化立法模式，以立法规定侵权行为一般条款为基本标志，对侵权行为采用概括的、抽象的规定，对一般侵权行为不作具体规定，只对特殊侵权行为作出具体规定。二是英美法系的类型化立法模式，侵权行为法对侵权行为不作概括的、抽象的规定，而是按照侵权行为类型的不同进行具体规定。

在当代，尽管大陆法系侵权行为法的立法模式采用的都是一般化的立法模式，但也分成了两种不同的方法。一种方法是法国等国家的一般化方法，采用的是部分侵权行为一般化，即侵权行为法规定的侵权行为一般条款概括的不是全部侵权行为，而仅仅是一般侵权行为，法律还须另外规定准侵权行为或者特殊侵权行为。另一种方法是埃塞俄比亚侵权行为法的方法，采用的是全部的、完全的一般化，即侵权行为法规定的侵权行为一般条款概括的是全部侵权行为，在侵权行

为一般条款之下，分别规定不同的侵权行为类型。这种侵权行为法的立法模式打破了《法国民法典》所创立的侵权行为法的立法模式，创造了新的侵权行为法一般化立法模式，具有新意，引起了各国侵权行为法学理论界的重视，也得到了各国立法机构的重视。目前正在起草的《欧洲统一侵权行为法（草案）》采用的就是这种立法模式，构建了统一的欧洲侵权法的基本框架。

我们认为，《欧洲统一侵权行为法（草案）》采纳埃塞俄比亚侵权行为法的立法模式绝不是偶然的，而是新世纪制定侵权行为法的必然选择。之所以这样说，就是因为埃塞俄比亚侵权行为法的立法模式实现了大陆法系侵权行为法和英美侵权行为法的融合，使两大法系侵权行为法的优势相互结合，形成了新的侵权行为法立法模式。其优势在于：（1）明确地表达了立法者融合大陆法系侵权行为一般化立法模式与英美法系侵权行为类型化立法模式优势的立法意图，既坚持大陆法系的传统，又不拘泥于传统，采用了创新的做法。（2）它关于侵权行为类型的规定则完全采纳的是英美法系侵权行为法的传统做法，对侵权行为作出类型化的划分，并且在基本类型的下面再具体规定各种不同的具体侵权行为。（3）由于它的侵权行为一般条款概括的是全部侵权行为，因此，又给社会发展和新类型侵权行为的法律适用预留出了合理的空间，使法律具有前瞻性，具有与时俱进的功能。因此，可以说，埃塞俄比亚侵权行为法大胆地进行大陆法系侵权行为法和英美法系侵权行为法的融合，在大陆法系的基础上广泛借鉴英美法系的传统，创造了新的立法模式，是成功的做法。

（二）我国侵权责任法应当采用埃塞俄比亚侵权行为一般条款的立法模式

我国《民法通则》规定的第一百零六条第一款，规定的是侵权行为一般条款，但不够准确，因为还存在过错推定责任的侵权行为的内容，既不是法国法式的一般条款，也不是埃塞俄比亚法式的一般条款。在《侵权责任法草案》中，仍然采取《民法通则》的惯例，没有明显的改进，第一条第一款规定的是过错责任原则，第二款规定的是过错推定原则，第二条规定的是无过失责任原则。如果说第一条规定的是侵权行为一般条款，概括的是一般侵权行为，但是其中还包括调整特殊侵权行为的过错推定原则；如果说第一条和第二条规定的都是侵权行为一般条款，那么在其后第四章至第九章中，没有对一般侵权行为作展开式的具体规定，而仅仅规定的绝大多数是无过失责任原则的特殊侵权行为，以及部分过错推定责任的特殊侵权行为，且没有规定其他过错推定责任的侵权行为。

既然我们已经看到了埃塞俄比亚侵权行为法规定的侵权行为一般条款的优

势，那么，就应当接受这样做法，规定一个能够概括全部侵权行为的侵权行为一般条款，发挥它的对不同类型的侵权行为的一般指导作用，并且能够概括没有作出具体规定的、以后可能新发生的侵权行为。

因此，我们建议，将《侵权责任法草案》第一条和第二条合并，把第二条作为第三款，构成完整的第一条，就成为了这样性质的侵权行为一般条款。这样的侵权行为一般条款是比较完美的。

二、应当规定三个侵权责任归责原则构成归责原则体系并确认不同请求权的内容

（一）应当确认三分法的侵权责任归责原则体系

按照上述拟议的侵权行为一般条款的条文规定，恰好确认了侵权责任归责原则的体系是由三个归责原则构成的。

在确认我国侵权行为法究竟有几个归责原则构成的问题上，学界有不同的看法，争论很大。主要的意见是：一元论观点，认为侵权行为法只有一个归责原则，即过错责任原则。二元论观点，认为侵权行为法的归责原则是过失责任原则与无过失责任原则。三元论—A观点，认为我国民事法律制度中同时存在三个归责原则：一般侵权损害适用过错责任原则，特殊侵权损害适用无过失责任原则，无行为能力的人致人损害而监护人不能赔偿等特别案件适用公平责任原则。三元论—B观点，认为侵权法归责原则为过错责任原则、过错推定原则和公平责任原则，无过错责任不是一种独立的归责原则。三元论—C观点，认为侵权责任归责原则体系是由过错责任原则、过错推定责任原则和无过失责任原则三个归责原则构成的。

认为中国侵权责任的归责原则是由过错责任原则、过错推定原则和无过失责任原则构成的意见，与《侵权责任法草案》第一条和第二条规定，或者按照我们提出的上述侵权行为一般条款的内容，都是一致的。因此，采用第五种观点规定中国侵权责任归责原则体系，是成熟的意见。

（二）规定基于不同的归责原则基础产生的请求权的不同内容

对于这个问题，在《民法通则》和《侵权责任法草案》中都没有作出明确的规定，但是这个问题确实是应当在侵权责任法中明确规定的。

按照德国的经验，基于无过失责任原则产生的请求权内容与基于过错责任原

则产生的请求权内容是不同的，原因在于，过错责任原则产生的请求权，原告举证责任很重，诉讼风险较大，理应得到较多的赔偿；而无过失责任原则产生的请求权，原告举证责任大大降低，诉讼风险较小，获得的赔偿理应少于前者。同时，凡是法律规定的适用无过失责任原则的侵权行为，侵权人都存在有过错和无过错的两种情况。既然如此，侵权人在有过错的情况下侵害他人的权利，以及在无过错的情况下致害他人，其侵权责任应当是不同的。如果侵权人在主观上没有过错，虽然法律规定应当承担侵权责任，但是，由于其在主观上没有过错，因而应当承担适当的赔偿责任。而侵权人在主观上有过错，那么，他就应当承担过错责任的赔偿责任。德国法的上述做法正是这样，侵权人没有过错的，采取限额赔偿制，赔偿数额不得超过法律规定的最高限额；而原告能够证明对于损害的发生或者扩大，侵权人在主观上具有过错，那么，他就应当承担过错责任的赔偿责任，按照实际损失实行全部赔偿。

这样规定的理论基础是，不同的请求权法律基础产生的请求权是不同的。根据过错责任原则产生的请求权，应当受到过错责任原则的约束，其产生的损害赔偿请求权就应当是一个受全部赔偿原则约束的请求权。而按照无过失责任原则作为请求权基础而产生的请求权，则应当受到无过失责任原则的约束，侵权人应当承担适当的侵权责任。

对此，《侵权责任法》可以采用两种方法规定：

第一种方法，在侵权责任法中作出一个一般性的规定，即："依照法律规定即使无过错也应当承担侵权责任的，其赔偿责任适用法律规定的损害赔偿范围；受害人能够证明侵权人有过错的，应当按照侵权责任法的一般规定确定赔偿责任。"

第二种方法，即在产品侵权、高度危险作业、环境污染、动物致害以及机动车肇事责任的特别规定中，规定其受限制的赔偿范围。

我国目前立法已经出现这种情况。国务院2007年6月30日《关于核事故损害赔偿责任问题的批复》第七条规定："核电站的营运者和乏燃料贮存、运输、后处理的营运者，对一次核事故所造成的核事故损害的最高赔偿额为3亿元人民币；其他营运者对一次核事故所造成的核事故损害的最高赔偿额为1亿元人民币。核事故损害的应赔总额超过规定的最高赔偿额的，国家提供最高限额为8亿元人民币的财政补偿。"这是我国有关无过失责任赔偿问题第一次作出的限额赔偿标准。在这种情况下，如果请求权人不能证明加害人的过失的，其请求权的法律基础就是该批复规定的标准，即限额赔偿标准；如果请求权人主张过错责任，其请求权法律基础是《民法通则》第一百零六条第二款，那么，就应当是全部赔偿的标准，不受该批复第七条的限制。这样，一个核事故损害赔偿责任的请求权，就有不同的法律基础。因此，在侵权责任法立法中，必须解决这个问题。

三、应当改变只规定特殊侵权行为的做法全面规定侵权行为类型

（一）全面实行侵权行为类型化的意义

《侵权责任法草案》在第四章至第九章对部分具体侵权行为类型作出了具体规定。这是必要的。但是，只对部分侵权行为作出类型化的规定，没有对全部的侵权行为作出类型化的规定，因此存在一个侵权行为类型化不完整的问题。我们建议，侵权责任法应当对侵权行为实行全面类型化。

我们可以看到，大陆法系侵权行为法实行一般化的立法模式，具有极大的优势，这就是简化立法、缩短篇幅，内容高度浓缩、条文与时俱进，提供裁判准则、保障自由裁量。但是，这种立法方法也存在局限性，主要表现在以下三个方面：（1）侵权行为一般条款所概括的侵权行为并不全面，还需要有特殊侵权行为的特别规定作为补充；（2）一般化的侵权行为法缺少可操作性，需要完备的理论支持；（3）适用一般化立法的侵权行为法需要高素质的法官队伍，而我们现在还没有达到这样的要求。就像现在的侵权责任法草案一样，仅仅列出六章规定特殊侵权行为，只能够对机动车肇事责任、产品侵权责任、高度危险作业责任、环境污染责任、动物致害责任以及物件致害责任作出具体规定，而对侵害债权、恶意诉讼等其他的侵权行为类型则没有作出具体规定，在司法实践中缺少可操作性。因此，在侵权责任法中，对侵权行为作出全面的类型化规定，是非常必要的。

（二）全面的侵权行为类型化可以借鉴的立法例

1. 英美的侵权行为类型化。美国的侵权行为法和英国的侵权行为法都是类型化的立法，都是全面的侵权行为类型化。英国侵权行为法规定的侵权行为基本类型，是7种基本类型的侵权行为，约70多种具体的侵权行为，以及一种无名侵权行为，即弹性的侵权行为。英国侵权行为的基本类型有：（1）非法侵入；（2）恶意告发；（3）欺诈、加害性欺骗和冒充；（4）其他经济侵权；（5）私人侵扰；（6）公共侵扰；（7）对名誉和各种人格权的保护。

《美国侵权行为法重述（第二次）》和《美国侵权法重述（第三次）》对美国

445

的侵权行为的规定，也是按照侵权行为类型化的方法作出的。这两次《重述》规定的侵权行为的类型有：（1）故意对他人的身体、土地及动产的伤害；（2）过失；（3）严格责任；（4）虚假陈述；（5）诽谤；（6）侵害的虚伪不实；（7）侵害隐私权；（8）无正当理由的诉讼；（9）干扰家庭关系；（10）对优越的经济关系的干扰；（11）以故意、过失以外的其他方式侵犯土地利益；（12）干扰各种不同保护的利益、共同侵权；（13）产品责任。

2. 埃塞俄比亚的侵权行为类型化。埃塞俄比亚侵权行为法具体规定的侵权行为类型及其具体侵权行为，分为以下三种：第一种基本类型是因过犯所生的责任，即过错责任的侵权行为，包括一般情形和特别情形。一般情形有：（1）违反公共道德；（2）职业过失；（3）故意伤害；（4）滥用权利；（5）违反法律；（6）上级命令。特别情形是：（1）人身攻击；（2）干涉他人自由；（3）诽谤；（4）对配偶权的侵辱；（5）非法侵入；（6）对财产的侵犯；（7）缔约过失；（8）无视既有合同的责任，即侵害债权；（9）不公平竞争；（10）虚假表示；（11）扣押财物；（12）执行法院命令。第二种基本类型是过犯阙如的责任，即无过错责任的侵权行为，包括6种情形：（1）身体伤害；（2）危险活动；（3）因动物产生的责任；（4）建筑物责任；（5）机器和机动车辆；（6）制造物责任。第三种基本类型是对他人行为承担责任，即替代责任的侵权行为，包括以下种类：（1）父亲的责任，即法定代理人的责任；（2）国家赔偿责任；（3）社团的责任；（4）雇主的责任；（5）独立的工人；（6）刊载、出版诽谤内容的报纸的执行编辑、小册子的印刷商或书籍的出版者的责任。

（三）我国学者提出的全面的侵权行为类型化的意见

在我国学者起草的民法典草案建议稿中，对侵权行为法的规定基本上都采纳了侵权行为类型化的方法。在社会科学院法学所起草的民法典草案建议稿中，共分五章，其中第二章至第四章共三章，对侵权行为作了三种基本类型的划分，这就是自己的侵权行为、对他人侵权之责任和无过错责任。中国人民大学民商事法律科学研究中心民法典草案建议稿对侵权行为类型作了更为细致的划分，共分为17种侵权行为类型。

（四）我们对全面的侵权行为类型化的建议

按照归责原则作为基础来构建侵权行为类型化，是最好的方法。我国侵权责任归责原则体系是由过错责任原则、过错推定原则和无过失责任原则构成的，它们各自调整着不同的侵权行为。这三个归责原则各自调整的侵权行为，就是三种不同的侵权行为基本类型，再加上适用不同的归责原则的事故责任侵权行为，中国侵权行为的基本类型为四种。在侵权行为基本类型之下，再分为各种不同的侵权行为具体类型，我们把它分为 23 种具体类型：

1. 适用过错责任原则的侵权行为类型：包括：（1）故意或者过失侵害人身；（2）故意或者过失侵害人格及其利益；（3）妨害家庭关系；（4）侵害物权；（5）侵害债权；（6）侵害知识产权；（7）媒体侵权；（8）商业侵权；（9）恶意诉讼和恶意告发。

2. 适用过错推定责任的侵权行为类型：包括：（10）国家赔偿责任；（11）用人者责任；（12）法定代理人的侵权行为；（13）专家侵权行为；（14）违反安全保障义务的侵权行为；（15）物件致人损害的侵权行为。

3. 适用无过失责任原则的侵权行为类型，包括：（16）产品侵权行为；（17）危险活动和危险物的侵权行为；（18）环境污染的侵权行为；（19）动物致害的侵权行为。

4. 事故责任的侵权行为类型，包括：（20）道路交通事故侵权行为；（21）医疗事故侵权行为；（22）工伤事故侵权行为；（23）学生伤害事故侵权行为。

四、明确地规定各种不同的侵权责任形态

（一）侵权责任法草案提出的新问题

值得注意的是，《侵权责任法草案》第十章"有关侵权责任主体的特殊规定"是很有新意的规定。

这一章有 8 个条文。第 61 条规定的是法定代理人的替代责任，第 62 条规定的是法人侵权的替代责任，第 63 条规定的是网站经营者的替代责任，第 64 条规定的是网站拒不提供侵权证据的侵权责任，第 65 条规定的是违反安全保障义务的侵权行为承担的直接责任和补充责任，第 66 条规定的是教唆人的连带责任，第 67 条规定的是共同危险行为的连带责任，第 68 条规定的是无过错联系的共同加害行为的按份责任。

根据以上内容分析，这一章的内容实际上就是对侵权责任形态的规定，对侵权责任中的替代责任、直接责任、补充责任、连带责任和按份责任都作了规定。因此，可以按照这一章设计的思路，将不同的侵权责任形态都在其中作出规定，就会形成完整的侵权责任形态的体系，这在各国侵权行为法中都是一个创新。

447

（二）侵权责任形态的概念和重要作用

侵权责任形态，是指侵权法律关系当事人承担侵权责任的不同表现形式，即侵权责任由侵权法律关系中的不同当事人按照侵权责任承担的基本规则承担责任的基本形式。其基本特征是：（1）侵权责任形态关注的是行为的法律后果。侵权责任形态所关注的不是行为的表现，而是行为的法律后果，即侵权行为发生并按照侵权责任构成要求符合构成要件之后，由应当承担责任的当事人承担行为的后果。它与侵权行为类型的不同就在于，侵权行为类型研究的是行为本身，而侵权责任形态研究的是侵权行为的后果，是侵权行为所引起的法律后果由谁承担。同时，它也与侵权责任构成不同。侵权责任构成研究的是依据什么样的准则，符合什么样的条件才能够构成侵权责任。侵权责任形态则是解决侵权责任构成之后责任由谁承担的问题。（2）侵权责任形态表现的是侵权行为的后果由谁承担。侵权责任形态表现的是侵权行为的后果由侵权法律关系当事人承担的不同形式，因而与侵权责任方式不同。侵权责任方式研究的也是侵权行为的法律后果，但是它研究的不是侵权责任在不同的当事人之间由谁承担的形式，而是侵权行为后果的具体表现形式，即损害赔偿、停止侵害、赔礼道歉等责任本身的形式。侵权责任形态研究的不是这些责任的具体形式，而是什么人来承担这些责任形式。因此，侵权责任形态也就是侵权责任方式在不同的当事人之间的分配。尽管"分配"这个概念具有很强的主观色彩，但它基本上能够准确地表现侵权责任形态的含义，而法律规定侵权责任形态的本身就具有强烈的主观色彩。（3）侵权责任形态是法律规定的侵权责任基本形式。这些责任形态是经过法律所确认的、合乎法律规定的侵权责任基本形式，不是随意的、任意的形式。同时，它也是承担侵权责任的基本形式，而不是具体的责任方式。它只规定当事人自己承担还是他人承担，是连带承担还是按份承担等，至于由当事人具体承担什么样的责任，承担责任的程度是什么，侵权责任形态都不关心。这些都是侵权责任方式和侵权责任具体内容所解决的问题。

在侵权行为法的严密的理论体系中，最为核心的问题，是侵权责任构成，包括侵权责任归责原则和构成要件。但是，侵权责任究竟由谁承担，也是一个极为重要的问题，因此侵权责任形态是侵权法体系中的关键一环，它连接的是行为、责任与责任具体方式和承担，没有侵权责任形态，即使侵权责任已经构成，但是由于没有具体落实到应当承担责任的当事人身上，因此，具体的侵权责任方式和内容也就无法实现，侵权行为法的救济、补偿功能也就无法实现。

由此可见，侵权责任形态的作用和意义是：（1）连接侵权责任的构成和方式。侵权责任构成和侵权责任方式都是侵权行为法的基本概念，侵权责任形态是连接这两个基本概念的基本概念，侵权责任构成、侵权责任形态和侵权责任方式，是侵权责任法的最基本的责任概念。（2）落实侵权责任的归属。在侵权行为法中，侵权责任构成解决的是某一个人的行为是不是构成侵权责任。构成侵权责任之后，将这个责任落到实处，需要落实到人。而侵权责任形态就是将侵权责任落实到具体的责任人身上，由具体的行为人或者责任人承担侵权责任。没有侵权责任构成，就不会将侵权责任落实到责任人，侵权责任就没有落实。（3）实现补偿和制裁的功能。侵权责任的基本功能就是补偿和制裁。如果没有侵权责任形态，侵权责任无法落实，侵权责任的补偿功能和制裁功能就无法实现。

因此，我们建议，在侵权责任法中，要坚持这一章，题目也可以就叫做"有关侵权责任主体的特殊规定"，或者改叫做"侵权责任形态"。

在内容设计上，可以考虑采取两种办法：

第一种办法，完全对侵权责任形态进行抽象的规定，分别规定不同的侵权责任形态的基本规则。这种办法过于理论化，似不可取。

第二种办法，对特殊的侵权责任形态都作具体的规定，分节规定。（1）第一节规定替代责任，对于法定代理人责任、法人侵权责任、雇主责任、网站责任、专家责任、定作人指示过失责任等，都要作出具体规定，责任形态都是替代责任。（2）第二节规定连带责任，将共同侵权行为的所有内容都规定在这里。同时，对其他应当规定为连带责任的侵权行为类型也规定在此。最后，应当对侵权连带责任的基本规则规定一条。（3）第三节规定补充责任，对违反安全保障义务的侵权行为、学校事故责任等采取补充责任形态的侵权行为规定在这里。（4）第四节规定按份责任，规定《侵权责任法草案》的第68条，以及其他相关的内容。（5）第五节规定不真正连带责任，对不真正连带责任的规则作出规定。应当特别说明的是，连带责任与不真正连带责任是不同的责任形式，其中最基本的区别在于：连带责任是数人对一个整体的责任负责，最终的责任为各个责任人按照自己的过错和行为的原因进行分摊。

五、应当明确规定各种侵权损害赔偿计算标准

（一）应当规定侵权损害赔偿是基本的侵权责任方式

在《民法通则》中，规定的侵权责任方式较为复杂，包括第一百三十四条规定的停止侵害、排除妨害、消除危险、返还财产、恢复原状、赔偿损失、消除影响恢复名誉、赔礼道歉等8种。在《侵权责任法草案》中，仍然规定了这么多的侵权责任方式。

这些侵权责任方式，与民法其他部门法规定的权利保护请求权形成冲突或者

竞合。例如，《民法通则》第一百一十七条规定侵害财产的，应当承担返还原物、恢复原状、赔偿损失以及排除妨害和消除危险的责任方式，在《物权法》第三章，对侵害物权的行为，规定了返还原物、恢复原状、消除危险、排除妨害和损害赔偿请求权。在法律适用上，在侵害财产和侵害物权，《物权法》和《民法通则》规定的内容完全相同，无法分清侵权民事责任方式与物权请求权的区别和适用方法的不同。这在立法上是存在问题的。

我们建议，在侵权责任法中，专门规定损害赔偿责任方式，以救济侵权责任造成的损害后果，对于人格权、身份权、物权、债权、继承权以及知识产权等民事权利的请求权保护，分别规定在民法典的各自部分，规定停止侵害、排除妨害、消除危险、返还财产、恢复原状、消除影响恢复名誉、赔礼道歉等请求权，分清侵权保护方法与民事权利保护请求权的区别，以利于更好地保护民事主体的民事权利。

（二）应当规定人身损害赔偿的基本计算方法

《民法通则》规定人身损害赔偿方法的是第一百一十九条，这一规定已经落后于现在发展的社会状况。在侵权责任法草案中，对此没有太大的进步，仍然规定的较为概括，不够具体。相应的，在最高人民法院《关于审理人身损害赔偿案件适用法律若干问题的解释》中，对人身损害赔偿制定了详细规则，确定人身损害赔偿应当赔偿：（1）造成伤害的，应当赔偿医疗费、误工费、护理费、交通费、住宿费、住院伙食补助费、必要的营养费等费用；（2）造成残疾的，应当赔偿残疾赔偿金、残疾辅助器具费、被扶养人生活费，必要的康复费、护理费、后续治疗费等费用；（3）造成死亡的，应当赔偿丧葬费、被扶养人生活费、死亡赔偿金等费用。这些规定存在一些问题，例如关于死亡赔偿的"同命不同价"问题，其他的规定都是确有根据，适合我国国情的。

制定侵权责任法应当借鉴我国司法解释规定的人身损害赔偿标准和计算方法，同时对于司法解释存在的"同命不同价"的问题予以纠正，不能区分城市人口与农村人口身份不同而对死亡赔偿区分不同的标准，人为地造成城乡差别。

（三）应当规定财产损害赔偿的基本计算方法

在《民法通则》和侵权责任法草案中，都对财产损害赔偿作了一般的规定，没有具体规定财产损害赔偿的标准和计算方法。在侵权责任法中，应当规定财产的直接损失、间接损失以及纯粹经济利益损失的计算原则，最好也能够规定明确的计算方法，使我国侵权责任法的赔偿规则更容易操作。

（四） 应当规定精神损害赔偿的基本计算方法

《民法通则》对精神损害赔偿的规定不够完善，仅仅规定了侵害姓名权、肖像权、名誉权和荣誉权的精神损害赔偿。最高人民法院《关于确定民事侵权精神损害赔偿责任若干问题的解释》规定了侵害物质型人格权、精神性人格权、身份权以及具有人格象征意义的特定纪念物品的精神损害赔偿责任规则。在侵权责任法草案中，对此没有进一步展开，是在民法通则的规定基础上有所扩展而已。

因此，我们建议，制定侵权责任法应当在吸收精神损害赔偿司法解释精华的基础上，对于精神损害赔偿的适用范围，明确界定为侵害物质性人格权造成精神痛苦的精神抚慰金，侵害精神性人格权、身份权、知识产权造成精神利益损失的精神抚慰金，以及侵害具有人格象征意义的特定纪念物品的精神损害抚慰金。同时规定，法官确定精神损害赔偿抚慰金数额，应当遵守救济损害、制裁违法和教育社会的基本要求，酌情确定具体数额。

后　记

　　本书是王利明教授承担的教育部重大攻关项目"民法典体系与重大疑难问题研究"最终成果之一。全书由王利明教授、杨立新教授、王轶教授、周友军副教授合著，撰写分工如下：王利明教授：第一章至第三章，第五章，第六章第一节，第九章、第十章，第十一章第一节；杨立新教授：第六章第二节、第三节，第十一章第二节、第三节；王轶教授：第四章；周友军副教授：第七章、第八章。全书由王利明教授统稿定稿。

已出版书目

书　名	首席专家
《马克思主义基础理论若干重大问题研究》	陈先达
《网络思想政治教育研究》	张再兴
《高校思想政治理论课程建设研究》	顾海良
《马克思主义文艺理论中国化研究》	朱立元
《弘扬与培育民族精神研究》	杨叔子
《当代科学哲学的发展趋势》	郭贵春
《当代中国人精神生活研究》	童世骏
《面向知识表示与推理的自然语言逻辑》	鞠实儿
《中国大众媒介的传播效果与公信力研究》	喻国明
《楚地出土戰國簡册［十四種]》	陈　偉
《中国特大都市圈与世界制造业中心研究》	李廉水
《WTO 主要成员贸易政策体系与对策研究》	张汉林
《全球经济调整中的中国经济增长与宏观调控体系研究》	黄　达
《中国产业竞争力研究》	赵彦云
《东北老工业基地资源型城市发展接续产业问题研究》	宋冬林
《中国民营经济制度创新与发展》	李维安
《东北老工业基地改造与振兴研究》	程　伟
《中国加入区域经济一体化研究》	黄卫平
《金融体制改革和货币问题研究》	王广谦
《中国市场经济发展研究》	刘　伟
《我国民法典体系问题研究》	王利明
《中国农村与农民问题前沿研究》	徐　勇
《城市化进程中的重大社会问题及其对策研究》	李　强
《中国公民人文素质研究》	石亚军
《生活质量的指标构建与现状评价》	周长城
《人文社会科学研究成果评价体系研究》	刘大椿
《教育投入、资源配置与人力资本收益》	闵维方
《创新人才与教育创新研究》	林崇德
《中国农村教育发展指标研究》	袁桂林
《高校招生考试制度改革研究》	刘海峰
《基础教育改革与中国教育学理论重建研究》	叶　澜
《处境不利儿童的心理发展现状与教育对策研究》	申继亮
《中国和平发展的国际环境分析》	叶自成

即将出版书目

书　名	首席专家
《中国司法制度基础理论问题研究》	陈光中
《完善社会主义市场经济体制的理论研究》	刘　伟
《和谐社会构建背景下的社会保障制度研究》	邓大松
《社会主义道德体系及运行机制研究》	罗国杰
《中国青少年心理健康素质调查研究》	沈德立
《学无止境——构建学习型社会研究》	顾明远
《产权理论比较与中国产权制度改革》	黄少安
《中国水资源问题研究丛书》	伍新木
《中国法制现代化的理论与实践》	徐显明
《中国和平发展的重大国际法律问题研究》	曾令良
《知识产权制度的变革与发展研究》	吴汉东
《全国建设小康社会进程中的我国就业战略研究》	曾湘泉
《现当代中西艺术教育比较研究》	曾繁仁
《数字传播技术与媒体产业发展研究报告》	黄升民
《非传统安全与新时期中俄关系》	冯绍雷
《中国政治文明与宪政建设》	谢庆奎